복 있는 사람

오직 여호와의 율법을 즐거워하여 그 율법을 주야로 묵상하는 자로다.
저는 시냇가에 심은 나무가 시절을 좇아 과실을 맺으며 그 잎사귀가 마르지 아니함 같으니
그 행사가 다 형통하리로다. (시편 1:2-3)

최근 들어 조직신학이 딱딱하고 진부하다는 기존 이미지를 쇄신한 책들이 연이어 출간되었다. 외국 저자들로 일색을 이룬 이 대열에 이번에는 감사하게도 국내 저자가 합류했다. 이 책은 앞서 나온 외국 저서 못지않게 책의 내용도 알찰 뿐 아니라 그것을 풀어내는 방식과 표현도 신선하고 맛깔나다. 그러면서도 국내 저자만이 가질 수 있는 장점, 즉 우리나라 독자의 상황과 정서와 필요에 좀 더 민감하게 반응하는 지혜와 센스가 돋보인다. 더불어 조직신학의 난해함에 공포증을 느끼는 이들을 위한 친절하고 섬세한 배려가 녹아 있어 목회자와 신학생뿐 아니라 신학의 전문지식이 없는 일반인도 읽고 소화하기가 쉽다. 이런 면에서 이 책은 폭넓은 독자층에게 다가가는 신학의 대중화에 진일보한 작품이다.

박영돈 고려신학대학원 교의학 교수

인식의 깊은 샘물을 길어 올리려면 질문이라는 두레박을 드리워야 한다. 질문을 던질 용기도 의욕도 없는 이들은 일찍이 붙든 자기 나름의 확신 속에 머물며 자기와 다른 생각을 가진 이들을 정죄하곤 한다. 위기에 처한 한국 교회는 이제 새로운 인식의 모험에 나서야 한다. 우리가 믿는 분이 누구이고, 믿는다는 것이 무엇인지를 철저히 재정립해야 한다. 김진혁 박사는 그 길로 우리를 안내한다. 복잡할 수도 있는 신학의 오솔길을 그보다 더 잘 안내할 수 있는 사람을 나는 알지 못한다. 부디 이 책이 우리의 경직된 인식의 장벽을 허무는 망치가 되기를 바란다.

김기석 청파교회 담임목사

이 책에 제시된 질문은 현실적이면서도 우리가 정말 궁금해하는 내용을 다루고 있으며, 간결 명료한 대답은 대답 자체로 끝나지 않고 이런저런 생각을 불러일으키고 풍성하게 만든다. 저자는 기독교 신앙에 대한 체계적인 설명으로서의 조직신학이 일상의 현실과 분리되지 않으며, 그러한 신학이 우리가 사는 세상을 어떻게 이해하고 해석할지 도와주는 도구가 될 수 있음을 부드럽고 진지하게 설명해 준다. 그럼으로써 신학이 목회자의 전유물이 아니라 일상을 살아가는 모든 그리스도인의 몫임을 명확하게 보여준다. 이제부터 나는 내가 만나는 모든 그리스도인에게 이 책을 가까이 두고 신학을 고민하기를 추천할 것이나.

김근주 기독연구원 느헤미야 전임연구위원

이 책은 신학이 학교에서 가르치는 학문으로서 신학자들을 위한 것만도 아니고 교회를 위한 학문으로서 목회자들을 위한 것만도 아니라, 하나님의 말씀을 실행하며 살아가는 삶의 기술art of living로서 모든 그리스도인에게 필요한 것이라고 주장한다. 그러면서 삶에서 제기되는 200여 개의 질문들을 3권 9부 36장의 체계로 정리하며 신학적인 대답을 제시한다. 실로 이렇게 방대한 분량의 질문들을 다룰 수 있는 저자의 탁월한 신학적 역량을, 그리고 그러한 질문들이 제기되는 모든 그리스도인의 삶의 현장에 대한 저자의 깊은 애정을 경탄해 마지 않는다. 그렇기에 이 책이 모든 독자들이 그동안 마음에 담아 왔던 다양한 질문들을 발산하도록 자극하고, 신학의 드넓은 세계로 들어가도록 초대하며, 하나님 말씀의 심오한 세계 안에서 살아가도록 인도할 것으로 크게 기대한다! **백충현** 장로회신학대학교 조직신학 교수

어린아이와 같은 순수한 신앙과 별개로, 기독교 신앙을 갖게 되면 의심과 질문이 필연적으로 따른다. 출애굽의 홍해 사건, 인간으로 태어나 죽었다 살아나 승천한 하나님의 아들 예수의 이야기는 차치하고, 명쾌하게 나눠지지 않는 선과 악의 경계선, 공의의 하나님이 창조한 세상에 왜 악이 창궐하는지 등등 세상에 대한 근원적 질문과 때로 이해되지 않는 삶의 모순을 접하다 보면 21세기에 교육받은 우리가 기독교의 성경 말씀과 교리를 그대로 믿어야 한다는 것이 어이없게 느껴지기도 한다. 이러한 의심과 질문이 싹틀 때마다 나 자신의 신앙에 대한 자기 검열과 함께 자책감이 든다. 그러나 김진혁 교수의 『질문하는 신학』을 통해 나의 의심과 질문과 고민은 신앙의 불결함이 아닌 진정 하나님을 향해 똑바로 나아가는 길임을 알게 된다. 더 깊이 회의하고 생각하다 보면 나의 의문과 질문은 보다 진지해지고, 어느덧 하나님과 좀 더 깊은 대화를 하고 있는 자신을 발견하게 될 것이다. **신석현** CBS TV 프로듀서

질문하는 신학

질문하는 신학

2019년 2월 27일 초판 1쇄 발행
2024년 1월 19일 초판 7쇄 발행

지은이 김진혁
펴낸이 박종현

㈜ 복 있는 사람
주소 서울특별시 마포구 연남동 246-21(성미산로23길 26-6)
전화 02-723-7183(편집), 7734(영업·마케팅)
팩스 02-723-7184
이메일 hismessage@naver.com
등록 1998년 1월 19일 제1-2280호

ISBN 979-11-7083-104-4 03230

이 도서의 국립중앙도서관 출판예정도서목록(CIP)은
서지정보유통지원시스템 홈페이지(http://seoji.nl.go.kr)와 국가자료공동목록시스템
(http://www.nl.go.kr/kolisnet)에서 이용하실 수 있습니다. (CIP 제어번호: 2019005453)

ⓒ 김진혁 2019

질문하는

하나님과 세계, 그리스도와 인간,
성령과 공동체 의미를 새롭게 묻다

신학

김진혁

복 있는 사람

일러두기

- 이 책의 성서 인용은 주로 개역개정판을 따랐으며, 부분적으로 새번역판과 저자의 사역(私譯)도 포함되었다.
- 신명(神名)은 '하나님'을 원칙으로 하되, 인용문의 경우는 저자와 번역자가 사용한 신명을 그대로 사용했다.
- 이 책의 맞춤법 표기 기준은 복 있는 사람의 편집 지침을 따랐다.

차례

II. 예수 그리스도와 인간

III. 성령과 공동체

머리말

삶의 중요한 결정을 앞두고, 혹은 풀리지 않는 인생의 어려운 문제를 놓고 고민했던 경험이 누구나 최소 한 번 이상은 있을 것이다. 그럴 때 우리는 존경받고 학식 높은 사람의 조언을 구하기도 하고, 그런 분이 쓰신 책을 보면서 삶의 돌파구를 발견하거나 지혜를 얻기를 기대한다. 하지만 정작 던진 질문의 심각함에 비해 우리에게 돌아오는 답변이 너무 진부하고 단순한 경우가 대부분이다. 어쩌면 인간을 인간 되게 하는 소중한 가르침은 예상과 달리 의외로 복잡하거나 새로운 것이 아닐지도 모른다. 만약 그렇다면 우리에게 요구되는 것은 '이미' 익숙한 지혜로부터 어떻게 살지를 '낯설게' 재발견하고 이를 삶에 새겨 가는 기술이 아닐까?

그리스도인이 된다는 것이 '익숙한' 세계를 신적 은혜가 신비롭고 부드럽게 삼투된 곳으로 응시하는 일이라면, 신학이란 그 세계를 이해하고 설명하는 언어와 문법을 늘 새롭게 배워 가는 과정이다. 고대부터 현인들이 입에 침이 마르도록 이야기했듯, 친숙한 환경에서 낯섦을 발견하게 하는 인간의 근원적 자질은 '놀라워할 줄 아는 능력'에서 솟아난다. 놀람과 경이는 창조적이고 변혁적인 질문을 탄생시키며 인류의 삶을 풍요롭고 다채롭게 빚어내 왔다. 심지어 인간은 정해진 답이 없는 줄 아는 질문마저 되풀이하면서, 자신을 신비와 진리를 향해 개방된 존재로 인식해 왔다.

솔직히 말하자면 그리스도교에서는 '순종'의 미덕을 강조해서인지 질문의 중요성이 상대적으로 덜 인정받는 감이 없지 않다. 하지만 성서를 어떤 식으로 보더라도 '질문'과 '믿음 없음'은 동일한 지평에서 논할 바가 결코 아니다. 오히려 적절한 질문은 일상의 평범함에 숨겨져 있던 그리스도교의 빛나는 지혜를 발견하게 해주는 소중한 계기이다. 눈치 빠른 독자는 감지했겠지만 여기서 '적절한 질문'이란 표현이 사용되었다. 그렇다면 왜 '적절한'이란 형용사를 '질문' 앞에 굳이 붙였는지 궁금하지 않은가?

아우구스티누스 이후 중세 신학과 철학에서는 인간의 지적인 욕망을 표현하고자 큐리오시타스^{curiositas}와 스튜디오시타스^{studiositas}를 구분해서 사용했다.[1] 한국어로 전자는 '호기심'으로 후자는 '연구심'이나 '면학심'으로 번역되곤 하지만, 솔직히 입에 착 달라붙는 단어는 아니다. 외부의 세계를 마주할 때 인간 마음에 피어나는 알고 싶어 하는 욕망은 두 다른 형태로 드러난다. 하나는 모르는 대상에 대해 별다른 헌신 없이 단발적이고 피상적인 관심을 표하는 방식이고, 이를 아우구스티누스는 '호기심'이라 정의했다. 다른 하나는 지식의 대상에 대한 관심이 사랑에 의해 이끌리는 것으로, 이는 '연구심' 혹은 '면학심'이라 불렸다. 후자 즉, 사랑에 사로잡힌 지식은 대상을 '더 깊이' 알고 싶어 하고, 대상과 '더 긴밀히' 결합하기 원하는 갈망을 잉태한다. 궁금함이 채워졌을 때 슬쩍 사라지는 호기심과 달리, 지식의 대상 앞에서 사랑의 주술에 걸린 마음은 홍조를 띠우며 경탄에 빠지게 되고, 대상을 더욱 온전하고 심오하게 알아 가는 미지의 여정에 들어가게 된다. 즉, 지식이라고 다 같은 지식이 아니고, 공부라고 다 같은 공부가 아닌 셈이다.[2]

이 책은 독자들이 그리스도교의 신비를 사랑하며 알아 가게 도와주고자, 여러 질문을 던지고 이에 대해 답변을 주는 방식을 취했다. 모르는 것을 알고자 하는 호기심을 채우는 것이 아니라, 사랑에 더욱 이끌리고 사랑을 더욱 베풀 수 있는 존재로 변화되는 것이 예부터 신학을 공부하는 목적이었다. 이 책이 그런 의도를 얼마나 충실히 수행했는지는 각자의 평가에 달려 있겠지만, 이 책을 읽는 과정 중에서나 최근 일어난 인문학과 신학 공부 유행 속에서 이 단순한 진리만큼은 잊히지 않았으면 한다.

그리스도교의 핵심 교리를 체계적으로 논술하는 조직신학이란 분야는 솔직히 말해 사랑을 일깨우기에는 첫 느낌부터 난해하고 딱딱하다고 할 수 있다. 어려운 조직신학을 어렵지 않게 설명하려는 목적을 가지고 일반인 눈높이에 맞춰 쉽게 쓴 책은 끊임없이 출판되고 있다. 그런 와중에 왜 굳이 또 한 권의 조직신학 입문서가 나와야 하느냐는 질문이 계속 필자를 괴롭혔다. 그러한 고민의 결과 이 책에서는 전통적인 조직신학의 구조 대신 목회자나 신학생, 일반인이 가질 만한 궁금증을 각 교리의 핵심 문제를 여닫는 기본 틀이 되게 했다. 교리를 풀어 설명할 때도 실제 삶이나 교회생활에서 공명을 울릴 만한 사례가 없나 한 번 더 생각했다. 짧은 식견을 가지고도 무모하게 소설이나 시, 영화 등의 문화적 소재도 활용하면서 신학의 '낯섦'을 신학의 '어려움'으로 혼동하지 않도록 도움을 주려 했다. 특정한 교단의 신학적 입장을 옹호하거나 소개한다는 느낌을 피하고자, 성서에 기초하면서도 그리스도교 전통 속에서 발전한 다양한 목소리를 균형감 있고 충실히 소개하고자 했다. 하지만 꽤 두껍기는 해도 단권으로 나온 입문용 책이다 보니 단순화의 위험이 있다. 그리고 필자가 주제를 선별하는 과정에서 편향성을 온전히 벗어나지 못했음도 인정하게 된다. 이에 대해서는 독자의 양해를 간절히 구한다. 부디 독자들이 더 많은 독서와 폭넓은 공부를 통해 이 책의 한계와 단점을 넘어서 주시길 부탁한다.

이 책 전체 분량의 삼분의 일 정도의 초기 형태는 '질문으로 푸는 조직신학'이라는 기획으로 2016년 2월부터 2018년 3월까지 월간 「목회와 신학」에 실린 연재물을 통해 확인할 수 있다. 2년 2개월간 꾸준히 글을 썼지만 비조직적인 순서로 원고가 작성될 때도 있었고, 분량의 한계 때문에 내용을 온전히 다 전달하지 못할 때도 있었다. 따라서 이전에 연재되었던 원고를 단행본을 준비하면서 질서를 갖춰 수정하고 보완하는 오랜 과정을 거쳐야 했다. 이 책의 앞 부분 '하나님과 세계'는 2017년에 『신학공부』라는 제목으로 출판되기도 했다. 『신학공부』는 필자가 기대도 못했던 과분한 사랑을 받았던 작품이다. 그러나 세 권으로 기획되었던 시리즈가 예기치 않은 상황으로 중단된 채 시간이 흘렀고, 『신학공부』에서 다루지 못한 주제를 책으로 보고 싶다는 요청은 계속되었다. 그래서 원래 계획을 바꿔 내용을 추가하고 기존에 단행본으로 출판된 내용도 독자들의 반응에 맞춰 수정하여 이 책이 니오게 되었다. 조직신학의 전체 구조를 갖추려다 보니 「목회와 신학」이나 『신학공부』에서는 볼 수 없던 새로운 장이 많이 추가되었다. 그리고 이전 출판에서 소개했던 교리도 새로운 소주제나 설명 방식, 예화 등을 보충함으로써 더욱 풍성히 풀어내고자 하였다.

한 권의 책이 독자의 손에 들어가는 과정은 그야말로 신비에 가까운 것 같다. 저자 혼자서는 감당하기 불가능한 이 과업을 함께 지고 가는 수많은 이들의 흔적이 책장을 넘길 때마다 아련히 느껴진다. 짧은 지면에 갇혀 한 사람 한 사람 이름을 불러 드릴 수 없음이 죄송할 따름이다. 그럼에도 특별히 몇 분께는 이 자리를 빌려 감사의 말을 전하고 싶다.

우선 글 쓰는 것을 두려워하는 무명의 신학자에게 몇 년간 끊이지 않는 관심을 보여주며 함께 책을 내자고 거듭 제안했던 복 있는 사람의 박종현 대표님께 말로 못할 감사를 표한다. 2013년 고국에 막 돌아와 한국 사회에 재적응하느라 한참 헤매던 필자의 연구실에 막무가내로 찾아온 이후, 게으르고 소심한 필자 옆에서 지금까지 충실한 관심을 보이며 창작의 고통을 대신 짊어지기까지 했던 복 있는 사람의 문신준 팀장의 공로를 특별히 언급하지 않을 수 없다. 또한 이 책이 탄생하고 독자 앞에 이를 수 있도록 기획과 편집, 디자인, 인쇄, 유통, 홍보로 수고해 주신 모든 분께 감사드린다.

유난히 더웠던 2018년 여름날 폭탄처럼 던져지는 원고를 한줄 한 줄 읽으며, 소중한 조언을 과감히 되던져준 횃불트리니티신학대학원대학교의 김주희 전도사와 이민희 전도사가 없었다면 이 책이 지금의 꼴을 갖추지 못했을지도 모른다. 비록 끝까지 함께하지 못했지만 질문을 통해 교리를 풀어 가자는 제안을 처음 했던 예책의 장병주 대표님도 이 책이 존재하는 데 큰 역할을 담당하셨다. 2년 넘게 조직신학이란 비인기 주제의 글을 연재하게 해주신 「목회와 신학」의 스티브 차 편집장님과 김보경 부장님을 비롯한 편집팀 모두에게도 감사드린다. 18주의 연속 강의를 통해 이 글에 사용된 많은 통찰을 압축적으로 얻게 해주신 'CBS 아카데미 숲'의 신석현 PD님과 김보영 작가님을 포함한 제작진과 출연진 모두가 글을 쓸 때 눈에 어른거렸다.

마지막으로 언제나 그랬듯 글 쓴다는 핑계를 대며 평일에는 늦은 밤에 퇴근하고 휴일에는 동네 카페로 사라지는 남편 때문에 일상을 나누는 즐거움을 크게 양보해야 했던 오랜 친구이자 좋은 아내 이현주에

질문하는 신학

게 미안함 섞인 감사의 마음을 전한다. 우물쭈물하는 필자의 뒤에 언제나 묵묵히 계시면서, 은혜와 신뢰 속에 산다는 것이 얼마나 든든하고 자유로운 것인지를 배우게 해주신 부모님께 이 책을 드리고 싶다.

2019년 2월 양재동에서

김진혁

이 책을 어떻게 사용할까?

신학을 정의하는 방식은 여러 가지이다. 개인적으로 신학은 무엇보다도 삼위일체 하나님의 존재와 활동에 대한 인간의 반응이자 성찰이라고 생각한다. 따라서 이 책은 성부·성자·성령 하나님에 대한 신앙고백의 요약이라 할 수 있는 사도신경의 순서를 따라 구성되어 있다. 즉, 책의 첫 부분에서는 성부(하나님과 세계), 두 번째는 성자(예수 그리스도와 인간), 세 번째는 성령(성령과 공동체) 하나님과 관련된 교리적 내용이 각각 12장으로 다루어진다. 또한 그리스도교 신앙이 어떻게 우리의 삶과 실제 연결될지를 보여주고자, 좀 더 현실적이고 실천적인 주제를 소개함으로써 성부와 성자와 성령에 관한 논의가 끝맺게 되어 있다.

많은 작가가 글을 쓸 때 책을 읽어 줄 가상의 독자를 상상하고, 이에 맞게 주제를 잡고, 자료를 모으고, 논의의 밀도를 결정하고, 문장을 만들어 가게 된다. 이 책을 기획하고 쓰면서 현장에서 활동하는 목회자나 이제 신학을 배워 가는 학생, 혹은 그리스도교를 체계적이고 깊이 있게 알고 싶어 하는 일반인을 마음에 일차적으로 품었다. 따라서 지나치게 복잡한 내용이나 교리의 발전사 등은 꼭 필요한 경우가 아니면 생략했다. 또한 가능하다면 전문적인 학술 용어는 최소화하여 사용하려했고, 신학에 대한 전이해 없이 책을 읽거나 현장에서 사용하기에 큰 어려움 없을 정도로 교리의 논리를 평이하게 풀어서 서술했다. 조직신학이라면 이보다 더 심도 있고 복잡한 내용을 다뤄야 하지 않겠냐고 생각하는 독자도 분명 있겠지만, 이는 책의 특성에서 나온 태생적 한계이니 너그러이 양해해 주길 바란다.

이 책은 그리스도교의 핵심 교리에 관한 총 36개 장으로 이루어져 있다. 각 장은 중요 교리를 이해하는 데 가장 적절하다고 판단되는 포괄적인 도입 질문을 가지고 시작했다. 그 후 논의를 소개하고 교리를 설명할 때마다 필요한 구체적이고 세부적인 질문들을 장마다 여럿 제시했다. 각 장이 시작될 때마다 나오는 질문을 읽고 독자 나름의 답을 생각한 후에, 책을 꼼꼼히 읽어 나가면 좋은 배움의 기회가 되리라 기대한다. 물론 이 책에서 다루는 주제가 많다 보니 질문끼리 서로 겹치는 경우도 있다. 신학을 전공한 이가 질문을 만들다 보니, 독자 입장에서는 질문 자체가 낯설게 느껴질 수도 있을 것이다. 꼭 알았으면 하는 주제인데 마땅한 질문을 던지지 못한 경우도 있을지 모른다. 이럴 때마다 창조적이고 비판적 시각으로 독자가 직접 필자의 질문이나 접근법을 수정하며 책을 읽어도 좋을 것 같다.

이 책은 한국 개신교라는 구체적 상황에 가능한 한 충실하면서도, 지난 2천 년간 이어져 내려온 그리스도교 전통이 품고 있는 다양성에 대해 균형 있는 태도를 유지하려 했다. 또한 초대교회부터 현대까지 신학이 발전하면서 어떻게 신학적 상상력이 형성되었는지 그 흥미로운 과정을 맛보게 해주려고 노력했다. 그러다 보니 어느 교파를 지지하거나, 특정 학파의 신학을 옹호하는 식으로 서술하지 않았다. 질문과 답을 하는 과정 중에 이레나이우스, 아우구스티누스, 안셀무스, 토마스 아퀴나스, 루터, 칼뱅, 웨슬리, 바르트, 니버, C. S. 루이스, 후크마, 그루뎀, 몰트만, 판넨베르크, 하우어워스, 윌리엄스, 메이엔도르프 등 다양한 신학적 입장과 교단을 대변하는 신학자들이 소개되겠지만, 누구를 편파적으로 선택하거나 비판하는 식으로 인용하는 것은 가급적 자제했다. 그대신 독자들은 각 신학자의 의도와 공헌을 열린 마음으로 받아들이도록 초청받을 것이다.

각 장이 끝날 때마다 독자들의 공부에 도움이 되도록, 본문 내용을 기초로 성찰과 토론을 위한 질문들을 만들어 정리해 놓았다. 이론적 질문도 있고, 마음이나 행동을 되돌아보게 하는 성찰적 질문도 있다. 새롭게 생각하도록 자극을 주는 다소 엉뚱한 질문도 간혹 있겠지만, 오늘날의 현실을 신학적으로 관찰하도록 초청하는 질문도 있을 것이다. 이러한 성찰과 토론을 위한 질문들을 개인적으로 홀로 공부할 때 사용해도 좋겠지만, 교회나 독서모임 등에서 활용해도 도움이 될 것이다. 미리 정해진 정답이 있고 이를 본문에서 찾으라는 의미에서가 아니라, 그리스도교 신앙에 대해 조금 더 진지하지만 재미있게 고민해 보자는 의미에서 질문을 만들어 놓았으니, 각자의 환경과 필요에 맞게 상상력을 발휘해 잘 활용하기를 바란다.

끝으로, 질문을 던지고 답을 찾아가는 과정을 통해 그리스도교의 핵심 교리를 풀어 가는 이 책 특유의 접근법에 도움을 받는 사람도 있겠지만, 사실 그렇게 느끼지 않을 사람도 분명 있으리라 예상된다. 특별히 신학을 어느 정도 공부했던 이들에게는 전통적 접근법이 더 편하고 효율적일 수 있다. 아래 표에서는 이 책에서 던지는 질문들이 일반적으로 사용되는 개념들과 어떻게 연결되는지를 정리해 놓았다.

I. 하나님과 세계		
	이 책에서 던진 질문	일반적 신학 개념
1부 **신학의** **정의와 자료**	1장. 신학의 정의: 신학은 무엇이며 왜 필요한가?	
	신학은 목회자나 신학자가 되기 위한 공부가 아닌가?	만인신학자론
	신앙의 내용을 합리적으로 다루면 신앙이 위협받지 않는가?	신학 무용론
	왜 신학자마다 각기 다른 이야기를 하는가?	교리와 신학의 차이
	신학에는 어떤 종류가 있는가?	신학의 세부 전공
	2장. 신학의 자료: 신학을 공부할 때 꼭 많은 책이 필요한가?	
	신학을 공부할 때 왜 다양한 종류의 책이 필요한가?	신학의 자료
	'전통'은 종교개혁자들이 거부하지 않았는가?	전통
	'이성'은 믿음의 걸림돌이 아닌가?	이성
	주관적인 '경험'은 객관적인 신학적 지식과 이질적이지 않은가?	경험
	3장. 성서론: 성서, 하나님의 말씀인가 인간이 쓴 책인가?	
	성서는 역사 속에서 어떻게 형성되었나?	성서의 정경화
	가톨릭 성서의 외경을 개신교인이 읽어도 될까?	정경과 외경
	인간이 쓴 성서가 어떻게 하나님의 말씀인가?	성서영감설
	하나님의 말씀인 성서는 전혀 오류가 없는가?	성서무오설
	성서는 '문자적으로' 읽어야 하는가?	성서 해석법
2부 **신론**	4장. 삼위일체론: 어떻게 셋이 하나일 수 있을까?	
	삼위일체론은 어디서 나온 말인가?	삼위일체론의 기원
	삼위일체론의 기본 논리는 어디서 시작하는가?	성서 속의 삼위일체
	어떻게 하면 삼위일체론을 잘못 이해하게 되는가?	삼위일체 이단
	과연 삼위일체를 인간의 이성으로 알 수 있을까?	삼위일체에 대한 논증
	태초에 말씀이 있었다는 것은 무슨 의미일까?	관계의 삼위일체
	삼위일체론이 우리의 실제 삶과 무슨 상관인가?	삼위일체론과 구원론
	5장. 계시론: 하나님은 어떻게 인간에게 자신을 알려 주시는가?	
	하나님의 계시를 어디서 알 수 있는가?	삼위일체와 계시
	계시를 통해 알려지는 것은 무엇인가?	하나님의 자기 계시
	계시는 어떻게 경험될 수 있는가?	특별계시와 일반계시
	성서를 많이 읽으면 우리도 계시 받을 수 있는가?	성령의 영감과 조명
	6장. 하나님의 속성: 하나님은 어떤 분이신가?	
	하나님에 대한 지식은 다른 지식과 어떻게 다른가?	인격적 하나님
	하나님이 어떤 존재이신지 언어로 설명할 수 있는가?	속성과 유비
	전능하신 하나님께서는 자연재해를 못 막으시는가?	하나님의 전능
	전지하신 하나님 앞에서 우리의 고민은 무의미한가?	하나님의 전지
	완전하신 그리스도는 의도적으로 연약하게 사셨는가?	하나님의 자기제한

I

하나님과 세계

1부

신학의 정의와 자료

예술이라고 불릴 만한 신학이 있고, 학문이라고 불릴 만한 신학이 있다. 혹은 적어도 그렇게 되기 위해 노력하는 신학 말이다.……과학적인 사고를 지닌 사람들은 오래된 포도주를 언제나 새로운 술 포대에 담는다. 새로운 술 포대에 담기기 때문에 전통적인 가치는 망치게 되는 것이나. 반면에 예술가들은 얼핏 보기에 그릇된 주장들을 태연스럽게 고집하면서도 많은 사람에게 위로와 기쁨을 가져다주었다. 이것은 비평과 창조, 학문과 예술 사이의 불평등한 오랜 투쟁이다. 이 투쟁에서 과학은 별다른 도움 없이 언제나 정당성을 인정받아 왔다. 언제나처럼 예술은 믿음과 사랑, 위로와 아름다움, 그리고 영원에 대한 예감의 씨앗을 뿌려 왔다. 또한 풍요로운 토양을 새로이 발견하여 온 것이다. 그것은 삶이 죽음보다 강하고, 믿음이 의심보다 강하기 때문이다.

― 헤르만 헤세, 『수레바퀴 아래서』 중에서[1]

다른 여느 책들과 마찬가지로 조직신학 저술은 대개 '서론'으로 시작된다. 조직신학의 서론을 흔히 '앞에 쓰인 말'이라는 뜻의 그리스어를 사용해 프로레고메나Prolegomena라고 부른다. 어느 작가가 쓴 책이든 서론에서 집필 동기, 책의 전개 순서, 내용 요약 등의 일반적 내용을 다루지만, 조직신학의 프로레고메나는 신학을 본격적으로 다루기에 앞서 사전작업으로 신학의 정의와 분류, 방법론과 자료 등도 체계적으로 논의하게 된다. 따라서 학문적 성격이 강한 조직신학일수록 프로레고메나의 역할이 중요한 경우가 많고, 심지어 프로레고메나만으로 수백 쪽 분량의 단행본이 출판되기도 한다. 하지만 프로레고메나를 너무 강조하다 보면, 신학의 내용이 방법론에 따라 한정되어 버릴 위험이 생기기도 한다.

이 글은 학문적인 글이 아니라 조직신학의 기본 내용을 쉽고 일상적인 언어로 소개하는 것을 목표로 하고 있어서, 사실 프로레고메나라고 불릴 만한 거창하고 체계적인 서론은 생략하고 쓰였다. 그렇지만, 신학이란 어떤 학문이고, 신학에는 어떤 종류가 있고, 신학이 어떻게 형성되는지 등에 관한 이해는 이 책을 읽어 나가거나 그리스도교를 이해하는 데 도움이 되는 사전지식을 제공해 준다. 이러한 점을 고려하여 1부에서는 신학이라는 학문에 대해 알면 도움이 될 기초적 사항들을 정리하는 정도의 수준에서 작성했다. 만약 그리스도교 신앙의 구체적 내용을 빨리 알고 싶다면, 1부를 뛰어넘고 이후의 관심 있는 주제부터 시작해도 좋을 것 같다.

1부는 세 개의 장으로 구성되어 있고, 각 장의 내용은 다음과 같다.

1장에서는 신학의 정의, 신학의 필요성, 신학과 교리의 관계, 신학의 분류 등을 다루게 된다. 사실 신학을 오래 공부했다는 사람마저 신학과 교리를 구분하지 못하거나, 신학의 여러 분야가 왜 나뉘고 어떻게 연결되어 있는지를 잘 모르는 경우가 적지 않다. 이 짧은 장을 통해 신학이란 어떤 학문이고, 신학의 세부 전공으로 무엇이 있으며, 신학을 어떤 자세로 공부해야 할지 등을 생각해 보는 기회를 얻기를 바란다.

2장에서는 신학의 자료를 간략히 소개했다. 글을 쓰거나 강의를 하려면 참고해야 할 자료가 꼭 필요하다. 신학을 공부하기 위해서도 특유의 자료들이 요구되는데, 흔히 신학자들은 성서, 전통, 이성, 경험을 신학의 기본 자료로 든다. 물론 종교개혁 전통을 따르는 개신교에서는 '오직 성서'라며 성서의 권위를 다른 무엇보다도 강조한다. 그러나 '오직 성서'가 전통, 이성, 경험 등의 다른 자료의 정당성과 유용성을 거부하지는 않는다. 성서론은 그 자체로 중요한 주제이기에 이 장에서는 전통, 이성, 경험이 신학적 사고를 전개하거나 글을 쓸 때 어떻게 사용되는지를 중점적으로 다루었다.

3장에서는 신학의 자료 중 핵심적 위치를 차지하고 있는 성서에 할애했다. 성서는 어떤 성격의 책인지, 신구약성서는 어떻게 형성되었는지, 왜 개신교와 가톨릭의 성서의 수가 다른지, 성서의 권위는 어디서 나오는지, 성서해석은 어떻게 하는지 등의 핵심 주제를 소개했다. 성서는 여러 인간 저자가 기록한 책이지만 동시에 하나님의 말씀이기도 하기에, 성서론은 5장 계시론에서 다시 다룬다.

신학은 무엇이며 왜 필요한가?

두 신학생 이야기

신학이란 무엇이며 왜 필요한지 이론적으로 논하기에 앞서 개인적인 기억의 조각을 우선 풀어내 보았으면 한다. 필자가 유학 시절 만난 한 열정적 신학생 이야기다. 미국이나 유럽의 신학교에는 정말 다양한 사람이 등록되어 있다. 그중에는 목회자나 신학자가 되고자 신학을 공부하는 사람도 있지만, 그렇지 않은 상당수의 학생이 각각의 목표를 가지고 열심히 신학교 생활을 한다. 그런데 한국의 대표적인 보수 교단 출신 신입생이 초기에 이런 낯선 분위기에 적응하지 못하여, 결국 학교 관계자를 찾아가 '왜 목회 소명이 없는 사람에게 입학 허가를 내줬냐'라는 질문을 했다. 이 학생의 질문에는 신학 공부는 목사나 신학자로서 소명이 있는 사람이 하는 것이라는 전제가 깔려 있음을 어렵지 않게 눈치챌 수 있다.

또 다른 신학생의 이야기다. 박사 과정 당시에 필자의 바로 옆자리에서 공부하던 나이가 많은 영국인 학생이 있었다. 어느 날 휴게실에서 식사를 하면서 왜 신학을 공부하게 되었는지 물어봤다. 그 친구는 약간 주저하다가 자신의 이야기를 들려줬다. 그는 과거에 선교지에서 행정을 담당하고 있었다. 어느 날 점심 식사를 하러 나간 사이에 테러리스트가 사무실을 공격하여 그 자리에 있던 동료들은 다 목숨을 잃었다. 선교지를 떠나서 본국으로 돌아온 그는 결국 신학을 공부하게 되었다. 심각한 표정을 숨기지 못하고 무슨 말을 할지 몰라 어색해하는 필자를 보고 그는 이렇게 말했다. "나는 단지 좋은 그리스도인이 되기 위해 신학을 공부할 뿐이야." 이 경우는 파편화된 삶 속에서 의미를 찾고, 세상을 더 잘 이해하고자 하는 사람이라면 누구나 신학 공부를 할 수 있다는 입장이다.

이 두 '신실한' 신학생이 신학에 대한 태도가 달라진 이유는 이 독특한 학문의 본성과 사명을 이해하는 방식에 차이가 있기 때문이다. 전자는 신학을 '교회를 위한 학문'으로 보고 있다면, 후자는 신학을 하나님의 뜻을 충만히 반영하며 살도록 돕는 '삶의 기술'art of living로 파악하고 있다. 이 모두가 신학의 핵심적이고 중요한 기능인만큼, 둘 중 하나만을 선택하라는 것은 다소 위험하고 폭력적인 요청이 될 수도 있다. 그런데 '교회의 학문'으로서 신학이라는 말은 그 의미가 쉽게 다가오는데, '삶의 기술'로서 신학이란 무엇일까? 이 질문에 완전히 만족할 만한 답변은 아니겠지만, 일상에서 쉽게 발견되는 현상을 예로 삼아 생각해 보자.

요즘 텔레비전을 켜면 건강에 대한 프로그램이 많이 있다. 사실 텔레비전을 통해 건강정보를 얻기 전에도 많은 사람이 하루하루 잘 살고 있다. 오히려 너무 많은 정보는 매사에 필요 이상으로 조심하게 하는 건강 염려증을 일으킬 수도 있다. 그럼에도 전문가가 준 의학적 정보는 몸을 이해하는 방식을 변화시킬 수 있고, 작은 노력으로도 더 건강해질 수 있는 운동법을 찾게 해줄 수도 있으며, 잘못된 생활이나 식습관을 교정하게도 한다. 게다가 적절한 지식과 경험이 쌓이면 주변 사람의 건강도 챙겨 줄 수 있게 된다.

신학의 역할과 기능도 이와 유사하다. 몸에 대한 지식 없이도 건강하게 사는 사람이 있듯, 신학을 모르고도 훌륭한 그리스도인이 될 수도 있다. 건강에 대해 넘치는 지식이 건강 염려증을 불러일으킬 수 있듯, 과다한 신학적 지식은 지루한 논쟁이나 추상적 사변으로 이어질 수도 있다. 그렇지만 간(肝)에 대한 지식 덕분에 우리가 간의 기능에 대해 더 잘 알게 되고 간을 건강하게 관리할 가능성이 높아지듯, 하나님과 인간, 교회나 구원 등에 대한 적절한 지식은 하나님의 뜻이 더 충만히 삼투된 삶을 살도록 도와줄 수 있다. 이런 관점에서 볼 때, 신학은 본질적으로 교리에 대한 이론적 지식의 체계가 아니라, 그리스도인으로서 하나님을 예배하고 인간다운 삶을 살아가고 교회를 교회 되게 하는 실천적 지식에 가깝다 할 수 있다.

그런데 신학이 중요하다는 것을 인정하더라도, 신학을 하려면 다른 학문에서는 찾기 힘든 어려움에 부딪치게 된다. 생물학은 살아 있는 존재를 다루고, 사회학은 사회를 대상으로 하며, 문학은 작품이나 작가를 연구 대상으로 한다. 반면 신학의 대상인 하나님은 보이지 않는 분이시기에 관찰이나 실험이 불가능하다. 또한 신학에서 탐구하는 중요한 문제가 '믿음'일진대, 이 역시 계량화하여 분석하기에는 한계가 있다. 그렇다면 신학자라는 무리는 이러한 불확정적 상황 속에서 도대체 어떻게 신학을 하고 있는가?

신학(神學)을 뜻하는 영어 단어 theology는 그리스어 *theologia*에서 왔다. 이 단어는 신을 뜻하는 *theos*와 이야기나 말을 뜻하는 *logia*가 합쳐져 생긴 말로, 문자적으로 '신에 대한 이야기'라는 의미다. *theologia*는 기원전 4세기에 고대 그리스 철학자인 플라톤이 신화에 등장하는 '여러 신들에 관련된 이야기'를 지시하고자 사용했다.[1] 그의 제자 아리스토텔레스는 '신의 본성에 관한 논의'라는 의미로 *theologia*를 좀 더 철학적으로 정의했다.[2]

고대 다신론적 맥락에서 다양한 방식으로 사용되던 *theologia*는 그리스도교의 등장 이후 더 엄밀한 의미를 띠게 되었다. 4세기 정도에 신학자들은 이 단어를 하나님의 본성에 대한 경건하고 신적인 지식이나 가르침이라는 뜻으로까지 사용했다.[3] 그리고 *theologia*는 라틴어 *theologia*, 독일어 *Theologie*, 프랑스어 *théologie*, 영어 theology 등 유럽 언어에서 비슷한 형태로 발전했다. 심지어 오늘날에는 신학이 그리스도교가 아닌 종교에 대한 학문적 연구를 지칭할 정도로 광범위하게 사용되고 있기도 하다. 그래서 신에 대한 이야기라는 고전적 정의 대신, 신학을 "종교들에 의해 제기되는 질문들과 종교들에 관한 질문들에 대한 생각"[4]이라고 광범위하게 규정하기도 한다.

신학이란 단어가 고대 그리스 이후 약 2,400년의 긴 역사 동안 사용되어 왔지만, 여전히 신학이 무엇인지를 제대로 정의하기는 쉽지 않다. 일반적으로 사람들은 신학을 목회자나 신학자가 되기 위해 공부하는 학문이라고 받아들인다. 그런데 이렇게 생각하면 신학은 전문가들에게나 필요한 난해한 학문이라고 간주하게 된다. 그러나 사실 그렇지 않다. 조금 과장해서 말하자면 모든 사람은 신앙을 가지면서 자연스럽게 '신학자'가 된다.

필자가 교회 유치부 시절, 친구 중 한 명이 소문난 장난꾸러기였다. 그 친구가 예배 중에 '비는 하나님의 오줌'이라고 말해 아이들에게서 웃음이 콸콸 터져 나왔다. 선생님들 귀에는 거의 '신성모독적' 발언이었지만, 사실 그 아이는 나름 상당히 신학적인 화두를 던진 셈이다. 그 친구는 하나님은 하늘에 계신다는 믿음과 하나님도 (인간처럼) 배설을 한다는 유아기적 상상력을 종합해, 비가 내리는 원인에 대한 신학적 해석을 끌어낸 것이다. 일상적으로 경험하는 자연 현상, 교회에서 배운 단편적인 신학적 지식, 인간으로서 가지게 되는 종교적 상상력이 결합된 것이다. 누구도 신학 하는 법을 가르치지 않았지만 그 아이의 의식 속에서는 나름의 신학적 활동이 일어난 셈이다.

물론 나이가 들면서 하나님이 하늘에 계시다고 할 때 그 '하늘'이 구름이 머무는 물리적 하늘이 아니라는 것도, 영이신 하나님은 인간과는 달리 신진대사가 불필요하다는 것도, 비는 공기 안의 물방울이 모여 형성된 구름 때문에 내린다는 것도 알게 될 것이다. 그렇게 지식이 쌓이고 세계를 보는 방식도 변화하면서, 아이의 머리에서 새로운 신학적 종합이 일어나게 된다. 그리고 중고등부나 대학부로 올라가면서 변화되는 교회생활의 경험이나 교회에서의 역할 역시 신학적 사고의 발전에 알게 모르게 지대한 영향을 끼친다.

이렇게 인간이라면 자기가 믿는 바를 본인의 다른 경험이나 지식 등과 종합하여 나름대로 의미를 형성하는 정신작용을 하게 마련이다. 인간의 의식 속에서 자연스럽게 이루어지고 있는 신학 활동을 언어를 통해 구체화시키고, 과거의 전통이나 현대 연구물의 도움을 받아 사고의 일관성과 명료성을 높이며 소통 가능한 형식으로 표현해 내는 것이 바로 '학문으로서 신학'이다. 그런 의미에서 중세 신학자인 캔터베리의 안셀무스

Anselmus Cantuariensis, c.1033-1109는 신학을 라틴어로 *fides quarens intellectum*, 곧 '이해를 추구하는 신앙'faith seeking understanding이라고 불렀다.[5]

신학을 이와 같이 광의적으로 설명하는 방법도 있겠지만, 사실 그리스도교 신학은 조금 더 섬세하고 구체적인 정의를 요구한다. 수백 년간 많은 사람들이 두 단어로 이루어진 짧은 라틴어 문장을 신학의 출발점으로 삼아 왔다.[6] "*Deus Dixit!*" 하나님께서 말씀하셨다! 신학은 인간에게 건네신 하나님 말씀을 연구하고, 그 말씀이 교회에서 올바로 선포됨으로써 그리스도인의 삶이 온전히 형성될 수 있도록 돕는 학문이다. 그리스도교의 경전인 신구약성서가 소개하는 절대자는 무엇보다도 '말씀하시는' 분이다. 성서의 하나님은 말씀으로 천지를 창조하시고, 인간에게 말을 건네시는 분이시다. 즉, 인류는 하나님의 말씀으로 만들어졌을 뿐만 아니라, 그 말씀을 경청하도록 창조되었다. 인간은 말씀을 통해 하나님이 누구신지 알아 가고, 자신을 둘러싼 환경을 익혀 가며, 자기 자신의 정체성을 발견해 간다. 마치 아이가 부모에게서 습득한 말을 통해 세상을 이해하고 자라나듯, 인간은 성서를 읽고 해석하면서 형성된 '신학의 언어'를 통해 하나님과 자아와 세상을 배워 나가게 된다.

그런 의미에서 신학을 공부하면 외국어를 배우는 것과 유사한 경험을 하게 된다. 새로운 언어를 배우게 되면 이제껏 무의미했던 알파벳들이 서로 연결되고 결합하며 의미를 형성하기 시작한다. 언어 공부 덕분에 이제껏 침묵하던 꼬부랑글자가 말을 걸어오기 시작하고, 이로써 새로운 의미의 세계가 눈앞에 펼쳐진다. 이와 마찬가지로, 신학의 언어를 배우면서 우리는 이전과는 전혀 다른 의미의 세계에 속하고 우리의 상상력도 변화하게 된다.[7] 신학을 통해 세계를 단지 물질 덩어리가 아니라, 하나님께서 독생자를 주실 정도로 사랑하시는 대상으로 인식할 수 있는 언어의 우주에 초청받는다(요 3:16). 신학을 통해 현실 사회가 인간을 규정하는 출신, 학력, 권력, 재력 등이 아니라, 하나님의 형상으로 자신을 이해하는 법을 익힐 특권도 받는다(창 1:26). 우리의 삶의 무게 중심이 신학이 펼쳐 놓은 낯선 세계로 옮겨지면서, 지금 이 세계를 장악하는 힘과 논리에서 벗어나 참 자유인으로 살아갈 가능성도 생긴다.

인간을 향한 하나님의 말씀은 공허 속에서 울려 퍼지는 것이 아니라 교회 공동체라는 구체적 맥락을 전제로 한다. 교회가 있어서 거기서 하나님 말씀이 선포되는 것이 아니라, 하나님 말씀이 들려지는 그곳에 교회가 있다.[8] 세상 속에서 교회는 세상을 향해 말씀하시는 하나님을 증언하는 과제를 위임받았다. 그런 의미에서 스위스 출신의 신학자 칼 바르트Karl Barth, 1886-1968는 그리스도인이라면 누구나 '신학자'라고 이야기한다.

> 다음 사실을 분명히 해두기로 하자. 진정한 개신교적 가르침에 따르면 '신학자'라는 용어는 신학 교수나 신학생이나 이른바 성직자에게 한정되지 않는다. 이 용어는 그리스도교 공동체 전체에게 맡겨진 신학적 사명을 유념하는 모든 그리스도인, 곧 자신의 고유한 재능에 따라 공통의 노력을 공유하기를 원하고 또 그렇게 할 능력이 있는 모든 그리스도인을 가리키는 말이다.[9]

신학은 단지 '학교에서 가르치는 학문'도 '교회를 위한 학문'도 아니다. 이 두 표현의 원래 의도와 달리, 전자는 신학이 '어려운' 학문이라는 오해를 자아내고, 후자는 '목회자'만 하면 되는 학문이라는 부정적 느낌을 만들어 낸다. 하지만, 어제도 오늘도 내일도 말씀하시는 하나님께 기쁨과 감사로 반응하는 그리스도인 모두가 신학을 필요로 하고 있다. 다만 편견과 무지가 앞서지 않도록 '학문으로서' 신학이 필요하고, '교회'라는 현장이 신학을 구체적으로 요구할 뿐이지, 신학이 학교에서 목사 후보생만 공부해야 하는 전문적 학문인 것은 결코 아니다.

신앙의 내용을 합리적으로 다루면 신앙이 위협받지 않는가?

신학교에서 가르치다 보면 자주 접하게 되는 문제 중 하나가 바로 '신학 무용론'이다. 교수한테 교실에서 배우는 내용이 실제 목회 현장에서는 별로 도움이 되지 않고, 신앙을 키우는 데도 부적절한 내용이 많다는 것이다. 물론 필자도 신학교 시절에 교회에서 사역을 하며 부딪치는 문제들이 학교에서 배우는 내용과 차이가 있음을 경험했다. 그래서 당시 친구들과 장난삼아 교육전도사에게 요구되는 여러 업무나 활동을 중심으로 학교 커리큘럼을 짜 본 적이 있다. 신구약이나 교회사 등의 기존 과목 외에도, 기타와 피아노 연주, 1종 대형 면허, 행사 기획과 진행법, 바리스타 과정, 축구와 탁구를 포함한 각종 스포츠, 승무원 에티켓 등도 정규 수업에 포함시켜 현장에서 쓰임새 많고 사랑받는 목회자를 기르는 종합 교육 프로그램이었다.

'신학 무용론'이 신학교와 교회 현장의 괴리를 보여주기는 하지만, 이 말이 등장한 책임을 신학자나 신학교에 돌리는 깃은 현실 개선을 위해 그다지 도움이 되지 않는다. 오히려 신학 무용론은 그리스도인 모두의 심각한 자기반성으로 이어질 필요가 있다. 현재 한국 개신교의 큰 문제로 지적되는 반지성주의는 왜 생겼을까? 신학적 고민과 교회적 실천의 역동성이 있어야 할 자리를 권력의지와 개인의 욕심이 대신하고 있지는 않은가? 유명 대학 학위나 유학이라는 포장으로 빈약한 신학적 성찰을 숨기고 있지는 않은가? 교회와 사회의 관계를 진지하게 공부하기보다는, 너무 쉽게 사회나 문화를 적대시하지는 않았는가? 이처럼 한국 교회의 여러 일그러진 모습은 신학의 부재에서 나온 것이 아닌지 자문하게 된다.

물론 신학이 문화적 한계 속에서 유한한 인간이 하는 학문 활동이기에, 어떤 신학도 완벽하다고 할 수 없다. 또한 그리스도교 교회가 전 세계적으로 퍼져 있고, 다양한 교단이 존재하기 때문에, 언제 어디서나 보편적으로 쓰일 수 있는 신학 체계가 있다고 말하기도 힘들다. 게다가 신학이라는 학문 자체가 워낙 역사가 오래되고, 내용도 방대하고 복잡하기에 신학을 공부하는 것이 쉽지만은 않다. 이러한 한계와 어려움을 충분히 고려하면서, 신학이 왜 필요한지에 대한 두 가지 현실적 이유를 제시하고자 한다.

첫째, 신학을 공부하는 가장 중요한 이유는 우리가 무의식적으로 형성해 왔고 우리 마음속에 자리 잡고 있는 자기만의 잘못된 신학을 교정하고 극복하기 위함이다. '내가 신학을 공부한 적이 없는데 내가 어떻게 신학을 가지고 있다고 할 수 있지?'라고 질문을 할지도 모른다. 그러나 인간의 정신은 일상에서 부딪치는 다양한 정보를 재료 삼아 지식을 부지불식간에 형성해 내는 능력이 있다.

예를 들어 "서울 가 본 놈하고 안 가 본 놈하고 싸우면 서울 가 본 놈이 못 이긴다"라는 말이 있다. 대상을 직접 경험한 사람은 사실에 충실하려 하지만, 그렇지 않은 사람이 더 그럴듯하고 더 과장해서 이야기함을 이르는 말이다.[10] 그런데 서울에 산 사람이야 직접 서울을 봤지만, 서울 안 가 본 사람은 어디서 그 지식을 얻었을까? 아마 여기저기서 듣고 본 정보를 자기 식견과 경험과 종합하며 나름 지식을 만들어 내었을 것이다. 그런데 이 속담이 지적하듯, 간접적이며 파편적이고 제한된 지식이 오히려 맹목성과 독단성을 가지기 쉽다.

마찬가지로 사람들은 알게 모르게 다양한 경로를 통해 받은 정보를 종합하여 자신만의 신학을 형성한다. 이러한 '암묵적' 신학은 각 개인의 신념 체계와 결합되어 있기에, 잘못될 경우 다른 어떤 지식보다 강한 편견에 사로잡힐 수 있고, 배타적이거나 파괴적 성향을 보일 수도 있다. 마음에 자리 잡은 부적절한 신학은 하나님과 깊은 관계로 나아가는 데 장애가 되고, 참 자아를 발견하는 것을 방해하며, 타인과 적절한 관계를 맺는 데 어려움을 만들어 낸다. 이러한 은밀하고 나쁜 신학에 대해 C. S. 루이스^{C. S. Lewis, 1898-1963}는 다음과 같이 말한다. "여러분이 신학에 귀를 기울이지 않는다는 것은 하나님에 대해 아무 개념도 가지고 있지 않다는 뜻이 아닙니다. 오히려 잘못된 개념—여러 가지가 뒤섞인 해롭고 낡은 개념—을 너무 많이 가지고 있다는 뜻입니다."[11] 따라서 신학 공부는 자기 안에 자리 잡았을지 모르는 암묵적인 신학을 성찰하고 극복하기 위해 반드시 필요하다.

신학을 공부해야 하는 첫째 이유가 모든 신앙인을 위한 것이었다면, 둘째는 특별히 목회자나 신학자가 되고자 하는 경우에 해당된다. 사람의 생명을 다뤄야 하는 의대생의 상황과 비교해 보면 왜 신학 교육이 중요한지 잘 알게 된다. 아무리 사람을 고치고 싶은 열망이 가득한 심성 좋은 의대 신입생이라도 환자를 바로 진료하지는 못한다. 의대에 들어가면 보통 해부학, 약리학, 생리학, 생화학, 유전학, 병리학, 미생물학 등의 기초 과목부터 배운다. 그 후에 다양한 임상의학을 공부하게 되고, 엄격한 실습 지도하에 훈련을 거치고서야 환자를 진단하고 치료하게 된다.

의대생들이 환자를 실제로 다루는 데 별로 티가 나지 않는 기초 과목을 통과하기 위해 쏟아붓는 시간과 노력은 엄청나다. 그런데 감기 환자를 진료하는 데 해부학이 필요가 없다고 해부학을 내과의 훈련 과정에서 생략하는 의대가 있을까? 기초 과목이 너무 이론적이라 흥미가 없다고 학생들이 불만을 표한다고 하여, 기초과목을 대폭 면제하는 커리큘럼을 짜는 의대가 있을까? 환자가 많고 병실에 일손이 부족하기 때문에 기초과목 수업에 결석하고 병원에서 일하라고 강요하는 선배 의사가 있을까? 사람의 생명을 다루는 또 다른 학문이 신학인데, 신학교에서는 이런저런 이유로 때로 신학 자체가 평가절하되는 것 같다.[12] 충분히 훈련받지 못한 의사가 환자의 생명을 위협한다고 인식하는 것만큼, 우리는 신학 교육의 중요성에 대해 경각심을 가지지 못한 것은 아닐까?

물론 신학교의 커리큘럼이나 교과 내용이 시대 상황과 교회의 필요에 맞게 계속해서 수정될 필요는 있다. 하지만, 소금의 가장 중요한 것이 짠맛이듯(마 5:13), 신학은 하나님 말씀에 봉사하는 그 고유한 기능과 역할이 있다. 그렇기에 공부하는 사람의 취향이나 현장에서 효율성이 신학을 판단하는 궁극적 기준이어서는 안 된다. 또한 하나님 말씀에 우선적으로 봉사하는 사명 때문에, 신학은 현실에 대해 비판적 기능도 수행해야 한다. 신학을 공부하면서 설교를 듣거나 찬양할 때처럼 마음에 감동이 생기면 좋겠지만, 감동을 주는 것 자체가 신학의 목적이라고 할 수는 없다. 신학이 경영학처럼 기획이나 인사 등에 실제적 도움이 되면 이상적이겠지만, 유용성 자체가 신학의 존재 이유는 될 수 없는 것이다.

왜 신학자마다 각기 다른 이야기를 하는가?

정도의 차이는 있겠지만 많은 이가 오늘날 한국 교회가 위기에 처해 있다고 진단한다. 어떤 사람들은 한국 개신교가 교리를 강조하지 않아 이러한 위기가 왔다고 진단하며, 교리설교나 교리교육 회복을 현 문제에 대한 해법으로 제시한다.[13] 반면 다른 부류는 삶과의 접촉점을 무시하는 교리주의가 그리스도교를 현실과 소통하지 못하는 독단적 종교로 만들었다고 비판한다.[14] 이 두 입장 중 어느 것이 옳다고 급하게 단정 짓기보다는, 교리란 무엇인가라는 근원적 질문부터 해보도록 하자.

교의(敎義)dogma와 **교리**(敎理)doctrine는 그리스도인이 믿는 신앙의 내용이다.[15] dogma와 doctrine 모두를 교리라고 번역하는 경우도 있지만, 대부분 둘을 구분하여 dogma는 '교의'로, doctrine은 '교리'로 번역하기도 한다. 교리를 뜻하는 doctrine은 '가르침'을 뜻하는 라틴어 *doctrina*에서 온 것이다.[16] 반면 교의로 번역되는 *dogma*는 '명령' 혹은 '요구 사항'을 뜻하는 그리스 단어를 음역한 것으로, 신앙에 '반드시' 필요한 가르침을 의미한다.[17] 달리 말하면, 신앙의 가장 중요한 핵심이 되는 '교의'를 설명해 주는 세세한 신학적 설명이 '교리'이다. 따라서 교의는 교리보다 중요하고, 교리는 교의보다 내용이 많다고 할 수 있다.

교리를 형성하고 이해하는 데 신학이 필수적이지만, 신학과 교리를 단순히 동일시할 수는 없다. 교리는 일반적으로 그리스도인이 공유하는 것이라면, 신학은 사람에 따라 시대에 따라 조금씩 다를 수가 있다. 삼위일체 교리를 그리스도인이 다 믿는다 하더라도, 초대교회의 대표적 신학자 아우구스티누스Aurelius Augustinus Hipponensis, 354-430의 삼위일체 신학과 종교개혁자 루터Martin Luther, 1483-1546의 삼위일체 신학은 얼마든지 다르게 마련이다. 같은 개신교라 하지만 구원을 설명하는 장로교와 감리교의 신학적 언어와 틀에도 차이가 있을 수 있다. 따라서 신학을 아무리 공부한다고 해도 언제 어디서나 보편적으로 적용될 수 있도록 오류 없는, 곧 무오한inerrant 지식을 얻을 수 있는 것은 아니다.

신앙생활을 하다 보면 우리가 무엇을 믿어야 하는지 헷갈릴 때도 있고 심지어 잘못 믿게 될 위험도 있다. 따라서 그리스도인이라면 믿어야 할 교리의 핵심을 요약해 놓을 필요가 교회 역사에서 늘 제기되었고, 그래서 만들어진 것이 신경(信經)과 신앙고백이다. **신경**Creed은 '나는 믿는다'라는 라틴어 *credo*에서 나온 말로, 전 세계 대부분 교회가 함께 고백하는 믿음의 기준이다.[18] 초대교회 시절 성서마저 아직 제대로 가지지 못했던 상황에서 각종 이단의 위협까지 받게 되자, 그리스도인이 올바르게 믿어야 할 바를 제시할 필요가 대두되었다. 이러한 도전 앞에서 신앙의 표준 역할을 해준 것이 바로 신경(혹은 신조)이다. 그 대표적인 예로 들 수 있는 것이 사도신경 Apostles' Creed 으로, 그 안에 삼위일체 하나님, 천지창조, 그리스도의 성육신과 십자가와 부활, 교회, 죄의 용서, 재림과 종말 등의 중요한 믿음의 내용이 함축적으로 요약되어 있다.

초대교회는 그리스도교 신앙의 핵심인 성육신, 삼위일체, 성령의 신성 등의 신학적 문제를 공의회에서 치열하게 논의했고, 그 결과로 신경이 계속해서 형성되었다. 초대교회 때부터 보편적으로 고백해 왔던 신앙의 핵심이 요약된 사도신경, 니케아 신경, 칼케돈 신경, 아타나시우스 신경을 에큐메니컬 신경 Ecumenical Creeds 이라 일반적으로 부른다. 에큐메니컬 신경은 이후 그리스도교 신학 형성에 지대한 영향을 끼쳐 왔다. 그러나 교단에 따라 이 중 일부를 인정하지 않기도 하고, 전적으로 부정하기도 한다. 미국 감리교는 아타나시우스 신경을 예배에서 사용하지 않으며, 동방정교회는 사도신경보다 니케아 신경에 더 큰 중요성을 부여한다. 침례교회나 급진적 종교개혁주의 흐름에 속하는 교회에서는 신경의 권위 자체를 부정하는 이들을 어렵지 않게 볼 수 있다. 또한 신경이란 단어에서 경(經)자가 경전이란 의미를 가지고 있기 때문에, 신경 대신 신조(信條)라는 단어를 써야 한다고 주장하는 신학자도 있다.

신앙고백(信仰告白) Confession of Faith 은 대부분의 경우 특정 교단이라든지 역사적 상황 속에서 형성된 권위 있는 믿음의 내용들이다.[19] 장로교회의 웨스트민스터 신앙고백, 루터교회의 아우크스부르크 신앙고백, 성공회의 39개조 등이 대표적 예이다. 그리스도인이 된다는 것은 교회의 구성원이 되어 신앙생활을 한다는 것을 의미하기에, 각 교단의 신앙고백은 개인과 공동체의 신앙생활에서 매우 중요한 역할을 한다. 그런데 신경 혹은 신조와 달리 특정 교단의 신앙고백에 동의하지 않는다고 하여 그리스도인이 아니라고 생각해서는 안 된다. 예를 들면 웨스트민스터 신앙고백의 3장 '영원한 예정에 대하여'는 어떤 사람은 구원으로 다른 이들은 영원한 죽음으로 하나님께서 미리 정하셨다는 이중예정론을 전개한다. 그러나 이중예정론은 루터교나 성공회의 신앙고백에는 들어가 있지 않고, 그런 의미에서 이중예정론을 인정하지 않더라도 얼마든지 그리스도인이 될 수 있다.

신경과 신앙고백의 중요성을 어떻게 수용할지에 관해서는 사실 개신교는 정확한 의견 일치를 이루지 못하고 있다. 신경이나 신앙고백을 어떻게 정의하는지는 신학자마다 방식이 다르고, 이들의 권위와 중요성에 대한 평가도 달라질 수밖에 없다. 심지어 어떤 신학자나 목회자는 신경이나 신앙고백 등은 성서에 없는 교회 전통과 정치의 부산물이기에, 신앙에 중요하지 않을 뿐만 아니라 사용해서는 안 된다고 주장하기까지 한다. 물론 이러한 입장 차이가 각 교단과 교회와 개인의 신앙의 독특한 정체성을 형성하는 기반이 되지만, 신경이나 신앙고백이 고유한 역사적 상황에서 형성되었으며 그 이후의 신학적 언어와 상상력을 발전시켜 왔음도 존중하고 배려할 필요도 있다. 그리스도교 내의 다원성이 점차 증대되는 시점에[20] 우리에게 요구되는 것은 다름 자체를 무조건 인정하는 원리로서 관용이 아니라, 다름에 대한 상호 이해와 인내를 통해 차이의 '질'을 인식하는 지혜이다.

결론을 맺자면, 교리는 무엇이 믿음의 내용인지를 알려 주면서 신학적 상상력을 인도하여 개인이 그리스도인으로 성숙하고 공동체를 형성하도록 도와준다. 우루과이 신학자 세군도Juan Luis Segundo, 1925-1996가 아름답게 표현했듯 교리는 우리를 위한 하나님의 교육의 과정 ª process of divine education 이다.[21] 신학적 사유와 언어를 교리를 통해 익혀 가면 현실의 논리에 익숙해져 있던 우리의 생각과 감정이 하나님을 향해 자유롭게 되어 간다. 그러나 교리를 그리스도인으로서 꼭 알아야 할 정보를 모아 놓은 백과사전이나, 무엇을 해야 할지 나열한 규정집으로 잘못 이해하면 오히려 교리는 우리를 부자유하게 하는 강압적인 종교적 교훈과 규율 체계가 되어 버린다. 영어에서 교리를 뜻하는 dogma의 형용사형 dogmatic이 '교리적인'이라는 본래 뜻 외에 '독단적인'이라는 부정적 의미로 쓰이는 것을 볼 때, 교리는 그 본래 의미가 오해받기 쉬운 용어이다.

신학에는 어떤 종류가 있는가?

흔히 사람들은 신학은 목회자가 되기 위해 공부하는 것이고, 목회자는 성서를 잘 알면 된다고 생각한다. 신학을 잘하려면 성서를 많이 읽고 알면 되는데 왜 석박사 과정까지 밟아 가면서 고생을 사서 하는지 당연히 납득이 안 될 수도 있다. 그런데 신학교에 들어가 보면 그 세부 전공이 너무 많아 여간 분주하지 않으며, 여러 수업을 다 따라가려면 고생이 심하지 않을 수 없다. 그렇다면 신학은 왜 이처럼 다양하고 복잡한 내용을 다룰까? 신학 공부의 곤란함은 종교, 특별히 그리스도교가 가진 독특성에서 기인한다.

　종교가 실생활에 끼치는 영향은 우리가 의식할 수조차 없을 정도로 깊고 광대하다.[22] 게다가 그리스도교는 보이는 것과 보이지 않는 것 모두를 만드신 창조주를 믿는다. 따라서 신학을 공부하려면 종교가 다뤄야 할 영역에다가, 하나님께서 만드신 세계의 포괄성과 다양성까지 염두에 두어야 한다. 또한 신학이 이론적 학문이 아니라 목회와 관련된 실천적 학문이다 보니, 인간이란 복잡다단한 존재를 다룰 수밖에 없다. 그러니 신학이 건드려야 할 영역이 몹시 넓고, 공부할 양도 많다.

게다가 근대 이전에는 학문이 그다지 세분화되지 않았다가, 계몽주의를 거치면서 학문이 여러 전문 분야로 분화되었다. 학문과 문화의 발전에 따라 학자들의 전문성이 갈수록 중요하게 여겨졌다. 그 결과 학문을 제대로 연구하고 가르칠 수 있도록 새로운 교육 시스템인 근대 대학이 19세기 초반 유럽에서 등장했다. 근대 대학교에서는 중세 대학과 다른 새로운 학과 구분법이 도입되어야 했다. 신학도 대학교 내 학문 중 하나로 자리 잡고자 고민하게 되었고, 그 결과 오늘날과 유사한 형태의 신학의 여러 세부 전공이 형성되었다.

19세기 독일 베를린 대학교 설립에 크게 기여했던 개혁주의 신학자이자 목회자 프리드리히 슐라이어마허 Friedrich. D. E. Schleiermacher, 1768-1834는 신학의 세부 전공을 나눈 선구자 중 하나이다. 그는 신학이 신에 대한 사변적 이론이 아니라, 그리스도교 '교회 지도'guidance of the church를 위한 구체적이고 실천적인 학문이라고 보았다. 이러한 이해를 기반으로 그는 신학을 다음과 같이 크게 셋으로 나눴다.[23]

철학적 신학 변증학
역사적 신학 성서주석학, 교회사, 교의학과 교회론
실천적 신학 교회봉사, 교회정치

'철학적 신학'은 그리스도교의 본질과 종교 공동체의 형태를 일반 철학적 언어로 서술하는 역할을 맡는다. '역사적 신학'은 과거부터 현재까지 그리스도교의 이념이 어떻게 발전되었는지 성서로부터 교리 발전사

까지를 통해 다룬다. '실천적 신학'은 실제 교회에서 일어나는 봉사와 정치 문제를 대상으로 하는데, 이것이야말로 신학적 활동의 궁극적 목표라 할 수 있다.

21세기에 이런 단순 구조를 그대로 차용하는 신학교는 찾기 힘들지만, 신학이 왜 이렇게 구분되었는지 이유와 방법은 알아 둘 필요가 있다. 슐라이어마허에 따르면 철학적 신학, 역사적 신학, 실천적 신학이 구분되지만, 이 셋은 '교회 지도'를 위해 긴밀히 결합되어 있다. 교회를 나무라고 비유한다면, 철학적 신학은 뿌리이고 역사적 신학은 줄기이며 실천적 신학은 가지와 열매인 셈이다. 나무가 수분과 양분을 뿌리로 흡수해 줄기를 통해 끌어올려 가지의 잎으로 광합성을 하여 열매를 만들어 내듯, 신학의 교회 지도 역할은 철학적 신학으로부터 시작하여 역사적 신학을 통해 실천적 신학에서 결실을 맺게 된다. 신학의 각 분야는 각자의 전문성에 따라 발전해야 하지만, 결국 교회 공동체에서의 삶을 위해 서로 협력하는 유기체적 관계라 할 수 있다.

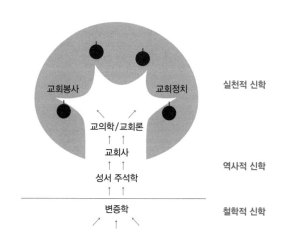

신학의 나무

질문하는 신학

이후 대부분의 신학자가 슐라이어마허가 만든 기본 얼개 안에서 신학의 구조를 파악하거나 만들어 왔다. 아래에 간략히 제시한 오늘날의 일반적 신학 분류법도 슐라이어마허의 제안을 보완하고 수정한 것이라 할 수 있다.[24]

성서신학 그리스도교 신학의 궁극적 원천으로서 성서를 다룬다. 크게 구약학과 신약학으로 나누어지고, 신구약 중간기를 별도로 가르치는 학교도 있다. 성서 본문과 각 책의 저자나 신학을 연구하지만, 성서 당시의 역사, 문화, 언어 등도 폭넓게 탐구한다.

역사신학 교회가 성립되고 발전되어 온 교회사를 연구하고, 교리가 발전해 온 역사를 다루기도 한다. 중요 사건이나 교리적 개념이 형성되고 발전하게 된 역사적 상황을 탐구하고, 역사 속에 남겨진 중요 문헌들을 연구하고 소개한다. 최근에는 그리스도교가 세계 종교가 되면서 각 지역 교회의 역사도 중요 주제가 되었다.

조직신학 신학의 세부 전공 중 가장 긴 역사를 지니고 있다고 전해지며, '교의학' 혹은 간략하게 '신학'이라 불리기도 한다. 여러 신학 분과들이 만들어 낸 연구 결과를 체계화하고 조직화하며, 전통적 교리의 현대적 의미를 연구하기도 한다. 신학과 문화, 교회와 사회 사이의 관계를 설정하고, 그리스도교를 변증하는 역할도 맡는다.

실천신학 신앙은 교회와 삶의 구체적 현장과 밀접히 관련되어 있다. 따라서 신학은 예배, 설교, 교회성장, 전도와 선교, 교회교육, 영성형성, 목회적 돌봄 등의 실천적 주제를 다룰 수밖에 없다. 서구 신학의 이론적 편향성 때문에 실천의 역할이 제대로 존중받지 못했던 시기도 있었지만, 초대교회 이후로 신학적 성찰의 목적은 언제나 바른 그리스도교적 삶이었다.

철학적 신학 다른 분과에 비해 상대적으로 덜 강조되지만, 신학이 본성상 '이해를 추구하는 신앙'이기에 신학 연구와 교육에서 큰 축을 담당해 왔다. 신의 존재나 속성 등은 (신앙이 없는 사람도) 이성을 사용해 사유할 수 있기에 철학적 신학은 가장 기초적인 신학 작업이라 평가받기도 한다. 신학과 철학이 밀접한 관계를 맺어 왔다는 점, 철학이 사고와 언어에 명료함을 더해 주어 진리에 다가가게 도와준다는 점, 철학을 통해 신학이 일반 문화와 대화할 수 있다는 점도 철학적 신학의 중요성을 잘 보여준다.

위의 다섯 가지 항목을 기본으로 하여 구체적 상황에 맞게 세부전공을 더하기도 하고 빼기도 한다. 실제 전 세계의 많은 신학교가 기독교 윤리학, 기독교 교육학, 영성학, 선교학, 목회상담학(혹은 기독교 상담학) 등을 연구하고 가르친다.

결론적으로 말하면, 신학은 여러 세부 전공으로 구성된 복합적 학문이지만, 또 통일된 체계 속에서 다양한 분야가 나름의 일관성을 가지고 서로 연결되어 있다. 신학교에 입학하면 이 모든 분과의 내용을 조금씩 다 배우지만, 아무리 훌륭한 신학자라 하더라도 모든 분야를 다 잘 알 수는 없다. 그렇기에 신학 구조 전체를 아우르는 눈을 잃지 않으면서도, 다양한 분야를 균형 있게 다룰 수 있는 지혜를 기르고, 서로 다른 전공끼리도 대화할 수 있는 개방성을 가지는 것이 중요하다. 앞서 이야기한 유기체로서의 나무 비유가 잘 보여주듯, 뿌리와 줄기와 가지가 서로의 모양과 기능은 다르지만 풍성한 열매를 맺기 위해서는 서로가 서로를 필요로 한다.

박사학위를 받고 귀국 후 첫 강의를 앞뒀을 때 필자는 학생들에게 신학이 무엇인지 어떻게 설명할까 고민을 많이 했다. 그러다 갑자기 든 생각이 '지도'였다. 불 꺼진 방에 누워 생각에 생각을 이어 보니 신학과 지도의 유사점이 하나하나 떠올랐다. 창조적 유비를 생각했다는 자아도취에 빠지기도 전에, "해 아래 새 것이 없나니"(전 1:9)라는 경고가 들렸다. 참고문헌을 찾느라 이 책 저 책 뒤적이다 C. S. 루이스가 다음과 같이 설명한 것을 발견한 것이다.

> 지도가 색칠한 종잇조각에 불과하다는 것이 아무리 사실이라 해도, 여러분이 지도에 관해 기억해야 할 사실이 두 가지가 있습니다. 첫째는, 그 지도가 수백 수천 명의 사람들이 진짜 대서양을 항해하면서 발견한 사실에 토대를 두고 있다는 사실입니다.……둘째는, 여러분이 어딘가 가고자 할 때는 지도가 절대적으로 필요하다는 사실입니다.……교리는 하나님이 아닙니다. 일종의 지도일 뿐입니다. 그러나 그 지도는 정말 하나님을 만났던 수백 명의 경험……에 토대를 두고 있습니다. 또한 여러분이 더 먼 곳에 가고자 한다면 반드시 지도를 써야 합니다.[25]

대한민국과 대한민국 지도를 혼동해서는 안 되듯, 인간의 작업인 신학과 진리 자체를 혼동해서는 안 된다. 어떤 인간도 한반도 전체를 볼 수가 없다. 그러나 지도는 인식의 한계를 가진 인간에게 대한민국에 대한 '부분적이지만 믿을 만한' 정보를 준다. 어떤 지도는 운전자에게 자동차 도로에 대한 정보를, 다른 지도는 걷기 좋아하는 사람에게 둘레길 정보를 준다. 이처럼 지도는 한편으로는 실재를 부분적으로 반영하는 기능을 하지만, 다른 한편으로 특정 목적에 맞는 정보를 전달해 주는 역할을 한다. 신학도 마찬가지이다. 만능키처럼 인간의 모든 질문을 해결해 주는 신학이란 있을 수 없다. 그렇기에 신학은 자신의 한계를 기쁘게 인정할 수 있는 부족한 사람들이 각자의 관심사와 장단점을 가지고 서로에 대한 믿음으로 함께하는 공동체적 작업이다.

지도가 필요한 것은 지도 자체를 반복 숙달하기 위해서가 아니라, 우리가 잘 모르는 곳에 도달하기 위해서이다. 지도 없이 먼 미지의 땅에 갈 수 있다는 교만도 여행을 힘들게 만들지만, 실제 산과 바다를 보지 않고 지도 자체만 뚫어지게 보는 집착도 문제를 일으킨다. 이와 유사하게 신학이 불필요하다고 생각하는 것도 성숙하지 못한 자세이지만, 신학 자체의 논리에 빠져서 신학을 위한 신학만 하는 것도 적절하지 못하다. 그렇기에 우리는 신앙생활을 하거나 신학을 공부할 때나, 신학이 왜 필요하고 신학을 왜 하는지에 대한 근원적 질문을 계속해서 던질 필요가 있다. 이제 신학이라는 지도를 소개받았으니, 그 지도를 들고 그리스도교를 알아 가는 여행을 떠나 보자.

질문하는 신학

적용과 토론을 위한 질문

1. 이 책을 읽기 전 여러분은 신학에 대해 어떤 태도를 가지고 있었는가? 본 장이 신학에 대한 여러분의 이해에 변화를 주었는가?

2. 신학을 학문으로 볼 때 어떤 문제가 생기는가? 반대로 신학을 학문이 아니라고 볼 때 발생하는 문제는 무엇인가?

3. 신학은 꼭 교회의 학문이어야 하는가? 진리는 그 자체로 추구될 필요가 있다면, 신학도 교회와 별개로 공부할 필요가 있지 않은가?

4. 신학을 '학문'이 아니라 '하나님에 관한 이야기'라고 가볍게 정의하는 것에 만족하는가? 이 정의가 지니는 장점 혹은 단점이 있는가?

5. 여러분은 신학이 여러 세부 전공으로 나눠져야 한다고 생각하는가? 아니면 근대 이전처럼 통합적으로 보아야 할까?

6. 신학을 하면 왜 신앙이 없어지거나 교회에 대한 애정이 약해진다고들 하는 것일까?

7. 신학자마다 다른 의견을 제시한다면, 진리를 다루는 학문으로서 신학의 정체성에 문제가 생기지 않을까?

2장. 신학의 자료

신학을 공부할 때 꼭 많은 책이 필요한가?

설교하는 책벌레, 도둑질하는 목사

독일 작가 클라스 후이징이 쓴 『책벌레』*Der Buchtrinker*라는 소설이 있다.[1] 이 책에는 요한 게오르크 티니우스라는 목사가 이야기의 한 축으로 등장한다. 티니우스는 종이의 냄새만 맡고도 그 책이 어느 인쇄소에서 제작된 것인지 알 정도로 책을 사랑한다. 아니 더 정확하게 말하면 그는 책에 집착하고 있다. 추악하다 평가할 수도 있는 그의 수집벽은 오히려 종교적 의식만큼 경건하게 묘사된다. 절대자에 대한 순수한 헌신 이상으로 그는 책에 모든 것을 쏟아붓는다. 마치 지상에 내린 장엄한 천국의 사다리처럼, 목사관 계단은 이층에 임재한 책의 천국으로 그를 이끈다. 그는 더 많은 자료를 수집하기 원했고, 그 욕망을 다스리지 못해 사람까지 살해하게 된다. 하지만 책에 대한 헌신은 도둑질과 살인에 대한 죄의식으로부터 그를 구원해 줄 정도로 강력하기까지 하다.

이쯤 되면 후이징의 문학적 상상력이 지나치고, 성직자에 대한 묘사가 너무 불경하다고 해야 할까? 그렇지 않다. 『책벌레』에 소개된 괴짜 독일 목사 요한 게오르크 티니우스Johann Georg Tinius, 1764-1846는 실존 인물이다. 목동의 아들로 태어난 그는 어릴 적부터 비범한 지적 능력과 기억력을 뽐냈다. 그의 재능을 일찍이 발견한 동네 목사 덕분에 그는 비텐베르크 대학교에서 신학을 공부할 수 있었다. 목사가 된 후 티니우스는 자신만의 도서관을 가지게 되었다. 그는 자신의 도서관을 양적으로나 질적으로 늘리는 데 전력투구했다. 그러나 목사로서 수입이 책에 대한 욕망을 충족시킬 만큼 충분하지 못하자, 그는 도둑질과 살인까지 저지르게 되었다.

1813년 살인혐의로 티니우스가 체포되었을 때, 목사관에서 60,000권에 달하는 장서와 범행을 위해 사용했던 가발과 가짜 수염, 그리고 그 지역 재력가들의 이름이 적힌 목록까지 발견되었다. 법정은 티니우스의 자백 없이도 정황 증거만으로 종신형을 선고했다. 그가 71세에 석방되기는 했지만 가족도 이웃도 그를 반기지 않았다. 백발의 티니우스는 공포와 외로움과 싸우며 노년을 보내야 했다. 종말론에 특별히 관심을 가진 그가 책을 몇 권 남기기는 했다. 하지만 그의 저서는 제목만 알려졌을 뿐 사람들의 기억에서 거의 잊혀졌다. 책을 짝사랑했던 한 인간의 비운이라고나 해야 할까?

물론 티니우스의 일화는 지식에 대한 욕망이 커 가던 계몽주의 시대의 특이한 현상, 혹은 비뚤어진 마음을 가진 한 개인의 이야기라 생각할 수도 있다. 그러나 그의 비극적 이야기는 시대와 국경을 뛰어넘어 우리에게 뭔가를 이야기해 주는 것 같다. 특히 "책도둑은 도둑도 아니다" 혹은 "빌린 책은 돌려주지 않아도 된다"라고 까지 말하는 한국인에게 던져 주는 경고의 메시지는 남다를 수도 있을 법하다.

티니우스 목사까지는 아니더라도 목회자 혹은 신학생이라고 하면 특별히 책을 많이 소유한 존재라는 인상을 준다. 교회 담임 목사실에 들어가면 전문 신학자마저 주눅이 들게 할 정도로 많은 장서가 구비되어 있는 것을 종종 발견하곤 한다. 일반인보다 훨씬 더 청렴하고 도덕적으로 살기로 작정한 신학자, 목회자, 신학생도 불법 제본과 복사에는 너그럽기도 하다. (최근에는 조금 덜하긴 하지만) 1990년대까지만 하더라도 각 신학교 앞에는 신학서적을 파는 전문 서점들이 많이 있었다. 이삿짐센터에서는 목사관 이사를 하면 무거운 책만 많아 고생이 크다고 불평하기도 한다. 이쯤 되면 한번 질문을 던져 볼 만하다. 설교할 때 꼭 책을 많이 읽어야 하나? 왜 신학을 공부할 때 책이 많이 필요한가? 목회자나 신학자는 신학 말고도 다른 책까지 읽어야 하나?

신학을 공부할 때 왜 다양한 종류의 책이 필요한가?

신학을 공부하거나 설교를 할 때 성서만 보고 할 수 있다면 얼마나 좋을까? 그러나 현실은 그렇지 못하다. 여러분이 남아공의 전 대통령이자 인종분리정책에 반대 투쟁을 했던 넬슨 만델라Nelson Mandela, 1918-2013의 생애에 관한 짧은 전기를 쓰는 숙제를 해야 한다고 상상해 보자. 막상 글을 시작하려니 '나'라는 작가와 '만델라'라는 역사적 인물 사이에는 뛰어넘을 수 없는 시공간적 거리가 놓여 있음이 당혹스럽다. 그 간격의 틈을 메꿔 주기 위해 여러 글쓰기 재료를 끌어모아야 한다.

우선 만델라의 일기라든지 자전적 회고가 아주 중요하다. 그리고 만델라를 잘 아는 사람들의 증언도 전기에 결정적 역할을 할 것이다. 만델라가 행했던 연설들과 쓴 글들도 그의 생각을 알기 위해 꼭 참고할 만하다. 다른 작가들이 이미 출판한 만델라에 대한 전기, 다양한 언론의 보도도 빼놓을 수 없다. 이미 숨을 거둔 만델라를 생생한 인물로 그려 내기 위해서는 남아공의 흑백분리 현실, 복잡한 국내외 정치 상황, 그의 가족사 등에 관한 공부도 필수적이다. 또한 수많은 자료를 앞에 두고 어떤 것이 믿을 만하고, 어떤 정보를 취사선택해서 인물상을 입체적으로 만들어 낼지 작가로서 판단력도 중요하다. 그런데 또 하나 고려할 사항이 있다. 만델라에 대한 같은 자료를 가지고도 한국인 작가가 쓴 글과 남아프리카 현지인이 쓴 글이 다를 것이고, 그에 대한 백인의 평가와 흑인의 평가가 다를 것이고, 21세기 초반에 쓴 전기와 먼 훗날에 기록될 전기도 다를 것이다.

이와 같이 만델라라는 한 인물에 관한 책을 쓸 때 다양한 재료가 필요하다. 그 재료들을 크게 나누면 ① 만델라의 자기소개(글이나 회고, 연설 등), ② 다른 누군가가 알려 주는 만델라의 모습(지인의 증언, 기존 전기나 연구서, 언론 보도 등), ③ 작가로서 판단력과 본능, ④ 작가가 가진 경험과 처한 환경 등이다. 신학을 할 때 필요한 여러 요소들도 이와 유사한 유형으로 분류될 수 있다. 하나님의 자기소개라 할 수 있는 성서 Scripture, 믿음의 선배와 공동체의 지혜가 응축된 전통tradition, 진리의 신뢰도와 정확성을 점검하는 이성reason, 그리고 하나님과의 만남이나 삶의 과정을 통해 형성된 경험experience이 신학할 때 필요한 자료다.

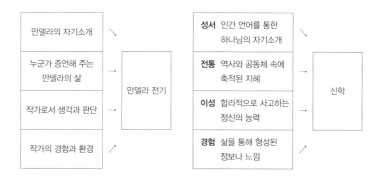

신학의 자료를 성서, 전통, 이성, 경험 네 가지로 나누어 설명하는 방식
을 감리교의 창시자 존 웨슬리^{John Wesley, 1703-1791}의 이름을 따라 웨슬리
주의 사각형^{Wesleyan Quadrilateral}이라고 흔히 부른다. 이 표현을 쓸 때 몇 가
지 기억할 점이 있다. 첫째, 성서, 전통, 이성, 경험이 웨슬리 사상에서
중요한 역할을 하지만, '실천적' 신학자인 웨슬리는 신학의 자료를 이
처럼 체계적 방식으로 조직화하지는 않았다. 웨슬리주의 사각형이라는
개념은 20세기 감리교 신학자 알버트 오틀러^{Albert Outler}가 웨슬리 사상
의 특성을 묘사하기 위해 사용했는데,[2] 이제는 감리교뿐만 아니라 신학
일반에서 널리 쓰이는 용어가 되었다.

둘째, 웨슬리나 감리교 신학자가 신학의 자료를 넷으로 상정하는
전통을 독창적으로 개발한 것은 아니다. 이는 성공회 사제였던 웨슬리
가 기존에 영국 성공회에서 사용하던 세 가지 신학의 자료를 창조적
으로 보완한 것이다. 16세기 성공회의 대표 신학자 리처드 후커^{Richard}
^{Hooker, 1554-1600}는 교회 전통을 권위의 기초로 삼으려던 로마 가톨릭과 성
서만을 강조하던 청교도와는 구분되는 성공회 특유의 중도적 정체성을
설명해야 했다. 『교회 정치법에 관하여』^{Laws of Ecclesiastical Polity}에서 그는 성
공회 교회는 성서, 이성, 전통의 삼중 권위에 기초하고 있다고 말했다.
그러나 이 세 가지가 동일하게 중요하거나 독립적으로 움직인다고 보
아서는 안 된다. 후커는 셋의 관계를 다음과 같이 정의한다.

성서가 분명하게 말하는 것에 대해서는 우선 믿고 순종을 해야 한다. 다음
은 **이성**의 힘으로 어떤 사람이든 필연적으로 결론 내릴 수 있는 바가 온
다. 그 이후에야 **교회**의 목소리가 이어진다. 다른 모든 사소한 일들은 교회
가 권위로 참되고 선하다고 생각하고 정의한 바에 따라 이성과 일치하는
한에서 처리할 수 있다.[3]

질문하는 신학

성공회의 삼중 전통에 대한 후커의 설명은 짧지만 매우 큰 영향력을 발휘했다. 이후 성공회 배경 신학자들은 후커의 설명 방법을 다음과 같이 다소 수정하기도 했다. ① 성서는 신앙의 기초를 제공한다. ② 전통은 성서를 어떻게 해석할지 인도해 준다. ③ 이성은 성서와 전통을 현 상황에 어떻게 적용할 수 있을지 가르쳐 준다. 그런데 17-18세기 유럽에서 계몽주의가 등장하며 이성적 합리주의가 팽배해지자, 신학의 자료로서 이성이 어떤 것인지 구체화할 필요가 생겼다. 그래서 후커의 후예들은 이성을 이성과 경험으로 세분화했고, 오늘날에도 많은 신학자들이 성서, 전통, 이성, 경험을 신학의 자료로 받아들이고 있다.

위에서 설명한 신학의 세 가지 자료가 비록 성공회 교회에서 제안되고 사용되었지만, 이를 성공회 신학 특유의 것이라고 단순히 결론 내려서는 안 된다. 왜냐하면 교단적 배경과 상관없이 신학자라면 알게 모르게 후커가 언급했던 세 가지 권위에 의지해서 자신의 신학을 전개할 확률이 높기 때문이다. 한 예로 개혁주의 전통에 속한 대표적 현대 신학자 루이스 벌콥^{Rouis Berkhof, 1873-1957}이 내린 교의학의 정의를 살펴보자.

> 교의학은 기독교 종교의 교리적 진리들을 조직적으로 표현하려고 추구한다.[4]

위의 문장에서 강조되어야 할 부분을 굵은 글씨로 표시했다. 첫 번째로 교의학의 중심 주제는 교리적 진리들인데, 그 진리들은 인간이 만든 것이 아니라 '성서'가 우리에게 전해 준다. 다음으로 교의학은 일반적 진리가 아니라 그리스도교의 진리를 다룬다. 즉, 신학자의 작업은 교회의 '전통'이라는 구체적 맥락 속에서 이루어지게 된다. 끝으로 교의학은 성서에 기록된 다양한 가르침을 그냥 나열하는 것이 아니라 '이성'의 힘을 빌려 조직적으로 표현하는 것을 목표로 한다. 이처럼 벌콥의 신학의 정의에서도 성서, 전통, 이성의 중요성이 전제된 셈이다.[5]

결론적으로 말하자면 다양한 영양소를 균형 있게 섭취해야 몸이 건강해지듯, 성서와 전통과 이성이라는 자료를 균형감 있게 사용해야 건강한 신학이 가능하다. 그러나 이 짧은 글에서 신학의 자료 모두를 다 설명할 수 없기에, 일단은 종교개혁 당시 논쟁 대상이 되었던 전통과 이성, 경험에 집중하고 다음 장에서 성서론을 별도로 다루기로 하자.

'전통'은 종교개혁자들이 거부하지 않았는가?

신학의 다양한 자료에 관해 이야기를 하다 보면 "루터가 '오직 성서!'*Sola Scriptura*라고 외치며 종교개혁을 일으켰는데, 전통을 강조하면 다시 로마 가톨릭으로 회귀하자는 것 아닌가!"라는 비판을 받기도 한다. 결론적으로 말하자면 루터가 중세 로마 가톨릭의 부패와 왜곡에 대해 비판을 했지만, 전통 자체를 완전히 무시하지는 않았다. 종교개혁자 루터의 글을 읽다 보면 가끔 그가 얼마나 '가톨릭적'인지 당황하기도 하고, 루터교회 예배에 참석해 보면 그 예전이 얼마나 그리스도교의 오랜 전통에 깊이 뿌리박고 있는지 새롭게 발견하기도 한다. 물론 루터가 종교개혁의 선구자로 과도기적 인물이라 예기치 않게 중세적 모습을 보여주기도 하지만,[6] 반대로 우리가 전통에 대해 너무 협소하게 생각하고 있지는 않은지 되돌아볼 필요도 있다.

'전통'을 신학의 자료로 인정하는 것을 정당화해 주는 가장 권위 있는 근거는 '성서'이다. 성서를 읽어 보면 신약 저자들은 구약에 대한 특정 해석을 전제하기도 했고,[7] 특별히 바울은 자기가 다른 사람에게 전해 받은 신앙의 내용을 전하고 있다고 밝히기도 했다(고전 15:1-4). 즉,

신학에 있어 전통의 권위와 필요성을 인정해 주는 가장 신뢰할 만한 권위가 바로 성서이다. 그런데 현실적으로 문제가 되는 것은 바로 성서와 전통의 관계를 어떻게 설정하느냐이다. 물론 이 둘의 관계를 쉽게 정의하기는 어렵겠지만, 교회 역사에서 크게 두 줄기의 흐름이 형성되어 있는 것을 볼 수 있다.

첫째는 전통의 단일 원천 이론single-source theory이다. 이 입장에 따르면 전통은 신앙 공동체에서 어떻게 성서를 해석할지 도와주는 보조적 역할을 한다. 단일 원천 이론은 초대교회가 이단에 대응하는 중에 사도의 권위와 교회의 권위 사이의 연속성을 강조하면서 형성되었다. 한 예로 2세기 신학자 이레나이우스Irenaeus, 202년경 사망는 다음과 같이 말한다.

> 이단들이 성서를 가지고 논박한다면, 그들은 성서 자체를 고발하고 있는 셈이다.……왜냐하면 성서에는 다양한 진술들이 있는데, 전통을 모르고 그 진술들 속에 있는 진리를 발견하는 것은 불가능하기 때문이다.……진리를 지각하기 원하는 사람이라면 누구나 전 세계의 모든 교회에 알려진 사도적 전통을 고려해야 한다.……만약 사도들이 비밀스런 신비를 알았다면……, 그들은 교회를 맡긴 이들에게 그것들을 또한 전해주었을 것이다.[8]

전통의 도움이 없다면 성서는 누구나 자기 마음대로 해석할 수 있는 텍스트가 될 위험이 있다. 성서에는 없는 단어인 삼위일체에 대한 신앙을 가지거나, 예수 그리스도를 완전한 신이라는 교리적 전제로 복음서를 읽는 것도 전통이 없다면 힘들 수 있다. 루터나 칼뱅Jean Calvin, 1509-1564 등의 종교개혁자들도 이러한 보조적 의미에서 전통의 권위는 비판적으로 수용했다. 특별히 재세례파에 대항하여 유아세례를 옹호하기 위해 이들이 펼친 논의를 보면 잘 알 수 있다.

둘째로 전통의 이중 원천 이론dual-source theory이 있다. 즉, 성서가 하나의 계시의 원천이라면 전통은 또 다른 계시의 원천이다. 성서는 '글로 기록된' 규범이라면, 전통은 '기록되지 않고' 전달된 규범이다. 이러한 입장은 14-15세기에 강화되다가 트리엔트 공의회 때 종교개혁과 구별되는 로마 가톨릭의 견해를 밝히기 위해 공적으로 확인되었다. "성서가 계시의 유일한 근원이라 여겨져서는 안 된다. 전통은 살아 있는 [계시의] 보충이다. 하지만, 개신교는 이것을 무책임하게 부정한다."[9] 16세기 중반에 열린 트리엔트 공의회에서 성서와 전통이 계시의 근원으로 함께 인정받게 되면서 개신교와 로마 가톨릭 사이의 골도 커갔다. 그럼에도 트리엔트에서 논의되었던 성서론 중 개신교인도 주의 깊게 들어야 할 부분이 있다. 그것은 바로 개신교가 전통을 간과함으로써 극단적으로 개인주의적 성서 해석으로 빠질 수 있다는 경고이다.

이렇듯 전통은 우리가 성서를 어떻게 해석하고, 또 성서를 오늘날의 구체적 상황에 어떻게 적용할 수 있을지를 인도하는 중요한 신학의 자료이다. 그리고 전통이 있기에 우리는 시공간을 넘어 교회의 하나 됨을 고백할 수 있고 성도의 교제에도 참여할 수 있다. 그리고 무엇보다도 전통에 대한 존중은 인간으로서 자신의 부족함을 자각하는 겸손한 태도이기도 하다. 상식적인 그리스도인이라면 왜 전통을 인정할 수밖에 없는지 C. S. 루이스의 말을 한 번 들어 보기로 하자.

그리스도와 교부의 말은 제게 고전에 대한 관심 이상의 의미가 있습니다.……그 신념은 '권위 있는 자란 어떤 사람인가'라는 질문에 답하기에 앞서 다른 근거에서 비롯됩니다. 이성이 제게 말해 주는 것 중 하나는 지혜로운 자들의 견해로 내 사고의 결과를 점검해야 한다는 점입니다. 제가 권위자에게 주목하는 이유는 이성이 그렇게 하도록 시키기 때문입니다.

이것은 마치……일련의 수를 더한 후 계산을 잘한다고 알려진 친구에게 확인을 부탁하고는 그 친구가 다른 결과를 내놓았을 때 자신의 결과를 의심해 보는 것과 같습니다.[10]

이처럼 전통이 중요하기는 하지만, 전통에 대해 너무 낭만적 태도를 보이는 것도 경계해야 한다. 현재와 대화하지 못하거나, 현실의 복잡성을 단순화하거나, 미래에 대한 개방성을 좀먹는 경직된 과거의 권위만큼 위선적이고 위험한 것도 찾아보기 힘들다. 리처드 후커가 지적했듯 전통은 어디까지나 성서의 권위 밑에 있어야 하고, 또한 이성에 의해 비판적으로 검토되고 때로는 수정되고 보완될 필요가 있다.

'이성'은 믿음의 걸림돌이 아닌가?

종교개혁자 마르틴 루터가 "이성을 악마의 창녀"[11]라고 비판한 것에 익숙한 독자라면, 과연 개신교 신학에서 이성을 신학의 자료로 삼을 수 있느냐며 의문을 표할 수도 있을 것이다. 루터가 비판했던 중세 스콜라 철학은 신앙과 이성의 조화를 다음과 같이 강조했었다. "그리스도교 신앙은 합리적이며, 신학은 이성을 통해 탐구될 수 있다. 계시는 이성을 폐기하는 것이 아니라 보완하고 완성한다."[12] 이성을 중시했던 중세 스콜라철학에 대한 루터의 비판, 특히 십자가와 믿음에 대한 그의 강조 때문인지 개신교 전통에서 이성은 그다지 큰 주목을 받지 못했다.

게다가 종교개혁 이후 지식과 기술의 발전과 함께 근대 사회가 등장하면서 이성은 신학의 자료가 아니라 신학의 적으로까지 인식되었다. 이성은 근대 과학기술을 발전시키기도 했지만, 과학적 방법론은 이성을 길들여 갔다. 그 결과 이성이 초자연적 실재에 대해 자기를 개방하게 하는 기능, 혹은 과거의 전통과 조율할 수 있는 능력 등은 간과되었다.[13] 그 대신 비판적 이성은 성서를 역사적 문헌으로 분해했고, 삶의 영역의 합리화를 통한 사회문화의 발전이라는 낙관적 진보론으로 교회 전통을 옛 시대의 인습으로 전락시켰다.

이성을 강조했던 계몽주의를 거치면서 역설적이게도 인류는 이성에 대한 건강하고 균형감 있는 이해 방식을 잃어버리게 되었다. 이성에 대한 올바른 견해가 무엇인지 탐구하기 위한 시도로서 우리는 두 가지 신학적 질문을 던져 봐야 한다. 첫째, 정말 루터는 이성이 중요하지 않다고 했는가? 둘째, 종교개혁이라는 중요한 '전통'이 현대인이 잃어버린 이성에 대한 중요한 통찰을 재발견하게 도와줄 수 있지 않을까?

분명 루터는 이성이 신앙의 영역에 침범하는 것을 경계했고, 그런 의미에서 이성을 '악마의 도구'로 치부하기도 했다. 간혹 루터가 이성을 평가절하하면서 그리스도교가 근대인이 받아들이기에는 '비합리적'인 신념체계가 되는 문이 열려 버렸다고 비판하는 사람들도 있다. 그러나 다른 맥락에서 루터는 '자연적 이성'이 창조된 모든 것 중 최고라고 말하기도 했다. 루터의 비일관적으로 보이는 입장 이면에는 이성에 대한 섬세한 구분법이 놓여 있다. 즉, 그의 신학에는 ① 그 자체로 선한 자연적 이성, ② 신앙을 오도하는 교만한 이성, ③ 하나님 말씀에 조명된 이성이 공존한다.[14] 루터가 지적했듯 이성이 십자가에서 자기를 계시하신 하나님을 부정하거나 왜곡하고, 은혜와 믿음을 통해서가 아니라 자기식대로 구원을 추구한다면, 그러한 이성은 비판받아 마땅하다. 그러나 오용이 사용을 없애지 못한다! *abusus non tollit usum!* 이성에 대한 인간의 잘못된 사용과 무관하게, 이성은 창조주께서 인간에게 허락하신 좋은 선물이다. 그렇기에 그리스도인이든 아니든 인간이라면 이성을 사용하여 문명을 형성하고, 공적 생활을 영위하며, 학문을 발전시킬 수도 있다.

그러나 루터가 볼 때 그리스도인이라면 거기서 한 발짝 더 나아간 이성의 용도를 파악해야 한다. 아무리 자연적 이성이 창조주의 선물이라 할지라도, 인간의 지식과 판단력은 타락으로 인해 어두워져 있다. 그렇다면 결국 죄인 된 인간의 이성은 어떤 선한 것도 만들어 낼 능력이 없다는 말인가? 그렇지 않다. 자연적 이성이 피조 세계에서 불완전하게나마 여전히 그 기능을 하지만, 하나님께서는 성서로 (특별히 십계명과 그리스도의 두 계명으로) 인간의 이성을 바르게 인도하고 계신다. 달리 말하면 십계명과 그리스도의 계명은 새로운 율법을 더하는 것이 아니라, 바른 이성의 사용으로 드러내야 할 법을 확인하고 회상하게 한다. 오직 믿음으로 의로워진다고 주장하였던 루터는 한편으로는 이성의 한계를 명확히 지적하고, 다른 한편으로는 이성의 중요성을 신학적으로 보여주고자 한 셈이다.

이처럼 우리는 신학의 자료로서 이성의 가능성과 한계, 긍정적인 면과 부정적인 면을 함께 보아야 한다. 이 모호성 속에서 바른 신학의 길을 잃지 않고자, 특별히 유념할 사항 두 가지를 제시하고자 한다.

첫째, 갈릴레오와 뉴턴 이후 과학의 시대에 살고 있는 우리는 이성이 가진 다층적 의미를 자각하지 못할 때가 많다. 달리 말하면 오늘날 이성은 실험이나 연구를 통해 검증 가능한 사실을 판별하는 능력, 혹은 수학법칙이나 인과율에 따라 합리적으로 움직이는 정신작용으로 환원되어 이해되곤 한다.

물론 이성이 이러한 중요한 기능을 하는 것은 틀림없지만, 그리스도교 전통은 이성의 가능성을 훨씬 높게 보아 왔다. 신학에서 이성은 물리적 현실의 지평에서 움직이는 논리를 뛰어넘는 인간의 자기초월 능력과 밀접하게 연결되어 있다. 한 예로 아우구스티누스는 다른 피조물에는 없고 오직 인간에게 있는 '하나님의 형상'을 이성과 결부시켰다.

우리는 사람의 영혼 안에서, 즉 이성적 또는 지성적 영혼 안에서 하나님의 형상을 발견해야 한다.……영혼의 이성 또는 지성은 때에 따라 지둔하거나 미약하거나 위대하지만, 영혼은 이성적 또는 지성적이 아닌 때가 없다. 따라서 영혼은 이성과 지성을 이용해 하나님을 이해하며 볼 수 있다는 점에서 하나님의 형상대로 지어진 것이라면, 이렇게 놀랍고 위대한 것은 있기 시작하는 순간부터 항상 있는 것이다. 이 형상이 아무리 마멸되어 거의 없어질 정도가 되든지, 흉하고 몽롱하게 되든지, 또는 찬란하고 아름답게 되든지, 그런 것은 문제가 아니다.[15]

이성이 있기에 인간은 "주의 손으로 만드신 것을 다스리게"(시 8:6) 하는 특별한 사명을 받았고, 하나님과 특별한 인격적 관계에도 들어갈 수 있다. 그리스도인이 이성의 역할을 충분히 인식하지 못하면 맹목적이고 비합리적인 신념을 가질 위험도 있겠지만, 이성이 없다면 무엇보다도 '무책임'하고 '비인격적' 신학을 형성할 수도 있음에 그 심각성을 자각해야 한다.

둘째, 전통적으로 신학은 '이해를 추구하는 신앙' *fides quaerens intellectum* 이라 불리곤 했다. 한국어 번역에서는 '이해'라는 단어가 처음 나오고, '신앙'이 마지막에 위치한다. 하지만, 라틴어에서는 첫 단어가 *fides*(신앙), 마지막이 *intellectum*(이해), 그리고 둘을 연결하는 단어가 인간의 정신 활동인 *quarens*(찾는 혹은 추구하는)이다. 이 단순한 라틴어 표현은 그리스도교 신앙이 가지는 방향성을 잘 보여준다. 신앙을 가지면 신앙은 그 자체로 머무는 것이 아니다. 오히려 신앙이 자기가 믿는 바에 대한 합리적 이해를 찾아 움직이게 된다. 그렇기에 그리스도교 신앙이 논리로만 구성된 명제들의 체계로 환원될 수도 없지만, 합리적 성찰을 도외시한 맹목적 믿음으로 머물 수도 없다. '이해를 추구하는 신앙'이란

질문하는 신학

표현을 빚어낸 안셀무스는 이렇게 기도한다.

> 그러므로 신앙에 대한 이해를 주는 주님……. 당신께서 이롭다는 것을 아시는 한 저에게 우리가 믿는 것처럼 당신이 존재하시며, 당신이 바로 우리가 믿는 그분임을 이해하게 해 주십시오.……자비로우신 주여, 당신에게 감사를 드립니다. 이제 나는 당신의 은혜로 믿었던 것을 이제 당신께서 비추심으로……이해하게 되었습니다. 그리하여 이제 당신이 존재한다는 것을 믿기를 거절하더라도 나는 그것(당신의 존재)을 이해하지 않을 수 없습니다.[16]

'이해를 추구하는 신앙'의 대상인 하나님은 '신앙에 대한 이해'를 주시는 분이다. 신앙이 대상에 대한 지식을 찾아 움직일 때 이성의 역할이 매우 중요하다. 이성은 계시의 내용을 스스로 만들거나 구원의 가능성을 창조하지는 않지만, 계시를 이해하고 분석하며 소통 가능할 수 있게 해석하는 역할을 한다. 분석, 해석, 적용 등의 기능은 이성이 자연적으로 가지고 있지만, 하나님의 도움과 인도 없이는 신앙을 이해로 이끄는 역할을 제대로 할 수 없다. 즉, '이해를 추구하는 신앙'이란 문구는 이성의 능력과 한계를 동시에 보여줄 뿐만 아니라, 성령의 조명 없이는 성립할 수 없는 그리스도교 신학의 독특한 성격을 규정하고 있다.

주관적인 '경험'은 객관적인 신학적 지식과 이질적이지 않은가?

하루하루 살면서 우리가 얻게 되는 경험은 강렬하다. 경험이 오감을 통해 구체적이며 생생하게 우리 의식에 각인되기 때문이다. 그런 의미에서 경험은 지식을 구성하는 데 중요한 요소이다. 독일의 철학자 임마누엘 칸트$^{\text{Immanuel Kant, 1724-1804}}$가 지적했듯, 지식을 형성하는 데 이론이나 이성이 중요하더라도 오감을 통해 얻은 경험의 재료가 없다면 그 지식은 공허^{empty}해진다. 그런데 칸트가 보기에 또 다른 심각한 문제가 있다. 아무리 경험의 재료가 많다 하더라도 이를 체계화해 줄 지성의 활동이나 개념이 없다면 그 지식은 맹목적^{blind}이 될 수밖에 없다.[17]

신학의 자료로서 경험의 문제도 이 딜레마를 벗어나기 힘들다. 특히 하나님은 오감을 통해 경험될 수 없는 초월적 분이시기에, 하나님에 대한 어떤 '경험'을 이야기하는지 합의에 이르기가 어렵다. 게다가 같은 실재를 놓고도 사람마다 경험하는 방식은 다르기에 경험을 통해 얻은 지식은 주관성의 오류에 빠질 위험도 있다. 무엇보다 경험의 강렬함과 구체성 때문에 특정 경험을 다른 현상을 판단하는 잣대로 삼는 일반화의 경향도 조심해야 한다. "내가 과거에 해봐서 아는데……"로 시작되는 윗사람의 말 한 마디에 합리적 토론이나 진지한 연구가 무의미해지는 것을 '경험'해 본 사람은 경험이 가지는 독단성과 폭력성을 누구보다 잘 알고 있으리라!

그럼에도 경험은 신학에 있어 핵심적 자료이다. 경험 자체가 선하고 거룩해서가 아니라, 인간을 경험적 존재로 만드시고 또 인간의 경험을 선하게 사용하시는 하나님이 계시기 때문이다. 히포의 주교이자 신학자였던 아우구스티누스는 쾌락을 탐닉하는 오감의 경험이 어떻게 인간을 욕망의 노예로 만들 수 있는지를 누구보다 잘 알았다. 그는 감각의 만족을 추구하면서도, 정작 허무했던 자신의 젊은 날을 다음과 같이 묘사한다.

> 나는 안달하고, 한숨 지며, 울고 괴로워하며, 마음의 안정을 얻을 수 없었고, 바른 생각을 할 수도 없었습니다.……나는 내 혼이 쉴 수 있는 어느 곳

질문하는 신학

을 찾아 거기에 놓아 두고 싶었으나 그러한 곳은 어디에도 없었습니다. 아름다운 숲이나, 놀이와 노래가 있는 곳에도, 향기 나는 정원이나, 훌륭한 잔치나, 향락의 침실에도, 또한 글과 시를 읽는 곳에서도, 내 혼은 안식할 자리를 찾지 못했습니다. 나는 모든 것이 다 싫어졌습니다.[18]

그렇다고 아우구스티누스가 그리스도인이 되기 위해 무조건적으로 세상과 단절했던 것은 아니다. 그는 하나님을 만나기 위해 자신의 경험에 대한 성찰부터 시작했다. 그는 세계의 아름다움과 선함을 오감으로 재발견하였고, 그 세계의 기원이 되신 절대자를 찾아 나아갔다. 결국 영혼 안에서 하나님과 만남의 '경험'은 그가 이 세상과 맺는 '경험'과 그 의미를 변화시켰다. 아우구스티누스의 극적인 경험은 서방교회 역사상 가장 큰 영향력을 끼친다는 그의 신학에서 없어서는 안 될 소중한 자료가 되었다.

경험이 신학의 핵심 자료인 또 다른 이유는 종교가 본질상 예배와 실천이지 추상적 이론이 아니라는 데 있다. 경험은 초대교회 때부터 중요한 역할을 해왔지만, 신학의 자료로서 경험이 특별히 주목받은 것은 근대 이후이다. 근대의 합리적 이성은 신학의 자료였던 성서마저 비판적 연구의 대상으로 삼아 버렸다. 신학의 또 다른 중요 자료였던 전통은 이성을 통한 학문과 문화의 진보를 막는 구시대의 장애물로 여겨졌다. 이러한 시대정신에 반응하고자 그리스도교 내에서 상반된 현상이 나타났다. 하나는 신학마저 합리적으로 바꿔 정교한 교리 체계로 만들어 가는 개신교 정통주의 Protestant Orthodoxy였다. 다른 하나는 과학적으로 세계를 설명하는 이성이 차마 미치지 못하는 영역인 '내적 경험'에서 신앙의 핵심을 찾으려는 경건주의 Pietism이었다.[19]

독일의 경건주의 운동의 지도자 친첸도르프 Nikolas Ludwig Zinzendorf, 1700-

^{1760}는 왜 경험이 신학에서 중요한지 다음과 같이 말했다.

1. 이성의 결과물 없이도 종교는 포착될 수 있다. 그렇지 않다면 지성적 인간을 제외하고는 종교를 가질 수 없을 것이기 때문이다. 그렇다면 최고의 이성을 가진 사람이 최고의 신학자가 될 것이다. 이것은 믿어질 수도 없고, 경험에 대치되기도 한다.

2. 종교는 개념 없이 경험만으로 포착될 수 있는 그 무엇이어야 한다. 그렇지 않다면 귀가 안 들리거나 눈이 보이지 않게 태어난 사람, 정신적으로 온전하지 못한 사람, 혹은 어린아이들은 구원에 필요한 종교를 가질 수 없다. 첫 부류는 진리를 들을 수 없고, 둘째 부류는 마음을 일깨우고 생각을 불러일으킬 감각이 부족하며, 셋째 부류는 개념들을 포착하고 그들을 함께 놓고 시험해 볼 능력이 결여되어 있다.[20]

이처럼 유럽을 휩쓸던 강한 이성적 합리주의와 믿음마저 논리적 교리 체계로 설명하려는 정통주의에 반대하며, 친첸도르프는 종교의 핵심을 이성이 아닌 경험에 놓으려 하였다.

경험이 신학에서뿐만 아니라 인간 삶에서 아무리 중요하다고 하더라도, 반성을 거치지 않은 경험은 그 자체로 모호하고 맹목적이기 쉽다. 인식의 주체인 '나'에게 무차별적으로 흘러 들어오는 경험이 유의미한 지식이 되기 위해서는 개념이나 이론의 필터를 통과할 필요가 있다. 유럽에 있는 오래된 교회에 들어갔다고 상상해 보자. 감각이 발달된 사람이라면 수백 년의 세월을 견뎌 온 종교 건축이 풍기는 아름다우면서도 신비로운 느낌에 푹 잠길 수 있을 것이다. 그런데 전문가가 교회 건축 설계의 독특성, 교회와 그 지역의 역사, 옛 성구에 담긴 신학과 그 용도 등에 대해 강의를 해주면 어떤 일이 일어날까? 퀴퀴한 냄새가 나고 어둑어둑한 건물이 다양한 의미가 중층적으로 겹쳐진 텍스트로 작용하게 된다. 죽은 것처럼 고요하던 옛 건물이 생생히 살아서 내게 말을 걸어오는 공간으로 변화하게 된다. 그리고 또 다른 오래된 교회에 가더라도 그 낯선 건물을 더 잘 이해할 수 있는 지식도 얻게 된다.

이론이나 개념이 없더라도 경험은 그 자체로 중요한 지식의 통로인 것은 부인할 수 없다. 그렇지만 이론과 개념을 통할 때 모호한 경험은 의미를 형성하게 되면서 구체적 지식의 재료로 기능하게 된다.[21] 또 이러한 성찰의 작업은 앞으로 겪게 될 다양한 경험의 폭과 깊이에 지대한 영향도 끼치게 된다. 그렇기에 '경험과 신학 중 어느 것이 우선하느냐'는 어쩌면 '닭이 먼저냐 달걀이 먼저냐'와 같이 답 없는 논쟁으로 이어질 수 있다. 앞서 언급한 아우구스티누스가 회심한 과정을 보더라도, 그는 그리스도인이 되기도 전에 신비 체험을 통해 이미 하나님을 경험했었다. 그러나 그가 그리스도인이 될 수 있었던 것은 암브로시우스 주교를 통해 그리스도교 신앙을 배우고, 성서의 언어를 통해 자신의 경험을 해석해 낼 수 있게 되면서였다. 그가 신학의 개념과 언어를 익혀 갈수록 하나님과의 관계가 더 깊어지고, 책임감 있고 성숙한 그리스도인으로 점점 더 변화해 갔다. 이처럼 경험은 신학의 자료이지만, 신학은 거친 경험을 더욱 가치 있고 풍성하게 되도록 갈고 닦아 준다.

자료의 다양성과 통일성 사이에서 균형 잡기

신학에는 다양한 자료가 필요하다. 학문적 신학자나 전문 목회자에게만 여러 자료가 필요한 것이 아니다. 성경공부를 인도할 때, 개인적 묵상을 할 때, 기도할 때, 찬양을 부를 때, 논문이나 책을 쓸 때 각자가 가지고 있는 신학이 큰 영향을 끼친다. 그러다 보니 그리스도인이라면 이런저런 신학의 자료를 알게 모르게 사용하고 있다. 따라서 무의식중에 여러 자료를 무비판적으로 섞어 쓰는 것보다는, 신학의 자료를 필요로 할 수밖에 없음을 겸허하고 솔직히 인정하는 것이 더 건강하게 신학을 하는 방법이다.

인간은 유한하기에 다양한 신학의 자료를 완벽히 균형을 이루어 사용하기란 불가능한 일이다. 어떤 사람은 상대적으로 성서에 대해 잘 알고 성서를 잘 해석할 수도 있다. 다른 이는 이성적 사고의 훈련이 더 잘 되어 있을 것이고, 또 다른 이는 전통에서 지혜를 끌어오는 힘이 있을 것이다. 각자가 쓰는 신학의 자료가 다르다 보니, 신학도 다양하게 전개될 수밖에 없다. 신학의 자료의 필요성과 다양성에 대한 인식은 완전하거나 완결된 신학이 왜 불가능한지, 또한 신학에서 우정과 대화와 협력이 왜 중요한지 깨닫게 해준다.

이제껏 신학의 자료가 여럿임을 강조해 왔다면, 결론적으로는 자료의 통일성에 대해 언급하지 않을 수 없다. 특정 자료를 배제하거나 축소하지 않으면서도, 각각의 자료들의 관계를 유기적으로 만들어 줄 통합적 주제가 없다면 신학은 일관성을 상실하며 제 기능을 못할 수도 있다. 심지어 한 번 퍼지면 걷잡을 수 없이 곳곳에 달라붙어 이것저것 가리지 않고 갉아먹는 책벌레처럼, 여기저기서 알게 모르게 받아들인 정보가 우리의 정신을 잠식할 수도 있다.

이런 문제점 때문에 여러 신학의 자료를 엮어 줄 또 다른 통합적 주제를 추가로 제시하는 학자도 있다.[22] 하지만 필자는 새로운 원리 하나를 더하는 것이 아니라, 종교개혁의 기본 가르침 중 하나인 오직 성서*Sola Scriptura*를 다양한 자료를 통합시켜 줄 주제로 삼을 것을 제안한다. '오직 성서'가 다른 신학의 자료를 제외하는 배타적 원리가 아니라, 각 자료를 포용하고 선택하고 분석하고 해석할 규범이 되는 것이다. 성서를 통합적 주제로 제시할 수 있는 것은 하나님의 계시로서 성서가 다른 자료에 비해 우선성과 우월성을 가졌기 때문이기도 하고, 성서의 여러 본문이 하나님께서 인간의 전통과 이성과 경험을 부정하지 않으셨음을 증언하고 있기 때문이기도 하다.

결론적으로 말하면, 하나님의 말씀인 성서가 다른 자료들을 '다스리는 규범'*norma normans*, the rule that rules으로 바로 자리매김할 때, 다양한 자료들이 고유성을 가지면서도 조화롭게 사용될 가능성도 생긴다. 전통, 이성, 경험을 각각 독립된 자료로 여기더라도 우리는 그 속에서 재미있는 에피소드, 세련된 담화, 감동적 회고 등을 발견할 수는 있다. 그렇지만 이러한 자료들은 자기 과시적 수사학, 추악한 처세술, 죄로 물든 욕망과 얽혀 있게 마련이다. 전통, 이성, 경험은 그 자체가 아니라 하나님의 은혜를 통해서 개인과 공동체를 위한 선한 쓰임새를 얻게 된다. 하나님의 영의 감동으로 쓰인 성서의 빛에 따라 신학을 할 때, 하나님의 숨결이 '너무나 인간적이기까지 한' 전통과 이성과 경험을 새롭게 엮어가며 그 사이 사이로 새로운 생명을 불러일으키실 것이다. 마치 여호와의 말씀이 마른 뼈들을 서로 연결하고 여호와의 생기가 마른 뼈들에 생기를 불어 넣듯이(겔 37:1-10), 여러 신학적 자료들이 서로 유기적으로 연결될 때 신학은 생명의 주님이신 하나님을 증언하는 본연의 사명을 감당하게 된다.

적용과 토론을 위한 질문

1. 본인의 신앙생활이나 신학에서 주로 사용하는 신학의 자료는 무엇인가? 혹은 본인이 가장 덜 의존하거나 사용하기 꺼려하는 자료가 있었는지 반성해 보자.

2. 한국 교회 혹은 한국 신학이 가지고 있는 독특한 전통은 무엇인가? 그 전통은 다른 신학의 자료(성서, 이성, 경험) 등에 비추어 타당성이 있는가?

3. 여러분의 사고나 신앙 형성에 가장 큰 영향을 끼친 책은 무엇인가? 그 이유는 무엇인가?

4. 여러분이 하나님이나 자신을 묘사할 때 가장 자주 사용하는 단어가 무엇인가? 그 단어는 어디에서 온 것인지 추적해 볼 수 있는가?

5. '합리적'이란 말과 '합리주의적'이란 말을 여러분의 신앙생활이나 신학에서 구분해서 이해하고 있는가? 그렇다면 어떻게 구분하고 있는가? 그렇지 않다면 이 둘을 어떻게 구분할 수 있을까?

6. 가톨릭의 전통관과 구별될 수 있는 개신교의 전통에 대한 이해는 어떤 것일까? 혹 개신교 신앙이 깊게 의존하고 있는 전통이 있다고 보는가? 구체적 사례를 찾아보자.

7. 신학이 경험 중심으로 흘러간다면 어떤 문제가 생길 수 있을까? 왜 근대 이전까지는 경험을 별도의 신학적 자료로 구분해서 강조하려 하지 않았을까? 오늘날 교회생활이나 신학에서 가장 두드러지게 부상하는 경험의 영역은 무엇일까?

3장. 성서론

성서, 하나님의 말씀인가 인간이 쓴 책인가?

베스트셀러가 된 하나님의 말씀

인류 역사상 가장 널리 읽히고 큰 영향을 끼친 책을 고르라면 '성서'가 첫 번째로 손꼽힐 것이다. 잘 알려져 있듯 세계 3대 유일신 종교라 불리는 유대교, 그리스도교, 이슬람교는 구약성서를 신앙의 중요 텍스트로 삼고 있다. 또한 성서만큼 많은 부수의 책이 출판되고 다양한 언어로 번역된 책도 찾아보기 힘들다. 2017년 통계에 따르면 성서 전체가 670개국 언어로 번역되었다고 한다.[1] 성서의 자국어 번역은 신앙인에게만 영향을 끼치는 것이 아니라, 그 나라 일상 언어의 변화와 발전까지 연결되는 사례가 많다.

신앙이 없는 사람 중에도 고대 근동이나 1세기 팔레스타인의 문화와 역사를 연구하고자 성서를 보기도 한다. 서양 문명을 이해하기 위해 혹은 윤리적 가르침을 얻기 위해 성서를 읽는 이도 있다. 하지만 그리스도인의 경우에는 공적 예배나 개인의 경건 생활을 위해 성서를 '특별한 책'으로 받아들인다. 왜냐하면 신앙인에게 성서는 무엇보다도 하나님의 말씀이기 때문이다.

그런데 성서를 펴자마자 질문이 생긴다. 성서의 첫 문장은 "태초에 하나님이 천지를 창조하시니라"(창 1:1)이다. 성서가 하나님께서 쓰신 책이라면, 어떻게 '하나님'이 주어로 등장할 수 있을까? 하나님께서도 자신과 관련된 얘기를 남 얘기하듯 하는 유체이탈 화법을 쓰시는 걸까? 아니, 하나님이 몸이 없으시기도 하지만, 하나님께서 굳이 그러실 필요가 있을까? 이 질문에 대한 해답은 사실 간단하다. 성서는 하나님의 말씀이지만 동시에 인간에 의해 기록된 책이기도 하다. 성서는 다양한 저자가 천여 년의 시간에 걸쳐 썼고, 또 오랜 신학적 연구와 긴 논의와 편집 과정 끝에 오늘날 우리가 보는 형태로 결정되었다. 그렇기에 성서는 하나님의 말씀이지만, 또한 역사·문화적 존재인 인간에 의해 형성된 책이기도 하다. 성서의 이러한 '인간적' 요소를 무시한다면 성서를 우상화할 위험이 생겨난다.

성서의 인간적 면모를 잘 보여주는 사례가 있다. 한국 그리스도인의 성서 사랑은 유별난 것으로 잘 알려져 있다. 그런 만큼 성서와 관련된 흥미로운 이야기도 많이 있다. 한반도로 선교사가 공식적으로 들어오기도 전에 성서는 1870년대 중반 만주에서 한국어로 번역되기 시작했다. 스코틀랜드 출신 선교사 존 로스John Ross, 1842-1915가 의주에서 온 상인들과 함께 성서를 한 구절씩 한국어로 바꿔 나간 것이다. 그런데 초기 번역인지라 평안도 사투리가 들어가기도 했고, 새로운 단어가 만들어지기도 했고, 스코틀랜드인 특유의 강한 발음과 억양으로 외래어가 표기되기도 했다. 그래서 현대적 시각에서 보면 재미있거나 어색한 번역이 여럿 보이는데, 그중 하나를 소개하면 다음과 같다.

하느님의 양색기세상의죄진쟈를보라(요 1:29).[2]

세상의 죄를 지고 가는 하나님의 어린양, 예수 그리스도를 보고 세례요한이 한 말이다. 그런데 '하나님의 어린양'이 졸지에 '양새끼'가 되어 버렸다. 하나님의 말씀인 성서가 이처럼 민중의 언어로까지 번역되게 하시는 하나님은 은근 유머 감각이 있으신 분이 아닐까 하는 생각도 든다. '양새끼'가 되면서까지 서민의 눈높이를 맞춰 주시는 하나님의 겸손이 놀랍기까지 하다.

　　위의 번역을 예로 든 것은 '하나님의 말씀'인 성서가 상당히 '인간적인' 책이기도 하다는 것을 보여주고자 함이다. 경건을 핑계 삼아 성서에 하나님께서 의도하지 않은 권위까지 부여하고자 하는 것은, 마치 십자가에 달린 그리스도는 메시아일 수 없다고 부정하던 이들의 왜곡된 종교심과 닮아 있다. 그렇다면 과연 성서는 어떤 책일까? 어떻게 성서는 하나님의 말씀이자 동시에 역사 속에서 형성된 책일 수 있을까? 성서의 원어에 가까운 번역이 좋을까 아니면 현대인의 언어를 사용해서 번역해야 할까? 이러한 질문들은 초대교회부터 지금까지 끊임없이 이어지고 있다. 이 장에서도 제한된 분량이지만, 그리스도인으로서 성서에 대해 꼭 알아야 할 바를 몇 가지 정리해 보고자 한다. 비록 성서에 **대한** 내용이 주를 이루겠지만, 성서론의 궁극적 목표는 성서를 하나님의 말씀으로 올바로 읽고 해석하고 실천하는 데 있음을 잊지 말아야 할 것이다.

성서는 역사 속에서 어떻게 형성되었나?

거룩한 책, 곧 성서(聖書)로 번역된 영어 단어 Bible은 그 기원이 히브리어까지 거슬러 올라간다. 유대인은 그리스도인에게는 구약에 해당하는 히브리 성서를 그 책들the books이라는 의미로 *ha-Sefarim*이라 불렀다. 이 단어는 *ta biblia*라는 그리스어로 번역되었고, 시간이 흘러 영어의 Bible로까지 이어졌다. 그리스도인은 구약과 신약을 합쳐서 신앙의 규범이 되는 책이라는 의미에서 정경(正經)Canon이라고도 부르는데, 이 단어 역시 히브리어에서 비롯되었다. 곧은 막대기를 뜻하는 히브리어 *qaneh*가 그리스어로 번역될 때 기준 혹은 자를 뜻하는 *kanon*이 되었다. 4세기 그리스도교가 로마제국에서 공인되고 여러 이단들의 위협에 직면하면서 교회가 신앙의 표준과 권위가 필요하게 되었고, 성서에 들어갈 책들을 결정하는 작업에 들어가면서 *kanon*이 정경이라는 의미로 쓰이게 되었다.

개신교인은 구약 39권과 신약 27권을 합쳐 총 66권을 정경으로 받아들인다. 그런데 가톨릭 성서에는 7권이 더 들어가 있다. 이러한 차이는 어디서 비롯된 것일까? 언제 어디서 어떤 책이 성서에 포함될 것인지가 결정되었을까? 구약 39권은 서기 90년경 팔레스타인의 얌니아Jamnia 회의에 모인 유대인 학자들에 의해 정해졌다. 이때 히브리어로 쓰인 책들인 오경, 예언서, 성문서가 정경으로 결정되었고,[3] 반면 유대인들이 당시 소중히 읽고 있던 그리스어 종교문헌들은 배제되었다. 이때 결정된 구약 정경을 학자들은 편의상 팔레스타인 정경Palestine Canon이라 부르기도 한다.

유대인들이 39권의 정경을 결정한 1세기 후반은 바울서신을 포함한 신약의 상당 부분이 이미 쓰인 시점이었다. 그렇다면 그리스도가 활동하셨을 당시에 사람들에게는 신앙의 표준이 되어 줄 정경이 없었단 말인가? 물론 얌니아 회의 이전에도 유대인들이 보던 정경은 이미 있었다. 당시 통용되던 구약은 히브리어로 기록된 39권에 그리스어로 된 15권이 더해져 있던 그리스어 번역 성서인 70인역LXX, Septuagint이다.

70인역은 번역이 이루어진 도시의 이름을 따서 알렉산드리아 정경이라 불리기도 한다. 기원전 333년 알렉산더 대왕이 고대 근동 세계를 통일하면서 그리스어가 공용어가 되었고, 그리스 사상과 문화가 점령국 곳곳에 스며들었다. 유대인들도 모국어인 히브리어를 점차 잊어 가게 되자, 그들의 성서도 그리스어로 번역될 필요가 있었다. 그 결과 당시 학문과 문화와 경제의 중심지였던 알렉산드리아에서 번역 작업이 이루어졌다. 번역을 위해 유대 12지파에서 6명의 학자가 선출되어 번역을 하게 되었는데, 이때 참여한 학자의 수가 어림잡아 70명이기에 이 번역은 70인역이라 불린다. 그런데 알렉산드리아에서 히브리어 성서를 그리스어로 번역하면서, 당시 널리 읽히던 그리스어로 된 15권의 종교 문헌도 권위를 인정해 정경에 포함시켰다.[4] 70인역은 유대인의 경전을 세계 문학의 고전으로 올려 놓는 한편, 초기 그리스도교 신자에게는 그리스 문명권의 풍요로운 지적 세계 속에서 히브리적 사유를 자신들의 신학적 사유와 저술로 끌어다 쓸 수 있는 언어를 제공해 주었다.[5]

그렇다면 예수 그리스도에 대한 복음이 담겨 있는 신약성서 27권의 정경화는 언제 이뤄졌을까? 유대교의 종교문화의 틀 속에서 자라난 초대 그리스도교인들은 유대교의 성서를 신앙의 규범으로 받아들이는 것이 자연스러웠다. 신약을 보면 여러 인물들이 '모세와 예언자'를 인용하면서 신학적 주장을 펼치는 것을 발견할 수 있다. 복음서에는 예수 그리스도가 40회 이상 구약을 인용하셨고, 바울서신에는 약 100건이 인용되고 있다. 따라서 초대교회 교인들이 풀어야 했던 큰 문제는 그리스도교 공동체가 회람하던 복음서나 바울서신 등의 새로운 문서를 이미 자신들이 보던 유대인들의 성서, 곧 구약과 동등한 권위를 부여할지 여부였다. 하지만, 초대교회에는 이렇게 중대한 문제를 결정지어 줄 권위 체계가 아직은 존재하지 않았다. 그렇기에 신학자들의 논의가 충분히 숙성되고, 또 로마제국이 그리스도교를 공인한 이후에야 신약의 정경화가 이루어졌다. 결국 393년부터 시작된 카르타고 공의회에서 신약 27권이 그리스도교의 정경으로 공식적으로 인정되었다.

4세기 말에야 신약의 정경화가 이루어졌다 하여, 그 이전에 유대교와 구별되는 그리스도교만의 '거룩한 책'이 없었던 것은 아니다. 2세기의 유스티누스Justinus, 100-c. 165와 같은 초기의 신학자들도 복음서가 유대교 성서와 같은 권위를 가진다고 주장한 것으로 보아,[6] 상당히 이른 시기부터 그리스도교 내에서 새로운 신앙 규범의 필요성이 대두된 것으로 보인다. 그 후 신학자들은 어떤 책들이 그리스도교 신앙의 새로운 표준이 될 것인지 약간씩 다른 의견을 제시했다. 그러다 4세기 중반에는 신약성서에 대한 교회의 전반적 합의가 어느 정도 이끌어진 것 같다. 알렉산드리아의 주교였던 아타나시우스Athanasius, 296/298-373가 367년에 보낸 부활절 서간에 신약의 정확한 목록이 나온다.[7] 그리고 26년 뒤 카르타고 공의회에서 그리스도교의 정경을 공식적으로 인정하였다. 그 결과 오늘날 로마 가톨릭과 개신교 모두 동일한 신약 27권을 가지고 있다. 단, 구약에 대해서는 어떤 정경 전통을 따를 것이냐에 따라 가톨릭과 개신교가 서로 다른 입장을 취하고 있다.

가톨릭 성서의 외경을 개신교인이 읽어도 될까?

신약이 정해졌어도 어떤 책이 정경이냐를 결정하는 문제가 역사 속에서 완전히 정리된 것은 아니었다. 신약의 저자들은 그리스어로 번역된 70인역을 인용했고, 초대교회의 대다수도 당시 공용어인 그리스어로 구약성서를 읽었다.[8] 달리 말하면 초기 그리스도인은 54권으로 구성된 알렉산드리아 정경 전통 속에서 활동했고, 이것이 중세 로마 가톨릭으로 이어져 내려오게 되었다. 반면 16세기 마르틴 루터로부터 시작된 종교개혁에서는 팔레스타인 정경에 따라 히브리어로 기록된 구약의 권위만 인정했고, 그리스어로 기록된 15권의 책을 외경(外經)Apocrypha이라 하여 정경에서 제외했다.

　루터의 종교개혁에 대한 반작용으로 소집된 가톨릭의 트리엔트 공의회1545-1563에서는 그리스어로 쓰인 알렉산드리아 전통을 재확인했지만, 문제가 되는 책들을 정경 목록에서 우선 삭제했다. 그 이후 추가 조정의 과정을 거쳐 현재 가톨릭에서는 46권이 구약으로 인정받고 있다. 반면 개신교에서는 39권만이 구약으로 인정받고 있다. 가톨릭 성서에는 있지만 개신교 성서에 들어 있지 않은 7권의 책을 개신교에서는 외경이라 부르지만, 가톨릭에서는 제2경전Deuterocanon이라 부른다. 오늘날 가톨릭과 개신교 정경에 포함된 책은 다음과 같다.

구약	**오경** 창세기, 출애굽기, 레위기, 민수기, 신명기 **역사서** 여호수아, 사사기, 룻기, 사무엘상·하, 열왕기상·하, 역대상·하, 에스라, 느헤미야, **토빗기, 유딧기**, 에스더, **마카비 상·하**, **시가서** 욥기, 시편, 잠언, 전도서, 아가, **지혜서, 집회서**, **예언서** 이사야, 예레미야, 예레미야애가, **바룩**, 에스겔, 다니엘, 호세아, 요엘, 아모스, 오바댜, 요나, 미가, 나훔, 하박국, 스바냐, 학개, 스가랴, 말라기
신약	**복음서** 마태복음, 마가복음, 누가복음, 요한복음 **역사서** 사도행전 **바울서신** 로마서, 고린도전·후서, 갈라디아서, 에베소서, 빌립보서, 골로새서, 데살로니가전·후서, 디모데전·후서, 디도서, 빌레몬서 **일반서신** 히브리서, 야고보서, 베드로전·후서, 요한1·2·3서, 유다서, 요한계시록

* 굵은 글씨는 가톨릭 성서에 포함된 제2경전9

그렇다면 개신교인은 그리스어로 쓰인 외경에 대해 어떤 태도를 취해야 할까? 어떤 이는 외경은 종교개혁 때 정경에서 제외되었기 때문에 읽어서는 안 되는 책이라 단정한다. 또한 루터가 비판했던 가톨릭의 연옥교리의 근거도 외경에 있기에(마카비 2서 12:38-45),[10] 외경은 올바른 신앙에서 벗어나게 하는 위험을 내재하고 있다고도 말한다. 게다가 전 세계 개혁교회와 한국 개신교에 지대한 영향을 끼치고 있는 웨스트민스터 신앙고백도 "외경은 하나님의 영감으로 기록된 책이 아니기에" 경전도 아니고 권위도 인정될 수 없고 교회에서 사용될 수도 없다고 단정적 태도를 보이고 있다(1장 3절).

하지만, 웨스트민스터 신학자 총회가 열리기 약 1세기 전 활동했던 종교개혁자들은 외경에 대해 조금 더 긍정적인 태도를 취했다. 실제 루터는 성서를 독일어로 번역할 때 외경을 부록으로 삽입했다. 서문에서 루터가 직접 밝히듯, 그는 외경은 경전은 아니지만 읽으면 유익한 책으로 보았다. 또한 스위스 개혁교회가 편집한 취리히 성경에도 외경이 신약 다음 부록으로 배치되었다. 이러한 정황으로 볼 때 초기 종교개혁자들은 외경의 권위에 대한 잘못된 이해나 사용을 비판했지, 외경 자체를 거부한 것으로 보이지는 않는다.

외경을 제2경전이라 부르며 성서에 포함한 가톨릭 전통이라고 하더라도 무조건적으로 외경에 다른 구약 39권과 동일한 권위를 부여하지는 않는다. 즉, 교리를 형성하는 독립적 기초로 외경을 사용하지는 않는다. 정경 목록을 제시한 아타나시우스의 편지를 보더라도, 외경은 "정경에 들어가지는 않았지만, 교부들이 새로운 신자들과 경건한 말씀으로 교육받고자 하는 이들을 위해 지정한"[11] 책으로 규정되어 있다. 즉, 정경과 권위의 차이를 인지하면서, 지식의 증진과 경건의 도움을 위해 읽는 책이 외경이라는 것이다.

최근에는 개신교 내부에서도 외경에 대해 이전보다 긍정적 입장을 취하는 경향이 커지고 있다. 특히 구약과 신약의 사이 중간 시대의 중요성이 인식되면서, 이 기간의 역사와 문화, 언어, 종교를 이해하고자

질문하는 신학

할 때 외경의 역할이 새롭게 주목받고 있다. 그래서 해외 개신교 출판사에서 나온 공신력 있는 여러 스터디바이블Study Bible이 외경을 포함하고 있고, 신학교에서도 외경에 대해 가르치기도 한다. 물론 개신교인으로서 공예배나 신앙생활을 하는 데 정경으로 충분하다고도 할 수 있지만, 외경은 우리에게 그리스도교를 이해하는 데 유용한 지식을 줄 수가 있다. 그렇기에 외경의 중요성을 지나치게 과장하는 것도 부적절하지만, 외경에 대해 불필요하게 부정적 선입견을 가지는 것도 부적절하다.

인간이 쓴 성서가 어떻게 하나님의 말씀인가?

필자가 교회학교에서 봉사할 때 학생들에게 교사들이 시험 잘 보라고 응원 엽서를 쓰면서 문제 하나가 생겼다. 인용할 성서 구절이 너무 길어 그중 일부만 적자고 합의를 보려고 했더니, 교사 중 한 명이 성서를 우리 마음대로 잘라서는 안 된다고 강하게 반발했다. 하나님의 말씀인 성서는 최소 한 절verse 전체를 다 인용해야 한다는 이유 때문이다. 성서를 사랑하는 마음은 알겠지만 그다지 설득력 있는 주장은 아니다. 왜냐하면 성서의 장과 절은 인간이 구분한 것이기 때문이다.

실제 성서의 초기 사본을 보면 장chapter과 절verse의 구분이 없고, 장이 구분된 성서는 9세기에 기록된 사본에서야 찾아볼 수 있다. 현대인이 읽는 성서의 장은 영국의 캔터베리 대주교 스티븐 랭턴Stephen Langton, 1150-1228이 13세기 초에 만든 구분법에 기초하고 있다. 뒤이어 절의 구분은 구약은 15세기, 신약은 16세기에 이르러서야 이루어졌다.

성서가 하나님의 말씀이라고 해서 인간의 손길이 묻지 않은 순수한 계시의 형태로 하늘에서 뚝 떨어진 책으로 봐서는 안 된다. 성서의 장과 절만 인간이 구분한 것이 아니라, 성서의 본문 일점일획도 빠짐없이 인간이 손으로 쓴 것이다. 성서가 가지고 있는 이러한 '인간적' 특성을 무시하면, 성서가 원하지 않는 수준으로까지 성서의 권위를 높여 성서를 우상화할 위험마저 생겨난다.

그렇다면 우리가 진지하게 던져야 할 질문은 '성서는 어떤 의미에서 하나님의 말씀일까?'이다. 성서에 포함된 상당수의 책이 도입부에 누가 그 책을 썼는지 명시하고 있다. 즉, 인간에 의해 성서가 기록되었음을 밝히는 것을 성서는 결코 부끄러워하지 않는다. 그렇다고 성서가 순전히 인간 저자의 창조성의 결실물인 것도 아니다. 히브리서 1장 1절에 따르면 하나님은 "옛적에 선지자들을 통하여 여러 부분과 여러 모양으로 우리 조상들에게 말씀"하셨다. 즉, 하나님께서는 인간 저자들을 통해 말씀하시는 분이시며, 그런 의미에서 성서의 저자는 하나님이자 동시에 인간이다.[12] 이것을 하나님께서 영으로 인간 저자들을 감동시키셔서 말씀을 기록하게 했다는 의미에서 성서영감설 Biblical inspiration 이라고 부른다.

그런데 히브리서 1장 1절을 잘못 해석하면 성서의 인간 저자가 하나님께서 말씀하시는 것을 그대로 받아 적기만dictate 했던 것으로 오해하게 된다. 인간 저자의 역할을 이렇게 '기계적'으로 보는 것은 옳지 않다. 왜냐하면 성서는 각 저자가 가진 인간으로서 개성, 역사적 상황, 독특한 신학, 공동체적 상황을 억누르기보다는 존중하고 있기 때문이다. 1978년에 약 300명의 복음주의 신학자들이 서명했던 시카고 성서무오선언 CSBI, Chicago Statements on Biblical Inerrancy 에서도 "하나님께서 선택하시고 준비하신 인간 저자들의 독특한 인격과 문학적 스타일을 이용하셨음을 긍정"하고 있다. 반면 CSBI는 "하나님께서 고르신 단어들을 이러한 저자들이 사용하도록 그들의 인격을 억누르셨다는 견해를 부정"[13]한다.

하나님께서 인간 저자들의 독특성을 하나님 말씀이 전달되는 매체로 인정하셨기에, 성서를 꼼꼼히 읽다 보면 복수의 인간 저자들의 흔적이라 할 수 있는 다양한 역사, 문화, 신학, 글쓰기 방식, 독자층이 발견된다. 그렇기 때문에 성서를 바로 해석하기 위해서는 CSBI 18항에서도 밝히고 있듯, "성서는 문법적이고 역사적인 주석에 따라, 각 책의 문학적 양식과 기교를 고려하며……해석되어야 한다."[14] 이처럼 우리는 하나님의 말씀으로서 성서의 권위를 인정하면서도, 다른 한편으로는 각 책이 가진 독특한 문화적·역사적·신학적·문학적 성격을 충분히 고려해야 한다.

그렇다면 성서는 영감설을 어떻게 이해해야 할지에 대한 실마리를 주고 있을까? 디모데후서 3장 16절의 전반부, 곧 "모든 성경은 하나님의 감동으로 된 것"은 성서영감설을 지지하는 구절로 자주 인용된다(벧후 1:21 참조). 여기서 하나님의 '감동' 혹은 '영감'으로 번역된 그리스어 단어는 신약성서에 단 한 번 등장하는 *theopneustos*로 '하나님'을 뜻하는 *theos*와 '내쉬다'를 뜻하는 *pneō*가 합쳐져 '하나님께서 숨을 내쉰'God-breathed이라는 의미가 된다. 이때 바울이 강조하는 것은 '성서가 하나님 말씀이라 오류가 없다'가 아니다. 오히려 그는 성서가 하나님의 숨결*pneuma*로 된 것이라 우리를 구원에 이르게 하고, 의로 바로 교육하며, 선한 일을 할 능력을 갖추게 한다고 말한다(딤후 3:15-17). 즉, 바울은 *theopneustos*라는 단어를 통해 성서의 권위가 어디로부터 왔는지, 그리고 성서를 하나님께서 우리에게 주신 목적이 무엇인지 알려 준다.

바울의 편지를 읽던 1세기 사람들이 *theopneustos*를 어떻게 받아들였을지 한번 상상해 보자. 초대교회 교인들 대부분은 이미 히브리 성서, 곧 구약을 경전으로 받아들여 신앙의 규범으로 삼고 있던 사람들이다. 그렇다면 이들이 '성서의 모든 책은 하나님이 숨을 내쉰 것'이라는 바울의 말을 듣는 순간 자연스럽게 구약의 한 구절을 연상했을 것 같다. 바로 창세기에 나오는 아담의 창조이다.

> 여호와 하나님이 땅의 흙으로 사람을 지으시고 생기를 그 코에 불어넣으
> 시니 사람이 생령이 되니라(창 2:7).

흙으로 형태만 만들어진 첫 사람을 살아 움직이게 한 것은 바로 창조
주의 생명의 숨결*pnoēn*이었다. 마찬가지로 사람이 쓴 글을 하나님의 살
아 있는 말씀으로 만드는 것도 하나님의 숨결이다. 마치 창조주의 숨결
을 받은 흙덩어리가 그분과 인격적 사귐 속으로 들어갈 수 있었던 것
과 같이, 하나님의 숨결이 들어간 책인 성서를 통해 우리는 하나님을 만
나고 알아 가고 닮아 가게 된다. 하나님의 호흡이 스며 있는 거룩한 책
을 읽고, 하나님의 말씀에 대한 선포를 들으며, 홀짝거리는 짧은 숨이
아니라 생명의 길고 깊은 숨을 들이마시도록 초청하는 책이 바로 성
서이다. 이것이 바로 성서영감설이 우리에게 전달해 주는 가장 중요한
메시지이다.

하나님의 말씀인 성서는 전혀 오류가 없는가?

성서영감설과 늘 함께 거론되는 주제는 바로 성서무오설Biblical inerrancy이
다. 성서의 저자는 단순히 인간이 아니라 하나님의 영이신 성령이시기
도 하기에 성서에는 '오류가 없다'는 교리이다. 물론 성서에는 하나님
의 말씀인 성서의 권위를 알려 주는 구절들이 있긴 하지만(마 5:18; 행
15:15; 28:25; 살전 2:13; 벧후 1:19 등) 교리로서 성서무오설은 다음과 같
은 삼단논법에 기초하여 발전하였다.

하나님은 거짓말을 하지 않으신다(민 23:19).

성서는 하나님의 말씀이다(딤후 3:16 등).

따라서 하나님의 말씀인 성서에는 거짓이 없다.

여기에서 주의 깊게 볼 점은 성서무오에 대한 교리는 '하나님은 어떤 분이신가?'라는 질문에서 도출된 논리적 결론이라는 점이다. 즉, 성서 무오설이 아무리 중요하더라도 이 말씀을 주신 하나님이 누구신지에 대한 진지한 고민이 없다면 이 교리의 참 의미가 가려져 버린다.

디모데후서 3장에서 알 수 있듯 사랑이신 하나님께서 성서를 주신 이유는 우리를 구원하고, 의로 교육하여 온전하게 하고, 선을 행할 능력을 갖추어 주시기 위함이다. 이러한 목적에 성서가 봉사하기 위해서는 성서의 권위에 대한 올바른 인정이 필요하다. 이것이 바로 진실하신 하나님의 말씀인 성서의 진실함truthfulness이다. 비록 무오한inerrant이라는 말이 '오류가 없다'no error라는 부정 형태로 되어 있더라도, 케빈 밴후저Kevin Vanhoozer, 1957- 가 지적했듯 그 근원적 의미는 "성서의 중심적이고 핵심적인 속성인 절대적 신뢰성"[15]을 가리키고 있음을 명심해야 한다.

그런데 성서에 어떤 오류도 없다는 주장은 우리 경험과 대치될 때가 있다. 성서에는 연대기적으로 서로 맞지 않는 부분이나, 동일한 역사적 사건에 대한 보고가 저자에 따라 조금씩 다른 경우가 있다. 따라서 우리는 성서에 오류가 없다고 무비판적이고 무차별적으로 우기기보다는, '무오성'을 어떻게 이해해야 할지 진지하게 고민해야 한다.

역사적으로 볼 때 성서무오설은 근대적 세계관의 등장과 함께 그리스도교의 권위가 위협받게 되면서 학문적으로 정교하게 발전된 교리이기는 하다.[16] 하지만 거짓이 없으신 하나님의 말씀으로서 성서의 권위에 대한 '어린아이처럼 순수한 믿음'은 초대교회에서부터 이어 오고 있었다. 즉, 교리로서 성서무오'설'doctrine보다 우선했던 것은 성서를 통해 말씀하시는 진실한 하나님에 대한 '신뢰'trust였다. 이를 잘 보여주는 아우구스티누스의 편지 일부분을 발췌해 보았다.

> 나는 [성서의] 저자가 오류로부터 완전히 자유로웠다고 분명히 믿는다. 만약 성서에 진실과 대치되는 것처럼 내 눈에 보여 당황스럽다면, 나는 사본이 잘못되었거나 번역자가 [성서의] 본 의미를 잘못 파악했거나, 나 자신이 잘못 이해했다고 생각하는 데 주저함이 전혀 없다.[17]

성서의 권위에 대한 교부의 옛 가르침에서 우리는 성서가 어떤 의미에서 오류가 없는지에 대한 현대적 가르침을 얻을 수 있다.

첫째, 무오성은 하나님의 영감을 받은 저자들이 직접 쓴 성서 원본에 해당하는 것이다.[18] 안타깝게도 성서 원본은 지금 다 소실되었고 사본만이 존재할 뿐이다. 따라서 현재 우리가 접하거나 사용하는 사본에 근거한 원어 성서나 번역 성서는 신뢰할 만하지만, 거기에 오류가 전혀 없다고 단정 지을 수는 없다.

둘째, 성서 원본을 성서 저자의 의도intended sense에 따라 해석한다면 오류를 발견할 수 없을 것이다.[19] 하지만 우리에게 원본이 없을 뿐 아니라, 성서 저자의 의식을 100퍼센트 완벽하게 재현해 낼 수도 없다. 우리가 성서를 역사적·문법적 방법에 따라 그 뜻을 바로 알고자 최선을 다하겠지만, 천여 년 동안 수많은 저자가 각기 다른 방식으로 사용했던 개념과 문법, 문학 양식, 역사와 문화적 요인을 21세기의 해석자로서 정확하게 이해할 길은 없다. 즉, 성서에 대한 우리의 이해와 해석은 오류가 없을 수 없는 셈이다.

마치 죄 없는 하나님과 죄인인 인간 사이에 무한한 질적 차이가 있

질문하는 신학

듯, 무오한 성서 원본과 실수가 없을 수 없는 독자 사이에 인간의 힘으로는 넘을 수 없는 큰 차이가 있다고 할 수 있다. 그러나 이러한 주장이 우리가 성서적 진리를 알 수 없다는 회의주의로 귀결되어서는 안 된다. 오히려 아우구스티누스식의 무오설은 우리에게 한계와 부족함이 있음에도 다른 이들과 협력하고 최선의 방법을 사용하여 성서적 진리를 찾고자 계속 노력하도록 우리의 태도를 전환시킨다. 또한 성서의 권위에 대한 이같은 소박한 믿음은 마치 '성서를 잘 아는 **나**는 진리를 소유하고 있지만, 성서를 모르는 **너**는 거짓투성이다'라는 식의 무례한 독단주의의 함정에 빠지지 않게 해준다. 아우구스티누스적 무오설이야말로 진리마저 개인의 욕망이나 집단의 이익, 문화적 선입견 등에 종속시키려는 인간의 왜곡된 성향으로부터 하나님의 말씀을 구분시켜 줄 수 있다.

결론적으로 말하자면, 성서무오설은 단순히 '성서가 믿을 만한 책이다'라는 주장에 그치지 않는다. 이것은 하나님 말씀의 청취자이자 해석자로서 우리가 어떤 존재가 되어야 할지를 알려 주는 교리이다. 무오설은 "지금은 거울로 보는 것같이 희미"하고 "부분적으로" 알지라도(고전 13:12), 성서의 참뜻을 끝없이 질문하고 찾아가는 구도자가 될 수밖에 없음을 가르쳐 준다. 무오설은 성서의 참과 거짓을 따지는 교리로 머물지 않고, 하나님 말씀을 오늘날 소통 가능한 형태로 해석하기에 적합한 언어와 생각의 틀을 찾아내는 실천으로까지 확장될 수밖에 없다.[20]

성서는 '문자적으로' 읽어야 하는가?

16세기 유럽의 종교개혁의 가장 중요한 업적 중 하나로 '성서의 권위'의 재발견이 거론되곤 하지만, 이후 신학의 역사에 큰 영향을 끼친 종교개혁자들의 성서 해석 방법 역시 언급되어야 한다. 그것은 바로 성서의 '문자적' 해석과 '역사적' 의미에 대한 강조이다. 이때 문자적 혹은 역사적이란 단어는 중세 성서 해석학에서 자주 사용되던 '알레고리적'의 반대 의미이다. 알레고리^{allegory}란 "하나의 사실이나 사건의 특별한 요소를 가리키고자 둘 혹은 그 이상의 연관된 은유를 사용하는 것"[21]이다. 이러한 정의에 입각해서 성서를 읽으면 성서의 저자들도 알레고리를 사용하고 있음을 어렵지 않게 발견할 수 있다. 대표적 예로 갈라디아서 4장 22-26절에서 바울은 아브라함의 두 여자였던 사라와 하갈을 '자유로운 자'와 '종노릇하는 자'로 비유하고 있다. 이처럼 성서가 알레고리적 해석을 어느 정도 정당화해 주기도 하지만, 성서의 불분명하고 난해한 구절을 문자적 해석만으로는 의미를 찾아내기가 힘들었기에 알레고리적 해석이 빈번히 사용되었다.

문자적 해석과 알레고리적 해석도 각기 다양한 방식이 있기 때문에 이 둘을 단순 비교한다는 것은 지나친 일반화의 위험이 있다. 그럼에도 편의상 둘을 간략히 구분한다면,[22] 문자적 해석은 글을 쓴 '저자의 의도'에 더 충실한 방식이다. 반면 알레고리적 해석은 텍스트가 '해석자에게 끼친 영향'에 더 집중한다. 저자가 텍스트를 통해 무엇을 말하는지를 알기 위해서는 저자의 역사적 상황과 의도를 충실히 반영하는 문자적 해석이 필요하다. 하지만, '과거'에 쓰인 텍스트가 '오늘'의 삶에 어떤 의미를 가지는지 탐구하려면 문자적 혹은 역사적 접근만으로는 한계가 있기에 알게 모르게 알레고리적 방법을 쓰게 된다. 만약 현대의 설교자가 구약의 이스라엘의 완악한 모습을 통해 오늘날 교회의 교만을 비판하거나, 다윗의 가문에 내린 복을 오늘날 신자들에게 베푸시는 하나님의 자비로 설명하고 있다면, (넓은 의미에서) 알레고리를 사용하고 있을 확률이 매우 높다.

문자적 해석과 알레고리적 해석은 그 방법과 결과물에 차이가 있음에도 초대교회 이래 성서를 해석하는 두 중요한 방식으로 공존해 왔다.[23] 그런데 문제는 중세에 알레고리적 해석이 과도하게 사용되면서 성서 본문 자체의 의미가 무엇인지 불분명할 정도가 되었다는 데 있다. 게다가 중세 말기에 제대로 교육받지 못한 성직자들이 알레고리를 오용하면서 성서 해석상 혼란이 심각한 수준에 이르렀다. 종교개혁자들은 이러한 상황을 비판하고 넘어서고자 '문자적' 혹은 '역사적' 해석의 정당성과 유용성을 보여주었다.

그러나 이러한 역사적 상황을 단순화하지 않기 위해서 두 가지를 유념해야 한다. 첫째, 개신교 신학의 선구자들이 '알레고리적' 해석을 경계하고 '문자적' 해석을 강조했다고 하지만, 이는 '문자주의'literalism와는 분명히 구별되어야 한다. 오히려 종교개혁자들은 문자주의적 해석이 종교적 열광주의로 빠지게 한다고 경계했다. 그렇다면 문자주의적, 문자적, 알레고리적 해석은 실제 어떻게 다를까? 성서에 자주 나오는 '하나님의 오른손'을 예로 들어 생각해 보자.

문자주의적 해석 하나님은 (인간과 마찬가지로) 오른손이 실제 있으시다. 하나님은 오른손이 있으니까 아마 왼손도 있을 것이다.

문자적 해석 출애굽기 15장 6절의 '하나님의 오른손'은 이스라엘이 홍해를 건너고 쫓아오던 이집트 군대가 물에 빠져 죽게 된 이후에 나온 것이다. 즉, 하나님의 오른손은 어떠한 세상의 권력과 힘도 넘지 못하는 하나님의 권능과 보호하심을 의미한다.

알레고리적 해석 성부 하나님의 오른손은 성자이고 왼손은 성령이시다. 하나님은 자신의 두 손인 성자와 성령을 통해 인간을 성숙으로 이끄시고 완성해 가신다(이레나이우스).

문자주의적이나 알레고리적 해석과 달리 '문자적 해석'은 성서 본문의 전후 문맥, 역사적 배경, 단어의 특수한 용법, 글의 장르 등을 함께 고려하여 저자의 의도를 충실히 반영한 해석 방식이다. 성서를 이해하려는 별다른 노력 없이 본문 속 단어나 문장을 문자주의적으로 혹은 자의적으로 읽는 것이 아니라, 성서의 참뜻을 알기 위한 여러 학문적 성과물들과 대화하고 부단히 공부하며 성서를 읽고 의미를 찾아 나가는 과정이 문자적 해석이라 할 수 있다.

둘째, 알레고리적 해석을 비판했던 종교개혁자들 역시 성서주석가나 설교자로서 알레고리적 방법을 완전히 부정했던 것은 아니다.[24] 특별히 성서 본문의 윤리적 의미를 끌어내거나, 구약 본문으로 그리스도에 관해 설교할 때 알레고리가 사용되었다.[25] 그들이 경계했던 것은 무분별하게 사용되는 알레고리였지, 알레고리 자체가 아니었다고 할 수 있다. 달리 말하면 알레고리적 해석이 허용되었던 중세와 종교개혁 초기에는 알레고리의 본질과 용례에 관한 지혜가 축적되어 있었고, 신학자와 설교자는 그 지혜의 인도를 받으며 알레고리적 해석을 할 수 있었다. 반면 알레고리적 해석을 멀리해 온 현대 개신교인의 경우 알레고리에 관해 배우지 않고서 설교를 하거나 성서를 해석하면서 과거에 기록된 텍스트를 현재 상황에 적용하려 하기에, 오히려 또 다른 의미에서 자의적이고 오류에 빠진 알레고리를 사용할 위험이 생겼다.

그렇다면 알레고리는 어떻게 적용되어야 할까? 그 방식이 워낙 방대하고 세세할 뿐만 아니라 중세의 신학자들도 각기 다른 방식을 사용하였기에, 공통된 핵심 내용만 간단히 소개하면 다음과 같다.[26] 우선 알레고리적 해석은 문자적 혹은 역사적 해석을 시도했지만 그 의미를 파악할 수 없을 때 사용한다. 그리고 알레고리는 해석자가 마음대로 고르는 것이 아니라, 알레고리와 지시하는 대상 사이에 납득할 만한 유사성

질문하는 신학

이 존재해야 한다. 또한 특정 본문에서 알레고리를 불가피하게 사용하였다 하더라도, 그 내용이 성서의 다른 본문에 대한 문자적 해석을 통해 정당화될 수 있어야 한다. 그렇지 않다면 그 알레고리는 해석자의 주관이 과도하게 들어가 버린 자의적 해석이 되어 버린다.

알레고리적 해석은 실제 어떻게 사용되었을까? 오늘날 개신교 설교단에서도 다양한 알레고리가 사용되지만, 먼 옛날 사용된 특별한 사례를 들어 보겠다. 마태복음 10장 16절에 "뱀같이 지혜롭고"라는 가르침이 있다. 이 구절의 난해함은 성서 해석자들을 당혹하게 만들었다. 그런데 하필 교회력에 따라 이 구절이 교회의 위기 상황에서 설교 본문이 되었다고 가정해 보자. 뱀은 공격을 받을 때 머리를 보호하기 위해 몸을 돌돌 만다. 마찬가지로 박해가 있을 때 그리스도인은 위기를 극복하기 위한 다른 지혜를 구하는 것이 아니라, 머리 되신 그리스도를 중심으로 그 몸인 교회가 뭉쳐야 한다. 이러한 알레고리적 해석은 박해의 상황에서 기록된 베드로서의 가르침과 크게 다르지 않다. 그런 의미에서 뱀은 박해당하는 교회의 알레고리가 될 수 있다.[27]

오늘날 성서 해석학은 문자적 해석과 알레고리적 해석보다 훨씬 다양하고 풍성한 방식과 내용을 다루고 있다. 그렇지만 그리스도교 전통에서 가장 오래되고 영향력 있는 성서 해석 방식이기에 여기서는 이 둘만 중점적으로 소개했다. 성서 본문과 독자 사이의 시공간적·상황적·사상사적·문화적 간격을 고려할 때 문자적과 알레고리적 해석 중 하나를 완전히 배격하는 것보다는 종교개혁자들이 잘 보여줬듯 전자를 우선시하면서도 조심스럽게 둘의 조화를 이루어 내는 것이 중요하다고 할 수 있다. 끝으로 한마디만 더 하자면, 문자적 해석과 알레고리적 해석 모두가 보여주는 것은 아무리 잘난 사람이라도 공부하지 않고 혼자서는 성서 본문의 의미도, 그 현실적 적용 방법도 알아차리기 쉽지 않다는 것이다. 그런 의미에서 성서 읽기는 해석의 공동체에 속하면서 다른 이의 지혜와 경험을 통해 성서의 더 깊은 의미를 찾아 나가는 순례의 길이라 할 수 있다.

공동체의 책으로서 성서의 재발견

미국의 신학자 스탠리 하우어워스Stanley Hauerwas, 1940- 는 "북미의 그리스도인에게서 성서 뺏기"[28]라는 자극적 표현을 쓴 적이 있다. 하나님의 말씀을 읽는 것은 그리스도인의 경건을 위해 중요한 일인데, 신학자라는 사람이 이런 말을 하니 어이가 없을지도 모른다. 그러나 그의 도발 이면에 담긴 참 의도를 곱씹어 볼 필요가 있다. 종교개혁 당시 '오직 성서만으로'라는 구호는 가톨릭과 구분되는 개신교 특유의 정체성을 만들어냈다. 그러나 시간이 흐르며 개신교인에게 '오직 성서'라는 구호 뒤에 숨어 복음을 개인적 관심이나 이익에 맞게 적용하는 경향도 생겨났다. 따라서 루터가 중세교회가 '바빌로니아의 포로'가 되었다고 비판했듯, 하우어워스는 성서가 '미국 개인주의 문화'의 포로가 되었다고 진단했다.

성서에 대한 종교개혁자들의 강조가 인쇄술의 발전과 맞물리며, 개신교는 유례없는 성서 중심적 신학과 영성을 형성했다. 하지만, 이는 안타깝게도 초대교회부터 내려오던 '공동체의 책'으로서 성서의 중요성을 약화시키는 결과도 초래했다. 실제로 오늘날 많은 개신교 예배에서는 성서를 펼 기회조차 거의 없다. 그만큼 공적 예배에서 성서를 읽는 것의 중요성이 약화된 것이다.

공동체의 책으로서 성서의 역할이 근대에 이르러 간과되었다면, 그 이전 상황은 어떠했을까? 초대나 중세의 그리스도인들은 성서 말씀을 읽을 수 있는 호사스러움을 누리지 못했다. 그들에게는 예배 중 대표자가 성서를 읽을 때가 하나님의 말씀을 듣는 거의 유일한 기회였다. 예배가 끝나고 일상으로 돌아오면 서로의 기억에 의지하여 하나님의 말씀을 삶 속에서 되새겨야 했다. 그렇기에 초대나 중세 교인들은 공동체와 함께 성서를 읽었고, 공동체 덕분에 하나님의 말씀을 계속해서 듣게 되었다. 이처럼 성서는 개인 묵상과 적용을 위한 책이기 이전에, '공동체의 삶'과 엮어져 있던 책이고, 눈으로 읽는 책이기보다는 '귀로 듣는 책'이었다.

성서를 썼던 저자들의 관점이나 근대 이전 일반 신자들이 볼 때, 조용한 시간Quiet Time에 홀로 성서를 읽으며 말씀을 개인의 삶에 적용하는 것은 상상하기도 힘든 일이었다. 물론 성서를 주체적으로 읽고 나에게 주시는 하나님의 말씀으로 받아들이는 것도 중요하다. 그러나 성서 읽기가 공동체적 지평에서 유리될 때 나타나는 부정적 현상들도 간과할 수 없다. 성서에 대한 지나친 주관주의적 해석, 내 맘대로 식의 무리한 적용, 성서 본문을 오늘의 운세처럼 여기는 부적화(符籍化) 현상이 한국 교회를 건전한 신학으로부터 멀어지게 해왔다는 비판을 어렵지 않게 찾아볼 수 있다.[29]

그리스도인이 된다는 것은 '나'라는 개인이 홀로 신 앞에 존재하는 것이 아니라, '너'와 함께 그리스도의 몸인 교회를 이루는 것이다. 그런 의미에서 성서와 그리스도인과 교회를 유기적으로 연결시키는 사도 바울의 가르침에 귀 기울일 필요가 있다. "너희는 사도들과 선지자들의 터 위에 세우심을 입은 자라. 그리스도 예수께서 친히 모퉁잇돌이 되셨느니라"(엡 2:20). 우리가 교회로서 존재한다는 것은, 하나님 말씀인 성서를 공동체로서 '나와 너'가 서로를 통해 함께 듣는 것을 의미한다. 이쯤에서 공동체의 책으로서 성서의 중요성을 강조하는 로완 윌리엄스 Rowan Williams, 1950- 의 말을 경청해 보자.

종교개혁 후손이자 문자문화에 속한 우리는 성경이 오늘날뿐만 아니라 오랜 세월을 이어 오면서 대다수 그리스도인들에게 읽는 책이라기보다는 듣는 책이었다는 사실을 특히 기억할 필요가 있습니다.……세례 받은 그리스도인은 하나님께 아뢰는 일뿐만 아니라 하나님께서 하시는 말씀 듣기를 즐겨 하는 사람입니다. 정말이지 말할 수 있기 위해서는 들어야 합니다. 그리스도인은 하나님을 향해 귀를 기울이며, 또 다른 신자들과 어울려 그리스도교 공동체가 시작된 때부터 하나님의 목소리를 담고 있는 것으로 여겨 온 성경 본문들에 귀를 엽니다.[30]

인쇄술의 보급으로 인해 모든 사람이 성서를 가질 수 있게 되었고, 왜곡된 인습에 묻혀 있던 제도화된 교회에 성서로 돌아가라고 외친 것은 교회사적으로 매우 중요한 사건이다. 이로써 집단과 관습 속에 파묻혀 개인으로서 책임감 있게 하나님을 마주하는 것을 회피했던 그릇된 신앙 태도가 극복될 수 있었다. 하지만, 성서를 지나치게 개인의 경건을 위해 사용하는 것 또한 그리스도의 몸인 교회 공동체로부터 성서를 분리시킬 위험이 있다. 개인주의 현상이 심화되고, 또 스마트폰의 앱 덕분에 성서를 들고 다닐 필요마저 없어진 현시대에 공동체의 책으로서 성서의 재발견이 더욱 중요하다고 할 수 있다.

적용과 토론을 위한 질문

1. 성서에 '인간적 요소'가 없다면 성서의 권위가 더 높아질 수 있는가? 성서에 포함된 인간 저자의 흔적이 우리 신앙에 어떤 영향을 끼칠까?

2. 성서가 하나님의 말씀이라고 힘 있게 다가온 순간이 있는가? 그 반대로 성서를 보면서 믿어지지 않거나 오류가 있다고 생각한 부분이 있는가?

3. 만약 하나님께서 과거의 예언자나 사도만이 아니라, 지금 살아 있는 사람 일부를 선택해 하나님의 계시를 전달하게 한다면 어떤 일이 벌어질까? 하나님의 말씀이 더 권위 있고 현실감 있게 전달되지는 않을까?

4. 성서가 특별한 권위가 있고, 또 오류가 없다고 믿는 것이 중요한가? 이 둘은 서로 연결된 신념인가?

5. 유대인의 종교회의나 초대교회 공의회가 정경을 결정했다는 것은 전통이 성서를 만들어 냈다는 말이 되는가? 하나님께서 인간에게 이렇게 큰 권위를 주셨다고 봐야 하는가?

6. 성서를 바르게 아는 것이 더 중요한가, 아니면 성서를 현실이나 일상에 적용하는 것이 더 중요한가? 여러분은 어느 것에 더 우선을 두고 있었는가?

7. 공동체의 책으로서의 성서라는 말이 어떻게 다가오는가? 어떻게 성서 읽기의 공동체성을 되살릴 수 있을까?

2부

신론

하늘에 사는 흰옷 입은 하느님과
그 아들의 순한 입김과
내게는 아직도 느껴지다 말다 하는
하느님의 혼까지 섞여서
겨울 아침 한정 없이 눈이 되어 내린다.

그 눈송이 받아 입술을 적신다.
가장 아름다운 모형의 물이
오래 비어 있던 나를 채운다.
사방을 에워싸는 하느님의 체온,
땅까지 내려오는 겸손한 무너짐,
눈 내리는 아침은 희고 따뜻하다.

— 마종기, 「눈 오는 날의 미사」

신학(神學)theology은 어원상 '신에 관한 공부' 혹은 '신에 관한 이야기'라는 뜻이다. 따라서 전통적으로 신론은 신학에서 중심적 위치를 차지해 왔다. 신학은 다양한 자료를 통해 하나님이 어떤 분이시고 어떤 활동을 하시는지를 설명해 주는 학문이었다. 성서가 증언하는 하나님은 어떤 분이실까? 그리스도교의 하나님은 다른 유일신론의 하나님과 어떻게 다를까? 하나님은 어떤 성품을 지니고 계실까? 하나님과 세계는 어떤 관계일까 등이 신론의 중요한 주제이다. 이 책에서는 신론이 단지 추상적 이론이 아니라, 하나님을 닮은 그리스도인의 실존을 형성하는 실천적 교리임을 특별히 강조하였다. 일반적으로 조직신학을 공부할 때 이성을 통한 신 존재 증명도 신론에서 주로 다루지만, 이는 상당히 철학적 논의를 바탕으로 하고 있고, 최근 신의 존재 여부를 증명하는 것의 적절성 또한 비판적 질문이 되고 있어서 이 책에서는 과감히 생략했다.

2부는 다섯 개의 장으로 이루어졌고, 각 장의 내용은 다음과 같다.

4장은 삼위일체 하나님이 어떤 분이신가에 대한 글이다. 삼위일체의 성서적 근거가 무엇인지, 이 교리는 어떻게 역사 속에서 발전되었는지, 삼위일체 교리가 어떤 실천적 중요성을 가지는지 등의 주제를 다루었다. 특별히 이 글에서는 삼위일체 교리가 조건 없이 우리에게 구원의 은혜를 내려 주시는 분임을 보여주는 아주 특별한 가르침임을 강조했다.

5장은 계시론에 할애했다. 보통 계시론은 조직신학 책의 서론, 곧 프로레고메나에 위치하는 경우가 많다. 신학에서 다루는 주제들은 인간의 이성이 아니라 하나님의 계시를 통해 온전히 알려질 수 있기에, 계시론은 본격적인 신학의 논의 앞에 와야 한다는 방법론적인 이유 때문이다. 그러나 이 책에서는 신론 중간에 계시론을 포함시켰는데, 계시는 본질상 삼위일체 하나님께서 자기가 누구신지 드러내신 은혜의 사건이기 때문이다. 이 장에서는 계시란 무엇인지, 자연계시와 특별계시는 어떻게 구분되는지, 그리고 하나님 말씀으로서 성서의 권위는 무엇인지 등에 대해 논의했다.

6장에서는 하나님의 성품을 소개했다. 달리 말하면, 이 장은 하나님의 속성론이라고도 불릴 수 있다. 우리가 다른 인격적 존재를 알게 되는 것은 그의 성품 때문이다. 마찬가지로 하나님의 속성은 하나님에 대한 지식을 구성하는 데 큰 역할을 한다. 성서에 등장하는 하나님의 속성만도 너무 많기에, 여기서는 하나님의 속성 중에 가장 중요하거나 오해하기 쉬운 몇 가지를 선별하여 집중적으로 다루었다.

7장은 그리스도교의 창조 신앙에 대해 다루었다. 창조론은 우주의 기원에 관한 신학적 가르침이기 이전에 '세상을 창조하신 하나님은 누구신가?'에 관한 답변이기에 창조론은 신론의 일부이다. 이 책에서는 창조주 하나님 외에도 태초의 창조의 의미, 하나님께서 창조하신 세계의 첫 모습, 신약의 빛 아래서 본 창조, 인간의 배움과 성숙의 공간으로서 창조 등의 주제를 소개했다.

8장은 섭리론에 관한 신학적 설명이다. 창조와 섭리는 세계를 존재하게도 하고 유지하게도 하는 한 분 하나님의 통일된 활동이지만, 설명의 편의를 위해 신학자들은 둘을 구분해서 다루곤 한다. 이 장은 섭리의 일반적 정의, 하나님의 절대 주권, 신적 섭리와 인간의 자유의지 등의 문제를 간략하게 다룬다.

4장. 삼위일체론

어떻게 셋이 하나일 수 있을까?

낯설지만 익숙한 신비로의 초대

예전에 필자가 청년부 시절 소그룹 성경공부 인도자 교육을 받았을 때이야기다. 청년부 새해 프로젝트로 매주 웨스트민스터 소요리문답을차근차근 배워 가기로 했다. 소요리문답 공부가 몇 주간 이어지고 드디어 여섯 번째 질문인 삼위일체론을 다룰 때가 되었다. 모두가 청년부담당 목사님께서 그 어려운 교리를 이번에는 어떻게 설명하실지 기대했다. 목사님께서는 "삼위일체론은 셋이 하나이고 하나가 셋, 그 이상도 그 이하도 아닙니다!"라며 교육을 끝내셨다. 순간 사람들 얼굴에 실망하는 감정과 순종하는 태도의 소리 없는 전투가 진행되는 것이 관찰되었다. 목사님의 너무 짧은 설명이 불만족스럽기는 했지만, 또 삼위일체론을 그것보다 훌륭히 (그리고 안전하게) 풀이하는 방법도 달리 없는것 같다.

그리스도교를 그리스도교로 만드는 핵심 교리는 삼위일체론이다. 유일신을 인정하는 종교는 여럿 있지만, 그리스도교만 삼위일체 하나님을 신앙의 대상으로 삼는다.[1] 실제 삼위일체론은 그리스도인의 생활에도 깊숙이 들어와 있다. 한국의 많은 교회가 주일 예배를 시작하며 부르는 새찬송가 1장 「만복의 근원 하나님」은 "찬송 성부 성자 성령"이라며 성 삼위일체께 영광을 돌린다. 사도신경도 성부와 성자와 성령의 사역을 각각 아름다우면서도 권위 있게 요약하고 있다. 교회에서 세례를 줄 때도 삼위일체 하나님의 이름으로 예식을 행한다. 매주 예배를 마치고 세상으로 교인을 파송할 때도 성부와 성자와 성령을 각각 부르며 축도를 한다.

하지만 약 2,000년의 그리스도교 역사 속에서도 삼위일체론은 언제나 '뜨거운' 주제였다. 교회사에 나타난 이단의 상당수가 삼위일체론에 대한 잘못된 이해와 가르침에서 나왔다. 삼위일체론과 반삼위일체론은 언제나 긴장과 대결 구도 속에 있었다. 동서방 교회는 삼위일체론에 대한 해석의 차이 때문에 결정적으로 분열하게 되었다. 심지어 오늘날에도 같은 신학교에 근무하면서도 삼위일체에 대한 미묘한 견해차 때문에 관계가 서먹해진 신학자들을 가끔 볼 수 있다.

삼위일체론은 이처럼 그리스도인의 신앙생활과 교회의 예배를 구성하는 근본 가르침이자, 역사의 흐름을 결정할 정도로 인류 문명에 큰 영향력을 끼쳐 왔다. 그런데 정작 삼위일체에 대해 우리는 얼마나 잘 알고 있는가? 교회에서 삼위일체 하나님의 존재와 사역에 대한 설교를 얼마나 자주 들을 수 있는가? 예배 형식의 간소화·현대화와 함께 예전에서 삼위일체론의 역할도 점점 감소하고 있지 않은가?

'셋이 하나이고, 하나가 셋'이라는 것은 인간 지성과 언어를 뛰어넘는 신비이다. 그러므로 이 짧은 글로는 삼위일체를 온전히 설명하지 못한다는 한계를 인정할 수밖에 없다. 그럼에도 이 글에서는 누구나 가져 볼 수 있는 의문점 몇 가지를 안내 삼아 삼위일체론을 부분적으로나마 소개하고자 한다. 과연 삼위일체는 성서적이라 할 수 있는지, 어디서부터 삼위일체론에 대한 성찰을 시작할지, 인간이 삼위일체에 관한 지식을 가질 수 있는지, 이 난해한 교리가 우리의 실제 삶과 어떤 관련이 있을지 등의 질문을 가지고 삼위일체의 신비 속으로 들어가 보자.

삼위일체론은 어디서 나온 말인가?

사람들이 조직신학자에게 자주 던지는 질문 중 하나가 '과연 삼위일체 교리가 성서적인가?'이다. 삼위일체의 신비를 성서를 통해 설명하려는 노력이 많이 있었음에도, 삼위일체론은 '교회 밖'과 '교회 안'에서 비성서적이라는 비판을 늘 받아 왔다. 유대교로부터 시작된 초대교회는 예수 그리스도를 주님이라 고백하는 그들의 신앙을 어떻게 구약의 유일신론과 조화시킬 수 있는가 하는 문제에 직면했다. 또 다른 아브라함계 유일신론인 이슬람의 등장은 삼위일체론을 가진 그리스도교에 큰 도전이 되었다. 다음은 꾸란의 한국어 번역본에 나오는 구절이다.[2]

> ……하나님과 선지자들을 믿되 삼위일체설을 말하지 말라 너희에게 복이 되리라 실로 하나님은 단 한 분이시니 그분에게는 아들이 있을 수 없노라 천지의 삼라만상이 그분의 것이니 보호자는 하나님만으로 충분하니라 (제4장 니싸아 171 중에서).

그리스도인 중에도 어떤 이는 삼위일체론이 그리스 철학의 영향을 받아 서서히 형성되었고, 이후 초대교회가 로마제국의 정치적 상황에 어용적으로 반응하며 확정된 교리라고 비판하기도 한다. 물론 이러한 주장이 어느 정도 역사적 사실을 반영하기도 하고 설득력도 있다. 하지만, 우리는 '철학적이기에 비성서적'이라거나, '정치적이기에 비종교적'이라는 단순한 이분법을 내려놓고 삼위일체론의 발전 과정을 편견 없이 살펴볼 필요가 있다.

사실 '삼위일체'라는 단어는 성서에 등장하지 않는다. 이 개념이 사용된 가장 오래된 흔적은 170년경 안디옥의 테오필루스^{Theophilus, c. 183/185 사망}가 하나님, 하나님의 말씀, 하나님의 지혜를 함께 지칭하면서 사용한 *triados*라는 단어이다.[3] 비록 문헌적 근거가 없긴 하지만 테오필루스 이전에도 이 단어가 쓰였을 가능성은 배제할 수 없다. 그렇다고 2세기 중반 무렵부터 삼위일체론이 성립되었다고 보기도 힘들다. 왜냐하면 아직 이때는 삼위일체론의 가장 중요한 요소 중 하나인 성부와 성자와 성령의 '본질적' 연합을 논하는 신학적 사유나 언어가 발전하지 못했기 때문이다.

삼위일체론이 신학적으로 논의되는 기반을 놓은 것은 테르툴리아누스^{Tertullianus, c. 155~c. 230}라는 라틴계 신학자이다. 그가 사용한 라틴어 표현 *trinitas*(삼위일체)나 *tres personae, una substantia*(세 인격과 한 본질) 등이 그리스어로도 번역되면서, 로마제국 동편과 서편에서 삼위일체론이 발전하는 데 크게 이바지하였다. 이러한 신학적 개념들은 삼위일체의 신비를 설명하고 이단의 공격과 유혹에 대응하는 데 중요 역할을 했다. 그러나 긍정적인 면이 있으면 부정적인 면도 있기 마련이다. 삼위일체론이 발전하고 정착되는 과정에서 라틴어나 그리스어로 된 철학적·문화적·정치적 개념들도 많이 유입되게 되었다. 그러다 보니 어떤 언어를 쓰느냐에 따라 서로 다른 교리적 의미가 형성되기도 하였고, 삼위일체론이 전문 신학 교육을 받더라도 이해하기도 설명하기도 힘든 난해한 교리가 되었다. 어쩌다 보니 삼위일체론은 우리의 실제 삶 혹은 신앙과 떨어진 난해한 그 '무엇'이 되어 버린 감이 없지 않다.

초대교회 교부 대부분은 당시 어디를 가도 뒤떨어지지 않을 지성인들이었다. 당시의 상식상 큰 저항 없이 받아들일 수 있는 다신론이나 유일신론이 아니라, '셋이 하나'라는 불온한(?) 사상을 선포하고 변호한다는 것은 몹시 특이한 일이 아닐 수 없다.[4] 삼위일체론은 모세의 율법과 아리스토텔레스의 논리가 언어와 사상의 얼개를 형성하던 문화권에서 나온 종교적 걸림돌이 아닐 수 없다.

그렇다면 왜 이들은 성서에도 나오지 않는 '삼위일체'라는 단어를 붙들고, 불가능한 줄 알면서도 이 신비를 설명하려는 '신학의 모험'을 감행했을까? 성서가 증언하는 역사 속에서 하나님의 활동 패턴이 삼위일체적이었고, 그들이 경험한 신적 존재가 추상적 '하나'로는 도무지 설명할 길이 없었기에, 그들은 인간의 지성과 언어의 한계를 극단으로 밀어붙이는 무모한 도전을 한 것이 아닐까? 존 맥쿼리John Macquarrie, 1919-2007가 이야기했듯, "그리스도인들은 신앙의 핵심어인 '신'이라는 한 단어로 그럭저럭 살아 나갈 수가 없었다. 신성에 대한 더욱 풍성하고 풍부한 경험은 더욱 복잡한 상징과 표현을 요구했다."[5] 그렇다면 이 교리는 인간이 스스로 만들어 낸 불가해하고 황당한 이론이 아니라, 자신들의 경험을 얄팍하고 경직된 이론에 맞추기를 거부했던 진실한 인간들이 '계시'의 빛 아래서 오랜 숙고의 시간을 통해 만들어 낸 종교적·사상사적 도약leap으로 보아야 하지 않을까? 이러한 질문에 답하기 위해 우선 신구약성서가 삼위일체 신앙을 뒷받침하는 가르침을 주고 있는지부터 살펴보자.

삼위일체론의 기본 논리는 어디서 시작하는가?

삼위일체론은 하나님의 계시에 인간의 이성이 순종으로 반응하면서 수백 년의 기간에 걸쳐 형성되었다. 만약 인간의 '지성'과 '필요'가 교리를 만드는 핵심 동력이라면, '셋이 하나'라는 도저히 그럴듯하지 않은 주장을 만들어 낼 필요가 없었을 것이다. 믿음을 통해 겸손해진 이성이기에 인간에게 익숙한 논리에 귀 기울이는 것이 아니라, 하나님이 자기를 보이시고 알리신 방식에 따라 '셋이 하나'라고 인정할 수밖에 없었을 것이다. 로저 올슨Roger E. Olson, 1952- 도 이렇게 이야기한다. "구원 자체의 역사에 뿌리를 둔 성서의 증언이 없었다면, 교회는 그 역사를 더해 가면서 하나님의 삼위일체적 모델을 전개할 동기, 필요, 혹은 욕구를 갖지 않았을 것이다."[6] 그렇다면 삼위일체론의 출발점은 계시가 되어야 하고, 무엇보다도 성서가 삼위일체론의 가장 근원적 재료가 되어야 한다는 결론도 도출된다.

하지만 이러한 신학적 당위는 다음과 같은 현실적 곤란을 일으킨다. 성서에는 삼위일체라는 말이 나오지 않는데, 어떻게 성서로부터 삼위일체론에 대한 성찰을 시작할 수 있을까? 대중적 신학서적을 읽다 보면 구약성서의 몇 구절을 삼위일체의 근거로 제시하는 사례를 집할 때가 있다. 예를 들면, 창세기 1장 26절(하나님이 이르시되 **우리**의 형상을 따라 **우리**의 모양대로 **우리**가 사람을 만들고)이 삼위일체론의 성서적 '증거'로 자주 거론된다. 그러나 이러한 주장에는 다소 무리가 있다. 구약성서는 삼위 하나님이 동시에 언급되거나, 그 세 인격이 본질적으로 하나라고 말하고 있지는 않다. 구약성서에 하나님께서 한 인격person으로만 존재하는 것이 아니라는 구절들은 있지만(창 3:22; 시 45:6-7; 사 63:10 등), 삼위일체론을 주장하고자 구약의 저자들이 이 구절들을 사용하지는 않았다.

신약성서는 나사렛 예수를 하나님의 아들이라고 소개하고 있으며 (마 3:16-17), 성부와 성자와 성령을 함께 지칭하기도 한다. 마태복음 28장 19절에서 부활한 그리스도는 아버지와 아들과 성령의 이름으로 세례를 주라고 명하신다. 축도로 잘 알려진 고린도후서 13장 13절도 "주 예수 그리스도의 은혜와 하나님의 사랑과 성령의 교통하심이 너희 무리와 함께 있을지어다"라며 세 인격, 곧 삼위를 언급한다(고전 12:4-6; 엡 4:4-6; 벧전 1:2 참조). 따라서 복음주의 신학자 웨인 그루뎀Wayne Grudem, 1948- 은 구약은 삼위일체에 대해 암묵적이고 부분적으로 계시한다면, 신약은 더 확실하고 온전하게 보여준다고 말한다.[7] 나아가 그루뎀은 성서가 비록 삼위일체론을 교리적으로 제시하지는 않더라도, 이 교리의 핵심 뼈대를 다음과 같이 제공한다고 주장한다.[8]

(1) 하나님은 삼위three persons이시다. — 요 17:24; 마 28:19; 롬 8:26-27 등.

(2) 각 위는 온전한 하나님fully God이시다. — 요 1:1-4; 고전 3:16; 시 139:7-8 등.

(3) 하나님은 한 분one God이시다. — 신 6:4-5; 고전 8:6 등.

역사 속에서 삼위일체론의 교리적 발전은 이 세 가지 명제의 기본 틀 속에서 이루어지게 된다. 물론 명제들 사이에 일어나는 논리적 충돌을 매끄럽게 다듬기는 쉽지 않기에, 삼위일체의 신비를 인간 지성의 수준에 맞게 설명하려는 시도도 많이 있었다. 그러다 보니 세 가지 가르침이 균형을 잃게 되면 많은 이들이 신학적 오류에 빠지게 되고 심지어 이단이 되기도 하였다. 따라서 삼위일체론에 대한 공부를 위해서 위의 성서적 전제를 가지고, '무엇이 삼위일체론이 아닌지'에 대해서도 살펴볼 필요가 있다.

어떻게 하면 삼위일체론을 잘못 이해하게 되는가?

'셋이 하나요, 하나가 셋'이라는 주장은 이해하기도 설명하기도 어렵다. 이를 선명하고 알기 쉽게 설명하려는 강박이 심해지다 보니 교회사에서는 삼위일체론을 잘못 이해한 이단들이 계속 생겨났다. 삼위일체 이단들을 잘 살펴보면 어떤 이는 '셋'을 더 강조하였고, 어떤 이는 '하나'를 더 강조하였다. 전자의 극단적 입장이 '삼신론'[tritheism]이라면 후자의 극단적 예가 '양태론'[modalism]이다. 오늘날 교회에서 삼위일체를 설명하기 위해 별다른 '나쁜 의도' 없이 사용하는 다양한 유비들이 교회사에 등장했던 이단들의 주장과 흡사하다는 점이 흥미롭다.

양태론은 성부, 성자, 성령이 각각 존재하는 것이 아니라 하나의 신성이 드러나는 세 모습 혹은 양태[mode]라고 설명한다. 예를 들면, 설교에서 흔히 듣는 액체 상태의 물과 얼음과 수증기가 물[H_2O]이듯 하나님도 세 분이라는 설명이 양태론의 대표적 예이다. 한 남성이 가정에서 '아들'이자 '남편'이자 '아버지'로 나타난다는 예도 양태론적 설명이라 할 수 있다.

반면 삼신론은 간단히 말하면 성부, 성자, 성령은 독립된 신성이고, 이 셋을 통칭해서 하나님이라 부른다는 주장이다. 교회에서 많이 쓰는 예 중에 계란이 껍데기, 흰자, 노른자 세 부분으로 나누어져 있듯 하나님이 셋이라는 설명이 삼신론에 가깝다 할 수 있다. 교회사에서 그리스도교를 삼신론이라 주장한 신학자는 찾아보기 힘들다. 오히려 교회 밖의 사람들이 삼위일체론을 삼신론으로 오해하는 경우가 많았다. 최근에는 비교 종교학자들이 다른 종교의 삼신론과 그리스도교의 삼위일체론이 유사하다고 주장하는 경우도 있다. 한 예로 힌두교의 창조신 브라흐마, 보존신 비슈누, 파괴신 시바가 통합되어 일체화된 신을 이룬다는 트리무르티^{Trimūrti} 교리도 얼핏 보면 삼위일체와 유사해 보인다.[9] 그러나 삼위일체 하나님의 연합과 사귐, 역사 속에서의 활동 등에 대한 가르침에 깊게 들어가 보면, 두 종교 사이의 차이가 뚜렷이 보인다.

그 외에도 삼위일체론에서 성자가 성부와 동일한 신성을 가진 것이 아니라, 성부보다 '열등하다'고 보기 때문에 생긴 이단들도 있다. 가장 대표적 예인 아리안주의는 알렉산드리아의 신학자 아리우스$^{Arius, 256-336}$를 따라 급진적 유일신론적 입장을 취하여 오직 성부만이 참 하나님이라고 주장했다. 그 결과 성자가 다른 피조물보다는 우월하더라도 여전히 성부에 의해 만들어진 존재일 뿐이라고 보았다. 또 다른 예라고 할 수 있는 양자설^{adoptionism}은 인간인 나사렛 예수가 특정 시점에 신적 존재가 되었다고 주장한다. 즉, 나사렛 예수는 원래 피조물인 인간 중 하나인데, 세례 때 성령을 받고 "너는 내 사랑하는 아들이라"(막 1:9)라고 성부의 인정을 받으면서 신적 능력을 가지게 되었다는 것이다.

이제껏 삼위일체 이단들의 대표적 예를 간략히 제시하였다. 일반 상식으로는 이들의 주장이 그리스도교 삼위일체론보다 훨씬 설득력이 있어 보이기까지 한다. 그러나 우리가 삼위일체를 설명하거나 이해하기 위해 '인간의 이성'에 적합하게 만든 설명이나 이미지에 고착하게 되면 오히려 삼위일체의 신비를 가리게 될 위험이 있다. 삼위일체라는 가장 깊은 신비를 마주하게 될 때, 단순화의 유혹을 피하고 우리의 부족함을 인정하는 겸손함이 가장 중요한 자세라 할 수 있다.

삼위일체 이단들을 공부하다 보면 '삼위일체를 잘못 말하다가는 본전도 못 챙기겠다!'는 두려움이 자연스럽게 생길 때도 있다. 그렇다고 삼위일체에 대해 아무 말도 안 하고, 맹목적으로 그 교리를 무조건

암기하듯 믿기만 할 것인가? 유한한 지성을 가진 존재로서 우리는 삼신론과 양태론이라는 양극단을 피하는 수준에서 삼위일체에 대해 말할 수 있을 뿐인가? 하지만 삼위일체를 이렇게 '부정적'으로 이야기하는 데서 그치는 것도 적절하지 못하다. 오히려 삼위일체론이 '긍정적'으로 전달하고자 하는 바를 알아갈 때에 삼위일체 교리는 난해한 이론이 아니라 우리를 향한 하나님의 '복음'으로 다가오게 된다.

과연 삼위일체를 인간의 이성으로 알 수 있을까?

성서와 전통이 하나님을 삼위일체라 소개하고 삼위일체론을 적극적으로 해석하려 하더라도, 현실적으로 또 다른 문제가 있다. 그것은 바로 유한한 인간이 삼위일체 하나님을 어떻게 알 수 있느냐는 문제이다. "열 길 물속은 알아도 한 길 사람 속은 모른다"라고 했는데, 삼위일체 하나님을 알기가 얼마나 힘들겠는가? 신학자들이 쓰는 삼위일체의 언어만 보더라도 너무 복잡하지 않은가? '삼위일체가 왜 어렵지?'라는 문제에 답하려면 인간의 지식이 형성되는 과정에 대한 약간의 전이해가 필요하다.

시식을 만들어 낼 때 이성이 중요한 역할을 하지만, 사실 지식은 오감을 통한 경험에 크게 의존하고 있다.[10] 예를 들면 독자들은 사과, 호랑이, 이순신 장군 등에 대한 지식을 어느 정도 가지고 있을 것이다. 사과나 호랑이 등은 실제 맛보거나 눈으로 보았고, 이 경험이 사과와 호랑이에 대한 지식을 만들어 가는 중요한 재료가 된다. 우리가 이순신 장군을 실제로 보지는 못했지만 영화나 책 등을 통해 그에 대한 이미지가 어느 정도 형성되어 있다. 그리고 그 이미지와 결부해서 연구하거나 곰곰이 생각하면서 계속 지식을 수정하거나 확대해 나가게 된다.

그러나 삼위일체의 경우는 어떠한가? 과연 삼위일체에 대응하는 인간 경험이 있기나 한가? 우리가 보고, 듣고, 만지고, 냄새 맡고, 맛보는 것 중 어느 것이 본질에 있어 '셋이 하나'이고 '하나가 셋'임을 보여줄까? 그런 의미에서 삼위일체의 신비는 언제나 인간의 언어와 논리를 넘어서 있다. 이에 대한 루이스 벌코프의 말에 귀 기울여 보자.

> 삼위일체는 신비이다. 인간은 그것을 이해할 수도 없고 이해하게 만들 수도 없다. 삼위일체의 관계나 드러나는 방식은 어느 정도 이해될 수 있겠지만, 그 본질은 이해할 수 없다. [삼위 하나님의 본질은] 교회가 제거할 수 없는 어려움이다.……삼위일체의 신비를 교회가 설명하려고 했지만, 교회를 위협하는 오류를 피하는 방식으로 삼위일체 교리를 형성하고자 했을 뿐이다.[11]

삼위일체의 본질은 인간 경험의 그물로는 걸러지지 않는 신비이다. 벌코프가 지적했듯 교회사에서 삼위일체 교리는 하나님의 신비에 대한 충분한 설명이라기보다는, 잘못된 가르침으로부터 교회의 신앙을 보호하는 역할을 주로 해왔다. 그렇다면 인간은 자신의 언어와 논리로는 설명할 수 없는 무한한 신비를 무조건 예배만 할 수밖에 없는가? 이단적 가르침이 등장하기 전까지 우리는 삼위일체론에 대해 심각하게 생각할 필요가 없는가? 만약 삼위일체론이 지성을 무력화한다면, 삼위일체론은 맹목적 신앙과 어떤 차별성이 있는가? 말할 수도 이해할 수도 없기에, 우리는 그저 입을 다물어야만 하는가?

이 복잡한 문제의 실타래를 조금이나마 풀기 위해 12-13세기로 한번 거슬러 올라가 보자. 토마스 아퀴나스Tommaso d'Aquino, 1225-1274는 『신학대전』에서 '삼위일체를 이성으로 논증할 수 있는가?'라는 질문을 던진

질문하는 신학

다. 그는 우주의 모든 피조물의 운동을 가능하게 하고, 각 개별자의 서로 다른 운동에 통일성을 부여하는 완전한 존재인 신이 존재해야 함을 논증했다.[12] 하지만 그는 자신의 이성적 논증으로 삼위일체의 신비를 밝히는 데까지는 나아가지 않았다. 그는 인간의 이성으로는 경험 가능한 세계에서 신이 존재한다는 것까지는 보여줄 수 있지만, 삼위일체는 특별한 지식의 근원인 '계시'와 '전통'으로만 설명될 수 있다고 봤다.[13] 그런데 그보다 약 한 세기 전에 활동했던 성 빅토르의 리샤르[Richard de Saint-Victor, 1173년 사망]는 '어떻게 하나님이 세 인격일 수 있는가?'를 합리적으로 보여줄 수 있다고 보았다. 그리고 그의 설명은 이후 여러 신학자에게 지대한 영향을 끼쳤다.

삼위일체의 신비를 풀어내는 리샤르의 논증 구조는 뜻밖에 단순하다.[14]

(1) 하나님은 사랑이시고 완전하시기에 그 '사랑도 완전'하다.

(2) 사랑은 언제나 '사랑하는 사람'과 '사랑받는 사람'을 필요로 한다. 그런데 사랑하거나 사랑받는 사람이 완전하지 못하면, 그 사랑도 완전할 수 없다. 그렇기에 완전한 사랑은 '동일하게 완전한 인격' 사이에서만 일어난다.

(3) 사랑에서는 기쁨이 솟아난다. 하지만, 사랑의 기쁨을 자기들만 향유한다면 그들은 이타적 존재라 할 수 없다. 오히려 완벽한 사랑은 이타적이기에 기쁨을 둘의 관계를 넘어서까지 누군가와 나누고자 한다. 그런 의미에서 '흘러넘치는 기쁨'을 받고, 그 기쁨을 풍성히 만들어 줄 세 번째 완벽한 존재가 있어야만 '완전한 사랑'이 성립될 수 있다. 즉, 완전한 사랑은 논리적으로 완전한 존재 셋을 전제할 수밖에 없다.

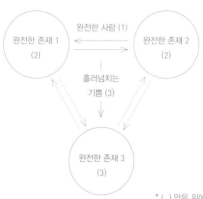

완전한 사랑 (1)

완전한 존재 1
(2)

완전한 존재 2
(2)

흘러넘치는
기쁨 (3)

완전한 존재 3
(3)

* ( ) 안은 위에서 설명한 논증의 단계

'완전한 사랑'이라는 개념에 대한 순차적 분석에서 나오는 리샤르의 삼위일체론의 구조는 단순하지만, 그 통찰은 심오하다. 무엇보다도 그의 삼위일체론은 성부, 성자, 성령의 구분됨을 추상적으로 이해하는 것이 아니라 관계적이면서도 역동적으로 본다. 달리 말하면, 신과 인간의 정체성이라 할 수 있는 인격person은 홀로 떨어진 섬처럼 고립된 개인individual 개념과는 차이가 있다. 오히려 존재의 근원적 '관계성'과 타자와의 관계에서 나오는 '기쁨'이 인격을 구성한다. 하나님의 형상에 따라 창조된 인간도 홀로 자기의 완성과 안정을 추구하는 존재가 아니라, 사랑의 관계와 흘러넘치는 기쁨을 욕망하고 향유하는 존재라 할 수 있다.

또한 리샤르는 완전한 사랑이 가진 '삼위일체적 논리'를 분석함으로써, '성부-성자-성령'의 관계뿐 아니라 '하나님-주체-타자'의 삼중적 관계의 필연성도 보여준다. 즉, 완전한 사랑인 하나님은 그 사랑을 나눌 자기 밖의 존재를 필요로 한다. 그렇기에 '하나님'과 하나님이 아닌 존재인 '나'와의 사랑의 관계가 은혜로 형성된다. '하나님과 나' 사이에서 발현된 기쁨은 둘의 관계에 함몰되지 않고, 이 기쁨을 나눌 제삼자인 '이웃'에게로 흘러간다. 즉, 완전한 사랑은 '하나님 사랑'과 '이

질문하는 신학

웃 사랑'의 구체적 형태로 드러난다. 그런 의미에서 하나님 앞에서 나의 구원만을 생각한다면, 이것은 하나님의 완전한 사랑을 온전히 경험하지 못한 편협한 신앙의 모습이라 할 수 있다. 또한 하나님과의 관계에서 솟아난 기쁨 없는 이웃 사랑이라면, 그 사랑은 율법주의 혹은 공로주의의 다른 모습일 뿐이다.

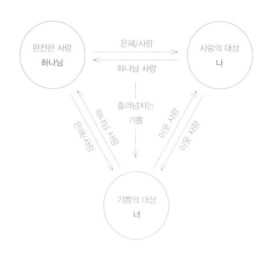

리샤르의 논증은 우리가 경험할 수 없는 삼위일체 하나님의 신비를 이성으로 모두 파헤쳐 보겠다는 시도가 아니다. 오히려 그는 '셋이 어떻게 하나지?'라는 추상적 논의에 집중하는 것이 아니라, 삼위일체 하나님의 신비를 깊이 묵상함으로써 왜곡된 자아에 대한 망상을 치유하고 사랑을 성화하는 데까지 나아간다. 완전한 사랑이신 삼위일체 하나님이 맺고 계신관계가 삼중적이듯, 그리스도인의 정체성을 '하나님-나-이웃'의 삼중적관계의 구조 속에서 발견하게 하는 가르침이 바로 삼위일체론이다. 그런 의미에서 삼위일체론을 사변적 교리로만 봐서는 안 되고, 그 실천적의미를 함께 파악해야만 한다. 삼위일체가 어떻게 이토록 '관계적' 교리일 수 있는지 조금 더 신학적인 논의로 들어가 보자.

태초에 말씀이 있었다는 것은 무슨 의미일까?

요한 볼프강 폰 괴테Johann Wolfgang von Goethe, 1749-1832의 『파우스트』의 도입부에 흥미로운 이야기가 나온다. 파우스트는 철학, 의학, 법학, 신학까지 두루 섭렵했지만, 지식 자체에 대한 회의에 휩싸이며 고뇌에 빠졌다. 어느 날 깊고 적막한 밤의 기운에 취해서인지, 그는 하늘의 계시를 향한 동경에 압도되어 신약성서를 독일어로 번역한다. 그러나 그는 "태초에 말씀이 계시니라"(요 1:1)라는 첫 문장에서부터 막혀 버렸다. '말씀'을 그다지 높게 평가하지 않던 파우스트는 '뜻'이나 '힘' 등의 단어로 대신하려 했지만, 곧 이러한 획기적 대안에도 만족하지 못하고 갈팡질팡했다. 그런데 갑자기 신비한 영감이 예기치 않게 떠올랐다.

> 영의 도움이다! 갑자기 좋은 생각이 떠올라,
> 차분하게 이렇게 쓴다. "태초에 행위가 있었느니라!"[15]

뭔가에 휩싸인 듯 파우스트가 말씀을 행위로 바꾸어 쓰자 악마 메피스토펠레스가 교활한 언사와 세련된 몸짓을 자랑하며 나타났다. 그리고 모든 쾌락을 제공해 줄 터이니 영혼을 걸라는 매력적인 제안을 하며, 늙고 지쳐 버린 그의 말동무이자 안내자가 되어 줬다.

앞서 간략히 소개한 『파우스트』의 장면은 사변적 말과 정적인 질서가 아니라 행동과 변혁이 세상과 역사를 위해 필요하다고 강조하던 근대의 시대정신을 잘 대변해 주는 것 같다. 하지만, 이때 파우스트의 번역 작업이 '말씀'에서 멈추지 않고 조금 더 나갔더라면, 태초에 계셨던 말씀이 곧 하나님 자신이실 뿐만 아니라 태초부터 하나님과 함께하셨다는 구절에서 색다른 통찰을 얻었을지도 모른다(요 1:1-2). 심지어 요한복음은 육신이 되어 우리 가운데서 '행동'하셨던 말씀이 곧 예수 그리스도이시자, 태초부터 성부 하나님의 '품 안에' 계신 하나님의 아들이라고 알려준다(요 1:17-18). 한국어로 '품 안에'로 번역된 그리스 원어 *eis ton kolpon*은 성서 여러 곳에서 어머니가 아기를 가슴에 품고 젖을 먹이거나, 깊은 인격적 교류와 헌신 속에서 성품이 형성되어 가는 모습을 표현해 준다.[16]

그렇다면 "태초에 말씀이 계시니라"라는 문장은 창조 이전 그리스도의 선재[pre-existence]나 하나님의 창조에서 말씀의 역할만을 가리키는 것이 아니라, 하나님의 본질의 신비를 열어 보여주는 역할을 하고 있는 셈이다. 이 신비를 짧은 한 문장으로 표현하자면 다음과 같다.

태초에 관계가 있었다.[17]

태초부터 계신 삼위일체 하나님은 근원적으로 '관계적'인 분이시고, 그런 의미에서 창조 이전에도 삼위 하나님 사이의 사랑과 기쁨이 서로 오가는 움직임이 있었다. 아직 삼위일체 교리가 무르익기 전부터 초대교회의 신학자들은 성서의 하나님이 하늘과 땅의 창조 이전부터 '관계적'인 존재임에 주의를 기울이기 시작했다. 이들의 눈에 비친 "하나님이 이르시되 우리의 형상을 따라 우리의 모양대로 우리가 사람을 만들고"(창 1:26)라는 불가해한 구절은 삼위일체를 명확하게 지시하고 있지는 않았지만, 최소한 신성 안에서 신비한 대화가 이루어지고 있음을 보여주고 있었다.[18] 그리고 그 하나님은 창조 이후 아담을 포함하여 여러 예언자들과 기꺼이 대화하는 관계에 들어오셨고, 예수 그리스도의 지상에서의 기도와 성령의 피조물 안에서 간구를 통해 인류를 삼위 하나님 사이의 대화로 품어 안으셨다. 이러한 성서 구절 덕분에 나름의 풍성한 삼위일체론의 맥락이 형성되었고, 그 속에서 특유의 관계적 인격 개념이 발전할 수 있었다. 그렇기에 요제프 라칭어 Joseph Ratzinger, 1927- 는 삼위일체론과 함께 지성사에서 '인격' 개념이 그 의미가 충만한 상태로 자리 잡게 되었다고 평가한다.

> 첫째, '인격'person 개념은 해석을 필요로 하는 성서에 대한 독해로부터 나왔다.……둘째, 그것은 대화라는 개념, 더 정확하게 이야기하자면 대화적으로 이야기하는 신성이라는 현상을 설명하면서 자랐다.……우리는 다음과 같이 요약할 수 있다. 인격 개념은 그 기원상 대화 개념과 대화적 존재로서 신 개념을 표현한다. 그것은 세상 속에 생동하시며 '나'와 '너'와 '우리'와 같은 단어를 형성하시는 존재이신 하나님을 지시한다. 하나님에 대한 이 같은 지식의 빛 안에서 인간의 진정한 본성이 새로운 방식으로 분명하게 드러난다.[19]

삼위일체 교리의 발전은 완전하고 불변하는 절대자라는 추상적 개념과는 차별화된 신론의 언어와 논리를 인류에게 선사해 주었다. 즉, 하나님은 아무것도 필요한 것이 없으신 완전한 분이지만 성부, 성자, 성령은 부족함 없이도 서로를 갈망하고, 서로에게 개방적이며, 깊은 관계 속에서 함께 활동하시고, 상호 교류를 통해 기쁨과 영광을 받으시고 나누신다. 그리고 삼위일체 하나님은 자기 밖으로까지 사랑과 기쁨의 관계를 확장하기 원하신다. 그 간절하고 거룩한 신적 갈망의 대상이 된 것이 인류를 포함한 창조이다. 하나님을 관계적으로 보던 초대 교부들의 통찰은 인격적 존재인 인간의 본질도 '관계적'으로 보도록 이끄는 주요 동인이 되었다. 즉, 관계적 존재인 하나님의 형상으로 창조된 인간도 고고히 홀로 존재하는 것이 아니라 자기 밖의 타자, 곧 하나님과 동료 인간과의 '인격적' 관계 안에서 존재하고 정체성을 찾아간다. 현대의 대표적 삼위일체 신학자 폴 피데스^{Paul Fiddes, 1947-} 는 그 의미를 다음과 같이 요약한다.

> 거룩한 삼위일체의 '인격'에 대해 가장 적절하고 타당한 언어는 바로 세 인격이 '관계'^{relations}라는 것이다. 더 역동적으로 말하자면, 그들은 생명과 사랑의 '운동'^{movements}이다. 이는 우리가 유한한 인격들 중에서 볼 수 있는 관계와 어떤 점에서 유사하기는 하다. 우리가 '하나님의 인격'에 관해 말할 때, 우리는 관계의 유비를 사용하고 있지만, 관계를 '가지고' 있는 인간 인격과의 유비로 혼동해서는 안 된다.[20]

여기에 주목할 점이 있다. 사실 현대인은 각 개인의 고유한 판단이나 행동 능력을 인간의 정체성을 구성하는 근원으로 보는 '개인주의적 인격' 개념에 익숙하다. 이러한 인간 이해가 근대 사회의 도래와 함께 주도적 모델이 되었지만, 이는 인간 삶의 핵심을 구성하는 관계와 상호성의 중요성을 약화할 위험이 있다는 비판을 받아 왔다. 만약 '나'를 생각과 행동의 근원으로 강조하다 보면, 아무리 윤리적이 되려고 노력하더라도 인간의 의식에서 '너'의 고유한 자리는 줄어들게 마련이다. 철학자 김상봉이 말하듯, "우리가 형이상학적 존재사유의 시령 속에서 '너'를 존재 일반의 본질적 계기로서 정초하지 못한다면, '너'란 한갓 **문학적 은유** 이상의 가치를 갖지 못할 것이다."[21]

'관계적 인격' 개념은 관계적 존재로서 인격을 개인의 정체성보다 논리적으로 우선시할 뿐만 아니라, 관계를 각 개인의 개별성이 형성되는 틀로 이해한다. '개념으로서 너'가 아니라 '실존하는 너'를 품을 때에야 나는 온전한 내가 될 수 있고, 타자는 개인의 자유를 제한하는 우리^{cage}가 아니라 공동체적 의미에서 나와 더불어 '우리'^{we}가 될 수 있다. 비록 이러한 관계적 인격 이해가 최근 철학과 신학에서 주목을 받게 되었지만, 이러한 인격 이해의 논리와 언어는 고대의 교리인 삼위일체론이라는 부드럽고 풍요로운 터전에서 성숙하고 발전해 왔다.[22]

삼위일체론이 우리의 실제 삶과 무슨 상관인가?

삼위일체론에 대해 일반인이 흔히 던지는 질문이 '삼위일체론이 우리 신앙생활과 무슨 상관인가?' '예수 그리스도를 주로 고백하면 되지 굳이 삼위일체론이 필요한가?' 등이다. 놀랍게도 초대교회에도 비슷한 생각을 하던 사람들이 있었다. 예수 그리스도를 구원자로 인정하고 예배의 대상으로 삼으면 충분하지 굳이 성서에도 없는 교리적 논리와 언어를 쓰면서 삼위일체론을 형성할 필요까지 있느냐는 문제가 4세기 로마제국을 뜨겁게 달구었다. 그런데 이러한 주장에는 논리적·실천적 문제가 뒤따른다. 예수 그리스도가 하나님이 아니라면, 그를 구원자라고 부르는 것은 '신성모독'이요, 그를 예배의 대상으로 삼는 것은 '우상숭배'가 되어 버린다. 그러다 보니 인간인 예수 그리스도가 완전한 하나님이고, 그분이 보내신 성령도 완전한 신성을 가진 분임을 설명하고자 삼위일체론이 발전했다.[23]

비록 성서가 삼위일체라는 표현을 쓰지 않았지만, 초대교회 신학자들은 성서를 통해 삼위일체론적 사고 패턴을 발전시켰다. 특히 로마서 8장에 나오는 성령의 기도에 내재된 삼위일체적 구조가 교부들의 관심을 끌었다.[24] 바울은 "우리는 마땅히 기도할 바를 알지 못하나 오직 성령이 말할 수 없는 탄식으로 우리를 위하여 친히 간구하시느니라"(롬 8:26)라며 성령의 구속 사역을 기도와 밀접히 연결했다. 성령 덕분에 우리는 성부 하나님을 우리의 불완전한 기도마저 들어주시는 "아빠 아버지"(롬 8:15)로 인식하게 된다.

　그렇다면 로마서 8장의 심오하고 아름다운 기도 신학에서 성자는 어디에 언급되고 있는가? 바로 29절이다. "하나님이 미리 아신 자들을 또한 그 아들의 형상을 본받게 하기 위하여 미리 정하셨으니 이는 그로 많은 형제 중에서 맏아들이 되게 하려 하심이니라." 비록 바울이 삼위일체를 교리적 차원에서는 발전시키지 않지만, 로마서 8장에 따르면 삼위일체 하나님의 사역은 궁극적으로 우리가 예수 그리스도처럼 되는 것, 곧 하나님의 자녀가 되게 하는 것이다.[25] 우리의 기도가 불충분함에도 성령의 간구를 통해 우리는 삼위일체 하나님의 사랑의 관계 속으로 들어 올려진다. '성령'이 우리 안에서 우리를 위해 기도할 때 우리는 '성부' 하나님을 추상적 창조주나 무서운 심판자가 아닌 아빠[Abba] 아버지로 경험하게 되고, 궁극적으로 '성자'의 영광을 나누게 된다. 우리는 단지 피조물이나 죄인에 걸맞은 대우나 관심을 받는 것이 아니라, 성부가 성자를 사랑하던 그 사랑의 대상으로 변화하게 된다. 달리 말하면, 인간은 자신이 하나님께서 하나님을 사랑하시는 그 사랑을 받는 존재라는 것을 깨닫지 못하는 한, 자기가 누구인지 모르고 살아가는 셈이다.

　이런 맥락에서 보자면 개신교 신학의 핵심이라고까지 불리는 칭의론과 그리스도교 신앙의 정수인 삼위일체론은 내용상 일맥상통한다고 할 수 있다. 칭의론은 인간의 자격이나 노력이 아니라 조건 없이 부어 주시는 하나님의 은혜를 받아들이는 믿음으로 구원받음을 알려 준다. 또한 삼위일체론은 성부, 성자, 성령의 활동 속에 필멸의 운명을 가진 인간이 하나님의 영원한 생명으로 초청받게 됨을 알려 준다. 조직신학자들이 칭의론과 삼위일체론을 아무리 떨어뜨려 설명하더라도, 이 두 교리는 피조물이자 죄인인 인간과 함께 생명과 사랑을 나누기 원하시는 하나님의 갈망으로 연결된다. 마이클 버드[Michael Bird, 1974-]는 하나님 자녀의 입양과 칭의의 관계를 다음과 같이 설명한다.

> 자녀는 자신들의 미래를 걱정하거나, (야곱과 에서처럼) 아버지의 호의를 얻고자 다툴 필요가 없다.……입양은 부모를 성공적으로 모방한 자녀들이 담지해야 할 목표도 아니고, 가족의 특성이나 유전자를 주입한 결과물도 아니다. 오히려 입양은 법적 상태의 변화인데, 이 변화는 아이의 정체성과 성품과 행동에 점차적으로 반영되는 새로운 관계를 불러온다.…… 하나님의 말씀은 우리가 하나님 나라의 의로운 상속자임을 선언한다. 동일한 말씀이 즉각적으로 우리를……새 창조의 실재에 실존적으로, 도덕적으로, 사회적으로 상응하게 만들기 시작한다.[26]

그런 의미에서 삼위일체론은 '실천적'이면서도 상당히 '급진적'이다. 우선 삼위일체론의 논리와 언어가 책상 앞에서가 아니라 기도와 예배 속에서 드러난다는 의미에서 이 교리는 실천적이다. 이 교리가 성령의 능력 아래서 하나님의 자녀로 현실을 살게 한다는 의미에서도 실천적이다. 또한 그리스도인은 자신의 비루하거나 불만족스러운 상태를 결코 정당화하거나 만족할 수 없고, 자신이 '예수 그리스도처럼 될 것이다'라는 종말론적 희망을 품고 살아가게 한다는 점에서 급진적이다. 그렇다면 삼위일체론만큼 인간의 운명과 가능성에 대해 긍정적으로 평가해 주는 가르침을 인류 역사에서 또 찾아볼 수 있을까?

삼위일체론과 송영

침묵에 잠길지어다.

빛나는 별들도 빛을 거두어라.

바람과 소란스런 강들도 잠잠할지어다.

우리가 성부, 성자, 성령을 찬양하니,

모든 권세들도 '아멘 아멘' 하며 화답하여라.

힘 있는 제국아, 언제나 하나님을 찬양하며,

그분께 영광을 돌려라.

그분은 모든 선한 일의 유일한 근원이시다.

아멘 아멘.

위 찬송시는 옥시린쿠스 찬가Oxyrhynchus Hymn로, 가사와 곡 모두가 보존된 그리스도교 찬송 중 가장 오래된 것이다. 이 그리스어 찬가가 적혀 있는 파피루스는 3세기 말경에 제작된 것으로 추정되며, 현재 영국 옥스퍼드 대학교의 새클러 도서관Sackler Library에 보관되어 있다. 옥시린쿠스 찬가는 삼위일체께 영광을 돌리고자 침묵으로 우리를 초대하고 있다. 눈을 감고 침묵 속에서 이 아름다운 찬가의 가사를 되새겨 보면, 시공간을 초월해 삼위일체 하나님에 대한 믿음 안에서 초대교회 교인들과 하나 되는 연대감을 느끼게 되는 것 같다.[27] 초대교회부터 강조되었듯 삼위일체론은 그 본질상 신비이신 하나님에 대한 송영doxology임을 이 찬양 덕분에 다시 확인하게 된다.

만약 누군가 '셋이 하나'라는 논리가 어려워서 삼위일체를 알 수 없다고 한다면 그는 이 교리를 근원적으로 오해하고 있다. 삼위일체론의 깊고 풍성한 의미를 외면하고 '어떻게 셋이 하나지?'라는 질문 자체에 몰두하고 있는 사람이라면 다음과 같은 유진 피터슨Eugene Peterson, 1932-2018의 말을 가슴에 담아 둘 필요가 있다. "하나가 셋과 같다거나 셋이 하나와 같다는 식의 숫자 놀음으로는 삼위일체를 이해할 수 없다. 삼위일체는 산수와 전혀 상관이 없다. 삼위일체는 성부, 성자, 성령으로 스스로를 우리에게 계시하시는 하나님에 대해 생각하고 그분께 관계적으로 응답하는 법을 배우는 방식이다."[28]

삼위일체론은 성부와 성자와 성령께 영광을 돌림과 함께, 우리가 그분을 어떻게 알아야 하고 우리가 어떻게 신앙을 가지고 성숙해야 할지를 보여준다. 하나님을 인간 지성으로 규정할 수 없는 존재로 인정하고, 그분의 구원에 바르게 참여하고, 성부의 아들이신 그리스도를 성령 안에서 닮아 가려 한다면, 우리는 삼위일체 신앙을 가질 수밖에 없다. 삼위일체론은 성부, 성자, 성령의 사귐 속으로 들어오라는 초대이자, 아직 그 초대를 어떻게 받아들일지 몰라 헤매는 인간을 위한 길잡이다. 그렇기에 삼위일체론을 '그리스도인이 믿는 하나님이 누구시지?'라는 질문에 대한 정답으로 환원해서는 안 된다. 오히려 이 교리는 삼위일체 하나님의 활동을 삶에서 발견하고, 그 사역에 참여하는 그리스도인의 삶의 출발점이자 지향점이다.

적용과 토론을 위한 질문

1. 삼위일체를 가리키는 대표적 성서 구절에는 어떤 것이 있을까? 이 구절은 어떤 의미에서 성부, 성자, 성령 하나님을 보여준다고 생각하는가?

2. 삼위일체라는 말을 들었을 때 여러분에게 떠오르는 이미지는 무엇인가? 왜 그런 이미지가 생겼는지 생각해 보자.

3. 삼위일체론이 어렵다고 느껴지는가? 왜 이 교리가 어렵다고 생각하는가? 교회에 다니지 않는 친구나 지인에게 삼위일체를 어떻게 설명하겠는가?

4. 삼위일체를 이성적으로 파악할 수 없다는 토마스 아퀴나스와 삼위일체에 대한 합리적 논증을 시도한 리샤르 중 어느 입장에 더 끌리는가? 그 이유는 무엇인가?

5. 삼위일체론은 인간으로서 우리가 어떤 존재인지를 가르쳐 준다. 이 말이 설득력이 있는가? 굳이 삼위일체를 통해서 인간의 인간 됨을 설명할 필요가 있을까?

6. 삼위일체론이 구원론, 곧 '하나님의 자녀 됨'이라는 주제와 연결하여 볼 때 삼위일체 교리에 대한 이해에 새로운 변화가 생기는가?

7. 삼위일체는 세 인격 사이의 통일성과 다양성을 함께 강조한다. 교회 공동체가 하나님의 통일성과 다양성을 잘 보여줄 수 있는 방법은 무엇일까? 교회 구성원 간의 통일성과 다양성을 어떻게 이해할 수 있을까?

5장. 계시론

하나님은 어떻게 인간에게 자신을 알려 주시는가?

계시가 뭐길래

대화는 사회적 존재로서 인간이 할 수 있는 중요하고 흥미로운 활동이다. 이야기를 나누다 보면 여러 정보도 교환되지만, 상대의 모르던 인격적 모습을 알게 되기도 하고, 서로의 차이를 발견하기도 한다. 그리스도인 사이의 대화에서도 이러한 역동성을 느낄 수 있다. 다른 교회에서 신앙생활 하는 분과 말을 주고받다 보면 내가 이전에 알지 못하던 바도 배우지만, 같은 종교라도 믿는 방식이 꽤 다를 수 있음도 종종 깨닫게 된다. 또한 일반인과 신학자의 언어의 차이를 발견하게 될 때도 가끔 있다. 한 예로, 설교를 듣거나 성경공부를 다녀와서는 하나님의 계시(啓示)revelation를 들었다고 말하는 사람들이 있다. 무슨 의도인지는 알겠지만, 설교자나 강사가 아무리 훌륭해도 하나님 말씀인 성서를 기록한 구약의 예언자나 신약의 사도와 동급은 아니다. '계시'라는 단어가 그리스도교에서 중요하고 빈번히 사용되는 만큼, 원래 의미와는 다르게 오해될 가능성도 크다. 많은 이단이 '계시'를 잘못 이해해서 생겼다고 하는데, 막상 교회 내에서도 이 개념이 오용될 가능성이 있다.

일반적으로 계시라는 개념은 '감춰졌던 것이 드러난다' 혹은 '미래 일을 미리 알아챈다'리는 의미로 쓰인다. 18세기에 활동한 영국의 시인 알렉산더 포프^{Alexander Pope}는 『인간론』에서 "어떤 전쟁, 역병, 혹은 기근을 그들은 예견할 수 있다. 어떤 계시는 너와 나에게 숨겨져 있었다."[1] 라고 했다. 이 경우 계시는 알지 못하거나 예측하지 못한 일을 의미한다. 반면 박종화의 대하 역사소설 『임진왜란』에 다음과 같은 문장이 나온다. "휴정은 부처의 계시를 받은 듯, 홀연히 시심(詩心)이 움직였다."[2] 이때 계시는 뭔가 특별한 생각이나 예술적 영감이 떠오르게 된 계기를 의미한다. 이처럼 계시는 일반 언어생활에서도 여러 용례가 있기에, 그 신학적 의미는 더욱 모호해질 때가 많다.

그리스도교 신학의 '계시' 개념은 신약성서의 그리스 단어 *apokalupsis* 에서 비롯되었다. 이 단어의 동사형인 *apokaluptō*는 '숨겨진 것을 드러내다' 혹은 '베일을 걷어내다' 등의 의미를 가진다(마 11:25; 눅 2:35; 롬 8:18 등). 성서가 4세기 후반 라틴어로 번역될 때 *apokalupsis*는 *revelatio*가 되었고, 여기서 영어 revelation이 나왔다. 그런데 어원적 의미에만 머무르면 계시를 '감춰진 비밀'이나 '신적 지식' 정도로 편협하게 이해할 위험도 있다. 만약 그렇다면 계시와 신탁(神託)^{oracle} 사이의 구분도 모호해지고, 무속신앙(巫俗信仰)^{shamanism}의 점치기쯤으로 계시가 전락할 수도 있다.

그렇다면 그리스도교 신학에서 계시란 무엇일까? 그리스도교적 의미에서 계시가 무엇인지 알기 위해서는 논의를 삼위일체론에서 시작해야 한다. 그런 다음에야 계시가 왜 중요한지, 계시를 통해 알려지는 하나님은 누구신지, 계시와 성서의 관계는 무엇인지 등의 핵심 주제도 적절하게 다룰 수 있게 된다.

하나님의 계시를 어디서 알 수 있는가?

그리스도교를 흔히 계시종교(啓示宗敎)revealed religion라 부른다. 그만큼 계시가 그리스도교 신앙에서 중요하다는 의미이다. 계시종교는 인간의 종교심이나 자연의 신비가 아니라, 신으로부터 비롯된 지식, 명령, 소통을 종교의 핵심으로 삼고 거기로부터 시작한다. 구약에 나오는 믿음의 조상인 아브라함 계통의 종교Abrahamic religions인 유대교와 그리스도교, 이슬람이 대표적 계시종교인데, 이외에도 바하이교 그리고 힌두교 중 일부 종파도 계시종교로 분류되곤 한다.

계시가 인간의 자연적 이성으로는 도달할 수 없는 신에 대한 개념이나 종교적 가르침이라고 할 때, 계시를 받고 전달하도록 선택된 '예언자'와 신이 준 교리나 명령, 지혜 등을 기록한 '거룩한 책'이 종교에서 핵심 위치를 차지하게 된다. 모세와 오경, 무하메드와 꾸란 등이 유대교나 이슬람에서 얼마나 중요한지를 보면 알 수 있다. 따라서 계시종교를 신의 뜻이 기록된 '경전 중심의 종교'라고 칭하기도 한다. 실제 꾸란에서는 유대교와 기독교인을 책의 백성들Ahl al-Kitāb, People of the Book이라 부르기도 하는데,[3] 이는 다신교 신앙과 구분되는 유일신 신앙에 대해 초기 이슬람이 보였던 상대적으로 우호적인 태도의 예이다.

그렇다면 다른 계시종교와 구별되는 그리스도교의 계시론은 무엇일까? 그리스도교도 신구약성서라는 책을 신앙의 기준으로 삼는다.[4] 하지만 엄밀하게 말하자면 다른 계시종교와 비교해 볼 때 그리스도교를 책의 종교라 정의하기에는 뭔가 부족하다. 왜냐하면 그리스도교는 본질상 하나님 말씀의 종교the religion of the Word of God이기 때문이다. 활자로 기록된 오래된 책이 아니라, 성육신하고 지금도 살아 있는 말씀the incarnate and living Word이 그리스도교를 그리스도교 되게 한다. 그리고 하나님의 말씀인 예수 그리스도를 '증언하는' 책이 하나님의 말씀인 성서이다(요일 5:9). 하나님께서는 나사렛 예수 안에서 자신이 누구신지를 온전히 드러내셨다(요 14:9; 골 1:15; 히 1:3 등). 그리고 성서를 통해 '성령'께서는 '그리스도' 안에서 자기를 계시하신 '하나님'을 우리에게 알려주신다(요 14:26; 16:12-15; 엡 1:17-18 등).

이처럼 그리스도교의 계시론은 삼위일체적 구조로 되어 있다. 계시론을 삼위일체론적 맥락에서 본다면 계시는 단지 하나님이 누구신지에 대한 정보에 머물지 않는다. 계시는 무엇보다도 신비이신 하나님께서 자기 자신을 주심self-giving으로써 우리와 함께하시기로 하신 임마누엘Immanuel의 사건이다. 따라서 삼위일체론과 계시론이 분리된다면, 그리스도교는 여러 책의 종교 중 하나가 될 수밖에 없다.[5] 이러한 위협은 '오직 성서'를 주장했던 종교개혁 때도 이미 감지되고 있었다. 마르틴 루터가 성서 중심의 개혁 운동을 일으킨 사실은 널리 알려져 있다. 하지만, 그가 책으로서 성서를 살아 계신 하나님의 말씀과 무차별적으로 동일시하면 율법과 복음을 혼동할 위험이 있다고 경고했다는 사실은 그만큼 잘 알려지지 않았다.[6]

하나님의 말씀과 성서의 관계에 대한 루터의 주장을 단순히 요약하자면, 성서는 하나님의 말씀이지만 하나님의 말씀과 동일하지 않다. 이게 무슨 말장난인가? 하나님의 본성은 활자로서 책이 온전히 계시되지 못한다는 말인가? 그 본성이 무엇이기에 하나님께서는 인간이 되심으로써 알려 주실 수 있으셨을까?

새로운 이성 친구를 사귀게 되었다고 가정해 보자. 그 사람의 키, 목소리, 생김새, 몸짓 등은 내가 관찰해서 알 수 있다. 시간이 더 지나면 그 사람의 습관이나 생활방식 등도 파악하게 된다. 그러나 그가 어떤 사람인지 정말 알기 위해서는 '이야기'를 해봐야 한다. 대화가 오가다 보면 자연스럽게 사람됨이 드러나기도 하지만, 그럼에도 여전히 사람의 속마음은 알기 어렵다. 그래서 연인 사이에는 "나 사랑해?" "왜 날 좋아해?" 등의 질문으로 친밀도를 확인하는 의례적 검문의식이 시행되기도 한다. 하지만, 아무리 눈치가 발달했더라도 상대가 나에게 자기를 알려주기로 '결정'하고 이를 실행하기 전까지는 그가 어떤 사람인지 그리고 그가 나에 대해 어떤 감정을 가지는지는 모호하게 알 뿐이다. 이렇듯 인격을 가진 두 존재의 만남은 상대에게 자신을 보여주는self-disclosing 신뢰와 자기를 주는self-giving 결단이 필요하다.

그리스도교의 하나님은 초월적이기도 하지만 동시에 인격적인 분이시다. 삼위일체 하나님은 이 세계가 존재하기 전부터 사랑의 사귐 속에 계셨다(요 1:1-3). 그리고 하나님의 형상으로 만들어진 인간 역시 본성상 인격적 존재이다(창 1:26-27). 창조주 하나님께서는 피조물인 인간과 인격적 관계를 맺고자 '이야기'를 쭉 해오셨다. 그런데 하나님께서는 인간에게 '자기소개서'를 주시거나, 필요하실 때 갑자기 나타나셔서 오묘한 가르침을 주시는 방식에 만족하지 않으셨다. 하나님께서는 인간과 더욱 친밀한 인격적 관계를 맺고자 특별한 방법을 택하셨다. 하나님께서 직접 인간의 육신을 입으셨고, 또 인간 사이에 머무르셨다(요 1:10-18). 하나님은 나사렛 예수라는 한 인간을 통해 당신을 인간에게 선물로 주셨고, 또 당신이 누구신지 숨김없이 보여주셨다. 이러한 절대자를 두고 영국의 윈체스터의 주교이자 신학자 존 테일러$^{John V. Taylor,}$ $^{1914-2001}$는 하나님은 오직 '그리스도 같은 하나님'$^{Christ-like God}$일 뿐이라고 말했다.[7]

예수 그리스도 안에서 하나님께서 당신을 보이셨고 또 당신을 인류에게 주셨기에, 그리스도는 '계시 그 자체'이다. 따라서 그리스도교에서 계시는 하나님께서 은밀히 알려 주신 구원에 꼭 필요한 종교적·윤리적 가르침이기 전에, 그리스도 안에서 '하나님의 은혜로운 자기 계시'$^{God's}$ $^{gracious self-revelation}$이다. 하나님께서 그리스도를 주심으로써 인류에게 사랑의 하나님이 소개되며, 하나님의 사랑을 받는 존재라는 인간의 참 정체성도 함께 드러난다. 우리는 그리스도 덕분에 죄인의 운명에 자신을 단단히 묶으시는 하나님, 피조물인 인간을 용납하여 아들의 영광을 나눠 주기 원하시는 하나님을 만나게 된다. 그렇기에 계시는 단지 '하나님이 이런저런 분이시다'라는 고급 정보를 전달하는 기능에 국한되지 않는다. 그리스도교 신앙은 그것보다 훨씬 더 급진적이고 총체적인 의미에서 계시를 믿는다.

성서는 "하나님께서 그리스도 안에 계시사 세상을 자기와 화목하게"(고후 5:19) 하셨다고 말한다. 예수 그리스도를 통해 우리는 집 나갔다 돌아온 아들을 무조건 용납히고 기뻐하시는 자비로운 아버지를 만나게 된다. 그리고 우리는 인간으로서 유한하고 죄악이 있음에도 하나님의 사랑받는 자녀로 들어 올려진다(눅 15:11-32). 그리스도 안에서 성부는 '화해의 하나님'이시고, 깨어진 세계는 하나님과 '화해한 세상'이 되며, 하나님과 화해한 우리는 이 세상을 '화목하게 하는 자'로 부름을 받는다(고후 5:18; 롬 5:10; 골 1:20). 이처럼 계시는 우리가 알지 못하던 하나님을 보여주는 인식론적 사건일 뿐만 아니라, 하나님과 우리 사이에 넓게 벌어졌던 틈을 그리스도를 통해 다시 메꾸는 존재론적 사건이다. 또한 그리스도 안에서 이미 성취된 화해를 선포와 삶으로 오늘 이 땅에서 증거하도록 우리를 새롭게 빚어 가는 윤리적 사건이기도 하다.

계시가 없다면 이 세계가 어떤 곳인지 우리는 바로 깨달을 수 없다. 또한 계시 없이 우리는 자신이 누구인지조차 알 수가 없다. '나'라는 존재가 하나님의 사랑을 받고 있다는 것을 알지 못하는 한 나는 나 자신에게마저 이방인일 뿐이다.[8] '나와 너'가 하나님의 사랑의 대상이라는 것을 알지 못하는 한, 우리는 참 자기를 발견하지 못하고 방황하게 된다. 따라서 계시를 통해 '우리에게 무엇이 알려지는가?'라는 질문보다 더 근원적인 질문은 그리스도를 통해 '하나님께서 무엇을 변화시켰는가?'이다. 그리스도의 십자가와 부활은 이 세계를 이전과 전혀 다른 곳으로 만들었고, 인간의 고귀함을 새롭게 보여주었다. 그것을 바울은 새 창조(고후 5:17)라고 불렀다. 즉, 예수 그리스도를 통한 하나님의 자기계시는 한마디로 우주의 흐름을 바꾸고 인류의 역사를 전환한 '은혜의 사건'이다. 세상과 나에 대한 참 그리스도교적 지식은 이 변혁적인 사건에 기초하고 있다.

계시는 어떻게 경험될 수 있는가?

신학은 이 세계에 속한 사람들을 위해 계시를 해석하는 고귀한 임무를 맡았다. 전통적으로 신학에서는 계시를 일반계시general revelation와 특별계시special revelation로 나누어 왔다. 일반계시는 인간이 신의 존재를 인식할 수 있도록 피조 세계에 남겨진 창조주의 흔적을 의미한다. 특별계시란 하나님께서 자신이 누구신지를 성서를 통해 구체적으로 알려 주신 사건이다.[9]

우선 **일반계시**가 무엇인지 살펴보기로 하자. 하나님은 세계를 만드셨기에 세계는 창조주 하나님을 어떻게든 반영할 수밖에 없다. 고흐가 그린 그림에 고흐만의 철학과 붓 터치가 남아 있고, 셰익스피어의 비극에는 그의 정신세계와 글쓰기 스타일이 스며 있듯 말이다. 마찬가지로 우주의 질서, 자연의 아름다움, 문명과 역사를 가로지르는 보편적 도덕률 등은 이 세계가 무작위로 생긴 것이 아니라 고도로 지성적이며 선한 존재에게서 나왔음을 간접적으로 증언한다. 이러한 자연을 통한 신지식 knowledge of God 은 성서나 신학을 모르더라도 세계를 보고 '경이' wonder 를 느끼는 인간의 능력에 기초하고 있기에 어느 정도 보편적이라 할 수 있다.[10]

　　성서의 여러 구절도 일반계시의 가능성을 인정하고 있는 것처럼 보인다. 시편에 따르면 "하늘이 하나님의 영광을 선포하고 궁창이 그의 손으로 하신 일을 나타내"고 있어서(시 19:1), "언어도 없고 말씀도 없으며 들리는 소리도 없으나"(시 19:3) 창조주의 소리와 말씀이 땅에 충만하다. 로마서에서 바울도 "창세로부터 그의 보이지 아니하는 것들 곧 그의 영원하신 능력과 신성이 그가 만드신 만물에 분명히 보여 알려졌나니"(롬 1:20)라고 말하며, 자연을 통해 하나님에 대한 인식이 가능함을 보여준다.

　　반면 **특별계시**는 하나님이 어떠한 특성 매체를 선택하셔서 자신을 구체적으로 알리셨는지에 집중한다. 성서는 하나님께서 인간의 생각의 틀과 언어를 사용해서 자신을 알리신 특별하고 대체 불가능한 계시의 매체이다. 특별계시의 정점은 하나님 아들의 성육신이다. "옛적에 선지자들을 통하여 여러 부분과 여러 모양으로 우리 조상들에게 말씀하신 하나님이 이 모든 날 마지막에는 아들을 통하여 우리에게 말씀하셨으니"(히 1:1-2). 하나님 존재의 흔적이 자연을 통해 '모호하게' 드러날 수밖에 없다면, 하나님이 누구시고 그분이 무엇을 하셨는지는 성서를 통해, 그리고 예수 그리스도를 통해 '분명하게' 나타난다.

이처럼 일반계시와 특별계시 모두가 하나님을 알게 되는 중요한 통로이다. 이를 전통적으로 하나님께서 인간에게 자신을 알리시고자 두 권의 책Two Books of God, 곧 '성서'와 '자연의 책'을 주셨다고 표현해 왔다. 그런데 둘의 관계에 대해서 신학자마다 조금씩 입장이 다르다. 우선 상당수의 전통적 개혁주의 신학자들은 일반계시를 통해 창조주에 대한 지식은 얻을 수 있지만, 특별계시만이 구원자 하나님에 대한 지식을 줄 수 있다고 본다. "하나님의 아들이 자기를 비워 종의 형체를 입어 죽기까지 복종하여 십자가에 달려 돌아가셨다가 부활하셨다"(빌 2:6-9)와 같은 구원을 위한 필수적 지식은 아무리 자연을 본다고 하여도 얻을 수 없다는 것이다.

반면 20세기 스위스 개혁주의 신학자 칼 바르트 같은 사람은 일반계시에 대해 극도로 부정적인 견해를 취했다. 하나님의 능력과 신성이 피조 세계를 통해 분명히 알려짐을 보여주는 로마서 1장 20절은 그다음 절, 곧 "하나님을 알되 하나님을 영화롭게도 아니하며 감사하지도 아니하고 오히려 그 생각이 허망하여지며 미련한 마음이 어두워졌나니"(롬 1:21)와 함께 읽어야 한다는 것이다. 바르트에 따르면 성서에 있는 자연계시에 관한 구절은 피조 세계를 신에 관한 지식을 얻을 수 있는 독립적 근원으로 격상하려는 의도를 가지고 있지 않다. 오히려 하나님이 만드신 세계를 보고도 마음이 어두워져 우상숭배로 이어질 수밖에 없는(롬 1:21-22) 자연적 신 인식의 한계와 불가능성을 보여준다.[11] 물론 전능하신 하나님은 예상을 뛰어넘는 다양한 방식, 예를 들면 "러시아 공산주의, 플롯 협주곡, 꽃피는 관목, 혹은 죽은 개"[12]를 통해서도 인간에게 이야기하실 수 있다. 그러나 하나님께서는 예수 그리스도를 통해 자신을 계시하시기로 하셨고, 예수 그리스도를 증언하도록 성서

질문하는 신학

를 주셨다. 따라서 신학은 모호한 자연이 아니라 하나님께서 직접 선택하신 계시의 특별하고 구체적인 장소에서 시작해야 한다.

일반계시를 창조주에 대한 지식으로만 한정하려는 시도나, 특별계시를 통해서만 하나님을 알 수 있다고 보는 입장 모두가 나름대로 논리적 설득력과 현실적 타당성이 있다. 특히 바르트의 다소 강경하고 극단적인 입장은 1930년대 초 히틀러를 계시의 통로라고 주장하던 독일 나치의 정치·종교 이데올로기에 대한 강한 비판이기도 했음을 고려해야 한다.[13] 자연에서 일반계시를 통해 하나님을 알 수 있다면, 독일 민족의 역사와 피를 통해서도 계시가 계속되고 있다는 나치의 어용 신학도 정당화될 수밖에 없다는 것이다. 그런 의미에서 바르트는 자연은 그 자체로 신학의 재료나 주제가 될 수 없고, 오직 예수 그리스도의 빛 아래서만 참 의미가 드러날 수 있다고 보았다.

여기서 우리는 계시론의 또 다른 중요한 문제에 부딪히게 된다. 그것은 바로 하나님이 은혜로 자기를 알려 주신다 하더라도 사람들이 자기식대로 계시를 잘못 이해할 수 있다는 사실이다. 달리 말하면, 인간이 계시를 올바로 받아들이기 위해서는 인간의 연약함과 왜곡됨을 뛰어넘는 힘, 곧 하나님의 개입과 도움이 절대적으로 필요하다. 그래서 그리스도교의 계시론은 계시를 수용하고 해석하는 데서도 하나님의 영이신 성령의 역할을 강조할 수밖에 없다. 이를 웨스트민스터 신앙고백에서는 다음과 같이 설명한다. "우리는 말씀 안에 계시된 그러한 일들의 구원론적 이해를 위해서는 하나님의 영의 내적 조명이 필수적임을 인정한다."[14] 즉, 자신을 예수 그리스도(성자) 안에서 계시하시는 하나님(성부)은, 계시를 올바로 해석해 주시는 하나님(성령)이시기도 하다. 여기서 눈치가 빠른 독자들은 하나님의 계시는 그 자체로 삼위일체론적임을 다시금 발견할 수 있을 것이다.

성서를 많이 읽으면 우리도 계시 받을 수 있는가?

계시에 대한 논의에 혼란이 생기는 이유 중 하나는 '하나님의 말씀'이라는 개념이 문맥에 따라 가리키는 바가 다르기 때문이다. 우선 예수 그리스도가 하나님의 말씀이다(요 1:14). 또한 성서도 하나님의 말씀이다(요 3:27-28; 5:39). 교회에서는 설교를 하나님의 말씀이라고 한다(살전 2:13). 그리스도, 성서, 선포가 다 하나님의 말씀이라면, 이 셋은 어떤 관계일까?

앞서 밝혔듯 하나님의 계시는 우선적으로 말씀이신 예수 그리스도이다. 성서는 예언자와 사도를 통해 그리스도가 하나님의 아들이심을 증언한다. 구약은 기다림 속에서 신약은 기억을 통해 그리스도를 증언한다. 설교자는 성서가 증언하는 예수 그리스도를 선포함으로써 하나님의 말씀을 지금 여기here and now의 구체적 삶의 정황 속에서 들리게 한다. 이처럼 그리스도, 성서, 선포가 서로 다른 형태이지만, 이 모두가 하나님의 말씀이다. 그렇기에 이것을 신학적 용어로 하나님 말씀의 삼중적 형태threefold form of the Word of God라 부르기도 한다.[15]

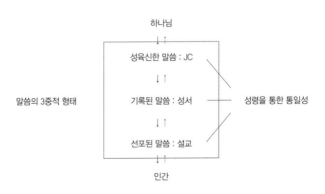

　　　　　　　질문하는 신학

하나님의 말씀은 그리스도, 성서, 설교라는 다른 형태로 구분되기도 하지만, 이 셋은 하나님의 말씀으로서 통일성이 있다. 이는 인간이 노력하여 자의적으로 만들어 내는 통일성이 아니라 '성령'의 능력 안에서 형성되는 통일성이다. 성령은 예언자와 사도들에게 영감을 주어 성서를 기록하게 했다. 그리고 성령은 우리가 그리스도를 성서와 선포를 통해 만나게 해준다. 그런데 이 지점에서 개념적 구분이 필요하다. 바로 한 분 성령의 활동으로 영감inspiration과 조명illumination이 혼동되어서는 안 된다는 점이다.[16]

앞서 성서론(3장)에서 살펴봤듯, 성서의 권위는 그 책 자체나 문자로부터 나오는 것이 아니라, 성서를 통해 말씀하시고 활동하시는 하나님의 영에 근거한다(딤후 3:16). 성서는 특별히 선택되고 준비된 저자들이 '성령의 영감'을 받아서 기록했다. 성서가 계시라 불리는 이유는 바로 성서를 쓴 예언자와 사도를 통해 성령이 말씀하셨기 때문이다. 그런 의미에서 하나님의 말씀으로서 성서는 다른 책들과 구별된다. 만약 성서 저자들에게 활동했던 방식으로 성령께서 다른 성인이나 신학자에게 활동하셨다면, 그들의 저술도 성령의 영감으로 기록된 책으로 인정받고 정경에 포함되었을 것이지만 그런 일은 일어나지 않았다.

그렇다고 성서의 저자들과 함께하셨던 성령께서 다른 사람들은 외면하거나, 성경이 다 기록된 이후에는 활동을 접으신 것이 아니다. 사람이라면 누구나 마음이 어두워 진리를 보지도 알지도 못하기에 하나님께서 마음을 밝혀 주셔야 하는데, 이것을 '성령의 조명'이라고 한다. 아우구스티누스는 암흑에 익숙해져 버린 우리의 눈이 진리를 보게 되는 은혜의 사건을 다음과 같이 설명한다. "내가 당신을 처음 보았을 때 당신은 나를 들어 올려 나로 하여금 봐야 할 것을 보게 하셨습니다. 그러나 나에게는 그때까지도 그것을 볼 수 있는 시력이 없었습니다. 당신은 황홀한 강한 빛을 나에게 비추어 내 시력의 약함을 물리쳤습니다."[17] 이 인용문에서 사용된 '들어 올려'나 '약함을 물리쳐' 같은 술어의 주어는 당신, 곧 하나님이다. 이 같은 성령 하나님의 친밀한 도움으로 우리는 성서를 하나님 말씀으로 읽을 수 있고, 인간으로서 벗어나지 못할 유한 함과 오류가 있음에도 신학적 활동을 할 수 있는 가능성과 담대함을 가 질 수 있다.

마음이 어두워진 상태에 있는 인간이 자아나 타자, 세계에 대해서 왜곡된 지식을 가질 수밖에 없었다면, 은혜의 빛 아래서 인간의 왜곡된 인식 능력이 치유되고 회복될 수 있다. 하지만, 아무리 성령의 조명으로 놀라운 깨달음을 얻게 되고 마음에 감동이 오더라도 우리가 새로운 계시를 내어 놓는 것은 아니다. 성령의 영감과 조명은 하나님의 말씀이 우리에게 전달되고 수용되기 위한 전제이자 필수조건이다. 그러나 영감은 성서의 저자에게 해당하고, 조명은 다른 모든 사람을 위해 활동하시는 성령의 활동을 일컫는 개념으로 구분되어 이해될 필요가 있다.

믿음은 들으면서 난다는데

그리스도의 계시는 하나님께서 자신을 알리기 원하시는 분, 자신을 선물로 주시는 분, 사랑받기 원하시는 분임을 알려 준다. 성서를 통해 우리를 부르시는 성령께서는 일상에서 산만해지고 흩어졌던 우리의 눈길을 그분께로 이끈다. 그런데 성서가 그리 만만한 책은 아니다. 성서 저자와 우리 사이에 놓인 시공간의 간격과 문화적 이질성 때문에 불편하기도 하지만, 무엇보다 "유대인에게는 거리끼는 것이요 이방인에게 미련한"(고전 1:23) 계시의 독특성 때문에 낯선 책이다. 따라서 성서와 우리 사이의 '차이'를 충분히 인지하거나 존중하지 않고, 강박적으로 성

질문하는 신학

서를 현대 상황에 적용하려 노력하면 하나님의 영이 아니라 우리의 욕망이 성서를 통해 이야기하게 된다. 성서의 '적용'보다 더 중요하고 우선적인 것은, 성서를 통해 우리에게 다가오시고 말씀하시는 그분께 '주의'를 기울이는 것이다. 유진 피터슨은 이를 아름답게 언어화했다.

> 읽는 것이 먼저다. 일단 성경을 읽는 것이 중요하다. 읽다 보면, 어느새 우리는 새로운 말의 세계에 들어가 대화를 나누게 된다. 하나님께서 시작과 끝을 쥐고 계신 그 대화에 우리도 참여하고 있음을 곧 알게 된다. 이것은 우리가 예상치 못한 일이다. 하지만, 어느 시대를 막론하고 성경을 읽는 사람들은, 성경이 우리게 관해서 기록된 책일 뿐이 아니라 우리를 향해 기록된 책이라는 사실을 알고 있었다. 성경 속에서 우리는 대화의 참여자가 된다. 그 대화를 통해, 하나님은 말씀으로 우리를 만드시고 복 주시고 가르치시고 인도하시고 용서하시고 구원하신다.[18]

마음이 어두워진 우리는 자기가 실제 어디에 서 있는지 온전히 보지 못한다. 어둠 속에서 겨우 더듬어 만진 파편들이 세계의 전부인 것처럼 착각하며 망상 속에 살아간다. 하지만, 성령께서는 빛을 밝혀 주셔서 어둠 속에 가려졌던 더 크고 넓은 실재를 보게 해주신다. 그것은 성서가 증언하듯 하나님께서 주인이 되신 곳이고, 그리스도를 통해 하나님과 화해한 세계이다. 하나님께서는 계시를 통해 그 낯선 세계 속에 있는 '나'를 발견하게 하심으로써, '나'를 인식과 행동의 주체라는 안전지대로부터 끌어내어 '말씀의 청취자'로 빚어내신다. 그리고 하나님께서 주신 성서를 통해 우리는 그 새로운 세계와 그 속에서 삶을 이해하는 언어를 배워 간다.

적용과 토론을 위한 질문

1. 여러분의 일상생활에서 계시라는 단어는 어떤 상황에서 많이 쓰이는가? 그 상황에서 계시는 무엇을 의미하는가?

2. 활자화된 정적인 책이 아니라 실제 살아서 활동하셨던 예수 그리스도를 가장 중요한 계시라고 했을 때, 계시에 관해서 기존에 가졌던 느낌에 변화가 생기는가?

3. 일반계시에 대해 부정적 태도를 보인 칼 바르트는 옳은 신학적 선택을 했을까? 아니면 적절한 정치적 선택을 한 것인가?

4. 일반계시에 대한 그리스도교 전통의 긍정적 입장은 자연에 대한 인간의 태도에 어떤 영향을 주었을까?

5. 신학자들은 성령의 영감과 조명을 왜 강조해 왔을까? 그리고 어떤 문제가 있을 수 있기에 영감과 조명을 구분해 왔을까?

6. 고린도전서 13장 12절에서 바울은 다음과 같이 말했다. "우리가 지금은 거울로 보는 것같이 희미하나 그때에는 얼굴과 얼굴을 대하여 볼 것이요 지금은 내가 부분적으로 아나 그때에는 주께서 나를 아신 것같이 내가 온전히 알리라." 그렇다면 지금 우리가 아는 하나님에 대한 지식이 어떻다는 것인가? 현재 우리에게 있는 하나님에 대한 지식이 마지막 때의 지식과는 다르다는 말인가?

7. 영어로 계시는 revelation이다. 신약성서의 요한계시록(Book of Revelation)을 간단히 Revelation이라고도 한다. 계시록적 시각에서 계시를 이해할 때와 삼위일체 하나님의 자기 계시로 계시를 이해할 때 어떤 차이가 생기는가?

6장. 하나님의 속성

하나님은 어떤 분이신가?

하나님에 대해 배워 가기

오직 하나님께 의지하게 하소서.

절대 변하지 않으시는 분이시며

내게 무엇이 최선인지 나보다 더 잘 아시는 분께,

훌륭한 아버지가 자녀가 선하게 자라도록

필요한 것들, 유익한 것들,

지혜롭고, 유용하고, 행복한 모든 것들을

헤아릴 수 없는 방식으로 한번에 베푸시는 분께.[1]

위의 시는 영국 교회의 예전 발전에 크게 기여했던 에릭 밀너-화이트 Eric Milner-White, 1884-1964가 1954년에 출간한 『나의 하나님 나의 영광』*My God My Glory*이라는 기도 모음집에 실려 있다. 밀너-화이트가 주조해 낸 송영doxology의 언어를 통해 하나님의 신실하심과 자비하심 속에 푹 잠기는 느낌은 충분히 공감할 수 있으리라.

하나님이 어떤 존재인지를 위의 시는 다양한 방식으로 묘사하고 있다. 하나님은 변하시지 않기에 흔들리는 우리의 실존이 안식을 취할 곳이다. 하나님은 지혜로우시기에 나보다 나의 필요를 더 잘 아는 분이시다. 그분은 아버지가 자녀의 성장을 도와주듯 사랑으로 인내하며 필요한 것을 공급하는 분이시다. 하나님에 대한 묘사가 부드럽게 중첩되며 하나님의 성품이 알려지고, 또한 그분의 사랑의 대상인 인간에 대해서도 깨닫게 된다.

밀너-화이트가 하나님에 대해 배워 가도록 사용한 언어인 불변, 지혜로움, 사랑 등을 신학적 언어로 속성(屬性)attribute이라고 부른다. 우리가 알고 있는 대부분의 신적 속성들이 성서에서 발견되지만, 철학적인 의미가 강한 속성들도 있다. 전자의 대표적인 예로 자비, 아름다움, 선함, 지혜, 공의 등을 꼽을 수 있다면, 후자로는 단일성, 자족성, 부동성, 무감정성 등이 있다. 신학자마다 제시하는 하나님의 속성의 수가 다르고, 또 성서에 나오는 속성의 수만 해도 너무 많아서 이 짧은 글에서는 다 소개할 수 없기도 하다.[2] 그래서 여기서는 우리가 하나님을 이해하는 속성의 언어의 본질은 어떤 것인지, 그리고 하나님에 대해 잘못된 이해로 빠지지 않기 위해 속성을 어떻게 이해해야 하는지에 논의를 집중하고자 한다.

하나님에 대한 지식은 다른 지식과 어떻게 다른가?

성서는 하나님을 다음과 같이 소개한다. "오직 그에게만 죽지 아니함이 있고 가까이 가지 못할 빛에 거하시고 어떤 사람도 보지 못하였고 또 볼 수 없는 이"(딤전 6:16). 영원한 존재이신 하나님을 유한한 존재인 인간은 볼 수 없다. 에덴의 동쪽에 거하는 인류의 시야에 절대자는 포착되지 않는다. 오히려 성서는 하나님을 보면 죽는다고 경고한다(출 19:21; 사 6:6 등). 심지어 하나님께 계명을 받고 시내산에 내려오던 모세의 얼굴에 남은 광채를 보고도 이스라엘은 두려워했다(출 34:29-35). 그렇다면 우리는 보지도 못하는 존재인 하나님이 어떤 분인지 어떻게 알 수 있을까?

우리가 하나님을 알게 되는 것은 초월적 하나님께서 우리를 위해 자신을 드러내셨기 때문이다. 성서는 하나님께서 인간의 언어를 통해 자신을 소개하시는 매체이다. 성서 안에서 우리는 하나님의 성품에 대한 다양한 묘사를 찾을 수 있다. 또한 우리는 예배와 공동체 생활을 통해 이스라엘과 초대교회가 사용했던 언어를 배워 가며 하나님이 누구신지 알아 가게 된다. 계시는 창조자께서 피조물에게 자신을 알리신 은혜의 사건이므로, 하나님에 대한 지식이 늘어날수록 인간으로서 우리의 인식 능력이 아니라 그분의 방식을 신뢰하는 법도 배워 간다. 그렇기에 궁극적으로 신학은 하나님께 의지하는 기도이며, 기도 없이 신학은 성서의 하나님이 아니라 추상적 신 개념에 대한 탐구로 그칠 위험이 있다.

성서는 하나님이 누구신지 그분의 본질을 체계적으로 논증하지는 않는다. 그렇다고 실망할 필요가 없다. 인간관계에서도 누군가를 안다고 할 때 그 사람의 본질은 여전히 명확히 드러나지는 않는다. 그럼에도 우리는 그 사람의 여러 특징을 통해 사람됨을 배우게 되며, 관계를 더욱 발전시킨다. 예를 들면 친구에 대한 지식은 일차적으로는 그에 대한 생물학적·역사적·문화적·인종적 정보를 통해 다층적으로 구성된다. 그러나 그와 속 깊은 관계로 들어가게 되는 것은 삶과 행동 속에 묻어나는 그의 선함과 지혜와 신실함과 겸손함과 아름다움에 내가 매료되었고, 또한 나의 모습이 상대에게 용납되었기 때문이다.

유대 철학자 마르틴 부버Martin Buber, 1878-1965는 이러한 인격적 관계를 '나-너'I-Thou라고 표현했다. 일상에서 내가 나 아닌 것과 맺는 대부분의 관계는 '나-그것'I-It이다. 이때 '그것'은 '나'의 인식의 대상이 되고 '나'는 '그것'의 관찰자가 된다. 반면 '너'에 대한 지식은 대상화도 객체화도 할 수 없는 인격적이고 상호적인 특성을 지닌다. 부버는 다음과 같이 설명한다. "'너'라고 말하는 경우, 그 말을 건넨 사람은 대상(對象)이라고 부를 수 있는 것을 아무것도 가지고 있지 않다.……'너'라는 말을 건넬 때 사람은 관계Beziehung의 상황 속에 서 있는 것이다."[3] '나-너' 사이에서는 '나-그것'일 때처럼 양적으로 많은 정보를 얻어 내리라 기대해서는 안 된다. '나-너' 사이의 지식은 관계의 깊고 고운 결 속에서 너를 통해 나를 알아 가고 형성해 준다.

인격적 관계에서 얻게 되는 지식은 오랜 시간이 걸리고, 타자의 현존을 인정하는 인내가 필요하고, 자기의 편견과 편리를 포기하는 고통을 요구한다. 이러한 '불편함' 때문에 우리는 흔히 대상에 '대해' 아는 데서 만족하곤 한다. 사람됨의 특징은 묻지 않고 추상적 숫자에 집중하는 어른들의 모습을 꼬집는 어린왕자의 말도 이와 크게 다르지 않아 보인다.

> 어른들은 숫자를 좋아한다. 여러분들이 새로운 친구를 사귀었다고 어른들에게 말하면, 어른들은 도무지 가장 중요한 것은 물어보지 않는다. "그 애의 목소리는 어떠니? 그 애는 무슨 놀이 좋아하니? 그 애도 나비를 채집하니?" 절대로 이렇게 묻는 법이 없다. "그 앤 나이가 몇이지? 형제들은 몇이나 되고? 몸무게는 얼마지? 그 애 아버지는 얼마나 버니?" 항상 이렇게 묻는다. 이렇게 묻고 나서야 어른들은 그 친구를 속속들이 알고 있다고 생각한다.[4]

하나님과 인간 사이에는 근원적으로 '나-너'의 관계가 맺어진다. 그런데 이 관계가 자칫하면 '나-그것'으로 변질하여 버릴 수도 있다. 어떤 이는 하나님과 인격적 관계를 맺지 않고서, 머리로 하나님에 '대한' 지식만 증식시킬 수도 있다. 이것은 우상숭배와 같다. 왜냐하면 인격적인 하나님을 이 세상에 있는 많은 그것ᵗ 중 하나로 만들어 버렸기 때문이다.

성서는 하나님에 대한 추상적 논의를 전개하기보다는 역사 속에서 인간과 함께하시며 보여주신 다양한 속성을 통해 설명한다.[5] 반면 신학에서 속성론은 인격적 관계와 구체적 활동을 통해 드러난 하나님의 모습을 추상명사로 각잡아 설명하려는 시도이다. 그 결과 하나님에 대한 성서의 풍성한 설명은 속성론에서 종종 가려질 위험도 생긴다. 따라서 우리는 공의, 영원, 거룩 등의 명사에 멈추지 말고, 이러한 개념들을 통해 살아 계신 하나님의 성품과 활동을 볼 수 있도록 상상력을 훈련해야 한다.

하나님이 어떤 존재이신지 언어로 설명할 수 있는가?

속성론을 논할 때 또 한 가지 명심할 점은 하나님을 묘사하는 언어가 본질적으로 유비적이라는 사실이다. 유비를 뜻하는 영어 단어 analogy는 '비율'을 뜻하는 그리스어 analogia에서 온 것이다. '유비'란 특정 대상을 설명하고자 다른 대상에 대한 정보나 의미를 사용하는 인지적 과정이다. 유난히 더운 여름 많은 사람이 '한국이 마치 동남아 같아!'라고 말하는 것도, 동남아 국가의 열기와 습도에 대한 정보와 이미지와 경험을 이용해 올해 한국이 몹시 무덥다는 정보를 전달하고 상대방의 공감도 끌어내는 유비의 한 예다.

이와 마찬가지로 신비의 하나님을 설명하려면 세계 내 사물을 설명하는 인간의 언어를 사용하게 된다. 하나님의 본질과 활동을 묘사하는 특수한 용도를 위해 사용되도록 하늘에서 뚝 떨어트려 준 개념이나 문법이란 없기에, 우리는 일상의 언어를 유비적으로 사용함으로써 하나님을 알아 가게 된다.[6] 성서에 나오는 하나님의 대표적 성품인 선함, 아름다움, 공의, 지혜, 자비 등은 인간도 어느 정도 가지고 있는 특징이다. 이처럼 하나님이 인간과 함께 가지고 있는 속성을 '공유적 속성'communicable attributes이라 부른다.

반면 영원, 부동, 전능 등은 인간에게 없는 특징들이다. 하지만, 우리는 이러한 속성들이 무엇인지 성서를 통해 배우기도 하고, 일상에서 우리가 경험하는 오래 지속함, 공간을 차지함, 거대한 권력 등을 추상화하면서 그 의미를 부분적으로 파악할 수 있다. 이처럼 하나님에게 있고 인간에게 없는 속성을 '비공유적 속성'incommunicable attributes이라고 부른다. 성서와 신학에서 많이 거론되는 속성을 간략하게 표로 정리해 보았다.

공유적 속성과 비공유적 속성의 구분은 신학자들이 하나님에 대해 쉽게 설명하고자 만들었다. 둘을 구분하는 방식은 신학자마다 다를 수밖에 없기에 특정 구분법 자체를 절대화할 필요는 없다.

하나님의 특정 속성이 공유적인지 비공유적인지 따지는 것보다 더 중요한 것은 하나님이 어떤 분이신지 알고 설명하기 위해 우리가 사용하는 언어가 근본적으로 '유비적'이라는 사실이다. 속성의 언어는 한편으로는 하나님에 대해 신뢰할 만한 정보를 전달하지만, 다른 한편으로는 우리 인간의 경험과 뒤섞이며 참 하나님의 모습을 가리거나 흐려 버릴 수도 있다. 예를 들면, 성서의 언어는 하나님을 아름다운 분으로 소개하기에, 인간은 우선 자기의 의식 속에 있는 미(美)에 대한 정보를 활용하여 하나님을 파악하게 된다. 그 결과 오랜 역사를 지닌 서양 그리스도교 미술사에서 하나님은 대게 유럽식 미남으로 묘사되어 왔다. 이렇게 묘사된 하나님이 서구인에게는 호감을 끌 수 있을지 모르지만,

자존성 Aseity	불변성 Immutability	비가시성 Invisibility	영적 성품 Spirituality	질투 Jealousy
하나님은 다른 피조물에 의존하지 않고 스스로 존재하신다(출 3:14; 요 17:5).	하나님의 존재, 목적, 약속은 변하지 않는다(시102: 27; 말 33:6; 약 1:17).	하나님은 우리 눈에 보이지 않지만, 자신을 드러내는 분이시다(요 1:18; 딤전 6:16; 출 33:21).	하나님은 영이시며, 영적으로 소통하신다(요 4:21-24; 출 20:4-6; 롬 8:16).	하나님은 명예와 바른 관계를 원하고 보호하신다(고후 11:2; 출 20:5; 신 4:24).
완전성 Perfection	영원 Eternity	편재 Omnipresence	선하심 Goodness	자유 Freedom
하나님은 모든 좋은 것을 다 가지고 계시기에 결핍이 없으시다(마 5:48; 시 18:30; 신 32:4).	하나님은 시작과 끝이 없이 언제나 존재하신다(시 90:2-4; 욥 36:26; 골 1:6).	하나님은 공간 제한 없이 어디나 계신다(렘 23:23-24; 시 139:7-10; 왕상 8:27).	하나님은 선하시고, 선의 기준이자 근원이시다(눅 18:19; 시 100:5; 창 1:31).	하나님은 세계에서 초월적이시며, 뜻하는 일을 하신다(시 115:3; 잠 21:1; 요 3:8).
전능 Omnipotence	전지 Omniscience	통일성 Unity	지혜 Wisdom	사랑 Love
하나님은 뜻하시는 일을 할 수 있는 능력이 있으시다(시 24:8; 창 18:14; 고후 6:18).	하나님은 자기 존재와 피조 세계에 대해 모두 아신다(고전 2:10-11; 요일 1:5; 마 6:8).	하나님의 존재에는 여러 속성이 분산되지 않고 하나로 되어 있다(출 34:6-7).	하나님은 최선의 목표와 최상의 수단을 택하신다(롬 16:27; 욥 9:4; 고전 1:18-20).	하나님은 자신을 상대에게 주시는 분이시다(요 17:24; 요일 4:10; 갈 2:20).
자비 Mercy	거룩 Holiness	평화 peace	의 Righteousness	진실함 Truthfulness
하나님은 고통 속에 있는 이를 건지시며 죄인을 인내하신다(시 103:8; 삼하 24:14; 히 4:16).	하나님은 죄로부터 분리되셨으며 영광을 추구하신다(레 19:2; 시 24:3; 엡 5:26-27).	하나님은 무질서나 혼동 없이 질서 속에서 활동하신다(롬 15:33; 사 48:22; 시 29:11).	하나님은 옳으시며, 옳은 일을 하시며, 옳은 것의 기준이 되신다(창 18:25; 사 45:19; 롬 3:25).	하나님은 참되시며, 그분 약속은 성취된다(시 117:1-2; 민 23:19).
진노 Wrath	의지 Will	복되심 Blessedness	아름다움 Beauty	영광 Glory
하나님은 선을 사랑하시고, 죄를 미워하신다(출 32:9-10; 왕하 22:13; 롬 1:18).	하나님은 자기 뜻을 이루시고, 피조물의 존재도 결정하신다(엡 1:11; 계 4:11; 벧전 4:19).	하나님은 자신과 일에 만족하시며 복을 나눠 주신다(딤전 6:15; 창 1:31; 사 62:5).	하나님은 아름다운 분이며 피조물의 미와 기쁨의 원천이시다(시 27:4; 시 8).	하나님에게서 나오는 광명으로서, 모든 속성의 종합이시다(요 17:5; 히 1:3; 시 24:10).

■ 비공유적 속성. □ 공유적 속성

하나님의 속성들

* 이 표는 공유적/비공유적 속성에 대한 일반적 분류법에 따라 나누었다.
* 표에 사용된 설명은 웨인 그루뎀의 정의를 필요에 따라 수정 보완한 것이다.

다른 문화권 사람에게는 그렇지 않을 수도 있다. 이러한 서구식 미의 기준은 영이신 하나님(요 4:24)에 대한 경이와 오해를 동시에 불러일으킬 수 있다.

그렇기 때문에 하나님을 묘사하는 속성의 언어를 통해 그분에 대해 알게 되더라도, 우리는 그 언어가 한계를 지니고 있음을 인지해야 한다. 하나님을 설명하고자 사용하는 언어는 하나님과 인간 사이의 "무한한 차이 속에 있는 유한한 유사성"a limited similarity within unlimited dissimiarlity 7 을 인간 지성으로 이해할 수 있는 정도와 방식으로 보여주는 셈이다. 이러한 전제가 없다면 '나' 스스로 생각하는 선함, 정의, 지혜, 능력, 사랑 등을 신이라는 거대한 하늘의 스크린에 투사하면서 내 취향의 신을 만들어 갈 위험이 있다. 오히려 하나님의 속성을 알아 간다는 것은 선함, 정의, 지혜, 능력, 사랑 등에 대해 우리가 가지고 있는 왜곡된 개념을 하나님과의 깊은 관계에 들어감으로써 교정하는 배움과 성숙의 과정을 의미한다.

전능하신 하나님께서는 자연재해를 못 막으시는가?

만약 하나님의 속성 중 가장 중요한 것이 있다면 무엇이냐고 물으면, 신학자마다 다 다른 답을 할 것이다. 한 예로 신플라톤주의의 영향을 많이 받은 아우구스티누스 같은 경우는 선을 가장 중요한 속성으로 보았다.8 아리스토텔레스 철학에 정통했던 토마스 아퀴나스의 경우 다양한 속성들이 통일성을 가지고 하나가 된다는 의미에서 단순성을 우선적으로 생각했다.9 그런데 필자에게 이 질문을 누군가 한다면 주저함 없이 전능(全能)omnipotence이라고 답할 것이다. 그 이유는 사도신경이 언급하는 유일한 하나님의 속성이 '전능'이기 때문이다.

나는 믿습니다. 전능하신 하나님 아버지(를), *Credo in Deum Patrem omnipotentem*

그리스도교 신앙을 진지하게 생각하는 사람이라면 자신의 주관적 호불호가 아니라, 왜 사도신경이 (그리고 니케아 신경도) 전능이라는 속성만 강조했는지 고민할 수밖에 없다. 그런데 놀랍게도 사도신경은 하나님의 전능을 어떻게 이해해야 할지에 대해 아주 중요한 단서도 제공한다. 그것은 바로 라틴어로 된 사도신경을 보면 바로 다음 구절에 나온다.

하늘과 땅의 창조주를, *Creatorem caeli et terrae*

하나님 아버지의 '전능'은 그분이 하늘과 땅의 '창조자'라는 믿음과 별개로 이해되어서는 안 된다. 우리가 하나님에 대해 오해하게 되는 이유도 바로 '전능과 창조 사이의 관계'에 충분히 주의를 기울이지 않기 때문이다.

성서는 하나님을 전능하신 분으로 소개한다. "여호와여 주께서 큰 능력과 펴신 팔로 천지를 지으셨사오니 주에게는 할 수 없는 일이 없으시니이다"(렘 32:17). 이때 하나님의 힘을 추상적으로 생각하면 전능을 모든 것을 할 수 있는 능력이라고 오해하게 된다. 이런 식의 정의는, '전능한 하나님께서 왜 이 세계에 악한 일이 일어나게 내버려 두시는가?' '모든 것을 하실 수 있는 분이 내게 이런 비극을 허락하신 것은 하나님이 나를 미워하셔서가 아닐까?' '지진과 쓰나미로 특정 지역이 초토화되었다면 분명 전능한 하나님께서 그곳을 심판하셨을 거야' 등의 생각으로 이어지게 된다. 물론 고통의 끔찍함이 현실의 모호함과 얽혀 들어가면 이런 실존적 질문이 생길 수밖에 없다. 또한 진실한 실존적 물음을 통해서 인간은 하나님과 세계를 더 잘 알아 가게 된다. 그러나 질문을 던지고 답을 찾아가는 중에 창조와 무관한 전능 개념에 고착되면 왜곡된 인식의 틀이 생겨나면서 참 하나님을 알아 가는 데 어려움이 생길 수도 있다.

그렇다면 전능을 창조와 함께 생각한다는 것은 무엇을 의미할까? 첫째, 전능은 자기가 원하는 모든 일을 할 수 있는 독재자 같은 능력이 아니라, 하나님의 '사랑 안에서 자유로움'freedom in love이다. 이 세계가 생겨나고 유지되기 위해서는 하나님이 필요하지만 하나님의 존재는 세계에 의존하지 않는다.[10] 즉, 이 세계를 만드신 하나님의 창조의 힘은 어떤 필연성에도 얽매이지 않는 '흘러넘치는 사랑'에서 나온 것이다. 창조는 전능한 하나님께서 자신의 힘을 사랑을 표현하고 나누는 방식으로 사용하기로 결정하신 사건이다.

둘째, 하나님께서 세계의 창조자임을 고려할 때, 전능은 창조 세계의 질서와 자유를 존중하는 '겸손'의 능력이기도 하다. 사각형은 정의상 각이 네 개 있는 도형이다. 그렇다면 동그란 사각형을 만드는 능력은 전능이 아니라 창조에 가해지는 무차별적 '갑질'이자 폭력이다. 만약 야구 경기장에서 타자가 놓친 알루미늄 배트가 사람을 치는 사고를 막고자 전능자가 알루미늄의 성질을 갑자기 부드럽게 만든다면, 그 순간 이 세계에 알루미늄으로 만든 다양한 건축 구조물이나 기계들이 무너지거나 파손되어 더 많은 사람이 죽거나 다칠 것이다. 알루미늄의 단단함은 사람을 다치게 할 수도 있지만, 자연이 지탱되고 인간이 문명을 이루고 살도록 하나님께서 계획하신 창조의 모습이다.[11]

결론적으로 말하자면, 인간이 몸을 가지고 물리적 시공간 안에서 살아가고, 또 이 세계가 완전히 구속된 세계가 아닌 이상, 하나님의 전능은 창조와 떼려야 뗄 수 없다. 만약 전능 개념이 창조자 하나님에 대한 신앙과 분리되면, 성서의 하나님이 아닌 거짓 신이 우리 마음속에

질문하는 신학

자리 잡게 될 수도 있다. 하나님의 전능은 피조 세계의 본질과 질서를 만든 창조의 힘이지만, 시시각각 본질과 질서를 바꿀 수 있는 '변덕 면허'가 아니다. 그래서 전통적으로 신학자들은 전능은 하나님께서 자가 당착적인 일이나 논리적으로 모순된 일은 하실 수 있는 능력을 의미하지는 않는다고 설명해 왔다.[12] 즉, 전능은 창조 세계에 대한 하나님의 한결같은 존중과 신뢰와 인내를 통해서 작용하는 힘이다.

전지하신 하나님 앞에서 우리의 고민은 무의미한가?

전능만큼 많은 사람을 당혹하게 하는 것이 하나님의 전지(全知)omniscience 개념이다. 하나님께서는 모든 것을 아실 뿐 아니라, 하나님의 지식은 시간을 초월하기에 인간의 지식과 차원이 다르다. 시간 속에 살아가는 인간은 미래를 알 수 없고, 과거를 되돌릴 수도 없다. 미래를 모르기에 인간은 오늘을 불안해하며 산다. 그리고 인간은 과거를 흘려보냈기에 기억을 망각하거나 기억의 노예가 되어 버린다. 반면 영원한 존재인 하나님에게는 과거, 현재, 미래의 구분이 무의미하다. 그렇기에 하나님의 지식은 인간의 지식과 차원이 다를 수밖에 없다. 또한 그분은 미래의 일을 아실 뿐 아니라 과거의 일도 망각하지 않고 기억하신다.

문제는 하나님의 전지가 잘못 이해되면서 오히려 신앙인들 마음에 부정적인 감정과 생각을 불러일으킬 수 있다는 데 있다. "너희에게는 머리털까지 다 세신 바 되었나니 두려워하지 말라"(마 10:30-31)는 그리스도의 말씀은, 하나님께서 나의 추악한 모습까지 속속들이 알고 계신다는 죄책감과 불안을 일으킬 수 있다. 게다가 앞으로 일어날 일을 하나님께서 다 아신다면 미래를 향한 나의 고민과 결정이 무의미하다는 허무주의가 생겨난다. 무엇보다, 실수가 없으신 하나님께서 미래를 아신다면, 인간의 자유란 존재하지 않는다고까지 생각하게 된다.

신의 전지함과 인간의 자유의 관계는 인류 역사에서 끝없이 탐구되는 주제이다.[13] 그리스도교 신학이 종교의 옷을 입은 운명론fatalism 혹은 결정론determinism으로 추락하지 않기 위해, 신학자들은 미래에 대한 하나님의 지식이 앞으로 일어날 일의 원인으로 작동하지는 않음을 논증하려 했다. 이 주제에 대해서는 신학자마다 교단마다 차이가 있으므로,[14] 모든 그리스도인을 충족시켜 줄 수 있는 '정답'을 만들어 내기란 불가능하다. 그럼에도 이 문제를 다룰 때 많은 신학자가 공통으로 염두에 두는 철학적 전제가 있다. 그것은 전지의 한 형태인 예지(豫知)foreknowledge, 곧 미래에 대한 지식이 시간 속에서 인과율causality을 형성하지는 않는다는 점이다.

한 예로, 보통 형사들은 살인범이 범행 현장에 다시 나타난다는 것을 알고 있다. 유능한 형사가 언제 범인이 나타날지 예측했고, 실제 범인은 정확히 그 시간에 나타났다. 이때 형사의 예지는 미래 사건과 정확하게 일치했지만, 형사가 범인이 나타난다는 것을 알았기에 범인이 그 시간에 모습을 드러낸 것은 아니다. 형사의 예지가 살인범의 행동을 불러일으키지 않았듯, 누군가의 미래에 대한 지식이 다른 누군가의 미래를 결정하는 원인은 아니다. 하지만, 이 예화에 논리적 문제가 없는 것은 아니다. 형사가 생각했던 시간과 장소에 살인범이 나타난 것이 단지 '우연'일 수도 있기 때문이다. 마찬가지로 모든 것이 하나님의 예지에 맞게 이루어진다고 하더라도 이를 참된 지식이라고 부르기에는 '필연성'이 부족해 보인다.

전지라는 개념이 이처럼 이해하기 힘든 것은 하나님께서 시간에 속하는 존재가 아니시기 때문이다.[15] 시간 속에 살아가는 인간은 미래에 대한 지식을 '예지'라고 부르지만, 시간을 초월한 하나님은 과거와

질문하는 신학

현재와 미래라는 시간의 구분에 얽매이지 않으신다. 영원의 관점에서 볼 때 과거와 현재와 미래는 같을 뿐이다. 그렇기에 전통적으로 과거에서 미래로 흘러가는 인간의 시간을 설명하고자 직선 이미지를 사용했지만, 영원을 묘사하기 위해서는 중심점으로부터 동일한 거리에 있는 모든 점의 집합인 원^{circle}을 사용해 왔다.[16]

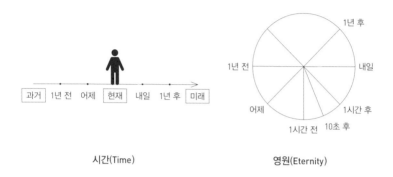

시간(Time)   영원(Eternity)

하나님의 예지에 대한 우리의 모든 철학적, 신학적 담론이 결국에는 불충분할 수밖에 없는 이유는 인간이 '영원'이 아닌 '시간' 속에 사는 존재이고, 인간의 언어나 논리가 모두 시간성에 대한 경험을 반영할 수밖에 없다는 한계 때문이다. 즉, 영원과 시간 사이의 '질적 차이'가 있다. 따라서 하나님의 예지를 미래에 관한 극도로 높은 개연성 정도로 여기거나, 반대로 미래에 대한 확고부동한 영원한 결정이라고 보는 것은, 시간성을 전제로 신적 '필연성'을 설명하려는 양극단의 결론이다. 물론 하나님 예지대로 모든 일이 일어난다는 것은 하나님의 주권을 잘 보여 줄 수는 있다. 또한 인간의 결정과 노력이 만들어 갈 미래는 하나님도 알지 못하신다고 말하면 인간의 자율성을 강조할 수는 있다. 그러나 이 두 입장 모두 피조물에 해당하는 시간관을 가지고 영원의 신비를 해소해 버리는 다소 위험한 시도이기도 하다.

그렇다면 우리는 하나님의 전지를 어떻게 바로 이해할 수 있을까? 하나님의 예지가 형사 앞에서 취조 받는 죄인이 느낄 법한 공포를 주는 교리가 아니라 은혜로운 하나님의 복음으로 들리게 할 수 있을까? 물론 이 질문에 대한 완벽한 답은 없겠지만, 전지에 대한 추상적이고 철학적인 담론에 몰두하기보다는 성서적 관점을 취하면 이 가르침의 온전한 의미가 더 잘 드러난다고 본다.

성서에서 하나님의 지식은 인간에게는 다소 생소하거나 거북할 수도 있는 하나님 고유의 지혜로 드러난다. 그런데 그 지혜는 그분의 인내patience와 불가분의 관계에 있음이 드러난다.[17] 은밀한 곳에서나 마음속으로 끝없이 죄를 짓기 마련인 인간은 전지하시고 공정하신 한 하나님 앞에서 심판 외에 다른 가능성을 상상하기 힘들어 보인다. 그러나 성서의 하나님은 "자비롭고 은혜롭고 노하기를 더디하고 인자와 진실이 많은"(출 34:6) 분이시기도 하다. 전지하신 하나님은 인간보다 인간의 실상을 더 잘 아시면서도, 인간들을 포기하지 않고 그들이 돌아오기를 기다리는 분이시다. 하나님의 전지가 인간이 속한 시공간을 넘어서는 초월적 지식이라면, 그분의 인내는 인간이 뉘우치고 변화하고 성숙할 수 있는 은혜의 시공간을 허락한다.[18] 이러한 성서적 신관은 하나님의 전지와 인내를 함께 생각하게 함으로써, 우리가 하나님을 어떻게 인식하고 하나님 자녀로서 어떻게 살아야 할지 새로운 가르침을 안겨 줄 수 있다.

전지를 모든 정보를 다 알거나, 미래를 신통하게 예견할 수 있는 능력으로 사변적으로 정의 내려서는 안 된다. 하나님의 전지는 궁극적으로 사랑의 하나님의 심오한 지혜로 이해되어야 한다. 스스로는 길을 찾지도 못하는 인간의 걸음을 인도하고, 사랑에 대해 응답할지도 모르는 인간이 심지어 사랑을 실천하는 존재로 변화할 수 있도록, 인내하며 역사하는 심오한 지혜가 하나님의 전지의 핵심 내용이 되어야 할 것이다.

완전하신 그리스도는 의도적으로 연약하게 사셨는가?

앞서 필자는 하나님의 속성을 추상적으로 이해하지 말고 성서적 관점에서 보는 것이 더 적절하다고 제안했다. 여기서 한 걸음 더 나아가 하나님의 속성은 궁극적으로 '그리스도론적'으로 보아야 한다고 말하고 싶다. 우리에게 익숙한 힘, 지혜, 사랑, 정의 등의 개념으로 하나님을 추상적으로 알아 가기보다는 그리스도의 십자가로부터 이러한 속성을 그 근원부터 새롭게 해석해 내야 한다. 이것이야말로 "길이요 진리요 생명"(요 14:6)이신 그리스도의 말씀에 반응하는 신학적 방법론이요, '오직 그리스도만으로'Solo Christo라는 종교개혁의 핵심에 충실한 속성론이라 할 수 있다.

　　나사렛 예수를 하나님의 아들이라고 믿게 된 사람들은 또 다른 궁금증이 생겼다. '하나님이 인간이 되셨을 때, 신적 속성을 그대로 가지고 계셨을까?'라는 질문을 던졌다. 실제 이 땅에 오신 하나님의 아들은 불멸(不滅)immortality 대신 죽임을 당하셨다. 편재(遍在)omnipresence 대신 이스라엘이라는 한정된 공간에 머무셨다. 불변(不變)immutabillty 대신 노화와 감정 변화를 겪으셨다. 영원(永遠)eternity 대신 약 30년만 사셨다. 그렇지만 신기하게도 나사렛 예수라는 한 인간을 통해 당시 사람들은 하나님의 사랑과 정의와 지혜를 보았다. 왜 예수 그리스도는 어떤 신적 속성은 보여주고 다른 속성은 가지지 못한 것처럼 보였을까?

　　이 복잡한 문제를 놓고 19세기 독일 루터교 신학자와 영국 성공회 신학자들을 중심으로 케노시스 그리스도론이 발전했다.[19] 이들은 그리스도가 자기를 비우셨음(빌 2:7)을 가리키는 그리스 단어 kenosis를 속성론을 이해하는 데 사용했다. 케노시스 신학자라 불리기도 하는 이들은 하나님의 아들이 성육신할 때 지혜, 자비, 정의, 인내 등의 도덕적 속성은 유지했지만, 전능, 불변, 영원 등의 속성은 내려놓으셨다고 보았다. 물론 신학자마다 성자가 비우고 온 속성이 무엇인지 저마다 각각 다르게 보았지만, 이러한 설명법이 마치 '하나님이 하나님 아닌 다른 무엇이 된 것 같다'라는 뉘앙스를 풍기기에 지금까지 많은 논쟁을 불러일으키고 있다.

케노시스 그리스도론을 주장한 학자들은 성육신 사건에 집중하며, 이 땅에서 그리스도가 어떤 성품을 유지했는지를 설명하려 했다. 하지만, 종교개혁자 마르틴 루터는 십자가에 집중함으로써 하나님의 성품 자체를 근본적으로 새롭게 이해하는 길을 제시했다. 젊은 루터는 하나님의 의(義)^{righteousness}를 '죄인을 심판하고 의인은 보상'하는 일반적인 의미에서 공의로 이해하고 있었다. 이러한 시각에서 그는 하나님의 의를 사랑하려 노력했지만, 자신의 사라지지 않는 죄성을 보게 되면서 오히려 하나님의 공정한 심판을 두려워하고 결국에는 하나님을 미워하게 되었다.

그러나 루터는 "오직 의인은 믿음으로 말미암아 살리라"의 깊은 의미를 로마서를 통해 깨달았다. 그리스도의 십자가에서 계시되는 하나님의 의는 죄악 된 우리를 의롭게 '만드는' 의이고, 우리는 이것을 '믿음으로' 구원받게 된다. 이제 그는 성서 전체를 새로운 빛에서 보게 되었고, 이를 통해 종교개혁으로 이어지는 신학적 혁신을 이루어 갔다. 그는 하나님은 그리스도 안에서 '우리를 위한'^{pro nobis} 분임을 알게 되었다. 그렇기에 철학적 사변이 아니라 오직 '십자가'에서 하나님이 누구신지 진정으로 알 수 있다고 보았다. 하나님을 그리스도의 십자가를 통해 만난다는 것은 그분의 속성 역시 '우리를 위한' 하나님의 성품으로 이해할 것을 요구했다.[20] 즉, 하나님의 지혜는 어리석은 우리를 지혜롭게 만드는 지혜이다. 하나님의 전능은 나약한 우리를 힘 있게 만드는 능력이다. 하나님의 영광은 비참한 상태에 있던 우리를 영광스럽게 만드는 영광이다.

하나님께서는 자신을 성서를 통해, 그리고 예수 그리스도를 통해 드러내셨다. 따라서 성서와 예수 그리스도의 십자가는 끝없이 우상을 만들어 내는 인간의 욕망이 심판받아야 할 지점이며, 참 하나님의 성품을 배우게 되는 근원적 장소이다. 하나님을 성서와 무관하게 추상적으로, 그리스도의 십자가가 아닌 철학적 개념으로 생각하다 보면 하나님의 속성론은 인간을 억압하고 협박하는 교리가 되어 버린다.

하나님의 성품을 익혀 가기

"그러므로 사랑을 받는 자녀같이 너희는 하나님을 본받는 자가 되고"(엡 5:1)라는 바울의 권면은 하나님의 성품을 아는 것이 아니라 모방하는 것이 그리스도인의 삶의 핵심임을 알려 준다. 그런 의미에서 속성론이 하나님은 어떤 분이신지에 대한 지식을 모아 놓은 교리라면, 이는 머리로는 어려울지 몰라도 삶에서는 쉬운 교리라고 할 수 있다. 하나님은 인간을 자신의 형상으로 만드셨기에, 인간은 궁극적으로 하나님을 닮아야 할 존재이다.[21] 삼위일체 하나님은 우리를 그분의 생명 속으로 인도하시고, 구원의 드라마 속에 우리를 참여시키시면서, 성령을 통해 우리를 그분을 닮은 존재로 만들어 가신다. 따라서 하나님의 속성을 공부한다는 것은 우리의 삶이 계획하거나 예측할 수 없는 방식으로 변화하는 흥미로운 모험의 여정에 들어감을 의미하는 것이다. 그런데 문제는 그 새로운 삶으로 나가는 것이 때로는 몹시 불쾌하고 힘들고 두려울 수 있다는 데 있다.

프랑스의 인기 작가 장-루이 푸르니에[Jean-Louis Fournier, 1938-] 가 쓴 『하느님의 이력서』[Curriculum Vitae de Dieu]라는 흥미로운 책이 1995년에 출판되었다.[22] 일단 이 책을 들면 능글맞은 풍자가 내뿜는 불편함의 관문을 통과하는 의식을 치러야 한다. 그러면 노련한 베스트셀러 작가가 간결하고 유머러스한 문장으로 꼬집어 드러내는 현대 사회의 부조리와 모순을 바라볼 배짱과 시각이 생긴다. 푸르니에는 천지를 만드신 전능자가 창조 이후 새로운 일거리를 찾아 지상으로 내려오면서 겪게 되는 일들을 상상해 보는 도발을 시도한다. 하나님께서는 이 땅에 내려와 대기업 본사에 이력서와 자기소개서를 친히 접수하고, 서류심사를 통과하고서는, 회사 인사부장과 입사 면접을 하게 된다. 하나님의 업적과 성품을 놓고 인사부장은 대부분의 면접관처럼 지극히 인간적이고 세속적인 질문을 던진다. 하나님은 나름으로 열심히 이야기했지만, 인사부장은 그 답변이 영 마음에 들지 않아 때로는 영혼 없이 때로는 짜증스럽게 반응한다.

비록 면접은 그리 잘 보지 못했지만 그래도 결과를 초조하게 기다리던 하나님은 결국 탈락했다는 편지를 받게 된다. 아무리 취직이 힘든 사회라 하더라도, 천지의 창조자이자 전능하고 완전한 존재가 일개 회사의 입사 면접에 떨어졌다는 것은 굴욕 중의 굴욕이 아닐 수 없다. 그런데 여기서 한번 곰곰이 생각해 볼 문제가 있다. 하나님은 왜 직업을 얻지 못했을까? 스펙이 부족해서일까? 소위 말하는 연과 줄이 없어서일까? 어찌 보면 하나님이 입사 면접을 망친 이유는 단순하고 당연하다. 하나님의 성품, 곧 그분의 속성이 자본과 권력을 중심으로 움직이는 성공 지향적 현대 사회가 요구하는 자질과 너무나도 다르기 때문이다. 마치 평화의 왕이신 예수 그리스도가 폭력으로 물든 이 땅에서 배척당하고 결국 십자가에서 비극적 죽음을 맞이하였듯, 하나님께서 가지신 속성은 오늘의 현실에서는 오히려 어리석고, 시대에 뒤떨어지고, 비효율적이며, 심지어 위험하게 받아들여진다.

하나님의 속성을 알아 간다는 것은 곧 하나님의 성품을 닮아 간다는 것이다. 하나님처럼 되는 것은 우리가 속한 이 세계가 부담스러워하고, 바라지 않고, 심지어 조롱까지 하는 존재가 될 수도 있음을 의미한다. 그렇지만 성서는 그러한 하나님의 속성에 정의와 평화와 생명과 구원이 있다고 말한다. 이 세상에 속하지만 속하지 않는 특이한 존재가 되라고 우리를 초청하는 하나님의 속성론은 중요하고 매력적이지만 참 불편한 교리이기도 하다.

적용과 토론을 위한 질문

1. 여러분이 사랑하거나 존경하는 사람을 떠올려 보자. 그 사람은 어떤 성품이 있는가?

2. 하나님께 예배하거나 기도할 때 여러분이 가장 많이 언급하는 하나님의 속성은 무엇인가? 그러한 속성을 사용하는 문맥은 무엇인가?

3. 하나님의 속성 중 우리가 가장 상상하기 싫어하거나 덜 중요하게 생각하는 것은 무엇일까? 왜 그러하다고 생각하는가?

4. 전능이 하나님께서 모든 것을 하실 수 있는 능력이 아니라면, 그런 하나님을 믿고 싶은가? 역으로 하나님의 전능이 하나님께서 모든 것을 하실 수 있는 능력이라면, 그러한 전능이 인간을 포함한 피조 세계에 좋은 것인가?

5. 예수 그리스도의 십자가를 중심으로 하나님의 속성을 재해석한 루터의 시도에 대해 어떻게 생각하는가? 혹시 십자가에서 계시된 '우리를 위한' 하나님으로 재해석되지 못할 속성이 있다면 어떤 것이 있을까?

6. 하나님의 자기 비우심이라는 '케노시스'는 하나님에 관한 우리의 이해를 어떻게 변화시키는가? 빌립보서 외에도 하나님께서 자기를 비우시는 모습을 성서에서 발견할 수 있는가?

7. 여러분이 생각하기에 현대인이 가져야 할 덕목 중 하나님의 속성과 관련된 것이 있는가?

7장. 창조론

우주는 어떻게 그리고 무엇을 위해 존재하는가?

생명을 불러내는 사랑의 말씀

성서를 펴면 첫 시작부터 경이를 일으키는 문장이 나온다. "태초에 하나님이 천지를 창조하시니라"(창1:1). 이 한 마디는 눈앞에 놓인 뻔하고 비좁은 세상에서 숨을 홀짝이며 살던 우리에게 깊고 긴 호흡을 할 수 있는 탁 트인 생명의 지평을 열어 보여순다. 이 거대하고 신비로운 삶의 터전인 우주를 만드신 분을 그리스도교에서는 삼위일체 하나님이라고 고백한다. 그 하나님이 누구냐고 물어본다면 한마디로 '사랑'이라고 답할 수 있다(요일 4:8). 그렇기에 태초에 우주를 만들어 낸 하나님의 권능의 말씀은 근원적으로 사랑의 말씀이기도 하다.

> 한 처음 말이 있었네
> 채 눈뜨지 못한

솜털 돋은 생명을

가슴속에서 불러내네

사랑해

—정희성,「그대 귓가에 닿지 못한 한마디 말」중에서

모든 것을 신학적으로 이해하려는 '직업적 강박증' 때문인지, 이 시를
접했을 때 첫 행이 창세기 1장 1절 "태초에 하나님이 천지를 창조하시
니라"에 대한 오마주가 아닐까 생각했다. 시에 투영된 시인의 마음은
잘 모르겠지만, 그가 생명을 잉태하는 창조의 언어가 사랑이라는 것을
형상화하고 있음은 확실해 보인다. 이와 마찬가지로 사랑의 하나님께
서 말씀으로 만드신 세계이기에, 우리에게 생명을 주고 유지하게 하는
것은 단순히 물질적 조건이 아니라 '사랑의 언어'라 할 수 있다. 태초에
생명을 끌어냈던 사랑의 말씀은 그리스도의 입술을 통해, 그리고 성령
안에서 지금도 계속해서 생명을 탄생시키고 성숙하게 하고 있다. 그분
의 사랑의 말씀에는 피조 세계가 지금의 "썩어짐의 종노릇한 데서 해방
되어 하나님의 자녀들의 영광의 자유"(롬 8:21)에 이르게 하는 구원의
힘이 들어 있기도 하다.

　　고대부터 지금까지 성서의 창조 이야기는 사람들의 상상력을 자
극하면서 창조주 하나님에 대한 믿음을 형성해 오고 있다. 창조 신앙은
일상의 굴레에 너무 익숙해져 더는 새로울 것도 없다 여겼던 존재에 대
해 경이감을 일으키게 한다. 그리고 오감으로 경험하던 세계에 길들어
있던 우리의 관심사를 생명의 근원인 창조자에게 돌리도록 초청한다.

　　그런데 창조론을 둘러싼 오늘날의 논쟁은 창세기가 과연 과학적

혹은 역사적으로 믿을 만한 보고인가 아니면 고대에 형성된 문학 작품으로 보아야 하는가라는 도식 속에서 일어나는 경향이 있다.[1] 이것 역시 중요한 논쟁거리이지만, 그리스도교 전통에서 창조론은 뭔가 더 깊고 의미심장한 주제를 다뤄 왔다. 창세기에 관한 복잡한 논쟁을 풀기에는 필자의 과학적 지식도 역사학적 훈련도 성서신학 배경도 부족할뿐더러, 여러 이론을 소개하고 평가하기에는 지면의 한계도 있으므로, 이 글은 창조론을 이해하는 데 도움이 될 몇 가지 신학적 주제를 소개하는 것을 목표로 하겠다. 너무 소심한 목표 설정이라 할지 모르지만, 창조신앙이 가지는 무궁무진함과 인간 지성의 연약함을 고려할 때 이것 역시 너무나 큰 목표 설정이 아닐지 걱정이 앞선다.

성서는 우주의 시작에 대해 어떤 정보를 주는가?

인류는 오랜 기간 우주의 기원에 대해 질문해 왔다. 하루하루 먹고사는 생존에는 그다지 필요 없는 비실용적 호기심이다. 하지만, 자신보다 무한히 거대한 우주의 처음에 대한 물음을 던진다는 사실만으로도 인간은 자기 초월적 존재라 할 수 있다.[2] 그런데 이 같은 위대한 질문의 능력을 갖췄다 하더라도 과연 인간이 우주의 기원을 밝힐 힘까지 있다고 할 수 있을까? 혹 과학으로 우주의 발생 시점과 과정을 밝혀낸다 하더라도 우주가 왜 생겼는지에 대해서까지 알아내리라 기대할 수 있을까?

성서는 우주의 시작에 대한 질문에 "태초에 하나님이 천지를 창조하시니라"라며 짧지만 권위 있게 답을 해준다. 여기서 우리가 주목해야 할 단어가 있다. 바로 '태초'이다. 태초*Bereshit*라는 단어를 전래동화에 자주 등장하는 '아주 멀고 먼 옛날' 쯤으로 이해하는 순간 우리는 창조론의 의미를 잘못 이해하게 된다. 그렇다면 이 말은 무엇을 의미할까?

초대교회 신자들은 "하나님께서 세상을 만드셨다면 창조 이전에는 무엇을 하고 계셨는가?"라는 곤란한 질문을 받곤 했다. 일부는 고약한 유머 감각을 발휘하여 "너 같은 질문하는 사람을 위해 지옥을 만들고 계셨다"라고 답변했다. 그런데 아우구스티누스는 이 문제의 심각성을 잘 알았고, 그 결과 창조를 이해하는 데 중요한 신학적 단초를 다음과 같이 제시했다. "시간조차도 당신께서 만드신 것이오니 당신이 만드시기 이전에는 아무 시간도 지나갈 수 없습니다."[3]

시간은 창조와 함께 시작되었기에, '창조 이전'에 하나님께서 무엇을 하셨는가 하는 질문 자체가 성립할 수 없다. 하지만, 인간은 시간이라는 틀 속에서 대상을 파악하는 데 익숙해져 있기에, 시간이 시작되는 태초의 창조를 제대로 알 길이 없다. 오히려 창조를 이해하고 설명하려는 순간, 일상을 지배했던 논리와 언어의 한계가 적나라하게 노출된다. 공동번역 성서는 '태초' 대신 '한 처음'이라는 단어를 사용함으로써 창조가 우리가 이해하는 물리적 시간과는 질적으로 다른 시점에 일어난 사건임을 강조한다. 따라서 창조에 대한 우리의 지식이 희미하다는 것은 부끄러워하거나 당황할 일이 아니다. 오히려 창조를 분명하고 확실하게 설명한 이론이 있다면, 그것은 '한 처음'에 일어난 신비를 역사 속의 사건 중 하나쯤으로 단순화시켰을 위험이 있다고 의심해 볼 만하다.

우주의 기원을 알고 싶지만 그 비밀을 온전히 알아낼 수 없었던 인간은 고대부터 다양한 신화나 이론을 만들어 왔다. 그래서 민족과 문화마다 유사하면서도 다른 우주관을 가지고 있는 것을 어렵지 않게 찾아볼 수 있다. 전쟁으로 형성되고 유지되던 고대 사회 모습을 반영한 듯, 많은 창조신화는 신들의 전투 내지는 투쟁의 결과 세계가 만들어졌다고 말한다.[4] 대부분의 종교가 자신이 섬기는 신을 닮는 것을 인간의 이상으로 제시한다는 점을 고려하면, 그런 창조신을 예배하는 인간 역시 폭력적이고 억압적이 될 위험이 있다. 만약 이러한 폭력과 지배가 태초부터 우주의 원리라면, 세상을 살아가는 맛도 없고 삶에 대한 희망도 없을 수밖에 없다.

세계의 기원을 자의적으로 이해하려는 인간의 보편적 욕망에 거스르며, 하나님께서는 우주가 어떻게 생겼는지 직접 설명하시고자 우리의 어두운 마음에 빛을 비추셨다. 그 빛은 하나님의 말씀인 성서를 통해 우리에게 온다. 성서 전체에 흐르는 중요 주제 중 하나는 하나님은 만물의 창조자시고, 인간을 포함한 다른 모든 것은 하나님의 피조물이라는 사실이다. 성서의 첫 책인 창세기는 1장부터 창조주와 피조물 사이의 무한한 차이를 분명하고 극적으로 드러내고 있다.

창조자와 피조물의 무한한 간격이라는 관점에서 본다면, 하나님의 말씀인 성서는 전능하고 지혜로운 창조자께서 연약하고 미숙한 인간이 알아들을 수 있는 방법과 수준으로 소통하신 매체라 할 수 있다.[5] 창조주의 무한한 신비와 인간의 유한한 지성 사이에 있는 넘을 수 없는 간격을 겸허히 인정하지 않으면, 성서를 오용하거나 오해할 위험이 있다. 달리 말하면 하나님과 인간 사이의 질적 차이가 성서를 바르게 이해하는 '해석학적 전제'이다.

하나님의 말씀인 성서의 독특성을 충분히 고려할 때, 우리는 창세기를 세계의 기원에 대한 완결되고 폐쇄적인 이론으로 이해할 수 없고 그렇게 하려 해서도 안 된다. 위대한 천문학자라도 유치원에서 일일교사로 초청받아 우주에 관해 강의하려면, '반짝반짝 작은 별'과 같이 아동의 발달 단계와 지적 수준에 맞는 언어와 설명 방식을 써야 한다. 천문학자들끼리 모이는 학회에서는 그의 탁월함은 전문적 언어와 이론을 통해 드러날 수 있다. 그러나 어린아이에게는 오히려 유치해 보이는 설명이 효과적이고 적절하다. 천문학자와 유치원생의 차이가 이 정도라면, 창조주와 피조물인 인간 사이의 지적 차이는 얼마나 더 크고 넓을까? 하나님께서 먼 옛날 성서를 통해 인간에게 숨겨진 지식을 계시하셨을 때, 고대인의 부족한 과학 지식과 연약한 지성에 맞는 설명 방식을 쓰셨다고 봐야 하지 않을까?

결론적으로 말하면, 성서의 창조 이야기는 하나님께서 유한한 인간, 특별히 근대 과학이 발전하기 이전의 인간들을 위해 '특별한 방식'으로 우주의 기원을 알려 주신 결과물이다. 창세기는 그 자체로 완결된 우주론이 아니라, 인간이 창조 신앙 속에서 성숙하고 자라도록 하나님께서 주신 아름답고 지혜롭고 권위 있는 설명이다. 또한 창세기는 인간의 인식과 언어 수준으로까지 자신을 낮추신 하나님의 '겸손'을 볼 수 있는 곳이다. 그렇기에 겸손한 마음을 가진 자만이 어두워진 마음을 밝히는 성령의 빛에 따라 창조의 신비를 배워 갈 수 있다.

말씀으로 세상을 창조하셨다는 것은 무슨 의미인가?

그리스도교의 창조론의 핵심 중 하나는 하나님께서 말씀으로, 곧 아무 재료 없이 '무(無)로부터' 창조하셨다는 가르침이다. 그런데 성서에서 말씀을 통한 창조는 강조되지만(요 1:3), 정작 개신교인이 읽는 신구약 성서에는 '무로부터 창조'라는 언어가 나오지 않는다. 이와 유사한 표현이 신구약 중간기에 형성된 외경인 마카비후서 7장 28절에 나올 뿐이다. 그렇다면 무로부터 창조는 성서적 근거가 빈약한 후대에 형성된 교리라는 것인가? 그렇지 않다. 아우구스티누스는 창세기 1장을 해설하면서 다음과 같이 말한다.

창조사역에 대해서 우리에게 알려야 했으며 우리가 알아야 할 중요한 문제는 세 가지였다. 누가, 어떤 수단으로, 그리고 무슨 까닭에 만들었는가 하는 것이다.……하나님보다 더 훌륭한 창조자가 없으며, 하나님의 말씀보다 더 효과적인 기술이 없으며, 선하신 하나님에 의해서 선한 것이 창조되는 것보다 더 좋은 목적은 없다.[6]

위의 짧은 인용문은 창조론의 중요 주제 세 가지를 알려 준다.

첫째, 창조는 영원하고 유일하신 하나님께서 하신 일이라는 점이다. 창세기 1장 1절의 "태초에 하나님이 천지를 창조하시니라"의 히브리어 원문에 나오는 동사인 *bārā*(창조하다)는 구약성서에서 하나님만을 주어로 해서 쓰인다. 즉, '창조'는 하나님만이 하실 수 있는 고유한 사역임을 강조하는 셈이다. 그런데 만약 하나님이 어떤 재료를 가지고 창조하셨다면, 창조 이전부터 '하나님'과 '창조의 재료'가 함께 존재했다는 말이 되어 버린다. 영원한 존재가 둘이 있다는 것은 유일신론 신앙 체계에서는 성립될 수 없는 주장이다.

둘째, 이 세계는 어떤 재료로 만들어진 것이 아니라 하나님의 말씀으로 이루어졌다고 창세기는 이야기한다(요 1:3; 시 33:6; 히 11:3 참조). 창조주는 존재하기 위해 피조물에 의존할 필요가 전혀 없지만, 말씀으로 만들어진 피조물은 창조주에게 절대적으로 의존하지 않으면 무로 돌아갈 수밖에 없다. 따라서 말씀을 통한 창조는 한편으로 창조주와 피조물 사이의 질적인 차이를 보여준다.

다른 한편으로, 말씀으로 창조는 다른 종교와 그리스도교의 차이도 극명히 보여준다. 한 예로, 고대 그리스 철학자 플라톤의 『티마이우스』에 소개된 신은 영원히 존재하는 재료를 이용해 이 세계를 만들어 낸다.[7] 마치 목수가 나무로 의자를 만들고, 건축가가 철근과 벽돌로 건물을 만드는 것과 유사하다. 그렇다면 그 신은 엄밀한 의미에서 있는 재료를 사용해 뭔가 제작하는 제작공Craftsman에 더 가깝다. 반면 성서의 하나님은 아무 재료 없이 모든 것을 만드셨다는 의미에서 진정한 창조주라 할 수 있다.

셋째, 하나님의 창조는 선한 것이 만들어지고 존재하는 것을 목표로 한다. 무에서 나온 존재는 무로의 '회귀본능'이 있다. 그런데 좋음이나 생명력을 그 자체로는 가지지 못한 무에서 선한 것이 창조된다는 말이 복음처럼 들리지 않는가? 하나님은 매일 창조가 끝날 때마다 '보기 좋았다'고 말씀하신다(창 1:4, 10, 12, 18, 21, 25). 그리고 여섯째 날에는 창조한 모든 것을 보시고 '심히 좋다'라고 하신다(창 1:31). 더욱 놀라운 것은 하나님께서 일곱째 날에 안식하시며, 모든 창조물에게 안식을 선물로 주신다(창 2:2; 출 20:10-11). 심지어 하나님께서는 안식의 시간을 복되고 거룩하게 하심으로써, 안식에 참여한 모든 피조물도 복되게 하고 거룩하게 하셨다(창 2:3). 아무것도 아닌 '무'에서 생겨난 피조물이 하나님의 사랑의 대상이 되고, 심지어 거룩한 존재가 될 수 있도록 태초에 결정되었다는 도발적인 종교적 가르침이 바로 '무로부터 창조'이다.

앞서 간략히 언급하긴 했지만, 고대 근동 신화에서는 신들의 전쟁으로 우주가 생겨났다고 설명하는 경우가 많았다. 이러한 신화적 세계관에서 물질적 세계는 신들의 사체요, 역사는 신들의 전쟁터이다. 그러나 창세기는 모든 것이 선하신 하나님의 말씀으로 창조되었으며, 세계는 하나님께서 좋다고 인정하신 사랑과 기쁨의 대상이라고 알려 준다. 다른 곳에서는 찾아보기 힘든 아름답고 긍정적인 세계에 대한 이해가 아닐 수 없다. 물론 그리스도교에서는 첫 인류의 타락이 피조 세계에 혼란과 폭력과 왜곡을 가져왔다고 본다. 그런데 아담의 불순종이 아무리 크고 치명적이라도 하나님의 창조 계획과 피조물에 대한 긍정마저 깡그리 없애 버렸다고 주장하면 인간의 능력을 너무 과대평가하는 것이다.

만약 인간의 죄로 이 세계가 더는 좋은 곳이 아니라고 말한다면, 그것은 피조물의 파괴적 능력이 하나님의 창조의 힘보다 더 강력하다고 보는 신성 모독적 주장이 될 수도 있다.

창조 때 있었지만 지금은 없어진 것은 무엇일까?

전능하고 선하신 하나님께서 처음 만드신 세계는 아름답고 평화로운 모습이라고 많은 사람이 생각해 왔다. 태초의 하늘과 땅은 시적 영감을 자극하였고, 에덴동산은 예술가들의 인기 있는 소재가 되었다. 미술사를 살펴보면 흥미롭게도 낙원에 대한 묘사는 그 시대의 이상향에 맞춰 형상화되었다.[8] 진정한 낙원은 인간의 상상력을 초월하는 모습이겠지만, 인간의 욕망은 낙원마저 자신이 바라는 방식으로 길들여 놓는다. 그렇다면 정작 성서는 어떻게 하나님께서 창조하신 낙원을 소개하고 있을까?

창세기 1-2장은 하나님께서 만드신 피조 세계를 아름답게 설명하고 있다. 그런데 성서만으로는 태초의 창조라든지 에덴동산이 어떤 모습이었는지 가늠하기가 쉽지 않다. 소리 내어 읽으면 약 10분 정도 걸리는 분량의 본문에서 얻어 낸 정보로 첫 창조를 온전히 재구성하기란 불가능하다. 따라서 창조에 대한 이해가 성서에 기초한다 하더라도, 어쩔 수 없이 독자의 상상력과 추론에 상당히 의지하게 된다. 여기서는 태초에 창조된 세계가 물리적으로 어떤 곳이었는지가 아니라, 타락 이전 창조 세계가 어떤 신학적 중요성을 가지는지 '언어'를 중심으로 간략히 살펴보고자 한다.

한 처음, 곧 창조의 때 언어에는 창조적 힘이 충만했다. 창세기 1장에 따르면 하나님은 세계를 '말씀'으로 창조하셨고, 특별히 인간을 하나님의 형상으로 만드셨다. 창세기 2장에서는 하나님께서 자신의 형상인 인간에게 동물의 이름을 지어 주는 역할을 맡기신다.[9] "여호와 하나님이 흙으로 각종 들짐승과 공중의 각종 새를 지으시고 아담이 무엇이라고 부르나 보시려고 그것들을 그에게로 이끌어 가시니 아담이 각 생물을 부르는 것이 곧 그 이름이 되었더라"(창 2:19). 하나님 말씀에 무로부터 존재를 일으키는 창조성이 있었다면, 아담의 언어에는 이름을 지음으로써 존재에 의미를 부여하는 창조성이 있었다.

인간 언어의 창조성은 그 이후 일어난 경이로운 사건에서 가장 극적으로 드러난다. 하나님께서는 혼자 있는 아담이 보기 좋지 않아 그를 깊게 잠들게 한 후 갈빗대로 하와를 만드셨다. 잠에서 깨어나자 눈에 들어온 낯선 이를 보고 아담은 이렇게 말한다.

이는 내 뼈 중의 뼈요, 살 중의 살이라(창 2:23).

이 짧지만 울림이 큰 문장은 인간과 인간 사이를 매개한 최초의 언어였다. 한 인간의 입에서 나와 다른 인간의 귓가를 스쳤던 첫 언어는 시적 창조성으로 가득했다. 그래서일까? 성서에서도 예언자나 사도들처럼 하나님의 사랑을 받은 이들은 노래를 불렀고 시를 만드는 데 재능을 보이는 경우가 많다. 심지어 이 세상에 참 인간으로 오신 하나님의 아들을 이해하는 중요한 키워드는 바로 '시인'이기도 하다.[10] 나사렛 예수의 언어에는 태초의 하나님의 언어와 같이 생명력과 창조성이 충만했다. 그래서 병들고 가난하고 고뇌하고 배척당한 사람들은 그분의 언어를 통해 삶의 기쁨과 용기를 회복했다. 공중의 새와 들판의 백합화, 겨자씨 같은 사소한 피조물도 그분의 가르침 속에서는 생명의 경이가 찬미되었고 존재의 의미를 새롭게 부여 받았다.

그런데 창세기 3장은 인간의 타락 이후에 일어난 일을 흥미롭고 생생하게 보고한다. 뱀의 꼬임에 넘어간 하와가 선악과를 먹고 아담에게도 건네줘서, 최초의 인류는 금단의 열매를 먹음으로써 하나님께 불순종하게 되었다. 첫 인류의 죄로 야기된 변화로 성서가 보고하는 것 중 눈여겨볼 것은 바로 '언어의 타락'이다. 왜 금지된 선악과를 먹었냐는 하나님의 질문에 아담은 다음과 같이 대답한다. "하나님이 주셔서 나와 함께 있게 하신 여자 그가 그 나무 열매를 내게 주므로 내가 먹었나이다"(창 3:12). 자신 앞에 있던 존재에 대한 경탄의 언어가, 이제는 그 존재와 그 존재를 선사한 창조자에 대한 고발의 언어로 바뀌어 버렸다.

창세기 11장의 바벨탑 사건은 뒤틀린 욕망으로 예리하게 갈린 인간의 언어가 더욱 파괴적으로 관계를 잘라 내는 모습을 보고한다. 타락한 인간은 하나의 언어를 교만의 무기로 사용하여 신의 자리에 도전하기까지 했다(창 11:1). 결국 하나님께서는 이를 막고자 인간의 언어를 흩으셨고, 인류는 곳곳으로 퍼져 나갔다. 그런데 언어의 다양성은 차이가 있어도 조화를 이루며 살아가는 화해의 계기나, 실재를 다양한 방식으로 아름답게 반영하는 창조적 계기로 발전하지 못했다. 오히려 언어의 다름은 서로간의 반목과 갈등과 오해의 원인이 되어 버렸다.

인간이 거듭 반역하고 실패를 반복해도 하나님께서 창조하신 세계는 여전히 선하고 좋은 곳이다. 물론 피조 세계는 인간의 타락과 죄로 그 선함이 희미하게만 보이는 장소가 되었다. 인간의 언어도 타자의 존재에 의미를 부여하던 생명력과 창조성을 상실해 버렸다. 저주와 고발의 언어가 사람과 사람 사이를 매개하고 세계를 이해하는 틀이 되었다. 그 결과 인간은 세계를 하나님의 창조로 인식하지 못하고, 삶의 의미도 찾지 못해 방황하게 되었다.

실제 일상에서 우리가 겪는 부정의, 폭력, 고난 등은 세계의 선함에 눈감게 만들기 충분할 정도로 강력하고 생생하다. 이러한 비극적 세계를 하나님의 창조로 받아들이고 그 속에서 신실하게 살아가기 위해서는, 낙원의 언어의 힘을 되찾는 계기와 장소가 필요하다. 과연 그런 이상적인 사건과 공간이 우리 곁에 있을 수 있을까? 성서는 부활한 그리스도의 몸인 교회에서 첫 인류에게 선물로 주셨던 언어의 힘이 진정한 예배를 통해 회복된다고 증언한다. 특별히 오순절은 사람들이 성령을 통해 서로의 언어를 이해하게 되면서 언어의 혼란으로 생겼던 분열이 회복되고(행 2:4), 타락의 질서에서는 이해될 수 없던 완전히 새로운 창조적 질서인 교회가 탄생하는 사건이라 할 수 있다. 따라서 우리는 창조를 그 자체로 독립적인 사건이 아니라, 신약의 구원 사건과 연결해야 그 깊은 신학적 의미를 바로 파악할 수 있게 된다.

창조 세계와 인간의 관계는 무엇인가?

하나님께서는 6일 동안 창조하시고 마지막에 인간을 만드셨다. 그리고 첫 인류에게 "생육하고 번성하여 땅에 충만하라. 땅을 정복하라. 바다의 물고기와 하늘의 새와 땅에 움직이는 모든 생물을 다스리라"(창 1:28)고 명령하신다. 이 구절만 보면 창세기가 인간이 다른 모든 피조물보다 우위에 있다는 '인간 중심적 세계관'을 신적 권위로 인정하고 있는 듯하다.[11] 그런데 상식적으로 생각해 보자. 인간은 자연이 없다면 생존할 수 없지만, 자연은 인간 없이도 얼마든지 유지될 수 있다. 오히려 현재의 생태계 파괴의 모습을 보자면 인간이 없어져야 지구가 살아남을 수 있을 것 같은 생각마저 들게 된다. 그렇다면 인간과 자연 사이의 올바른 관계를 신학적으로 어떻게 규명할 수 있을까?

성서에 따르면 세계의 창조 순서 중에 인간이 가장 나중에 등장한다. 인간이 물리적 환경 안에 속한 것은 자신의 의지나 선택에 따른 것이 아니라, 하나님께서 그를 그 속에 위치시키셨기 때문이다. 한마디로 인간은 탈세계적 존재가 아니라, 창조된 세계 내 존재^{being-in-the created world}이다. 그는 세계 안에서 다른 피조물과 상호작용을 주고받으면서 자신의 고유한 정체성과 책임을 발견하고, 이를 더불어 현실화하면서 일상을 살아가야 하는 존재이다.[12] 그런 의미에서 창조 세계는 인류가 생존과 진보를 위해 이용하고 개발해야 할 물리적 대상이 아니라, 하나님 형상으로 만들어진 인간이 그리스도의 형상으로 자라고 발전하기 위해 하나님께서 허락하신 상호관계의 공간이기도 하다.

성숙과 배움의 장(場)으로서 창조라는 생각은 초대교부 때부터 발전하였다.[13] 일례로 이레나이우스는 하나님의 아들이 아기의 모습으로 성육신하셨고 자라나면서 인간 삶의 여러 단계를 겪으신 것에 비추어 보아 아담 역시 완전한 모습이 아니라 성장을 하도록 지음 받았다고 생각했다. 즉, "생육하고 번성하라"는 명령은 인간의 성숙 그리고 발전과 연결되어 있다.[14]

> 이런 점에서 하나님과 인간은 다르다. 참으로 하나님은 만드시고, 인간은 만들어진다. 창조하시는 분은 늘 동일하시나, 창조되는 것에는 시작과 중간과 추가와 번성이 꼭 있게 마련이다.……하나님은 모든 것 안에서 참으로 완전하시나……인간은 하나님을 향해 발전하고 번성하게 된다. 하나님은 언제나 동일하시기에, 하나님 안에 있는 인간도 언제나 그분을 향해 나아간다. 하나님께서 유익함을 베풀거나 인간을 풍요롭게 하기를 중단하실 때가 없기에, 인간도 그분께 유익을 받거나 그분 덕분에 풍요로워지는 것을 멈출 때가 없다.[15]

따라서 물리적 세계는 인류가 육체적으로나 영적으로 성숙할 수 있도록 자양분을 제공하고, 개인적으로나 공동체적으로 자라날 수 있는 넉넉한 환경이 되어 준다.[16] 구원론적으로 볼 때도 성부 하나님께서 오른손과 왼손, 곧 성자와 성령으로 불완전한 인간을 하나님 모양으로 빚어가시는 곳도 바로 이 창조 세계이다.[17] 물론 이 같은 신학적 관점이 아름답기는 하더라도, 우리가 실제 살아가는 세계가 호의적이고 긍정적인 환경인 것만은 아니다. 특별히 인간의 자기중심적 욕망으로 수천 년간 정복하고 다스려진 세계는 폭력과 억압과 갈등으로 얼룩져 있기도 하다. 이 세계에 짙게 드리운 그늘은 창조의 빛을 보지 못하게 할 정도로 우리 마음을 어둡게 만들 수도 있다. 그러나 한 가지 명심할 점은 하나님 아들이 태어나고, 자라나고, 공동체를 만들고, 활동하고, 죽으셨던 장소가 바로 이 물리적이면서 비극적인 세계였다는 사실이다. 로완 윌리엄스는 성육신의 장소였던 '그' 세계를 다음과 같이 묘사한다.

> 그분은 육신이 되셨습니다. 그분은 시시각각 분쟁이 일어나며 갈등이 찾아오고 역사가 멈추지 않는 세계, 변호와 불안정함이 주문 한 마디로 바뀌지 않는 세계, 몇몇 위대한 지도자나 천재가 펜을 휘갈기거나 칼을 휘두르는 것으로 바뀌지 않는 세계의 일부가 되어 사셨습니다.[18]

그리스도인이 된다는 것은 성육신 사건을 통해 하나님께서 긍정하셨고, 또 그리스도께서 실제 거하셨던 물리적 세계의 일부로 살아감을 의미한다. 이러한 맥락에서 볼 때 신앙은 피조 세계에 대한 불가피한 존재론적 의존마저 하나님을 향한 성숙과 서로에 대한 배움의 계기로 변모하게 하는 신비이다. 물론 세상에는 계속 갈등과 폭력이 있을 것이고, 사람들의 마음은 희망과 절망이 다투는 전쟁터로 남아 있을 것이다. 그럼에도 하나님께서 세상의 한가운데서 아기로 태어나셨고, 제자들이 이 세상을 위한 화해의 사도로 부름 받은 것은 예수 그리스도 때문에 창조 세계의 의미가 근본적으로 변화했기 때문이다. 이것을 신약성서는 '새 창조'라고 소개한다.

종말의 때에 타락 이전의 창조가 회복되는가?

성서적 시각에서 창조 이후 인류의 역사를 간략하게 '낙원(樂園)Paradise → 실낙원(失樂園)Paradise Lost → 복낙원(復樂園)Paradise Regained'의 도식으로 표현하곤 한다. 에덴동산에 살던 아담과 하와가 낙원에서 쫓겨난 후, 인간은 낙원을 잃어버린 처지가 되었다. 하지만, 에덴의 동쪽에 거하는 인류는 그리스도를 통해 다시 낙원으로 들어가도록 운명 지어졌다. 이러한 설명이 길고 복잡다단한 인류 역사를 세 단어로 요약 정리하는 탁월한 방식이긴 하지만, 종말을 태초 낙원의 회복 정도로만 이해하게 할 수 있다는 데 문제가 있다.

성서를 읽어 보면 이러한 단순한 가정에 의문이 든다.[19] 무엇보다 신구약 모두 '새' 하늘과 '새' 땅의 희망에 물들어 있다(사 65; 계 21 등). 요한계시록 22장의 '새' 예루살렘의 묘사에 에덴동산을 연상하게 하는 여러 소재가 들어 있지만, 둘의 모습은 여러모로 다름을 성서를 읽어 보면 어렵지 않게 발견하게 된다. 또한 태초의 창조가 하나님의 '노동과 수고가 없이 말씀'으로 창조되었다면, 새 하늘과 새 땅은 역사 속에 깊이 관여하시는 하나님의 '구체적이고 자기 희생적 활동'을 통해서 구현된다(사 53, 계 19-20 등). 무엇보다도 새 창조는 만물 위에 하나님의 영광이 충만하게 계시되는 창조의 목적이요, 피조 세계 전체의 갱신이라 할 수 있다.[20] 그렇기에 성서적 의미에서 종말은 단순히 원래 창조의 회복이 아니라, 새로운 창조라는 관점에서 이해될 필요가 있다.

그런데 놀랍게도 신약성서는 새 창조가 역사의 마지막에 일어나는 것이 아니라, 예수 그리스도의 부활과 함께 역사 속에 이미 시작되었다고 선언한다. 그리스도의 부활은 이전과는 전혀 다른 새로움을 역사 안으로 가지고 들어왔다. 그리스도 덕분에 "죽을 것이 생명에 삼킨바" 되고, 그 보증으로 성령이 우리에게 주어졌다(고후 5:4-5). 옛 삶의 구조는 사라지고 새로운 삶의 구조가 희망 속에서, 지금 여기서 현실화되기 시작했다. 새 창조에 대한 바울의 선언은 고린도후서 5장 17절에서 절정에 이른다.

> 그런즉 누구든지 그리스도 안에 있으면 새로운 피조물이라. 이전 것은 지나갔으니 보라, 새 것이 되었도다.

이 구절에서 "새로운 피조물이라"에 해당하는 영어 번역은 he is a new creature(KJV) 혹은 he is a new creation(ESV) 등이다. 얼핏 보면 영어와 한국어 번역이 크게 달라 보이지 않는다. 그런데 이 구절을 이런 식으로 해석하면 성서 본문이 던져 주는 놀라움이 상당히 가려진다. "새로운 피조물이라"의 그리스어 원문에는 주어와 동사가 없기에, 이 구절을 선포와 감탄으로 해석하는 것이 적절하다. 즉 문자적으로는 "누구든지 그리스도 안에서, 새 창조!" 정도의 의미이다. 고린도후서 5장 17절 후반부도 원어 느낌을 강조하면 다음과 같은 선포문이 된다. "오래된 것들은 사라졌다. 보라, 새 것들이 일어났다!"

새 창조의 시작으로서 부활은 회심과 영혼 구원이라는 개인적 중생을 넘어 피조물 전체를 포괄하는 우주적 지평을 가지고 있다(롬 8:18-25 참조). 부활은 죄와 죽음으로 규정되던 옛 세계의 질서가 무효화되고 새 생명의 질서가 들어오는 사건이다.[21] 새 창조 사상은 악과 고난으로 점철된 현재 시대가 하나님께서 불의를 심판하고 정의를 세우시는 새로운 시대로 대체된다는 유대 묵시주의와 밀접히 관련되어 있다. 그런데 바울은 새로운 시대가 단지 미래에 이루어지는 것이 아니라 이미 현재 안으로 들어왔으며, 교회가 두 시대 사이의 접점에서 화해의 사역을 담당하고 있다고 증언한다(고후 5:18).

　　새로운 창조에 대한 신약성서의 가르침은 현실과 무관한 신기루 같은 희망을 찾는 것이 아니다. 종말론적 신앙은 우리가 발 딛고 살아가는 창조 세계를 새로운 눈으로 보게 하며 이 세계의 궁극적 변모를 꿈꾸게 한다. 그 결과 새 창조 교리는 창조를 닫혀 있는 물리적 체계가 아니라 하나님의 영광의 미래를 향해 열려 있는 개방적 체계로 인식하게 한다. 이처럼 창조가 '창조의 미래'와 함께 종말론적으로 고려될 때에야 현존하는 세계의 본질적 특성과 궁극적 목적이 알려지게 된다.

　　결론적으로 정리하자면, 그리스도인은 태초에 있었던 창조를 믿는 데 만족하는 사람이 아니라, 그리스도의 십자가와 부활과 함께 역사 속으로 들어온 새 창조의 질서 속에서 살아가는 사람이다. 그리스도 사건과 별도로 창조론을 이해하려다 보면 자칫 창조 신앙이 우주의 기원에 대한 추상적 시변으로 흐를 위험이 있다. 창조 세계는 새로운 창조라는 관점에서 이해되어야 하기에, 몰트만 같은 신학자는 그리스도교 창조론은 근본적으로 '메시아적 창조론'이라고까지 주장하기도 한다.[22]

창조론, 희망과 함께 사는 법을 가르쳐 주는 교리

창조론은 세계를 창조하신 하나님이 어떤 분이신지, 하나님께서 창조하신 하늘과 땅은 어떤 곳인지, 그리고 그 속에서 살아가는 우리는 누구인지 알려 주는 참으로 신비롭고 실제적인 가르침이다. 따라서 창조론이 하나님의 창조 방식과 그분이 만드신 세계에 대한 정보를 알려 주긴 하지만, 창조론을 창조에 '관한'about 교리로 환원하려 해서는 안 된다. 오히려 창조론은 창조주 하나님에 대한 교리이자 인간과 세계의 목적에 관한 가르침으로까지 폭넓게 이해해야 한다.

물론 인간은 우주의 기원에 관한 '호기심'을 가진 존재이고, 우주에 대한 경이감은 인간을 인간 되게 만드는 데 중요한 역할을 했다.[23] 그렇지만 창조론을 접할 때 다음과 같은 당연한 질문도 던질 수 있어야 경이의 새로운 차원이 열린다. 창세기 1-2장을 처음 읽거나 들은 사람들은 누구였는가? 오랜 노예생활 혹은 피지배 상황의 비루함과 설움을 겪었던 이스라엘이 아니었는가? 자신을 억압하는 고대 제국의 문화와 부와 군사력 앞에서 자신의 신앙과 삶이 초라하고 무력하다고 생각했던 사람들이 아니었을까? 인간으로서 긍지나 생명에 대한 경외가 거대한 물질문명과 폭력적 권력 앞에서 짓밟혔던 이들이 아닌가? 신실하고 정직하게 살아가려던 소박한 노력이 일상화된 뻔뻔함과 조직적 거짓 앞에서 산산이 부서졌던 이들이 아니었을까? 오랜 고난과 억울함 때문에 응축된 분노와 설움마저 정당히 표출할 수 없도록 억눌림 당한 자들이 아니었을까?

삶의 짙은 어둠 속에 있던 사람들에게 성서는 "빛이 있으라!"는 하나님의 목소리를 들려준다. 성서는 하나님이 천지의 창조자이시고, 어둠을 몰아내는 빛을 만드셨고, 세계에 하나님의 샬롬Shalom이 있기를 바라신다고 선포한다. 이들의 귓전을 울렸던 창조 이야기는 우주의 기원에 대한 경이만이 아니라, 물리적 조건과 현실의 한계를 초월하는 꿈을 잉태하게 하는 신앙의 위대함에 대한 경이를 불러일으켰을 것이다. 그렇기에 아우구스티누스는 창조론의 핵심을 다음과 같이 요약해 낸다.

"행복하게 될 수 있는 피조물도 원래 무에서 창조된 것이므로 자기에게서 행복을 얻어 낼 수 없고, 자기를 창조해 주신 창조주에게서 얻어야 한다."[24] 지금도 창세기는 여러 정신적·물리적 억압의 사슬에 얽매여 자유롭지 못한 현대인에게, 이 세상의 주인은 하나님이시며 '너'는 하나님의 사랑의 대상이며 행복하도록 창조된 존재라고 알려 준다. 그렇기에 창조론은 먼 과거에 일어난 일에 대한 역사적 보고로 그치지 않고, 지금 여기서 우리가 희망을 품고 살아야 할 이유를 알려 주는 생동적인 교리라 할 수 있다.

적용과 토론을 위한 질문

1. 이 세상을 하나님의 창조물이라고 느끼게 된 계기나 순간이 있는가?

2. 자신이 단지 우연히 생긴 존재라고 생각하는 것과 하나님의 계획 아래서 창조된 존재라고 보는 것은 어떤 차이가 있을까? 그리고 이러한 창조 신앙이 다른 사람을 대할 때 차이를 만들어 낼까?

3. 창조 신앙을 가진 사람들은 오늘날 일어나고 있는 생태계 파괴를 어떻게 이해해야 할까? 교회의 역할과 사명이 개인 영혼의 구원 혹은 사회윤리에만 한정되어 있는가?

4. 하나님의 형상으로 인간이 창조되었다면, 인간 역시 창조주 하나님을 닮은 창조성이 있다고 할 수 있지 않을까? 하나님을 닮은 인간의 창조성의 예를 들어 보자.

5. 인간은 무로부터 왔기 때문에 무로 돌아간다. 이 말은 어떤 느낌으로 들리는가? 그렇다면 우리는 어떻게 소망을 가질 수 있을까?

6. 창조와 새 창조를 함께 생각할 때, 이 세계를 보는 시각에 변화가 생겼는가?

8장. 섭리론

하나님의 섭리와 인간의 자유는
어떻게 조화를 이루는가?

말실수에도 이유가 있다

그리스도교 역사에서 둘째가라면 서러울 정도의 달변가였던 신학자 아우구스티누스는 히포의 주교로서 정기적으로 대중에게 설교하는 사명도 소중히 감당하고 있었다. 많은 이가 설교 한마디 한마디에 주의를 기울였다. 논리적으로 명료하고, 수사학적으로 우아하며, 목회적인 통찰이 충만한 그의 설교에 대한 평판이 자자했다. 그런데 원숭이도 나무에서 떨어진다고 하였던가? 어느 날 갑자기 그의 설교에서 논지가 흔들리기 시작하더니 이상한 방향으로 흘러가다 맥없이 끝나 버렸다. 이 당황스러운 상황이 수습되고 수도원 형제들과 식사를 하다 그는 불현듯 변명 아닌 변명을 했다.

"오늘 교회에서 했던 제 설교가 처음부터 끝까지 제가 평소에 하던 바와 달리 진행되었던 것을 알아챘습니까? 처음 제시했던 주제를 끝까지 설명하지 아니하고 중간에 그쳤지요." 우리는 이렇게 대답했다. "사실 그 순간 우리가 놀랐던 것이 기억납니다." 그분은 다시 이렇게 말씀하셨다. "아마 하느님께서 제가 주제를 (잠시) 잊고 다른 말로 넘어간 것을 통해서 당신 백성 가운데 길 잃고 헤매는 누군가를 가르치고 낫게 하려 하시지 않았나 생각합니다. 우리는 그분의 손안에 있고 우리의 말 역시 그분의 손안에 있는 법이지요."[1]

그날 아우구스티누스는 원래 준비했던 주제에 대한 충분한 설명이나 결론 맺음도 없이, 당시 유행하던 이단인 마니교의 오류를 따지는 논쟁적인 설교를 쏟아 낸 것이다. 그런데 아우구스티누스는 자신의 실수를 흥미롭게 재해석했다. 그는 설교를 망쳤다고 자책하지 않고, 그 속에도 하나님의 '숨은 뜻'이 있을 수 있음에 조심스레 주의를 기울였다.

그러고 나서 얼마 후 한 마니교도가 아우구스티누스를 찾아왔다. 그는 그 발 앞에 엎드려 큰 소리로 울며, 그 설교를 듣고 자신의 잘못을 깨닫게 되었다고 고백했다. 이 광경을 본 사람들은 "영혼의 구원을 위한 하느님의 신비로운 계획에 놀라며 감탄하였다. 그리고 원하실 때 원하시는 곳에서 원하시는 방법으로 누군가를 시켜서 **의식적으로든 무의식적으로든** 일하게 하시는 분의 거룩한 이름에 영광을 드리며 그분을 찬양하였다."[2] 한때 마니교도였다가 사제가 되고 주교직까지 맡게 된 아우구스티누스처럼, 그 마니교인도 거룩하게 살다가 결국은 교회와 가난한 이를 섬기는 사제가 되었다.

프로이트는 우리가 일상에서 흔히 범하는 말실수 이면에는 억눌린 무의식이 있다고 보았다. 이를 흔히 '프로이트의 말실수'Freudian slip라

질문하는 신학

고 하는데, 위의 일화는 조금 다른 의미에서 '아우구스티누스의 말실수'Augustinian slip라고 부를 수 있을 것 같다. 그날따라 이상하게 삼천포로 빠져 가던 설교는 사실은 마니교도를 진리로 인도하는 신비한 섭리의 통로가 되고 있었던 셈이다. 이처럼 겉으로 보기에 별 의미 없는 사건이나 사소한 실수 이면에는 우리로서는 알 수 없는 하나님의 심오한 계획과 은밀한 활동이 있을 수도 있다고 그리스도인은 믿는다.

이 장에서는 그리스도교 신학의 가장 논쟁적 주장 중 하나인 하나님의 섭리에 관해 살펴보기로 하자. 이는 이론적으로 많은 질문을 유발하고, 실천적으로는 더 많은 문제를 일으키는 주제이다. 섭리에 대해서는 이후 '하나님의 뜻'이나 '신정론' 등에서도 부분적으로 설명할 예정이니, 여기서는 섭리에 대한 기본적 문제 몇 가지만 선별적으로 다루고자 한다. 이 글이 하나님의 섭리의 신비를 다루기에 내용으로나 분량으로나 한없이 부족한 줄 알면서도 뭔가를 말하고자 감히 시도하는 것은, 아우구스티누스가 말했듯 불완전한 인간의 설명과 언어 역시 하나님의 큰 손안에 있음에 희망을 걸기 때문이다.

하나님의 섭리란 무엇인가?

한자어로 섭리(攝理)란 자연을 운행하는 원리 혹은 신이 인간을 위해 우주를 다스리는 일 등을 의미한다.[3] 영어로 섭리를 뜻하는 단어 providence의 뿌리로는 일반적으로 두 가지가 거론된다. '예지, 예견' 등의 뜻을 가진 *pronoia*라는 그리스어 단어와, (미리) '제공한다'는 뜻의 라틴어 동사 *providere*의 명사형인 *providentia*이다. 그리스도인에게 익숙한 섭리의 개념에는 그리스어와 라틴어적 의미가 모두 들어 있다고 할 수 있다. 한편으로 섭리란 하나님께서 모든 것을 미리 아시고 우주를 다스린다는 뜻으로 사용된다. 다른 한편으로는 섭리란 "공중의 새를 보라, 심지도 않고 거두지도 않고 창고에 모아들이지도 아니하되 너희 하늘 아버지께서 기르시나니"(마 6:26)라는 말씀처럼 하나님께서 우리에게 필요한 것을 제공하신다는 것을 의미한다. 물론 각 개별자에게 무엇이 요구되는지를 절대자가 미리 알아야 그것을 적절히 줄 수 있다는 점에서 그리스어와 라틴어 개념은 어느 정도 일맥상통한다고 할 수 있다.

그리스도교 신학에서 섭리는 더욱 세밀한 의미를 가진다. 미국의 장로교 신학자 도날드 맥킴Donald McKim, 1950- 은 신적 섭리를 "역사 속에서 하나님께서 자신의 신적인 목적을 이뤄 나가기 위한 수단으로서 창조와 인간을 **유지**하고, **인도**하고, 계속해서 **참여**하시는 활동"[4]이라고 정의한다. 이 단순하지만 유용한 정의는 신적 섭리를 이해하는 데 긴요한 세 가지 범주를 제시한다.[5]

첫째는 '유지'이다. 하나님께서는 세상을 창조하시고 자연법칙을 부여하신 후에 우주가 스스로 움직이도록 내버려 두신 것이 아니라, 계속해서 모든 만물이 존재하는 근거이자 힘이 되신다(시 75:6; 욥 28:26; 시 104:29 등). 하나님께서 창조 이후에도 계속하여 섭리하시기에 만물은 무(無)로 돌아가지 않을 뿐만 아니라, 우주는 혼돈에 빠지지 않고 규칙적으로 운동하고 있다. 그런 의미에서 섭리에 대한 믿음은 과학적 사고의 전제가 되는 예측 가능성과도 밀접히 관련되어 있다. 그래서 대부분 사람이 하늘이 무너지고 땅이 꺼질까 걱정하는 기우(杞憂) 없이 일상을 안정적으로 살아가고 있다.

둘째는 '인도'이다. 우주는 기계처럼 맹목적으로 주어진 법칙을 무한 반복하는 것이 아니고, 역사는 돌아오지 못할 시간의 저편으로 무의미하게 흘러가는 것도 아니다. 자연과 역사의 주(主)가 되시는 하나님께서는 자신의 기뻐하시는 뜻에 따라 이 모든 것을 통치하시고 이끌어

가신다(창 45:5-8; 행 4:28; 롬 8:28 등). 앞서 살펴본 '유지'가 하늘과 땅의 창조 이후 하나님의 섭리적 활동을 가리킨다면, '인도'는 궁극적으로 새 하늘과 새 땅을 목표로 한다.

셋째는 '참여'이다. 하나님께서 역사와 자연을 특정한 방향으로 이끄실 때, 피조물을 통해서 활동하시거나 피조물과 함께 일하셔야 한다. 전능하신 하나님께서 동식물의 건강을 '유지'하고 번영하는 삶으로 '인도'하고자 비를 내려 주시려면 구름이 필요하다(시 147:8). 구원자이신 하나님께서 온 민족에게 복 주기를 원하셨을 때 아브라함을 부르셨고 그의 순종을 통해 신앙 공동체를 만드셨다(창 12:1 이하). 하나님께서 허락하시지 않으면 참새 하나도 땅에 떨어지지 않겠지만, 이를 위해서는 참새도 열심히 날갯짓을 해야 한다(마 10:29). 하나님께서 모든 것을 제공하고 유지하고 인도하시지만, 이를 위해서 하나님께서는 피조물의 삶에 참여하시고 피조물은 하나님의 섭리에 참여해야 한다.

이같이 섭리는 하나님과 세계의 관계를 이해하고 설명하는 데 가장 중요한 개념 중 하나이다. 그런데 이성적 존재라면 삶에서 드러난 하나님의 섭리적 활동을 어느 정도는 관찰하고 예측할 수 있기 때문에, 인간은 하나님의 섭리를 추상화하여 사변적인 철학적 섭리론으로 만들거나 검증 가능한 자연법칙으로 환원하려는 유혹도 받게 된다. 물리적 세계와 일상의 현상에 비친 섭리의 모습에만 과도하게 집중하면, 섭리의 깊은 신비와 하나님의 인격성을 간과할 위험이 생긴다. 칼뱅이 강조했듯 섭리는 단순히 역사의 방향에 관한 지식이나 우주의 조화로운 운동이 아니라 하나님의 은혜의 '행위'이자 피조물에 대한 그분의 '돌봄'이다.[6] 따라서 신적 섭리에는 우리의 감각 경험이나 이성적 사변으로는 포착되지 않는 더 깊은 영역이 있음을 인정하면서, 하나님께서 그 의미를 알려 주시기를 기다리는 겸손한 희망이 요구된다. 이를 칼뱅은 시편

73편 16절을 주석하며 다음과 같이 아름답게 묘사했다.

> 하나님께서 나의 교사가 되실 때까지,
> 나의 이성을 통하여 파악하지 못하는 것을
> 그의 말씀을 통하여 습득할 때까지,
> 세계 통치에 관하여 생각하지 않을 것이다.[7]

성서는 하나님의 절대주권에 관해 어떻게 설명하는가?

그리스도인이라면 '절대주권'absolute sovereignty이란 표현을 한 번쯤은 들어 봤을 것이다. 사전적 정의에 따르면 절대주권이란 절대적인 신의 권력, 곧 오직 신에게만 속한 자연과 인간에 대한 지배권을 뜻한다.[8] 이 세상의 모든 것이 하나님의 통치 아래 있다는 것은 그분의 전능하심에 대한 적절한 묘사이자, 염려와 불안과 의심으로 거센 파도 위의 배처럼 이리저리 흔들리는 우리를 붙잡아 주는 든든한 버팀목처럼 느껴진다. 그런데 온 우주 위에 펼쳐진 하나님의 '절대주권'을 지나치게 강조하면 인간의 자유와 책임이 무의미해지는 것 같은 느낌도 든다. 또한 하나님께서 '절대적' 주권을 가지고 있다면, '상대적' 주권은 누가 가졌는지 의문도 든다. 결국 이러한 질문은 '절대주권이 무엇인가?'라는 궁극적 질문으로 수렴될 수밖에 없다.

신구약성서를 꼼꼼히 읽다 보면 다른 여러 중요한 신학적 용어처럼 '절대주권'이란 단어를 찾아볼 수 없음에 놀라게 된다. 구약성서에 사용된 단어 중 아람어 *malku*가 '주권'에 가까운 단어인데, 이는 주로 '왕국' 혹은 왕국이 가진 '권력'을 묘사하기 위해 사용된다(단 2:37, 44 등). 신약에서도 *dynastēs*(딤전 6:15)와 *despota*(눅 2:29; 행 4:24) 등이 유사한 용례를 가지지만, 이 역시 역본에 따라 다른 개념을 번역어로 사용하기도 한다.[9] 이처럼 성서에서 주권에 해당하는 단어를 찾기가 쉽지 않은 가장 큰 이유 중 하나는 주권이 상당히 후대에 주조된 단어이기 때문이다. 주권을 의미하는 영어 단어 sovereignty의 첫 용례는 14세기에나 발견된다.[10] 즉, 르네상스 시대와 그 이후 세속 군주의 권력 증대와 더불어 급변하는 유럽의 정치적 상황을 표현하고자 빈번히 사용되기 시작한 단어가 주권이라 할 수 있다. 따라서 구약성서에 사용된 고대 히브리어와 신약성서의 언어인 고대 그리스어에서 우리가 생각하는 '주권'이란 단어에 상응하는 개념을 찾으리라고 기대해서는 안 된다.

물론 세계 각국의 현대어 성서 번역을 보자면 '주권'이 자주는 아니지만 드물게는 등장하고 있다. 한국 개신교회 상당수가 사용하는 개역개정을 기준으로 할 때 '주권'은 4회 '주권자는' 총 19회 등장한다. 그중 주권과 주권자가 사용된 예를 각각 두 가지씩 소개해 보겠다.

- 네가 내 백성 이스라엘의 목자가 되며 네가 이스라엘의 **주권자**가 되리라 (삼하 5:2b).
- 하나님은 복되시고 유일하신 **주권자**이시며 만왕의 왕이시며 만주의 주시요(딤전 6:15b).
- 만물이 그에게서 창조되되……왕권들이나 **주권**들이나……(골 1:16).
- 하나님은 **주권**과 위엄을 가지셨고 높은 곳에서 화평을 베푸시느니라 (욥 25:2).

이처럼 개역개정은 '주권'과 '주권자'를 하나님뿐만 아니라 인간 권력자를 가리킬 때도 사용하고 있다. 그런데 하나님의 주권과 인간의 주권은 문맥에 따라 구분될 뿐만 아니라, 전자는 후자의 근원이 된다는 점에서도 차이가 있다. 그런 의미에서 성서적으로 유추해 보자면 절대주권이란 하나님께서 모든 세속적 주권의 근원이 되심을 알려 주는 개념이라 할 수 있다. 일례로 다윗이 하나님께 드린 감사 기도의 한 구절을 살펴보자.

> 여호와여 위대하심과 권능과 영광과 승리와 위엄이 다 주께 속하였사오니 천지에 있는 것이 다 주의 것이로소이다. 여호와여 **주권도 주께 속하였사오니** 주는 높으사 만물의 머리이심이니이다(대상 29:11).

이는 현대인에게 상당히 낯선 고대 사회의 주권 이해이다. 잘 알려져 있듯 대한민국 헌법 제1조 2항에 따르면, "대한민국의 주권은 국민에게 있고, 모든 권력은 국민으로부터 나온다." 그러나 성서가 쓰였던 고대 문명에서 주권은 국민이 아니라 신에게서 나온다고 보았다.

그런데 흥미롭게도 이스라엘은 다른 고대 문명과는 차별성 있는 주권 이해를 예전부터 보여줬다. 대부분의 고대 제국에서 통치의 권력은 신으로부터 신의 아들이라 불렸던 왕에게 주어지는 것으로 이해되었다. 반면 이스라엘의 신앙에 따르면 통치의 권력은 하나님으로부터 한 개인이 아니라 신앙 공동체에 주어졌다. 야콥 타우베스[Jacob Taubes, 1923-1987]가 잘 요약했듯, "이스라엘의 정치신학의 폭발적 힘은 신적 주권이 육화된 형태인 주권자를 민중이 대체했다는 데 있다."[11] 구약에서 이스라엘을 내 아들이라고 하신 하나님께서, 신약에서는 '너희'는 택하신 족속이요 왕 같은 제사장이라고 부르신다(출 4:22-24; 벧전 2:9). 이렇게 성서는 하나님의 주권에 대한 강조만큼이나, 하나님의 위임하에 세상을 다스리도록 주권을 받은 신앙 공동체의 역할에 큰 관심을 기울이고 있다.

절대주권을 우주에 대한 절대자의 통치라는 추상적 의미가 아니라 하나님께서 신앙 공동체에 위임한 권력이라는 구체적 맥락에서 보자면, 하나님의 왕권으로 다스려지는 하나님 나라에 관한 복음서의 비유나 가르침에서도 상당히 흥미로운 통찰을 발견할 수 있다. 추수할 일꾼(마 9:35-38), 충성스러운 종(마 24:45-51), 맡긴 돈(마 25:14-30), 망대 건축과 전쟁(눅 14:28-32) 등에서 보이듯 그리스도께서는 인간의 판단과 책임에 상당히 큰 중요성을 부여하셨다. 따라서 성서적으로 볼 때 주권이란 하나님의 백성인 이스라엘과 교회가 이 세상에서 독특한 사명을 감당하도록 하나님께서 부여하신 권한이라고 이해할 수 있다. 반면 하나님의 '절대주권'을 사변적 교리나 형이상학적 체계로 만들어서 하나님의 통치와 인간의 자유를 대립 관계로 만들거나, 심지어 신적 주권을 강조하다 인간을 이성도 의지도 없는 벌레 같은 존재로 묘사하는 것은 결코 성서적이지 않다고 할 수 있다.

모든 것이 섭리 아래 있다면 인간은 자유로운가?

성서적으로 주권 개념을 이해하는 것은 하나님의 권위와 인간의 책임 사이의 조화를 응시하는 새로운 눈을 허락해 준다. 분명 하나님의 절대적 섭리와 인간의 자유는 성서가 증언하는 두 중요한 주제이다. 하지만, 이는 불가피하게 다음과 같은 논리적 딜레마를 형성한다. 전능하신 하나님께서 모든 일을 다 정하고 다스리신다고 강조하다 보면 인간의 자유가 가진 역할이나 중요성은 약화될 수도 있다. 반대로 자유롭게 선택할 수 있는 인간의 능력, 그리고 선택의 결과 형성되어 가는 미래 개방성에 초점을 맞추면 하나님의 섭리가 과연 존재하는 것인지 의문이 들게 된다. 섭리와 자유 모두 성서적 진리이기에 하나를 옹호하고자 다른하나를 버릴 수는 없다면, 우리는 이 난제를 어떻게 왜곡하지 않고 받아들일 수 있을까?

철학자 윌리엄 해스커William Hasker, 1935- 는 '인간은 과연 자유로운가?'라는 질문에 반응하는 방식을 크게 세 가지로 분류한다.[12] 첫째는 세상만사는 다 정해져 있고, 그런 의미에서 인간이 자유롭다는 생각은 환상에 불과하다고 보는 '결정론'이다. 둘째는 인간이 특정 방향으로 움직이게 유도하는 조건은 있을지언정 구체적 행동은 결국 인간 주체가 판단하고 결정하면서 일어난다며 '자유의지'free will를 옹호하는 입장이다. 셋째는, 자유의지론과 결정론 사이에 궁극적으로는 논리적 모순이 없고, 이 둘이 현실에서 공존할 수 있다고 보는 '양립가능론'compatibilism이다. 물론 많은 철학자가 양립가능론이 결정론과 자유의지론의 '논리적 모순'을 해결하지 않은 채 둘 모두를 인정하고 있다고 비판적으로 평가하기도 한다.

성서는 영원하신 하나님의 섭리뿐만 아니라 하나님 형상으로서 인간의 자유와 책임도 강조한다. 그렇기에 그리스도교 신앙은 양립가능론의 폭넓은 스펙트럼 어딘가에 위치하고 있는 경우가 대부분이다. 단지 어떻게 하나님의 예지 혹은 예정이 인간의 자유의지와 양립하는가를 설명하는 방식이 다르고, 교단에 따라 섭리의 '결정론적 성격'을 정의하는 정도도 다르기에, 이천 년 신학의 역사 속에 다양한 견해가 발전하고 공존하게 되었다.[13] 성서는 하나님의 섭리와 개인의 자유 모두를 가르치지만 둘을 억지로 조화시키려 하지는 않는다. 따라서 섭리와 자유의지의 문제를 지나치게 매끈한 이론의 틀 속에 끼워 맞추는 것은 성서에 대한 폭력이 될 수도 있다. 우리에게 요구되는 것은 논리적으로 미해결된 상태를 인지하면서, 신학으로 충분히 설명할 수 없는 신비를 겸허히 인정하며 경외하고 살아가는 지혜이다.

물론 이러한 결론이 합리적이고 건설적인 연구와 토론을 무의미하게 만들 위험이 없는 것은 아니다. 그렇다고 이를 논증이 힘들어도 무조건 믿으라고 강요하는 종교적 독단주의로 봐서는 안 된다. 현대 물리학의 예를 통해 왜 그런지 살펴보자. 미시적 세계에 관한 물리학 이론(양자역학)과 거시적 세계에 관한 이론(일반 상대성이론)은 논리와 관찰, 실험을 통해 각각 참으로 증명되었다. 그러나 현재로서는 이 둘을 엮어 줄 수 있는 통합 이론이 없다. 그렇다면 물리학자들은 이 두 이론을 어떻게 대해야 할까? 양자역학의 참됨을 고수하고자 상대성이론을 포기해야 할까? 아니면 반대로 해야 할까? 어느 경우를 선택하든 이론의 진보란 없고 결국은 사이비 과학으로 빠질 수밖에 없다. 오히려 두 이론 모두를 인정해야 우주를 '올바르게' 설명할 수 있는 통합 이론을 발견할 가능성이 생긴다.[14] 이러한 합리적이면서도 겸손한 '과학적' 자세가 섭리와 자유의지에 관한 신학적 논쟁에도 필요하지 않을까? 이에 관한 C. S. 루이스의 조언을 들어 보자.

저는 이 부분에서 과학자들을 본받아야 한다고 생각합니다. 예를 들어 그들은 빛을 에테르 안에서 움직이는 파동으로도 보고, 입자들의 흐름으로도 봐야 한다는 데 익숙합니다. 어느 누구도 이 두 가지 견해를 하나로 합칠 수 없습니다. 물론 실재는 자기 일관성이 있어야 합니다만, 우리가 그 일관성을 (혹시 보게 된다면) 볼 수 있을 때까지는 증거의 한쪽을 무시하기보다는 모순되는 두 견해를 다 견지하는 편이 낫습니다.[15]

과학자가 우주의 신비를 일관성 있게 보지 못한 채 파편적으로만 설명할 수 있는 상황에서 연구 업적을 늘리거나 기부자를 만족시키고자 대통합 이론을 억지로 짜내는 것은 결코 과학적이라 할 수 없다. 또한 특정 과학 이론이 우주의 전체 모습을 온전히 밝혀낼 수 없다고 이론적으로 무가치하고 무의미한 것도 아니다. 오히려 그 이론은 '불완전하게' 남아 있어서 어떤 현상이나 법칙을 '참되게' 설명할 수 있다. 이러한 겸허함과 개방성이 섭리와 자유의 관계를 볼 때도 꼭 필요하다. 그렇지 않다면 설명을 잘하려는 강박 혹은 이성을 만족시키려는 과욕에 휩싸여, 신비를 인간이 이해할 만한 수준의 저급한 그 무엇으로 왜곡해 버릴 수 있다. 따라서 이 글은 섭리에 관한 특정 학파나 교단의 입장을 선택하고 변증하는 것보다, 이 풀리지 않는 신비에 어떻게 접근하면 좋을지 실천적 지혜에 집중하는 방법을 취하고자 한다.

섭리와 자유의 관계를 어떻게 설명할 수 있는가?

영원한 하나님의 섭리가 어떻게 유한한 인간의 자유와 양립하는지는 바울 식으로 말하자면 종말론적 베일에 가려진 신비이다(고전 13:12). 사실 신비는 정의상 논리적으로 완벽히 설명하거나 이론으로 체계화할 수 없는 그 무엇이다. 그렇기에 우리에게는 신비 앞에서 겸손하고, 신비를 자의적으로 해석하거나 오용하지 않으면서 신비가 던져 주는 당혹감과 긴장과 더불어 사는 법을 배울 필요가 있다. 그렇다면 섭리와 자유 사이의 관계를 어떻게 하면 더 적절히 이해할 수 있을까? 이에 대해 나름의 세 가지 답변을 정리해 보았다.

첫째, 섭리와 자유의 문제가 당혹스러운 것은 '인과관계'로 세상을 파악하던 사고의 습관을 하나님과 인간의 관계에도 적용했기 때문이다.[16] 하지만 인격적 존재 사이에 일어난 사건은 인과율보다 훨씬 더 다차원적인 상호작용임을 명심해야 할 필요가 있다. 일례로, 내가 분식점에서 떡볶이를 주문했더니(원인 a) 떡볶이가 한 접시 나왔다(결과 a). 그런데 내가 집에서 떡볶이를 달라고 했는데(원인 a), 매운맛과 탄수화물에 중독된 나를 잘 알기에 아내는 야채샐러드를 대신 줬다(결과 b). 분식집이었다면 음식이 잘못 나왔다며 다시 주문하겠지만, 집에서는 주는 대로 먹어야 한다. 분식집에서는 단순한 거래 관계 속에서 원인에 따라 기대된 결과가 나오지만(떡볶이 주문→떡볶이 한 접시), 부부 사이에서는 원인과 결과를 파악하는 데 더 섬세하고 복잡한 접근이 필요하다(떡볶이 주문→야채샐러드 한 접시). 물론 나의 요청이 아내가 음식을 준비한 원인이 되었지만, 이는 기대와 다른 결과를 불러내었다. 이때 원인과 결과를 연결하는 신비한 끈은 인과율이 아니라 인격적 관계에서 시간을 두고 형성된 깊은 이해와 신뢰이다. 이 예가 하나님 주권과 인간의 자유라는 문제에 바로 적용될 수는 없지만, 하나님과 인간의 상호관계가 단순한 인과관계로는 온전히 파악되지 않음을 알려 줄 수는 있다.

둘째, 하나님의 섭리와 인간의 자유가 개념적으로는 상호배타적으로 느껴지더라도, 성서적으로 볼 때 하나님의 섭리는 인간의 자유를 억압하는 것이 아니라 오히려 증진하는 방향으로 작용한다. 과거 철학자와 신학자가 하나님의 섭리를 설명하고자 제안했던 여러 이론이 이 난제를 푸는 데 어느 정도 공헌한 것은 사실이지만, 이들은 "인과율의 추상화된 개념을 가지고 과도하게 작업하다 보니 피조물과 함께하는 하나님의 모습을 충분히 심각하게 고려하지 못했다."[17] 하지만 성서가 소개하는 하나님은 우주의 질서를 지탱하는 추상적 원리로 이해될 수 없다. 섭리의 하나님은 사랑으로 세상을 만드신 창조자이자, 인간의 몸을 직접 입고 피조 세계에 들어오신 구원자이며, 지금도 영으로 우리 가운데 거하는 분이시다.

이렇게 섭리의 주님은 다름이 아니라 '우리를 위한'*pro nobis* 삼위일체 하나님이시다.[18] 바르트가 잘 지적했듯 "자신만의 고유한 자유" 안에 계신 하나님께서는 거짓된 자유에 취해 있는 나와 너를 위해 참 "**인**

간의 자유를 선사"[19]하시는 분이시다. 인간은 각자의 제한된 세계 속에서 자유롭게 판단하고 행동한다고 생각하지만, 사실은 대부분이 그 와중에 자신의 욕망과 사회적 편견의 노예가 되어 가고 있다. 그런 인간을 위해 하나님께서는 진리를 알게 하시고 이로써 인간을 자유롭게 하신다(요 8:32). 신적 섭리는 때로는 부드럽게 때로는 예기치 못한 불편한 방식으로 참 자유가 무엇인지 가르치시고 그 자유를 더불어 누리도록 인도하신다.

셋째, 섭리와 자유라는 난제의 핵심을 가장 잘 이해하게 도와주는 것은 어떤 논리적 이론이나 신학적 체계가 아닌 '기도'이다. 물론 신학적 난제에 대해 변증학처럼 명료한 설명 방식을 기도를 통해 얻으리라고 기대할 수는 없다. 또한 하나님의 숨겨진 계획이 직통 계시처럼 기도한다고 무조건 알려지는 것도 아니다. 그럼에도 기도가 중요한 것은, 역사를 섭리하시는 하나님의 '뜻'과 일상을 살아가는 인간의 '뜻'의 관계가 철학적 추상이 아니라 두 인격 사이의 역동적 상호작용이 일어나는 삶의 차원에서 더 잘 이해되기 때문이다.

조금 더 상세히 설명하자면, 하나님과 세계 사이의 관계는 크게 두 범주로 구분하여 이해할 필요가 있다.[20] 우선, 피조물과 창조주 사이는 전자의 후자에 대한 '존재론적' 의존 관계로 묘사할 수 있다. 이 경우 하나님께서 우주에 허락하신 자연법칙에 따라 피조 세계가 인과율적으로 운동하고 있다. 그런데 하나님과 인간 사이는 단지 창조주와 피조물의 관계 혹은 자연의 법칙만으로는 설명 불가능한 영역이 있다. 그것은 말씀하시는 분과 말씀을 듣는 이의 '대화적' 교제, 혹은 신적 의지와 인간적 의지 사이의 '인격적' 연합이다.

하나님과 인간 사이의 질적 차이를 고려할 때, 이 같은 교제와 연합이 (비록 완전하지는 않지만) 진실하게 이루어지는 구체적 맥락은 바로 기도이다. 하나님과 인간의 관계에는 인격적 존재 사이의 대화와 유사하게 자유로운 변주가 있을 수도 있고, 깊은 신뢰에서 기인한 인내와 상호 존중도 생기며, 예기치 못한 새로움에 대한 경이감이 일어나기도 한다. 즉, 기도라는 렌즈를 통해 우리는 하나님께서 피조 세계를 거대 기계처럼 비인간적으로 조작하시거나, 대제국처럼 권력과 투쟁으로 만들어 가시는 것이 아니라, "세상만사를……예술작품처럼 창조하심을"[21] 볼 수 있다.

이처럼 섭리는 세계에 대한 경이를 잊고 살았던 우리에게 자연법칙으로 환원될 수 없는 신비에 대한 놀람을 일깨워 준다. 또한 섭리를 인간과 대화하고 함께하기를 갈망하는 하나님 뜻으로 파악하는 것으로, 폐쇄적 자기중심성과 내면화된 경쟁에 가려졌던 '나와 너'의 인격성을 재발견할 희망이 되살아난다. 무엇보다도, 신적 섭리는 피조성의 굴레 안에서 부자유한 인간을 해방하여 참 자유의 삶을 살게 해주는 긴 과정이기도 하다. 그렇기에 섭리는 주체에게 이질적[hetero-] 법칙이나 가르침을 삶의 기준[norm]으로 강요하는 타율(他律)[heteronomy]과 다르다. 자기가 자신의[auto-] 판단과 행동의 근거가 되는 자율(自律)[autonomy]과도 다르다. 섭리란 신적[deus-] 은혜가 우리 삶의 기준에 충만히 삼투함으로써, 각종 부자유 상태에서 해방된 참 자유롭고 멋진 삶의 가능성을 열어 주는 신율(神律)[theonomy]이라 할 수 있다.[22]

고요하고 청명한 마음에 반사되는 섭리의 신비

글을 마무리하며 다시 아우구스티누스의 이야기로 돌아가 보자. 영원할 것만 같던 로마제국의 영광도 야만인이라 무시했던 게르만족의 기세 앞에서 굴욕적으로 짓밟히며 더럽혀졌다. 게르만족의 한 부류인 반달족이 맹렬한 기세로 북아프리카를 침략했고, 피난민들은 아우구스티누스가 주교로 있던 히포로 몰려들었다. 반달족이 히포를 포위하고 장기전으로 들어가자 도시는 큰 혼란과 고통에 빠졌다. 주민과 난민을 함께 보살피고 위로했던 아우구스티누스는 그 어둡고 불안한 시기에 역사 속에 숨겨진 주님의 뜻을 물으며 기도했다.

> 우리가 겪고 있는 이 재앙의 시기에 나는 하느님께 기도합니다. 이 도시가 적들의 굴레에서 해방될 수 있도록 기도합니다. 그러나 하느님의 계획이 이와 다르다면, 당신 종들에게 하느님의 뜻을 이루어 낼 수 있는 굳센 힘을 주시거나, 아니면 저를 이 세상에서 거두어 당신 곁에 받아들여 달라고 기도한다는 것을 알아주시기 바랍니다.[23]

신적 섭리를 누구보다 중요시했던 아우구스티누스의 기도에서 그리스도의 겟세마네 기도처럼(마 26:39) 하나님의 뜻과 나의 뜻 사이의 섬세한 구분이 드리워졌음을 발견할 수 있다. 그는 원하는 바를 하나님께 아뢰되, 만약 하나님의 뜻이 아닐 경우 이를 알아차리고 견딜 수 있는 인내를 달라고 구하고 있다. 섭리의 신비를 마주한 마음의 고요와 겸손한 경청, 이것이 역사적 존재인 인간이 취할 수 있는 최선의 모습이 아닐까? 현대 신학자 중 라인홀드 니버 Reinhold Niebuhr, 1892-1971가 이 주제를 계승하여 다음과 같은 '현실적인' 기도문을 만들기도 했다.

> 하나님, 제가 변화시킬 수 없는 일들을 받아들일 수 있는 **평정함**을 주시고,
> 제가 할 수 있는 일은 변화시킬 수 있는 **용기**를 주시며,
> 둘의 차이를 알 수 있는 **지혜**를 주옵소서.[24]

신적 섭리와 인간의 자유의 관계는 우리에게 "거울로 보는 것같이 희미"(고전 13:12)하게 드러날 뿐이다. 섭리의 신비를 매끈히 풀이할 자의적인 이론을 만들고 이를 가지고 역사 속에서 일어나는 개별 사건의 의미를 해석하는 것은, 하나님의 미래를 인간의 힘으로 당겨오려는 헛된 시도처럼 끔찍한 결과를 초래할 수도 있다. 하나님과 인격적 관계를 쌓으려는 인내와 수고 없이 그분의 예정과 작정을 알아내려는 것은, 섭리를 점치기나 종합보험 정도로 여기는 일이다. 그렇다면 참다운 그리스도교적 삶은 어쩌면 섭리의 하나님과 자유로운 인간이 함께 만들어 가는 조화와 긴장을 가식과 망상 없이 껴안는 데서부터 시작한다고 할 수 있지 않을까?

적용과 토론을 위한 질문

1. 섭리라는 단어는 일상생활에서와 신앙생활에서 어떻게 다르게 사용되는가?

2. 섭리의 원뜻과 달리 우리는 섭리를 종교적 결정론이나 운명론으로 흔히 받아들이고 있지는 않은가?

3. 아우구스티누스가 설교에서 자신의 실수를 설명하는 논리는 섭리에 대한 신뢰에서 비롯되었다. 그렇다면 섭리 신앙이 자기변명으로도 쓰일 수 있다는 말인가?

4. 섭리와 자유의지의 관계를 설명하고자 양자역학과 일반 상대성이론을 예로 든 것이 과연 설득력이 있는가?

5. 라인홀드 니버의 기도를 읽었을 때 어떤 느낌이 드는가? 우리 신앙에 어떤 도전을 줄 수 있는 기도일까? 하나님 자녀의 기도라기에는 너무 현실적이지 않는가?

3부

하나님과 세계

우리 자식들이 헐벗음과 비참과 배고픔 때문에 상심하는 일이 없도록, 또 먹을 것, 모자, 신발, 코트를 가진 다른 아이들에 대해서 우리가 열등감을 느끼지 않노록, 우리 자식들이 이 끔찍한 고통과 가혹한 가난 속에서도 언제나 온유하고 선하고 관대하고 평화를 누리며 살도록, 시인인 우리의 존경스런 어머니, 쁘레스비떼라는 우리에게 매일같이 욥의 이야기를 읽어 주었다.……하루에 두 번, 어떤 때는 세 번, 심지어 어떤 때는 다섯 번씩 말이다. 매일같이 말이다. 이렇게 욥은 우리를 위해 고통 받았던 것이다. 그리고 우리는 그와 함께 고통 받았던 것이다. 우리는 우리 자신의 고통을 이 거룩한 사람의 고통과 비교했다.

— 비르질 게오르규, 『25시에서 영원으로』 중에서[1]

성서의 첫 문장은 하나님을 세계의 창조주로 소개한다. 즉, 그리스도교의 하나님은 홀로 존재하시는 것에 만족하지 않고, 세계를 마주하고 세계와 함께하며 세계 안에 거하시기로 한 은혜로운 절대자이시다. 따라서 신 존재에 대한 추상적 논의보다는 '관계' 속에 있는 하나님에 대한 이해가 신학에서 우선적이다. 하나님이 인격적이시듯 인간도 인격적이다. 따라서 인간은 우주 법칙에 종속되는 데 그치는 것이 아니라, 역사에서 펼치시는 '하나님의 뜻'과 '자신의 뜻'을 감사와 기쁨 속에서 조율하며 살아가는 존재라 할 수 있다.

그런데 하나님을 세계의 창조자이자 섭리자라고 할 때, 우리는 심각한 이론적·실존적 곤란에 부딪히게 된다. 그것은 바로 '악'의 문제이다. '하나님께서 만드시고 다스리는 세계에 왜 고통이 있는가'라는 질문은 오랜 시간 신앙인을 괴롭혀 왔다. 그래서 이 책에서는 하나님의 뜻이 무엇인가에 관한 논의 외에도, 고통과 악의 문제를 특별히 세 번에 걸쳐 다루었다.

3부는 네 개의 장으로 이루어졌고, 각 장의 내용은 다음과 같다.

9장은 '하나님의 뜻'이라는 어렵지만 중요한 문제에 할애했다. 하나님의 주권과 섭리를 강조하다 보면 전쟁, 자연재해, 식민 지배 등도 하나님의 뜻이라 봐야 하는지 질문이 생길 수밖에 없다. 하나님 뜻에 관한 추상적인 논의로 흘러가지 않기 위해, 이 장은 성서가 하나님의 뜻을 어떤 맥락에서 사용하는지에 대한 논의로부터 시작하여, 하나님의 뜻이 무엇인지 파악하는 데 도움이 되는 신학적 개념이 무엇인지, 또 역사 속에서 어떻게 하나님의 뜻을 인식하게 되는지 등의 주제를 다루었다.

10장은 악의 문제, 혹은 신정론(神正論)theodicy을 다루기 위한 서론적인 논의이다. 이론화에 저항하는 다루기 힘든 주제인 악과 고통을 과연 신학자들이 적절히 다룰 수 있을까? 고통은 상당히 실존적이고 구체적인데, 이에 대한 추상적 설명은 오히려 문제를 더 악화시키지 않을까? 악의 기원에 대해 교회가 전통적으로 설명해 온 방식이 있는가? 혹 그렇다면 전통적 설명이 아직도 유효한가? 이러한 질문들이 악과 고통의 문제에 대한 논의를 이끌어 가는 주요 동력이 될 것이다.

11장은 그리스도교 신학에서 악과 고통의 문제를 다루는 데 기본적인 언어와 논리를 제공해 줬던 아우구스티누스의 신정론을 소개하는 데 집중했다. 옛날 사람 아우구스티누스는 현대 신학자처럼 조직적이고 체계적인 신정론을 만들지는 않았다. 하지만, 개인적인 아픔이 많았고, 목회자로서 수많은 사람의 삶의 비극에 노출되었으며, 로마제국 후기의 혼란을 몸소 겪어 낸 사람답게, 그의 글에는 절대자에 대한 믿음과 사랑과 희망을 품고서 악과 고통을 마주하는 방법에 관한 놀라운 지혜가 가득하다. 아우구스티누스의 옛 이론이 오늘날에도 적절한지를 보여주고자 이장의 말미에는 두 차례 세계대전 이후 그의 사상이 어떻게 재해석되었는지도 살짝 다뤘다.

12장은 이제껏 다소 이론적인 논의에서 벗어나 고통이 가지는 신학적 의미와 고통의 문제에 대한 실천적 응답의 가능성에 대한 탐구이다. 왜 고통이 오늘날 그리스도교에서 중요한 주제가 되었는지, 하나님께서는 우리가 고통을 당할 때 무엇을 하시는지, 왜 성서는 고통을 그토록 강조하는지, 고통 받는 사람 앞에서 그리스도인이 취해야 할 태도는 어떤 것들인지 등 좀 더 실제적인 주제가 이 장을 채울 예정이다.

9장. 하나님의 뜻

전쟁과 질병도 하나님의 뜻인가?

이현령비현령(耳懸鈴鼻懸鈴) 교리?

이현령비현령(耳懸鈴鼻懸鈴), 곧 귀에 걸면 귀고리 코에 걸면 코걸이라는 뜻이다. 안타깝게도 하나님의 뜻을 사람들이 이런 식으로 이해하는 경향이 있는 듯하다. 몇 년 전 필자는 교회 청년들에게 '하나님의 뜻'에 대한 특강을 해달라는 부탁을 받은 적이 있다. 왜 이런 강의를 기획했느냐는 질문에 목사님께서 웃으면서 하시는 말씀이 청년들 사이에 하나님의 뜻에 맞는 배우자를 찾는다며 결혼을 미루는 기이한 분위기가 생겼다는 것이다. 하나님의 뜻을 찾으며 결혼 대상자에 대한 눈높이를 함께 올리는 현상, 이를 신학자로서 어떻게 해석하고 반응해야 할지 참 난감한 순간이었다.

　'하나님의 뜻은 무엇인가?'만큼 신학자나 목회자가 풀어내기 힘든 주제는 드물다. 단지 설명하기 어려워서라기보다는, 이 질문이 여러 실천적이고 목회적 문제들과 깊게 결부되어 있기 때문이다. 실제 우리는 다양한 이유와 형태로 하나님의 뜻에 대해 질문한다. 나를 향한 하나님의 뜻이 무엇일까? 어떤 전공 혹은 학교를 선택하는 것이 하나님의 뜻에 맞을까? 무슨 직업을 가져야 하나님의 뜻을 따르는 것일까? 이 고통과 시련 이면에 숨은 뜻이 있을까? 하나님의 뜻에 맞는 부동산 투자가 있을까? 전쟁과 식민 지배도 하나님의 뜻인가?

하나님의 뜻 하면 여러 이야기와 이미지가 떠오르지만, 뤽 베송^{Luc} ^{Besson} 감독의 영화 「잔 다르크」를 거론하지 않을 수 없다. 잔 다르크^{Jeanne} ^{d'Arc, 1412-1431}는 프랑스 동부 지역에서 농부의 딸로 태어났다. 그는 잉글랜드와 프랑스 간의 백년 전쟁¹³³⁷⁻¹⁴⁵³이 일어나자, 위기에 빠진 프랑스를 구하고자 참전을 했다. 여러 전쟁에서 승리를 거둔 그는 잉글랜드군의 포로로 잡혔다가, 반역과 이단 혐의로 19세에 화형에 처했다.

이 역사적 이야기에서 무엇보다 놀라운 것은 왕국이 몰락할 위기에 처해 있는데, 프랑스 궁정이 16세 시골 소녀에게 군대 통솔권을 주었다는 사실이다. 알려진 바로는 잔 다르크가 12세 무렵 들판에 혼자 나와 있다가 하나님으로부터 프랑스를 구하라는 계시를 받았다고 한다. 하나님의 뜻을 붙잡고 잔 다르크는 프랑스 왕을 알현해 갑옷과 군사를 줄 것을 요청했고, 전장에 나간 이런 소녀는 신의 이름으로 여러 전투에서 승리를 거두게 된다. 하지만, 잔 다르크의 공적과 인기가 높아지는 만큼 그가 정말 하나님의 대리자인지 아니면 마녀인지에 대한 논쟁도 커갔다.

백년전쟁이 끝나고 500여 년이 훌쩍 넘어 프랑스 태생의 뤽 베송 감독은 잔 다르크를 둘러싼 '성녀-마녀' 논란을 현대적으로 탁월하게 각색해 낸다. '잔 다르크는 하나님의 음성을 들었던가?' 아니면 '가족을 죽이고 마을을 파괴한 잉글랜드에 대한 복수심을 하나님의 뜻과 혼동한 것인가?' 영화는 상당한 시간을 들여 잔 다르크의 마음속에 있던 두 질문의 충돌을 섬뜩할 정도로 생생히 그려 낸다.

과연 우리는 뤽 베송이 던진 질문으로부터 자유로울까? 우리는 하나님의 뜻이라면서 이 일도 하고 저 일도 하지만, 그것은 우리의 착각 내지는 자기 정당화가 아닐까? 역사 속에 일어나는 다양한 사건들이 그저 우연히 일어나는 것은 아닐까? 하나님의 뜻을 잘못 해석해 이웃의 고통을 하나님의 심판이라 정죄하고 있지는 않은가? 부정의하고 악덕한 방법으로 승승장구하는 이들을 신앙이 좋아 하나님의 복을 받았다고 칭송하지는 않는가? 스코틀랜드의 철학자 데이비드 흄David Hume, 1711-1766 이 지적했듯 인과율의 고리가 아니라 우리의 신념과 상상력이 상관없는 두 개의 사태를 원인과 결과로 해석하게 하는 것은 아닐까?[1]

역사라는 모호한 틀 속에서 살고 있고, 마음이 죄와 욕망으로 혼탁해진 우리로서는 하나님의 뜻이 무엇인지 알기가 어렵다. 그리고 그분의 뜻이 무엇인지 안다 해도, 의지가 약해 그 뜻에 맞추어 살기도 쉽지 않다. 그렇다면 하나님의 뜻이란 우리와는 무관할 정도로 신비하고 고결한 그 무엇인가? 인간은 하나님 뜻이 무엇인지 모르고도 그 뜻에 따라 살아야만 하는 비극적 운명을 안고 있는가? 꼬리에 꼬리를 물고 일어나는 질문의 굴레를 잠깐 벗고, 하나님의 뜻에 대한 성서적 이해에서부터 출발해 보자.

하나님의 뜻이란 무엇인가?

하나님의 뜻에 대해 논하는 것이 어려운 이유 중 하나는 '뜻'이 의미하는 바가 언어마다 차이가 있기 때문이다. 예를 들면 한국어 '뜻'은 무엇을 하겠다고 먹은 마음, 의미나 속내, 가치 등의 여러 의미를 가진다.[2]

이에 해당하는 영어 단어로는 각각 will, meaning, value 등을 찾을 수 있다. 그리스도인이 생각하는 '하나님의 뜻'은 대게 하나님이 하고자 하시는 것, 곧 영어로 will에 해당한다. 이 글도 이러한 일반적 정의에 한정해서 하나님의 뜻에 대해 논의하고자 한다.

흥미롭게도 구약성서의 언어인 히브리어에는 뜻에 해당하는 개념이 존재하지 않는다.[3] 달리 말하면, 현대인이 흔히 사용하는 '하나님의 뜻'이라는 개념은 구약 시대 사람들에게는 낯설 것이다. 영어 성경에서 '뜻'으로 자주 번역되는 히브리 단어인 *chephets*와 *ratson*은 '기뻐함, 바라는 것, 좋아함' 등을 뜻한다(삼상 15:22; 렘 22:28; 잠 10:32; 14:32 등). 그렇다면 하나님의 뜻이란 추상적 의미에서 하나님의 계획이나 의지라기보다는, 그분이 기뻐하시고 바라시고 사랑하시는 그 무엇이다. 이 명사들의 구체적이고 생생한 의미는 동사형을 보면 더 잘 알 수 있다 (창 34:19; 33:10; 사 1:11 등).

'하나님의 뜻'을 '하나님이 좋아하시는 것'으로 바꾸어 구약성서를 읽어 보면 하나님이 어떤 분이신지 더 잘 알게 된다. 하나님은 우리가 그분의 숨겨진 뜻에 맞게 잘 사는지 아닌지 지켜보고 심판하는 것이 아니라, 불완전한 우리를 통해서도 기뻐하기 원하시는 인격적 존재이시다. 하나님께서는 인간을 숨겨진 신의 의지를 찾으려고 불안하고 강박적으로 사는 존재가 아니라, 자기 고유의 방식으로 창조주께 기쁨을 드릴 수 있는 자유롭고 개성 있는 존재로 만드셨다. 마치 부모가 자녀에게 한 가지 정답을 요구하는 것이 아니라, 그 존재 자체를 사랑하기에 전혀 생각하지도 못한 일을 해도 거기서 기쁨을 얻는 것과 유사하다.

신약성서의 언어인 그리스어에서 '뜻'으로 주로 번역되는 단어는 *thelēma*이다. 이 단어가 사용된 가장 잘 알려진 예로 주기도문의 간구 "뜻이 하늘에서 이루어진 것같이 땅에서도 이루어지이다"(마 6:10)를 들 수 있다. *thelēma*는 바라다, 희망하다, 욕망하다 등을 뜻하는 동사 *thelō*에서 나왔다. 그리고 이 단어는 앞서 살펴봤던 기뻐함을 의미하는 히브리 단어 *chephets*의 번역어이기도 하다. 즉, 구약성서처럼 신약성서에서 말하는 하나님의 뜻도 하나님이 원하고 바라시는 것이라는 의미가 강하다. 이 외에도 *eudokia*(기쁘게 하는 것, 마 11:26), *aresta*(기쁘게 하는 것, 요일 3:22) 등의 단어가 신약에서 하나님의 뜻을 지칭하기 위해 사용된다. 누가복음과 사도행전에서 6회 등장한 *boulē*(행 2:23; 4:28 등)나 로마서 9장 19절에서 사용된 *boulēmati*는 '뜻' 혹은 '목적'이라는 의미가 있긴 하다. 하지만, 신약성서 전체를 봤을 때 '뜻'을 의미하는 중요단어들 역시 하나님의 기뻐하시거나 원하시는 바라는 점을 재차 환기해 준다.

결론적으로 말하면, 성서는 긍정적이고 구체적 맥락에서 '하나님의 뜻'이라는 개념을 주로 사용하고 있다. 그렇다면 성서적으로 볼 때 하나님이 자연재해와 전쟁과 테러와 식민 지배까지 즐거워하는 분이실까? 물론 그리스도교 신학은 하나님이 우주와 역사 속 모든 것의 근원이라는 점을 부인하지 않는다. 그렇지만 이러한 신앙 고백을 추상적으로 이해하기에 문제가 생긴다. 성서는 하나님의 뜻이 악과 고통의 원인이라고는 말하지 않는다. 오히려 성서는 누가 이런 참사를 일으켰나를 묻기보다는, 괴롭거나 불길한 일이 일어날 때 그 원인을 자기 외에 다른 무엇으로 규정하고 싶어 하는 인간의 왜곡된 마음을 고발하는 데 더 주안점을 둔다. 나아가 성서는 고통의 원인을 선한 창조주에게까지 돌리는 인간의 뻔뻔함마저 폭로한다.

그런 의미에서 고뇌 속에 있던 욥에게 손가락질하던 친구들의 고발자 DNA는 인간이라면 누구나 공유한다고 할 수 있겠다. 성서는 이런 인간의 나약하고 폭력적인 모습을 경고하듯 다음과 같이 말한다. "사람이 시험을 받을 때에 내가 하나님께 시험을 받는다 하지 말지니 하나님은 악에게 시험을 받지도 아니하시고 친히 아무도 시험하지 아니하시느니라"(약 1:13). 즉, 하나님이 선한 분이시기에 그분의 뜻도 궁극적으로 악과 고통의 원인이라기보다는 행복과 기쁨의 원천이라고 할 수 있다.

하나님의 뜻대로 대학입학이나 연쇄살인 등도 일어나는가?

그런데 하나님의 뜻을 긍정적으로 해석하다 보면, 하나님이 세상 모든 일이 아니라 일부의 원인이라고 말하는 것처럼 곡해될 수도 있다. 그래서 이러한 설명 방식이 하나님의 전능성 교리를 약화할 위험이 있다며 걱정하는 분들이 있다.[4] 구약성서를 보더라도 하나님께서는 믿음의 조상을 고통으로 시험하기도 하셨고, 전쟁을 통해 이스라엘을 벌주셨고, 심지어 다윗과 욥의 사랑하는 자식을 죽게 하시기도 했다. 이 지점에서 우리가 조심스럽게 구분할 두 명제가 있다.

- 하나님은 모든 것을 창조하고 다스리시기에 그분과 무관한 일은 아무것도 없다.
- 선하신 하나님이 기뻐하시지 않는 악한 일도 이 세상에서 일어나고 있다.

이 두 명제 모두가 참이라면, 둘은 모순 관계에 있지 않은가? 2,000년 신학의 역사에서 이 두 상반된 주장을 매끄럽게 조화시킨 신학자는 아무도 없다고 해도 과언이 아니다. 다만 신학자들은 구체적 상황 속에서 이 역설을 불완전하게나마 설명하려 최선을 다했을 뿐이다. 앞 장에서 섭리와 자유의지의 관계에 관한 여러 입장을 소개하며 이 문제를 다루기도 했지만, 이에 추가로 하나님 뜻을 이해하려 할 때 염두에 둘 두 가지 중요한 문제를 정리해 보았다.

첫째, 성서의 섭리론이 철학적 섭리론과 유사한 점도 있지만, 차이점도 크다는 사실을 명심해야 한다. 섭리론의 발전에 가장 큰 영향을 끼친 사상은 고대 스토아 철학이라고 할 수 있다. 마치 그리스도인이 섭리의 하나님께 영광을 돌리듯, 고대 그리스인 역시 인간과 우주를 조화롭게 지배하는 신적 섭리를 찬양했다. 스토아 철학자이자 시인인 클레안테스Cleantes, 300-232? B.C는 우주의 섭리자 제우스에 대해 다음과 같이 묘사한다.

> 당신 덕분에 이 광대한 우주가 바퀴처럼 돌아가고
> 지구는 순종합니다. 그리고 당신께서 인도하시는 곳으로,
> 당신의 뜻에 지배받으며, 지구는 이에 따라 움직입니다.[5]

클레안테스에 따르면, 지구에서 일어나는 일 중 어느 것도 섭리의 신과 무관하지 않으며, 심지어 모든 것은 제우스 안에서 조화를 이룬다. 물론 스토아 철학이 긴 역사를 통해 발전했고, 또 섭리에 대한 다양한 의견을 형성했기에, '스토아 섭리론은 이것이다'라고 명확히 말하기는 힘들다. 어떤 사상가는 클레안테스처럼 신화적으로 섭리를 설명하기도 하고, 다른 사상가는 더욱 추상적인 언어를 통해 섭리론을 전개하기도 했다. 스토아 철학의 섭리론을 단순화의 위험이 있지만 간략히 요약하자면, 우주에는 로고스라는 원리가 있고 모든 일은 로고스에 따라 질서 있게 일어나게 된다. 즉, 로고스와 무관한 사태란 우주에 존재할 수 없다.

반면 성서의 섭리론은 우주의 원리로서 신이 아니라 '역사의 주인'이신 하나님을 더 크게 강조한다. 하나님은 인간과 계약을 맺으시고, 그

계약을 성취하고자 스스로 계약에 자신을 묶으신 분이다. 그렇기에 하나님의 섭리는 '계약과 성취'라는 구체적이고 인격적인 맥락 속에서 이해되어야 한다.[6] 계약에 충실한 분으로서 하나님은 인간사를 초월한 분으로 머물지 않고, 역사에 들어오시고 개입하신다. 하나님의 뜻과 모순되고 하나님께 저항하던 현실 위에 하나님의 약속이 선포되고, 약속의 성취를 희망하면서 역사는 변화한다.

그런 의미에서 이 세상의 모든 일의 원인으로 추상적 절대자를 설정하는 스토아적 의미의 철학적 섭리 이해는 성서적으로 볼 때 불충분하다. 더 나아가 하나님을 빅 브라더[Big Brother 7]처럼 이 일 저 일 모두를 감시하고 조정하는 존재라고 상상한다면 이것은 전적으로 잘못된 섭리 이해이다. 그리스도교의 섭리론은 '계약과 성취' 사이의 긴장 속에서 인간과 함께하시는 은혜의 하나님과, 이 긴장을 못 견디고 하나님께 등을 돌리는 인간에게까지 신실하게 남으시는 그분의 사랑을 보여준다.

둘째, 우리가 일반적으로 가진 인식의 틀이 너무 투박하기 때문에, 하나님의 뜻의 의미를 잘 이해하려면 섬세한 개념적 구분을 할 필요가 있다. 이를 위해 영국의 신학자 레슬리 웨더헤드[Leslie Weatherhead, 1893-1976]의 주장을 살펴보기로 하자. 역사라는 곳은 모호하고 복잡하다. 빛이 프리즘을 통과하면 여러 색으로 나뉘듯, 하나님의 뜻도 역사에서는 분산되어 다양한 형태로 나타나게 된다. 그렇기에 웨더헤드는 하나님의 뜻을 의도적 뜻, 상황적 뜻, 궁극적 뜻 세 유형으로 구분한다.

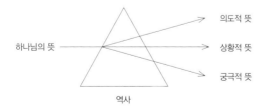

웨더헤드에 따르면 의도적 뜻^{intentional will}이란 하나님께서 원래 의도하셨던 바이다. 상황적 뜻^{circumstantial will}이란 특정 상황에서 하나님께서 원하시는 일이다. 궁극적 뜻^{ultimate will}이란 하나님의 뜻의 궁극적인 실현을 의미한다. 생소한 개념들이니 신학교에서 자주 일어나는 일반적 예를 통해 설명해 보자.

(1) 신약학 교수가 학생들이 신약성서를 원어로 읽을 수 있게 하고 싶었다. 이것은 교수의 '의도적 뜻'이다.

(2) 그런데, 한 학생이 게을러 예습과 복습을 못했다. 그래서 교수는 학우들에게 뒤처지지 않도록 그 학생에게만 더 많은 과제를 내었다. 이것은 교수의 '상황적 뜻'이다. 성숙하지 못한 학생은 교수의 선한 뜻을 악하게 느낄지 몰라도, 원어 수업을 못 따라가는 상황은 교수가 아니라 그 학생이 만들어 낸 것이다.

(3) 교수는 그 학생이 불평과 불만이 있었지만 결국 신약성서를 원문으로 읽도록 만들어 주었다. 이것이 바로 교수의 '궁극적 뜻'의 실현이다.

위의 예에서 교수는 하나의 뜻을 달라진 환경에 맞게 적절한 형태로 펼쳐 나가고 있을 뿐이다. 그런데 학습 목표와 교수법의 큰 그림을 보지 못하는 학생은 교수가 악한 사람이고, 교수의 태도에 일관성이 없다고 생각했을 것이다. 그러나 교수의 궁극적 뜻에 대한 믿음과 희망이 있는 학생이라면 비록 현재는 힘들더라도 교수의 상황적 뜻에서 '악'이 아니라 '선'을 볼 수 있을 것이다. 이쯤에서 웨더헤드가 하나님의 뜻을 어떻게 설명하는지 직접 보도록 하자.

하나님의 의도적인 뜻이 이루어지지 않는 것은 인간이 자유의지를 남용하거나 어리석음과 무지 때문에, 또한 모든 인류가 서로 밀접하게 연결되어 당신의 죄가 나에게 영향을 미치고, 나의 죄가 당신에게 상처를 주기도 하기 때문이다. 그럼에도 불구하고 악이 초래한 상황 속에서도 하나님의 뜻이 있다.……겟세마네 동산에서 [예수님에게] 흑암이 밀려올 때, 그분은……밝은 빛을 보셨고, 그 빛에 이르는 길을 계속 걸어가심으로써, 십자가에도 불구하고in spite of만이 아니라 그 십자가를 통해서through 하나님의 목적을 성취하셨다.[8]

웨더헤드는 고통스러운 상황마저 하나님의 뜻으로 이해하려는 우리의 왜곡된 욕망과 습관에 경고를 보내고 있다. 물론 성서는 인간의 잘못됨에 대한 교정책으로서 하나님의 심판 가능성은 열어 놓고 있다.[9] 웨더헤드 식으로 말하자면 이는 하나님의 궁극적 뜻의 실현을 위해 아주 특별한 경우 한정적으로 일어나는 '상황적 뜻'에 해당할 것이다. 따라서 모든 고통이 하나님의 뜻 때문이라는 성급한 일반화는 조심해야 한다. 그리고 유한한 인간으로서는 특정 비극적 상황이 하나님의 뜻 때문이라고 말할 자격과 능력이 없다는 것도 인정해야 할 것이다. 우리가 하나님의 의도적 뜻, 상황적 뜻, 궁극적 뜻을 균형감 있게 고려하면, 아무리 악한 상황에 있더라도 그 속에는 우리를 위한 그분의 뜻이 있다는 것을 알게 된다. 그렇기에 혼란과 고통 속에 있더라도 하나님이 마련한 길을 찾고 걸어갈 수 있도록 자신을 훈련해야 한다.

어떻게 하나님의 뜻을 알 수 있을까?

인류 역사를 보면 비극적 상황 속에서도 하나님의 뜻을 찾고 이를 자신의 삶으로 살아 낸 사람들이 늘 있었다. 이들의 신실한 현존은 깨어진 세상 속에서도 희망을 간직할 이유가 되었다. 심지어 인간의 광기와 폭력성이 최고조에 이르렀던 제2차 세계대전 당시 나치 독일이 설치했던 아우슈비츠 수용소에서도 하나님의 임재하심을 증언하는 사람들이 있었다.

에디트 슈타인Edith Stein, 1891-1942은 독일의 유대인 가정에서 11남매 중 막내로 태어났다.[10] 그의 생일인 1891년 10월 12일은 이스라엘이 오랜 기간 지켜 왔던 속죄의 날이었다. 어릴 때부터 뛰어난 지적 능력을 뽐내던 그는 나이가 들어 감에 따라 유대교로부터 점점 멀어져 갔고 그 대신 철학에 심취해 갔다. 25세에 박사학위를 받으면서 그는 현상학자 에드문트 후설Edmund Husserl, 1859-1938의 수제자로 철학계에서 주목을 받았고, 당시 유럽에도 낯설었던 여성 교육의 선구자로 활동하였다. 그러다 그는 십자가의 신비를 체험하게 되었고, 결국 1922년에 세례를 받고 그리스도인이 되었다. 속죄의 날에 태어난 유대인 철학자는 1938년 자신을 그리스도께 바치기로 결심하며 가르멜 수녀회에 종신 서약을 하였다. 하지만, 나치의 폭력성이 극에 달하며 가톨릭으로 개종한 유대인일지라도 아우슈비츠 강제 수용소로 보내지게 되었다. 네덜란드로 피신한 그도 결국 언니와 함께 독일군에 붙잡혔고, 1942년 8월 2일 가스실에서 생을 마감하게 되었다.

에디트 슈타인의 삶과 죽음은 우리에게 무엇을 말해 주는가? 탁월한 지성을 가졌던 여성 철학자, 진리를 위해 살았고 결국은 그리스도에게 헌신했던 사람의 죽음으로는 너무 허무하지 않은가? 그의 죽음은 일반적 관점에서 볼 때 불합리하고 이해할 수 없는 일에 불과할지 모른다. 그러나 그의 삶의 마지막을 함께했던 사람들의 증언은 사뭇 다르다. 절망에 빠지고 절대자를 원망할 충분한 이유가 있던 상황에서, 오히려 그는 침착하고 평온한 태도를 유지함으로써 불안에 떨고 있던 다른 사

질문하는 신학

람들에게 위안이 되어 주었다. 공포와 불평이 전염병처럼 퍼져 나가며 그나마 너덜너덜 남아 있던 마음의 보호막마저 갉아먹으려 할 때, 그는 절대자의 존재를 기도와 묵상과 섬김으로 끝까지 증언했다. 이것은 한 여성만의 이야기가 아니다. 아우슈비츠에서 자신들의 신앙으로 희망을 이어 가던 여러 사람은 "하나님 임재의 불꽃이 꺼져 가지 않도록 지키는 지성소가 되었다."[11] 인간의 광기와 불안이 희망을 응시하던 눈을 어둡게 할 때, 이들은 세상이 완전한 어둠에 잠기지 않도록 묵묵히 빛을 비추는 역할을 했다.

그렇다면 어떻게 우리는 지금 여기서 하나님의 뜻을 분별하고 그 뜻을 따라 살아갈 것인가? 인생을 여정으로 비유하자면, 우리는 종착지에 이를 때까지 그 뜻을 온전히 알 수는 없다. 심지어 성서는 하나님의 뜻이 인간으로서 알 수 없는 신비이고, 우리의 '기대와는 정반대로' 나타날 수 있음을 보여준다(마 11:25-26; 눅 10:21). 그렇다고 미리 실망부터 할 필요는 없다. 왜냐하면 우리가 낯선 길을 가고 있더라도, 종착지로 인도해 줄 표지판이 중간중간에 있기 때문이다.

웨더헤드는 하나님의 뜻을 분별하게 도와주는 표지판을 다음과 같이 제시한다. '양심, 상식, 친구의 충고, 문학 작품이나 역사책, 교회의 목소리, 내적인 빛.'[12] 웨더헤드가 소개한 표지판의 종류나 개수에 모두가 동의할 필요는 없을 것이다. 그런데 한 가지 명심할 것은 이 같은 표지판들이 제대로 역할을 하려면, 하나님의 뜻을 찾아 나가는 순례자들이 반드시 갖춰야 할 더 근원적인 것이 있다는 점이다. 그것은 바로 하나님에 대한 신뢰, 그리고 그분의 뜻을 지탱하는 용기와 끈기와 인내이다. 그렇지 않다면 아무리 좋은 표지판이 많이 있다고 해도 별 의미도 없고 도움도 못 된다. 인격적 관계 없이 하나님의 뜻을 알려고 하는 것은 그 뜻을 신탁oracle 내지는 주술spell 정도로 만들어 버린다. 하나님 뜻이 가져오는 새로운 가능성과 고통을 감내하려는 담대함과 끈기가 없는 인간은 그 뜻을 개인의 입맛에 맞춰 취사선택하게 마련이다.

복음서가 증언하는 예수 그리스도는 하나님의 뜻을 머리가 아니라 깊은 관계와 절대적 신뢰 속에서 파악하고, 그 뜻에 용기와 인내로 반응하셨던 분이셨다. 그분은 하나님의 뜻을 어떻게 구해야 할지 다음과 같은 기도로 보여주셨다.[13] "뜻이 하늘에서 이루어진 것같이 땅에서도 이루어지이다"(마 6:10). 십자가를 지시기 전 그분은 하나님의 뜻을 바로 파악하고자 얼굴을 땅에 대고 고뇌하며 다음과 같이 기도했다. "이 잔이 내게서 지나갈 수 없거든 아버지의 원대로 되기를 원하나이다" (마 26:42). 개역개정의 한국어 번역으로는 위 두 구절의 유사성이 잘 보이지 않지만, 그리스어 성경이나 영어 번역본을 보면 두 구절에서 놀랍게도 똑같은 표현을 발견할 수 있다. 그것은 바로 "당신의 뜻대로 되게 하소서"Thy will be done라는 구문이다. 즉, 주기도문과 겟세마네 기도의 핵심에는 나의 뜻이 이루어지는 것이 아니라, 하나님의 뜻에 나를 맞춤으로써 하나님의 뜻이 이 땅에 이루어지게 해달라는 간구가 있다.

마 6:10	Thy kingdom come. *Thy will be done* in earth, as it is in heaven.
마 26:42	He went away again the second time, and prayed, saying, O my Father, if this cup may not pass away from me, except I drink it, *thy will be done*.

마태복음에 나타난 예수 그리스도의 두 기도(인용문은 King James Version)

하나님 뜻이 이 땅 위에 이루어지는 것, 이것이 예수 그리스도의 삶을 요약하는 말이 아닐까? 그리스도의 고별사의 마지막에 나오는 기도에도 그분의 인격과 사역 전체가 바로 하나님의 뜻임을 보여준다(요 17:1-8). 즉, 하나님의 뜻을 알기 위해서 우리는 예수 그리스도를 응시해야 하며,

그 뜻을 이루기 위해서 예수 그리스도를 모방하는 삶imitatio Christi을 살아야 한다. 그런 의미에서 하나님의 뜻은 '이론'의 영역에 머물러서는 안 된다.

하나님과 관계의 깊이를 더하는 것, 예수 그리스도처럼 사는 것이 하나님의 뜻을 알고 행하는 길임을 성서는 보여준다. 그리스도도 하나님의 뜻을 아는 것보다 그 뜻대로 행하는 것이 더 중요하다고 강조하셨다. 그분은 "주여 주여 하는 자"가 아니라 "하늘에 계신 내 아버지의 뜻대로 행하는 자"(마 7:21)가 천국에 들어간다고 말씀하셨다. 심지어 피와 가문이 아니라 "누구든지 하나님의 뜻대로 행하는 자가 내 형제요 자매요 어머니이니라"(막 3:35)라고 하셨다.[14]

물론 미지의 것에 대한 근원적 불안이 있는 인간은, 특정 행동을 하기 전에 설명서나 안내서를 구해서 지식을 미리 충분히 습득하기를 원하기 마련이다. 일을 진행하면서 실수를 줄이고 행동에 따르는 부정적 결과를 최소화하기 위해서도 바른 지식이 선행될 필요가 있다. 그런데 하나님의 뜻을 정확히 알기 전까지 움직이지 않겠다는 것은, 수영이 무엇인지 완전히 이론적으로 익힌 이후에 물에 들어가겠다는 것과 비슷한 태도가 아닐까? 성서 역시 우선하는 것은 하나님의 뜻을 아는 것이 아니라 행하는 것이라 말한다(요 7:16 17).

하나님의 뜻이 인간의 자유를 말살하지 않는가?

하나님의 뜻에 관해 이야기할 때 가장 우리를 곤란하게 만드는 것 중 하나는 '그분의 뜻과 우리의 자유의지가 양립할 수 있느냐'라는 문제이다. 즉, 하나님의 뜻에 우리의 뜻을 맞추는 것이 자유라면 과연 그것을 진정한 의미에서 자유라고 할 수 있을까? 이 질문에는 여러 신학적 난제가 복합적으로 얽혀 있고, 앞선 장에서 섭리와 자유의지를 다루며 개략적인 설명은 했기 때문에, 여기서는 자유 개념의 실천적 의미에 집중하고자 한다.

우리는 흔히 하나님의 자유와 인간의 자유의 관계를 '땅따먹기' 식으로 생각하곤 한다. 땅따먹기 놀이를 할 때 한정된 땅에서 상대가 나보다 더 많은 영토를 가지면 그만큼 내가 가질 수 있는 영토가 줄어든다. 마찬가지로 하나님의 뜻이 차지하는 비중이 클수록 인간의 자유의 영역이 줄어든다고 상상하기가 쉽다. 그러나 이는 하나님을 인간 존재와 동일한 지평에 놓았기 때문에 생기는 오류라 할 수 있다. 그 결과 인간이 자기 뜻에 따라 자유를 행사하며 사는 것을 자율(自律)autonomy로, 인간이 하나님의 뜻에 따라 사는 것은 타율(他律)heteronomy이라고 단순화시켜 이분법적으로 생각하게 된다.[15]

이러한 곤란을 피하고자 웨인 그루뎀은 하나님과 인간이 다른 지평에 있음을 명심해야 한다고 주장한다. 그루뎀은 극작가와 등장인물의 관계가 하나님과 인간의 관계의 유비가 될 수 있다고 본다.[16] 예를 들어 셰익스피어의 대표작 『맥베스』Macbeth에서 던컨 왕은 주인공 맥베스에게 살해된다. 극 중에서 던컨 왕을 죽이기로 한 것은 100퍼센트 맥베스의 뜻이다. 반면 극 밖으로 나와서 보면 던컨 왕이 살해되어야 한다는 것은 100퍼센트 셰익스피어의 뜻이다. 즉, 던컨의 죽음은 맥베스의 뜻이자 셰익스피어의 뜻이기도 하다. 하지만, 모든 비유가 그러하듯 여기에는 문제가 있다. 극 중에서 맥베스가 자기의 의지로 던컨을 죽였지만, 사실 그것은 셰익스피어의 숨겨진 뜻의 실행일 뿐이다. 엄밀한 의미에서 맥베스의 자유란 없는 셈이다.

그루뎀의 문제는 충분히 삼위일체적으로 생각을 하지 못했다는 데 있다. 반면 칼 바르트는 신학적 의미에서 자유에 대해 다음과 같이 삼위일체적으로 재정의한다. "하나님은 그분의 고유한 자유 안에서 스스로 성부와 성자와 성령이 되기 원하셨다. 그러함으로써 하나님의 자유는 인간 자유의 근원이 되었다."[17] 즉, 하나님이 삼위일체이시듯, 하나님의 뜻도 삼위일체적이며, 인간의 자유도 삼위일체론적 틀 안에서 바로 이해될 수 있다.

이러한 삼위일체론적 전제에서 나온 것이 하나님 뜻과 인간의 뜻의 관계를 (형이상학이 아니라) 역사의 드라마라는 관점에서 보려는 현대 신학의 흐름이다.[18] 우선 창조자이자 섭리자로서 '성부'의 영원한 뜻이 있다. 유비를 찾자면 성부는 '극작가'이자 극이 상연될 무대를 만드는 '제작자' 역할을 한다. 그리고 역사의 중심이신 '성자'는 극에서 '주인공'에 해당한다. 그러나 극작가와 주인공만으로는 극이 완성되지 못한다. 좋은 작품이 만들어지려면 훌륭한 조연이 필요한데 그 역할을 맡은 것이 역사 속에 나타난 자유의지를 지닌 수많은 인간이다.

그런데 단순히 대본을 달달 외운다고 명배우가 되지 않는다. 조연은 대본을 숙지해서 극에 충실하면서도 주인공 옆에서 자신의 개성을 살려 독특하고 매력적인 인물을 만들어 내야 한다. 이러한 명조연이 나오기 위해서는 배우가 스스로 대본을 공부하고 연기 내공 쌓는 것 이상으로, 각 배우의 숨은 잠재력을 일깨우고 이를 표현하게 해주는 감독의 역할이 중요하다. 또한, 자신의 역할에 전심으로 집중하고 있는 여러 조연에게 극의 전체 흐름에 대한 감각을 일깨워 주고, 또 각자의 개성이 충돌하지 않고 조화를 이루면서 하나의 극을 만들어 가게 하는 사람이 바로 감독이다. 역사 속에서 이와 같은 '감독'의 역할을 하는 것이 '성령'이다. 마치 명감독이 배우 각자의 개성과 극 양자를 조화시키듯, 성령은 성부의 뜻을 우리의 개성과 자유에 따라 발현하게 하시면서 그리스도의 사역이 역사 속에서 이루어지게 하신다.

물론 '극작가-주인공-감독'은 삼위일체에 대한 우리의 상상력으로 만들어 낸 비유로 여전히 불완전하다. 그럼에도 이러한 삼위일체론적 틀은 어떻게 우리의 뜻을 하나님의 뜻과 맞출 수 있을지에 대해 중요한 통찰을 준다. 훌륭한 감독을 만난 배우가 자신의 숨겨진 면모를 발견하고 자신이 맡은 역할에 대한 이해가 깊어가듯, 성령은 각자가 지닌 고유성을 발견하고 개발하도록 도우시고, 이를 하나님의 뜻이라는 더 큰 틀 속에서 풀어내게 이끌어 주신다.

우리의 뜻에 임하는 하나님의 뜻

그리스도인의 모습을 관찰하다 보면 하나님의 뜻을 구하는 두 경우가 흔히 목격된다. 첫째는 고통의 순간이다. 이때 많은 사람이 '왜'로 시작하는 질문을 많이 던진다(왜 이런 일이 일어났지? 왜 하필 나지? 등). 둘째는 중대사를 앞두고 있을 때이다. 이때는 대부분 '무엇'이라는 질문을 던진다(무엇을 선택해야 하지? 무엇이 최선일까? 등). 워낙 실존적으로 다급한 상황이다 보니 이럴 때 '하나님의 뜻'이라는 신비가 우리의 질문과 호기심에 대한 답으로 쉽게 번역되어 버릴 위험이 있다. 그러다 보니 하나님의 뜻이 귀에 걸면 귀고리 코에 걸면 코걸이처럼 우리의 필요에 따라 해석되는 경우가 많다.

그런데 성서는 특정 역사적 사건을 가리켜 하나님의 뜻이라고 부르는 경우가 거의 없다. 특히 신약성서에서 하나님의 뜻은 구원 계획(롬 9:19), 구원을 위한 부름이나 십자가(행 2:23; 히 6:17), 성화의 삶(살전 4:3; 5:18; 벧전 2:15) 등과 결부된다. 이처럼 하나님의 뜻은 하나님이 진정으로 기뻐하시는 바이자, 우리를 행복하게 만드시는 그분 의지의 은혜로운 표현이다. 그렇기에 우리도 일상에서 경험하게 될 어떤 구체적 사건을 하나님의 뜻이라 부르는 것을 조심해야 한다. 왜냐하면 우리는 역사의 주인이 아니기에, 그런 초월적 시각에서 역사를 판별할 능력이 없기 때문이다.

C. S. 루이스는 『천국과 지옥의 이혼』에서 시간에 묶여 있는 인간의 시각과 영원에 속한 하나님의 시각 사이의 근원적 차이를 다음과 같이 표현한다. "망원경을 거꾸로 보면 큰 물건도 작고 선명하게 보이잖나. 시간은 그처럼 너무 커서 안 보이는 것을 작게 줄여 볼 수 있게 해주는 렌즈와 같다네."[19] 유한한 인간은 시간에 종속되어서 역사라는 렌즈를 통해 영원을 볼 수밖에 없다. 이 렌즈는 지금 여기서 하나님의 뜻을 깨닫고 해석하게 해주는 중요한 매체이다. 반면 렌즈를 통하다 보니 하나님의 뜻을 파악하는 우리의 시각은 편협하며, 그 뜻을 해석하는 언어는 빈곤하고, 그 뜻을 실천하는 손과 발은 서툴 수밖에 없다.

이러한 인간의 한계에 대한 진단이 너무 비관적으로 느껴지는가? 하지만 피조물로서 경계를 인식하는 것도 하나님의 뜻의 일부이며, 그 뜻에 따라 사는 첫걸음이라 할 수도 있다. 오히려 이때 '내가 어떻게 숨겨진 하나님 뜻을 아느냐?'의 질문에 머무르지 않고, '하나님의 뜻이 하늘에서와 같이 내 삶과 공동체 안에서 이루어지게' 삶의 지향성 자체를 바꿀 가능성도 생긴다. 나에게 숨겨진 하나님 뜻을 알아내려고 안달하는 것이 아니라, 그 뜻 안에서 안식을 누리게 된다. 우리의 뜻에 하나님의 뜻이 임할 때 나와 공동체는 폭력과 혼돈과 우울함에 물든 사회 속에서 하나님의 의지가 임하는 평화의 지성소가 될 수 있다.

그분의 뜻 안에 우리의 평화가 있습니다.
그 뜻은 모든 존재하는 것이 흘러 들어가는 바다입니다.
그분 뜻이 창조한 것과 자연이 만든 것 모두가 흘러가는 바다입니다.[20]

적용과 토론을 위한 질문

1. '이것도 정말 하나님의 뜻이라고 할 수 있을까?'라고 자괴감이 든 순간이 있는가? 혹 그렇다면 왜 이것이 만물의 주이신 하나님의 뜻이 될 수 없다고 생각했는가?

2. 성서에서 말하는 하나님의 '뜻'과 일반적으로 말하는 '뜻'의 차이는 무엇일까?

3. 버스 기다리기와 하나님의 뜻 기다리기, 이 둘에서 '기다리다'의 의미는 어떻게 다를까?

4. 여러분은 어떤 상황에서 하나님의 뜻을 가장 많이 찾고 있는가? 교회에서는 언제 하나님의 뜻을 찾으라고 조언을 하는가?

5. 웨더헤드의 '뜻'에 대한 분석은 여러분을 불안하게 만드는가, 아니면 자유하게 만드는가? 왜 그렇다고 생각하는가?

6. 하나님의 섭리를 '감독'의 역할에 비유하는 것은 하나님의 뜻을 어떻게 이해하게 하는가? 감독 말고 더 적절한 비유가 있을까?

7. 앞서 에디트 슈타인의 이야기에서도 보듯, 비극적 상황에서도 자신의 뜻에 하나님의 뜻이 이루어지게 하는 사람들이 역사 속에 존재했다. 이 사람들은 위험하고 두려운 상황에서 어떻게 그런 일을 할 수 있었을까? 하나님 뜻이 그러한 사람들을 통해 보인다 하더라도 상황이 변화할까? 여러분 주위에 그러한 사람이 있는가?

악과 고통을 어떻게 이해해야 할까?

고통의 시대, 교회의 역할은?

사람으로 산다는 것은 고통과 함께한다는 말이다. 사실 사람들이 종교를 가지는 가장 큰 이유 중 하나도 고통에서 벗어나거나 그 무의미함을 극복하기 위함이다. 그리스도교 내에도 고통의 신비를 설명하려는 다양한 신학적 시도가 있었다. 목회 현장에서는 고통당하는 성도를 위한 다양한 형태의 목회적 돌봄이 이뤄지고 있고, '치유집회'라는 이름의 특수화된 모임을 하기도 한다. 큰 재난이 일어날 때마다 신학자들에게 이 사건을 신앙인으로서 어떻게 봐야 하냐고 문의가 들어온다. 신학교에서는 앞으로 목회자가 될 사람들에게 고통의 문제를 신정론theodicy이라는 제목으로 이론적으로 가르친다.[1]

고통의 문제는 수많은 지성이 오랜 시간 씨름해 왔던 문제이기도 하다. 하지만, 고통당하는 사람들의 실존적 질문은 교회라는 장소에서 독특한 신학적 형태를 가지게 된다. 전능한 하나님께서 고통을 없애실수는 없는가? 선한 하나님께서 고통을 허락하셨는가? 기도하면 고통으로부터 건져질까? 고통 중에 있는 사람은 하나님의 심판을 받고 있는가? 이러한 질문들은 고통을 직접적으로나 간접적으로 경험한 사람이라면 누구나 던질 수 있다. 그런 의미에서 고통만큼 학식 있는 자의 세련됨과 경험 많은 사람의 노련함이 힘을 잃는 순간도 드물다. 고통 앞에서만큼 이론과 현실 사이의 막이 흐물흐물해지는 계기도 찾기 힘들다.

필자가 전도사 생활을 했던 교회 중 한 곳은 유독 아픈 성도가 많은 공동체였다. 그래서인지 담임 목사님께서 신유와 치유를 위한 특별기도회 형식으로 부흥회를 진행하셨다. 부흥회가 이어지는 내내 강사목사님의 설교와 교인들의 기도와 간증이 뜨겁게 이어졌다. 그러나 집회의 열기가 더하는 중에도 어두운 얼굴을 하고 가만히 앉아 계시는 분들이 마음에 걸렸다. 그중 한 분이 부흥회가 끝난 후 개인적으로 만나자고 하시더니 다음과 같은 말씀을 하셨다. "저녁마다 하나님께서는 기도하고 매달리는 이들을 고쳐 주신다는 말씀이 선포되고, 은혜로 고침을 받았다는 사람들 이야기가 나오는데, 고통 중에 죽게 된 내 가족은 믿음이 없다는 말인가요? 아니면 하나님의 사랑을 받지 못했다는 것인가요? 아픈 이를 위한 진실한 중보기도를 하나님께서 들어주신다면, 치유를 경험하지 못한 이의 가족은 교회생활을 떳떳하게 할 수 있을까요?" 고통의 무게를 덜어 주고자 기획되었던 집회가 오히려 고통의 무게를 더해 버리고 말았다.

성서는 심지어 몸과 뼈를 뒤흔드는 고통 속에서도 기뻐하고 감사하고 즐거워할 수 있다고까지 말한다(합 3:16-18; 마 5:11-12; 롬 5:3-4 등). 그런데 이 말 역시 맥락에 따라 위험해질 수 있다. 실제 고통에 빠진 사람에게 기뻐하라는 것만큼 잔인한 충고도 없을뿐더러, 고통 속에서 즐거워할 수 있음이 믿음의 척도가 되어 버리면 그것만큼 비인간적인 상황도 상상하기 힘들다. 그러다 보니 고통의 신비에 대한 신학적 답변이 오히려 고통당하는 사람을 더 절망에 빠트릴 위험을 만들어 내기도 한다.

인류와 함께해 온 고통이기에 이 문제를 설명하려는 이론은 너무나 많다. 성서를 보더라도 구약에서부터 고통이라는 주제가 아주 강하게 두드러져 있음을 발견할 것이다. 조직신학 책을 봐도 고통의 문제를 다루는 복잡한 이론이 여럿 제시되어 있다. 이들 중 어떤 이론은 감정적으로는 더 쉽게 와닿을지 모르나, 신학적으로는 문제가 있기도 하다. 철학적으로 잘 다듬어진 이론이지만, 현실과는 쉽게 공명을 이루지 못하는 경우도 있다. 학자에 따라 선호되는 이론이 있다면, 시대에 따라 더 많은 공감대를 일으키는 설명 방법이 있기도 하다. 심지어 널리 알려져 있고 목회 현장에서 자주 쓰이는 이론이 성서가 아니라 철학이나 타종교에 그 뿌리를 두고 있는 경우도 있다. 이처럼 고통이 던지는 도전이 너무나 크고 다양하고 심오하기에, 이 주제는 특별히 세 장에 걸쳐 살펴보도록 하겠다.

고통에 대한 이론적 성찰이 과연 필요한가?

고통은 생생하다. 고통의 기억과 감정은 혼란스럽다. 이러한 고통을 정적이고 체계적인 이론으로 설명하려는 것 자체가 가능하기나 할까? 일반적 상황에서는 복잡한 논의를 진행하기 전에 먼저 용어부터 정리하고 들어가면 큰 도움이 된다. 고통이라는 주제를 연구할 때도 악, 고통, 고난 등의 단어를 개념적으로 구분할 필요가 있다.[2]

우선 '악'(惡)evil은 우리에게 고통을 주는 실재를 흔히 의미한다. 그리고 '고통'(苦痛)suffering은 악이 우리에게 자아내는 객관적인 형태의 아픔이란 용례로 많이 쓰인다. '고난'(苦難)pain은 주관적으로 우리가 경험하게 되는 아픔이란 뜻으로 흔히 사용된다. 고난은 주로 감정과도 깊이 결합하기에 복잡한 형태를 띠는 경우가 많다. 따라서 같은 어려움에 부딪히더라도 사람에 따라 체험하게 되는 고난의 정도는 다를 수 있다. 이러한 구분법을 알아 두면 도움이 되지만, 막상 대부분의 사상가는 '고통'이라는 개념을 포괄적으로 사용한다. 이 글 역시 암묵적으로는 악과 고통과 고난의 차이를 전제하지만, 꼭 필요한 경우가 아니면 악이나 고난 대신 '고통'이라는 단어를 주로 사용할 예정이다.

이론의 영역에서 내려와 삶의 현실을 보도록 하자. 머릿속에서는 개념적으로 악, 고통, 고난을 나눌 수 있지만, 실제로 아픔을 겪자마자 셋을 구분하던 가림막의 취약함과 무용성이 드러난다. 고통은 존재 전체를 요구하는 것처럼 우리를 무규정적 아픔 속으로 끌고 들어간다. 게다가 아파하는 사람에게 악, 고통, 고난의 논리적 구분을 유지하도록 강요하는 것은 잔인한 인식론적 폭력이 될 수 있다. 『고통의 문제』라는 탁월한 변증서를 낸 C. S. 루이스도, 아내의 죽음 앞에서는 매끈한 이론으로 위로를 얻지 못해 슬픔 자체를 성찰한 『헤아려 본 슬픔』을 쓰지 않았는가?[3] 미국의 기독교 철학자 월터스토프 역시 사랑하는 아들이 죽었을 때, 상실의 고통에 대한 철학적 분석 대신 짧은 회상과 묵상을 묶어내지 않았는가?[4]

루이스나 월터스토프처럼 뛰어난 지성들도 본인의 고통 앞에서는 길고 유려한 이론 대신 비학문적 단편을 모을 수밖에 없었다. 고통스러운 기억이 사고를 계속 간섭하고 감정의 폭발을 유도하기 때문에, 고통의 문제를 다루기에는 솔직한 생각을 짧게라도 꾸준히 기록하는 것이 가장 적합한 글쓰기 방식일지도 모른다. 게다가 고통 때문에 잘 짜인 이론이 무력하게 된 상황에서는 절대자에 대한 원망이나 악을 막지 못한 후회와 자책, 정제되지 않고 분출되는 감정, 쓰라린 기억의 틈에서 솟아난 깨달음 등에서 독자들은 영적으로나 정서적으로 더 큰 지지를 얻는다고도 할 수 있다.

그렇지만 고통에 대한 개념적 정리나 이론적 접근은 여전히 '현실적으로' 필요하다. 스피노자가 말했듯 "고통의 감정은 우리가 그것에 대한 분명하고 정확한 이해를 하는 순간 고통이기를 그친다."[5] 물론 고통에 대한 완벽한 이해는 불가능하겠지만, 그런 시도 자체는 의미가 있다. 고통에 대한 성찰은 고통의 상처와 기억과 함께 살아가는 법을 배우게 한다. 사실 고통은 존재의 에너지를 자기 자신에게 집중시킨다는 데 위험성이 있다. 고통은 나 이외에 타자를 볼 수 있는 여유를 앗아 가며, 머리에서 진행되는 고통의 드라마를 실제 역사와 혼동하게 하며, 내게 아픔을 준 누군가를 찾아내 '탓'하도록 하며, 슬픈 기억을 계속 반복하는 중에 자기 미화와 기만을 정당화한다. 결국 아픔을 연료 삼아 더 커지고 뜨거워진 '망상'은 고통 받는 당사자를 더 괴롭히고, 심지어 다른 사람에게까지 고통을 일으킨다. 이처럼 복잡하게 얽히고설킨 고통의 기억과 감정을 한 올씩 풀어내어 망상에서 벗어나려면, 고통에 대한 이론적 성찰이 어느 정도 도움이 될 수 있다.

홀로코스트 생존자인 빅터 프랭클은 극심한 고통 속에서 인간성을 잃지 않고 생존할 수 있는 것은 인간이 '의미'를 찾는 존재이기 때문이라고 했다.[6] 달리 말하면 신앙이 이해를 추구하는faith seeking understanding 것처럼, 고통은 의미를 찾고 있는suffering seeking meaning 것처럼 보인다. 그런데 '의미'는 어떤 사건을 접할 때 자동으로 생겨나는 것이 아니다. 의미는 그 사건을 이해하고 해석하고 정리해 줄 언어와 상징과 이야기 구조 등을 통해 형성된다. 물론 고통에 대해 완결된 설명은 있을 수 없기에, 아프고 슬프고 분한 감정은 이론의 유무와 상관없이 지속되거나 증대되기도 할 것이다. 또한 아무리 탁월한 설명이라도 고통에 대한 예방주사나 만병통치약으로 사용될 수 없을 것이다. 하지만, 사람됨이 고통과 분리될 수 없기에, 고통에 대한 건전하고 올바른 설명 방식은 인간이 인간 되게 하는 데 매우 중요하다. 반대로 고통에 대한 잘못된 이론은 인간성 파괴로 이어질 수밖에 없다. 따라서 고통의 비밀을 완전히 풀어 버리겠다는 독단주의가 아닌, 그렇다고 고통 앞에서 무조건적인 침묵도 아닌, 양극단 사이의 균형 잡힌 지혜가 우리에게 요구된다.

고통은 악한 영이 일으키는가?

모든 일에는 원인이 있다. 그러니 고통이라는 '결과'를 일으키는 '원인'인 악도 있게 마련이다. 이처럼 인과율이라는 생각의 습관은 고통의 문제를 다룰 때도 작동한다. 사람들은 자신이 고통을 왜 당해야 하는지 불명확할 때, 고통의 배후에 단지 질서정연한 자연법칙이 있다는 데 만족하지 못하곤 한다. 또한 고통이 '나'란 존재를 속속들이 잘 아는 것처럼 총체적으로 괴롭힌다는 점에서, 비인격적인 원인이 아니라 미지의 영적 존재가 고통을 일으키는 것 같아 보인다. 그래서인지 종교가 있든 없든 많은 사람이 고통을 영적 원인으로 설명하려 한다. 예를 들어 어떤 사람이 폭풍으로 재산을 잃었다면, 그러한 고통을 일으킨 악은 자연재해이다. 그런데 여기서 더 나아가 악한 영이 괴롭히려고 혹은 하나님께서 벌주시려고 강풍을 불러왔다고 생각하면 고통의 영적 원인을 상정하는 셈이다.

실제 고대에는 악한 일의 배후에는 악한 신이 있다고 믿어 왔고, 악한 신은 선한 신에 대항하는 우주의 한 축으로까지 이해되기도 했다.

이 같은 이원론적 설명 방식은 궁극적 존재는 오직 하나라고 믿는 유일신론 체계에서는 용납될 수 없었다.[7] 즉, 악이 아무리 크더라도 선한 절대자 혹은 천지의 창조자와 동등한 지위를 결코 가질 수 없다는 것이다. 그럼에도 고통을 직접 유발하는 악한 영을 상정하는 방식은 사람들의 종교적 상상력을 휘어잡아 왔다.

주후 1세기부터 지금까지 그리스도교는 이원론적 신념 체계, 곧 선한 신과 악한 신의 투쟁의 결과로 고통이 생긴다고 보는 견해와 싸워오고 있다. 비록 유일신론이 선악 이원론을 원천적으로 배격하지만, 성서는 또한 고통의 배후에 악한 영이 있다고 명시하고 있다(대상 21:1; 욥 1:6; 슥 3:1-2; 마 4:1-11; 계 20:2-3 등). 그렇다면 이들은 누구이며, 어떤 존재론적 지위를 가질까? 어떤 이는 성서가 과학적 세계관 등장 이전에 작성된 고문서이기에 마귀, 사탄 등에 대한 미신적 사고를 포함하고 있다고 설명한다. 피상적으로 볼 때는 이러한 세련된 설명이 교양 있는 현대인에게는 더 설득력이 있어 보이기도 한다.[8] 하지만 오래된 것이기에 덜 신뢰할 만하다고 보는 '연대기적 속물주의'chronological snobbery [9]만큼 큰 인식론적 폭력도 찾아보기 힘들다.

그렇다면 우리는 고통을 일으키는 영적 존재를 어떻게 이해해야 할까? 고통의 원인으로 악령을 상정할 때 주의할 점 세 가지를 간략히 소개하고자 한다.

첫째, 사탄이나 악마 등을 전근대적인 신화로 보던 지난 세기와 달리, 최근 신학계는 성서가 증언하는 악한 영적 실재에 지대한 관심을 보이고 있다. 악한 영의 존재에 대한 근대인의 부정 이면에는 인간의 의지와 행동이 선과 악의 근원이라는 개인주의적 윤리가 깔려 있기도 하다. 하지만, 신약성서는 하나님의 창조와 섭리 안에 있는 타락한 권세들에 관해 이야기하고 있으며(골 1:15-17; 2:20; 롬 8:38 등), 현대 신학

은 이러한 영적인 힘의 위협에 노출된 나약한 인간상을 새롭게 발견해 내고 있다.[10]

둘째, 비록 성서가 악령을 소개하긴 하지만 결코 선과 악의 이원론을 승인하지는 않고 있다. 니케아 신경도 성부 하나님을 "유형무형한 만물의 창조주"Maker of all things visible and invisible라고 소개함으로써, 보이지 않는 악한 영도 하나님의 피조물임을 간접적으로 증언한다. 하나님의 선한 피조물이 어긋나게 되면서 악하게 되었다면, 그는 그 자체로는 존재의 근거를 가지지 못하고 있다. 창조 신앙의 관점에서 볼 때 악한 영적 세력은 하나님의 피조 세계의 한계 내에 있을 뿐이고, 종말론적 관점에서 말하자면 악은 결코 선을 이길 수가 없다. 아무리 현실이 선과 악의 전쟁터 같아 보여도 밀턴의 『실낙원』이 잘 보여주듯 이는 사탄과 하나님이 아니라 두 천사장인 미카엘과 루시퍼의 싸움이라 할 수 있다.[11]

셋째, 성서가 고통의 배후에 영적 실재를 상정한다 해도, 모든 고통이 악한 영에서 비롯된다고 일반화하지는 않는다. 사탄이 모든 고통의 근원이라는 생각은 성서가 이야기하는 고통의 복잡한 원인을 단순화하는 것이다. 또한 이는 고통 받는 이를 악한 영에 조종당하는 자라고 부당히 정죄할 수 있는 잘못된 신학적 기반이 될 수 있다. 무엇보다 이는 고통에 대한 책임을 누군가에게 전가하는 부정직하고 비열한 태도로 발전할 수 있다. 그 결과 모든 고통이 다 악마적 존재에게서 왔다는 생각은 사람들 마음에는 증오와 두려움을, 사회적 관계 속에는 폭력의 씨앗을 심을 수도 있다.[12]

고통의 원인으로서 악한 영적 존재를 너무 경시해서도, 너무 과대평가해서도 안 된다. 성서는 고통 이면의 영적 실재를 가리키면서, 고통의 비밀이 자연법칙이나 인과율을 통한 설명으로 해소될 수 있다는 단단한 유물론적 신념을 흔들어 놓는다. 오히려 성서는 고통에는 우리에게 감춰진 미지의 차원이 언제나 남겨져 있으며, 고통이 그리스도인의 영적 투쟁으로 이어질 수도 있음을 알려 준다. 또한 성서는 아무리 극악한 영적 실재라도 하나님의 피조 세계의 한계 내에 있다는 희망의 원리를 가르쳐 준다. 그런데 성서를 읽다 보면 일반적으로 이해하기 힘든 또 하나의 악에 대한 설명에 마주하게 된다. 그것은 바로 고통의 배후에 때로는 사탄이 아니라 하나님이 계신다는 것이다.

하나님은 죄를 심판하고자 고통을 주시는 분인가?

기원전 7세기 말, 막강한 무력으로 주변국에 폭력을 가하던 바빌로니아의 위협을 보며 예언자 하박국은 인간이라면 누구나 가질 만할 의문을 하나님께 표한다. "주께서는 눈이 정결하시므로 악을 차마 보지 못하시며 패역을 차마 보지 못하시거늘 어찌하여 거짓된 자들을 방관하시며 악인이 자기보다 의로운 사람을 삼키는데도 잠잠하시나이까"(합 1:13). 이때 하박국은 단지 고통의 순간에 계속되는 하나님의 침묵에 항거한 것이 아니다. 절규에 가까운 하박국의 질문은 그가 목도한 부조리에서 나온 것이다. 그것은 바로 바빌로니아로부터 비롯된 고통과 혼란을 사실상 하나님께서 주도하셨다는 사실이다(합 1:6). 아무리 유다가 부패했다 하거늘, 바빌로니아만큼 악할까? 그런데 그런 바빌로니아를 유다를 심판하는 도구로 하나님이 사용하신다. 이처럼 하나님께서 악을 쓰신다면, 우리는 고통의 원인으로 결국에는 하나님을 주목하지 않을 수 없다.

과연 우리의 고통이 하나님에게서 나온 것인가? 어떻게 선한 분에게서 악한 것이 비롯되는가? 하나님이 우리에게 고통을 주신다는 생각만큼 신앙인을 거북하게 하는 '불편한 진실'도 드물다. 그러나 우리의 소박한 기대와 달리 성서는 하나님에게서 온 시험이나 고통이 있다고 말한다(삼하 24:10-17; 고후 12:7 등). 신학적으로 볼 때도, 하나님께서 우주를 창조하시고 섭리하시는 분이시기에 이 세상의 대소사 중 그분과 무관한 것이 없다. 그렇다면 하나님은 악과 '어떻게든' 관계가 있으실 수밖에 없다. 하나님과 고통의 관계에 관한 혼동을 최소화하고자, 개념적으로나마 두 사태를 다음과 같이 구분해 보도록 하자.

- 하나님께서 우리의 고통을 기뻐하지 않으시지만, 고통을 한시적으로 '**허용**'하실 수 있다.
- 하나님은 악을 일으키는 적극적 원인은 아니시지만, 악을 선한 용도로 '**이용**'하실 수 있다.

악을 교정하고 더 큰 선을 도모하고자 하나님께서 허락하시거나 이용하시는 고통을 '심판'이라고 부른다. 하박국의 예로 돌아가서 생각해 보자. 하나님께서 타락한 유다를 심판하시려고 바빌로니아를 악하게 만드신 것이 아니다. 바빌로니아의 잔인함과 유다의 부패는 모두 개인과 집단의 이기심과 욕망에서 나왔다. 그러나 하나님께서는 궁극적으로 인간을 선으로 이끌고자 악을 '심판의 형식'으로 잠정적으로 허용하고 이용하실 수 있다. 그래서 "의인은 그의 믿음으로 말미암아 살리라"(합 2:4)라는 깨달음을 얻은 하박국은 고통 속에 숨겨진 뜻을 보게 되면서 결국 다음과 같은 고백을 하게 된다. "비록 무화과나무가 무성하지 못하며 포도나무에 열매가 없으며 감람나무에 소출이 없으며 밭에 먹을 것이 없으며 우리에 양이 없으며 외양간에 소가 없을지라도 나는 여호와로 말미암아 즐거워하며 나의 구원의 하나님으로 말미암아 기뻐하리로다"(합 3:17-18).

믿음의 눈을 뜬 하박국은 바빌로니아에 의한 유다의 몰락이 하나님의 '최종' 심판이 아님을 볼 수 있게 되었다. 그리고 국제 정세상 유다가 피하기 힘든 몰락과 고통이더라도, 이를 통해 인간에게 알려지지 않은 더 큰 계획을 하나님께서 이루어 나가실 것을 알게 되었다. 따라서 하박국은 부조리와 고난의 상황 속에서 희망을 잃지 않고 오히려 하나님을 찬양하게 되었다.

하나님의 심판은 악인을 정죄하고 멸절하는 것을 목표로 하지 않는다. 바울은 하나님의 심판 이면의 선한 동기를 무시하는, 목이 곧은 자를 다음과 같이 경고한다. "혹 네가 하나님의 인자하심이 너를 인도하여 회개하게 하심을 알지 못하여 *그의 인자하심과 용납하심과 길이 참으심이 풍성함을 멸시하느냐*"(롬 2:4). 여기서 바울은 하나님의 '인자와 인내'를 강조하면서, 독자들이 심판으로서 고통의 중요한 신학적 의미를 발견하도록 돕고 있다. 그것은 마치 동쪽과 서쪽이 정반대인 것처럼, 심판과 은혜가 서로 떨어져 있는 것이 아니라는 점이다. 오히려, "동이 서에서 먼 것같이 우리의 죄과를 우리에게서 멀리"(시 103:12) 옮기고자 하시는 사랑의 두 모습이 바로 심판과 은혜라는 것이다.

우리에게는 은혜와 심판이 다르게 보이겠지만, 하나님에게는 그러하지 않다. 칼 바르트가 이야기했듯, "우리를 흩으심으로 [하나님은] 우리를 세우신다. 우리를 죽이심으로 그분은 우리에게 생명을 주신다."[13] 따라서 은혜와 무관하게 심판을 생각하는 것만큼 그리스도교의 하나님을 오해하고 모욕하는 경우도 드물다.

하나님은 고통 없이 우리를 성숙시킬 수는 없는가?

심판과 은혜를 함께 묶어 생각해 보면 고통의 긍정적 의미도 발견하게 된다. 일반적 상식과는 다르게 하나님의 심판과 은혜가 서로 연결되어 있듯, 고통과 사랑도 밀접하게 관련되어 있다. 사랑이 고통으로부터 승리하는 경우도 있지만, 사랑이 이기려면 오히려 고통이 필요할 수도 있다. 사랑에 대한 일반적 정의를 잠깐 내려놓고, 우리 기준에 따라 고통을 판단하는 것도 멈추고, 하나님께서 사랑을 베푸시는 대상으로서 인간에 관해 잠깐 생각해 보도록 하자.

흔히 우리는 사랑은 상대에게 좋은 것을 주고 상대가 상처 받지 않게 하는 것으로 생각한다. 심지어 사랑하는 이를 위해 괴로워하는 '나'의 모습을 낭만화하기까지 한다. 그러나 진정한 사랑이라면 상대방에게 고통을 줄 수 있는 정도까지 자기가 책임 있는 존재가 되는 것을 포함한다. 물론 이때 고통은 '고통을 위한 고통'이 아니라, '성숙과 완성을 위한 고통'이다. 너무 뻔한 이야기라 할지 모르지만, 소중한 지혜는 익숙함의 베일에 가려져 있기 마련이다. 아우구스티누스가 요한서신을 설교하며 이용했던 예를 통해 이 익숙한 지혜의 의미를 배워 보자.[14]

아주 상태가 좋은 원목이 있다고 가정해 보자. 일반적으로 원목으로서 가치가 높기 위해서는 흠집이 없고 중간이 구부러지거나 잘려 나가지 않았어야 한다. 이 원목을 발견한 솜씨 좋은 목공 장인은 기뻐서 그 원목으로 작업을 시작한다. 원목은 흠이 없었기에 '좋다'고 여겨졌고 결국 목공에게 선택되었다. 뛰어난 목공예품이 되기 위해서는 원목이 톱으로 정으로 망치로 사포로 쪼개지고 잘리고 두들겨 맞고 다듬어져야 한다. 만약 원목에 자의식이 있다면 자신의 처음 매끈한 모습을 자랑스러워했을 것이고, 장인이 아무리 사랑으로 작업을 하더라도 이를 무의미한 고통의 연속처럼 느낄 것이다. 하지만, 원목에게는 고통으로 경험되는 장인의 손길은 사실 자신의 가치를 높여 주고 새로운 가능성을 열어 주는 활동이다. 마찬가지로 사랑은 상대방의 있는 모습 그대로를 받아들이는 것과 동시에, 상대의 성숙과 완성을 갈망하는 두 가지

차원을 함께 가진다고 할 수 있다. 따라서 사랑은 용납됨의 환희와 안정감을 선사하지만, 동시에 더 좋은 단계로 변모하고 나아가는 성장통을 수반할 수밖에 없다. C. S. 루이스는 이러한 통찰을 이용해 사랑과 고통의 역설적 관계를 다음과 같이 설명한다.

> 인간의 고통과 인간을 사랑하시는 하나님의 존재를 조화시키는 문제는, 우리가 '사랑'이라는 말에 하찮은 의미를 부여하며 인간이 만물의 중심인 양 만물을 바라보는 한 결코 해결될 수 없습니다.……우리를 만드신 주된 목적은……하나님이 우리를 사랑하심으로써 우리를 그의 사랑이 '아주 기쁘게' 머물 수 있는 대상으로 만드시려는 데 있습니다.[15]

고통이 하나님의 심판이지만 그 의미를 올바로 이해하기 위해서는 인간 중심적인 사고부터 탈피해야 한다. 자아를 사랑하는 본능이 있는 존재로서 인간은 좋아하는 사람에게 친절하고 예의 바른 사람으로 인식되고 싶어 한다. 그리고 사랑은 타자를 있는 그대로 받아들이는 것이라고 낭만화한다. 이것은 절반만의 진실이다. 만약 하나님이 한없이 인자한 산타클로스로 남으시면 이 피조 세계는 어떻게 될까? 부모가 자식을 무조건 옳다고만 해주고, 교사가 학생들의 성숙에 무관심하다면 이 사회가 어떻게 될까? 욕망과 어리광과 투정의 아비규환이 되지 않을까?

참된 사랑이 사랑받는 사람 자체를 향하고 그 사람을 있는 그대로 사랑한다는 말은 맞지만, 그렇다고 그의 현재 상태를 '무조건 승인'하는 것은 아니다. 사랑은 변화와 성장을 도모한다. 그렇기에 사랑은 사랑받는 사람에게는 자아가 변하는 고통을 일으킬 수도 있다. 또한 사랑은 사랑하는 사람에게는 '나쁜 사람'으로 인식될 위험에 자신을 노출하고, 그 오명을 인내하고 감수하는 신실함을 요구한다. 이것은 세상을 사랑으로 창조하시면서 인간의 불평과 비난의 대상이 되기로 작정하신 하나님의 역설적 영광을 봐도 알 수 있다.

죄 없는 아기의 죽음도 심판으로 봐야 하는가?

성서는 고통이 하나님의 심판일 수 있다고 한다. 하지만, 여기서 파생되는 또 다른 난제가 있음을 양심적으로 인정할 수밖에 없다. 아무리 좋은 의도로 하나님께서 악을 허용하신다고 하더라도, 그 과정에서 생기는 고통과 고난은 정말로 끔찍하고 생생하지 않은가? 누군가를 심판하려고 일으킨 악이 주변의 무고한 사람을 다치게 할 수도 있지 않나? 도스토옙스키의 『카라마조프 씨네 형제들』에서 나온 "그토록 죄 없는 사람이 다른 사람 때문에 고통을 당할 수 없어!"[16]라는 절규는 아무리 악의 문제를 잘 설명하려 노력하더라도 우리의 귓가에서 가시지 않는다.

고통 이면에 하나님의 선한 의지가 있다고 할지라도, 뒤틀린 인간의 마음은 심판으로서의 고통의 뜻마저 왜곡할 수 있다. 우리의 눈에는 하나님께서 선을 이루시는 방식이 온전히 드러나지 않음에도 선으로 이끄는 하나님의 뜻 대신, 인간은 자기에게 익숙한 인과응보적 논리로 고통의 현상을 이해하기도 한다. 욥기가 그 대표적인 예라 할 수 있다. 이유도 모르고 아파하는 욥을 설득하려는 친구들의 순진한 열정을 통해 자기식으로 고통을 정의하는 인간의 보편적 뻔뻔함이 노출된다. 오늘날에도 고통은 모두 하나님의 심판이라고 말하거나, 고통의 현상에서 무조건 하나님의 뜻을 뽑아내려고 하면서, 부지불식간에 욥기를 현재 상황에서 재연하시는 분들이 있다.

고통의 뜻을 오해하는 인간의 성향을 복음서도 적나라하게 보여준다. 태어날 때부터 앞을 보지 못한 사람을 놓고 '누구 죄 때문에' 이 사람이 비참한 상황에 처해 있냐고 제자들이 물었다. 이 순진하지만 폭력적 질문에 대해 예수 그리스도는 "이 사람이나 그 부모의 죄로 인한 것이 아니라 그에게서 하나님이 하시는 일을 나타내고자 하심이라"(요 9:3)고 말씀하시며 대응하신다. 실로암에 망대가 무너져 죽거나 다치는 이들이 생겼을 때도 사람들은 '사상자들의 죄로' 참사가 일어났다고 생각했다. 그러자 예수 그리스도는 "또 실로암에서 망대가 무너져 치어 죽은 열여덟 사람이 예루살렘에 거한 다른 모든 사람보다 죄가 더 있는 줄 아느냐"(눅 13:4)라며 경고하신다. 이처럼 예수 그리스도는 고통과 심판을 무조건 연결하는 조잡한 인과율의 논리를 거부하신다. 심지어 그분은 죄가 우리에게 있는 '단순화의 욕구'를 통해 더욱 크게 활동하게 된다는 것을 폭로하고 경계하시는 것처럼 보인다.

성서를 보면 아파하는 이가 많은 만큼 고통의 이유도 다양하다. 심판의 성격을 가지는 고통도 있지만, 그러하지 않은 고통도 많다. 그러므로 하나님의 심판과 고통을 동일시하는 것은 경계해야 한다. 팀 켈러 Timothy Keller, 1950- 는 성서 속의 고통을 다음과 같이 분류했다.[17]

- 첫째, 자기 죄에 대한 결과로서 오는 고통이다. 다윗이나 요나가 대표적인 예이다. 이 경우 고통은 심판의 성격을 가지며 인간을 잘못에서 돌이키게 한다.
- 둘째, 잘못은커녕 의롭기 때문에 당하는 고통이다. 바울과 예레미야는 하나님의 말씀을 올바로 전했기 때문에 오히려 핍박을 받았던 사람들이다.
- 셋째, 자연적 상실에서 오는 고통이다. 마리아와 마르다 등이 가족을 잃고 괴로워했다. 이는 피조 세계의 한계에서 비롯된 불가피한 고통이라고 할 수 있다.

• 넷째, 신비로서의 고통이다. 성서에는 그 이유를 알 수 없이 고통당하는 사람들이 나온다. 욥이나 시편 44편 기자가 대표적인 예이다.

다소 단순화된 도식이긴 하지만, 고통의 현상에 대한 우리의 경직된 사고를 유연하게 하는 데 도움이 되는 설명 방식이다. 고통의 원인이 다양하다는 것은, 고통의 현상이 같아 보이더라도 그 이유는 다를 가능성이 있다는 의미이기도 하다. 따라서 자기나 타인의 고통의 원인을 섣불리 규정하려 해서는 안 된다. 타인에 대한 근거 없는 정죄, 혹은 위험한 자기비하나 자기기만으로 이어질 수 있기 때문이다. 고통의 문제를 놓고 끝이 날 것 같지 않던 욥과 친구들의 열띤 토론도, 폭풍우 속에서 하나님께서 나타나 이야기를 시작하시자 바로 멈추지 않았는가? 자기 고통을 변호하던 욥마저도 "나는 깨닫지도 못한 일을 말하였고 스스로 알 수도 없고 헤아리기도 어려운 일을 말하였나이다"(욥 42:3)라고 고백하지 않았던가? 이처럼 고통 앞에서 우리의 추론과 상상력으로는 고통의 원인이 무엇인지 콕 집어낼 수 없음을 인정하는 겸손한 태도를 가지는 것이 필요하다.

고통의 현상과 그리스도인의 책임

잘못에 대한 교정을 위해 심판으로 일어난 고통도 있지만, 심판의 성격이 아닌 고통도 분명 존재한다. 그런데 심판으로서 고통이 아닐지라도, 그 고통이 하나님과 무관하거나 무의미한 것은 아니다. 하나님이 선하고 전능하신 분이라는 고백은 그분께서 고통의 파국적 영향과 결과마저 선하게 이용하실 수 있음을 인정하는 것이기도 하다. 신약학자 차정식이 한 문장으로 요약해 냈듯, "고통에는 이유가 아닌 목적이 있다."[18] 이러한 성서적 신앙은 고통의 순간에도 우리가 하나님에게서 떨어진 존재가 아니라는 것을 알게 도움을 주며, 무의미한 고통에서도 의미를 찾아가는 여정을 가능하게 해준다.

하지만 역사를 마주하고 있노라면 악에 대한 이러한 이론적 탐구의 노력이 힘없이 꺾이는 지점에 이르곤 한다. 실제 삶에서는 고통 속에서 의미를 형성하려는 인간의 시도를 무(無)로 돌려 버릴 정도로 너무나 크고 끔찍한 재난들이 거듭 일어난다. 또한 고통에서 의미를 억지로 찾아내려는 강박적 욕구는 피해자에게 또 다른 폭력이 되기 십상이다. 그래서 제2차 세계대전 당시 유대인의 대량학살을 일으켰던 아우슈비츠 수용소의 거대한 악을 인류가 목도하게 된 이후, 고통에 대한 '표상불가능성' 혹은 '증언불가능성'이라는 표현이 등장하였다.[19] 이 개념들은 고통에 대해 너무 쉽게, 진부한 언어로, '감동적으로' 설명하는 것을 경고한다.

그렇다고 표상불가능성이나 증언불가능성이 고통에서 의미를 발견하는 것이 무조건 부적절하다고 선언하는 것은 아니다. 이러한 단어들을 제안한 사상가들은 한편으로는 고통에 대한 너무나 '값싼' 설명을 기부허지만, 다른 한편으로는 고통에 대해 눈감아 버리는 '무책임'도 동시에 비판한다. 따라서 그리스도인으로 살아간다는 것은 고통에 대한 '수다' 혹은 '침묵'에 빠지지 않으면서, 고통의 현실을 충실하면서도 책임감 있게 기억하고 말할 수 있는 신학적·신앙적 언어를 찾아가는 여정에 들어와 있다는 의미이기도 하다.

한 단락의 글을 맺으며 되돌아보니, 지금까지의 설명으로 고통에 대해 알아 가기가 터무니없이 부족해 보인다. 고통이라는 주제는 그만큼 이론적으로도 어렵고 언어로 묘사하기도 힘들다. 특별히 이 글은 고통을 설명하는 그리스도교 전통의 다양한 이론들을 소개하는 데까지 나아가지 못했다. 그래서 이어지는 장에서는 고통은 왜 일어나는지, 고통을 일으키는 악의 실체를 어떻게 봐야 할지, 고통은 하나님의 섭리 속에 어떤 위치에 있는지 등에 대한 고전적 답변을 소개하고자 한다.

적용과 토론을 위한 질문

1. 흔히 악의 문제만큼 신앙을 크게 위협하는 도전은 없다고들 한다. 그러한 악의 현상을 목격한 적이 있는가?

2. 악의 문제를 다룰 때 왜 아우슈비츠를 유독 그렇게 사람들이 크게 주목하는가? 한국의 역사에서 악의 문제를 크게 부각시킨 사건이 있는가?

3. 성서 내 고통의 유형을 분류한 팀 켈러의 제안이 도움이 되는가? 켈러가 언급한 네 가지 외에 더 추가되거나 생략되어야 할 범주가 있는가?

4. 하나님께서 심판으로서 고통을 허락하실 수 있다면, 결국 하나님이 고통을 주신다는 것 아닌가?

5. 악한 영에게서 우리가 고통을 받게 되는 경우가 있다면, 하나님은 왜 악한 영을 말리시지 않는 것일까?

6. 진정한 사랑이 고통의 가능성을 내포한다는 말에 대해 어떻게 생각하는가? 그럴 바에 사랑을 거부하겠는가? 아니면 고통이 수반되어도 사랑을 하겠는가?

11장. 신정론 II

선한 하나님께서 만드신 세계에 왜 악이 존재할까?

한 말씀만 하소서!

팔레스타인의 고대 도시 가버나움에서 1세기에 있었던 이야기다. 당시 이 지역을 점령했던 로마 백부장은 유랑 설교자였던 나사렛 예수가 그 지역에 도착하자, 중풍병 걸린 자기 하인을 고쳐 달라고 부탁했다. 예수께서 직접 집으로 가려 하시니, 백부장은 다음과 같이 말했다. "주님, 나는 주님을 내 집으로 모셔들일 만한 자격이 없습니다. 그저 한마디 말씀만 해주십시오. 그러면 내 종이 나을 것입니다"(마 8:8, 새번역). 예수께서 그 믿음에 놀라며 "가거라. 네가 믿은 대로 될 것이다"라고 하셨고, 바로 그 시각에 하인은 병에서 나았다.

개신교 성찬에서는 잘 쓰이지 않지만, 라틴 미사에서는 마태복음 8장 8절을 약간 변형한 다음과 같은 문구를 사용한다. "주님을 제 안에 모시기 합당치 않으나 **한 말씀만 하소서** 내가 나으리이다."[1] 떡과 포도주의 모습으로 자신을 주시는 그리스도 앞에서 우리가 할 수 있는 더 나은 말이 있을까? "한 말씀만 하소서!" 이 말에는 죄와 고통 속에 있는 유한한 인간의 가식 없는 자기인식이 드러나 있다. 이 한 말씀은 구원의 가능성을 하나님의 은혜 외에는 찾아볼 수 없음을 인정하는 모든 인간의 진실한 고백을 대표한다.

그런데 사실 "한 말씀만 하소서!"라는 외침은 땅을 뒤엎고 역사를 관통하고 있다. 불시에 자녀를 잃은 부모, 전쟁으로 모든 것을 잃은 난민, 불의한 권력 아래 신음하는 의인, 무기력함과 나약함 속에 힘든 시간을 보내는 우울증 환자, 사고로 몸의 일부를 잃어도 호소할 곳조차 없는 외국인 노동자 등, 고난 중의 인간은 절대자에게 절규한다. "내가 왜 이런 고통을 당해야 하나요? 지금 내가 겪는 시련이 의미가 있나요? 죽고 나면 사랑하는 사람과 내세에서 재회할 수 있는가요? 제발 한 말씀만 하소서!"

소설가 박완서[1931-2011]는 사랑하는 아들을 갑자기 잃고 난 후 덮쳐온 끝 모를 고통과 분노의 시간을 견뎌야 했다. 그는 슬픔의 흔적을 활자로 꾹꾹 눌러가며 '한 말씀'을 찾던 자신의 상황을 글로 남겼다.

> 이 세상에 진리의 말씀이 사람 수효보다 많다고 해도 내 마음의 껍질을 뚫고 들어와 속마음을 울리는 한마디 외에는 다 부질없는 빈말일 뿐인 것을. 세상이 아무리 많은 사람과 좋은 것으로 충만해 있어도 내 아들 없는 세상은 무의미한 것처럼."[2]

아무리 좋은 위로의 말과 아름다운 글이 넘쳐나더라도, 고난의 깊은 바닥에서 인간이 듣기 원하는 것은 어둠을 밝혀 줄 한 줄기 빛 같은 절대자의 한마디 말씀이다. 하지만, 신앙인을 시련 중에 더욱 고통스럽게 하는 것은 하나님의 침묵이다. 하나님의 한마디에 사그라져 가는 믿음이 피어나고, 고통의 무게추가 희망의 추 때문에 들어 올려질 것 같은데, 하나님은 그 한마디에 인색한 분인 것처럼 느껴진다.

'한마디' 말씀을 아끼시는 하나님의 대변인인양 신학자들은 '왜 이 세상에 악과 고통이 존재하는가?'라는 질문에 답해 오고 있다. 인류가 끝없이 던져 왔던 그 물음에 정답이 없는 줄 알면서도 이들의 노력은 계속됐다. 승리할 가망 없는 전쟁에 나가는 장수처럼, 인간 지성과 언어의 한계를 잘 알면서도 이들은 악의 문제에 부딪혀 왔다. 그 과정을 통해 우리 마음속 우상이 깨져 나갈지도 모른다고 기대하면서, 하나님 앞에서 언어를 정결히 가다듬는 중에 위로의 가르침을 발견할지 모른다고 믿으며, 고통을 성찰하는 과정 중에 타인에 대한 공감 능력이 커지리라는 소망을 가지고서……. 하지만, 부단한 고민과 투쟁 대신 '잘 만들어진 이론'이 고통의 문제의 정답인양 행세할 때, 신학의 언어는 오히려 고난당하는 사람들의 상처를 더욱 후벼 파는 악역을 담당하게 된다.

고통 받을 수밖에 없는 존재인 인간이 이 땅에서 살아 온 역사가 긴 만큼, 악의 문제에 대한 설명 방식도 늘어 갔고, 그 논리 또한 복잡해져 갔다. 그중 어느 것도 자체로 완결된 이론이 아니며, 계속해서 수정하고 보완해 간다. 이번 장에서는 악의 문제에 대한 그리스도교 신학의 고전적 입장을 살펴보고자 한다. 우선은 그리스도교 역사에 지대한 영향을 끼친 신학자 중 한 명이고, 또 고통의 문제에 대해 지금까지도 큰 통찰을 안겨 주는 4세기 신학자이자 주교였던 히포의 아우구스티누스 사상을 먼저 살펴보고자 한다. 그리고 아우구스티누스를 수정하고 보완한 현대 학자들을 소개함으로써, 악의 문제에 대한 그리스도교의 전통적 답변이 가지는 현대적 의미를 일상 속에 스며든 악의 문제와 연계하고자 한다.

악은 어떻게 존재하게 되었는가?

그리스도인이 믿어야 할 신앙의 표준적 내용을 정리하고, 성서를 어떻게 해석할지 안내해 주는 역할을 하는 것이 신경 Creed 내지는 신앙고백 Confessions이다.[3] 그런데 과연 악의 기원에 대해서 초대교회 신경이 자세히 이야기하고 있을까? 안타깝게도 그렇지 않다. 심지어 근대에 작성된 개신교회의 웨스트민스터 신앙고백, 하이델베르크 요리문답, 39개조 등의 신앙고백도 인간의 타락에 관해서는 이야기하지만 왜 하나님께서 창조하신 세계에 악이 처음으로 생겼는지에 대한 존재론적 설명은 제공하지 않는다. 신경이나 신앙고백이 악의 기원에 대해 명확히 이야기하지 않았기에 그리스도인 사이에 악이나 고통의 문제에 대한 여러 혼란이 야기되었다고 부정적으로 평가할 수도 있다. 하지만, 긍정적으로 보자면 인간으로서 완전하게 알 수 없는 신비인 악에 대한 다양한 설명이 그리스도교 내에 공존할 수 있게 되었다.

사실 초기 그리스도인의 관심은 삼위일체 하나님은 누구신지, 그리스도 안에서 어떻게 신성과 인성이 공존하는지 등의 문제에 집중되어 있었다. 그래서 초대교회 주요 공의회에서 악의 기원은 중심적인 논의 대상이 될 수 없었다. 그런데 그리스도교 신앙에 대한 이원론적 우주론의 도전이 컸기에 교회는 무작정 악의 문제에 눈을 감고 있을 수만은 없었다.

우주를 구성하고 운행하는 원리 중에 선한 신 말고도 악한 신이 있기에 현실에서 악이 존재하고 인간은 고통을 당할 수밖에 없다는 이원론적 설명은 나름의 논리적이고 현실적인 신념 체계를 만들어 줄 수 있다. 페르시아를 중심으로 발전했던 조로아스터교는 인류 종교사에 등장한 대표적 이원론적 종교이다. 또한 그리스도교의 교리가 막 발전하던 당시 활동했던 페르시아 왕족의 후예인 마니^{Mani, 216-274}가 창시한 마니교는 선하고 영적인 빛의 세계와 악하고 물질적인 어둠의 세계 간의 전투를 전제한 세계관을 가지고 있었다. 마니의 가르침은 악의 기원을 잘 설명한다는 이유로 3세기 이후 수백 년간 많은 호응과 지지를 받았다.

악의 문제로 고민했던 젊은 아우구스티누스의 눈에는 악은 물질적인 신에게서 왔다는 마니교의 설명이 합리적인 것 같았고, 그 결과 그는 9년간 마니교도로 활동하게 되었다. 결국 긴 지적 여정과 신앙적 갈등을 거쳐 그리스도교인이 된 그는 『고백록』에서 자신의 과거를 비판적으로 회고했다. 이때 나오는 표현이 악에 대한 그리스도교의 고전적 정의가 되었다. "[당시 나는] 악이란 **선의 결핍**으로서 그 자체는 아직 존재하지 않는 것을 아직 모르고 있었습니다."[4] 마니교적 이원론이 선과 악의 실체를 동시에 인정했다면, 아우구스티누스는 선이신 하나님만이 존재하고 악은 어떤 본성이나 실체를 가질 수 없다고 주장하고 있다. 즉, 선한 존재의 반대는 악한 존재가 아니라 단순히 '선의 부재'the absence of good 일 뿐이다.

이러한 설명 방식에는 악이 실제로 있어 보이지만, 그 자체로는 존재의 근거가 없어 기생적 실존만을 하고 있다고 보는 신플라톤주의 철학의 냄새가 짙게 배어 있다.[5] 물론 사변적이고 추상적인 이론이기는 하지만, 잘 따져 보면 꽤 설득력이 있기도 하다. 악을 선의 부재라고 보는 것은, 하나님만이 유일하시며 그분께서 악을 만들지 않으셨다는 그리스도교 신앙과 잘 부합한다. 또한 일상에서 우리가 경험하는 악과 고통도 사실 '-의 없음'에서 생기는 경우가 대부분이다. 배고픔은 먹을 것의 부재, 병은 건강의 부재, 가난은 재화의 부재, 무지는 지혜의 부재, 낭비는 절제의 부재, 혼란은 질서의 부재, 부정부패는 정의의 부재, 거짓은 진리의 부재에서 온다.

'악을 선의 부재'라고 부정적으로 정의하는 방식을 두고 악의 치명적 성격을 무시한 순진한 탁상공론이라 반박할지 모르겠다. 하지만 악이 구체적 실체가 없다고 우리가 생생히 경험하지 못하는 것은 결코 아니다. 현실에서 악은 '-이 없음'이라고 말하기에는 너무나 실제적이고 위협적으로 활동한다. 호랑이를 보거나 강도를 만나면 위협을 주는 대상이 눈앞에 있기 때문에 즉각적으로 두려움이 생긴다. 반면 어둠은 '빛의 부재'이기에 대상이라 부를 만한 실체가 없다. 그런데 어둠은 생생하게 존재하는 실체인 것처럼 우리의 마음에 공포심을 끌어내고, 기억 속에도 자리를 잡는다. 심지어 오랜 시간 빛이 없이 생존하면 실체 없는 어둠 때문에 정신이 심각하게 파괴되기까지 한다.

제2차 세계대전 당시 아우슈비츠 수용소에서 가스실보다 더 끔찍한 장소로 손꼽혔던 곳은, 도망자가 잡히지 않을 경우 일부 수감자들을 골라 본보기로 사형을 집행했던 암실이었다.[6] 이 깜깜한 밀실에서 인간은 가장 강렬한 고통 두 가지를 경험하며, 짐승처럼 울부짖고 몸부림치며 죽음에 이르렀다고 한다. 그 고통의 하나는 목마름과 배고픔이었고, 다른 하나는 어둠 속에서 마주하는 죽음에 대한 공포였다. 밀실에서 죽임을 당하는 사람이 경험한 것은 빛의 부재였지만, 그 '없음'의 폭력성은 인간의 익릴힘과 진인함을 타고 극단화된 형태로 표출되었다. 여기서 우리는 '악은 선의 부재'와 불가분 관계에 있는 중요한 주제에 마주하게 된다. 비록 악이 실체가 없다고 하지만, 악은 인간의 왜곡된 의지를 통해 일상의 구석구석에 당당히 현존하게 된다는 것이다.

왜 인간은 선 대신 악을 선택하는가?

악이 선의 결핍이라면, 어떻게 악은 시시각각 우리를 위협할까? 왜 실체도 없다는 악이 마치 인격을 가진 것처럼 사악하고도 교묘하게 우리를 괴롭힐까? 아우구스티누스는 악을 단순히 선이 없는 상태라고 말하는 데서 끝내지 않고, 악은 '의지의 왜곡'이라고도 정의한다. 그는 다음과 같이 말한다.

> 병든 자에게 맛없는 빵도 건강한 자에게는 맛이 있고, 병든 눈에는 고통이 되는 빛도 건강한 눈에는 즐거움이 된다는 것은 전혀 이상한 것이 아니라는 것을 경험으로 알게 되었습니다. 이와 같이 사악한 자들은 당신의 정의를 싫어합니다.……내가 알게 된 것은 사악이란 어떤 실체가 아니라 (인간) 의지의 왜곡이라는 것이었습니다. 의지의 왜곡이라 함은 그 의지가 최고 실체이신 하나님으로부터 돌아서서 자신 안에 깊이 놓여 있는 보배를 버리고 낮은 부분으로 떨어져 밖으로 잔뜩 부풀어 있음(교만)을 말합니다.[7]

교만이라고 하여 프로메테우스나 로키처럼 영웅적으로 신에게 저항하는 거창한 모습을 상상하지 말자. 오히려 인간의 의지는 극히 작고 일상적인 곳에서도 왜곡된 모습을 폭력적으로 드러낸다. 아우구스티누스에 따르면, 하나님께서 만드신 세계는 각자의 존재와 가치에 맞게 조화를 이루고 있다. 그런데 인간이 조화를 거슬러 하나님 아닌 것을 하나님처럼 사랑하는 '무분별한 사랑'이 의지의 왜곡이자 죄이다.[8] 악은 하나님의 형상인 인간이 하나님의 성품을 따르려 하지만, 정작 하나님 아닌 다른 피조물을 더 갈망하기에 비롯된다. 이러한 잘못된 모방의 결과로 하나님의 정의와 대비되는 권력의 잔인함이, 하나님의 지혜와 대비되는 교활함이, 하나님의 안식과 대비되는 나태가, 하나님의 풍성함과 대비되는 사치가, 하나님의 공정함과 대비되는 분노의 보복이 나타나게 된다.[9]

질문하는 신학

한 발짝 더 나아가 아우구스티누스는 의지의 왜곡과 교만 사이의 관계에 특별히 주목한다. 그는 교만을 한마디로 타자를 다스리고자 하는 욕망*libido dominandi*으로 파악한다.[10] 인간의 왜곡된 의지가 타자를 지배하려는 권력의지와 결합하게 되면서 정치, 경제, 교육, 종교, 가정 등 인간이 존재하는 곳이면 폭력이 존재하게 된다. 힘을 획득하려는 상승 욕구를 통해 악은 거만한 언어와 폭력적 몸가짐으로 우리 몸에 체화되어 간다. 교만은 약자를 비루하게 만들면서 얻는 쾌감을 자기애와 자존심을 불타게 하는 연료로 삼는다. 정치 싸움과 권력 투쟁은 조직을 구성하는 사람들의 뒤틀린 의지의 촘촘한 결 사이로 악이 스며들게 한다. 권력 획득과 유지를 위해 정의와 진실에 눈을 살짝 감는 순간 통치의 원리로 불의와 거짓이 등극하게 된다. 강자에게는 약해도 약자에게는 강하게 굴어도 된다는 비겁함과 타협하면서 '나'란 존재는 실체가 없던 악이 가시적으로 머물 수 있는 잔인한 장소로 변모한다. 이처럼 인간이라면 누구나 가질 법한 '군림하려는 갈망' 때문에 실체가 없던 악이 우리 삶에 생생하게 현존하게 된다.

이러한 시각에서 보자면 악은 단지 개인의 의지의 왜곡이 아니라, 사회적 습관으로까지 확장된 의지의 왜곡이다. 따라서 사회의 구조적 문제를 보지 않고 단지 개인의 영혼 변혁으로 악의 문제를 해결할 수 있다고 보는 것은 적절하지 못하다. 반대로, 사회 개혁 프로그램이나 교육으로 문제를 해결하리라 기대한다는 것도 부분적으로만 타당할 뿐이다. 안타깝게도 악은 인간이 인식하거나 통제할 수 없는 신비에 속할 뿐 아니라, 주체가 마음먹은 대로 잘 움직여 주지 않는 뒤틀린 의지와 연결되어 있다. 게다가 인간은 왜곡된 집단적 습관을 지닌 사회 속에서 자기 의지와 무관하게 태어나 그 속에서 살라고 운명 지어진 존재이기도 하다.

악의 문제와 씨름하던 아우구스티누스는 결국 "내가 무엇을 하려고 원하든지 안 하든지 간에 의지의 주체는 다름 아닌 나 자신"[11]이라는 사실을 발견하게 되었다. 이 발견이 인류 역사에서 가장 중요한 발견 중 하나가 아닐까? 악의 원인이 나의 의지에 있기에 현실적 악의 문제에 책임감 있게 반응하려면, '나'라는 존재가 변화되어야 한다는 자각과 함께, 왜곡된 의지가 만들어 낸 사회의 폭력에 '연대적'으로 맞서야 한다. 특별히 그리스도인은 우리의 노력과 투쟁에만 의지하는 것이 아니라, "우리를 시험에 들게 하지 마시옵고 다만 악에서 구하시옵소서"(마 6:13)라며 하나님의 도움을 통해 의지의 치유를 구하는 존재이다. 교만과 권력의지가 아니라 겸손과 섬김의 삶을 사셨던 그리스도를 성령의 능력 안에서 모방함으로써 악에 인내하며 맞서는 존재가 그리스도인이다.[12]

착한 사람이 더 고통 받는 것이 현실이지 않은가?

아우구스티누스의 기본 전제를 다시 요약하자면 악은 하나님에게서 온 것이 아니다. 그렇지만 선의 결핍일 뿐인 악은 인간의 왜곡된 의지를 통해 생생히 활동하게 된다. 우리가 현실에서 보게 되는 악은 크게 두 가지로 나눠서 이해할 수 있다. 그 하나는 '행하는' 악이고 다른 하나는 그 결과로 '당하는' 악이다.[13] 둘 중 우리를 특별히 불편하게 하는 것은 후자, 곧 당하는 악이다. 당하는 악도 두 가지로 구분될 수 있다. 내 죄로 내가 고통을 받을 수도 있지만, 나의 죄 때문에 누군가가 고통을 받기도 한다. 내 잘못 때문에 심판받는다면 교정의 효과라도 있지만, 다른 사람의 죄로 내가 고통을 받는다면 그 고통이 과연 무슨 의미일까?

무죄한 사람이 피해를 입고 고통을 당할 때, 그리스도인은 흔히

질문하는 신학

"우리가 알거니와 하나님을 사랑하는 자 곧 그의 뜻대로 부르심을 입은 자들에게는 모든 것이 합력하여 선을 이루느니라"(롬 8:28)라는 구절을 인용하곤 한다. 이때 그리스도인은 의식하든 못하든 '섭리의 총체성'이라 불리는 신학적 개념을 사용하고 있다. 엄밀히 말하자면, 섭리의 총체성은 하나님의 부르심을 입은 자뿐만 아니라, 피조 세계가 다 합력하여 선을 이룬다고 보는 입장이다. 어떻게 '합력한 선'이 가능한지 공부를 싫어했던 한 소년의 이야기를 가지고 사례 연구를 해보자.

아우구스티누스의 『고백록』의 한 장은 어릴 때 자신이 강제로 공부했던 이야기에 할애되고 있다. 유년 시절에 억지로 공부하면서 나름 '악'을 경험한 것 같다. 시간이 흐른 후 아우구스티누스는 그 당시의 고통을 다음과 같이 해석한다.

> 나의 하나님, 나를 강제로 공부시킨 자들이 잘한 일은 아니었으나, 당신은 그것이 나에게 도움이 되도록 하셨습니다. 나를 강제로 공부시킨 그들의 관심은 다만 부끄러운 영광과 재물에 대한 끝없는 욕심을 만족시켜 보자는 목적뿐이었습니다. 그러나 우리 머리카락을 세시는 당신은 공부를 억지로 시킨 그들의 잘못을 나를 위해 선용하시어 나에게 유익이 되게 하셨고, 공부하기 싫어한 나의 잘못을 당신은 내 벌의 이유로 사용하셨습니다.[14]

유년 시절을 회고하면서 아우구스티누스는 자신이 겪었던 악이 어떻게 이용되었는지 두 가지로 나누어 설명한다. 한편으로는 그가 공부를 싫어해서 요령을 피웠던 자기 자신의 잘못, 곧 '행했던 악'을 하나님께서는 교사들의 훈계를 통해 '교정'하셨다. 그 결과 아우구스티누스는 공부하는 습관을 지니게 됐고 올바른 교육에 대한 고민도 하게 되었다.

다른 한편으로는 교사들이 나쁜 의도로 강압적 교육을 하는 바람에 아우구스티누스가 '당했던 악'을 하나님께서는 유익하게 '사용'하셨다. 그에게는 힘든 과정이었지만 당시 수업은 그가 뛰어난 수사학자가 되고 이후 인류 역사에 가장 크게 기억될 신학자이자 철학자가 되는 데 이바지한다. 이처럼 고통당하는 순간에 인간은 깨닫지 못하지만, 하나님께서는 더 큰 섭리적 목적을 위해 악을 제한적으로 허락하실 수 있고 그 결과를 선하게 이용하실 수도 있다.

결론적으로 말하자면, 우리는 물리적으로 제한되고 모호한 현실에서 살아가기에 우리가 경험하는 선과 악은 '잠정적' 성격을 가질 뿐이다. 복잡한 세계 속에서 누군가에게 즐거움은 다른 누군가에게는 불쾌함이 될 수 있다. 똑같은 일이 어떤 상황에서 유리했다가 다른 상황에서는 불리하게 작용하기도 한다. 비 오는 날이 짚신 장수에게는 일진 나쁜 하루라면, 우산 장수에게는 운 좋은 기회가 된다. 누군가 입학의 기쁨을 누릴 때, 다른 누군가는 낙방의 슬픔을 겪게 마련이다. 자기가 원했던 직업을 당장은 가지지 못했던 고통이, 오히려 여러 사람을 행복하게 해줄 숨겨진 일자리로 이끄는 계기가 될 수도 있다.

이렇듯 우리 삶의 터전인 유한한 세계 안에서 일어나는 수많은 일이 상대적인 선과 상대적인 악의 모습을 지니고 있다.[15] 우리가 겪는 악이 '상대적' 악이라는 것은, 그 악이 고정적 실체가 아니라는 것이다. 비록 고통스러운 경험이라도 하나님의 섭리 안에서 그 괴로움은 새로운 의미를 획득할 수 있다. 이처럼 섭리의 총체성 안에서 악을 파악하는 아우구스티누스 이론의 장점은 무엇보다도 우리가 유한한 피조 세계 속에 살아가는 존재임을 확인하게 하고, 세계와 자아의 경계 속에서 악의 문제를 인식하게 해준다는 데 있다.[16]

고통과 악이 선하게 쓰일 수 있는가?

비록 인간이 현실에서 상대적 악을 경험하며 고통당한다고 하여도, 세계는 선하신 하나님이 창조하셨기에 근본적으로 좋은 곳이다. 그래서 아우구스티누스가 말했듯, "만일 사물들이 너를 즐겁게 하거든 그 이유로 하나님을 찬양"[17]함이 마땅하다. 그렇지만 사람들은 세계를 하나님의 선한 창조로 받아들이지 못한다. 그 이유는 다음과 같다.

(1) 인간 의지의 왜곡으로 악이 현실에서 활동하게 되고,
(2) 인간의 뒤틀린 마음이 타인에게 좋은 것마저 시기하고,
(3) 결국 악을 악으로 이기려다 삶의 현장에 고통이 증대된다.

우리가 지금 발 딛고 서 있는 이곳이 하나님의 좋은 창조라는 사실을 망각하게 할 정도로 현실에는 악과 고통, 눈물과 한숨이 가득하다. 누구나 자기중심성이 있지만, 고통을 당할 때 자기를 향한 인간의 성향이 강화된다. C. S. 루이스의 표현을 빌리면 "세상과 나 사이에는 뭔가 보이지 않는 장막이 드리워져"[18] 있는 것 같고, 자아는 그 장막의 틈으로 고통의 렌즈를 내밀고서 세상을 편협하게 바라보려고 한다.

　이러한 인간 됨의 모순을 꿰뚫어 보듯 아우구스티누스는 악의 현상 앞에서 겸손해지라고 말한다. "네가 육체의 감각을 통하여 알게 된 것은 다만 부분일 뿐이므로 너는 전체를 알지 못한다."[19] 악과 고통의 문제에서 벗어나려면 자아를 향하는 시선을 극복하고 세계의 총체성을 응시해야 한다. 인간은 고통 속에서 하나님의 뜻을 억지로 해석하기보다는, 역사의 주인이신 하나님을 신뢰하는 것이 적절하다.

　물론 악 앞에서 겸손하라는 가르침은 말로는 쉬우나 행하기는 어

렵다. 그러나 실천하기 쉽지 않다고 이론의 장점과 탁월함마저 사라지는 것은 아니다. 우리는 역사에서 일어나는 일을 파편적으로 파악하지만, 하나님께서는 전체적 시각과 선한 의도를 가지고 그 안에 다름과 모순을 종합적으로 보신다. 마치 모자이크 바로 앞에 섰을 때 어두운 타일 조각과 밝은 타일 조각만 보였다가, 멀리 떨어졌을 때 명암이 아름답게 들어간 전체 이미지가 보이는 것과 그 이치가 유사하다.

반면 인간은 하나님처럼 전체적 시각에서 역사를 볼 수 없기에, 무엇이 선이고 무엇이 악인지 구분해 낼 능력이 없다. 하나님처럼 '한눈에' 포착하는 능력이 없는 인간에게 하나님께서 주신 선물이 있다. 그것은 '뒤돌아'볼 수 있는 능력이다.[20] 고통 받을 때는 아픔에서 벗어나는 것 자체가 목적이겠지만, 시간이 훨씬 지난 후에는 당시의 괴로움이 선하게 사용되었음을 깨달을 수도 있다. 또 그 반대로 당장은 좋은 일이 시간이 흐른 후 오히려 인생의 독이었음을 발견할 수도 있다. 그렇기에 조그만 일 하나하나에 기뻐하고 슬퍼하는 일희일비(一喜一悲)하는 태도를 멀리하고, 삶을 지긋이 관조하며 살고 역사를 통해 사고해 나갈 필요가 있다. 이쯤에서 아우구스티누스로 돌아가, 그가 섭리의 총체성을 어떻게 표현했는지 살펴보기로 하자.

비록 하나님이 악을 사랑하시지는 않지만, 그렇다고 악이 질서에서 벗어나 있는 것은 아니다. 하나님은 질서 자체를 사랑하신다. 선한 것들을 사랑하시고 악한 것들을 사랑하지 않는 일, 바로 이것을 하나님은 사랑하신다. 이러한 사랑 자체가 하나님의 위대한 질서와 섭리이다. 하나님의 질서 있는 섭리가 바로 이러한 다름을 통해 우주의 조화를 유지하기 때문에, 악한 것들도 반드시 필요하게 된다. 마치 연설에서 우리를 기쁘게 하는 것이 이런 대조들, 곧 모순들이듯이, 마찬가지로 모든 아름다운 것들도 이러한

방식으로 만들어진다.[21]

위의 인용문은 아우구스티누스가 회심 직후 남긴 글에서 발췌했다. 여기에는 하나님께서 자신이 만드신 피조물을 기쁘게 긍정하시고, 특별히 인간에게 선사한 자유의지를 존중하신다는 전제가 깔려 있다. 하나님께서는 세균처럼 여기저기 생겨나는 악을 소독약으로 멸균하듯 다 없애 버리시지 않는다. 오히려 하나님은 악을 선하게 만들어 가는 '과정을 통해' 악을 일으킨 인간까지도 치유하고 깨어진 공동체도 회복시키고자 하신다. 이것이 바로 죄는 미워하시지만, 죄인은 사랑하시는 하나님께서 악을 대하시는 방식이다.

불협화음도 명곡의 일부로 만드는 위대한 작곡가처럼, 하나님은 이 세계에 현존하는 악을 선하게 이끄시는 분이다. 악과 고통마저 하나님의 섭리로 본 것이 지나치게 낙관적인 철학적 사변의 결과처럼 보일지도 모르겠다. 실제 고통당하는 사람에게 '그게 다 하나님의 뜻이니, 반항도 질문도 하지 말고 무조건 받아들여!'라는 말처럼 상처에 상처를 더하는 일도 없을 것이다. 무신론자들이 지적했듯, 이러한 설명 방식은 고통의 현실에서 신에 대한 믿음 자체를 불가능하게 만들어 버릴 가능성도 높다.

그러나 아우구스티누스가 하나님의 섭리를 이야기할 당시 로마는 유례없던 정치·경제적 혼란을 겪었고, 교회도 신학적으로 몹시 불안정했었다. 하지만, 이러한 위기상황이 하나님의 섭리에 대한 그의 믿음을 약화시키지 못했다. 무엇보다도 그는 자기의 수치스러운 실수와 이기심마저 들어 쓰셔서 구원으로 이끄신 하나님의 신비를 이제 막 경험했었다. 그렇기에 악을 섭리의 일부로 보는 아우구스티누스의 이론은 결코 한가한 신학자의 탁상공론이 아니었다. 이것은 악은 결코 하나님을 이길 수 없다는 신앙고백이자, 현재 상황이 슬프고 고통스러울지라도 하나님은 모든 것을 선하게 만드실 것이라는 희망의 송영이었다.

악에 대한 고전적 설명이 오늘날에도 유용한가?

흔히 악의 문제를 모든 신학자의 지옥이라고 부른다.[22] 그만큼 다루기도 어렵고, 제대로 된 설명이 나오기도 힘들고, 나름 좋은 이론을 만들어도 고통의 현실을 온전히 담아내기에는 역부족이다. 이제껏 살펴봤듯 악의 현상을 놓고 아우구스티누스는 이후 신학과 철학의 역사에서 널리 사용될 고전적 설명 방식을 제시했다. 특별히 그는 '하나님은 선하시다'라는 신앙의 대전제를 붙들며, '남 탓'부터 하려는 인간의 자기기만을 폭로했고, 선과 악을 나누는 게으른 이분법적 사고를 해체했다. 그리고 악을 통해서라도 선을 이루시려는 하나님에 대한 믿음을 가지고 악에 맞서도록 권면했다. 이러한 아우구스티누스적 입장은 이후 수많은 신학자와의 비판적 대화를 통해 그리스도인의 이론적·실천적 상상력에 지속적 영향을 끼쳐 왔다.

아무리 좋은 이론이라도 수정과 보완, 적용의 창조적 고통을 충실히 거치지 않으면 경직된 교리주의로 흐를 위험이 있다. 따라서 우리는 아우구스티누스의 전통적 답변에 안주해서는 안 되고, 그 이론이 가지는 현대적 의미를 찾으려 노력해야 한다. 그 일환으로 오늘날 강조되는 악의 일상성 내지 평범함이 어떻게 아우구스티누스적 통찰을 확장함으로써 이해될 수 있는지 살펴보도록 하자.

인간의 원죄를 다룰 때 아우구스티누스가 교만pride에 집중했다면, 20세기 미국의 신학자 라인홀드 니버는 교만과 더불어 관능성sensuality에 주목했다. 니버는 관능성의 예로 술 취함, 폭식, 성적 방탕, 사치, 탐욕 등을 제시했지만,[23] 그의 진정한 기여는 관능성의 욕구가 악을 잉태하는 구조를 분석하는 데서 찾아볼 수 있다. 인간은 유한한 존재이기에 누구나 내면에 불안^{anxiety}이 있다. 궁극적으로 인간은 하나님 안에서만 참 안정을 찾을 수 있지만, 정작 삶 속에서는 불안 때문에 두 극단적 행동 양상을 보인다. 즉, 인간은 한편으로 자신을 절대화함으로써 불안을 극복하려 하고, 다른 한편으로는 유한한 것들을 탐닉함으로써 불안을 잊으려 한다. 니버는 전자를 교만의 죄, 후자를 관능성의 죄로 파악했다.

교만이 자신을 하나님처럼 높이려 한다면, 관능성은 자아로부터 도피해 다른 피조물을 우상화하고 쾌락에 중독적으로 집착하게 한다. 성서가 보여주듯 교만이 더 근원적인 죄의 형태라 할 수 있지만, 관능의 욕구는 일상에서 더 다양한 형태로 가시적으로 드러날 수 있기에 치명적이다. 자아로부터 도피와 쾌락에로의 탐닉은 자신의 이기심을 교묘하게 가리는 장치로도 사용될 수 있지만, 무엇보다도 "양심의 가책에서 오는 내적인 긴장"²⁴을 잊게 한다는 점에 심각성이 있다. 실제 언론에 보도되는 사회적 문제와 개인적 일탈을 살펴보면, 불안을 회피하고 쾌락 속에 안주하려는 소시민적 태도가 그 원인인 경우가 많다. 도피와 망각의 욕구는 우리의 양심을 얼어붙게 함으로써, 악이 우리 삶에 전방위적으로 침투해 들이오게 한다. 오늘날 정치와 경제와 종교 엘리트의 부패와 타락이 만연화한 것도 조직 내 생존의 법칙으로 '관능성'이 자리 잡게 되어서가 아닐까?

니버와는 다소 다른 문맥이지만 이것을 정치철학자 한나 아렌트^{Hannah Arendt, 1906-1975}는 '악의 평범성'이라는 표현으로 절묘하게 지적했다.²⁵ 그는 제2차 세계대전 이후 전범 재판에 섰던 독일인들이 유대인 대량 학살에 참여했지만, 자신들의 행동에 죄의식을 느끼지 못하고 있음에 주목했다. 아렌트는 예루살렘에서 열린 아돌프 아이히만의 재판을 참관했는데, 아이히만은 악한 의도로 살인에 가담한 것이 아니라 자기에게 부과된 책임을 '양심적으로' 성실히 수행했을 뿐이라고 항변했다. 죄책감마저 찾아볼 수 없는 아이히만의 얼굴에서, 아렌트는 악의 평범성을 보았다. 유대인 대학살이라는 거대한 악은 평범하고 성실한 옆집 아저씨 같은 사람들을 통해 자행되었다. 즉, 개인이 속한 사회 환경이나 법적 체계 내에서 양심이 제대로 작동하지 못하게 될 때, 악은 너무나 일상적 모습으로 삶에 현존하게 된다.[26] 히틀러 같은 광기에 싸인 독재자는 역사 속에서 어쩌다 등장했다가 사라지겠지만, 아이히만과 같이 양심의 성찰 능력을 상실한 보통 사람은 언제 어디서나 우리와 함께 있을 것이다. 이러한 상황을 진단하며 아렌트는 "악은 사유하지 않음에서 나온다"라는 탁월한 진단을 했다.

다른 사람의 처지를 이해하지 못하거나, 양심적으로 선과 악을 판단하지 않으려는 생각의 무능은 결국 말하기의 무능과 행동의 무능을 초래한다. 그렇게 악은 순진하고 평범한 얼굴을 하고 우리 곁에 찾아온다. 주관적 희로애락 감정에 중독된 일반인, 폭력과 부정의에 길든 조직문화, 경쟁과 약육강식 원리에 잠식된 종교, 학문으로 권력과 재물에 봉사하는 지성인, 무책임한 경제와 도덕적 불감증에 빠진 정치, 이 모두가 우리의 삶의 일부가 되어 버렸다.

생생한 악과 추상적 이론 사이에서

양심은 인간 내면에 언제나 존재해 왔고, 이는 신학 혹은 철학적으로 개념화되기 이전부터 '신의 목소리'로 이해됐다.[27] 우리가 양심의 목소리를 듣지 못할 때, 혹은 현실을 넘어서라는 양심의 요구를 묵살하고 기존 질서에 양심을 순응시킬 때, 악은 지극히 평범하고 심지어 선량한

질문하는 신학

모습을 하고서는 일상에 자리 잡게 된다. 이것은 우리의 실제 삶에서도 매우 중요한 생각거리를 던져 준다.

세상을 향한 사랑에 함몰된 인간을 일깨워 참사랑의 대상을 갈망하게 하는 절대자의 부름에 무감각해질 때, 악은 너무나 가까운 삶의 현장에 모습을 드러내게 된다. 하나님의 소리가 아니라 세상의 소리에 안주하고 자신을 맞추어 갈 때, 우리의 욕망은 악이 서식하고 활동할 터전으로 변해 간다. 블록버스터 영화가 아니라 자기반성이 결여된 일반인의 일상이 악을 생생히 보게 되는 장소가 된다. C. S. 루이스도 신학적 우화 『스크루테이프의 편지』를 쓸 때, 인간을 악으로 이끌려는 악마의 활동 배경으로 끔찍하고 무시무시한 지옥이 아니라 일상적이다 못해 무료하기까지 한 관료사회 이미지를 의도적으로 이용했다.[28]

우리를 혼란스럽게 하고 좌절에 빠트리는 악의 존재는 신비롭지만, 정작 그 현상은 평범한 계기에서 시작하곤 한다. 그래서 머리로 만든 세련되고 추상적인 이론의 그물로는 악을 잡아내기에 역부족일 수밖에 없다. 악의 문제를 이론적으로 성찰하는 목적은 악과 고통을 설명할 깔끔하고 완결된 틀을 주조하는 것이 아니라, 폭력과 슬픔으로 물든 오늘의 현실 속에서 '주님의 한 말씀'을 들을 수 있도록 주의를 환기하는 데 있다. 하나님께서 인간의 이기심과 실패마저 선하게 사용하시는 것처럼, 선으로 악을 이기도록(롬 12:21) 격려하는 것이 악이 현존하는 이 세계에 필요한 그리스도교적 응답이다. 더 이상 눈물도 슬픔도 울부짖음도 없을 하나님의 미래에 대한 희망 속에서, 우는 자들과 함께 울 수 있는(합 3:18; 롬 12:15 등) 공감 능력을 갖춘 '작은 그리스도인'의 삶을 이끄는 것이 신학이 지향해야 할 바다. 그렇기에 악의 문제에 대한 '이론적' 탐구는 다음 장에 다룰 고통을 다루시는 삼위일체 하나님의 사역에 대한 '실천적' 성찰로 이어지게 된다.

적용과 토론을 위한 질문

1. 하나님께서 악을 창조하셨다고 할 때, 어떤 신학적 문제와 현실에서 어려움이 생길 수 있을까? 하나님께서 악을 창조하셨다고 해야 하나님께서 악도 통제할 수 있다는 말이 성립하지 않을까?

2. 대중들은 일반적으로 왜 영화나 소설 등에 나오는 '선한 역할'보다 '악한 역할'을 더 선호하게 될까? 왜 작가들은 매력적이거나 기억에 남을 만한 악역을 창조해 낼까?

3. 왜 하나님은 인간이 고통당하는 순간에 침묵하시고 계실까? 하나님의 침묵이 더 무겁게 느껴지는 상황이 있었는가?

4. 아우구스티누스가 제시한 악에 대한 여러 설명 중 가장 설득력 있는 모델은 무엇인가? 각각의 설명 방식이 가지고 있는 한계는 무엇일까?

5. '관능성'으로서 악의 모습을 우리 주위에서 발견할 수 있을까? 그 구체적 사례를 찾아보자.

6. 악의 일상성이 오늘날 주목받는 이유가 무엇이라고 생각하는가? 우리가 살아가는 현 사회의 변화된 모습과 관련이 있는 것은 아닐까?

12장. 신정론 III

우리가 고통당할 때 하나님도 괴로워하시는가?

신정론에 실천적으로 접근하기

고통은 누구나 당한다는 점에서 보편적이지만, 고통당할 때의 끔찍함은 다른 누구도 알 수 없기에 특수하다. 고통이 자아내는 보편과 특수의 경험 중간 어딘가에서 인류는 고통의 의미를 이해하고자 노력해 왔다. 삶으로부터 고통을 제거할 수 없음을 보여주듯, 인류의 지혜가 담긴 철학, 종교, 문학 등에서 고통의 문제는 불명예스럽게도 가장 인기 있는 주제 중 하나이다. 특별히 서구 신학이나 철학에서는 고통 혹은 악의 문제를 '신정론'(神正論)^{theodicy}이라는 개념으로 설명해 왔다. 어원적으로 신정론은 *theos*(하나님)와 *dike*(정당성)라는 두 그리스 단어가 합쳐져 만들어졌다. 즉, 신정론은 문자적으로 '하나님의 정당성'이라는 뜻이고, 내용적으로는 고통을 마주하면서 선하고 전능하신 하나님을 어떻게 변호할지에 관한 연구이다.

고통에 대한 질문은 인류의 역사에서 끊이지 않았지만, 신정론이라는 '개념'의 역사는 기껏해야 300년 정도밖에 되지 않는다. 이 단어는 독일의 철학자 고트프리트 빌헬름 라이프니츠 Gottfried Wilhelm Leibniz, 1646-1716 가 생전에 내놓은 유일한 저서의 제목인 *Théodicée*(1710)에서 비롯된 것으로 알려져 있다.[1] 이 책을 『신정론』으로도 번역하지만, '하나님의 정당성'이라는 어원에 더 충실하고자 『변신론』(辯神論)이라 불리기도 한다.[2] 하지만 이 글에서는 신정론이라는 더 보편적으로 사용되는 단어를 사용하기로 하자.

신정론은 독립된 연구 분야라기보다 신학 전체와 밀접하게 관련되어 있다. 왜냐하면 악과 고통은 창조 때부터 종말까지 인간의 역사 속에 함께 있어 왔기 때문이다. 악과 고통의 문제가 워낙 복잡하고 어렵기 때문에, 불충분하게나마 이 주제에 대해서 세 장을 할애했다. 앞의 두 장에서는 악과 고통의 문제의 이론적 토대를 간략하게 소개했는데, 이번 장에서는 초점을 약간 달리하고자 한다. 여기서는 악의 문제를 다루는 신정론이 상당히 근대적인 신학 작업이었으며, 궁극적으로 신정론은 이론이 아니라 실천의 문제로까지 나아갈 수밖에 없음을 보여주고자 한다. 어떤 면에서는 이제까지의 논의를 뒤엎는 것으로 보일 수도 있다. 하지만, 그리스도교 신앙이 결국에는 죄를 미워하고 악에게 승리하신 하나님께서 역사 속에서 보이신 성품과 활동을 따라 사는 삶*imitatio Dei*이라는 점에서, 신정론에서 이론과 실천은 분리될 수도 없고 분리되어서도 안 된다.

신정론은 언제 신학의 중요한 주제가 되었는가?

신정론은 세계 안에서 발생하는 여러 악의 현상을 분석하지만, 악의 기

질문하는 신학

원을 신에게 돌리려는 시도에 저항하며 신의 정의, 선함, 권능, 지혜를 옹호하려고 한다. 그렇다면 이쯤에서 질문을 던져 볼 필요가 있다. 막상 고통당하는 것은 인간인데, 왜 인간이 고통당하게 내버려 두는 신을 변호해야 하는가? 관심과 위로를 받아야 할 대상은 고난에 휩싸인 인간인데, 왜 신이 아무 책임이 없다는 것을 증명하려고 힘을 쓰는가? 급발진한 차로 대형 사고가 난 상황에서 제조사 잘못은 없다고 무조건 주장하는 회사 측 변호사 같은 역할을 신학자가 담당하는 것은 아닐까? 가난한 아르바이트생이 고급 자동차를 대리주차하다가 보행자를 치었는데, 피를 흘리고 있는 보행자나 겁먹은 아르바이트생을 앞에 두고 차 주인은 책임이 없다고 깔끔하게 사건을 정리해 주는 것과 비슷하게 느껴지지 않는가?

악이 신에게서 나온 것이 아님을 보이려는 시도는 초대교회부터 계속되었고, (앞 장에서 살펴봤듯) 그리스도교에서는 아우구스티누스가 고전적 논증의 패러다임을 놓았다고 할 수 있다.[3] 하지만 악의 기원을 부분적으로 자신의 저서 이곳저곳에서 다루던 아우구스티누스와 달리, 근대에 이르러 라이프니츠는 수백 쪽에 달하는 거대한 양의 철학적 논증을 정교하고 체계적으로 제시했다. 이처럼 신정론이라는 단어가 주조되고 논의가 심화된 시기는 근대이다. 신정론이 이 시기에 발달했다는 것은 악의 문제에 대한 질문이 이전과는 다른 의미를 지니게 되었음을 간접적으로 증언한다.

근대 이전의 사람들은 신이 기쁜 일이든 슬픈 일이든 세계 모든 일의 원인이라 믿었다. 반면 근대인은 과학 발전에 힘입어 세계를 정교한 수학적 법칙에 따라 이해하게 되었다.[4] 태풍이 일어나든 화산이 폭발하든, 끔찍한 재해는 신의 심판이 아니라 자연법칙에 따른 결과로 보는 세계가 도래한 것이다. 흑사병이 창궐하든, 도시가 번성하든, 기후가 좋든 나쁘든 이를 합리적 방식으로 설명하는 시대가 왔다. 그 결과 근대 과학을 받아들이는 '교양 있는' 근대인에게 역사의 주관자이자 섭리의 주로서 하나님에 대한 기존 신앙을 유지하기는 결코 쉽지 않은 일이 되어 버렸다.

자연과학의 도전에 부딪혔던 그리스도교는 객관적이고 보편적인 지식을 강조하던 시대정신에도 발을 맞추어야 했다. 기계처럼 스스로 법칙에 따라 잘 돌아가는 우주에서 신이 초자연적인 능력으로 역사와 자연에 개입할 여지가 점차 없어져 보였기에 신론에 대한 혁명적 수정이 요구되었다. 그 결과 근대 신학에서 신앙을 합리적이고 체계적으로 설명하는 '변증'(辨證)apologetics이 발전하게 되었다. 신정론도 이러한 시대적 필요에 응답하며 근대인에게 하나님을 옹호하는 역할을 담당하였다. 그런데 순수한 열정 이면으로는 어두운 그림자도 드리워지게 마련이다. 이제는 예배와 기도가 아니라 합리적 이론과 교리 체계가 하나님에 대한 지식을 형성하고 전달하는 주요 역할을 맡게 되었다. 스탠리 하우어워스가 예리하게 관찰했듯 '신정론'이라는 담론이 형성된 시기에 근대 무신론도 등장하게 되었다는 사실은,[5] 무신론과 마찬가지로 신정론도 절대자에 대한 추상적인 논리로 흐를 위험을 내포하고 있음을 보여준다.

이렇게 근대 이전과 이후는 신과 인간과 세계를 사유하는 방식 자체에 큰 변화가 찾아왔다. 특별히 과거 그리스도인의 궁극적 두려움의 대상은 '하나님'이었다면, 근대 이후 현대인이 가장 두려워하는 것은 '죽음'이라 할 수 있다.[6] 이러한 시대정신의 변화는 고통의 의미에도 차이를 만들어 낼 수밖에 없다. 이제는 다른 무엇보다도 고통 자체가 신학과 목회의 가장 중요한 화두가 되었고, 고통의 현상 자체가 종교가 불합리함을 논증하는 근거가 되어 버렸다. 하지만, 실상은 어떠한가?

하나님을 배제하고 삶의 안정을 추구하려는 현대 사회의 '교만'이 오히려 더 큰 악을 만들어 내지 않는가? 자기를 신과 같이 자족적 존재로 만들려는 현대적 망상에 치명적 균열을 내는 것이 '고통'이기에, 인간은 고통 받을 수밖에 없다는 불변하는 진리를 애써 무시하고 있지 않는가? 그렇다면 오늘날 '고통'은 현대인이 공유하는 시대적 환상에 도전하는 실천적 중요성을 가지지 않을까?

따라서 신정론을 연구하거나 전개할 때 고통의 신비마저 합리적으로 설명하거나 혹은 교리주의적으로 체계화하려는 근대적 강박을 경계해야 한다. 오히려 21세기는 이전 세기와 달리 계몽주의적 합리성과 과학에 대한 낙관론에 거리를 두고 있기에 고통의 문제를 새롭게 볼 수 있는 여건이 마련되어 있다고도 할 수 있다. 오늘을 살아가는 그리스도인이 이러한 상황을 충분히 고려하면서 악의 문제에 진실하고 성실한 응답을 하려면 어떻게 해야 할까?

우선 고통이 일으키는 문제의 복잡성과 실존적 성격을 논리의 유려함과 이론의 세련됨으로 해소하려는 욕망에 저항해야 한다. 토마스 롱Thomas G. Long, 1946- 은 이러한 신학의 새로운 과제를 다음과 같이 요약해 낸다. "신정론은 악한 세상에서의 하나님의 행동에 대한 변명을 제시하는 것이라기보다는, 고통에 대해 우리가 알고 경험하는 바를 전제로 사랑의 하나님을 믿는 것이 어떻게 가능한지 하는 문제와 관련된다."[7] 또한 전통적 신정론처럼 선하신 하나님께서 악을 일으키지 않으셨음을 보이면서도, 고통이 자아내는 의미를 현대적 필요에 맞게 설명할 수 있어야 한다. 이 두 도전 모두가 고통과 더불어 살아가는 인간 존재에 중요하기에, 우리는 먼저 '우리가 믿는 하나님이 누구신가'라는 근원적인 질문부터 할 필요가 있다.

우리가 고통당할 때 하나님은 무엇을 하시는가?

인간이 고통당할 때 하나님은 어디서 무엇을 하고 계실까? 환난과 어려움에서 우리를 건지시고자 자연과 역사를 모두 동원하는 컨트롤타워 역할을 하시는가? 비록 잘 느껴지지 않을지 몰라도 고통의 자리에서 함께하시는가? 그것도 아니면 너무나 초월적인 분이라 인간의 고통에 전혀 무관하고 영향을 받지 않으시는 분이신가?

가족이나 사랑하는 이가 아프면 나도 아프다. 심지어 TV를 통해 지구촌 반대편에서 아파하는 난민 아이의 모습을 봐도 가슴이 시려 온다. 이처럼 하나님도 인간이 고통당할 때 함께 괴로워하지 않으실까? 많은 사람이 하나님께 우리의 고통을 덜어 달라고 기도한다. 그리고 하나님께서 우리의 아픔을 아시고, 심지어 고통까지 함께 나누신다고 생각한다. 그런데 지난 2,000여 년의 그리스도교 역사를 뒤돌아보면, 많은 신학자나 철학자가 하나님은 본성상 고통을 당할 수 없기에, 우리의 아픔을 나눌 수 없는 존재라고 주장해 왔다. 여기에는 신은 타자로부터 영향을 받을 수 없는 '자족적 존재'라는 독특한 철학적 전제가 깔려 있다.

서양 지성사에 큰 흔적을 남긴 아리스토텔레스는 이러한 신을 부동의 동자^{the Unmoved Mover}라고 불렀다.[8] 물리적 우주 안의 존재는 모두가 생성·소멸의 운명을 가지고 있다. 달리 말하면 신이 아닌 다른 모든 존재는 보이든 안 보이든 움직이고 변화하는 중이다. 운동하려면 움직임을 일으키는 원인이 필요하기에, 세계는 움직임을 일으키는 자^{the mover}와 움직여지는 자^{the moved} 사이를 연결하는 인과관계의 복잡한 망으로 이루어져 있다. 즉, 이 세상에 존재한다는 것은 운동의 원인이자 결과로 존재함을 의미한다.

한 예로, 출판사의 기획 때문에 나는 지금 글을 쓰고 있다. 그런데 어느 교회학교 교사가 내 책을 읽게 된다면 나의 글은 그의 눈과 뇌를 활동하게 만드는 원인이 되고, 결국 그의 정신에 지식을 형성하는 결과를 만들어 낸다. 그런데 교사가 새로 습득한 지식은 또 다른 원인이 되어, 그의 성경공부와 경건 생활과 윤리적 실천 등에 영향을 끼친다. 이제는 교사의 말, 글, 행동 등을 통해 교회학교 학생이 영향을 받게 된다. 이처럼 나는 다른 누군가 때문에 움직이지만, 동시에 다른 사람을 운동하게 만든다. 유한한 존재로 살아가는 이상 이러한 이중적 존재 규정에서 벗어날 수 없다. 그 과정을 간략히 정리하면 다음과 같다.

물론 이처럼 간단하게 정리한 과정은 실제 삶 속에서는 출판시장의 경기, 교회학교의 교육 정책, 학부모의 극성 등의 더 복잡한 인과관계로 묶여 있을 것이다. 즉, 인간이 세계 내 존재^{being-in-the world}라는 말은 우리가 파악하지 못할 정도로 다양한 관계의 그물에 속해서 서로 영향을 주고받고 있다는 의미이다.

이 세계 안에 있는 모든 것들이 인과관계의 고리에 따라 움직이려면, 처음에 누군가가 운동을 일으켜 줘야만 한다. 그 존재가 바로 아리스토텔레스가 말했던 '부동의 동자'로서 신이다. 신은 이 세계의 모든 운동의 원인이지만, 정작 자기는 움직이지 않는다. 만약 신이 운동한다면 그 배후에 운동의 원인이 있다는 말이다. 그런데 이는 신보다 더 근원적 존재가 신을 움직였다는 의미이기에 어불성설이다. 따라서 신은 자신은 움직이지 않지만 우주 전체의 움직임을 일으킨 최초의 운동자, 곧 원동자^{the prime mover}이다.

이러한 논리를 따라 사고해 보면 신은 감정을 느낄 수 없고 고통도 당할 수 없다. 희로애락을 경험하거나 아픔을 느끼려면 외부 환경이나 타자로부터 영향을 받아야 하는데, 신은 다른 존재에게서 영향을 받거나 움직여질 수 없기 때문이다. 만약 신이 고통을 당한다면 신 역시 이 세계의 여러 존재 중 하나일 뿐이다. 신은 본인이 고통을 당할 수도, 또 타인의 고통의 영향을 받을 수도 없는 존재인 셈이다.

아리스토텔레스가 제시한 '부동의 동자'로서 신 개념은 자연의 운동에 대한 설득력과 그 논리적 일관성 덕분에 고대 그리스 이래 가장 영향력 있는 철학적 신 이해로 자리 잡게 되었다. 그의 설명 방식은 생성·소멸의 세계 안에서 일어나는 전체 운동에 통일성을 부여하는 궁극적 존재로서 신을 상정한 점에서도 탁월했지만, 인간사에 자기 기분에 따라 마음대로 개입하던 신화적 신들에 대한 미신을 극복할 수 있었기에 당시로는 획기적인 신관이었다.[9] 게다가 고통 받는 존재가 과연 다른 존재를 고통으로부터 건져 낼 수 있느냐라는 구원론적 질문 역시 아리스토텔레스적 신관을 수용하는 주요 동력이 되었다.[10]

그런데 그리스도교 신앙에 '부동의 동자'로서 신 관념이 들어오면서 감정이 풍부한 '성서의 하나님'과 감정이 메마른 '철학자의 하나님' 사이에 충돌이 일어날 수밖에 없었다. 이 갈등은 알렉산더 대왕이 마케도니아 제국을 형성하고, 유대교가 그리스 문명과 접촉하게 되면서 표면화되었다. 이때 이후 신학적 해결책으로 제시된 것 중 하나가 성서에 나온 하나님의 고통이나 감정 등의 표현은 '은유적'이기에 문자적으로 보아서는 안 된다는 주장이다.[11] 그러나 이러한 입장도 역시 뭔가 의심스럽다. 하나님은 본성상 고통당하지 않지만, 인간들에게는 자신이 아파할 수 있는 존재인 것처럼 거짓으로 소개하고 있다는 인상을 주기 때문이다.

아리스토텔레스적 신 이해가 문제를 가장 크게 일으킬 수 있는 지점은 실천의 영역이다. 무감각한 신의 이미지는 고난이 없는 상태를 삶의 이상으로 상상하게 하고, 타인의 아픔에도 초연한 인간상을 만들어 낼 가능성이 높다. 실제 제1차 세계대전 직후 왜 인류가 이토록 폭력적으로 되었는가 하는 질문이 일어났을 때, 서구 사상에 깊숙이 박혀 있는 '부동의 동자'로서 신이 그 원인이 되었다는 비판적 성찰도 일어났다.[12] 당시 활동했던 영국 신학자 윌리엄 템플William Temple, 1881-1944은 '고통 받지 않는 신'을 우리 마음의 왕좌에 자리 잡은 파괴하기 가장 힘든 우상이라고까지 불렀다.[13]

절대자가 어떻게 인간의 고통에 참여할 수 있는가?

아리스토텔레스의 추론의 과정을 따르자면, 하나님은 고통을 당하실 수 없는 분이다. 간혹 이러한 논리적 신 이해가 우리의 현실에서 경험을 반영하는 것처럼 보일 때도 있다. 고통 속에 있는 신앙인을 무엇보다 힘들게 하는 것은 절대자가 고통의 순간에 있는 인간을 그냥 내버려 두는 것같이 느껴질 때이다. 다른 이는 몰라도 하나님만은 자신의 고통을 알아주었으면 좋겠지만, 정작 그분의 침묵 앞에 더 절망하게 되는 경우도 있다. 이런 답답한 마음을 다윗은 다음과 같이 토로한다. "여호와여 어느 때까지니이까. 나를 영원히 잊으시나이까. 주의 얼굴을 나에게서 어느 때까지 숨기시겠나이까"(시 13:1).

  그런데 구약성서를 보면 하나님은 고통 중의 인간을 홀로 내버려 두는 분이 아니시다. 예레미야 31장 20절에 따르면 하나님께서는 사랑하는 "[에브라임을] 위하여 내 창자가 들끓으니 내가 반드시 그를 불쌍히 여기리라"라고 말씀하신다. 신약에서 예수 그리스도는 목자 없이 헤매는 양처럼 고생하고 기진한 무리를 불쌍히 여기신다(마 9:36). 이 구절에서 '불쌍히 여긴다'를 뜻하는 그리스어 단어는 *splanchnizomai*인데, '창자'나 '마음' 등을 뜻하는 단어 *splanchnon*에서 나왔다. 이처럼 인간의 고통은 야웨와 그리스도의 존재의 가장 깊은 곳에서부터 진한 공감의 울림을 만들어 내고 있다. 달리 말하면 성서는 하나님은 역사에 참여하심으로써 인간의 고통에 함께 아파하시며, 심지어 그 아픔의 무게를 함께 지시는 분으로 소개한다. 어떻게 절대자가 악에 영향을 받으며, 유한자의 고난을 나눌 수 있는지에 관해 성서는 철학적인 논변을 제시하지 않는다. '고통과 무관한 분의 고통'이라는 성서의 밭에 숨겨진 보물(마 13:44)을 구약학자 존 바턴^{John Barton, 1948-} 은 다음과 같이 묘사한다.

> 시편 139편에서 말하듯, 우리는 우주에서 하나님이 계시지 않은 곳이나 그분의 현존이 우리를 지탱하지 않는 곳으로 갈 수가 없다. 이것은 단지 하나님께서 강하고 힘 있는 존재이시기 때문일 뿐만 아니라, 하나님 안에 우리 안의 약함과 고통에 상응하는 뭔가가 있기 때문이다. 이 두 가지 이유 중 아마도 후자가 더 중요하리라. 하나님 안에 있는 연약한 부위는 우리의 고통이 우리를 그분으로부터 멀리 떼어 놓는 것이 아니라, 오히려 그분께 밀착시킨다는 것을 확인시켜 준다. 나는 이에 대한 신학적으로 일관적인 설명을 어떻게 할지는 모르겠다. 하지만, 이것이 진리이기를 강하게 희망한다.[14]

하나님이 우리의 고통에 함께하시는가 하는 질문은 결국 삼위일체론적이고 기독론적 시각에서 성서를 읽을 때 해결책을 찾아갈 수 있다. 하나님은 영원부터 세 인격으로 존재하셨다. 그리고 그 하나님은 사랑이시다(요일 4:8).[15] 사랑은 아리스토텔레스가 상정했던 인과관계가 아니라, 서로서로 자기를 내어주고 타자를 수용하는 상호관계를 전제한다.

사랑은 삼위일체의 세 인격 사이에서 가장 풍성하고 온전히 드러난다. 사랑의 하나님께서 세계를 창조하고 사랑하셨다는 것은(요 1:3; 3:16), 창조 세계가 인과율로 환원될 수 없는 다채롭고 심오한 인격적 속성과 관계를 맺고 있음을 보여준다.

　사랑이신 삼위일체 하나님은 피조물의 고통에 참여하실 정도로 자신을 세상과 단단히 묶으시는 분으로 성서는 소개한다. '성부'는 이스라엘을 백성으로 삼으시며 역사 속에서 그들의 아픔을 나누셨다. '성자'는 인간의 연약한 몸을 취하셨을 뿐 아니라, 배신당하고 배척당하고 누명을 쓰고 버림받고 채찍질당하다 결국 십자가에서 고통의 죽음을 맛보셨다. '성령'은 우리 안에서 피조물과 함께 탄식하며, 친히 우리를 위해 간구하고 계시는 분이다. 이처럼 영원하고 전능한 절대자가 세계의 고통에 마주하고, 그 아픔을 인내하고, 비극적 운명에 참여한다는 것을 보여줄 수 있는 교리가 바로 삼위일체론이다. 그리고 삼위일체 하나님께서 어떻게 고통을 다루시는지 가장 결정적으로 알려 주는 계기가 바로 예수 그리스도 사건이다.

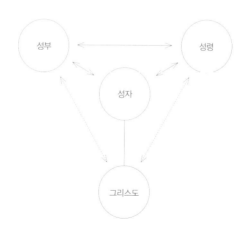

"말씀이 육신이 되어 우리 가운데 거하시매"(요 1:14)라는 구절에서 육

신으로 번역된 *sarx*는 다른 인간과 마찬가지로 유혹당하고 아픔을 느끼는 몸을 의미한다. 성육신하심으로써 성자는 고통을 당하고 심지어 죽기까지 하셨다. '고통당할 수 없는 존재의 고통'이라는 역설을 가장 극명하게 보여주는 자리가 바로 나사렛 예수라는 한 인간의 삶과 죽음이다. 이처럼 십자가 사건을 통해 삼위일체 하나님은 자기 본성의 정반대까지 경험하는 극단으로까지 자신을 스스로 내모셨다. 결국 십자가에서 영원이 죽음에 사로잡혀 버렸다. 하지만, 그리스도는 죽음에서 부활하셨다. 그런데 영광스럽게 변모한 그리스도의 부활한 몸에는 여전히 못과 창 자국이 있었다. 영원한 존재에 인간의 고통의 흔적이 새겨진 것이다.[16]

인간의 고통과 죽음을 겪은 나사렛 예수가 영원한 성자라는 사실은 삼위일체 하나님 안에도 인간의 아픔과 고난을 품을 수 있는 신비로운 자리가 있음을 의미한다. 그 결과 예수 그리스도로 말미암아 고통은 신앙 없이 관찰하거나 경험할 때와는 전혀 다른 의미와 중요성을 얻게 되었다. 성자가 성부께 순종하셨고 고통당하심으로 인간을 구원하신 것처럼, 그리스도인의 고통 역시 타인을 회복하고 사회를 변화시키는 치유적이고 변혁적인 의미를 가지게 된다. 즉, 그리스도인이 된다는 것은 그리스도의 은혜로 고통 면제권을 받는 것이 아니다. 오히려 그리스도인이기에 우리는 그리스도를 따라 타자를 위한 대리적 고통을 겪을 수 있는 존재이기도 하다.

그리스도가 우리를 위해 죽으셨는데 왜 고통은 여전히 존재하는가?

고통의 파괴적인 힘은 그리스도 안에서 구원론적이고 창조적인 힘으로 변모할 가능성이 생긴다. 골로새서 1장 24절에서 바울은 다음과 같이 말한다. "나는 이제 너희를 위하여 받는 괴로움을 기뻐하고 그리스도의 남은 고난을 그의 몸된 교회를 위하여 내 육체에 채우노라." 이 구절이 그리스도의 속죄의 죽음이 우리의 고통으로 보충되어야 할 정도로 불완전하다는 것을 의미하는 말은 결코 아니다. 그리스도의 '남은 고난'으로서 우리의 고통은 십자가를 통한 하나님과 세계의 화목 (골 1:20)을 교회를 통해 증언하고 역사에서 현실화하면서 견뎌야 하는 고통이다.

여기서 우리가 명심해야 할 점 중 하나는 바울이 이야기하는 그리스도의 구원 사역이 우주적 지평을 가지고 있다는 사실이다. 그분의 죽음은 우리 죄를 사할 뿐 아니라 온 세상을 위한 것이다(요일 2:2; 고후 5:19; 골 1:20 참조). 그렇다면 우리가 채워야 할 그리스도의 고난은 개인의 회심과 교회의 선교를 위한 것이기도 하지만, 이 시대를 위한 도덕적 회복과 사회적 변화까지 그 영향력을 끼칠 수밖에 없다. 부활한 그리스도의 몸으로서 교회는 그리스도의 운명과 마찬가지로 이 세계를 위한 대리적 고통을 당하게 된다.[17] 그리스도의 몸을 이루고 있는 그리스도인의 고통은 복음이 선포되게 하고 하나님의 화해 사역이 이 땅 곳곳에 이루어지게 하는 계기가 된다. 이것이야말로 예수 그리스도의 부활과 함께 시작된 새로운 창조가 역사 속으로 뚫고 들어와 오늘의 현실을 변혁하는 대표적인 예이다.

그리스도인의 '대리적 고통'의 힘과 가능성이 잘 응축되어 드러난 사례가 바로 비폭력 저항nonviolent resistance이다. 미국에서 비폭력 평화시위로 흑인 인권운동을 이끌었던 마틴 루터 킹Martin Luther King Jr., 1929-1968 목사는 고통이 가진 구원론적인 의미를 꿰뚫어 본 사람 중 한 명이다. 그는 예수 그리스도와 간디에게서 배운 비폭력 평화 사상이 가진 변혁적이고 도덕적인 힘에 대한 신념을 지녔다. 비폭력 운동을 한다는 것은 단지 평화롭게 나의 권리를 주장한다는 의미가 아니다. 오히려 이는 상대가 폭력을 가하고 모욕을 하더라도 이를 인내하고 참아 냄으로써 "상대편의 도덕적 수치감을 일깨워 내는" 것이자, 비폭력적 수단을 통해서 "사랑의 공동체를 만들어 내는 것"[18]을 궁극적인 목적으로 한다.

킹 목사는 인종차별로 흑인들이 겪는 아픔과 치욕뿐만 아니라, 백인들이 의도적으로 직접 가하는 폭력을 증오와 폭력으로 되갚는 것을 거부했다. 심지어 교회가 테러를 당하고, 집이 폭파되고, 본인이 습격당하고, 가족이 위협당하고, 여러 번의 투옥 생활을 해도 그는 비폭력 철학을 버리지 않았다. 왜냐하면 그는 평화와 선을 위해 감내하는 "고통은 자체에 어떤 도덕적 속성을 포함하지만 강력하고도 창의적 힘이 될 수도 있다"[19]고 믿었기 때문이다. 킹 목사를 포함해 비폭력 투쟁에 참여한 이들은 '이에는 이, 눈에는 눈'식의 정의 대신 자발적으로 아픔을 겪음으로써 고난의 구속적 힘이 역사 속에 흐르게 하고자 했다.

물론 사회가 생각처럼 변하지 않고 본인과 주위 사람의 고난이 커 갈 때, 킹 목사의 마음에도 증오가 쌓일 수 있었고, 비폭력에 대한 신념을 버릴 수도 있었다. 그러나 그는 평화시위에 대한 희망을 버리지 않았다. 「크리스채너티 투데이」*Christianity Today*의 편집장 헤럴드 페이 Harold Fey는 킹 목사에게 이제껏 겪어 온 테러와 수모가 분명 영향을 주었을 텐데, 왜 자기 자신의 고통에 관해 이야기하지 않느냐고 물었다. 그러자 킹 목사는 '고통과 믿음'이라는 글로 응답했다. 그 일부를 인용해 보겠다.

나의 고통이 점차 쌓여 가자 곧 나는 내 상황에 반응하는 길이 두 가지가 있음을 깨달았다. 고통에 격렬하게 반응하는 것, 혹은 고통을 창조적 힘으로 바꾸려 노력하는 것이다. 나는 후자의 길을 따르기로 결정했다. 고통을 당해야 할 필요성을 인식하면서 나는 고통을 덕으로 변모시키려 애써 왔다. 고통의 쓰라림에서 나를 건져 내는 하나의 길이 있었다면, 그것은 개인적 어려움들을 자신을 변화시키고 현재 비극적 상황에 부닥쳐 있는 사람을 치유하는 기회로 보려고 노력해 왔다는 것이다. 나는 지난 몇 년간을 이유 없이 겪은 고통은 구속적인 것이라는 확신 속에서 살아왔다.[20]

흑인들이 차별과 폭력에 보복하지 않고 고통 받기를 선택하자, 미국 사회는 점차 흑인 인권에 관심을 가지게 되었다. 반면 극단적 백인우월주의자 사이에서는 비폭력 저항에 대한 두려움과 증오가 커졌고, 결국 킹 목사는 암살을 당하게 되었다. 그러나 그의 희생은 미국 사회가 도덕적으로 한 단계 나아가며, 흑백분리와 인종차별의 상황이 개선되는 데 크게 이바지했다. 그의 고통은 미국 사회의 도덕적 상상력을 일깨웠고, 더욱 많은 사람이 더 존중받는 현실을 이루는 창조적 동력이 되었다.

이처럼 그리스도인은 고통을 고통 그 자체로 보는 사람이 아니다. 그리스도인은 고통의 의미를 십자가의 구원 사건을 통해 보는 이들이다. 물론 인간으로서 고통을 겪고 그것을 인내하는 것은 어렵고 불쾌한 일이다. 그렇지만 고통을 회피하려는 욕망 이면에 삶의 안락과 안정성을 주요 가치로 삼는 현대 사회의 강박감이 자리 잡고 있지는 않은지 반성해 볼 필요가 있다.

악의 문제에 대한 그리스도인의 실천적 응답은 무엇일까?

앞서 고통을 삼위일체 신앙의 빛에서 볼 때 고통의 창조적이고 구원론적 의미가 드러남을 살펴보았다. 여기서 나아가 고통을 삼위일체론과 연계할 때 우리는 중요한 '실천적' 통찰을 얻을 수도 있다. 그것은 바로 성부·성자·성령 하나님께서 인간의 고통에 참여하심으로써 악의 문제를 다루셨다면, 그리스도인 역시 고통 받는 사람들과 연대하고 함께 아파함으로 악에 대항할 수 있다는 점이다. 이것이 우리가 오늘날 짊어져야 할 십자가이기도 하다.

바울은 "즐거워하는 자들과 함께 즐거워하고 우는 자들과 함께 울라"(롬 12:15)고 권면한다. 이것이 그리스도를 통한 구원과 화해에 대해 말하고 나서 그가 제시한 그리스도인의 삶의 대표적 모습이다. 우는 자들과 함께 우는 것은 한편으로는 그들의 슬픔에 깊이 공감하며 연민을 가지는 것이요, 다른 한편으로는 그들이 충분히 애도할 수 있는 시공간을 마련해 주는 것이다. 너무나 당연한 이야기지만, 이웃을 위한 마음의 여유가 없이 분주하고, 슬픔마저 정치경제적 이해관계에 따라 재단을 당하는 사회에서 '공감'은 생각처럼 쉽지 않다.

우선 공감의 대표적 형태라 할 수 있는 연민을 살펴보자. 흔히 우리는 연민을 인간이 가진 여러 감정의 하나로 축소해서 생각하기 쉽다. 게다가 연민, 동정, 공감, 감정이입 등의 단어가 뒤섞여 사용되면서 각각의 의미가 혼동되기도 한다. 학자마다 이러한 개념들을 정의하는 방식이 다르기 때문에, 이 글에서는 일반적 의미에서 연민이라는 단어를 사용하기로 하자.

구약성서나 신약성서에서 연민은 행동적 차원과 정서적 차원을 모두 포괄하는 개념이다.[21] 구약에서 '연민'을 표현하고자 쓰이는 *raḥmin*과 여성의 '태반'을 의미하는 단어 *reḥem*은 같은 어원에서 형성되었다고 한다(창 49:25; 잠 30:16 등). 산모와 배속 아기를 연결하는 생명의 끈, 곧 탯줄이라는 육체적 이미지를 통해 하나님과 이스라엘의 긴밀한 관계가 생생하게 느껴지는 것 같다. 이처럼 구약에서 연민은 하나님의 본질적 속성일 뿐 아니라, 하나님의 백성이 연민을 가져야 할 근거가 된다(신 4:31; 눅 6:36).

앞서 살펴봤듯 복음서에서 예수께서 무리를 불쌍히 여기시는 모습을 묘사할 때 사용된 그리스어 단어 *splanchnizomai*도 창자나 마음 등을 뜻하는 단어 *splanchnon*에서 나왔다. 이런 맥락에서 볼 때, 구약에서 나온 '연민의 하나님'의 깊은 의미는 신약으로 이어진다고도 할 수 있다. 사실 신약의 하나님은 더욱 분명하고 구체적으로 연민의 하나님으로 제시된다. 연민의 하나님께서 육신을 취하고 이 땅에 오셔서 고통 당하는 사람의 위로자이자 벗이 되어 주셨고(마 9:36; 14:14 등), 제자들에게 고난 중에 있는 사람의 이웃이 되어 주라고 가르치셨다(마 5:43-48; 눅 10:30-37 등). 구약성서와 그리스도의 가르침에 따라 신약의 서신서를 기록한 사도들도 공동체 내에서 '서로를 불쌍히 여기라'고 권면한다(엡 4:32; 골 3:12; 요일 3:17 등).

이처럼 성서에서 연민은 단지 상대를 불쌍히 여기는 주관적 감정이 아니다. 오히려 연민은 탯줄을 통해 엄마와 아이가 서로 연결되어 있듯, 타인의 고통에 전 존재의 울림을 통해 깊이 참여하고 함께 아파하는 것이다. 연민은 자기 백성의 고통을 보고 부르짖음을 듣고 근심을 아시는 하나님(출 3:7), 목자 없는 양처럼 기진해 버린 무리를 불쌍히 여기시는 그리스도(마 9:36)의 모습을 모방하는 실천적 구원론의 한 형태이기도 하다*imitatio Dei* 혹은 *imitatio Christi*. 상대의 감정을 상상력을 통해 자기에게로 옮겨 올 수 있는 공감 능력, 눈물 흘리는 이웃을 껴안고 함께 아파하고 슬퍼할 수 있는 연민은 사랑의 공동체를 형성하고 사회의 아픔을 치유하도록 하나님께서 자신의 형상으로 만드신 인간에게 주신 귀하고 중요한 선물이 아닐 수 없다.

고통의 문제를 다룰 때 '애도'grief 역시 빼놓을 수 없는 중요 주제이다. 너무나 큰 고난을 겪는 사람, 특히 상실의 고통을 겪는 사람은 애도에 빠질 수밖에 없다. 애도란 슬픈 감정보다 더 심오하고 쓰라린 그 무엇이다. 아내를 잃고서 말로 표현하기 힘든 그 상태를 C. S. 루이스는 다음과 같이 꾸역꾸역 묘사해 냈다. "누구도 내게 애도가 공포와 같이 느껴진다고 말해 주지 않았었다. 나는 무섭지 않다. 그렇지만 무서운 것과 유사한 감정을 가진다. 두려울 때처럼 위 속이 뒤집히고, 안절부절못하고, 입을 멍하니 벌리고 있다. 나는 계속 침을 삼키게 된다."[22] 이처럼 애도는 극심한 고통에 빠진 사람에게 자연스럽게 나타나는 현상이지만, 그 감정과 표현의 불규칙성과 격렬함 때문에 다른 이의 이해나 공감을 끌어내기가 쉽지 않다. 게다가 일부는 슬픔의 상태에서 벗어나 빨리 '정상' 생활로 돌아오라고 재촉하며 애도를 비정상적인 상태이거나 극복되어야 할 부정적 감정인 것처럼 취급하기도 한다.

정신분석학자 지그문트 프로이트[Sigmund Freud, 1856-1939]는 애도에 대해 아주 중요한 통찰을 남겼다.[23] '애도'는 사랑하는 대상을 잃고서 나오는 자연스러운 반응이기에 그 현상이 아무리 극렬할지라도 특별한 치료를 필요로 하지 않는다. 아니, 어쩌면 특별한 치료 방법이 없다고 할 수 있다. 오히려 충분히 슬퍼하면, 시간은 걸리지만 다시 일상으로 돌아올 수 있다. 반면 상실의 후유증으로 외부 세계에 적절히 반응할 수 있는 능력을 잃어버린 상태가 '우울증'이다. 이 지점에서 프로이트는 흥미로운 주장을 했다. 그것은 바로 실패한 애도가 우울증으로 이어질 수 있다는 것이다. 현대 심리학자는 애도와 우울증을 프로이트처럼 나누어 개념화하지는 않지만, 애도에는 충분한 기간이 필요하다는 그의 주장에는 거의 반대를 하지 않는다.

삼위일체 하나님께서 고통 중에 우리와 함께 계신다는 것은 우리의 애도를 위한 시간과 공간을 마련해 주신다는 의미이기도 하다. 하나님은 우리의 슬픔이 자아내는 분노와 좌절과 우울을 인내하시며 애도

질문하는 신학

의 기간을 충실히 통과하도록 묵묵히 현존하시는 분이다. 우리가 마법 같은 하나님의 개입을 원할 때도, 주변인이 우리를 억지로 슬픔에서 건져 내 일상으로 복귀시키려 노력할 때도, 정치적 이해관계에 따라 애도의 권리가 침해당하는 현실 속에서도, 침묵 속에서 그분은 우리의 아픔을 껴안으시며 우리의 존재를 지탱하신다.

아들을 잃은 한 어머니가 겪어야 했던 슬픔과 아픔을 생생히 보고한 소설가 박완서의 『한 말씀만 하소서』는 처참한 고통 속에 자기를 내버려 두는 하나님은 누구인가를 끈질기게 질문한다. 그는 사랑하는 이의 상실로 인한 극도의 비통함에 압도되고, 아들이 죽었는데도 아무 일 없는 듯 잘 돌아가는 세상에 대한 분노를 못 이겨 낸다. 결국 그는 날이 시퍼렇게 선 감정의 칼끝을 신에게로 향했다.

> 하느님이란 그럴 수도 있는 분이라니. 차라리 없는 게 낫다. 아니 없는 것과 마찬가지다. 다시금 맹렬한 포악이 치밀었다. 신은 죽어도 죽어도 가장 큰 문젯거리로 되살아난다. 사생결단 죽이고 또 죽여 골백번 고쳐 죽여도 아직 다 죽일 여지가 남아 있는 신. 증오의 최대의 극치인 살의(殺意), 나의 살의를 위해서도 당신은 살아 있어야 돼. 암 있어야 하구말구.[24]

아이를 잃은 어머니의 감정의 격렬한 요동은 결국 그 분출구를 찾아냈다. 이 세상 어느 누구도 받아주지도 이해하지도 못할 분노와 슬픔을 쏟아 낼 대상으로서 결국은 하나님이 필요했다. 하나님은 침묵 속에 계셨지만, 결코 그분은 무감정의 하나님, 부동의 동자가 아니셨다. 그가 다시 밥을 먹고 배변을 하고, 산책하다 자연의 아름다움에 감탄하고, 무의식중에 손자와 사진을 찍는 상상을 할 정도로 서서히 치유될 때까지, 하나님은 묵묵히 욕받이가 되어 주셨다. 2,000년 전 인간의 죄를 위해 모욕당하셨던 분께서, 상처받고 아파하는 이를 위해 지금도 자신을 분노의 대상으로 내어주고 계신 것이다.

역사가 흐르는 한, 악과 고통의 문제는 끊임없이 인류를 지속해서 괴롭힐 것이다. 이에 대한 진실한 이론적 성찰은 우리가 전능하고 선하신 하나님에 대한 신앙을 가지고 악과 고통에 대해 신실하게 대응하도록 도와줄 것이다. 이웃의 아픔에 공감하고 슬퍼하는 사람이 충분히 애도하게 하는 실천적 지혜는 삼위일체 하나님의 사랑을 지금 여기서 현실화하는 매개가 될 것이다. 이러한 노력과 실천이 중요하다고 하지만, 역사 속에서 우리는 여전히 악과 고통의 문제에 대한 완벽한 해결책을 찾지는 못할 것이다. 그렇다고 악과 고통의 현실 앞에서 '선험적'으로 절망할 필요가 없다. 우리의 아픔을 잘 아시고, 그 고통에 참여하시는 하나님께서 눈물과 슬픔으로 기록된 역사를 넘어서는 희망의 근거가 되시기 때문이다.

막간극(Interlude): 피고자 소환에 응하신 하나님

홀로코스트 생존자이자 노벨상 수상 작가 엘리 위젤Elie Wiesel, 1928-2016은 희곡 『샴고로드의 재판』에서 신을 재판관이 아닌 피고로 재판정에 세우는 도발을 시도한다.[25] 1649년 동부 유럽의 샴고로드에서 유대인 집단학살이 일어났다. 시간이 흘러 대학살의 짙은 기억을 안고 있는 마지막 생존자가 그 지역에서 여관을 운영하게 되었다. 그 여관에 세 명의 유대인 음유시인이 찾아오며 이야기가 시작된다. 대화가 오가자 핏빛으로 물든 여관 주인의 과거가 서서히 밝혀지고, 유대인에 대한 또 다른 테러가 급박히 다가온다는 두려움으로 갈등이 고조된다. 결국 이들은 신이 세상의 악과 고통에 대한 책임이 있는지를 따질 모의재판을 열게 된다.

그런데 샴고로드의 재판은 지금도 곳곳에서 진행되고 있다. 세계 곳곳의 난민촌에서, 지진과 쓰나미의 현장에서, 진도 팽목항에서, 이유도 모르고 언제 가실지도 모르는 고통이 있는 장소에서, 그리고 정의와 평화가 짓밟힌 곳에서……

이러한 소송이 신성모독적이라 부정하지 말자. 고통 속에서 하나님께 울부짖는 사람들에게 손가락질하지 말자. 왜냐하면 지금도 누구나 개인의 마음이나 사회적 공론의 법정으로 하나님을 소환하고 있으니까. 이 세상에 왜 악과 고통이 있느냐 뿐만 아니라, 세상이 왜 내 마음대로 움직이지 않느냐고 하나님은 추궁당하고 계신다. 우리 모두가 알게 모르게 하나님을 고소하는 원고이자 검사로 활동 중이다.

하지만 우리가 재판정에 불러 세운 피고를 잘 살펴보자. 우리가 고소한 대상은 우리가 만들어 낸 조악한 신의 이미지이지 않은가? 달리 말하면, 인간 욕망이 주조해 낸 우상이 소환되고 심문받게 되는 장소가 바로 신정론이라는 이름의 법정이다. 이곳에서 뒤틀린 의지를 가지고 우리가 이상화하고 추구해 왔던 선, 정의, 권능, 절대, 행복 개념이 재판받게 된다. 고통의 문제로 열렸던 성서 속의 재판이라고 할 수 있는 욥기는, 신정론의 법정에서 어떤 판결이 내려질지를 장엄하게 보여준다. 인간의 수다스러운 질문과 추궁에 묵비권을 행사하듯 이제껏 가만히 계시던 하나님께서 갑자기 역으로 질문을 하신다.

그 때에 여호와께서 폭풍우 가운데에서 욥에게 말씀하여 이르시되 무지한 말로 생각을 어둡게 하는 자가 누구냐. 너는 대장부처럼 허리를 묶고 내가 네게 묻는 것을 대답할지니라(욥 38:1-3).

이 구절을 계기로 고발하는 인간과 고발당하는 하나님의 위치가 갑작스레 전복된다. 하나님께서는 무지하고 헛된 언어로 하나님을 가려 버린 인간의 우둔함을 질책하신다. 하나님께서는 답은 고사하고 욥에게 자기가 만드셨고 다스리시는 더 큰 세계를 가리켜 보이신다. 그리고 '네가 이것의 시작을 아느냐?' 하고 물으신다. 질문과 전혀 상관없는 답을 하는 동문서답(東問西答)일까? 아니면 어리석은 질문에 대한 현명한 답변, 곧 우문현답(愚問賢答)이라고 해야 할까? 이것이 인류가 씨름해 오던 악의 문제에 대해 욥기가 던져 주는 '답 아닌 답'이 아닐까?

신정론이라는 이름의 순례길

자아 중심적 세계에 함몰되어 있는 이상 인간이 악의 문제에 대해 '나를 만족시키는 답'은 영원히 찾을 수 없을 것이다. 오히려 신정론을 공부하는 참 이유는 답을 찾으려는 (혹은 만들어 내려는) 강박을 내려놓고, 답 없이도 인생길을 걸어 나가는 신뢰와 인내를 배우기 위함이다.[26] 신정론은 무엇보다 '나'를 향해 있던 시선, 혹은 우리의 지식과 언어가 만들어 낸 세계에 갇혀 있던 상상력을 거두게 하고는, '나와 너'가 속해 있는 더 넓은 세계를 향하게 하는 데 그 목적이 있다고 할 수 있다. 그리고 자아를 향해 굽어 있던 *incurvatus in se* 경직된 마음을 녹이는 하나님의 연민의 사랑을 받아, 이웃과 함께 아파할 수 있는 눈물처럼 투명하고 부드럽고 촉촉한 존재로 변화하는 데 있다.

그렇기에 신정론은 고정되고 잘 다듬어진 정답과 같은 형태라기보다는, 아직은 영글지 않은 답을 찾아가면서 자아를 변화시키는 순례의 과정이라고 보는 것이 더 적절할 것이다. 물론 답 없이 가기 때문에 외롭기도 하고, 불편함을 감수해야 하며, 깊은 회의가 몰려올 때도 있다. 하지만, 이러한 구도의 길 중에 "고통과 괴로움은 여전하지만 그 고통의 빛깔은 조금씩 달라지고"[27] 있음을 발견하게 된다면, 옳은 길을 잘 가고 있다고 자신을 위로하거나 함께 걷는 길벗에게 귀띔해 줘도 좋지 않을까 싶다.

적용과 토론을 위한 질문

1. '근대 이전의 사람들이 하나님을 두려워했다면, 현대인은 죽음을 두려워한다'는 말이 어떻게 다가오는가? 현대 사회에서 발견되는 죽음 강박증의 예가 있을까?

2. 하나님은 고통을 당하실 수 있는가? 이 질문의 찬반 입장에 내포된 장단점을 생각해 보자. 그리고 두 입장 중 어느 것이 더 성서적이거나 더 설득력이 있는지 고민해 보자.

3. 그리스도인이 대리적 고통을 당하는 예가 우리 주변에 있을까? 대리적 고통은 부당한 고난이나 희생을 정당화할 위험도 있지 않을까?

4. 현대인은 이전 시대와 비교되지 않을 정도의 독립성과 자율성을 마음껏 누리고 있다. 하지만, 서로가 서로에게 낯설어지는 고립감 또한 동시에 크게 느끼고 있다. 이러한 현대인이 겪는 고통의 독특한 형태가 있을까? 새로운 과학과 기술의 발전이 연민을 구체화하는 데 도움을 줄 방법이 있을까?

5. 과연 누군가가 함께 아파해 준다면 고통이 경감될까? 타인의 고통에 진정으로 공감할 수 있는 능력이 인간에게 있을까?

6. 애도가 상실에 따른 자연적 과정이라면, 성서 속의 인물들도 애도의 과정을 통과해야 했을 것이다. 성서 속에 나타난 애도의 예가 있다면 찾아보도록 하자.

7. 고통의 문제를 잘 보여주는 영화나 연극, 소설, 회화 등의 사례를 찾아보자.

질문하는 신학

II
예수 그리스도와 인간

4부

그리스도론

예수께서 십자가에서 극절極絶(매우 심함)의 고통을 겪으시고 "다 이루었다"고
선언하셨습니다.

이는 인류 구원의 완성이요, 이는 우주의 완성이요, 이는 사랑의 완성입니
다.……십자가 이전의 모든 것은 십자가를 향하여 진전하였고, 십자가 이후의
모든 것은 십자가에서 발점發點하여 새로 진전하는 것입니다. 알파에서 십자가
까지요, 십자가에서 오메가까지입니다.

모든 것의 중심도 십자가요, 알파와 오메가의 중심도 십자가요, 모든 것의 완성
도 십자가요, 알파와 오메가의 완성도 십자가입니다.

"다 이루었다!"

우주도, 구원도, 사랑도 다 이루었습니다. 모든 것의 모든 것이 다 이루어졌습니다.

— 길선주, 「십자가상 주의 칠언」 중에서[1]

그리스도교는 1세기 팔레스타인에서 일어났던 예수 운동의 결과 형성되었다. 그런데 놀랍게도 원시 그리스도교는 나사렛 예수를 단지 종교의 창시자가 아니라 신앙의 대상으로 삼았다. 심지어 첫 그리스도인들은 정치범으로 몰린 한 유대인이 보이지 않는 하나님의 가시적인 형상일 뿐만 아니라, 직접 인간이 되신 하나님이라고까지 생각했다. 이러한 도발적 생각과 믿음은 즉각적으로 이전과는 다른 삶의 태도와 신앙의 형태를 만들어 냈다. '예수 그리스도를 주'라고 고백하는 이들은 지중해를 넘어 유럽과 아프리카로, 아시아와 아메리카 대륙으로 퍼져 나갔다.

이처럼 그리스도교 신앙의 핵심에는 인간이 되신 하나님이라는 신비가 놓여 있다. 그런데 이 신비를 어떻게 설명하느냐는 이후 인류를 괴롭히는 문제가 되었다. 어떤 이는 신성으로부터 시작하여 그분의 정체성과 활동을 이해하고자 했다. 다른 이는 역사적 인물인 그분의 가르침과 사역을 가지고 다른 인간과 대조되는 그분만의 독특한 권위와 지위를 증명해 보이려 했다. 이러한 입장 차이는 신학의 역사에서 그리스도론의 두 방법론인 '위로부터의 방법'과 '아래로부터의 방법'을 각각 형성했다. 이 책은 학문적인 신학을 지향하는 것이 아닌 만큼 두 방법론 중 하나를 우선하여 선택하기보다는, 그리스도교의 오랜 지혜의 보고 속에서 발전한 그리스도론의 중요한 내용을 선별적으로 소개하고자 한다.

13장은 그리스도론을 본격적으로 다루기에 앞서 필요한 예비적 질문들을 다룬다. 약 2,000년 전에 살았던 나사렛 예수라는 한 인물을 어떻게 알 수 있는지, 그리스도론에 있어 구약성서의 중요성은 무엇인지, 이스라엘의 예언자와 제사장과 왕이라는 직분이 신약에서 왜 예수 그리스도를 이해하는 데 중요한 틀이 되었는지, 십자가 이전 그분의 삶은 어떤 중요성을 가지는지 등에 대한 짤막한 설명이 제시될 예정이다.

14장은 나사렛 예수라는 유대인 사내가 1세기 팔레스타인에서 어떤 가르침과 활동을 했는지를 간략히 소개했다. 왜 시골 마을 출신의 한 인물의 설교와 사역이 그토록 큰 파장을 일으켰는지, 왜 그분을 통해 나라 잃은 설움에 빠져 있던 유대인들이 옛 다윗 왕의 영광을 다시 꿈꾸게 되었는지, 왜 '평화'를 강조하던 이를 로마와 유대의 엘리트들은 '정치범'으로 몰고 갔는지 등은 예수 그리스도가 누구시고 그분이 선포하셨던 하나님 나라가 어떤 성격인지를 이해하는 데 핵심적인 질문들이다. 특별히 이 장에서는 현대인의 호기심으로 만들어진 질문이 아니라, 성서에 기록되어 있는 1세기 팔레스타인 사람들이 던진 질문에 따라 그분의 삶을 따라가 보고자 한다.

15장은 그리스도교 신앙을 형성하는 데 가장 중요한 '역사적' 사건인 성육신과 부활을 다룬다. 성육신과 부활은 단지 역사 속에 일어난 사건이라는 이유만으로 역사적인 것은 아니다. 성육신과 부활이 역사를 이전과는 전혀 다르게 변혁시켰기 때문에 역사적이라고 불려 왔다. 즉, 성육신과 부활은 단지 예수 그리스도에게 일어난 기적이 아니라, 삼위일체 하나님과 피조 세계의 관계를 완전히 새롭게 이해하는 데 필요한 논리와 언어를 제공해 주는 교리라고 할 수 있다.

16장은 어떻게 1세기 팔레스타인에서 일어났던 십자가 사건이 시간과 공간을 초월해 역사 속 특정 시점과 장소에 실존하는 그리스도인의 구원을 이루어 내는지를 살핀다. 이를 위해서 구원론을 형성하는 언어의 유비적 성격을 먼저 설명한 이후에, 초대교회 이후 지금까지 큰 영향을 끼치는 십자가와 속죄에 관한 세 가지 모델을 중점적으로 소개하고자 한다.

13장. 그리스도론

1세기 인물인 예수 그리스도를
어떻게 알 수 있는가?

인류 역사에서 가장 유명한 인물

서력기원(西曆紀元, 약칭 서기)은 예수 그리스도의 탄생을 기원으로 하는 책력이다. 잘 알려져 있듯 이는 서양 그리스도교 문명에서 오래전부터 사용되어 오다가 오늘날에는 전 세계에서 널리 통용되고 있다. 예수 그리스도라는 한 인물의 탄생을 기준으로 기원전과 기원후로 나누는 방식은 6세기의 수도승 디오니시우스 엑시구스Dionysius Exiguus, 470-544에게서 비롯되었다. 수천 년을 흘러가는 역사를 나누는 기준점으로 그가 탄생한 시점이 사용될 만큼, 고대 팔레스타인의 노동자 계층에서 태어났다가 33년의 짧은 삶을 살았던 한 인물은 인류의 정신과 삶에 지울 수 없는 큰 자국을 남겼다. 그런데 과연 우리는 그 나사렛 사람에 대해 얼마나 알고 있는가? 솔직히 말하면 우리는 그가 언제 태어났는지조차 정확하게 알지 못한다.

예수 그리스도는 고대 로마제국 치하에 있던 유대 자치 정부의 헤롯 왕 때 출생했다(마 2:1). 사료에 따르면 헤롯 왕이 기원전 4년에 사망했는데, 그렇다면 서력기원이 기준으로 삼는 예수 그리스도의 탄생연도는 부정확하다고 할 수 있다. 크리스마스로 전 세계가 축하하는 12월 25일도 실제 아기 예수의 탄생일이라기보다는, 로마제국이 그리스도교를 공인한 이후 제정된 기념일이라 할 수 있다. 서력기원과 예수 그리스도의 탄생 사이의 차이가 보여주듯, 나사렛 예수라는 실존 인물과 그의 역사를 이해하고 수용하는 방식 사이에는 쉽게 설명하거나 뛰어넘을 수 없는 간격이 있어 보인다. 그 공백이 만들어 내는 역동적 창조성 때문인지 오랜 역사 동안 그리스도를 선포하고, 설명하고, 이해하기 위해 다양한 언어와 이미지가 형성되고 사용되었다.[1]

서기 2000년, 세계 곳곳에서 예수 그리스도의 탄생 2,000주년을 기념하는 행사가 열렸다. 심지어 그분이 서기 1년 훨씬 이전에 태어났다는 것을 누구보다 잘 아는 비판적 학자들마저 '예수 탄생 2,000년'을 기념하는 심포지엄을 열고, 이 상징적 해를 자신들의 연구 성과를 대중화하는 기점으로 삼으려고도 하였다.[2] 전 세계의 그리스도인과 비그리스도인이 서로 다른 목적을 품고 나사렛 예수에 대해 이런저런 이야기를 할 때, 영국의 복음주의자 존 스토트 John Stott, 1921-2011는 '비교할 수 없는 그리스도' The Incomparable Christ라는 강연에서 다음과 같은 근원적 질문을 던진다. "세계의 종교시장에 전시된 무수한 책장 위에 수많은 예수들이 있다. 과연 우리는 어떤 예수를 이야기하고 있는가?"[3] 이 질문을 접하고 많은 그리스도인은 큰 고민 없이 "우리는 성서의 그리스도를 이야기한다!"고 답할 것이다. 그런데 정작 성서를 읽어 보면, 그 안에도 다양한 그리스도론이 전개되고 있다. 즉, 성서가 증언하는 예수 그리스도의 모습에도 '다양성 속의 통일성' 혹은 '통일성 속의 다양성'이 있다.

그리스도교는 인간의 정신이나 문화 속에 현존하는 신에 대한 추상적 개념을 대상으로 하는 종교가 아니다. 그리스도교는 1세기 팔레스타인에 실제 생존했던 나사렛 예수라는 한 인물을 하나님으로 예배하던 사람들의 공동체에서 시작했다. 그렇기에 그리스도교는 본질적으로 '역사적'이며 '고백적' 종교이고, 예수 그리스도의 삶과 죽음과 부활은 규범적 성격을 지닐 수밖에 없다. 하지만, 과연 우리는 그분이 누구인지 알고 있는가? 아니 알 수 있기나 한 것일까? 너무 크고 막막한 질문 앞에 기죽지 말고, 차근차근 우리가 다룰 수 있는 주제부터 공부해 보는 것은 어떨까? 특별히 이 글에서 우리가 어떻게 그리스도를 알 수 있는지, 구약성서는 그리스도를 어떻게 소개하고 있는지, 이스라엘 역사와 그분의 관계는 무엇인지, 그분의 생애가 갖는 구원론적 중요성은 무엇인지 등의 주제를 살펴보기로 하자.

나사렛 사람 예수의 역사적 삶을 알 수 있는가?

만약 나사렛 예수라는 역사적 인물이 그토록 중요하다면, 우리는 그의 역사를 어떻게 알 수 있을까? 그분은 책을 쓰거나 사상의 체계를 만들어 내지 않았다. 하지만, 그분의 가르침과 행적은 제자와 추종자들의 기억을 통해 문서화되어 있다. 그런데 어떤 역사도 '사실'fact 자체를 투명하고 객관적으로 모아 놓은 실체라고 할 수 없다. 과거의 역사적 사실은 다양한 자료를 선별하고 해석하고 전달하는 과정 중에 '의미'meaning 와 불가분의 관계에 놓이게 된다. 즉, 그리스도론을 공부하며 근대 철학자 데카르트가 추구했던 명석판명한clear and distinct 지식, 혹은 칸트가 주장했던 과학적 지식의 보편타당함universal validity을 얻기를 원한다 하더라도, 우리는 그분을 증언하는 '역사적 지식'의 독특성을 충분히 감안해

질문하는 신학

야만 한다.

1세기에 실존했던 인물인 나사렛 예수가 그리스도교에서 규범적 중요성이 있다면, 우리는 어떤 자료를 통해 그 인물에 대해 알 수 있을까? 물론 예배, 개인의 신앙생활, 혹은 경건하게 사는 이웃을 통해 그리스도를 만날 수도 있겠지만, 여기서는 문자 언어로 한정하여 논의하기로 하자.[4] 예수 그리스도를 알 수 있는 가장 중요하고 포괄적인 문서로는 그리스도교의 정경인 성서, 그중에서도 특별히 복음서를 들 수 있다. 물론 정경 이외에도 단편의 형태로 보존된 나사렛 예수에 대한 그리스도교 자료들이 여럿 존재한다. 그리고 유대교 랍비 자료나 로마 작가들이 기록한 비그리스도교 자료들도 있다. 그중 가장 길고 자세한 내용은 93년에 나온 유대인 정치가이자 역사가인 플라비우스 요세푸스Titus Flavius Josephus, 37/38-100의 『유대고대사』에 기록된 '플라비우스의 증언'이라 할 수 있다. 학자들 사이에 후대 삽입 여부를 둘러싸고 진정성 논쟁을 불러일으키는 그 본문의 일부를 소개하면 다음과 같다.

> 이 즈음에, 굳이 그를 사람으로 부른다면, 예수라고 하는 현자 한 사람이 살았다. 예수는 놀라운 일을 행하였으며, 그의 진리를 기쁘게 받아들이는 사람들의 선생이 되었다. 그는 많은 유대인과 헬라인들 사이에 명성이 높았다. 그는 바로 메시아였다. 빌라도는 우리 유대인 중 고위층 사람들이 예수를 비난하는 소리를 듣고 그를 십자가에 처형하도록 명령했으나 처음부터 그를 따르던 사람들은 예수에 대한 애정을 버리지 않았다. 예수가 죽은 지 사흘 째 되는 날, 그는 다시 살아나 그들 앞에 나타났다. 이것은 하나님의 예언자들이 이미 예언했던 바, 예수에 대한 많은 불가사의한 일들 중의 하나였다. 오늘날에도 그를 따라 이름을 붙인 족속, 곧 그리스도인이라는 족속이 사라지지 않고 여전히 남아 있다.[5]

위 인용문은 동정녀 탄생과 승천 정도를 제외하고는 그리스도론의 핵심을 거의 포괄적으로 제시하고 있다. 신실한 그리스도인이라면 요세푸스의 역사적 보고를 부활과 기적에 대한 증거로 삼고 싶은 유혹이 있을 것이다. 냉소적이고 비판적인 사람이라면, 요세푸스의 증언이 후대에 왜곡되었을 것이라며 더욱 회의적 시각을 가지게 될 것이다. 그런데 두 입장 모두 역사의 복잡성을 단순화할 위험이 있다. 역사적 연구는 새로운 자료의 발견 여부와 사료의 해석 가능성에 크게 영향을 받기 때문에, 우리는 그 결과물을 '확실성'이 아니라 '근사치'의 범주 아래서 이해할 수밖에 없다. 폴 틸리히Paul Tillich, 1886-1965가 지적했듯 역사적 연구는 정도의 차이만 있을 뿐 나사렛 예수의 삶에 대한 가능성만 제시할 뿐이고,[6] 그러한 흔들리는 터전 위에 신앙의 규범을 세우려는 시도는 성공할 수 없다.[7]

인간의 나약한 정신은 근사치를 확실성으로 환원시키고 싶어 하기에, 심지어 학자들 사이에서도 그리스도론의 역사적 지평을 논할 때 양극단의 태도가 나타난다. 그 첫째는 (19세기에 유행했던 예수의 전기 작가들과 같이) 나사렛 예수의 삶을 역사적으로 재구성하여, 그가 누군지 객관적이고 설득력 있게 제시할 수 있다는 입장이다. 흥미롭게도 신학적 자유주의와 근본주의가 서로 상반된 입장임에도 서로 유사한 낙관론을 공유하기도 한다. 둘째는 나사렛 예수의 역사적 연구에 대한 회의론이 너무 지나쳐, 우리는 오직 원시 그리스도교 공동체가 예배했던 신앙의 대상으로 그리스도만을 알 수 있을 뿐이라고 결론을 내리는 입장이다.[8] 후자의 주장의 학문적 설득력과 매력을 충분히 고려하더라도, 수많은 그리스도인이 역사적 실재 없는 허상을 2,000년이나 섬기고 있느냐는 질문이 생기지 않을 수 없다. 비록 역사적 '근사치'가 규범성을 가지지 못하지만, 나사렛 예수의 삶과 죽음과 부활을 통해 자신을 드러내셨던 하나님을 신앙하는 그리스도교 신앙에서 역사성은 핵심적 요소이다.

나사렛 예수에 대한 지식을 역사학적 지식으로 환원시켜 신비를 해소하거나, 그분에 대해 어떤 유의미한 역사적 발언도 하지 않으려는 입장의 공통된 문제점은 '예수 그리스도'는 연구의 대상이고 '나'는 연구의 주체라는 주객 구도를 전제한다는 데 있다. 초대교회부터 예수 그리스도는 지식의 대상이 아니라 예배의 대상이었고, 후자는 전자와 달리 객관적 거리가 아니라 인격적 참여를 요구한다. 따라서 주객 도식의 틀을 가지고 나사렛 예수에 대해 질문하는 것은 그 시초부터 한계가 있다. 한 예로, C. S. 루이스는 그리스도를 알기 위해서는 연구 주체가 연구 대상에 대한 지식을 구성하는 것이 아니라, 대상에 마주하여 주체의 확장과 변화가 일어나는 '사랑의 해석학'이 필요하다고 말한다.

> 문자에 얽매이는 사람들literalist의 눈에는, 그분은 늘 알쏭달쏭하기만 한 교사일 것입니다. 체계system는 섬광처럼 지나가는 그 빛을 따라잡을 수 없습니다. 우리의 온 마음보다 넓지 못한 그물로는, 사랑보다 정교하지 못한 그물로는 결코 그 신성한 물고기[그리스도]를 잡을 수 없습니다.[9]

원시 그리스도교 공동체는 '하나님의 아들 구원자 예수 그리스도' Ιησους Χριστος Θεου Υιος Σωτηρ에서 첫 알파벳들을 모아서 만든 단어인 ΙΧΘΥΣ^{ichthys}(물고기)를 그리스도를 나타내는 상징물로 사용했다. 신성한 물고기인 그리스도는 우리가 일상 세계에 대한 지식을 얻고자 사용하는 거친 인식의 그물에 걸리지 않고 유유히 빠져나가신다. 그리스도를 알기 위해 우리에게 필요한 것은 성서의 세계 속으로 들어가는 참여적이고 변혁적 상상력이다. 현대 독자에게 익숙하지 않을 수도 있겠지만, 상상력으로 얽은 사랑의 그물을 가지고 구약성서의 세계로 들어가 예수 그리스도를 만나 보도록 하자.

우리는 그리스도를 구약성서에서 발견할 수 있는가?

신성한 물고기를 잡기 위해 우리의 마음의 확장과 참여적 지식이 필요하다면, 예수 그리스도를 알기 위해서 가장 신뢰할 만한 자료는 그리스도의 부활 사건으로 도래한 새 창조에 참여한 사람들의 증언을 모아 놓은 신약성서라고 할 수 있다. 그런데 한 가지 문제가 있다. 그리스도교는 히브리 성경도 구약이라 부르며 정경으로 인정하고 있다. 즉, 구약이 단지 인류의 기원이나 이스라엘 역사에 대한 기록이라기보다는, 무언가 그리스도론적 중요성도 가지고 있기에 신약 앞에 위치해 있다고 할 수 있다.

그렇다면 과연 '그리스도'라는 존재가 구약성서에 등장하는가? 이 질문에 대한 답은 너무나 당연히 '그렇다'이다. 왜냐하면 그리스도는 '기름 부은 자'를 뜻하는 히브리어 *mashîah*를 그리스어로 번역한 *Christos*에서 온 말이기 때문이다. 대표적으로 이스라엘의 예언자, 왕, 대제사장이 '기름 부음을 받은 자'이다. 심지어 페르시아의 고레스 대왕Cyrus the Great, 559-529 B.C.은 이방인임에도 메시아라고 불리고 있다(사 45:1). 이렇게 그리스도를 '기름 부은 자'로 정의한다면 구약성서에는 많은 그리스도가 있다. 하지만, 이러한 답변은 그리스도인 입장에서 불충분하다고 느낄 수밖에 없다. 왜냐하면 그리스도인의 신앙생활에서 '그리스도'는 단지 호칭일 뿐만 아니라 나사렛 예수라는 한 구체적 인물과 동일시되기 때문이다.

구약에서 일반명사로서 '그리스도'가 아니라 '예수 그리스도'를 찾을 수 있다고 주장하는 가장 핵심적 근거는 바로 나사렛 예수 자신의 선포이다. 그분은 "성경이 곧 내게 대하여 증언하는 것"(요 5:39)이라 말씀하셨고, 엠마오로 가는 두 제자에게 "모세와 모든 선지자의 글로

시작하여 모든 성경에 쓴 바 자기에 관한 것을 자세히 설명"(눅 24:27)
하시기도 했다. 그 외 신약의 여러 문헌을 보아도 바울, 베드로, 요한 등
이 그리스도가 누구신지 설명할 때 구약성서를 전제로 하고 있음을 알
수 있다.[10]

　또한 초대교회 교부들은 신약의 정경화가 이루어지기 이전부터 유
형론적 typological 혹은 알레고리적 allegorical 해석을 통해 구약으로부터 풍
성한 그리스도론적 통찰을 끌어내곤 했다. 종교개혁의 신앙 유산을 물
려받은 개신교인은 성서는 역사적이고 문자적으로 읽어야 한다고 생각
한다.[11] 그런데 종교개혁의 건전한 '해석학적' 전제가 배타적으로 잘못
사용되면, 인간으로서는 미처 깨닫지 못한 성서의 '더 충만한 의미' sensus
plenior에 아예 담을 쌓게 될 수도 있고, 교회의 역사와 함께 발전하며 전해
진 그리스도론의 찬란한 유산을 충분히 보지 못하게 될 위험도 생긴다.

　예를 들자면 그리스도의 성탄을 앞두고 교회가 함께 불렀던 시편
에는 현대인이 개인적으로 신약성서를 묵상해서는 쉽게 발견하지 못할
중요한 그리스도론적 메시지가 있다.[12] 시편 110편, 45편, 89편 등은 전
통적인 예전에서 성탄절에 낭송하는 시편들이다. 이들은 순수하고 연
약한 아기가 아니라, 피가 난무하는 전장에 나갈 전사 혹은 왕에 대한
송시이다. 성탄 절기에 이 같은 시편을 읽으면 성육신 사건을 구유에
누인 아기가 아니라 싸움을 앞둔 크고 강한 용사 이미지와 연결을 하게
마련이다. 성탄을 기다리며 교회는 시편을 함께 읽으며, 악을 정복하고
죄의 세력으로부터 인류를 해방해 줄 전투적 사건으로도 성육신을 기
억했다. 이러한 이미지가 오늘날 대중들이 좋아하는 크리스마스의 기
쁘고 평화롭고 고요한 정서와 거리가 멀어 보이지만, 오히려 성서의 구
원론의 중요한 주제 중 하나인 '승리자 그리스도'와는 잘 부합된다.

　신앙인들은 자기가 갈망하는 이상적 인간의 이미지, 평화와 정의

의 의미를 예수 그리스도 사건에 투사하게 마련이다. 그러나 그리스도는 우리의 세계관이나 욕망에 길들여지지 않는 분이다. 시편이 보여주 듯 그리스도는 한편으로는 전사와 같은 분으로서, 역사 속의 악과 죄와 전투를 벌이는 분이자 우리가 구축한 욕망의 세계관을 파괴하러 오시는 분이시다. 이러한 구약의 그리스도론적 독해는 그리스도의 성육신, 십자가, 부활의 의미를 개인의 영적 구원과 번영으로 환원시키고자 하는 안일한 욕구로부터 우리를 지켜 준다.

이처럼 그리스도교 전통은 구약성서를 그리스도를 이해하는 포괄적 지평으로 삼고 있다.[13] 물론 역사적 인물로서 나사렛 예수를 구약만으로는 온전히 알 수 없다. 그러나 구약에서 그리스도론적 주제를 전혀 발견할 수 없다면, 그리스도인에게 구약은 무의미한 책이 되어 버린다. 구약은 그리스도를 기대하는 희망이 깊게 스며든 책이며,[14] 나사렛 예수라는 한 인물을 어떻게 하나님의 아들로 '바르게' 이해할 수 있을지 준비하도록 하나님께서 준비하신 교육 과정이다. 따라서 구약은 그리스도를 알아가는 데 있어 비록 충분하지는 않더라도 필수적인 책이라 할 수 있다.

왜 이스라엘의 역사가 그리스도를 이해할 때 중요한가?

그리스도교의 정경으로서 구약은 메시아, 곧 그리스도에 대한 기대와 기다림으로 물들어 있다. 앞서 봤듯 알레고리적이거나 유형론적인 해석으로 구약 본문의 그리스도론적 의미가 드러나기도 한다. 그런데 구약에 펼쳐진 이스라엘의 역사와 그리스도의 사역은 어떤 관계일까? 이스라엘에 대한 하나님의 약속이 그리스도 안에서 성취되었다고 한다면, 그분을 이해하는 데 이스라엘 역사는 어떤 역할을 할까? 30대 초반 죽임 당한 한 청년의 삶은 수천 년에 달하는 이스라엘 역사의 복잡한 굴곡과 다층적 의미를 담아내기에는 터무니없이 짧지 않은가? 이 쉽지 않은 문제에 답을 찾아가기 위한 실마리를 주는 것이 바로 '그리스도의 호칭'이다.[15]

예수 그리스도의 정체성을 파악하는 데 당시 사람들이 그를 어떻게 불렀는지를 살펴보는 것은 가장 믿을 만하고 효과적인 방법의 하나이다. 실제 신약성서에는 하나님의 아들, 사람의 아들, 구주, 샛별, 모퉁이돌 등의 다양한 호칭이 등장한다.[16] 이들 중 어떤 것은 구약의 종교제의에서, 어떤 것들은 구약의 시가서에서, 어떤 것들은 그리스 로마 문명권에서 온 것들이다. 여기서는 하나님의 특별한 백성으로서 이스라엘이 자신의 사명을 감당하는 데 중요했던 직분에서 유래한 호칭들에 집중하고자 한다.

분열되고 모호한 세상에서 살아가는 인간은 하나님과 화해가 필요할 수밖에 없다. 이를 위해서는 누군가 중재 역할을 해주어야 한다. 구약에 따르면 특정 개인이 아니라 이스라엘이 이방 민족을 위한 빛이 되기 위해 선택받았다(사 60:3). 역사 속에서 이스라엘이 하나님과 인류를 중재하는 특별한 사명을 감당하기 위해서는 기름 부음을 받은 세 직분, 곧 예언자와 왕과 제사장이 필요했다. 그런데 신약은 예수 그리스도가 이스라엘에게 주어진 약속의 성취일 뿐만 아니라, 그분의 사역이 예언자와 왕과 제사장과 비슷하다는 것을 보여줬다. 그래서 초대교회부터 신학자들은 그리스도의 삼중직무*munus triplex*를 통해 그분의 사역을 설명해 왔다. 종교개혁 시대에 이르러 장 칼뱅이 삼중직무론을 자신의 그리스도론의 중심 주제로 삼으면서, 예언자와 왕과 제사장으로서 그리스도는 개혁주의 신앙고백의 그리스도론의 핵심으로 자리 잡았다.[17] 한 예로 17세기 개신교 정통주의에서 그리스도의 삼중직무론을 어떻게 정의하는지 보도록 하자.[18]

1. 예언자의 직무: 하나님의 뜻과 구원을 계시하는 자

2. 제사장의 직무: 대리적 희생, 하나님과 인간의 중재

3. 왕의 직무: 세상(권세의 나라), 교회(은총의 나라), 하늘(영광의 나라)에서
   통치

이러한 설명은 신구약의 연속선상에서 그리스도를 이해하는 응축된 지혜라 할 수 있다. 그렇지만 개신교 정통주의가 제시하는 삼중직무론에는 몇 가지 문제가 뒤따른다. 첫째, 구약에서 유래한 수많은 그리스도론 호칭 중에서 기름 부음을 받은 세 직분이 유독 중요한 이유는 무엇인지 잘 설명이 되지 않는다. 둘째, 성서가 제시하는 다양한 그리스도에 대한 이해 중 세 호칭에만 집중함으로써 그리스도론의 풍성한 해석 가능성을 약화할 위험이 있다. 셋째, 직분을 통해 그리스도의 사역은 어느 정도 설명할 수 있을지 몰라도, 그분의 인격이나 지상에서의 가르침과 사역을 알기는 힘들다. 넷째, 그리스도의 십자가와 부활을 통해 구약의 직분들의 내용이 어떻게 전적으로 새롭게 이해될지까지 논의가 미치지 못하는 경우가 많다.[19]

여러 난제들이 있음에도 삼중직무론은 그리스도를 중심으로 이스라엘과 교회의 사명을 엮어 낸다는 점에서 여전히 중요하다. 즉, 역사 속에서 이스라엘에 맡겨진 고유한 사명이 예언자, 제사장, 왕의 특별한 소명으로 구체화되었고, 이러한 세 가지 직무의 참 의미가 그리스도에게서 온전하게 드러나게 되었으며, 그리스도의 부활과 승천 이후에 교회가 성령의 능력 안에서 하나님과 인류 사이에서 예언자와 제사장과 왕의 역할을 계속하게 된다.[20] 이러한 삼중직무의 공적인 성격을 잘 표현한 칼 바르트의 말을 인용해 보겠다.

> [이스라엘이] 탁월한 것은 자신의 고유한 영예를 위한 것이 아니고 어떤 국
> 가적 권리의 의미에서 그러한 것도 아니며, 오히려 다른 민족들을 위한 것
> 이며, 그 점에서 모든 민족의 종으로서 탁월하다. 그 민족은 하나님의 사
> 명을 받은 자다.……인류는 그러한 예언자적이고 제사장적이며 왕으로서
> 의 봉사를 필요로 한다.[21]

그리스도의 삼중직무론은 그리스도의 사역을 설명하기 위한 가르침이
기도 하지만, 그리스도의 몸인 교회의 공적 성격을 규정해 주는 교리로
까지 확장해서 보아야 한다. 이 세상 속에서 하나님의 부름에 응답하는
교회는 하나님의 구원 도구로서 그리스도의 삼중직무에 참여하는 교회
이다. 그리스도께서 하셨던 것처럼, 교회도 성령 안에서 이 땅에 메시아
적 진리를 선포해야 하며, 십자가를 지며 화해를 위해 일해야 하며, 권
위와 물리적 힘이 아니라 사랑과 섬김의 질서로 규정되는 하나님 나라
를 보여줘야 한다.

십자가 이전 그리스도의 삶은 구원론적 의미가 있는가?

삼중직무론은 그리스도의 사역의 의미를 조직적이고 체계적으로 전달
하는 데 사용되는 전통적 방법이다. 하지만, 그리스도를 사역의 틀, 특
히 구약부터 이어지는 세 직무로 설명한다는 것은 그리스도를 이해하
는 하나의 방식일 뿐이다. 물론 인간이 취하는 방법론은 어쩔 수 없이
그 대상의 복잡다단함을 은폐하고, 그 풍성함을 단순화할 수밖에 없다
는 한계를 가진다. 특히 삼중직무론이라는 방법은 예언자, 왕, 제사장의
기능에 초점을 맞추다 보니, 나사렛 예수의 실제 삶과 가르침의 구체적
내용이 가려지게 된다. 또한 그분의 공생애를 자세히 살펴보더라도 삼

중직무는 그다지 중요해 보이지 않는다. 결국 예수 그리스도의 삶의 구원론적 중요성을 알기 위해서는 삼중직무론을 넘어선 접근법이 필요하다고 할 수 있다.

그리스도교 신앙을 가장 잘 요약하고 있다고 하는 사도신경을 보면, 예수 그리스도의 동정녀 탄생에 대한 언급 이후 바로 30여 년간의 삶을 뛰어넘어 본디오 빌라도에게 고난을 받은 이야기로 넘어간다. 즉, 사도신경은 그리스도의 공적 활동이나 가르침의 중요성을 그다지 강조하지 않는 것 같아 보인다. C. S. 루이스는 『스크루테이프의 편지』에서 나사렛 예수의 삶을 재구성하려는 시도에 비판적 입장을 보이며, 인간을 유혹하려 고심하는 악마의 입을 빌려 다음과 같은 메시지를 전한다. "[복음서가 쓰이기 이전] 초창기에 회심한 인간들은 단 하나의 역사적 사실(부활)과 단 하나의 신학적 교리(구속)만으로 회심했다."[22] 이 말을 너무 곧이곧대로 받아들이면, 나사렛 예수의 삶에 대한 지식은 구원에 부차적인 것이라 속단할 수도 있다. 그렇다면 왜 복음서는 예수 그리스도의 삶을 그토록 세세히 전하고 있을까? 무엇 때문에 교회는 4개의 복음서를 정경에 포함하면서까지 그분의 삶을 다양하게 묘사하고 있을까? 한국 교회가 구원은 강조하지만 그리스도의 삶은 따르지 않는다고 비판받고 있는 현실을 고려할 때, 우리는 그분의 생애로부터 어떤 가르침을 얻을 수 있을까?

예수 그리스도의 삶을 어떻게 이해할까를 고민할 때, 종교개혁 이후 개혁교회 신앙고백이 이 문제를 실제 어떻게 다루었나를 주목할 필요가 있다. 한국 개신교뿐만 아니라 전 세계 개혁교회에 큰 영향을 끼쳐 왔던 1542년 칼뱅의 제네바 교회 요리문답은 왜 사도신경이 나사렛 예수의 (생애를 생략하고) 출생에서 바로 죽음으로 넘어가는지를 질문한다. 이에 요리문답은 "사도신경이 우리의 구원에 속한 본질적인 것만

언급하고 있기 때문"이라고 권위 있게 답하고 있다.[23]

물론 칼뱅이 강조했듯 십자가와 부활이 그리스도교 구원에 본질적 요소인 것은 틀림없다. 그러나 1563년에 승인된 하이델베르크 요리문답은 그리스도의 삶이 구원론적으로 무의미하지 않음을 보여준다. 하이델베르크 요리문답의 37문은 고난은 그리스도의 생애 전체에 퍼져 있지만, 그리스도는 삶의 마지막에 하나님의 진노를 짊어지는 고난을 겪게 되었다고 설명한다. 즉, 칼뱅의 개혁주의 후예들은 원시 그리스도교 공동체가 십자가와 부활에 집중했다고 하더라도, 그리스도의 고난을 그의 생애 지평을 포함하여 '포괄적으로' 이해해야 한다는 것을 바로 파악했다. 나사렛 예수의 삶에 대한 사도신경의 침묵에 대해 바르트는 제네바가 아닌 하이델베르크 요리문답을 지지하며 다음과 같이 말한다. "그리스도께서 죽으시고 부활하셨다는 것은 예수의 삶 전체의 축약이며, 우리는 바로 그 축약 안에서 그것이 [현실적으로] 전개된 것도 보아야 한다. 예수의 삶 전체는 바로 그 '고난 받으시고'라는 단어에 속한다."[24] 여기서 우리는 그리스도론의 중요한 전제 둘을 발견하게 된다.

첫째, 십자가와 부활이 아무리 중요하더라도, 그분의 생애를 부차적인 것으로 여겨서는 안 된다. 그리스도는 가르치셨고, 치유하셨고, 기적을 행하셨으며, 사회적 약자와 함께 식사를 하셨던 분이시다.

둘째, 예수 그리스도의 삶을 이해하기 위해 다양한 교리적·사회학적·역사적 문맥에서 보아야 하지만, 가장 중요한 시각은 '고난 받으시고'라는 단어를 통해 형성되어야 한다. 즉, 그리스도가 누구신지 알려면 여러 방법론과 다양한 자료가 필요하지만, 궁극적으로는 '십자가의 표징' 속에서 그분의 생애를 바라봐야 한다. 그렇지 않다면 우리는 '한 기막힌 삶을 살았던 유대인'과 '인류를 위해 죽음 당한 구원자' 둘 사이에서 누구를 붙잡을지 몰라 혼란에 휩싸이게 될지도 모른다.

그렇다면 십자가의 표징 속에서 그리스도의 삶을 본다는 것은 무엇을 의미하는가? 실제 인류 역사의 어떤 사람과 비교하더라도 나사렛 예수의 삶은 (보는 사람 입장에서는) 매력적이기는 하다. 그는 아름다운 언어와 번뜩이는 통찰을 가진 탁월한 교사이며, 보통 사람은 실천하기 힘든 자비의 덕을 갖춘 사람이며, 병든 이들을 고쳐 주는 능력 있는 치유자이며, 정치나 종교 권력의 위협에도 굴하지 않은 용기 있는 사람이며, 억울하고 비극적인 죽음의 순간에도 타인을 용서했던 멋있는 사람이었다. 하지만, 우리는 '고난 받으시고'라는 표징 속에서 그리스도의 삶의 의미를 해석하기에, 그분의 장점과 탁월함과 영광을 인정하면서도 그를 일반적 통념과 기대와 관습을 뛰어넘는 니체^{Friedrich Wilhelm Nietzsche, 1844-1900}의 초인^{Übermensch}이 아니라, 어떤 아름다움도 없고 멸시와 버림을 받는 이사야의 '고난 받는 종'(사 53)으로 이해하게 된다.

마구간에서 출생, 이집트로의 피신, 고향에서의 배척, 가족들의 오해, 종교 지도자들의 도전과 시험, 제자들의 배신, 부당한 재판과 고문, 십자가에서 고통과 죽음까지 그의 삶은 고난의 연속이었다. 하지만, 인간 예수의 이러한 고난은 단지 한 인간의 생애에 우연히 생긴 비극적 사건으로 그치는 것이 아니다. 나사렛 예수의 생애 전체를 십자가의 표징으로 본다는 것은, 그의 삶을 '우리의 질고를 직접 지기로 결정'하고, 그 안에서 인간의 운명을 자신의 것으로 삼으신 삼위일체 하나님의 사랑의 '계시'로 보는 것을 의미한다.

익숙함과 낯섦 사이에서 그리스도를 만나기

글을 시작하며 언급했듯 우리는 그리스도 이미지의 홍수라 불릴 만한 시대에 살고 있다. 물론 예수 그리스도에 대한 해석이 다양할수록 그분을 더 입체적으로 잘 알게 될 수도 있다. 또한 목회나 선교 현장에서 꼭 필요한 특정한 그리스도론적 이미지가 있기도 하다. 그러나 나사렛 예수의 실제 모습보다는 우리의 욕망, 시대적 필요, 교회의 요구, 현장의 논리가 오늘날 그리스도론에 관한 담론을 꽉 채우고 있지는 않을까? 우리는 영원한 '낯선 이'인 예수 그리스도를 설명하기 편하고, 다루기 쉽고, 이용하기에 편리하도록 현대 문화에 길들이려 하고 있지는 않은가? T. S. 엘리엇이 '호랑이 그리스도'Christ the tiger라는 시적 표현을 쓴 것이나, C. S. 루이스가 사자 아슬란Aslan으로 그리스도를 형상화했던 것도 그리스도마저 애완동물 다루듯 하려는 종교 심리로부터 그분을 낯설게 하고자 함 아니었을까?

물론 그리스도교 신학과 신앙이 씨름하고 있는 다층적 곤란을 우리가 완전히 피할 수는 없다. 우선 역사학적 관점에서는 현대의 신앙인과 학자들이 과거의 자료에 근거하여 얼마나 신빙성 있는 인간 예수의 모습을 그려 낼 수 있느냐는 문제가 제기된다. 교리적 관점에서는 '역사적으로 재구성된 예수'와 '교회에서 고백하는 그리스도'의 차이를 어떻게 받아들여야 하느냐는 과제가 있다. 신학적 관점에서는 하나님께서 계시와 구원의 매체로 선택한 예수 그리스도의 삶과 역사의 무규정성과 복잡성을 한편으로 인정하면서, 다른 한편으로는 한 인간(예수)의 삶을 어떻게 신앙의 규범으로 삼을 수 있느냐는 질문을 풀어야 한다. 그리스도교는 이러한 다양한 문제의식을 단순화하지 않고 긴장 속에서 유지해야만 한다. 그럴 때 그리스도교는 나사렛 예수의 인격과 활동을 시대적 유행과 요청에 맞게 재구성하는 것이 아니라, 한 인물 속에 자신을 결정적으로 드러내셨던 하나님의 자기 계시에 충실해질 수 있다.

적용과 토론을 위한 질문

1. 그리스도의 삶, 죽음, 부활을 다룬 문학이나 영화 등을 접한 적 있는가? 그곳에서 묘사된 그리스도와 성서 속 그리스도의 공통점과 차이점은 무엇인가? 내가 믿어 온 예수 그리스도를 문학, 영화, 성서 속 그리스도와 비교할 때는 어떠한가?

2. 그리스도가 지적 탐구의 '객관적' 대상일 때 어떤 질문들이 제기되는가? 반면, 루이스가 언급한 '사랑의 해석학'을 따라 그리스도를 알아 갈 때 어떤 질문들이 제기되는가? 두 태도의 차이는 무엇이며, 이는 우리의 신앙에 어떤 영향을 미치는가?

3. 구약성서, 특히 시편을 그리스도론적으로 묵상할 때 우리에게 주는 유익은 무엇이 있는가?

4. 초대교회부터 장 칼뱅에 이어 개신교 정통주의로 이어지는 그리스도의 삼중직무론의 특성과 한계는 무엇인가?

5. 교회의 삼중직무가 현대 사회에서 어떤 역할을 할 수 있을까? 이때 세상의 소금과 빛으로서 그리스도인의 참 역할은 어떤 것이 있을까?

6. 예수 그리스도는 21세기의 우리에게 누구신가? 인류와 어떤 관련이 있으신가?

7. 역사적 예수에 대한 정보의 근사치 정도와 신앙의 정도는 비례하는가? 둘은 어느 정도 관련이 있을까?

질문하는 신학

14장. 예수의 생애와 사역

나사렛 예수는 누구이시며 어떻게 사셨는가?

참 인간에 대한 갈망

나사렛 예수의 행적과 가르침, 그리고 비극적 죽음은 많은 신학자뿐만 아니라 작가들에게도 영감을 줬다. 그분의 생애를 주제로 한 수많은 전기와 소설, 영화가 세계 곳곳에서 다양한 언어로 창작되었다. 한국인이 쓴 최초의 예수전은 감리교 신학자 정경옥이 1938년에 출판한 『그는 이렇게 살았다』이다. 이 역사적 책은 예수께서 풍랑을 잔잔하게 만드시는 이야기로 시작한다(막 4:35-41). 제자들은 바람이 거세게 불고 파도가 일어도, 주무시는 스승은 내버려 두고 자기들 힘으로 위기를 벗어나려 한다. 저자는 절망과 두려움에 어쩔 줄 모르면서도 기술과 지식, 경험에 의지하는 제자들 속에서 현대인의 모습을 발견한다.

인류 역사를 통하여서 인류가 이때보다 더 숙명적 위기에 처하였던 시대가 없었다고 말한다. 이 시대는 비상히 어려운 풍랑을 당하였다.……오늘 날 비상한 시기를 당한 우리는 주무시는 예수를 깨워 볼 생각이 없는가? 우리 사회는 예수를 배에 같이 태우기는 하였으나 그가 잠들어 있는 것을 유의하려고 하지 않는다. 우리 교회는 예수를 모시기는 하였으나 예수를 깨워 보려고 하지 않는다.[1]

제자들이 도움을 요청하자 예수께서 풍랑을 잠잠하게 하셨다. 초기 한국 신학의 선구자가 볼 때 현대의 위기를 타파하는 길은 예수께 돌아가, 그분을 믿고, 그분과 생명의 관계를 맺는 것이다. 정경옥은 그분의 가르침을 우리의 사상으로 삼고, 그분의 인격을 우리 모범으로 하고, 그분의 구속의 은총을 우리의 생명으로 삼자고 강력히 권한다. 그런데 그의 책에서 특별히 마음에 와 닿는 지점이 있다. 바로 저자가 자신의 한계와 실패를 되돌아보며, 참 인간에 대한 근원적 갈망을 내비치는 장면이다.

참된 사람이 되자. 소유가 더 없어지고 지위를 다 내어놓고 학위를 벗어버릴지라도 오히려 찬란하게 빛나는 참된 사람이 되자.……우리의 마음속에는 다 같이 참된 인간에의 동경이 있다. 참된 사람을 멸시하는 것은 곧 자기를 멸시하는 일이다. 예수의 인격을 존중하는 것은 자기 속에 싹트는 참 인간에의 동경이며 노력이라 할 것이다.[2]

참 인간을 향한 갈망은 단순히 교육이나 윤리적 노력으로 충족될 수 있는 것이 아니다. 왜냐하면 인간은 자기 힘으로는 참 인간이 무엇인지 알지 못하는 방황하는 존재이기 때문이다. 인간으로 태어나고 살지만, 참 인간 됨은 인간에게 언제나 수수께끼로 남아 있다.

그리스도교 신앙에 따르면 참된 인간은 예수 그리스도의 성육신을 통해 계시된다. 참 하나님이신 그분은 또한 '참 인간'이 되시기에 그리스도를 떠나서는 인간이 무엇인지 오직 피상적이고 부분적으로만 알 수 있을 뿐이다. 디트리히 본회퍼Dietrich Bonhoeffer, 1906-1945는 다음과 같이 이야기한다. "우리가 인간 너머로 성장하려고 애쓰고 인간을 무시하려고 애쓴다면, 하나님은 인간이 되신다.……예수는 **한** 인간ein Mensch이 아니라 인간 **자체**der Mensch다. 그에게 일어나는 것은 인간에게 일어나고, 모든 인간에게 일어나며, 그래서 우리에게도 일어난다."[3] 따라서 참된 인간이신 예수 그리스도의 '생명'에 참여함으로써, 그리고 그분의 '삶'을 모범으로 삼음으로써,[4] 참 인간에 대한 인류의 근원적 갈망은 충족되어 가게 된다.

이 장에서는 참 인간이신 예수 그리스도의 생애를 간략히 소개하고자 한다. 30년 조금 넘는 삶을 살아간 열정적이고 신비한 인간에 대해 우리가 아는 정보가 상당히 제한적이지만, 이 역시 짧은 글에서 다루기에는 불가능할 정도로 압도적인 양이다. 여기서는 전문적 설명은 피하고 익숙한 자료를 중심으로 하여, 그분의 역사적 삶에서 중요한 몇 가지 주제를 하나님 나라와의 관계 속에서 추리고 추려 설명하도록 하겠다.[5]

예수 그리스도는 무엇을 선포하셨는가?

흔히 그리스도의 가르침과 사역에 '사랑'이 중심적 위치를 차지한다고들 말한다.[6] 그러나 대부분의 신약학자는 '하나님 나라'가 그분 생애의 핵심이라고 말할 것이다. 하나님 나라의 도래에 관한 선포는 예수 그리스도의 지상에서 사역과 떼려야 뗄 수 없다. 베르너 켈버Werner H. Kelber, 1935- 가 말하듯, "그는 하느님 나라의 선포자이며 그것을 가져오는 자다. 그의 삶과 죽음의 모든 국면들이 하느님 나라의 이 같은 선교와 관련된다."[7] 특별히 마가복음의 예수 그리스도는 짧고 강렬한 한 마디로 사자후를 토하시며 갈릴리에서 공적 활동을 시작하셨다.

때가 찼고 하나님의 나라가 가까이 왔으니 회개하고 복음을 믿으라 (막 1:15).

물론 예수께서 '사랑하라'를 가장 큰 계명으로 언급하셨긴 하지만(막 12:28-34; 마 22:34-40; 눅 10:25-28),[8] 그 사랑은 언제 어디서나 적용되는 추상적인 윤리적 원리가 아니다. 사랑에 관한 그분의 가르침은 하나님 나라라는 종말론적 맥락 속에서 이해되어야 한다.[9]

그런데 문제는 복음서가 '하나님 나라'가 무엇인지 명확하게 밝히고 있지 않다는 데 있다. 게다가 마태는 하나님의 이름을 완곡히 돌려 쓰는 유대적 어법에 충실하게 하늘나라*basileia ouranos*, 곧 천국이란 표현을 대신 사용한다. 복음서를 읽어 보면 그 나라의 정체는 알쏭달쏭한 비유라든가, 아니면 예수 그리스도의 기이한 삶의 이야기를 통해서 슬쩍슬쩍 드러난다.

사실 유대인은 하나님 이름을 입에 올리는 것을 불경으로 생각했을 뿐만 아니라, 하나님을 주어로 사용하는 문장을 사용하기도 꺼렸다. 하지만, '하나님의 왕 되심'은 구약 신앙에서 중요한 부분을 차지했기에, 이를 간접적으로 표현했던 것이 '하나님 나라'라고 할 수 있다.[10] '하나님 나라'*basileia tou theou*에서 나라에 해당하는 *basileia*라는 그리스어 단어에는 '왕국'*kingdom*과 '통치'*reign* 두 의미가 모두 들어 있다. 즉, '하나님 나라'란 단순히 말하면 이 세상의 군주나 황제가 아니라 하나님께서 직접 다스리는 통치, 부정의와 절망 속에 있는 현실에 진정한 평화와 정의와 회복을 가져오는 하나님의 압도적인 개입을 의미한다.[11] 현실에서 수백 년간 지속하던 여러 제국의 침략과 통치 속에서 이스라엘은 하나님의 약속의 성취를 간절히 기다렸다. 온 세상의 유일한 주님이신 하나님께서 거짓되고 폭력적인 세상 왕들을 심판하시고 정의와 평화의 왕으로서 통치하시기를 희망했다. 이러한 기대가 무르익던 1세기 유대교 배경 속에서 예수께서는 자신과 함께 그 나라가 도래하고 있음을 선포하셨다.

그런데 마가복음 1장 15절에서 예수께서는 하나님 나라의 도래를 선포하며 두 가지 조건을 내미신다. 하나는 '회개하라'라는 것이고, 다른 하나는 '복음을 믿으라'이다. 우선, '회개'는 오늘날의 용례와 달리 개개의 잘잘못을 아뢰고 뉘우치는 것을 의미하지 않는다. 회개하다로 번역되는 그리스어 *metanoia*는 기존의 삶의 태도나 방향을 완전히 바꾸는 것을 의미한다. 로마 황제와 어용 정부의 폭압적 지배 아래 어떻게든 생존하느라 비정상적으로 굽어진 삶, 하나님 아닌 것을 주인처럼 모시던 왜곡된 삶에서, 한 분 하나님의 통치에 상응하는 삶으로 전향하라는 요청이 '회개'이다. 그래서 유진 피터슨 같은 경우는 *metanoia*를 현대 영어로 Change your life!로 번역하기도 한다.[12]

영적 삶과 외적 삶, 종교와 정치를 나누는 데 익숙한 현대인에게는 *metanoia*를 이렇게 번역하는 것이 생소할지 모른다. 구원은 '오직 믿음'으로 가능하다고 보는 개신교인의 눈에는 삶 전체의 방향 전환을 요구하는 *metanoia*가 중세 가톨릭처럼 구원에서 인간 행위에 대한 강조로 이어지지 않을까라는 의심이 들지도 모른다. 하지만, 마르틴 루터도 유럽의 종교개혁의 상징적 시발점이라 할 수 있는 '95개조 논제'의 첫 항목에서 회개가 삶 전체와 연관되어 있음을 강조했다.

우리의 주님이시며 스승이신 예수 그리스도께서 '회개하라'고 말씀하셨을 때, 그는 신자들의 삶 전체가 참회의 삶이 되어야 할 것을 요구하셨다.[13]

삶의 급격한 전환으로서 회개가 중요하긴 하지만, 이는 도래하는 하나님의 나라에 대한 반응이지 하나님 나라를 이끌어오는 촉매가 될 수는 없다. 하나님 나라가 예수 그리스도의 선포와 함께 역사에 도래했어도, 그 나라는 교회나 인간이 노력해서 이루거나 완성할 수 있는 그 무엇이 아니다. 우리는 믿음 혹은 거듭남을 통해 역사 속으로 밀고 들어오는 하나님 나라에 들어가게 된다. 하나님의 통치에 상응하도록 삶의 전환을 요구하는 회개는 우리로서 붙잡지도 조종할 수도 없는 하나님 나라로의 초청에 대한 응답일 뿐이다.

그렇다면 예수께서 하나님 나라의 도래를 선포하며 회개와 함께 강조하셨던 "복음을 믿으라!"는 말은 어떤 뜻인가? 우리는 흔히 그리스도가 인간을 위해 십자가에서 돌아가셨다는 구원의 메시지를 복음이라고 생각한다. 과연 그분은 자신의 구원 사역을 믿으라고 복음을 선포하신 것일까? 예수 그리스도에 대한 믿음이 아니라, 복음에 대한 믿음은 무엇을 의미할까?

오실 그이가 당신이십니까?

복음^{euangelion, gospel}이란 단어는 문자적으로 '기쁜 소식'이란 뜻이지만, 성서 내외에서 글의 장르와 문맥에 따라 다양한 의미로 사용된다.[14] 톰 라이트^{N. T. Wright, 1948-} 에 따르면 복음서에 등장하는 '복음'이라는 표현이 내포하는 개념은 구약의 예언자 전통을 전제하고 있다. 그는 특별히 이사야 52장 7-12절의 세 주제가 복음의 핵심 내용을 이룬다고 본다.[15] 즉, ① 하나님이 왕이 되시면 이스라엘은 해방될 것이다, ② 하나님은 악에 승리하시고 심판하실 것이다, ③ 하나님이 시온으로 돌아오실 것이다. 이는 복음이란 단순히 교리나 종교적 윤리, 혹은 협소한 의미의 구원론(개인의 영적 구원)보다 훨씬 풍성하고 복잡한 의미를 품고 있음을 말해 준다.

구약의 예언자 전통에 비추어 볼 때 복음에 '사회·정치적' 함의가 강하게 깔려 있음을 무시할 수 없지만, 복음의 내용을 구성하는 세 주제 모두가 '하나님'을 주어로 하고 있음도 간과해서는 안 된다. 즉, 복음을 믿는다는 것은 하나님의 주권적 활동을 전적으로 신뢰함으로써, 신앙인의 삶 속에 이에 상응하는 적극적인 태도를 형성해 낸다. 이때 '적극적'이란 말 역시 우리에게 익숙한 방식으로 해석해서는 곤란하다. 예수 그리스도의 하나님 나라 선포는 당대 유대 혁명가들처럼 로마제국과 어용 정부와 성전 종교에 도전적이었지만, 자신들의 전략과 투쟁으로 악에 승리하려는 혁명 세력에게도 도전적이었다. 그런 점에서 그리스도의 복음은 "이중적인 의미에서 혁명적"[16]이었다고 할 수 있다.

복음의 내용을 이루는 하나님의 왕적 통치의 시작은 포로 귀환 이후 수백 년간 이스라엘이 꿈꿔 왔던 바이다. 하지만, 정작 하나님의 백성이 예루살렘으로 돌아왔을 때 맞이한 상황은 그들이 기대한 하나님의 통치가 아닌, 형태만 바뀌어 이어지는 외세의 침략과 지배였다. 나라가 혼란스럽고 삶이 고달픈 것도 끔찍했겠지만, 신앙적 자존심이 센 이스라엘에게 여러 제국의 종교 앞에서 연달아 맛보아야 할 굴욕만큼 견디기 힘든 것도 없었을 것이다. 일례로 기원전 1세기경에 기록된 솔로몬의 시편 17-18편은 예수께서 활동하셨을 당시 유대인들이 공유했던 종말론적 꿈을 엿보게 해준다.[17] 다윗의 자손인 메시아는 다윗 시대의 영광을 다시 이루고 이스라엘을 새롭게 할 정치적·군사적 지도자이다. 그는 예루살렘에서 이방 통치자들을 몰아낼 것이고, 거룩한 백성들을 다시 모아 부족의 경계를 회복할 것이다. 그는 하나님께 의지하면서 과거 왕들의 실패를 더는 반복하지 않으며, 하나님의 영으로 강건하게 되어 정의와 자비로 통치할 것이다.

자기의 삶을 지탱하던 신념과 가치가 하나하나 꺾여 나가려 할 때 인간의 희망이 오히려 더욱 강렬해지는 경우가 있다. 하지만, 같은 믿음을 공유하고 고통의 현장에 함께 있더라도 인간은 저마다 다른 장밋빛 미래를 그리기 마련이다. 아기 예수가 태어날 당시 로마의 식민 지배를 받던 팔레스타인의 유대인들은 하나님의 약속이 성취되길 고대했다. 그들 중 상당수가 악을 대변하는 현실의 어용 정부가 무너지길 바라는 종말론적 꿈에 푹 잠겨 있었다. 그러나 신실함으로 따진다면 둘째가도 서러울 정도의 강한 열정을 공유한 유대인 내부에는 서로 다른 이상을 가진 집단들이 아슬아슬하게 공존하고 있었다.

유대인 역사가 요세푸스에 따르면 팔레스타인 유대교에는 크게 네 당파가 있었다.[18] 바리새파는 하나님 백성으로 거룩하게 남기 위해서 율법의 엄수를 중요시했고, 율법을 세밀하게 해석했다. 에세네파는 금욕적으로 살면서 율법을 엄격하게 지켰지만, 하나님의 도움을 받는 거룩한 전쟁을 준비하기도 했다. 사두개파는 당시 엘리트 계층을 중심으로 형성되었고, 모세오경의 권위만을 인정하며 율법을 근본주의적으로 해석했다. 복음서도 이들을 강한 정치적 영향력을 가지고 있고, 모세가 가르치지 않았던 부활은 믿지 않는 집단으로 묘사한다. 끝으로, 무력 혁명을 꿈꿨던 혁명가 집단이 있었다. 실제 이들은 세금 납부를 거부했으며, 로마에 항거하는 것이 십계명의 유일신 신앙을 지키는 종교적 의무라 생각했다. 크레이빌은 1세기 유대교 내부의 다양성과 일치성을 다음과 같이 요약해 낸다. "사두개파, 바리새파, 에세네파, 자유의 투사들은 정치적인 견해가 서로 달랐음에도 불구하고, 팔레스타인에서 로마인들을 축출하고 모든 일을 바로잡아 줄 메시아를 소망했다는 점에서 일치했다. 물론 하나님께서 그들의 도움을 얼마나 필요로 하는지에 대해서

는 서로 생각이 달랐다."¹⁹

비단 1세기 팔레스타인만이 아니라 역사를 통틀어 사람들은 언제나 하나님의 약속이 자기들의 사적 혹은 집단 이익에 유리한 방식으로 이루어지기를 기대해 왔다. 그러나 복음의 희망은 그 종말론적 성격상 사람들의 공상이 만들어 낸 미래의 청사진을 비판적으로 수정하는 방식으로, 곧 하나님이 역사의 주인이심을 온 천하에 드러내면서 성취된다.²⁰ 실제 예수께서 선포하신 하나님 나라는 사람들의 기대를 저버리고 세상의 인습을 전복하는 방식으로 역사에 등장했다. 복음서에 언급된 몇 가지 예만 살펴보자. 우리가 생각하는 '공정함'과 달리 하나님 나라는 이른 아침부터 일한 일꾼이나 해지기 직전에 일하기 시작한 일꾼이나 똑같은 임금을 지급하는 주인과도 같다(마 20:1-16). 그 나라에 들어가려면 당시 유대 사회에 별 볼 일 없던 어린아이처럼 되어야만 한다(마 18:2-3). 그 나라는 가장 작은 겨자씨와 같지만, 결국은 새들이 깃들어 휴식할 크고 넉넉한 나무처럼 자랄 것이다(마 13:31-35). 이렇게 작은 것이 커지고, 나중 된 것이 처음 되고, 상식과 예상과 기대를 뒤엎는 것이 바로 하나님의 나라의 특성이다. 그 '낯선' 나라가 가져오는 경이와 신비를 표현하기에 교리의 경직된 언어는 한계가 있을 수밖에 없다. 그러므로 예수께서는 비유나 실제 삶을 통해 하나님 나라를 표현하셨다.²¹

여자에게서 난 사람 중 가장 위대하다던 세례 요한(눅 7:28; 마 11:11)도 예외 없이 예수 그리스도와 함께 도래한 하나님 나라 앞에서 당황한 듯하다. 메시아의 오심을 기다렸고 주의 길을 예비했던 그였지만(눅 3:4), 투옥되어 처형을 기다리던 중 자신의 기대와 다른 그분의 활동을 접하고 깊은 회의에 시달렸던 것 같다.²² '오실 그이'라는 기대와 '나사렛 예수'라는 실재 사이의 긴장을 못 버텼는지 결국 요한은 제자들을 보내 "오실 그이가 당신이오니이까. 우리가 다른 이를 기다리오리이까"(눅 7:20)라고 질문했다.

이에 예수께서는 직접적인 대답을 피하셨다. 그대신 요한의 제자들에게 "맹인이 보며 못 걷는 사람이 걸으며 나병환자가 깨끗함을 받으며 귀먹은 사람이 들으며 죽은 자가 살아나며 가난한 자에게 복음이 전파"(눅 7:22)되는 것을 듣고 본 대로 전하라고 답하셨다. 이때 예수께서 요약하신 사역은 바로 이사야가 선포했고 이스라엘이 기다리던 '하나님의 때'의 실현이다(사 35:5-6; 61:1). 그리고 예언이 성취되어 이스라엘이 포로생활로부터 돌아오는 모습이기도 하다.[23] 이처럼 예수 그리스도의 기적적인 치유와 축귀, 그리고 가난한 자에게 복음 전파 등은 모두 종말론적 맥락에서 역사 속에 개입하신 하나님의 치유와 회복을 상징하고 있었다.

어찌하여 너희 선생은 세리와 죄인들과 함께 잡수시느냐?

세례 요한이 던진 신분 확인 질문에 에둘러 답하신 후 예수께서는 자신과 요한에 대한 대중의 평판을 비교하셨다. 사람들은 요한의 금욕주의적 태도를 보고 귀신이 들렸다고 수군거렸다. 하지만, 이들은 정반대로 예수께는 "보라 먹기를 탐하고 포도주를 즐기는 사람이요 세리와 죄인의 친구로다"(마 11:19)라고 비판했다. 왜 예수께서는 이러한 따가운 시선을 무시하고 계속해서 세리, 죄인, 창녀, 병자들과 어울리며 논란을 유발하셨을까?

짧은 공적 생애 중에 예수 그리스도는 '치유자'로 꽤 유명했다. 이 마을 저 마을 방문할 때마다 장애나 질병이 있는 이들, 심지어 귀신 들린 자들이 앞 다투어 나왔다. 세례 요한의 제자들이 왔을 때도 예수께서는 치유 현장에서 자신의 정체를 깨닫게 할 정도로, 치유는 그분 사역의 핵심이었다. 예수께서 돌아다니며 병자를 고치시는 것은 일반적 의미에서 의료 선교가 아니라, 하나님 나라의 치유의 힘이 역사 속으로 뚫고 들어왔음을 보여주는 상징이었다.

> 예수가 치유했다고 전해지는 이들 중 장님, 귀머거리, 절름발이 등 장애인 걸인들이 많다는 사실은 주목할 만하다. 이들은 부유한 가문 출신이 아닌 이상 일거리를 찾기 어려웠으며 구걸 외에 별다른 일이 없었다.……예수 가 보인 '권능'은 단순히 질병을 앓고 있던 이들의 육체적 건강만을 회복 시킨 것이 아니었다. 그는 그 이상의 것, 소외된 이들이 하느님의 백성인 이스라엘 사회에 편입될 수 있도록 도와줌으로써 그들의 사회적 관계를 회복시켜 주었다.[24]

하나님 나라의 맥락에서 치유란 육체적·사회적·영적인 측면 모두에서 회복을 일으키는 전인적인 것이었다. 예수께서 치유하셨던 대상이 주 로 사회에서 소외되고 주변화된 사람들이었듯, 선포의 중심 대상 역시 가난하고 별 볼 일 없던 이들이었다. 심지어 예수께서는 '복'을 베푸시 는 메시지를 가난한 자와 우는 자와 주린 자에게, '심판'의 메시지를 부 자와 웃는 자와 배부른 자에게 선포하셨다(눅 6:20-26). 이렇게 그분의 선포와 활동은 하나님의 연민을 이 땅에 찬란히 드러냈고, 자비의 하나 님에 대한 믿음을 끌어냈고, 어찌할 수 없는 상황 때문에 사회의 경계 로 내몰린 사람들에게 공적 삶을 되찾아 주는 데 초점이 맞춰져 있었 다. 이를 가장 상징적으로 잘 보여주는 것이 바로 식탁에서 환대와 교 제였다.[25]

동서고금을 막론하고 식사를 함께한다는 것은 서로의 호의를 확인 하고 우정을 나누는 가장 대중적이고 효과적인 방법이다. 예수 그리스도의 식탁교제는 그것보다 더 심층적 의미가 있었다. 복음서를 보면 그 분과 함께 식사했던 이들 대부분은 그 사회의 '불결한' 사람, 곧 죄인으로 낙인찍힌 이들이었다. 그렇기 때문에 이들과 함께 식사한다는 것은 한편으로는 급진적 자비의 표현이었지만, 다른 한편으로는 사회의 바탕을 이루던 '의인과 죄인' 구분에 도전하는 문제적 사건이기도 했다. 당시 유대교에서 죄인과 의인을 나누었던 중요한 사회적 원리였던 정결제도와 식탁교제의 관계에 주목했던 마커스 보그^{Marcus Borg, 1942-2015}의 분석을 조금 길지만 충분히 인용해 보겠다.

> ……식사를 둘러 싼 규칙들은 정결제도에 깊이 새겨져 [있었다.] 무엇을 먹으면 안 되고, 식사 준비는 어떻게 해야 하며, 누구와 같이 식사할 수 있는가 등에 대한 규칙이 하나하나 명시되어 있었다. 함께 식사하기를 거절한다는 것은 사회적 추방의 형태였다. 바리새파인 등은 부정(不淨)하다고 판단되는 사람과 같이 식사하지 않았으며 점잖은 사람이라면 누구라도 소외계층인과 식사를 하지 않았다. 식사란 당시 사회 제도의 축도(縮圖)였고, 개방 식탁 친교는 사회 비전의 구현이었다. 예수의 식사 행습은 그러므로 사회정치적 의미를 지녔다고 하겠다.……예수의 식탁 친교가 구현하고 있는 포용적 비전은 '예수 운동' 그 자체의 형상으로 반영된다. 그것은 정결제도의 경계선들을 부정하는 포용적 운동이었다. 그것은 여자들, 불가촉천민들, 가난한 자들, 불구자들, 극빈자들과 함께 어느 정도 사회적 지위가 있는 사람들 중에서 그의 비전에 이끌린 자들도 포함했다.²⁶

당시 유대인들에게 누구와 함께 식사하느냐 안 하느냐는 사회적 연대와 배제를 보여주는 상징적 징표였다. 따라서 사회적 약자들을 식탁에서 환대한다는 것은 호의를 베푸는 행위를 넘어, 각종 명분과 규제로

질문하는 신학

차별과 배제를 정당화하던 현실에 저항하는 사회·정치적 행동이기도 했다. 식탁교제는 1세기 팔레스타인에서 전통과 종교라는 명분으로 자행되었던 사회적 낙인과 추방의 메커니즘에 대한 근본적이고 가시적인 저항이었다. 또한 신적 자비가 충만한 대안적 사회 비전, 곧 환대와 연민으로 규정되는 대안적 공동체에 대한 상상력이 자라나는 모판이 되었다.

하지만, 역사적 예수의 선포와 활동을 '탈종말론적'으로 해석하는 보그가 간과한 핵심 주제가 있다. 그것은 바로 식탁교제가 하나님 나라의 최종적 완성을 미리 맛보게 해주는 종말론적 잔치이기도 했다는 점이다. 이사야의 환상에 따르면 하나님께서 왕이 되시면서 이룩될 궁극적 평화는 하나님께서 차려 주시는 술과 고기가 풍성한 잔치로 표현된다(사 25:6-8). 요한계시록 역시 종말의 모습을 어린양의 혼인 잔치로 묘사하고 있다(계 19:1-10). 이런 맥락에서 예수께서 죄인과 세리와 함께하신 공동식사는 하나님의 종말론적 환대와 용납을 미리 앞당겨 현실화하여 보고 듣고 맛보게 해주는 상징성을 가진다. 위르겐 몰트만^{Jürgen Moltmann,} ¹⁹²⁶⁻ 이 잘 표현했듯, "그 나라에 관한 그의 복음과 죄의 용서는 이 식탁의 사귐 없이는 이해될 수 없다. 메시아적인 시대와 구원 공동체의 잔치는 예수를 통해서 '세리들과 죄인들'과 함께 선취되었다."[27]

사회적 약자를 향한 예수 그리스도의 활동은 단지 윤리적으로 올바르게 행동하거나 허술한 사회보장제도를 보완하기 위한 것이 아니었다. 그것은 인류가 역사 속에 자의적으로 혹은 인습적으로 그어 두었던 각종 사회적 규정과 배제와 차별의 논리를 상대화하고, 하나님의 자비와 정의를 반영하는 화해와 용서와 나눔의 질서가 힘을 발휘하는 대안적 공동체를 보여주고 현실화하는 사건이었다. 식탁교제에서 상징적으로 드러난 예수 그리스도의 급진적 환대는 당시 사람들로서는 상상하기도

싫고 예측도 할 수 없었던 방식으로 사회적 금기에 도전해 갔다.[28]

유대인이 어찌하여 사마리아인에게 물을 달라 하십니까?

사마리아의 한 마을에서 정오의 뜨거운 태양 볕을 맞으며 한 여인이 물을 길으러 나왔다. 그런데 낯선 남자가 우물곁에 앉아 있다가 물을 달라고 요청했다. 여인은 "당신은 유대인으로서 어찌하여 사마리아 여자인 나에게 물을 달라 하나이까"(요 4:9)라고 응대했다. 여인의 까칠한 말 이면에는 유대인과 사마리아인 사이의 수백 년 이어 온 갈등이 있었다. 기원전 8세기 북이스라엘이 앗시리아 제국에게 멸망당했고, 그 지역에 외부인이 대거 이주하여 살게 되었다. 그 후 유대인은 사마리아인의 혈통적 순수성을 문제 삼았고, 예루살렘 성전에서 함께 예배를 드리는 것마저 거부했다. 이러한 해묵은 금기를 무시하고 예수께서는 사마리아 여인에게 말을 건네시고 물도 달라고 하셨다. 심지어 어느 곳이 참 예배의 장소냐는 여인의 송곳 같은 질문에, "아버지께 참되게 예배하는 자들은 영과 진리로 예배할 때가 오나니 곧 이 때라"(요 4:23)라고 답하시며 유대와 사마리아 사이의 민족적·종교적 경계도 대수롭지 않게 만드셨다.

물론 예수 그리스도의 사역은 우선적으로 하나님의 백성인 이스라엘의 회복에 있었다. 복음서를 보더라도 예수께서 이방인과 만난 이야기는 그리 많이 등장하지 않고, 바울 및 다른 사도들과 비교하더라도 이스라엘을 중심으로 활동하신 것이 사실이다. 그렇다고 그분의 활동이 이방인을 배제하는 것은 결코 아니었다.[29] 마가복음 7장 24-30절에 나오는 수로보니게 족속 여인의 딸을 치유하는 이야기는 이스라엘의 우선성을 강조하고 있지만, 이스라엘의 경계를 넘어 흘러넘치는 하나님의 자비를 보여주고 있기도 하다.

인종적·문화적 다원주의에 익숙한 현대인 시각에서 보자면 예수께서 보이신 '관용적' 태도가 별 새로울 것도 없지만, 당시 유대인의 대다수가 사마리아인을 비롯하여 이방인에게 적대감을 가졌던 것을 고려해야 한다. 사실 구약성서는 이스라엘 특수주의를 강조하지만, 동시에 유대인과 이방인 모두를 아우르는 보편적 지평도 전제하고 있다. 아담은 온 인류의 조상이며, 모든 인간은 하나님의 피조물이자 창조주의 형상을 지니고 있다. 믿음의 아버지라 불리는 아브라함의 복도 모든 나라로 확장되는 것을 볼 수 있다(창 12:3). 모세에게서도 하나님 백성은 혈통이나 민족이 아니라 진정한 신에 대한 신앙과 예배를 기초로 하여 정의된다(출 19:6). 따라서 하나님의 백성으로서 이스라엘은 이방과 구분되어야 하지만, 이는 경직된 배타주의적 선민주의와는 거리가 있다. 이스라엘은 자신의 특수한 정체성과 사명을 통해 하나님께서 지금도 역사 속에서 활동하고 계시며, 궁극적으로는 이 세상의 참된 주인이심을 보여주도록 부름 받았다. 이러한 비전이 정점에 이른 것이 바로 하나님께서 이스라엘을 "이방의 빛으로 삼아……구원을 베풀어서 땅 끝까지 이르게 하리라"(사 49:6) 하는 놀라운 약속이다.

1세기 팔레스타인 유대교 내에 신앙의 스펙트럼이 폭넓게 있었지만, 많은 이들은 하나님 백성의 포괄적 지평을 간과하면서 이스라엘을 민족주의적 혹은 혈통주의적으로 협소하게 이해했다. 그 결과 이방의 빛으로서의 근원적 사명은 망각되었고, 이방인에 대한 배타적 태도가 만연했다. 종교와 정치가 결합한 시대 상황에서 이방인의 '불결함'에 대한 혐오와 외세의 지배에 대한 '민족주의적 저항'이 뒤섞이면서, 열방 모두를 돌이키시고 땅 끝까지 구원을 펼치시기 원하시는 하나님의 꿈도 가려졌다(사 45:20-25). 그런 의미에서 예수 그리스도의 이방인에 대한 태도는 단지 문화적·인종적 개방성의 표현은 아니었다. 톰 라이트의 표현을 빌리자면 "예수는 이스라엘 '민족'을 탄핵했다.……이스라엘을 위한 그의 하느님 나라 과제가 이스라엘로 하여금 조상들의 규례로 강화된 극도의 편집적 자기방어를 벗어나, 그 대신에 이 세상의 빛과 이 세상의 소명을 감당할 것을 요구했기 때문이다."[30] 톰 라이트의 경우 이것이 예수께서 로마에 대한 무력 혁명을 거부한 가장 중요한 이유 중 하나라고 평가하기도 한다.

이 지점에서 우리는 당시 유대인들의 독특한 신앙과 그 폐해를 보게 된다. 기원전 6세기 중엽 이후 바벨론 포로생활에서 귀환한 이래 이스라엘은 성전 중심의 공동체를 형성했지만, 회복의 꿈을 배신하듯 외세의 지배는 수백 년이나 계속되었다. 페르시아, 마케도니아, 이집트, 로마까지 세계사에 굵직한 흔적을 남긴 강대국이 팔레스타인을 들락날락하며 파괴와 통치를 반복했다. 그렇지만 보른캄이 지적하듯, 이스라엘의 신앙은 그들이 흩어지지 않고 제국들 사이에서 생존할 수 있는 구심점이 되어 주었다. "이렇듯 엇갈리는 역사 속에서라도 작은 이스라엘은 결코 줏대 없는 노리개 공은 아니었다. 그들에게는 언제나 동방 민족들과 아주 다른 특이한 무엇이 있었다. 그들의 하나님은 주변 세계의 신들과는 다른 분이요, 이 하나님을 믿는 신앙은 이 민족의 고유한 삶의 중추요, 유지하는 힘이다."[31]

하지만, 신앙의 빛이 밝아지는 만큼 역사 속에 그 비극적 그림자는 더욱 짙게 드리우곤 한다. 유일신 신앙에 매달릴수록 이스라엘은 제국의 틈에서 버틸 힘을 얻을 수 있었다. 그러나 적대적 외세에 저항하고자 종교를 강하게 붙들다 보니, 결국 '자기들만의' 신앙을 가질 위험도 커졌다. 혼란의 시대에 하나님의 백성으로 남고자 신앙의 순수성을 강조할수록, 다른 이의 티끌 같은 결점도 커 보였던 것이다. 이렇게 1세기 팔레스타인에서는 이스라엘의 하나님의 왕적 통치를 기다리던 서로 다른 열망을 가진 유대인들이 각자의 비전을 가지고 경쟁하듯 공존하고 있었다.

그런데 나사렛에서 온 한 남자가 "때가 찼고 하나님의 나라가 가까이 왔으니 회개하고 복음을 믿으라"라고 우렁차게 선포했다. 그 남자는 하나님께서 왕이 되시는 세상이 왔으니 각자의 사회·정치적 열망과 종교적 강박을 내려놓고 복음에 상응하는 삶을 살라고 도전했다. 그 선포를 들었던 이들에게 요구된 회개라는 것은 개인의 악행 하나하나를 떠올려 뉘우치는 데 그치는 것이 아니었다. 그것은 사회적 약자를 죄의 굴레에 묶어 두던 종교적 정결주의, 이방인을 혐오하던 민족주의, 부유한 자가 가난한 자를 억압하게 부추기는 맘몬주의, 여성의 가치를 무시하던 가부장제와 결합된 죄의 상태로부터 돌아서는 것을 요구했다. 그것은 사회적 습관, 종교적 인습, '먹고살려면 어쩔 수 없잖아' 논리에 의지하는 삶을 떠나, 하나님의 정의와 자비에 의지하는 더불어 사는 삶 속으로 들어오라는 초청이기도 했다. 그의 기이한 선포와 행적은 대중들의 열광적 반응을 불러오기도 했지만, 종교지도자와 정치인들에게는 큰 도전으로 다가왔다. 결국 폭동을 두려워하던 예루살렘의 종교와 정치 세력의 결탁하에 그는 정치범으로 몰려 사형선고를 받았고, 무력하게 십자가에 달려 죽게 되었다.

그런 맥락에서 볼 때 예수 그리스도의 삶은 십자가로 가는 길이라할 수 있다. 하나님 나라의 선포 그리고 하나님의 왕 되심을 보여주기 위한 상징적 행동은 사회 여러 곳에서 다양한 집단과 갈등과 충돌을 일으켰다. 종교와 정치가 밀접히 결합되어 있던 1세기 팔레스타인의 상황을 고려할 때 그분의 수난과 십자가에는 분명히 정치·사회적 함의가 있다. 하지만, 명심할 것은 그 죽음을 단지 정치·사회적 의미로만 해석하려는 것은 십자가를 탈정치적이고 구속사적인 의미로 한정하는 것과 마찬가지로 단순화의 오류에 빠질 수 있다. 십자가와 부활은 구원론적으로 해석하고, 역사적 예수의 생애는 윤리적으로 해석하고자 하는 게으른 신앙이야말로 현대 그리스도인이 빠지기 쉬운 가장 치명적 유혹인 셈이다.

빌라도의 질문: 진리가 무엇이냐?

죽음으로 향해 가는 슬픔의 길, 곧 비아 돌로로사*Via Dolorosa*의 시작으로 예수께서는 로마 총독 빌라도의 법정에 서신다. 육화된 진리 앞에서 빌라도는 인류 역사에서 가장 세련되고 역설적이라 할 만한 질문을 던진다. "진리가 무엇이냐?"(요 18:38)[32] 빌라도는 예수 그리스도에게서 죽을 만한 죄를 발견하지 못했지만, 대중의 압박에 못 이겨 그분을 내어 준다. 예수께서는 정말 억울한 상황에 처해 있지만, 자기를 변호하려는 노력도 전혀 않으신다. 그러한 사형수가 못마땅한 빌라도가 마지막으로 내뱉은 말이 의미심장하다. "내가 너를 놓을 **권한**도 있고 십자가에 못 박을 **권한**도 있는 줄 알지 못하느냐"(요 19:10. 강조는 필자의 것).

로마제국의 유대 총독이었던 빌라도는 인류 역사에 등장했던 대다수 사람에게는 허락되지 않았던 큰 권력이 있는 특별한 존재였다. 하지만, 그를 지금껏 기억하게 만드는 것은 그가 소유했던 힘이나 재산이 아니라, 그가 하나님의 아들을 마주하면서 중대한 결정을 내려야 했던 한 나약한 개인이었다는 사실이다. 사도신경에서 예수 그리스도와 마리아 외에 실명이 거론된 유일한 인간이 빌라도이다. 매주일 전 세계 수많은 그리스도인이 그의 이름을 반복하면서 언급하고 있다. 그렇다면 빌라도는 개인의 자격이 아니라 인류의 대변자로서 사도신경에 언급된 것은 아닐까? 이런 시각에서 보자면 빌라도의 질문은 우리의 질문이 되고, 빌라도의 말은 우리의 말이 된다.

우리는 예수 그리스도를 신앙의 대상으로 삼고, 그분의 가르침과 행적을 따라 살려고 노력하고, 그 삶이 어떠했는지 연구도 해본다. 하지만, 어느 누구도 예외 없이 그분의 역사 앞에 서면 '진리가 무엇인지' 아포리아*aporia*에 빠지게 된다. 하지만, 조급하고 불안한 마음 혹은 주위의 압박 때문에 우리는 신비를 자기식대로 다루려 한다. 1세기 나사렛 출신의 한 인간의 삶과 그 의미를 재구성할 '권한'도 해석할 '권한'을 가진 것처럼, 우리는 설교하고, 묵상하고, 글을 쓰고, 간증하고, 전도하고, 강의한다. 그렇게 우리는 빌라도가 된다.

아프리카의 의료 선교사이자 노벨 평화상 수상자로 잘 알려진 알베르트 슈바이처*Albert Schweitzer, 1875-1965*는 지난 세기 학자들의 신학적 상상력과 열정을 휘어잡았던 역사적 예수 연구를 비판적으로 평가하는 『라이마루스로부터 브레데까지』*Vom Reimarus zu Wrede*라는 연구서를 1906년 출판했다. 이 책은 선배 학자들이 역사적 자료로부터 객관적이고 타당한 예수 상을 찾으려던 목표와는 달리, 결국은 근대인의 자의식과 윤리관이 투영된 이상화된 인간상을 만들어 내었음을 폭로했다. 슈바이처가 18-19세기 활동했던 학자들에게 던진 도전은 결국 우리가 사기 자신에게 던져야 할 질문이기도 하다. 계몽주의의 세례를 받은 이전 세대 학자들처럼 우리도 알게 모르게 이상화된 자기 이해나 시대적 인간상을 예수 그리스도에게 투사하고 있지는 않은가?[33] 만약 그렇다면 그리스도를 알려는 노력은 결국 욕망의 투사 외에 아무것도 아닐까? 그분은 우리에게 영원히 알려지지 않는 신비로 남으실 것인가? 역사적 탐구는 결국 개연성이라는 높은 벽을 넘어설 수 없는가?

사실 슈바이처의 책을 읽으며 개인적으로 가장 인상적이었던 부분은 역사적 예수 연구사에 대한 그의 기념비적 분석도 아니고, 철저하게 종말론적으로 그리스도를 이해한 대안적 해석도 아니었다. 슈바이처가 던져 주는 엄청난 정보와 논리적 분석에 시달리던 뇌는 결론의 마지막을 장식하는 짧은 문단에 이르러 갑자기 큰 깨달음을 얻은 듯 고요한 상태로 들어갔다.

> 호숫가를 따라서 그분은 이름도 없고, 나이도 모르는, 알려지지 않은 존재로 오신다. 그분은 우리에게도 똑같은 말씀을 하신다. "나를 따르라." 그리고 그분은 우리 시대를 위해 하셔야 할 일을 우리에게 맡기신다. 그분은 명령하신다. 순종하는 이가 지적인지 단순한지 여부와 상관없이 그분은 투쟁과 갈등과 고통 속에서 자신을 보여주신다. 그분과 우정을 맺으면 그 투쟁과 갈등과 고통을 겪어야 한다. 그러면 말로는 표현할 수 없는 신비로서, 그들은 '그분이 누구신지'를 자신만의 고유한 경험을 통해 알게 될 것이다.[34]

결국 예수 그리스도의 생애를 알려는 불확실한 노력은 그분을 따르는 삶을 통해서만 구체적 결실을 맺게 되는 것일까? 그래서일까? 슈바이처는 이 책을 출판하기 한 해 전에 선교사가 되겠다는 결심을 발표했었고, 곧 의학박사 학위를 취득하고 아프리카로 향했다. 그리스도의 삶을 온전히 알 방법이 없음을 누구보다도 잘 알고도 그분의 삶의 의미를 치열하게 고민했던 한 신학자가 도달한 결론만큼 이 장을 끝맺기 적절한 문구를 찾기가 쉽지 않을 것 같다.

적용과 토론을 위한 질문

1. 예수 그리스도가 선포한 하나님 나라는 무엇을 의미하는가? 하나님 나라의 도래를 선포하시며 예수께서 언급한 두 조건은 무엇인가?

2. 우리가 이해하고 있는 '회개'는 어떤 의미인가? 하나님 나라와 회개는 어떤 관계가 있는가?

3. 구약의 예언자 전통에서 제시되는 복음은 무엇인가? 그 복음은 우리가 이해하는 복음과 어떤 점에서 유사하고 어떤 점에서 차이가 있는가?

4. 예수 그리스도의 사역은 도래한 하나님 나라를 어떻게 보여주는가?

5. 예수 그리스도의 다양한 사역 중에서 가장 인상 깊은 것은 무엇인가? 예수 그리스도의 사역 중 가장 현실성이 없는 것은 무엇일까?

6. 하나님 나라의 복음이 침투해 들어가야 할 개인적 영역과 사회의 영역은 구체적으로 어디인가?

7. 현대인이 회개하고, 복음을 믿을 때 극복해 낼 수 있는 이 사회의 잘못된 가치관은 어떤 것이 있을까?

8. 슈바이처가 역사적 예수 연구에 대해 내린 결론은 결국 우리의 신앙의 근거를 없애는 것인가? 어떻게 그리스도를 따르는 것이 그분의 삶에 대한 지식을 우리에게 줄 수 있을까?

15장. 성육신과 부활

그리스도인이 믿는 가장 큰 기적은 무엇인가?

너희는 나를 누구라 하느냐?

여러분도 잘 알 만한 한 남자가 있었다. 그는 인간답게 누울 곳도 없는 객지에서 태어나 짐승들 사이에서 젖을 빨았고, 대학살을 피해 멀고 먼 나라에서 난민 생활을 했다. 그리고 사태가 진정된 후 아버지의 나라로 돌아와서 조용히 젊은 시절을 보냈다. 내세울 만한 집안 배경도, 교육 기회도, 사회적 업적도, 재력도 없었던 그는 순례 설교자가 되어 이곳저곳 돌아다녔다. 하나님 나라를 선포하고, 제자들을 모아 공동체를 만들고, 병든 이를 고치고, 기적을 보이고, 소외당한 자들과 함께 식탁교제를 하는 동안 그의 명성은 차츰 높아졌다. 호기심 많은 대중은 그의 정체가 무엇인지 질문했고, 무성한 추측과 소문이 자라났다.

　예수라는 이름의 그 남자는 어느 날 제자들에게 물었다. "너희는 나를 누구라 하느냐"(마 16:15). 그러자 평소 그를 잘 따랐던 제자 중 한

명인 베드로가 답했다. "주는 그리스도시요 살아 계신 하나님의 아들이시니이다"(마 16:16). 공적 활동 기간이 길지 않았음에도 가난한 30대 초반 남자가 이스라엘의 지도자인 '메시아'로 인식된 놀라운 순간이다. 심지어 그는 '살아 계신 하나님의 아들'이라고까지 불렸다. 사실 이는 당시 유대인의 종교적 정서상 신성모독으로 돌 맞아 죽을 말이다(요 10:33 참조). 그 남자는 자신의 정체를 비밀로 하라고 당부하고는, 사람들의 부풀려진 기대에 찬물을 끼얹듯 자신의 비극적 운명을 예고했다.

베드로의 입에서 나온 '하나님의 아들,' 이 엄청난 호칭은 이후 역사 속에서 예수 그리스도를 이해하는 데 빼놓을 수 없는 중심 단어가 되었다. 그리고 '하나님의 아들'은 '인간의 아들'과 함께 그리스도의 신성과 인성을 가리키는 교리적 의미로까지 각각 확장되었고,[1] 그리스도인의 언어생활과 실천에 없어서는 안 될 핵심어가 되었다. 하지만, 베드로처럼 우리도 예수 그리스도를 '하나님의 아들'이라 부르면서도, 이 말의 참 뜻을 잘 모르거나 오해하고 있는 것은 아닐까?

성서를 보면 나사렛 출신인 인간의 아들은 여러 계기를 통해 하나님의 아들로 인식되었다. 기적을 행할 때, 시험당할 때, 귀신을 쫓아낼 때, 십자가에 달릴 때 등등, 각기 다른 상황에서 그는 하나님의 아들이라 불렸다. 그가 하나님의 아들임을 드러내 보이는 가장 중요한 사건은 '성육신'과 '부활'이다. 성육신(成肉身)incarnation은 무한한 존재이신 하나님께서 몸을 가진 유한한 존재, 곧 인간이 되신 사건을 의미한다. 부활(復活)resurrection은 십자가에서 돌아가셨던 예수 그리스도가 삼일 만에 무덤에서 일어나셨던 사건을 지칭한다. 신이 인간이 되어 죽었다 회생한다는 '신화 같은' 이야기는 놀랍게도 그리스도교 신앙의 핵심이 되었다.

역사 속의 한 인물이 '완전한 인간이요 완전한 신'*vere homo, vere deus*이 된다는 것은 그 자체로 불가해한 신비이다. 또한 죽었던 인간이 되살아나 하늘로 올라간 것 역시 이해하기도 설명하기도 힘든 일이다. 성육신과 부활은 1세기 제자들부터 21세기 현대인까지 모두를 당황하게 할 정도로 인간의 이해력과 상상력을 한계 너머로 몰아세우는 사건이다. 하지만, 이성에 걸림돌이 되는 두 역사적 사건에서 하나님의 신비가 빛나고 구원의 힘이 흘러나온다. 성육신과 부활이 던져 주는 당혹감을 피하면 그리스도교를 이해하기 쉬운 종교로 만들 수는 있겠지만, 이들 없이 그리스도교의 본질을 파악하거나 설명하는 것은 거의 불가능하다. 따라서 이번 장에서는 성육신과 부활의 참뜻이 무엇인지 질문하고 이에 대한 여러 가능한 답변을 찾아보려고 한다. 한정된 분량에 그리스도교 전통에서 발전되고 논의되어 온 핵심 주제만 간추리는 것도 벅차기에, 성육신과 부활이 그리스도인의 삶에 어떤 영향을 끼치는지에 특별히 관심을 집중하도록 하겠다.

하나님은 '왜' 인간이 되셨는가?

흔히 교회에서는 첫 인류인 아담과 하와가 창조주 하나님께 불순종하여 하나님 아들이 인류의 죄책을 대신 갚고자 인간의 몸을 입었다고 설명하곤 한다. 이러한 구원론적 맥락을 결코 무시해서는 안 되지만, 성육신의 깊고 신비로운 의미를 인간 죄를 대속하기 위한 행위로만 한정할 수는 없다. 오히려 성육신은 하나님과 인간 사이의 근원적 관계 맺음에 관한 가르침이라고 봐야 한다.

성서는 창조주 하나님과 피조물 인간 사이의 질적 차이를 강조한다. 전도서의 언어로 표현하자면 하나님은 하늘에 계시고 인간은 땅에 있다(전 5:2). 인간의 도덕, 정치, 교육, 자기 수양, 심지어 종교도 하나님께로 가는 길이 되어 주지 못한다. 그러나 고대인들이 '바벨탑'을 쌓아 하늘에 닿아 보려고 했듯, 인류는 자기 힘으로 신의 영역 혹은 구원에 도달하려는 허무한 시도를 끝없이 하고 있다.[2] 자기 능력의 막다른 길에 도달할 때도 인간 마음에 깊이 뿌리박은 절대에 대한 욕망은 나름의 '초월의 길'을 만들고, 그 길을 통해 인간 됨의 한계를 넘고자 아등바등한다. 신을 소유하려는 갈망이 우리 존재를 채울수록, 우리 삶에 참 하나님의 자리는 없어진다. 디트리히 본회퍼는 이 곤란을 예리하게 파헤쳤다.

> 믿고자 하는 인간의 욕망은 궁극적으로 인간의 목적과 동기를 수반하게 마련이다. 하나님께 도달하는 인간의 종교적 길은 우리가 **자신의 형상으로 창조한 마음속 우상**에게로 이끈다.······인간과 하나님이 함께할 수 있는 오직 하나의 길만이 있다. 말하자면, 그것은 **하나님으로부터 인간에게로 가는 길**이다.[3]

만약 하나님께로 가는 인간의 길이 막혀 있다면, 피조물과 창조자 사이 그리고 죄인과 심판자 사이의 넓고 깊은 골을 가로지르는 길은 단 한 가지, 하나님께서 직접 이편으로 건너오시는 것밖에 없다. 하나님께서는 한 인간이 되심으로써 그 벌어진 틈을 몸소 넘어오셨다. 그것도 권력과 명예와 지위를 갖춘 영광의 존재가 아니라, '구유'와 '십자가'의 거친 나뭇결에 의지해 삶을 시작하고 끝내야 했던 비천하고 낮은 존재가 되심으로써 그 일을 이루셨다. 이로써 세계의 고통, 허무, 무의미함 속에서도 하나님께서는 '참 인간이신 그리스도'를 통해 인간과 함께하시는 분이심이 드러났다. 또한 암흑 같고 수치스러운 순간, 심지어 죽음을 불사한 '참 하나님이신 그리스도'와의 연합 덕분에 우리가 신적 자비에서 끊어지지 않고 있음이 확증되었다. 왜냐하면 하나님에게서 흘러나온 "사랑은 죽음보다 강하기 때문이다."[4]

　　하나님께서는 누구도 욕망하지 않을 냄새나고 더럽고 비참한 자리로 인간을 만나고자 오셨다. 나사렛 예수는 '하나님께서 우리와 함께 계시다'라는 뜻의 임마누엘을 이름으로 가지신다(마 1:23). 이 이름을 통해 하나님께서는 다른 방법이나 매개가 아니라 예수 그리스도를 통해 우리와 함께하신다는 것이 계시되었다. 그리스도 안에서 드러난 임마누엘, 곧 하나님과 인간 사이의 근원적 관계를 본회퍼는 "나를 위한 구조"*Pro-me-Struktur*라고 불렀다.[5] 하나님은 일시적 기분이나 결정으로 인간에게 호의를 베풀거나 거두시는 분이 아니다. 그분은 본성상 언제나 인류를 향해 있으시고, 인간이 복을 받고 죄인이 회복되기를 변함없이 갈망하신다. 구약성서 역시 이러한 맥락에서 이스라엘을 향한 하나님의 신실하심을 설명한다.

> 여호와는 네게 복을 주시고 너를 지키시기를 원하며, 여호와는 그의 얼굴을 네게 비춰사 은혜 베푸시기를 원하며, 여호와는 그 얼굴을 네게로 향하여 드사 평강 주시기를 원하노라(민 6:24-26).

구약이 증언하는 하나님 은혜의 '이스라엘을 위한 구조'는 신약에 와서는 더욱 포괄적 지평을 가지게 된다. 임마누엘이라는 이름을 통해 계시된 예수 그리스도의 하나님은 초월적 신비나 엄격하고 냉정한 심판자가 아니라, 인간을 위한—더 구체적으로는 죄인인 '나를 위한'—신적 자비로 언제나 충만하신 분이시다.

　　성육신의 신비는 여기서 그치지 않는다. 그리스도를 통해서 인간을 향하신 하나님의 본성적 신실함뿐만 아니라 인류의 참모습과 운명도 계시된다. 성육신한 그리스도는 하나님 앞에서 수많은 '나'를 포괄하는 '인류'를 대표하고 계신다. 따라서 하나님께서 인간이 되셨다는 것은 흩어져 있던 여러 개별자들이 그리스도를 통해 연합한 인류의 탄생을 의미한다. 본회퍼에 따르면 이 새로운 인류가 바로 교회이다. 그리스도는 나를 위한 존재이며 또한 형제들을 위한 존재이다. "그리스도는 새로운 인류로 존재한다.……그는 공동체로 존재한다."[6] 이것은 4차 산업혁명이 만들어 낼 '신인류'와는 전혀 다른 형태, 곧 인간 종의 한계를 과학기술로 극복해 가는 '진격의 인류'가 아니라, 각자의 모순과 다름을 마주하면서도 서로를 포용하는 '공동체적 인류'이다. 신인류는 문명의 진보 혹은 기술 개발로 태어나는 것이 아니라, 그리스도와 함께 역사 속에서 유일회적인 동시에 온 세상 모든 인류를 향해 창조되었다.

정리하자면, 성육신은 하나님께서 인간에게로 오시는 길이자, 하나님과 인간의 화해를 구성하는 핵심이자, 타자를 지옥같이 여기던 외골수 자아를 흘려보내는 창조적 사랑의 사건이기도 하다. 그런데 하나의 근본적 질문이 이 지점에서 생길 수밖에 없다. 전능하신 하나님께서 굳이 꼭 인간이 되셔야 이런 일을 하실 수 있었을까? 예수 그리스도가 인간이 되신 하나님이라면, 나약한 인간이 어떻게 전능한 신일 수 있을까?

어떻게 신성과 인성이 인간 안에 공존할 수 있는가?

교회사학자 디아메이드 맥클로흐Diarmaid MacCulloch, 1951- 는 초대교회를 당혹하게 만든 그리스도교의 핵심 문제를 다음과 같이 요약한다. "과연 예수는 누구였으며, 하나님과 그의 관계는 무엇이었는가? 하나님은 전능하고 우주의 창조주이며, 예수는 그의 아들이라고 그리스도인은 믿는다. 하지만, 동시에 예수는 몸과 피를 가졌고, 십자가에서 목숨을 잃은 인간이다. 상식적으로 생각할 때 십자가에서 죽은 인간이 결코 우주의 창조자와 같은 존재일 수 없다. 그렇다면 어떻게 창조주와 예수가 동일한 신이라 할 수 있는가?"[7] 이 딜레마는 약 2,000년간 계속해서 신학자와 설교자뿐만 아니라 일반 신자들을 골치 아프게 해왔다.

물론 이에 대한 아주 쉬운 해결책이 있다. 불변하고 영원한 존재인 하나님은 고난과 죽음을 겪었던 예수 그리스도와 결코 같은 존재가 아니라고 단정 지으며 모순 자체를 해체시켜 버리면 된다. 실제 초대교회부터 지금까지 은근히 많은 이가 이 방법을 취해 왔다. 하지만, 만약 예수 그리스도가 하나님이 아니라면, 한 인간의 죽음이 전체 인류를 구원하고 영생으로 이끌기에 충분하다고 말할 수 있을까? 예수 그리스도가 구원자라면 그분은 피조물이 아니라 신이라고 봐야 하지 않을까? 오랜 고민과 열띤 논쟁 끝에 초대교회는 325년 니케아에서 모여 다음과 같은 문구로 예수 그리스도의 신성을 변호했다.

참 하나님에게서 나신 참 하나님으로서 창조되지 않고 나시어 true God of true God, begotten, not made.

이렇게 인류의 의식 속에 '창조되지 않고 나시어'라는 단순하지만 혁명적인 언어가 들어왔다. 그렇다면 '창조하다'와 '낳다'는 신학적으로 어떻게 다를까? 제작이나 창조의 활동에서 만드는 사람과 만들어지는 대상의 본성은 같을 수 없다. 목수가 자기의 혼을 불어넣어 지극정성으로 최고의 책상을 만들어도, 책상이 목재 가구의 본성을 넘어 인간이 되지는 않는다. 책상은 여전히 책상일 뿐이다. 반면 '낳는' 행위는 본성의 공유를 전제로 한다. 인간 부모에게서 태어난 아기는 부모에 비해 열등한 본성을 가지는 것이 아니라 동일한 인간 본성을 가지게 된다. 이런 맥락에서 니케아 공의회는 '창조되지 않고 나시어'라는 표현을 써서, 인간 아버지와 아들이 같은 본성을 가지듯 창조자 하나님과 성육신한 하나님이 '동일한 본성'homoousios을 공유하고 있음을 선언했다.

그런데 한 번의 공의회로 모든 교회와 신자를 설득할 만한 교리가 완성될 만큼 그리스도교 신앙이 단순하지는 않다. 니케아에서 성자의 신성을 문구화했더라도, 유한한 인간의 본성과 신의 무한한 본성이 어떻게 한 사내의 삶에서 공존할 수 있는지를 충분히 설명해 줄 수 있는 언어와 논리를 찾는 것은 힘든 일이었다. 그러다 보니 수백 년간 격렬한 대화와 논쟁과 타협이 계속되었고, 결국 451년 칼케돈 공의회에서 다음과 같은 문구를 써서 그리스도의 신성과 인성의 관계를 표현했다.

> 두 본성 안에서 혼합되지도 않게inconfusedly, 변화되지도 않게unchangeably, 분리되지도 않게indivisibly, 나뉘지도 않게inseparably 인식되시며……

이 기묘한 표현은 5세기 당시 교회를 달궜던 양극단 입장에 대한 반작용이자 그리스도의 두 본성의 연합에 대한 최선의 변호였다. 공의회는 우선 (물을 부은 포도주처럼) 신성과 인성이 그리스도 안에서 완전히 섞여 버린다는 주장에 반대하며, '혼합되지도, 변화되지도'라는 표현을 사용했다. 또한 (기름과 물처럼) 그리스도의 신성과 인성은 결코 연합될 수 없다는 주장에 대해서는 '분리되지도, 나눠지지도'라는 표현으로 거리를 뒀다.[8] 이렇게 칼케돈 그리스도론은 '부정의 언어'를 사용하여 신성과 인성의 연합의 신비를 설명하는 중용의 길을 제시했다. 즉, 그리스도교 교회는 극단으로 치우치지만 않는다면 '믿음의 다양성'을 존중하는 유연한 정통신앙의 가능성을 인정한 셈이다.[9]

물론 칼케돈 공의회에서 내려진 결론에 즉각적으로 반발했던 무리들도 있었다. 광대한 로마제국을 아우르는 종교 회의의 성격에 맞게 여러 입장을 포용하는 신앙의 표본을 제시하려 했고, 그러다 보니 신학적·정치적 타협을 어느 정도 염두에 두었던 것도 사실이다. 어떤 이들은 부정의 형식으로 그리스도의 신성과 인성의 연합을 설명하려는 간접적 시도는 공의회가 신학적으로 실패했음을 보여준다고 주장했다. 또한 현대 신학자 중에는 칼케돈 그리스도론이 고대 그리스 존재론에서 중요 개념과 논리를 빌려온 결과, 그리스도론이 형이상학화되면서 역사적 예수의 생생한 삶이 가려졌다고 비판하는 사람도 있다.

그럼에도 칼케돈 그리스도론은 5세기 중반 이후 교리적 상상력과 신학적 언어, 교회의 실천, 종교적 감성을 독특한 방향으로 발전시키며 그리스도교 역사에 지대한 영향을 끼쳤다. 모리스 와일스^{Maurice Wiles,} ¹⁹²³⁻²⁰⁰⁵는 칼케돈 공의회의 한계와 기여를 탁월한 균형감을 가지고 다음과 같이 정리해 낸다.[10]

(1) 구원의 원천은 **하나님**이고, 구원의 자리는 **인간**이라는 점을 확실히 함.

(2) 하지만, 신적 원리와 인간적 원리는 계속해서 **갈등**과 **긴장**을 일으킬 수밖에 없음.

(3) 교회는 두 원리 사이의 조화를 인위적으로 만들지 않고 그 **갈등을 껴 안고** 가기로 함.

그리스도 안에서 신성과 인성의 신비로운 공존, 이것은 이후 그리스도인이 여러 신학의 난제 앞에서 이분법적 사고나 단순화된 결론에 빠지지 않게 지탱해 주는 칼케돈적 패턴^{Chalcedonian pattern}을 형성했다.[11] 예를 들자면, 칼케돈적 언어는 성서의 본질을 성육신적 사건으로 이해하게 도와준다. 성서는 인간의 개념과 문법, 이미지, 문학 장르, 역사적 상

질문하는 신학

황을 통해 소통하시는 하나님의 말씀이다. 그리스도의 두 본성이 인식되는 방식과 유사하게, 성서에도 신적 저자인 성령과 여러 인간 저자의 역할이 '혼합되지도, 변화되지도, 분리되지도, 나뉘지도' 않게 공존한다. 성령께서 각 저자의 문학적 개성과 역사적 상황을 어떻게 그리고 얼마나 들어 썼는지 정확히 이론화할 방법이 없다. 중요한 것은 (신성과 인성이 신비롭게 결합된 예수 그리스도처럼) 성령의 영감과 인간 저자의 필력이 연합된 성서를 통해 하나님께서 인격적으로 말을 건네고 우리를 설득하고 계신다는 신비이다. 이렇게 칼케돈적 상상력은 어디까지가 성령의 작품이고 어디까지가 인간의 작품인지 자의적으로 나누려는 인간의 다급함을 부드럽게 달래 주면서도, 성서의 권위와 중요성을 각 책의 문학적 양식과 역사적 상황의 특수성과 더불어 인정하는 성육신적 지혜를 찾게 인도해 준다.

하나님이 '굳이' 인간까지 되셨어야 하는가?

그런데 여전히 풀리지 않는 문제가 있다. 굳이 전능한 하나님께서 인간이 되실 필요가 있으셨을까? 말씀으로 세상을 만드신 분이 말씀으로 인간을 구원하시면 되지 않았을까? 아니면 직접 인간이 되실 필요 없이, 천사나 다른 피조물을 인간으로 만들어 십자가에 죽게 했어도 되지 않았을까? 이 문제에 대해 가장 고전적 답변을 제시한 신학자는 안셀무스Anselmus Cantuariensis, 1033-1109이다. 안셀무스의 이론은 다음 장의 구원론에서 다룰 예정이기에, 여기서는 초대교회 그리스도론의 중요한 두 가지 지혜를 소개하고자 한다.

첫째, 하나님께서 인간이 되신 이유는 '인간이 신이 되게 하기' 위함이다. 이 도발적 표현은 창조주 하나님과 예수 그리스도가 신성에서 동등하시다고 주장하며 정통신앙 형성에 결정적 영향력을 발휘했던 아타나시우스Athanasius of Alexandria, 296-373 덕분에 유명해졌다.[12] 혹자는 피조물이고 죄로 가득한 인간이 어떻게 신이 될 수 있냐고 반문할지 모른다. 하지만, 성서가 인간의 최종 운명을 피조적 한계를 넘어 신적 영광을 나눠 가지는 것으로 묘사하고 있기에(요 10:34; 시 82:6; 고전 15:42-49; 요일 5:4 등), 구원을 궁극적으로 인간이 신이 되는 신화(神化)divinization로 설명하는 언어는 그리스도교 전통 속에서 뚜렷이 자리 잡고 있다.

신약성서를 보면 생명을 뜻하는 그리스어 단어가 여럿 나오는데, 그 중 빈번하게 쓰이는 것이 bios와 zoe이다. bios가 피조물의 생물학적 생명이라면, zoe는 하나님께서 선물로 주시는 생명이다. 니케아 신경에서 사용된 교리적 언어로 바꾸면 bios는 성부로부터 '태어나지 않고 창조된' 피조물의 생명이라면, zoe는 성부로부터 '창조되지 않고 태어나신' 성자에게 속한 생명이다. 인간은 피조물의 숙명을 스스로 뛰어넘을 수 없기에, 인간이 하나님의 자녀가 되려면 zoe라는 신적 선물이 필요하다. 이를 위해 영원한 생명zoe을 가신 성사께서 유한한 생명bios을 지닌 인간이 되셨고, 그 은혜의 사건의 결과 유한한 생명bios을 지닌 인간이 성자처럼 영원한 생명zoe을 가질 수 있게 되었다.[13]

따라서 그리스도의 성육신은 인간을 "완전히 다른 존재로, 새로운 작은 그리스도로, 규모는 작지만 하나님의 생명과 똑같은 생명을 가진 존재로"[14] 바꿔 놓기 위한 은혜의 사건이다. 이 생명은 그리스도의 성육신과 함께 선물로 주어진 것이기에, 인간은 영원한 생명을 얻고자 아등바등 애쓸 필요가 없다. 우리에게 요구되는 단 하나는 하나님께서 선물로 주시는 새 생명의 자리를 만들기 위해 자아를 가득 채웠던 욕망, 공로, 자기 이해를 비워 내는 '믿음'이다.

둘째, 하나님께서 인간이 되신 이유는 '인간이 인간 되도록' 하기 위함이다. 인간은 인간으로 태어난다고 다 인간이 되는 것이 아니다. 인간은 인간 됨을 이뤄 나갈 때 인간으로 인정받게 된다. 참 인간*vere homo*이신 예수 그리스도가 오시기 이전의 인류는 자신의 참 정체와 운명이 무엇인지 알지 못하고 헛된 길로 방황했음을 이스라엘 역사가 잘 보여준다. 심지어 첫 인류였던 아담의 영광과 특권도 참 인간 됨을 보여주고 현실화하는 데 실패했다. 그러나 성육신과 함께 새로운 인간이 역사에 등장했다. 그는 하나님의 생명과 교제에 기쁨과 감사로 참여했고, 하나님의 무조건적 사랑에 사심 없는 사랑으로 응답하였으며, 자기 보존의 욕망에서 나온 이기심을 극복하고 전적으로 타자를 향했던 참 인간이었다.

그리스도를 통해 드러난 참 인간은 (임마누엘에 상응하게) 하나님과 함께함을 통해 규정된 존재이다. 그리스도는 단지 인간 어머니에게서 태어났기 때문에 참 인간*vere homo*이 된 것이 아니라, 참 하나님*vere deus*과 연합하셨기에 참 인간이 되셨다. 칼 바르트는 이렇게 말한다. "예수 그리스도는 그분의 하나의 인격 안에서 참 **하나님**으로서 인간의 신실한 파트너이시고, 참 **인간**으로서 **하나님**의 신실한 파트너이시다. 그분은 인간과의 교제를 위해 낮아지신 주님이고, 그와 동시에 하나님과의 교제를 위해 높여진 종이다."[15] 이제 인간은 하나님 없이 사신을 스스로 규정하던 옛 방식을 버리고, 하나님의 사랑의 대상이자 계약의 파트너로서 자신의 참 존재를 갈망하고 현실화하며 살게 된다. 그런 의미에서 바르트는 개신교 신학은 추상적 신에 관한 가르침 혹은 순전히 인간에 관한 교리도 아닌, 예수 그리스도 안에서 하나님과 인간의 만남과 교제에 관한 '신-인학'Theo-anthropology[16]이라고 불렀다.

그런데 놀랍게도 하나님의 아들이 성육신했어도 예수 그리스도를 직접 만난 대부분의 사람들은 그가 하나님의 아들인지 인식하지 못했다. 그분은 탁월한 언변과 기이한 행적으로 대중을 선동하는 특이한 유대인 설교가 정도로 받아들여졌다. 자신의 선생을 하나님의 아들이라고 불렀던 베드로도 그 말의 의미를 알아차리지 못했다. 게다가 이런 혼란과 오해가 제대로 정리되기도 전에 무척이나 이해하기 힘든 또 다른 사건이 발생했다. 예수 그리스도가 십자가에 매달리신 지 삼일 만에 죽음에서 일어나신 것이다. 신기하게도 그 당혹스럽고 난해한 일을 접하고서야 제자들과 사람들은 오히려 성육신의 의미를 점차 깨달아 가기 시작했다.

부활을 믿지 않고도 좋은 그리스도인이 될 수 있지 않나?

아담 이후 죽음은 인류를 지속적으로 괴롭혀 왔다(롬 5:12). 죽음은 마치 하나님인 것처럼 언제 어디서나 막강한 힘을 발휘하며 인간을 통치했다. 본회퍼는 죽음의 치명성을 다음과 같이 묘사한다.

> 죽음은 세상에서 강력하다. 그것은 결코 다시 치유되지 않을 상처를 찢어 연다.……죽음은 어머니의 팔에서 아이를 빼앗고, 놀고 있는 소년을 사로 잡는다. 죽음은 친구로부터 친구를, 배우자로부터 배우자를, 형제자매로부터 형제를, 아이로부터 부모형제를, 젊은이 무리로부터 노인을—부드럽게……평화롭게—납치한다.[17]

죽음에 대한 공포와 회피는 개인과 공동체의 삶을 왜곡하고 파괴해 왔다. 성서는 죽음에 대한 두려움을 다룰 때 일상에서 경험하게 되는 다른 두려움을 종종 함께 언급한다. 현실에서 우리를 괴롭히고 실족하게 하는 두려움의 대부분이 죽음에 대한 두려움에서 기형적으로 자라나고 자양분을 얻기 때문이다.[18] 물론 다른 피조물과 마찬가지로 죽음도 하나님으로부터 왔고, 하나님의 주권 아래에 있다. 하지만, 죽음에 대한 공포에 눌려 인간은 이 사실을 자주 망각했고, 죽음이 역사에 활보하며 인류를 절망과 불행에 빠트리도록 내버려 뒀다. 그 결과 개인, 가족, 공동체, 국가, 인류의 삶의 영역 구석구석까지 죽음의 공포가 깊이 스며들었다.

십자가에서 죽으신 하나님의 아들은 죽음으로부터 승리자로 돌아오셨다. 이것은 단지 사형수 한 명이 죽었다 되살아난 기이한 사건이 아니라, 죽음에게 사형선고를 내리신 하나님의 판결이다(고전 15:15). 부활은 죽음 이편과 저편의 실재, 곧 죽음으로 한계 지어진 유한성의 세계 너머에 죽음의 주(主)가 되신 분이 계심을 알려 준다. 그런 의미에서 부활은 "예수 그리스도에 대한 우리 신앙에 왕관을 씌우는 진실"[19]과도 같다.

하나님께서는 현 세계의 벽에 갇힌 인간들이 죽음에게 무차별 공격당하도록 내버려 두시지 않으신다. 부활은 하나님께서 유한과 무한의 경계를 넘어오셔서 인간과 함께하시고 죽음의 광포에 재갈을 물리셨음을 선포한다. 따라서 부활은 현실의 삶을 두려움과 생존 의지로만 규정하게 만드는 '죽음'의 '죽음'을 알리는 사건이다(고전 15:26). 칼 바르트는 인간 존재를 부정하는 죽음을 부정하는 부활의 은혜를 다음과 같이 묘사한다.

이 세상에서 인간은 감옥에 갇혀 있다.⋯⋯인간의 피조성은 그 자신의 수갑이다. 그의 죄는 그의 빛이다. 그의 죽음이 그의 운명이다.⋯⋯우리의 출구인 부활은 우리의 장벽이기도 하지만, 또한 그 장벽은 출구이기도 하다. 우리에게 맞서 다가오는 '아니요'*das Nein*는 '하나님의 아니요'*das Nein*

*Gottes*다. 그래서 우리에게 결핍된 것이 우리를 돕는 것이 될 수 있다. 우리를 제한하는 것이 곧 새로운 땅이다.[20]

인류는 십자가와 부활 덕분에 죽음 이편에서 저편으로 옮겨졌다. 그렇기에 바울은 예수 그리스도를 부활의 첫 열매라고 부른다(고전 15:20-22). 태초에 하나님께서 원하셨던 참 인간의 모습이 결국 그리스도의 부활로 사람들이 보고 듣고 만질 수 있는 구체적인 모습으로 드러났다. 시간과 영원의 날카롭던 논리적·존재론적 대립이 허물어졌다. 피조물의 유한성을 포용하듯 감싸는 하나님의 영원성이 환대와 자비의 형태로 1세기 팔레스타인에서 제자들과 함께 길을 걷고, 이야기를 나누고, 음식을 먹었다. 그런 의미에서 부활은 옛 시대를 뒤로하고 새 시대를 열어젖히는 기점이 된다. 부활은 옛 세계의 질서 안에서 뭔가 새로운 것을 일으키는 것이 아니라, 옛 창조 자체를 충만히 넘어서는 새로운 창조의 시작이라고 할 수 있다. G. K. 체스터턴 G. K. Chesterton, 1874-1936 은 에덴동산과 부활의 동산 이미지를 중첩시키며 새 창조의 도래를 문학적 상상력을 발휘하여 다음과 같이 묘사한다(창 3장; 요 19-20장).

> 셋째 날 그리스도의 친구들이 [시체가 있던] 장소로 동틀 녘에 도착했다. 그리고 무덤이 비어 있고 [무덤을 막았던] 돌이 굴러져 있는 것을 발견했다. 새로움이 촉발하는 경이를 다양한 방식으로 깨달았던 그들마저 그날 밤에 세상이 죽었다는 것을 깨닫기가 힘들었다. 그들이 목격하고 있던 것은 새 하늘과 새 땅과 함께 찾아온 새 창조의 첫째 날이었다. 하나님께서는 정원사의 모습으로 다시 동산을 거닐고 계셨다. 저녁의 서늘함이 아니라 새벽의 서늘함 속에서.[21]

부활은 단지 예수 그리스도가 다시 살아나심을 알려 주거나 혹은 참 기이한 삶을 산 그분이 하나님의 아들이심을 인정하는 것에 그치지 않는다. 부활이 그리스도교 신앙의 핵심인 이유는 그분과 함께 새 창조가 시작되었음을, 더 이상 죽음을 자신의 미래로 삼지 않아도 될 새로운 인류가 등장함을 알리는 사건이기 때문이다. 그런 의미에서 그리스도의 부활은 '역사 속'에서 일어난 사건이지만, 역사의 총체적 의미를 변화시켰다는 의미에서 '역사를 초월'하는 사건이라고도 할 수 있다.

부활을 역사적으로 증명할 수 있는가?

의심의 해석학의 영향을 받은 현대인뿐만 아니라, 이미 1세기 중반에도 교회 내에서 부활이 역사적 사건인지를 의심하는 사람들이 있었다. 바울이 "그리스도께서 만일 다시 살아나지 못하셨으면 우리가 전파하는 것도 헛것이요 또 너희 믿음도 헛것"(고전 15:14)이라고 말할 정도로 부활은 예부터 뜨거운 주제였다. 그렇다면 우리는 그리스도께서 실제 부활하셨는지 여부를 알 수 있을까?

학자들에 따라 논쟁의 여지가 있겠지만, 그리스도가 죽음에서 살아 돌아오심을 알리는 성서 안의 대표적 증거 두 가지는 다음과 같다. 먼저 사복음서 모두에 등장하는 빈 무덤 이야기는 부활에 관한 가장 중요한 본문이다. 특히 복음서는 부활 사건을 처음 접하고 제자들에게 알린 사람으로서 당시 증인으로서 공신력을 얻지 못했던 여성들을 내세운다. 만약 부활 이야기가 거짓이라면 복음서 저자가 군이 신뢰도 떨어지는 여성을 첫 증인으로 기록할 이유가 없다. 또한 고린도전서에 따르면 부활한 그리스도는 베드로와 제자들에게 모습을 드러내셨고, 한 번에 500여 명에게 모습을 보이셨다(고전 15:5-6). 고린도전서는 부활 후

약 20년 정도 지난 50년대 중반에 기록되었다. 즉, 일부 증인들이 여전히 생존해 있는 상황에서 바울이 부활에 대한 가짜 뉴스를 지중해 전체로 퍼뜨리고 믿게 했다고 보기에는 여러모로 무리가 있다.[22]

그렇지만 이 같은 성서의 증언도 해석의 여지도 있고, 성서의 권위를 무시하는 사람에게는 별다른 호소력이 없기 때문에, 부활의 역사성을 수용하는 방식은 그야말로 사람에 따라 천차만별이다. 부활이 실제 일어난 역사적 사건인지 아닌지에 관한 사람들의 반응은 (일반화의 위험은 있지만) 다음과 같이 크게 셋 정도로 나누어 볼 수 있다.[23]

1. 부활은 실제 일어난 일이 아니다. 부활은 제자들의 착각이나 환각, 변화된 심리 상태, 혹은 후대에 **만들어진 이야기**다.
2. 부활은 실제 일어난 역사적 사건이다. 따라서 부활은 **역사학적으로 증명** 가능하고 증명해야 한다. 그렇지 않다면 그리스도교 신앙은 객관적이고 확실한 기반을 잃게 된다.
3. 부활은 실제 일어난 역사적 사건이다. 하지만, 역사학적 방법론을 통한 **증명이 부활의 확실성을 보장하지는 않는다**. 오히려 증명에 대한 강박적인 시도가 부활의 참 의미를 훼손할 수도 있다.

어떻게 보면 첫 번째가 상식 수준에서 인간의 이성과 경험에 가장 부합된 설명일 수도 있다. 그러나 이 경우 배신했던 제자들이 왜 갑자기 순교자가 될 정도로 삶이 급격히 변화했는지, 1세기 중반에 기록된 부활에 대한 바울의 증언이 왜 그토록 초대 그리스도교 공동체에서 높은 권위를 획득할 수 있었는지 등의 질문이 제기된다. 또한 신약성서의 부활에 대한 보고의 역사성을 원칙적으로 부정하는 것 자체가 또 다른 형태의 근본주의적 신념으로 흐를 위험도 있다.

질문하는 신학

두 번째 접근법을 취하는 사람들의 신학적 입장은 여럿으로 나눠진다. 인간의 보편적 이성으로 부활의 역사성을 증명하여 신학의 공적 성격을 확보하려는 독일의 신학자 판넨베르크Wolfhard Pannenberg, 1928-2014, 신학적 자유주의에 반대하여 그리스도의 역사적 부활을 객관적인 신앙의 원리로 삼았던 북미 근본주의,[24] 신문사 기자가 저널리스트 특유의 비판성을 발휘하며 부활의 사실성을 확인해 가는 과정을 그린 영화 「예수는 역사다」[25] 등이 대표적 사례이다. 그러나 이러한 폭넓은 스펙트럼에서 활용되는 방법론이 서로 충돌하고 있으며, 역사학도 해석의 학문이라는 점을 고려할 때, 부활을 무조건 역사적 증명의 대상으로 삼으려는 태도도 조심해야 한다. 왜냐하면 역사학에서 '객관적'이란 것은 시공간을 초월한 보편타당한 지식이 아니라, 사료를 취합하고 해석할 때 공정성이라는 차원에서 이해될 필요가 있기 때문이다.[26] 즉, 공신력 있는 사료와 논리적인 설명은 이성을 설득하는 데 중요하긴 하지만, 이는 여전히 지식의 개연성을 높이는 수준이지 '확실성'을 주기에는 역부족이다.

세 번째 관점을 취하는 사람들도 워낙 다양하기에 각자가 고유한 신념과 방법론을 가지고 있음부터 존중해야 한다. 그렇지만 이들 중 상당수가 이성으로만 부활을 증명할 수 있다는 주장에 회의적이며, 이성이 중요하더라도 신앙의 전제 없이는 부활의 참 의미를 왜곡할 수도 있다고 경고한다. 즉, 신앙은 그 대상과 인격적 관계를 맺는 것이 핵심인데, 과거 사건을 사료로 증명하거나 합리적으로 설명하려는 강박은 부활 신앙마저 비인격적인 것으로 만들어 버릴 위험이 있다.[27] 또한 성서에 따르면 그리스도께서는 전 세계 모든 사람이 다 볼 수 있도록 하늘에 편재한 영으로서가 아니라, 지상에서 육체를 가진 존재로 부활하셨다. 부활한 그리스도께서는 선택된 제자들을 찾아가 인격적으로 만나시고, 대화를 나누시고, 그들을 증인으로 변화시키셨다.[28] 역사 속에서 하나님께서 아들을 죽음에서 일으키셨고 부활한 예수께서 자신을 드러 내셨던 방식을 존중할 때, 부활의 신비는 보편적 증명의 대상이 아니라 전파와 증언의 대상이라 할 수 있다(고전 15:12-15).

부활은 그리스도의 인간성이 가시적 세계를 넘어서 하나님의 영광 으로 높여진 것이다. 달리 말하면 이는 역사 속에서 일어났지만 동시에 역사를 초월하는 사건이다. 파울 알트하우스[Paul Althaus, 1888-1966]의 표현 을 빌리자면, "부활의 경험은 결국 어떠한 유비(類比)[Analogie]도 가지고 있 지 않다."[29] 따라서 역사학적으로 포착 가능한 사례들은 신앙의 신비를 가리키는 기호[sign]로 기능할 뿐이다. 그런 의미에서 보자면, 부활에 관한 충돌하는 복음서의 이야기들은 부활이 '역사적'인 증거 아닌 증거가 된 다. 언어와 논리를 초월하는 신비인 부활 사건을 정직하게 증언하려는 각 복음서 저자의 겸손하지만 치열한 노력은 부활 이야기의 다양성을 가져올 수밖에 없다.[30] 만약 부활에 관한 일관되고 논리적인 언어와 설 명 방식이 있다면, 그것이야말로 부활이 다른 역사적 사건과 질적인 차 이가 없는 평범한 사건이거나, 누군가가 머리를 잘 써서 만들어 낸 이 야기일 수도 있다.

부활을 역사학적으로 증명하려는 노력에 대한 대안으로, 로완 윌 리엄스는 부활의 삶을 실제 살아감으로써 그 의미를 보여줄 수 있다고 본다. "과학적 증거와도 같은 결정적인 한 방을 통해서는 알 수 없습니 다. 한 사람의 삶 전체를 다룬 긴 이야기가, 이를 신뢰하는 공동체의 삶 이라는 더 긴 이야기가 우리 안에서 살아 움직임으로써 우리는 부활의 메시지가 진리임을 알아 갑니다."[31] 영과 육의 통합체인 인간은 머리만 이 아니라 전인적인 설득이 필요하기에, 결국 그리스도교 신앙의 핵심 은 삶 전체를 통한 논증을 통해서 제대로 알려지게 된다. 부활이란 단지

한 사형수가 다시 살아난 기적이 아니라, 우리로서는 포착할 수도 개념화할 수도 없는 신비로운 생명^{zoe}이 주어지는 사건이다. 따라서 부활을 '증명'하는 적절한 방법은 머리를 통한 사변이 아니라 새로운 생명^{life}이 충만한 삶^{life}을 사는 것이다.

결론적으로 정리하자면, 예수 그리스도의 육체적 부활은 그리스도교가 추상적 교리 체계나 아름다운 예배 의식이 아니라 몸과 피를 가진 사람들의 실제 삶의 문제가 되는 근원적 이유가 된다. 신학에서 중심적인 위치를 차지하는 것은 엘리트 학자들이 점령한 학교나 연구소가 아니라 부활하신 그리스도의 영이 현존하는 교회 공동체이다. 정교하고 설득력 있는 담론이 아니라 부활을 살아가는 생생한 삶의 이야기다.

부활은 그리스도인의 삶과 어떤 관련이 있는가?

그리스도의 고난과 십자가는 그를 따르는 많은 사람에게 큰 좌절과 절망, 수치심을 안겨 줬다. 하지만, 하나님께서는 죽음으로부터 아들을 일으키심으로써 그의 신성을 인정하셨고, 사람들이 받아들이기 힘들었던 그의 가르침과 활동의 정당성을 확증하셨다(행 13:32-37; 마 16:1-4; 요 2:18-22 등). 그런 의미에서 부활은 그리스도의 성육신과 생애와 십자가에 뭔가 새로운 것을 더하는 것이 아니라 그 모든 것의 정점이자 완성이라고 할 수 있다.

예수 그리스도가 미치광이가 아니라는 것을 부활을 통해 하나님께서 인정하셨다면, 우리는 하나님 나라가 이미 역사 속에 도래했다는 그분의 선포도 함께 인정할 수밖에 없다. 또한 그리스도가 종말의 때 일어날 부활의 첫 열매이기에(고전 15:20), 그분의 부활이 역사 속에 실제 나타난 종말의 사건임도 받아들여야 한다. 하나님께서는 과거, 현재, 미래 언제나 온 세계의 왕이시지만, 하나님의 통치는 역사의 모호함과 다원성 속에서 인간의 여러 욕망에 굴절되어 희미하고 파편적으로 드러난다. 지금은 감춰져 있는 사건들의 실체와 의미들, 특별히 하나님의 정의와 주권은 역사의 종말에 이르러 왜곡 없이 충만히 나타날 것이다.

그렇다면 그리스도인이란 모래 위에 세워진 집에 살듯, 잡히지 않는 미래의 취약한 허상 위에 하루하루 살아가야 하는 몽상가들인가? 이 지점에서 판넨베르크의 통찰이 빛난다. 우리는 종말에 있을 하나님의 완전한 자기 계시를 미래에 일어날 사건으로 희망한다. 하지만, 우리가 '아직' 경험하지 못한 만물의 종말은 부활의 첫 열매인 그리스도 안에서 '이미' 발생했다. "예수의 부활 안에 세상의 종말이 이미 현존"하고 그런 의미에서 "하나님께서 예수 안에서 자신을 계시하신다."[32] 눈에 보이지 않던 절대자가 그리스도의 살과 피를 통해 가시화되었듯, 하나님 나라의 약속은 부활을 통해 현실이 되었다. 그런 의미에서 부활은 종말의 '선취'라 할 수 있다. 부활하신 그리스도의 영이신 성령 덕분에, 인류는 실체 없는 미래에서 뭔가 확실한 것을 찾고자 혈안이 되었던 불안한 시선을 거두고, 하나님의 약속의 성취이신 부활한 그리스도를 통해 현실을 볼 수 있게 되었다.

조금 더 신학적으로 설명하자면 예수 그리스도의 탄생, 생애, 십자가와 부활은 모두 하나님의 왕적 통치를 갈망하는 유대 종말론을 배경으로 하고 있다. 이러한 배경에서 보자면 사회의 부귀영화, 성공과 실패, 아름다움과 추함, 강함과 약함을 판단하는judge 세속적 기준이 아니라, 하나님의 의가 모든 것을 심판하고judge 모든 것에 승리할 것을 기다리는 종말론적 믿음이 부활을 통해 현실화되었다.[33] 부활에 드러난 하나님의 의는 이 세계의 질서의 근간이 되는 '분배 정의'distributive justice나 '교정적 정의'rectificatory justice를 넘어서는, 깨지고 부서진 세계를 회복하고 죄에 물든 인간을 용납하는 '의롭게 하는 정의'justifying justice이다.[34] 그리스도의 선포와 사역의 핵심을 이루었던 '하나님 나라의 정의justice'는 죄인인 인간을 의롭게 하는 '하나님의 의righteousness'와 내적으로 긴밀하게 연결되어 있다. 이 둘을 분리시키는 것은 '역사적 인물'로서 예수와 '신앙의 대상'으로서 그리스도를 찢어 분열시키는 일이다.

부활 신앙이란 부활을 통해 이미 역사에 드러났고 궁극적으로 역사의 마지막에 완성될 하나님 나라에, 성령의 능력으로 '지금 여기서도' 속하여 사는 것을 의미한다. 미래에 대한 불안한 공상에 빠져 사는 것이 아니라, 부활을 통해 하나님께서 인정하신 그리스도의 삶과 가르침을 우리 삶의 준거점으로 삼는 일이다. 마치 현실 세계가 궁극적이고 유일한 실재인 것처럼 심각하고 진지하게 사는 것이 아니라, 하나님 나라에 궁극적 의미와 희망을 둠으로써 자유를 얻고 기쁘고 감사하게 사는 것이다. 로완 윌리엄스의 표현을 빌리자면, 부활의 영 안에 거한다는 것은 다음과 같은 것이다.

> 주변 세상을 향해, "이렇게 하지 않아도 괜찮아요, 더 많은 게 있거든요"라고 말하는 대항문화입니다. 이런 문화는 경쟁을 부추기는 세상, 그리고 지금 시작되는 하나님의 미래 안에서 실제로, 진심으로, 그리고 충만하게 사는 삶을 다룹니다. 하나님의 통치는 지금 시작될 수 있고, 이미 시작되었습니다. 하나님 나라는 다가왔고, 가까이 있고, 임박했고, 문 앞에 와 있습니다.[35]

이런 시각에서 보자면 부활의 삶은 주류 문화를 거부하는 '히피적' 삶과 비슷하게 느껴질지 모른다. 물론 소유에 대한 집착을 경계하고, 형제애를 높게 평가하고, 자유를 추구하고, 반사회적인 공동체를 형성하는 등 둘 사이에 공통점이 결코 적지 않다. 하지만, 부활은 하나님의 미래, 곧 하나님의 종말론적 통치의 빛 아래서 기성의 사회 통념이나 제도와 가치관을 상대화하고, 인간성의 회복과 공동체적 삶을 추구하며, 자연으로의 귀의가 아니라 만유의 그리스도 안에서 회복과 화해를 꿈꾸게 한다는 독특성을 가진다.

따라서 부활은 죽음에 대한 두려움을 가리고자 개인과 집단의 욕망에 봉사했던 종교를 심판하며, 인간의 참 번영과 평화를 간절히 바라시는 하나님의 욕망을 보여주는 사건이다. 부활은 무엇이 옳은 삶이고, 누가 성공적이고, 어떻게 거룩해지는지를 자기식대로 정의하며 삶의 비극을 가중시켜 왔던 기존 질서를 뒤엎는 힘이다. 부활은 죽음으로 둘러싸인 유한한 세계 속에서 자기 힘으로 안전과 안정을 확보하려고 경쟁적으로 더 소유하게 만들던 사회경제 시스템마저 상대화하는 신적 심판이다. 1세기 예루살렘에서 시작한 새 창조의 궁극적 의미는 죽음으로 한계 지어진 현실 세계를 통치하는 거짓 권세를 숭배하는 것이 아니라, 죽음과 그 치명적 두려움에서 우리를 일으키실 힘에 의지해 부활을 살아가는practicing resurrection 것이다.

참 인간 됨의 선언인 성육신과 부활

여기 현대인의 바쁘게 사는 모습을 재밌게 묘사한 시 한 편이 있다.

> 날개 없이도 그는 항상 하늘에 떠 있고
> 새보다도 적게 땅을 밟는다.
> 엘리베이터에서 내려 아파트에 나설 때
> 잠시 땅을 밟을 기회가 있었으나

서너 걸음 밟기도 전에 자가용 문이 열리자

그는 고층에서 떨어진 공처럼 뛰어 들어간다.

……

차에서 내려 사무실로 가기 전에

잠시 땅을 밟은 시간이 있었으나

서너 걸음 떼기도 전에 엘리베이터 문이 열리고

그는 새처럼 날아들어 공중으로 솟구친다.

그는 온종일 현기증도 없이 20층의 하늘에 떠 있다.

전화와 이메일로 쉴 새 없이 지저귀느라

한순간도 땅에 내려앉을 틈이 없다.

―김기택, 「그는 새보다도 적게 땅을 밟는다」 중에서

고층 아파트에서 잠을 자고, 고층 빌딩으로 출근했다가, 다시 고층 아파트로 돌아오는 현대인의 분주한 삶을 날개 짓을 계속하느라 땅을 밟지 못하는 새의 모습에 비유한 시이다. 이상하게도 이 기발한 문학적 상상력을 접하고 문득 성육신과 부활이 생각난 것은 왜일까? 성육신하시며 자기를 낮추시는 하나님과 달리, 자기를 스스로 높이는 인간의 이미지가 각인되어서일까? 부활과 함께 삶 속으로 침투해 들어온 하나님 나라의 대안적 삶의 흔적이라고는 전혀 찾아볼 수 없을 정도로 끝없는 노동과 과도한 피로로 점철된 현실의 무의미함 때문일까?

철학자 니체는 그리스도교가 대지와 육체를 경멸하게 하여 인간을 병들고 허약하게 만든다며 그리스도교를 경멸했다. 그러나 사실 성육신과 부활이야말로 머리는 하늘을 향하더라도 발은 대지에 단단히 딛고 사는 육체적 존재를 긍정하게 하는 교리이다. 비록 우리가 실제 영위하는 삶이 우리를 속이고 낙심시킬지라도, 그리스도를 통해 드러난 참 인간에 대한 하나님의 갈망은 포기될 수 없다. 하나님의 꿈을 성취하고자 하나님의 아들은 성육신과 부활을 통해 영원과 역사 사이를 오가시며 무한과 유한 사이의 깊고 넓게 패인 골을 메우셨다.

인류 역사에서 무한과 유한의 접촉점을 찾으려는 종교적·철학적 시도는 이제껏 수없이 많았다. 하지만, 성육신과 부활은 인간이 태어나고 살아가고 죽음을 맛보는 역사 한가운데서 무한과 유한을 만나게 하는 신비한 사건이다. 이로써 유한한 인간의 최종 운명이 사멸할 세계의 언어와 논리로는 온전히 설명되지 않음이 드러났다. 인격적 본성을 가진 무한의 모습이 그리스도 안에서 계시되었다. 하나님 아들의 성육신과 부활 덕분에 인류도 하나님과 연합된 참 인간이 되리라는 약속을 선물 받았다. 그런 의미에서 성육신과 부활은 참 인간의 정체와 참 인간이 되는 방법을 비극적 역사를 향해 공표하는 경이로운 언어와 풍성한 이미지로 가득 찬 놀라운 선언문이라 할 수 있다.

적용과 토론을 위한 질문

1. 이번 장의 제목은 '그리스도인이 믿는 가장 큰 기적은 무엇인가?'였다. 여러분이 생각하기에 예수 그리스도의 생애에서 가장 위대하고 중요한 기적은 무엇인가?

2. 여러분의 신앙생활에서 예수 그리스도의 성육신, 역사적 삶, 십자가, 부활 중 어느 것이 가장 중요한 위치를 점해 왔는가? 왜 그런가?

3. 예수 그리스도의 성육신은 하나님께서 인간을 향해 있다는 것을 보여준다. 본회퍼는 이를 '나를 위한 구조'라 불렀다. 이 말이 잘 이해가 되는가? 우리 인간은 '나만을 위한 구조'를 가지고 있다고 할 때, 하나님과 인간이 타자를 대하는 태도는 어떻게 다를까?

4. 성육신의 목적은 무엇인가? 굳이 하나님께서 인간이 되셔야 했던 이유는 무엇인가?

5. 예수 그리스도의 성육신을 설명하려는 초대교회 신경들(니케아와 칼케돈)을 통해 우리가 배울 점은 무엇인가? 신앙의 내용을 공의회가 결정했기 때문에 우리가 잃어버리는 것도 있지 않을까?

6. 부활 사건은 역사적으로 증명될 수 있다고 생각하는가? 부활을 역사적으로 증명하는 것이 왜 중요한가?

7. 왜 죽음은 무서운가? 죽음의 위협을 느껴본 적은 있는가? 어떻게 그리스도교 신앙은 죽음의 공포로부터 인간을 해방시켜 주는가?

8. 예수 그리스도의 성육신과 부활이 오늘날 우리의 개인적이고 공동체적인 삶에 어떤 영향을 끼치고 있을까? 어떻게 하면 과거에 있었던 성육신과 부활에 우리가 참여할 수 있을까?

16장. 속죄론

한 인간의 죽음이 어떻게 다른 인간들을 구원할 수 있는가?

거기와 여기, 그때와 지금 사이에서

유럽 역사에서 18세기는 근대 사상이 발전하고 꽃피던 시기이다. 모든 것을 합리적으로 따져 보던 시대정신에 따라 그리스도교도 그 뿌리부터 철저하게 재평가되었다. 특별히 나사렛 예수가 실제 부활했는지 여부에 관한 비판적 연구와 신앙적 변호 사이의 갈등은 그 시대를 뜨겁게 달궜다. 그런데 1777년 한 독일인이 사용한 기이한 표현은 이 논의를 전혀 새로운 양상으로 전개시켰다.

계몽사상에 심취했던 극작가이자 평론가 고트홀트 에프라임 레싱 Gotthold Ephraim Lessing, 1729-1781은 그리스도가 부활했는지를 역사적으로 따지는 것보다 더 근원적인 문제가 있다고 했다. 그것은 바로 '이성에 따른 필연적 진리'와 과거에 일어난 '우연적 역사적 사실' 사이에는 넘을 수 없는 "추하면서 넓게 벌어진 도랑"the ugly wide ditch[1]이 있다는 점이다.

즉, 1+1=2는 논리적으로 따져 볼 수만 있다면 한국이나 미국이나, 천 년 전이나 천 년 후나 변함없는 진리이다. 하지만, 과거의 역사적 사건은 우연적인 성격을 가질 수밖에 없다. 이순신 장군이 용 모양의 해룡선이 아니라 거북이 모양의 거북선을 만든 것이 과연 필연적이었나? 거북선의 의미는 한국과 일본에서 다르고, 전쟁 당시와 평화 시기에 따라 다르지 않나? 그렇다면 그리스도의 죽음과 부활이 1세기 팔레스타인에서 일어난 '역사적' 사건이라면, 어떻게 시공간을 넘어서는 보편성과 필연성을 가질 수 있는가? '그때 거기서' 일어난 역사적 사건이 '지금 여기서' 어떻게 영향을 끼치며 어떤 의미를 가지는가? 레싱의 도발적 도전은 그리스도인이라면 누구나 한 번 이상 던져 본 질문과 크게 다르지 않다.

레싱의 본 의도는 아니겠지만 그는 그리스도교의 핵심을 명쾌하게 꿰뚫어 본 셈이다. 그리스도인이 된다는 것은 십자가와 부활이 오늘의 삶과 교회에 다른 무엇과도 비교될 수 없는 결정적 영향을 끼쳤음을 인정하는 것이다. 즉, 부활이 정말 일어났느냐 만큼 중요한 질문은 역사적 간격을 뛰어넘어 그 사건에 어떻게 참여하느냐이다. 우리가 자주 사용하는 신앙의 언어에 이 복잡한 신학적 문제가 알게 모르게 깊이 박혀 있다. 일례로 고난주간에 교회에서 자주 부르는 「예수 나를 위하여」의 가사 일부를 한국어와 영어 가사를 비교해서 살펴보자.

예수 나를 위하여	Near the Cross
예수 **나**를 위하여 십자가를 질 때 **세상 죄**를 지시고 고초당하셨네	예수여, **나**를 십자가 가까이 머물게 하소서. 거기에는 갈보리 산으로부터 흘러내려, **모두**에게 거저 주는 치유의 물줄기가 나오는, 고귀한 샘의 원천이 있습니다.[2]

페니 크로스비Fanny Crossby, 1820-1915가 쓴 찬송시에는 1세기 팔레스타인에

서 일어난 그리스도의 죽음과 19세기 미국의 한 여성의 구원, 곧 십자가 사건의 '보편성'과 '특수성'이 오묘하게 마주하고 있다.[3] 이처럼 그리스도교 신앙에는 ① 그때 거기서 나사렛 예수의 죽음과 부활, ② 언제 어디서나 한 사람 한 사람을 사로잡는 구원의 효력, 이 두 축 사이에서 일어나는 긴장이 있다. 그런데 이 둘은 어떻게 조화롭게 연결될 수 있을까? 이를 설명하고자 신학의 역사에서는 속죄에 대한 다양한 해석이 등장했다. 시대와 지역마다, 교단과 교회마다, 학파와 신학자마다 예수 그리스도를 통한 구원에 대한 각기 다른 이론을 내놓았기에, 이 짧은 글에서 다룰 수 있는 내용은 아주 제한적일 수밖에 없다. 논의의 효율과 편의를 위해서 우선 속죄를 설명하는 신학적 언어의 특성부터 먼저 살펴보기로 하자.

그리스도는 한 분인데 속죄를 설명하는 이론은 왜 많은가?

예수 그리스도에 대해 가장 잘 알려진 '역사적' 사실은 그가 로마제국이 통치하던 유대 땅에 세워진 십자가에서 죽었다는 것이다. "유대인에게는 거리끼는 것이요 이방인에게는 미련한"(고전 1:23) 십자가, 하나님의 아들을 삼켜 버린 죽음의 형틀이자 죽음을 죽인 새 생명의 원천인 십자가의 신비를 풀어내는 것은 참 어려운 일이었다. 신약성서를 보면 십자가의 구원론적 중요성에 대한 신념은 공유하더라도, 이를 설명하는 방식에서는 다양성을 인정하고 있다. 예를 들자면, 십자가는 인간을 위한 몸값(막 10:45), 제사의 희생 제물(롬 3:25; 고전 5:7), 하나님과 새로운 계약(마 26:28), 그리스도인이 따라야 할 삶(마 16:24; 벧전 2:21) 등으로 해석되고 있다. 구원의 신비를 각자가 선호하는 언어나 이론으로 제한하지 못하게 하려는 듯, 신약은 십자가의 의미를 풍성하고 다양한 이미지와 해석을 가져다 설명한다.

흥미롭게도 초대교회 이후 지금까지 신앙의 잣대가 되는 사도신경에는 십자가가 '어떻게' 인류를 구원할 수 있는지에 대한 자세한 설명이 없다. 사도신경은 그리스도께서 '탄생하고, 고난 받고, 십자가에서 돌아가시고, 부활하셨고, 승천하셨으며, 다시 오실 것이다'라고만 말한다. 확고한 신앙의 기준을 원하는 우리의 순진한 바람에는 거슬리지만, '구원의 이론'에 관한 사도신경의 침묵은 지난 2,000년간 다양한 속죄론이 자라나는 창조적 여백을 마련해 주었다.

본격적으로 신학의 역사에서 발전한 십자가에 대한 이해를 살펴보기 전에, 속죄론의 중요한 전제 두 가지를 먼저 성찰해 보자.

첫째, 십자가의 구원론적 의미를 설명하는 여러 이미지와 모델들이 성서와 교리에 등장하지만, 이들은 죽을 수밖에 없던 인간의 운명이 그리스도의 죽음으로 근원부터 바뀌게 되었음을 가리킨다. 구원은 단지 하나님 아들이 인류를 위해 돌아가셨으니, 이제 인간은 죽을 필요가 없다는 것을 의미하는 것이 아니다. 판넨베르크는 십자가 죽음의 의미를 다음과 같이 요약한다. "[그리스도의 대속적 죽음은] 이제부터 누구도 홀로 죽지 않음을 의미한다.……예수가 우리의 죽음을 자신의 것으로 끌어 올림으로써, 우리의 죽음의 성격이 변화한다. 예수와 교제 속에서 죽음은 그 희망 없음의 특성을 잃게 되고, 예수의 부활에서 나타났던 삶을 통해 죽음은 극복된다."[4]

삶에서나 죽음에서나 하나님과 끊어 낼 수 없는 친교(롬 8:38-39), 이것이 바로 그리스도를 통해 인류에게 주어진 선물이다. 이토록 급진적으로 변화한 인간의 상태를 설명하고자 신약성서는 그리스도로 옷 입음, 다시 태어남, 그리스도의 형상이 이루어짐, 그리스도의 마음 품기, 하나님의 자녀 됨 등의 표현을 사용한다(요 3:3; 롬 13:14; 갈 4:19; 빌

2:5; 롬 8:29 등). 이때 인류에게 주어진 새로운 생명ᶻᵒᵉ이 구원론이 다루는 '실재'ʳᵉᵃˡⁱᵗʸ라면, 십자가의 의미를 풀어내는 언어나 모델은 이 실재를 지시하는 구원론적 '진리'ᵗʳᵘᵗʰ라고 할 수 있다.[5] 물론 십자가에 관한 이론과 이미지 모두를 균형 있게 붙잡고 갈 수 없기에, 우리는 특정 언어나 모델을 선호할 수밖에 없다. 하지만, 그러한 불가피한 '편파성'을 취할 때, "부디 어떤 문구를 취하든 간에, 여러분과 같지 않은 문구를 쓴다는 이유로 다른 이들에게 싸움을 걸지는 마시기 바랍니다"[6]라는 C. S. 루이스의 경고도 마음 깊이 새길 필요가 있다.

둘째, 구원에 관한 이론은 십자가의 신비를 인간의 불완전한 개념, 이미지, 문법으로 설명하기에 은유적ᵐᵉᵗᵃᵖʰᵒʳⁱᶜᵃˡ 성격을 가진다.[7] 은유적이라 하여 그 대상이 실제 존재하지 않는다거나 진리가 곡해되어 전달된다고 보는 것은 근대에 탄생하고 유행했던 이분법적 사고다. 이 같은 선입견에 사로잡혀 있으면 성서나 신학이 '문자적 언어'를 사용하지 않으면 신앙의 핵심을 흐리거나 왜곡할지 모른다는 과장되고 근거 없는 두려움에 사로잡힐 수도 있다. 하지만, 대상을 지시하고 설명하는 인간의 언어 자체가 본질상 '은유적'이기에, 신학적 언어도 은유적 속성을 가질 수밖에 없다. 콜린 건튼ᶜᵒˡⁱⁿ ᴳᵘⁿᵗᵒⁿ, ¹⁹⁴¹⁻²⁰⁰³은 '언어의 신데렐라'처럼 부당한 대우를 받던 은유의 정체를 다음과 같이 공개한다.

> 언어와 세계의 관계의 핵심은……간접성이라 할 수 있다. 세계는 오직 간접적으로 알려진다. 따라서 간접적 특성을 가지는 은유는 겸손하면서도 경청할 줄 아는 언어가 취할 수 있는 가장 적절한 형태이다. 그 속에는 개방성과 신비, 말과 침묵의 조합이 있다.……은유는……진리를 설명하는 부적절한 것이 아니라 가장 적절한 수단이 된다.[8]

실제 성서의 저자들도 목자, 연인, 전사, 독수리 등의 은유적 표현들을 사용하여 신비이신 하나님이 누구신지 설명했다. 교리의 발전 역사를 훑어보더라도, 하나님의 존재와 활동을 새롭게 이해하고 설명해야 할 때 사람들은 세속적 언어를 신학적 문맥에 놓고 사용했다. 그 결과 그 단어의 쓰임새가 확장되며 교리적 의미를 담아내고, 형성하고, 소통하게 되었다. 이렇듯 은유는 일반 언어로 표현하기 힘든 의미를 담아내는 적절한 방법일 뿐만 아니라, 언어생활의 폭과 깊이에 새로운 차원을 은밀하게 형성해 낸다.

결론적으로 말하자면, 그리스도교 신앙만을 위한 단어와 문법이란 존재한 적이 없고, 신학자나 목회자라고 해서 일상어와 무관한 '거룩한 언어'의 성(城) 속에 사는 것도 아니다. 그러나 아무리 은유가 중요하여도, 모든 은유가 무차별적으로 신학에서 다 사용될 수 있는 것은 아니다. 루이스가 제안했듯 "특정한 사실을 분명히 설명하기 위해 잠깐 다른 묘사를 빌릴 수는" 있지만 "그 경우에도 반드시 성경으로 되돌아가야"[9] 함을 명심할 필요가 있다. 또한 아무리 좋은 은유가 있더라도, 이를 성서적 진리와 혼동하여 그 은유에 고착되어서는 안 된다. 로완 윌리엄스가 이야기하듯, "십자가에 내포된 의미는 다른 극단 사이에서 끊임없이 움직입니다. 어떤 의미 하나, 어떤 은유 하나를 더 깊이 검토할수록 또 다른 의미나 은유와 마주할 가능성이 커집니다."[10] 은유의 불완전성은 은유를 쓰지 말아야 하는 이유가 되는 것이 아니라, 각 은유의 한계를 보충하고자 더욱 다양한 은유를 조심스러우면서도 풍성하게 사용해야 하는 이유가 된다. 이러한 신학 언어의 은유적 특성을 염두에 두며 전통적 속죄론 중 셋을 선별하여 살펴보기로 하자.

하나님은 인간을 구원하기 원하셨기에, 자기 아들을 십자가에 달려 죽게 하셨다. 이 짧은 문장에는 상식적으로 이해하기 힘든 여러 문제가 내포되어 있다. 하나님께서 전능하시다면 아들을 죽이지 않고도 인간을 구원할 방법이 있지 않았을까? 하나님이 선하신데 죽음이라는 대가를 꼭 받으셔야만 하는가? 신학자들은 이러한 문제에 대한 여러 답변을 제시해 왔지만, 캔터베리 대주교였던 안셀무스의 속죄 교리만큼 널리 알려지고 많이 인용되는 이론은 없다.

초기 그리스도교 문헌을 보면, 일반적으로 사람들은 아담의 죄 때문에 인류가 사탄에게 사로잡혀 있었다고 생각했다. 그리스도의 죽음은 사탄의 세력으로부터 인류를 자유롭게 하는 우주적 사건이다(이 주제를 강조하는 속죄론 유형이 곧 살펴볼 '승리자 그리스도'이다). 그런데 중세 지성인인 안셀무스는 이러한 고전적 설명이 불만족스러웠다. 무엇보다도 아무리 인류를 구원한다는 고귀한 목적을 가지고 있다지만, 전능하고 선하신 하나님께서 사탄과 거래나 게임을 한다는 생각 자체가 말이 안 된다고 보았다.[11] 그래서 그는 정의(正義)justice라는 신적 본성에 상응하는 방식으로 속죄론을 전개하려고 했다. 안셀무스의 복잡하고 정교한 논의를 단순화하면 다음과 같다.

(1) 첫 인류는 불순종함으로써 하나님께 죄를 지었다. 그런데 문제는 이것이 피조물이 **창조주에게** 범한 죄라는 데 있다. 예를 들면, 내가 장난으로 친한 친구를 살짝 때렸다. 맞은 이 입장에서 아프고 기분도 나쁘겠지만, 친구 사이에 이것을 큰 죄라고 생각하지 않는다. 그런데 내가 공식 행사 중에 지나가는 대통령을

때렸다. 아무리 똑같은 힘으로 때렸다 하더라도 이는 친구에게 장난쳤을 때와는 다른 심각한 범죄가 된다. 유사한 논리를 가지고 안셀무스는 첫 타락이 왜 그토록 큰 죄가 되었는지 설명한다.[12] 아담의 죄는 다른 인간에 대한 죄와 달리, 피조물이 창조주에게 범한 모욕이고 범죄이다. **무한한** 존재에게 가한 위법 행위이기에, 그만큼 죄의 책임도 **무한히** 크다고 할 수 있다. 따라서 피해자인 신을 만족하게 할 배상 방법을 유한한 인간으로서 감당하거나 마련할 길이 없다.

(2) 그런데 이 죄는 다름 아니라 **인간이** 하나님께 범한 불순종이다. 인간이 잘못했기에, 이 죄에 대한 책임은 인간에게 있고, 인간이 죗값을 치러야 한다.[13] 예를 들자면, A라는 아이가 때려서 B가 크게 다쳐 입원하게 되었다. 이 경우 죄의 책임은 원칙적으로 A에게 있고 마땅히 A가 B에게 용서를 구하고 배상해야 한다. 마찬가지로 인류의 범죄는 그 죄를 범한 인간에게 책임과 보상의 의무가 있다. 그런데 죄의 책임을 A가 지려 하더라도, A가 어려서 병원비를 낼 능력이 안 된다면 어떻게 될까? A는 죄책에서 벗어날 길이 없을까?

(3) 여기에 일반적 합리성으로 풀기 힘든 딜레마가 있다. 첫 인류의 죄는 **인간이** 범한 죄이기에 **인간이** 그것을 배상할 의무를 진다. 하지만, **하나님이** 입은 피해를 배상할 수 있는 존재는 **하나님과** 동급이어야 한다. 종합하자면, 배상할 능력이 있는 '신'이자 배상의 책임이 있는 '인간'인 존재, 곧 하나님이자 인간이신 예수 그리스도만이 이 난제를 풀 수 있다.[14]

이렇게 안셀무스는 오직 신이자 인간인 존재만이 인간을 구원할 수 있고, 이를 위해 하나님께서 인간이 되셔야 했음을 보여줬다. 안셀무스의 신학적 상상력은 인간을 회복하시고자 십자가까지 자신을 낮추신 환대와 용서의 하나님을 볼 수 있게 도와준다. 이 이론은 하나님의 공의와 자비 모두를 강조할 수 있고, 구원을 십자가에 확고히 기초시킴으로써 이후 교회에서 가장 영향력 있는 구원론이 되었다.

하지만, 안셀무스의 속죄론에 대한 비판도 어렵지 않게 찾아볼 수 있다. 무엇보다도 안셀무스는 하나님을 중세 봉건 영주처럼 하층 계급에게 명예가 더럽혀지는 것을 참지 못할 뿐 아니라 이를 누군가의 희생으로 해결하려는 존재처럼 그린다. 게다가 이 이론은 그리스도의 속죄 사역이 인간을 어떻게 변화시키는지, 그리고 개개인의 신앙은 구원에서 어떤 역할을 하는지 등에 대해서는 충분히 이야기해 주지 않는다. 그렇기에 안셀무스의 이론은 (각 개인이 주체적으로 가지는 신앙과는 별개로) 성부와 성자 사이에서 일어나는 보상의 메커니즘에 집중하기에 '객관적' 속죄론이라 불린다.

예수께서 십자가에서 '다 이루셨으면' 우리가 할 일은 무엇인가?

안셀무스와 거의 동시대에 살았던 프랑스 신학자 아벨라르 Petrus Abaelardus, 1079-1142는 아주 다채로운 구원론을 남겼다. 안셀무스가 법정에서 일어날 법한 엄격한 배상을 속죄를 설명하는 주요 틀로 삼는다면, 아벨라르는 그리스도의 성육신과 십자가에서 볼 수 있는 하나님의 '급진적 사랑'을 속죄론의 기초로 제시한다. 즉, 그리스도에게서 드러난 신적 사랑으로 촉발된 인간의 사랑이 죄의 용서와 구원으로 이어진다. 아벨라르는 다음과 같이 설명한다.

질문하는 신학

사랑은 그리스도에 대한 신앙 때문에 커지는데, 그 믿음의 내용은 하나님께서 그리스도 안에서 자신과 인간 본성을 연합하셨고, 그와 똑같은 본성을 가지고 고통당하심으로써 지고의 사랑을 드러내셨다는 것이다.……그리스도의 고통을 통한 구속이란 우리 안의 깊은 사랑이 죄의 노예 상태에서 우리를 자유롭게 하고, 하나님의 자녀로서 참 자유를 가지게 하는 것이다. 이처럼 더 위대한 것이 발견될 수 없을 정도의 큰 은혜를 그리스도께서 보이신 것은, 우리가 모든 일을 두려움이 아니라 사랑으로 할 수 있게 하기 위함이다.[15]

십자가에서 보여주신 하나님의 사랑 때문에 우리 안에서 사랑이 불타오르게 되고, 그 사랑으로 하나님과 이웃과 연합하는 것이 바로 구원이다. 속죄가 인간의 사랑을 불러일으키는 신적 사랑으로부터 근본적으로 발생한다고 하지만, 그 사랑에 노출된 너와 나의 주체적인 반응 없이는 온전히 이루어질 수 없다. 여기서 속죄의 '객관적' 바탕을 강조하는 안셀무스와 대조되는 아벨라르의 '인격적'이고 '주관적'인 견해를 볼 수 있다.

십자가의 사랑이 우리를 용서하고 치유하고 사귐으로 이끌 뿐만 아니라, 사랑을 할 수 있고 그리스도를 닮은 존재로 변화시킨다는 생각은 초대교회 때부터 그리스도인의 자기 이해에서 빼놓을 수 없는 부분이었다. 물론 성서는 우리가 자기 힘이나 노력으로 "신성한 성품에 참여하는 자"(벧후 1:4)가 될 수 있다고는 말하지 않는다. 하지만, 구원은 곧 그리스도를 모방하는 것*imitatio Christi*이라는 생각 역시 성서를 근거로 하고 있다. "내가 거룩하니 너희도……거룩하게 하고"(레 11:44), "너희 아버지의 자비로우심같이 너희도 자비로운 자가 되라"(눅 6:36), "누구든지 나를 따라오려거든 자기를 부인하고 자기 십자가를 지고 나를 따를 것이니라"(마 16:24) 등은 구원이 개인의 결단이나 삶의 변화로부터 격리된 순수하게 '객관적' 사건이 아님을 분명히 보여준다.

한국의 그리스도인에게 오래 사랑받고 있는 중세 신비주의자 토마스 아 켐피스Thomas à Kempis, 1380-1471는 『그리스도를 본받아』에서 '모방'의 이미지를 그리스도교적 삶의 핵심으로 올려놓기까지 했다.

> 그러므로, 사랑 때문에 그대를 위하여 십자가에 못 박혀 돌아가신 주의 십자가를 착하고 충실한 그리스도의 종처럼, 씩씩하게 지기로 결심하라.……만약 그대가 주의 벗이 되고 주와 함께하고 싶다면, 주께서 주신 잔을 한껏 마셔라.[16]

십자가가 신적 사랑의 본보기이고 이에 상응하게 인간도 사랑으로 반응해야 한다는 생각은 후대에 큰 영향을 끼쳤다. 반면 속죄에 대한 '주관적' 혹은 '윤리적' 설명이 구원을 인간의 감정이나 태도 정도로 만들어 버리지 않느냐고 우려를 표하는 사람은 늘 있어 왔다. 물론 십자가를 마음을 뜨겁게 만들기 위한 소재 혹은 우리가 따라야 할 도덕적 이상으로만 해석한다면 그럴 위험이 다분히 있다.[17] 그러나 아벨라르는 그의 다양한 저술에서 그리스도의 십자가를 희생 제물로 보는 전통적 입장도 따르고, 죄인을 위한 그리스도의 중재도 거론하는 등 속죄의 '객관적' 차원도 함께 강조하였음을 유념할 필요가 있다. 토마스 아 켐피스 역시 십자가를 지는 일은 사람의 힘으로 되는 것이 아니라, 인간의 연약한 육체 속에서 큰일을 이뤄 내는 그리스도의 은총 덕분에 이루어진다고 강조한다.

십자가는 분명 하나님의 급진적 사랑의 표현이요, 인간을 '사랑할 수 있는 존재'로 변화시키는 능력이 있다. 이것을 부정한다면 십자가는

질문하는 신학

범죄자를 죽이는 형틀일 뿐이요, 하나님은 자기 아들을 죽이면서도 배상을 꼭 받아야만 하는 법 만능주의자로 오해된다. 아무리 좋은 이론이라도 그 이론이 적절한 맥락으로부터 유리되어 추상화되면 안 되듯이, 주관적 속죄론은 구원론의 큰 맥락 안에서 십자가에 대한 다른 설명 방식과 함께 균형 있게 이해되어야 한다.

그리스도의 십자가는 현실을 어떻게 변화시켰는가?

이제 초대교회부터 중요한 속죄 이론으로 인정받아 온 '승리로서의 십자가'에 대해 살펴보자. 중세 이후 안셀무스의 영향으로 객관적 속죄론이 발전하고, 또한 근대 계몽주의의 등장으로 신화적 사고가 평가절하되면서, 이 매력적인 유형의 중요성은 부당하게 간과되었다. 하지만, '승리자' 유형은 1930년에 출판된 스웨덴 신학자 구스타프 아울렌Gustaf Aulén, 1879-1977의 『승리자 그리스도』Christus Victor를 기점으로 재발견되어 지금까지 큰 주목을 받고 있기에, 마지막으로 소개하도록 하겠다.

신약성서와 초대 교부들은 그리스도의 십자가와 부활을 인간을 옭아매던 죽음과 사탄에 대한 하나님의 결정적 승리라고 보았다. 그래서인지 초기 그리스도교 미술에서 십자가는 그리스도의 고통보다는 승리를 상징하는 방식으로 주로 다루어졌다. 초대교회에서 이 이론이 발전할 때 특별히 중요한 역할을 했던 성서적 개념은 '몸값' 혹은 '대속물'(막 10:45)이었다. 예수께서는 자신의 목숨을 많은 사람을 위한 몸값이라고 하셨는데, 이 묘한 가르침을 설명하고자 다소 신화적으로 보일 수도 있는 흥미로운 구원 이야기가 초대교회에 등장했다.

아담의 불순종 때문에 죄에 빠진 인류는 죽을 운명을 지니게 되었고 사탄의 소유가 되어 버렸다. 아무리 전능하신 하나님이라도 죄인에 대한 사탄의 정당한 권리를 무시하고 사탄에게서 인류를 강압적으로 빼오실 수는 없었다. 반면 사탄은 죄로 더럽혀진 인간에 대해서는 권리를 주장할 수 있었지만, 죄가 없는 신에 대해서는 어떤 권리도 내세울 수가 없었다. 이러한 복잡한 상황을 고려하면서 하나님께서는 인류를 구원하고자 특별한 계획을 세우셨는데, 그것이 바로 성육신이었다. 하나님의 아들이 인간이 되었고 십자가에서 죽자, 게걸스러운 사탄이 나사렛 예수도 죄로 물든 아담의 후손인줄 알고 삼키려 했다. 그러다 사탄은 그분의 인성과 단단히 결합한 신성마저 건드리면서, 자기가 누리던 권리의 한계를 스스로 넘어서게 되었다. 그 결과 사탄은 모든 권리를 빼앗겼고, 인류를 풀어 주었고, 결국은 파멸하고 말았다.

4세기 아퀼레이아의 루피누스Rufinus Aquileiensis, c. 345-410는 낚싯바늘 비유를 통해 '승리' 주제를 흥미롭고 대중적으로 설명했다. 하나님 아들께서 성육신하신 목적은 자신의 인성을 미끼로 삼아 사탄을 유혹하기 위함이다. 사탄은 인간인 줄 알고 나사렛 예수를 삼켰지만, 사실 그리스도의 신성이라는 낚싯바늘에 꿰이게 되었다.

> 미끼 낀 낚싯바늘을 문 물고기는 미끼를 빼낼 수 없을 뿐 아니라 물 밖으로 끌려 나와 다른 이를 위한 음식이 된다. 마찬가지로 죽음의 힘을 가진 그도 [예수 그리스도] 안에 숨겨진 신성의 낚싯바늘을 의식하지 못한 채 죽은 예수의 몸을 사로잡았다. 예수의 몸을 삼키는 순간, 그는 바로 낚였다. 지옥의 문이 깨졌다. 말하자면 사탄은 지옥 구덩이에서 끌어올려져서 다른 이들을 위한 음식이 되었다.[18]

루피누스 외에도 오리게네스, 이레나이우스, 그레고리우스 등의 초대 교부들도 십자가를 이해하는 중요 이미지로 '사탄으로부터 승리'를 사용했다. 신학자들이 승리자 이미지를 선호했던 이유를 아울렌은 다음과 같이 설명한다. "그 핵심 주제는 속죄라는 개념이 하나님의 투쟁과 승리라는 데 있다. 인류를 노예 상태로 만들고 고통 속에 있게 만든 세상의 악한 권세의 독재에 대항하여 그리스도께서 싸우신다. 그리고 그분 안에서 하나님께서는 자신과 세계를 화해시키신다."[19] 이처럼 초기부터 '승리로서 십자가'가 중요한 구원론적 주제였지만, 중세 이후에는 안셀무스가 제시했던 법정적이고 객관적인 이미지가 더 선호되었다. 아울렌은 이러한 신학적 편향성 때문에 서방교회에서 십자가의 풍성한 의미가 협소하게 이해되었다고 한탄한다.

20세기 북유럽을 대표하는 루터교 신학자답게 아울렌은 '승리자 그리스도'라는 고전적이고 극적인 주제가 16세기에 종교개혁자 마르틴 루터에게 재발견되었다고 주장한다. 흔히 루터의 신학의 핵심에는 '칭의'가 놓여 있다고 생각해 온 사람들에게는 다소 생소한 주장처럼 들릴지도 모르겠다. 하지만, 루터의 저작을 꼼꼼히 읽어 보면 그리스도는 사탄과 죽음으로부터 우리를 건져 내신 '승리자'로 인상적이게 그려지곤 한다. 루터가 우울증이 심각할 당시 썼던 찬송가 가사 「내 주는 강한 성이요」*Ein feste Burg ist unser Gott*를 보더라도, 주님이신 그리스도는 옛 원수 마귀로부터 우리를 지키시는 성이요 방패와 병기이며, 우리를 대신하여 싸우는 힘 있는 장수이시다.[20] 율법을 지키지 못하는 '인간'의 죄책이 아니라, 인간을 위협하고 지배하는 악의 세력에 대한 '그리스도의 승리'와 이로 인한 인간의 해방이 이 찬양의 핵심 주제이다.

성서 혹은 현실에서 '승리'는 언제나 전쟁 내지는 환란 이후에 찾아오게 되어 있다. 따라서 '승리자 그리스도'는 한편으로 삶의 현장에 고통과 혼란이 있음을 부정하지 않는다. 그렇지만 다른 한편 그리스도께서 이미 승리를 성취하셨다는 사실은 아무리 힘들고 절망스럽더라도 담대하고 인내와 희망을 품을 이유가 되어 준다. 그 결과 십자가에 얽혀 있는 승리와 희망의 메시지는 초대교회 이후 찬송가, 문학, 연극, 영화 등에서 다양한 주제로 변주되고 있다.

하지만, 오늘날 그리스도인이 고대인이 만들었던 승리자 그리스도론을 곧이곧대로 받아들이는 것은 여러모로 부적절하다. 원래 이는 속죄의 정확한 메커니즘을 밝히려는 정교한 이론이 아니라 십자가의 의미를 교육받지 못한 대중들도 쉽게 이해하도록 만든 설명 방식이었다. 초기에 발전된 이론이다 보니 사용된 이미지와 언어가 신화적이고, 오늘날 관점에서 보면 낯설기까지 하다. 또한 '사탄과 악에 대한 승리를 위한 몸값'이라는 구체적 맥락에 세심한 주의를 기울이지 않으면 한국에서 이단적 사상으로 의심받는 '사탄 배상설'과 닮아 보이기도 한다. 성서학자들은 무엇보다도 복음서가 '몸값'이라는 개념을 사탄과의 거래라는 맥락에서 사용했다는 데 회의적이다.[21] 따라서 오늘날 신학자들은 마가복음 10장에 나오는 '몸값'이라는 혼란스러운 단어를 대신하여, 성서 속의 승리자 이미지를 다양하게 사용하며 풍성한 속죄 이론을 전개한다. 심판 때의 세상 임금의 추방(요 12:31-32), 현실의 환난에 대비되는 세상에 대한 그리스도의 승리(요 16:33), 어린양의 우주적 승리(계 5:9-13), 통치자와 권세들에 대한 십자가의 승리(골 2:13-15) 등이 그 대표적 예이다.[22]

십자가를 승리로 보는 속죄론이 오늘날 또다시 시선을 끌고 있는 것은 그 이론이 성서적이기도 하고 신학적으로 설득력이 있기 때문이다. 이 유형은 십자가를 부활의 관점에서 보게 함으로써, 십자가가 패배와 절망이 아니라 죄와 악에 대한 승리라는 점을 부각한다. 또한 십자가의 승리가 충만하게 완성될 종말을 기다리게 함으로써, 그리스도인이 하나님의 화해의 사역을 역사 속에서 맛보고 참여하도록 독려한다(아마

박해가 심했던 초대교회에서 '승리자' 이미지가 더욱 발전했던 것도 이러한 이유였을지도 모른다). 이 같은 설명은 악의 폭력과 만행으로 상처 난 현실을 생생하게 표현하면서도, 죄에 대한 공포심에 억눌리거나 악을 정당화하지 않도록 십자가와 부활을 통해 현실을 대면하도록 이끈다.

예수 그리스도를 통해 계시되는 환대의 하나님

약 2,000년간의 신학의 역사에서 속죄론이 오랜 시간을 걸쳐 여러 모습으로 발전한 것은 인간으로서 이해하기도 표현하기도 힘든 구원의 신비를 설명하고자 각기 다른 이론들이 서로를 보충하며 형성되었기 때문이다. 속죄론의 다양성이 뚜렷한 진리가 부재한 상대주의를 의미하는 것이 아닌 만큼, 특정 모델을 무오하거나 완결된 이론으로 받아들이면서 다른 모델들을 평가절하하는 것은 부적절하다. 자신의 신념과 신학적 배경에 따라 한 이론을 십자가를 이해하는 주요 틀로 삼을 수밖에 없더라도, 각 이론의 장점과 단점을 잘 파악하면서 균형감을 유지하는 것이 필요하다.

그렇다면 오늘날 우리가 눈여겨봐야 할 속죄의 이미지는 무엇일까? 속죄를 뜻하는 영어단어 atonement는 16세기 초 영국의 종교개혁자이자 성서 번역자 윌리엄 틴들William Tyndale, 1494-1536로 인해 새롭게 주목을 받게 되었다. 틴들은 1526년에 로마서 5장 11절을 번역하면서 이 단어를 처음 사용했다. 이때 그는 속죄의 뜻을 at-one-ment 즉 '하나로 만듦'이라고 해석했다.[23] 즉, 속죄는 십자가를 통해 하나님과 우리 사이의 뒤틀렸던 관계가 회복되면서 둘을 하나로 묶는 화해를 의미한다.

'하나 됨'이라는 맥락에서 보자면, 속죄론은 어떻게 죄 많은 우리가 구원받았는지를 알려 주는 감동적 교리이기도 하지만, 무엇보다도 십자가를 통해 인간과 깨졌던 관계를 회복하고 친밀한 교제를 맺으시는 은혜의 하나님을 소개하는 교리이다. 그리스도께서 비유로 말씀하셨던 집 나간 아들을 용납하고 환대하던 아버지가 십자가에서 그리스도가 돌아가시는 비극 속에서 신비하게 계시되었다. 이를 한스 부르스마[Hans Boersma, 1961 -] 는 다음과 같이 설명한다.

> 하나님은 십자가에서 자신의 환대를 구현하였다. 잘 알려진 돌아온 탕자의 비유는(눅 15:11-32) 이 구현된 환대를 상징하는 역할을 한다.……아버지는 격식이고 뭐고 할 것 없이 잃었던 아들을 달려가 맞이한다.……아버지는 방탕했던 아들의 지위를 공동체의 일원으로 회복시켜 주고(최고의 예복을 입히고), 그에게 권한을 부여하고(손에 반지를 끼우고), 자유를 준다(발에 신을 신긴다). 자녀와 아버지의 유대를 위한 성대한 잔치를 아버지는 한껏 즐긴다. 따라서 돌아온 탕자의 비유는 환대하는 아버지의 비유이기도 하다.[24]

이렇게 속죄의 교리에서 잃었던 아들을 껴안고자 크게 벌린 아버지의 두 팔의 이미지와 십자가에서 좌우로 펼쳐진 그리스도의 두 팔의 이미지가 중첩된다. 세상에 대한 하나님의 환대와 그리스도의 십자가를 연결하는 전통은 초대교회 때부터 발전했다.[25] 다만 우리가 이 소중한 지혜를 오랫동안 강조하지 못했을 뿐이다. 앞서 다뤘던 속죄에 대한 여러 전통적 이론들도 사실 하나님의 환대를 각각의 관점에서 충실히 보여주려던 시도였다고 할 수도 있다.

　십자가가 인간에 대한 하나님의 '환대'라면, 서론에서 던졌던 '1세기에 일어난 그리스도의 죽음이 어떻게 시공간을 초월해 내게 영향을 끼칠까?'라는 물음은 '십자가를 통해 인류를 환대하신 하나님은 오늘날 교회와 신자가 어떤 모습이길 바라실까?'라는 질문으로 자연스레 연결된다. 교회를 이해하는 여러 이미지가 있겠지만, 그리스도의 몸인 교회는 증오와 폭력이 가득한 세상 속에서 하나님의 환대를 실천하는 공동체라 할 수 있다. 또한 그리스도인에게 맡겨진 화해의 직책(고후 5:18) 중 하나는 타향의 적대와 낯섦 앞에 벌거벗겨진 타자를 환대하는 일이라고도 할 수 있다. 다양하고 폭력적 형태의 혐오와 포비아가 심각한 문제가 되는 오늘날, 교회와 그리스도인의 모습에 십자가의 표 sign, 곧 환대가 얼마나 잘 구현되고 있는지 지금이라도 진지하게 성찰해 볼 필요가 있다.

적용과 토론을 위한 질문

1. 십자가가 나의 구원을 위해 꼭 필요했다고 느꼈던 적이 있는가? 만약 그렇다면 깨달음을 준 계기가 있는가? 만약 특정 성서 구절이나 찬양 등이 영향을 줬다면 거기서 사용된 중요한 언어는 무엇인가?

2. 어떻게 우리는 1세기 예루살렘에서 일어난 십자가 사건에 참여할 수 있을까?

3. 신학적 언어는 본질적으로 '은유적'이라는 말이 어떻게 들리는가? 오히려 구원의 진리를 정확하게 전해야 하는 신학의 언어는 과학적이거나 법률적이어야 하지 않을까?

4. 이 책에서 소개한 속죄론의 세 가지 유형은 무엇인가? 셋 중 어느 것에 가장 익숙하고, 어느 것이 가장 낯선가? 왜 그렇게 생각하는가?

5. 윌리엄 틴들이 제안한 atonement(하나로 만듦)이라는 맥락에서 발견할 수 있는 속죄의 의미는 무엇인가?

6. 속죄의 교리가 오늘의 나의 신앙과 교회의 모습을 어떻게 형성하거나 변화시킬 수 있을까?

5부

인간론

젊은 닐에는 의지만 있으면 외로움쯤은 우격다짐으로 몰아낼 수 있다고 생각됐습니다. 하지만, 지금은 의지로는 해결될 수 없는 근원적 쓸쓸함이 있음을 실감하며 지냅니다. 신학자들은 인간이 무로부터 창조되었기에 '무에의 끌림'이 있다고 말하기도 합니다. 그래서일까요? 가끔은 깊이를 알 수 없는 허구렁에 깊이 빠져들기도 합니다. 스스로는 그곳에서 벗어날 수가 없습니다. 누군가 내 이름을 다정하게 호명해 줄 때 그 허구렁은 슬그머니 뒷걸음쳐 물러나더군요. 인간은 '서로 함께 존재'가 맞습니다. '너' 없이는 '나'도 없다는 것이죠.

— 김기석, 『세상에 희망이 있느냐고 묻는 이들에게』 중에서[1]

인간은 신비롭다. 인간은 자연에 대해 놀라움을 표할 수 있는 존재이지만, 또한 자기 자신에 대해서도 경이를 느낄 수 있는 오묘한 존재이다. 신구약성서는 인간의 존엄과 가치를 유례없이 높게 평가하는 고대 문헌이라고도 할 수 있다. 그런데 흥미롭게도 성서는 인간을 무조건 찬양하지는 않는다. 성서는 우리에게 인간의 마성적인 모습, 폭력적인 경향성, 무엇에도 안주하지 못하는 본성을 가식 없이 바라보게 한다. 인간의 이러한 역설적 모습을 그리스도교 교리에서는 '창조로서 인간'과 '죄인인 인간'이라는 두 부분으로 나눠서 설명하곤 한다.

사실 많은 조직신학 책에서는 인간론을 다룬 이후에 그리스도론이 나온다. 죄 때문에 희망이 없어진 인간을 구원하고자 그리스도가 성육신하셨다는 '시간적' 순서에 따라 두 교리의 순서가 정해졌기 때문이다. 그러나 이 책에서는 그리스도론을 뒤따라 인간론이 나왔다. 그 이유는 오직 예수 그리스도만이 참 하나님이시자 '참 인간'이시기 때문이다. 첫 인간인 아담이 아니라 참 인간이신 그리스도를 알아야만 우리는 인간이 무엇인지 바로 알 수 있다. 따라서 인간에 관한 모든 신학적 논제들은 오직 그리스도론의 빛 아래서만 이해될 수 있다는 점을 염두에 두며 인간론을 읽어 나가길 권한다.

17장은 하나님 형상으로서 인간을 다뤘다. 성서에 처음 소개되는 인간의 정의는 '하나님의 형상'이다. 여기서는 성서 속에서 이 개념이 어떻게 쓰였는지, 여러 신학자가 이를 어떻게 이해했는지, 고대 근동에서는 '형상'이 어떻게 쓰였는지, 하나님 형상의 현대적 의미는 무엇인지 등의 질문을 가지고 성서적 인간론을 이해하는 첫 발자국을 딛고자 한다.

18장은 영육통합체로서 인간에 관한 짧은 성찰이다. 사실 영적이면서 육체적인 존재로서 인간이라는 주제는 성서에서 하나님 형상 개념보다 훨씬 더 자주 등장한다. 이 책에서는 이러한 성서적 인간론이 충분히 고려되지 않을 때 나오는 여러 기형적 인간 이해를 보여줄 뿐만이 아니라, 몸이 우리의 사람됨과 그리스도인 됨에 있어 어떤 중요한 기능을 하는지도 소개했다.

19장은 욕망의 존재로서 인간이라는 주제에 할애했다. 흔히 욕망이라면 그리스도교 신앙과 대치되는 관능적 에너지로 생각하곤 한다. 그러나 사실 욕망이 있기에 인간은 살아 있고 생동감이 넘친다. 따라서 교회 전통은 욕망을 억누르는 것이 아니라, 하나님의 말씀에 따라 교육하고 성화해야 한다고 가르쳐 왔다. 욕망을 조종하고 길들이는 현대 자본주의 사회에서 과연 그리스도교 신학이 대안적 희망이 되는 방법의 하나는 바로 욕망의 문제에 집중하는 것이다.

20장은 죄론을 다루었다. 죄론이 어려운 이유 중 하나는 '죄'로 번역되는 히브리어나 그리스어 단어가 너무 다양하기 때문이다. 이 장에서는 죄에 대한 성서의 다양한 묘사에 가능한 한 충실하면서도, 그리스도교의 죄론이 인간에 대한 비관적 태도를 형성하는 것이 아니라 오히려 망상에서 벗어나 참인간의 희망을 꿈꾸게 하는 가르침임을 보여주려고 한다.

21장은 그리스도교의 독특한 인간 이해인 원죄에 집중한다. 인간이 신비인 만큼, 죄도 신비이다. 이성과 의지를 무력화시키며 인간을 자기중심적으로 만들고, 세대가 지나도 없어지지 않고, 교육을 통해서도 개선되지 않는 이 마성적인 힘을 그리스도교는 애초부터 직시해 왔다. 이 장에서는 원죄론의 기원, 원죄와 사회의 구조적 악과의 관계, 원죄론과 구원론의 관계 등을 살펴보게 된다.

17장. 하나님의 형상

인간을 인간답게 하는 것은 무엇일까?

100조분의 1의 확률로 태어났건만!

8,145,060분의 1의 확률. 이 놀라운 경우의 수는 대한민국에서 로또 1등으로 당첨될 확률이라고 한다. 인생에서 한 번 경험이나 할 수 있을지 모르는 아주 희귀한, 그러나 모두가 욕망할 만한 경우의 수다. 그런데 놀랍게도 정자와 난자가 만나 '나'라는 인간이 생길 확률은 그보다 훨씬 더 낮은 100조분의 1 정도라고 한다. 이는 평생 남자가 방출하는 정액 수와 여자가 생산해 내는 난자 수를 곱해서 만들어 낸 경우의 수다. 지금 이 글을 읽고 있는 독자라면 로또 1등을 천만 번 연속으로 당첨되는 것보다 더 희귀한 확률을 몸소 증언하고 있는 셈이다.[1]

100조분의 1이라는 가늠조차 힘든 희소성을 접하게 되는 그리스도인이라면 자신을 존재하게 한 하나님의 섭리를 생각하고, 피조물로서 주위 사람 하나하나의 소중함을 새로이 인식하게 될 것이다. 그러나

질문하는 신학

정작 살다 보면 현실의 팍팍함에 눌려 인간 됨에 대한 경이는 고사하고, 인간에 대한 회의와 실망이 더 많이 생기곤 한다. 특히 오늘날 한국에서는 인간 됨에 대한 불안과 절망과 냉소가 사회에 깊숙이 박혀 있음을 절감하게 된다. 빈부의 양극화, 권력층의 부패, 청년 실업, 노년 빈곤, 출산율 감소, 자살과 살인, 배제와 혐오, 난민 문제를 둘러싼 대립, 종교의 타락, 중산층의 몰락, 삶의 질 하락 등의 소식이 인터넷과 TV와 일상의 대화를 점령해 버렸다. 갑질사회, 비굴시대, 헬조선 등의 신조어는 삶의 무게에 짓눌린 평범한 '나와 너'의 모습을 대변해 주기도 하지만, 오늘을 넘어선 내일에 대한 설렘마저 메마르게 하고 있다. 이런 현실에서 나의 나 됨을 기뻐하고, 삶을 찬미하고, 나아가 생명을 주신 창조주에게 영광을 돌린다는 것이 과연 가능이나 한 것일까?

밀턴의 『실낙원』은 천사가 타락하여 사탄이 된 이유로 메시아를 섬겨야 했던 그가 가졌던 '자존심이 짓밟힌 느낌'을 지목한다.[2] 자신이 열등한 처지로 내려갔다는 불편한 생각을 밀턴의 사탄뿐만 아니라 영적 존재인 인간 대부분이 가질 수밖에 없다. 하지만, 밀턴의 사탄이 교만으로 인해 그런 느낌을 가졌다면, 현대인은 (스피노자의 정의를 빌리자면) 살다 보니 삶에 각인되어 버린 슬픔 때문에 스스로 비천하다 여기는 비루함 ^abjectio이라는 감정의 덫에 갇힌 듯하다.[3] 마음으로는 자신에 대해 긍지를 가지고 삶을 찬미하고 싶지만, 마음속의 또 다른 법인 비루함이 우울과 무기력으로 이끄는 것을 쳐다볼 수밖에 없는 현대인은 그야말로 곤고한 존재이다. 누가 이 역설의 굴레에 빠진 우리를 구원해 줄 것인가?

인간의 인간 됨을 어디서 어떻게 발견할 수 있는가?

최근 몇 년 사이 한국 사회는 '인문학 열풍'에 휩싸여 있다. 이 기이한 현상(?)의 이유가 여럿 있겠지만, 무엇보다도 공부를 통해 사람됨의 의미를 새롭게 발견함으로써 삶의 어려움에 맞설 수 있는 맷집과 내공을 기르고자 하는 순수한 욕구가 그 이면에 있음을 부인하기 어렵다. 그런데 삶의 문제의 저변에 '인간이란 무엇인가?'라는 근원적 질문이 있다고 하더라도, 인간의 삶을 들여다본다고 문제가 해결될 수 있을까? 오히려 인간을 공부하다 보면 문제의 근원이 바로 인간이라는 것을 발견하게 될 때가 있지 않은가? 그렇다면 인간의 문제를 해결하기 위해서는, 인간 밖으로 눈을 돌려야 하지 않을까? 그런데 인간 아닌 것이 인간의 문제에 대한 답이 될 수가 있기는 할까? 이렇게 생각을 펼쳐 나갈수록 명확한 답 없이 꼬리에 꼬리를 무는 질문의 소용돌이에 휘말리는 느낌이다.

성서는 인간 혹은 인간의 삶 자체에 묶여 있던 우리의 시선을 거두고, 더 근원적인 그 무엇을 보도록 우리를 인도한다. 놀랍게도 '그 무엇'은 "하늘 위에 있는 것"도 "바다 건너에 있는 것"도 아니라 우리에게 "아주 가까운 곳"(신 30:12-14를 각색함), 곧 우리의 인간 됨의 뿌리와 밀접히 관련되어 있다. 그것을 성서는 '하나님의 형상'이라고 부른다. 창세기 1장 26-28절의 말씀을 다시 한 번 주의 깊게 읽어 보자.

> 하나님이 이르시되 우리의 형상을 따라 우리의 모양대로 우리가 사람을 만들고 그들로 바다의 물고기와 하늘의 새와 가축과 온 땅과 땅에 기는 모든 것을 다스리게 하자 하시고 하나님이 자기 형상 곧 하나님의 형상대로 사람을 창조하시되 남자와 여자를 창조하시고 하나님이 그들에게 복을 주시며 하나님이 그들에게 이르시되 생육하고 번성하여 땅에 충만하라, 땅을 정복하라, 바다의 물고기와 하늘의 새와 땅에 움직이는 모든 생물을 다스리라 하시니라.

'하나님의 형상대로 만들어진 인간', 이것이 성서에 등장하는 인간에 대한 첫 정의이다. 인간은 자신의 피조성뿐만 아니라 창조주의 형상에 따라 존재한다. 그렇기에 나라는 존재를 유심히 볼 때 나를 구성하는 적나라한 인간성과 함께, '나의 인간 됨'을 가능하게 하고 또 '지금의 나'를 넘어서게 하는 초월성도 동시에 인식하게 된다. 물론 인간은 물질적 세계에 던져져 역사적 조건과 자연 환경에 묶여 하루하루 살아간다. 하지만, '하나님의 형상'이란 말은 이제껏 관찰되고 경험되고 교육받은 것들로 자기를 규정하지 말고 자신의 참 존재를 찾으라는 초대이기도 하다. 칼뱅이 묘사했듯, 하나님의 형상은 인간의 가시적 모습을 넘어 그들의 '아름다움과 존엄'을 보게 해준다.[4]

실제 창세기 1장 26-28절을 들었던 고대인들이 누구였던가? 이 말씀의 주된 청자는 나라 없던 이들, 자유를 상실한 이들, 신의 오랜 침묵 속에 길 잃은 이들이었다. 빈약한 삶의 터전, 고된 노동과 업무, 공동체의 붕괴, 역사와의 단절, 낮아진 자존감, 가족 부양의 부담 등으로 비루함에 빠졌던 이들에게 하나님은 '너희는 세계로부터 소외된 자들이 아니라, 오히려 자연을 다스릴 위엄이 있고 또한 충만한 삶을 살아야 할 존재'임을 일깨우신다. 이렇게 하나님의 형상image of God은 내가 스스로 믿든, 혹은 공동체와 사회가 주입한 인간의 형상image of humanity이란 망상으로부터 나를 해방한다. 그렇기에 창세기 1장은 인간이 누군지에 관한 추상적 설명이 아니다. 창세기 1장 26-28절은 스스로에 대해 무덤덤해진 사람에게 자기 존재를 새롭게 보도록 도전하게 하고, 익숙한 타자의 가치를 재발견하게 해주며, 방황하는 이들에게는 삶의 중심을 잡아 주는 하나님의 살아 있는 말씀이다.

삶에 대한 긍정과 하나님의 형상, 이 둘은 바울서신에도 절묘하게 함께 드러난다. 구약에 등장한 하나님의 형상이라는 개념을 바울은 그리스도론적으로 해석한다.[5] 그럼으로써 하나님의 형상은 그리스도인의 성화된 삶과 종말론적 희망으로 그 지평이 확대된다(고전 15:49-53). 감옥에 갇힌 암울한 상황에서 바울은 혼란 속에 있던 신자들에게 "[너희는] 새 사람을 입었으니 이는 자기를 창조하신 이의 형상을 따라 지식에까지 새롭게 하심을 입은 자니라"(골 3:10)라고 말한다. 또한 만만치 않은 삶의 도전에 직면했을 당시의 바울은 신자들의 성숙을 그리스도의 형상에 이르기까지 자라나는 과정으로 설명하는 로마서(8:29)와 고린도후서(3:18) 등을 썼다. 물리적인 감옥의 벽으로 둘러싸여 고통스러울 때나, 현실의 벽이 자신을 숨 막히게 억누를 때, 하나님의 형상이라는 개념은 바울 속에 있는 희망의 불씨를 계속 타오르게 했을 뿐 아니라, 이 불씨를 다른 이에게도 전달할 수 있는 근거가 되었던 듯하다.

하나님의 형상에 대한 이처럼 아름다운 이해를 전개하면서, 바울은 후대 신학자들을 고민에 빠트리게 한 중요한 신학적 논제 하나를 던져 주었다. 구원이 그리스도의 형상에까지 자라는 것이라면, 역사 속의 인간은 온전한 하나님의 형상을 실제로는 가지고 있지 못하다는 말은 아닌가? 바울은 하나님의 형상은 인간의 죄 때문에 원래 창조 때와는 다른 모습을 하고 있다는 사실을 알려 주고 있는 것인가?

타락은 인간에게서 하나님의 형상을 사라지게 했는가?

한국 교회뿐만 아니라 전 세계 교회에 가장 큰 영향을 끼친 신학적 흐름을 흔히 칼뱅주의라고 말하곤 한다. 칼뱅주의는 인간 본성의 전적타락total depravity, 곧 타락한 인간은 '지성적'으로는 하나님을 알 수 없고, '정서적'으로는 하나님의 정의를 증오하며, '의지적'으로는 선행을 할수 없다는 교리를 강조한다. 물론 칼뱅주의가 그리스도를 통한 하나님 형상의 회복을 강조하지만, 전적타락설 자체만 보자면 하나님의 형상이 첫 인류의 타락 이후 완전히 소멸한 것 같은 느낌도 든다. 사실 칼뱅은 이것보다는 약간 더 모호하고 조심스러운 태도를 보인다.[6] 그의 『기독교강요』에 따르면, 타락이 하나님의 형상을 완전히 말소하지는 않았지만, 형상의 흔적이 너무나 더럽혀져서 사실상 하나님의 영광을 보여 주지 못하고 있다.[7]

구약성서를 자세히 읽어 보면 하나님의 형상이라는 표현은 창세기에서만 언급되는데, 창세기는 첫 인류의 타락을 하나님 형상의 부패 혹은 왜곡과 직접 연결하지는 않는다. 창세기에 따르면 죄를 범한 아담과 하와가 에덴동산에서 추방된 후, 인간의 죄는 하나님께서 더는 인내하기 힘드실 정도로 증폭된다. 그래서 하나님은 노아 가족을 제외한 모든 사람을 홍수를 통해 멸하신다. 그런데 하나님은 자신의 형상으로 만드신 아담과 하와에게 주셨던 '생육하고, 번성하고, 땅에 충만하라'는 복을, 홍수 이후에 노아와 그 아들들에게 반복하신다(창 1:28; 9:1).[8] 즉, 아담과 마찬가지로 홍수 생존자들도 하나님의 형상이라는 것을 여기서 알 수 있다. 게다가 하나님께서는 살인을 금지하시면서, 그 이유로 인간은 하나님의 형상으로 만들어졌음을 상기시키시고는(창 9:6), 생육하고 번성하고 충만하라고 다시 말씀하신다(창 9:7). 이러한 창세기 신학을 통해 볼 때 타락 때문에 하나님의 형상이 사라졌다고 단정할 수는 없다.

하지만, 그리스도를 통해 '새로운 생명'이 주어진다는 것을 믿는 그리스도인들은 타락 이후에는 인간 본성이 창조 때와 같지는 않다고 보았다. 그 결과 초대교회 때부터 신학자들은 죄의 결과가 하나님의 형상에 어떤 영향을 끼쳤는지 탐구했다. 예를 들면, 테르툴리아누스는 창세기 1장 26절의 "우리의 형상을 따라 우리의 모양대로 우리가 사람을 만들고"를 해석할 때, 형상image과 모양likeness을 구분하고는, 전자를 '형태적 유사성'으로 후자를 '영원성'으로 이해했다. 타락 이후에 인간은 하나님의 모양인 영원성은 상실했지만, 하나님의 형상은 계속 지니고 있다. 하지만, 세례를 통해 죄를 씻게 되면 죽음이 소멸하면서 하나님의 모양도 회복된다.[9] 이렇게 하나님 형상과 모양의 구분은 독특한 구원론적 설명 방식을 만들어 냈다. 물론 초대 교부들이 하나님의 형상과 모양에 대해 통일된 의견을 제시하지는 않았지만, 형상과 모양을 구분하는 해석 방식은 중세까지 널리 쓰인 것으로 보인다.

근대에 이르러 신학자들은 구약성서의 언어인 히브리어에는 같은 의미의 단어를 반복함으로써 뜻을 강조하는 수사학이 발달하였음을 알게 되었다. 또한 학자들은 창세기 1장 26절을 제외하고는 하나님의 형상(창 1:27; 9:6)과 모양(창 5:1)이라는 단어가 함께 사용되지 않고 있다는 점에도 주목했다. 그러다 보니 많은 이들이 하나님의 형상과 모양은 같은 실체의 두 다른 표현이라고 결론을 내리게 되었다. 특별히 종교개혁자들은 모양이 어떻게 형상과 다른지의 여부에는 큰 관심을 기울이지 않았고,[10] 하나님 형상이 어떻게 인간을 특별한 존재로 만들었고 또 타락이 얼마나 하나님 형상을 심각하게 훼손시켰는지에 더 집중했다.[11] 종교개혁 이후 대부분 개신교 신학자들도 형상과 모양을 구분하지 않았다.

그런데 죄로 인한 하나님 형상의 철저하고 광범위한 손상을 강조하다 보면, '타락 후에도 인간이 여전히 하나님의 형상임을 보여주는 창세기 9장 6절이나 야고보서 3장 9절을 어떻게 이해할 것인가?'라는 문제가 생긴다. 이에 대한 해결책으로 종교개혁자들은 훼손되었던 하나님의 형상이 말씀과 성령을 통해 회복되기 시작해 내세에 이르러 온전해질 수 있다는 주장을 펼쳤다. 그렇지만 이러한 견해는 '비그리스도인은 하나님의 형상이 아닌가?'라는 또 다른 질문을 불러일으킬 수 있다.[12]

이 딜레마에 대해 가장 흥미로운 통찰을 보여준 사람 중 한 명은 20세기에 활동했던 스위스의 개혁주의 신학자 에밀 브루너 Emil Burnner, 1889-1966이다. 그는 구약성서에서는 죄를 지었어도 하나님의 형상이 사라지지 않고 있다는 점을 지적하며, 이는 하나님 형상의 형식적 formal 차원이라고 주장한다. 즉, 아무리 죄가 심각하다 하더라도 타락은 인간이 하나님과 엮어져 있는 '관계적 존재'라는 것 자체를 폐기하지는 않는다. 반면 신약성서는 그리스도 안에서 형상의 회복을 이야기하는데, 이는 죄로 인해 하나님과 올바른 관계가 사라졌음을 전제하고 있다. 타락한 인간은 예수 그리스도를 믿는 신앙 안에서 은혜로 관계를 회복하게 된다. 브루너는 구약과 대조되는 신약의 입장을 하나님 형상의 내용적 material 측면이라고 부른다.[13]

이처럼 많은 신학자가 성서에 기초해서 타락 이후의 인간에게도 하나님의 형상이 완전히 소멸한 것이 아님을 여러 방식으로 설명하려 했다. 어찌 보면 사변적이고 답 없는 이론적 논의로 비칠 수도 있겠지만, 이러한 신학적 시도의 '비효율성'은 인간의 죄가 아무리 심각하더라도 창조주 하나님이 하신 일을 완전히는 무효화시키지 못한다는 것과, 아무리 현 상황이 암담하더라도 하나님의 형상으로 만들어진 인간의 고귀함과 사명은 여전히 소중하고 아름답다는 것을 보여준다.

하나님의 형상으로 만들어졌다는 의미는 무엇인가?

인류학자 마빈 해리스 Marvin Harris, 1927-2001는 원시적 인류의 삶과 문화에 관한 책 『작은 인간』을 "태초에 발이 있었다"[14]라는 도발적 문장으로 시작한다. 그는 다른 원시 동물과 인간의 근원적 차이는 두 발로 걷는 직립 보행이라고 주장한다. 인간은 자유로워진 두 손으로 도구를 이용하면서 생육하고 번성하고 땅에 충만하게 된 것이다. 그는 인간과 동물의 차이에서부터 인간 됨에 대한 인류학적 연구를 시작한 셈이다.

마빈 해리스 훨씬 이전 고대부터 지금까지 많은 신학자가 인간과 동물의 차이를 주목하면서 하나님의 형상을 정의했다.[15] 왜냐하면 인간에 대한 성서의 첫 정의가 '하나님의 형상'이지만, 성서는 하나님의 형상이 무엇인지 콕 꼬집어서 말하지는 않기 때문이다. 그 결과 인간의 이성, 도덕성, 종교성, 언어 능력, 자유 등이 하나님의 형상을 이해하는 주요 범주가 되었다. 또한 오랜 기간 사람들은 이러한 인간의 독특한 특징을 주로 실체적으로 파악했다. 즉, 하나님의 형상은 인간에게 주어진 고정적인 내적 본질, 혹은 인간의 본성에 이미 전제된 능력으로 이해되었다.

하지만, 하나님의 형상을 '실체적'이라기보다는 '관계적'으로 보는 것이 성서적으로나 신학적으로 더 적절할 것 같다. 창세기 1장 26절과 27절을 주의 깊게 읽어 보자. 26절에서 하나님께서는 복수인 '우리'의 형상을 따라 사람을 만들자고 하신다. 그리고 27절에서 하나님은 자신 형상대로 '남자와 여자'를 창조하셨다고 말씀하신다. 즉, 하나님의 형상은 서로 다른 두 존재 사이의 인격적 관계, 혹은 '나'와 마주하고 있는 '너'라는 타자에 대한 개방성이라고 할 수 있다. 묄만이 적절히 묘사하듯, "인간은 오로지 동료 인간과의 대화 속에서만, 그리고 동료 인간성 속에서만 인간이다."[16] 인간 주체와 타자 사이에 '나와 너'라는 상호적 관계가 가능한 것은 인간이 신적 타자이신 하나님과 관계를 맺을 수 있도록 인격 구조가 타자에게 개방적으로 창조되었기 때문이다.

하나님의 형상으로서 인간은 '나'라는 자아의 작은 골방에서 벗어나, 자기보다 더 크고 위대하고 아름다운 존재이신 하나님과의 관계 속으로 초대되고 그 안에 들어갈 수 있다. 또한, 얕은 숨을 홀짝거리던 자신의 습관을 넘어 참 생명의 근원이신 하나님의 영을 받아 깊고 촉촉하고 편안한 숨을 쉴 수 있다. 그렇기에 인간은 생태계의 다양성과 복잡성 속에 위치한 하나의 생명체일 뿐 아니라, 피조물 중 특별히 선택된 하나님의 대화 상대이자 계약 파트너라 할 수 있다.

하나님의 형상을 '나와 너'로 표현되는 관계의 지평 속에서 정의하는 현대 신학자들의 논의는 아주 풍성하여 이 한정된 지면에 소개하기에는 무리가 있다. 그 대신 하나님의 형상을 '관계적'으로 볼 때 따르게 되는 신학적 함의 몇 가지만 간략히 살펴보기로 하자.

첫째, 우리는 성서의 하나님도 관계적인 분으로 바로 이해하게 된다. 하나님과 인간 사이에 뛰어넘을 수 없는 질적 차이가 있다지만, 하나님은 우리가 알 수도 없고 경험할 수 없는 추상적인 절대자, 혹은 절대 타자the Wholly Other가 아니다. 그분은 절대적 주권과 초월성이 있으시지만 인간과 관계를 원하시고 직접 관계 속으로 들어오시는 사랑의 존재이시다.

둘째, 자신의 근원적 관계성을 깨달았을 때 인간은 타자를 단지 피와 살덩어리로만 보지 않고, 하나님의 형상으로 만들어진 존엄과 아름다움을 가진 존재로 인식하고, 그와도 인격적 관계를 맺게 된다. 그렇기에 인간을 사율적인 개인으로만 보려는 세몽주의적 주체 개념, 인간마저 세계의 수많은 물리적 대상 중 하나로 파악하려는 유물론적 태도, 인간 존재나 의식도 진화의 우연한 부산물로 치부하는 과학적 환원주의, 욕망을 통제하여 인간을 소비적 주체로 전락시키는 천박한 자본주의, 각종 사회적이고 문화적 차별을 정당화하려는 폭력주의 등을 우리는 하나님 형상이라는 성서적 인간론에 기초해서 비판적으로 재조명하게 된다.

셋째, 타락도 '관계'라는 측면에서 새롭게 이해할 필요가 있다. 범죄 이전 아담은 하나님, 하와, 자연과 조화로운 관계 속에 있었다. 하지만, 죄는 이 다층적 관계를 뿌리부터 뒤틀고 왜곡하였다. 이제 인간은 하나님과도 다른 사람과도 자연과도 바른 관계를 맺을 수 없고, 심지어 자신의 의지와 욕망으로부터도 소외되었다. 하나님께서 금지하신 선악과를 먹었을 때 첫 인류가 하나님 앞에서 보인 첫 행동은 무엇인가? 그들은 하나님의 소리를 듣고 나무 사이에 숨었다. 타락 전 인간이 하나님과 인격적 관계 속에서 깊은 교제를 나누었다면, 타락한 인간은 나무 뒤에 숨어 이야기할 수밖에 없는 자(창 3:8)가 되었다. 타락은 인간을 관계에서 기쁨 대신 슬픔을 가지는 자, 관계를 환영하기보다 무서워하는 자, 관계를 즐기지 못하고 이용하는 자로 만든다. 실제 우리가 살아가는 모습을 돌아보자. 과거에 비해 지식과 문명의 눈부신 발전을 이루었지만 우리는 얼마나 관계에 서툰 미숙한 존재인가?

넷째, 인간은 타락했음에도 하나님의 형상이 완전 소멸하지 않았고 그 흔적이 남아 있다. 바꾸어 말하면 에덴의 동쪽에 거하는 타락한 인간도 충만한 관계에 대한 욕망을 가지고 살아간다. 그래서인지, 철학자와 시인들은 '너'를 통해 '나'를 회복하는 모습을 형상화하곤 했다.

> 하지만 내가 '나'라는 말을 가장 숭배할 때는
> 그 말이 당신의 귀를 통과하여
> 당신의 온몸을 한 바퀴 돈 후
> 당신의 입을 통해 '너'라는 말로 내게 되돌려질 때입니다.
> 나는 압니다. 당신이 없다면,
> 나는 '나'를 말할 때마다
> 무로 향하는 컴컴한 돌계단을 한 칸씩 밟아 내려가겠지요.
>
> ─심보선, 「'나'라는 말」 중에서

'너'를 통해 '나'라는 말의 의미를 찾아가는 과정을 묘사한 이 시의 언어는 경이롭다. 그런데 우리는 '나'의 존재의 충만을 갈구하지만, 실제 관계 속에서는 서로 고통을 주고받을 수밖에 없다. 말씀과 성령으로 형상이 회복될 수 있다면, 관계 역시 하나님의 은혜 안에서 치유될 수 있다. 신학적 관점에서 볼 때 온전한 관계란 인간이 노력한 결과물이기보다는 하나님의 선물이고, 믿음을 통해 우리가 누릴 수 있는 것이다.

물론 종말 이전의 역사 속에서 우리는 그리스도의 형상에 온전히 이르지는 못할 것이다. 그런 의미에서 관계의 온전함은 종말론적 약속으로 우리에게 주어져 있다. 그렇기에 우리는 뒤틀어진 관계에 절망할 필요가 없지만, 또한 깨져 가는 관계에 눈을 감거나 그것을 정당화할 수도 없다. 비록 불완전하고 일시적일지라도 인간은 관계적 존재로서 서로에게 책임을 지고 있음을 인식해야 하며, 우리를 그리스도와 연합시킨 하나님의 사랑의 끈이 나와 너도 묶어 주길 기도할 수밖에 없다.

인간의 자유와 책임은 어떤 관계인가?

하나님이 인간을 자신의 형상으로 남자와 여자로 만드셨으나, 인간의 타락은 그 형상을 왜곡했다. 인간이 하나님 형상으로 만들어졌음은 인간에게서 인간을 넘어서는 초월의 가능성을 볼 수 있게 해주지만, 타락은 인간이 자신의 경계와 한계를 모름으로써 파멸과 절망에 이를 가능성이 있다는 것도 드러낸다.

다시 창세기로 돌아가 보자. 하나님은 인간을 자신의 형상대로 지으셨고, 다른 피조물을 다스릴 위엄과 책임을 주신다. 그리고 하나님께서는 선악을 알게 하는 나무와 생명나무의 열매를 먹는 것 외 다른 모든 것을 허락하신다. 이때 중요한 것은 피조물로서 인간이 누리고 행사하는 '자유'이다. 성서와 신학에서 말하는 자유는 단지 권리로서 자유가 아니라 성숙하고 책임감 있는 존재, 혹은 그리스도의 형상으로 성숙하기 위한 가능성으로서 자유이다.[17] 특별히 창세기 3장에서는 창조주가 아닌 피조물, 혹은 하나님의 형상으로 만들어진 인간이 가진 '한계와 경계 안에서의 자유'가 구체적으로 묘사되고 있다.

창세기 3장에서 뱀이 나타나 하와에게 하나님께서 금하신 열매를 먹으면 너희가 하나님과 같이 되리라고 말한다. 여기서 인류의 비극이 시작된다. '하나님의 모양'*likeness of God*(창 1:26; 5:1)으로 만들어진 인간이 '하나님처럼'*like God*(창 3:5) 되려고 한 것이다.[18] '하나님의 모양'은 하나님이 정하신 경계 안에서 삶의 풍성함을 찬미하며 사는 것이라면, '하나님처럼'은 그 피조적 경계를 넘어섬으로써 '하나님의 모양'으로서 누렸던 기쁨과 특권과 사명에 등을 돌리는 것이다. 아담의 후예인 우리도 겉으로는 종교성을 가장하지만, 하나님께서 그어 놓으신 경계를 끝없이 넘으려 하고 있는지 모른다. 에덴 동쪽의 혼란스럽고 척박한 땅에서 살아가는 우리는 선(善)을 추구하고자 혹은 삶을 위해서라는 말로 자신을 위로하지만, 실제로는 선악과와 생명나무를 건드리며 '하나님처럼' 주인 행세를 하고 있는지 모른다.

물론 인간은 자유로운 존재이다. 하지만, 머릿속에서만 자유의 본질과 범위를 정의하다 보면 추상화의 오류에 빠질 수 있다. 하나님 형상으로서 인간은 언제나 타자 앞, '너'의 현존 앞에 있는 존재이다. 그렇기에 자유는 '주체로서 내가 행할 수 있는 권리'로만 이해되어서는 안된다. 자유를 개인의 권리와만 결부하다 보면, 자유는 '하나님처럼' 되려는 인간의 욕망을 정당화시켜 줄 도구가 될 수도 있다. 오히려 그리스도교적 관점에서 자유는 하나님 앞에서의 자유, 이웃 앞에서의 자유로 재정의해야 한다. 성서를 보면 창조주 하나님도 그분의 절대적 자유를 사랑 안에서, 타자인 피조 세계를 위해 사용하고 계신다.[19] 그리고 그리스도는 자신의 자유를 아버지를 향한 순종과 타자를 위한 섬김으로 드러내셨다.

그렇지만 '하나님처럼' 살고자 하는 인간에게는, 하나님이건 이웃이건 '나' 아닌 다른 무엇 앞에 자신을 노출한다는 것 자체가 큰 위협으로 다가올 수밖에 없다. 철학자 에버하르트 그리제바흐Eberhard Grisebach, 1880-1945가 이야기했듯, '나'와 '너'로 구성된 진정한 공동체는 '모순의 법칙'에 기초하고 있다.[20] 관계적 존재인 인간은 '나' 홀로 외로이 떨어진 섬처럼 살거나, '나'와 비슷한 동질 집단에 안주하는 것이 아니라, '나'와는 다른 '너'와 함께 살게 된다. 하지만, '너'와의 만남은 나와는 이질적인 존재, 나의 세계와는 다른 세계, 곧 나와 너를 구분하고 갈라 놓는 근원적 다름과 조우함을 의미한다. 그렇기에 관계를 맺는다는 것은 '너'의 다름을 무시하거나 말살하는 것이 아니라, 차이를 인정하고 모순을 껴안으면서 서로 성숙해 가는 과정으로 들어가는 것을 의미한다. '하나님의 형상'인 인간은 은혜 덕분에 그 과정을 인내하면서, '나' 홀로는 알 수 없던 존재의 신비를 배워 가는 기쁨을 느끼며 책임감 있는 존재로 변화한다. 반대로 '하나님처럼' 되려고만 하는 인간은 '너'를 통한 배움과 성숙의 계기를 자기 상실의 위기로 경험하게 될 것이다. 절대적 자유를 추구하는 자아에게 (사르트르의 표현에 따르면) 타자는 지옥일 뿐이다.[21]

이 지점에서 창세기의 인간 창조 이야기에서 가장 이해하기 힘들고 오해를 많이 받았던 주제로 가 보자. 하나님께서는 인간을 창조하시고 복을 주시며 "생육하고 번성하여 땅에 충만하라, 땅을 정복하라, 바다의 물고기와 하늘의 새와 땅에 움직이는 모든 생물을 다스리라"(창 1:28)고 하신다. 정말 사람이 무엇이기에(시 8:4-6), 하나님께서는 이런 엄청난 역할을 주셨을까? 인간이 하나님의 형상이라는 이유만으로 다른 모든 자연 위에 군림하는 것이 정당화될 수 있을까? 역사학자 린 화이트 주니어Lynn White Jr., 1907-1987는 1967년 출판한 『생태 위기의 역사적 근원』이라는 논문에서 자연을 경시하고 생태계를 파괴한 서구인의 태도를 창세기 1장 26-28절이 뒷받침했다고 주장하기까지 했다.[22]

'하나님의 형상'에 대한 올바른 이해가 없다면 '땅을 정복하고 자연을 다스리라'는 하나님의 명령은 인간의 권력의지와 파괴적 행동을 정당화시켜 줄 근거로 쓰일지 모른다. 고대 근동학은 창세기 1장을 현대적 편견으로 잘못 해석할 위험에서 어느 정도 보호해 줄 수 있다.[23] 고대 근동에서는 각 지역에 왕의 통치를 상징하는 왕의 형상을 만들어 놓았다. 왕이 모든 지역에 있을 수도 없고, 교통 통신이 발달한 때가 아니었기에, 그 형상은 왕이 부재하는 곳에도 왕의 주권과 위엄이 있음을 보여주는 역할을 했다. 이런 문화적 배경 속에서 살았던 이스라엘은 '인간이 하나님의 형상'이라는 말을 들었을 때, 인간이 피조 세계에서 하나님의 대리인으로서 역할을 담당하고 있음을 이해할 수 있었을 것이다. 즉, 자신의 마음과 욕망에 따라 자연을 다스리는 것이 아니라 하나님의 속성에 맞게 이 세계를 다스리는 것이 하나님 형상인 인간의 역할이라 할 수 있다.

이 구절의 깊고 오묘한 의미를 고고학적 지식으로 완전히 풀어 버리지는 말고, 조금 더 신학적으로 살펴보기로 하자. 앞서 언급했듯 하나님의 형상으로서 인간은 관계적 존재이다. 인간은 하나님이 정해 놓은 한계 안에서 '너'와의 관계 속으로 들어가는 존재이다. 인간 됨은 타자의 다름을 인정하고, 타자와 살아가는 배움의 과정을 통해 형성된다. 이때 인간은 '너'를 통해 '나'를 알아 갈 뿐만 아니라, '너' 앞에서 윤리적 존재로 만들어져 갈 수 있다. 이전에는 '나'만 알았던 미성숙한 자아가

질문하는 신학

'너'의 필요에 반응response할 수 있는 능력ability, 곧 책임responsibility을 지게 된다. 이런 성숙의 여백과 배움의 가능성이 있는 인간에게 주신 하나님의 명령이 바로 땅을 정복하고 자연을 다스리라는 것이었다. 이 명령을 받은 인간은 완성된 존재로서가 아니라, 여전히 배우고 자라 가는 존재로서 타자와 만나고 피조 세계를 책임지도록 선택되었다. 그 명령을 통해 인간은 하나님 신뢰와, 자기 한계에 대한 겸허한 인식과, 자연에 대한 책임을 자기 존재에 아로새기게 되었다.

그러나 '하나님 형상'을 거부하고 '하나님처럼' 되려다 보면, 성숙함 없이 정복하게 되고, 배움 없이 다스리게 된다. 실제로 타락한 인간은 정복과 다스림 자체가 자신의 사명인 것인양 착각하였다. 자신의 경계를 넘어 버린 인류의 비극은 피조 세계의 비극으로 확장되었다. 결국 자신의 책임을 회피한 인간의 파괴성 때문에, 피조물 역시 신음하며 구원을 기다리게 된 것이다(롬 8:18-30).

당신의 하나님 형상은 안전한가?

앞서 언급했듯 성서는 하나님의 형상이 무엇인지 정확하게 말해 주지 않는다. 다만 구약성서는 인간이 하나님의 형상으로서 만들어졌음을, 신약성서는 예수 그리스도 안에서 형상이 회복 중임을 알려 준다. 많은 사람이 하나님의 형상을 설명하려고 노력했고, 성서는 우리에게 하나님의 형상을 실체적으로보다는 관계적으로 이해하는 것이 적절하다고 지시하지만, 여전히 하나님 형상이 무엇인지는 불완전한 형상을 가지고 있는 인간에게는 신비로 남아 있다.

그렇지만 말로 설명할 수 없는 하나님의 형상의 신비는 인간이 존엄하고 가치가 있는 존재일 뿐 아니라 신비한 존재, 그 앞에서 우리가 경이를 표할 수밖에 없는 존재임을 알려 준다.[24] 어떤 상황에서도 자신의 형상을 만들지 말라고 십계명에서 명령하신(출 20:4) 하나님은 이미 인간을 자신의 형상으로 만드신 분이시다. 그분은 인간과 인격적 관계를 맺으셨고, 그들에게 '너'라고 말 건네셨다. 마르틴 부버가 강조하듯, 이스라엘 신앙의 핵심인 "십계명의 영혼은 '너'Thou라는 단어에서 발견된다."[25] 그 부름은 인간을 비인격화시키는 세태와 흐름에 거스르며 인간을 자유와 존엄을 갖춘, 그렇기에 이 세계에서 특별한 책임을 진 존재로 인식하게 한다. 그 형상이 무엇인지 분명히 알지는 못해도, 그 명령을 어떻게 현실화할지 아직은 모르더라도, 하나님께서 피조물에 직접 심어 놓은 자기 형상을 '너'라고 부르신다는 것만으로도, 인간이 다른 무엇과도 바꿀 수 없는 가치를 지님이 확증된다.

하나님의 형상을 너와 나 속에서 인식하면서 우리는 인간을 함부로 규정하던 시대의, 사회의, 자기인식의 틀로부터 자유로워지는 방법을 배우게 된다. 그리스도의 형상으로 자라게 해달라는 기도 속에서, 인간은 삶을 꽉 채우고 있던 자신의 계획과 욕망 대신 성령께서 활동하실 공간을 마련하게 된다. 성도의 교제에 들어감으로써 이제껏 잊고 살았던 하나님의 형상이 회복되어 가는 과정에 참여하게 된다. 나와 내 가족만 응시하던 시선을 거두고 인류 안의 하나님의 형상을 본다면, 이 세계의 살벌한 현실 속에서도 평화와 정의와 사랑의 질서로 이루어진 하나님 나라에 대한 희망이 싹트고 자라날 수 있으리라 기대한다.

적용과 토론을 위한 질문

1. 신비이신 하나님 형상으로 만들어진 인간은 신비이다. 인간에 대한 경이를 잃어버렸을 때 비인간화가 일어난다. 우리 사회에서 볼 수 있는 비인간화 현상은 무엇이 있는가?

2. 인문학 공부와 신학 공부 모두가 참 인간 됨을 찾아가는 데 도움이 된다고 생각하는가? 둘은 어떤 공통점과 차이점이 있는가?

3. 가족이나 친구, 이웃을 하나님의 형상이라고 생각해 본 적이 있는가? 가까운 이를 하나님의 형상으로 인식할 때 어떤 변화가 생기는가?

4. 하나님의 형상을 '관계적'으로 해석할 때 인간에 관한 이해에 변화가 생기는가? 인간이 관계적이라는 것을 일상에서 느껴 본 적이 있는가?

5. 성서에서 말하는 인간의 자유와 책임이란 어떤 것인가? 창세기 1-2장의 인간 창조 이야기를 중심으로 이야기해 보자.

6. 유일하게 하나님 형상으로 만들어진 인간에게 세계를 정복하고 다스릴 권리를 하나님께서 직접 주셨다는 창세기 1장은 인간 중심적인 세계관을 형성하거나 정당화하는가?

18장. 영혼과 몸

인간은 무엇으로 만들어져 있는가?

그리고 생명이 있었다!

유난히 천둥과 번개가 기분 나쁘게 치던 음침한 밤, 기괴한 분위기의 실험실에서 광기에 휩싸인 천재 과학자가 상상을 초월하는 생명체를 만들어 냈다. 자신이 창조한 생명에 대한 기쁨은 얼마 가지 않아 주체 못할 공포로 바뀌었다. 프랑켄슈타인이라는 이름의 과학자는 시체를 연결해 만든 괴생물체의 흉측한 모습에도 경악했지만, 죽은 몸의 마디마디를 관통하며 흐르기 시작한 생명에 더 큰 두려움을 느꼈을지 모른다. 그는 자신의 피조물 앞에서 '좋다'고 감탄하지 못하고, 오히려 큰 죄를 지은 이처럼 황급히 도주하였다. 태어나자마자 조물주로부터 버림받은 피조물은 자신의 존재를 불러 줄 이름도 부여받지 못한 채 혼란에 휩싸여 실험실을 뛰쳐나갔다. 흉측한 외모 때문에 괴물이라 불릴 수밖에 없던 생명체는 이렇게 세상 속에 비참하게 던져지게 되었다. 낯선 세계를 마주

질문하는 신학

한 그는 스펀지가 물을 빨아들이듯 인간의 언어와 지식을 흡수했고, 사람들을 관찰하고 책을 읽으며 희로애락의 감정을 배웠다. 급기야 그는 자신의 창조자 프랑켄슈타인을 찾아가 자기를 사랑해 주고 자기가 사랑을 부어 줄 여성을 창조하라고 협박에 가까운 요청까지 하게 된다.

이 이야기는 영국의 소설가 매리 쉘리^{Mary Shelley, 1797-1851}가 1818년에 출간한 『프랑켄슈타인』의 줄거리이다. 이 소설은 근대 과학혁명에 따른 지적 동요와 윤리적 충격, 그리고 프랑스 혁명이 초래한 유럽 사회의 정치·사회적 혼돈을 반영하고 있다. 하지만, 개인적으로 이 작품이 인상적이었던 이유는 시종일관 '인간이란 무엇인가?'를 집요하게 질문했기 때문이었다. 과연 인간이란 어떤 존재일까? 프랑켄슈타인은 죽은 이의 몸을 모아 생명체를 만들어 내었다. 그런데 이 피조물도 자신의 창조주처럼 이성적 사고를 하고, 감정을 느끼고, 사랑의 욕망을 가졌다. 그렇다면 육체를 가진 프랑켄슈타인은 시체로 만들어진 괴물과 본질적으로 어떻게 다를까? 괴물에게도 사람과 마찬가지로 영혼이 있다는 말인가? 아니면 괴물의 사고와 감정과 욕망은 단지 육체의 활동에서 생겨난 화학적 신기루와 같은 것인가? 인간의 지혜나 학문이 인간의 본질에 대한 질문에 적절한 답을 줄 수 있을까? 나 자신의 모습을 보더라도 인간에게 영혼이 있는지 의문이 갈 때도 있지 않은가?

이러한 물음을 접하노라면 성서가 인간의 육체와 영혼을 어떻게 이해하고 있을지 궁금하지 않을 수 없다. 예수 그리스도께서는 사람이 온 세상을 얻고도 자기 영혼^{soul}을 잃으면 무슨 유익이 있느냐고 하셨다(막 8:36).[1] 그만큼 영혼이 인간에게 중요하다는 말로 들리는데, 그렇다면 우리의 인간 됨은 영혼에서 나오는 것일까? 하나님은 영이시고 우리에게도 영혼이 있으니, 육체나 물리적 세계는 신앙에서 중요하지 않은 것들일까? 그런데 바울은 우리 몸은 성령이 거하시는 성전이라고도 하지 않았는가(고전 6:19)? '인간이란 무엇인가'를 생각할수록 질문이 끝없이 일어난다. 이 글에서는 성서가 이해하는 영혼과 몸의 관계가 무엇인지, 그리고 인간의 본질을 어떻게 알 수 있는지 등의 주제를 살펴보기로 하자.

인간의 영과 혼과 몸은 어떤 관계일까?

인간이란 존재는 어떻게 만들어져 있을까? 인체는 내장, 근육, 뼈, 혈관, 혈액, 체액, 신경계 등으로 구성되어 있다. 하지만, 인간에게 비물질적인 영적인 부분이 있다는 생각은 고대부터 퍼져 있었다. 고대인은 사람이 죽을 때 몸은 그대로인데 생명이 갑자기 없어짐을 관찰하면서, 물질로는 설명되지 않는 비가시적 생명의 원리가 있다고 믿게 되었던 것으로 추정된다.[2] 그런데 여기서 다음과 같은 문제가 발생한다. 동물도 죽고 나면 몸을 남기니까 동물 역시 비가시적인 생명의 근원을 가진다고 봐야 하지 않을까? 인간은 지성도 있고 언어도 사용하는데, 동물과 구분되는 정신 작용을 가능하게 하는 독특성은 어디서 나올까? 이처럼 인간이 무엇으로 구성되었고 어떤 의미에서 동물과 차이가 있느냐라는 문제는 인류의 호기심을 늘 자극해 왔고, 지금도 많은 사람이 그 답을 찾고자 노력하고 있다.

데살로니가전서 5장 23절은 인간이 어떻게 만들어졌는지에 대한 성서적 답변으로 자주 인용되는 구절이다. "평강의 하나님이 친히 너희를 온전히 거룩하게 하시고 또 너희의 온 **영**과 **혼**과 **몸**이 우리 주 예수 그리스도께서 강림하실 때에 흠 없게 보전되기를 원하노라." 이 구절을 근거로 많은 그리스도인이 인간은 영, 혼, 몸의 세 부분으로 이루어졌다고 주장해 왔다. 삼분설(三分說)trichotomy이라 불리는 이 입장에 따르면,[3]

물질적 육체와 구분되는 '혼'은 모든 사람이 다 가지고 있는 비물질적 부분으로 지성과 감성과 의지가 생겨나는 곳이다. 즉, 생각하고 판단하고 기억하는 등의 일상적 정신 활동은 혼에서 비롯된다. 반면 '영'은 하나님과 소통을 하게 되는 부분으로서, 신앙을 가진 사람들에게서 은혜를 통해 회복되거나 되살아나기도 한다(롬 8:10; 요 4:24; 빌 3:3 참조).

신약성서에는 영*pneuma*과 혼*psychē*과 육*sōma*으로 번역되는 그리스어 단어가 구분되어 있다(살 5:23; 히 4:12). 그런데 어떤 이는 여기서 한 걸음 더 나아가 히브리어로 기록된 구약성서도 인간을 세 가지 구성 요소로 설명한다고 주장하기도 한다. 일례로 "너는 **마음**을 다하고 **뜻**을 다하고 **힘**을 다하여 네 하나님 여호와를 사랑하라"(신 6:5)라는 말씀은 하나님을 사랑할 때 '영'과 '혼'과 '육' 모두를 사용하라는 의미이다. 창세기 1-2장의 인간 창조 장면에서도 흙으로 만들어진 부분은 몸, 하나님이 불어넣으신 생기는 혼, 하나님 형상은 영이다(창 1:26-27; 2:7). 하지만, 이처럼 영과 혼과 육의 삼분법을 구약성서를 통해서 증명하려는 시도는 그리스적 개념에 히브리어 단어를 끼워 맞추려는 다소 무리한 시도로 보인다.[4]

많은 사람이 삼분설을 지지해 왔던 이유는 영과 혼의 구분이 인간이 죽으면 어떻게 되나, 혹은 인간과 동물의 차이는 무엇인가 등의 곤란한 질문에 설득력 있게 답해 주는 것 같기 때문이다. 필자 역시 교회학교 시절 모든 동물이 혼이 있지만, 인간만 영이 있으므로 인간은 피조물 중 특별한 위치에 있다고 배웠다.[5] 게다가 하나님의 은혜를 받지 못해 영이 깨어나지 못한 사람들은, 죽어서 불멸의 혼이 남아 귀신의 형태로 떠돈다는 설명도 들었던 기억이 있다. 그러나 이러한 대중적 주장은 '혼'을 어떻게 정의하는지에 따라 그 내용이 크게 좌우될 뿐만 아니라, 성서가 혼을 이러한 방식으로 사용한다는 근거를 찾아보기도 어렵다.

인간의 영과 혼은 두 다른 비물질적 실체인가?

인간을 영과 혼과 몸의 세 부분으로 나누는 삼분설과 달리, '영적인 실체'와 '물질적 실체'라는 두 부분으로 구성되었다고 보는 이론을 이분설(二分說)dichotomy라고 한다.[6] 성서에서 영과 혼은 구분되는 두 실체로 상정되지 않고, 오히려 두 단어는 상호 교차적으로 사용된다(요 12:27; 요 13:21; 눅 1:46-47; 히 12:23 등). 예를 들면, 성서는 사람이 죽을 때 혼이 떠난다고 말하기도 하고, 영이 떠난다고 표현하기도 한다(눅 12:20; 눅 23:45; 요 19:30; 행 7:59 등). 성서는 인간을 '몸과 영' 혹은 '몸과 혼'이라 부른다(마 10:28; 고전 5:5; 약 2:26 등). 또한 사람이 죄를 짓게 하는 것이 혼이기도 하고 영이기도 하다(벧전 1:22; 계 18:14; 고전 7:34; 신 2:30 등). 삼분설 지지자들이 구분하는 혼과 영의 기능 역시 성서 속에서는 분명히 구분되지 않는다(막 2:3; 고전 2:11; 시 25:11; 눅 1:46 등). 이같이 성서의 많은 구절이 영과 대조되는 개념으로서 혼을 사용하지 않기에 삼분설보다는 이분설이 성서적 인간관이라 할 수 있다.

이분설에 반대하는 이들은 데살로니가전서 5장 23절과 히브리서 4장 12절 같은 구절들이 영과 혼을 구분하고 있기에 삼분설이 더 성서적이라고 주장한다. 그러나 꼼꼼히 읽어 보면 위 구절들에는 하나님께서 인간을 어떻게 만드셨는지를 논증하려는 의도가 없음을 발견할 수 있다. 오히려 이들은 하나님께서 우리의 인간 됨 전체를 거룩하게 하시고 보존하기 원하시고(살전 5:23), 하나님 말씀은 우리의 가장 내밀한 부분까지 들어오신다는 것을 강조하고 있다(히 4:12). 즉, 삼분설을 지지할 수 있는 성서적 근거는 이분설과 비교할 때 소수에 불과하고, 그 특정 구절들을 해석하는 방식 역시 설득력이 떨어진다.

이와 같은 이유로 대다수 신학자가 삼분설이 아니라 이분설을 주장하고 있다. 그런데 두 입장의 대립을 놓고 19-20세기의 대표적 침례교 신학자 어거스터스 홉킨스 스트롱Augustus Hopkins Strong, 1836-1921은 흥미로운 의견을 펼쳤다. 그 역시 삼분설이 성서적 근거가 없을 뿐 아니라 여러 논리적 문제가 있음을 잘 인지하고 있었다. 하지만, 그는 삼분설이 제대로 정의될 경우 인간의 본질에 대한 설득력 있는 설명을 제시한다는 점도 쉽사리 부인할 수 없었다. 그래서 그는 영과 혼을 원칙적으로 분리하지는 않지만, 둘을 기능적으로는 구분했다.

> 인간을 개체적이고 의식 있는 생명이라고 볼 때……육체적 기관을 소유하고 움직이게 하는 인간의 비물질적 부분을 혼이라 부른다. 인간을 이성적이고 도덕적 주체라 볼 때, 하나님의 영향을 받고 하나님이 내주하게 하는 동일한 비물질적 부분을 영이라 부른다.……영은 영적 실재와 관계된……인간의 고차적 부분이라면, 혼은 몸과 관계된……고차적 부분이다. 따라서 인간 존재란 셋으로 나뉜 것이 아니라 둘로 나뉘어 있다. 그리고 그의 비물질적 부분은 비록 이중적 힘을 가지고 있지만, 그 실체에서는 통일되어 있다.[7]

스트롱의 타협안은 우리가 영과 혼을 두 다른 실체로 규정하지 않고 통합적으로 이해할 것을 제안한다. 이 경우 인간의 영혼은 한편으로는 하나님과 관계를 맺고 다른 한편으로는 피조 세계와 관계를 맺는 중요한 기능을 하고 있다. 결국 인간이 본질적으로 '관계적'이라는 것을 성서의 인간학이 알려 주고 있는 셈이다. 그런데 스트롱처럼 영과 혼을 '고차적' 부분이라 상정하는 순간, 몸은 '저급한' 부분이 되어 버리지 않는가? 살과 뼈와 근육을 가진 존재로서 인간은 '몸'을 가지고 다른 존재와 관계를 맺을 수밖에 없는데, 몸을 단지 영혼보다 열등하다고 할 수 있을까?

몸은 영혼보다 저급한 부분인가?

이분설을 주장하는 사람들은 삼분설이 성서가 아니라 인간을 삼중 구조로 파악했던 그리스 철학의 사고를 따라 만들어졌다고 주장한다. 하지만, 현대 신학자들은 이분설마저도 고전적 이원론적 형이상학의 영향을 받았다고 목소리를 높이기도 한다. 인간을 영적인 실체와 물질적 실체로 이중적으로 파악하는 것 자체가 비과학적 사변일 뿐 아니라, 전자가 후자보다 우월하다고 보는 것은 영혼과 육체를 대조적으로 파악했던 플라톤주의의 흔적이라는 것이다. 예컨대 몰트만의 비판에 따르면, "영혼의 '정신화'와 몸의 '물질화'는 무의식적으로 서구 인간화의 이론들을 지배"[8]하고 있고, 그리스도교도 이러한 이원론에 영향을 받았다.

물론 플라톤 훨씬 이전부터 고대 그리스에서는 인간이 죽고도 남아 있는 비물질적 영혼의 존재를 상정하고 있었다.[9] 하지만, 플라톤은 영혼과 몸의 '연대성 속의 이질성'을 이론적으로 정교하게 만든 사람이다. 그에 따르면 몸은 죽어 없어지지만, 영혼은 불멸하는 이데아의 세계에 속한다. 이 땅에서 영혼과 육체는 결합하고 있지만, 사실 영혼은 지상으로 하강하여 사멸하는 육체에 갇혀 있다.[10] 영혼의 본향은 생성 소멸하는 물질세계가 아니며, 인간의 행복은 이 세계에 길든 몸의 욕망을 영혼이 어떻게 조종하고 통제하느냐에 달려 있다.

이러한 플라톤적 이원론이 그리스도교에 끼친 부정적 영향은 결코 무시할 수 없다. 우선 영혼을 육체보다 고차적으로 보게 되면, 인간의 본질은 몸과 대조되는 영혼에 있다고 생각하게 될 위험이 있다.[11] 영혼의 우위성에 대한 강조는 몸의 중요성에 대한 평가절하만 초래하는 것이 아니라, 물질로 된 자연에 대해서까지 부적절하거나 억압적 태도로 이어질 수 있다.[12] 하지만, 하나님께서 보시고 좋다고 한 대상은 영혼과 몸의 통일체로서 인간이요, 물질적인 피조 세계 전체이다(창 1:31). 그리스도를 통해 우리에게 선물로 주어지는 구원의 은혜는 영혼에 한정되는 것이 아니라 전인적이다(눅 4:18-19).

또한 영원한 세계에 속했던 영혼이 사멸할 육체 속에 잠시 들어와 있다는 플라톤의 생각은 그리스도교 신앙에 영혼불멸설이라는 이질적 사상을 주입하였다. 성서에 따르면 불멸성은 영혼의 속성이 아니다. 죽음을 넘어서는 힘은 하나님의 선물이며, 이것은 불멸하는 영혼의 회귀가 아니라 (부활한 그리스도를 뒤따른) 몸의 부활을 통해 현실화한다.[13]

인간은 (플라톤에 따르면) 갈망의 존재이므로 충돌하는 욕망을 이성이 잘 통제하지 못하면 불행해질 수밖에 없다. 이러한 입장은 플라톤의 본 의도와 무관하게 욕망이 일어나는 장소로서 몸이 죄의 근원지인 것처럼 잘못된 이해를 유도할 수 있다. 성서는 육체가 죄로 이끌 수 있는 것을 인정하지만(마 7:13; 롬 8:13; 벧전 2:11 등), 갈망의 장소인 몸도 하나님과의 관계에서 중요한 역할을 하고 있음을 보여준다(고전 6:13). 몸에서 나오는 욕망만이 문제가 아니라, 영혼도 죄를 짓게 한다(사 29:24; 단 5:20; 시 78:8 등). 심지어 죄를 향하는 교만한 영혼의 질주에 일차적으로 제동을 하는 것은 다름 아닌 하나님께서 만드신 몸이다. C. S. 루이스는 몸과 영혼의 대화를 다음과 같이 재미있게 상상해 낸다.

제가 제 몸에게 말했습니다. "넌 언제나 날 끌어내리고 있어."

제 몸이 대답하더군요.…… "내게 담배와 술을 가르친 게 누구였더라? 물론 너였어. 그게 '어른다운' 거라는 사춘기의 바보 같은 생각으로 말이지. 처음에 내 미각은 둘 다 몹시 싫어했지만 넌 한사코 네 뜻대로 했어. 어젯밤의 그 온갖 분한 생각, 복수심에 불타던 네 생각을 중단시켜 준 게 누구지? 물론 나야. 한사코 졸라서 자게 해줬잖아. 목이 바싹 마르게 만들고 두통이나 소화불량을 일으켜서 네가 말을 너무 많이 하거나 너무 많이 먹지 못하게 막아 주는 은인이 누군지 알아? 어?"[14]

죄를 향하거나 쾌락에 탐닉하려는 정신의 욕망에 재갈을 물리는 것은 '거룩해진' 육체가 아닌 우리의 타고난 '자연적' 몸이다. 성공을 향해 쉬지 않고 달릴 때, 쾌락에 중독되어 있을 때, 타자와의 경계를 무시하고 자아의 영역을 무차별 확장하려 할 때, 몸은 곤고한 피조물로서 우리의 한계를 상기시켜 준다.

육체가 죄의 자리이고 영혼은 고귀하다는 이원론적 설명은 몸과 영혼으로 이루어진 인간의 실제 삶을 통해 볼 때 그다지 설득력이 없다. 이와 같은 이유로 현대 신학자 중 상당수가 삼분설보다는 이분설을 지지하며, 이분설에도 은밀히 스며든 플라톤주의적 요소를 비판하면서 성서적 의미에서 전인적 인간론을 제시하고자 노력한다.[15] 비록 성서가 영혼과 육체를 구분하는 언어를 쓰고 있지만, 이것이 우월한 영적 실체와 열등한 물질적 실체로 인간 존재가 이루어졌다는 이원론적 사유를 정당화하는 것은 결코 아니다. 오히려 영, 혼, 영혼 등으로 번역되는 히브리어 *ruaḥ*, *nephesh* 와, 그리스어 *psychē*, *pneuma* 는 성서에서 생명 혹은 인간 전체를 지칭하고자 사용된다.[16]

이 지점에서 우리는 성서의 독특한 인간관을 간략히 정리해 볼 수 있다. 성서는 인간이 물질로만 만들어졌다는 유물론적 입장과 인간은 영적 실체와 물질적 실체로 나뉘진다는 이원론적 입장 모두를 거부한다. 오히려 성서적 입장에 따르면 인간은 영혼과 몸이 나뉘지 않는 실체, 곧 '심신통일체' 혹은 '영육통합체'ᵃ psychosomatic unity이다.[17] 이러한 인간론적 입장은 몸과 정신, 뇌와 의식의 관계 등에 대해 연구하는 신경

　　　　　　　질문하는 신학

과학이나 사회생물학 등의 인간 이해와 공명을 일으키며, 현대인을 위한 신학의 적절성을 보여주는 중요한 사례로 거론되기도 한다.[18]

영혼과 육체의 바른 관계를 어떻게 알 수 있는가?

인간은 육체로만 이루어진 것도 아니고, 영혼으로만 정의될 수도 없다. 인간은 영혼과 몸이 결합한 존재이다. 따라서 인간의 영혼은 오직 '몸의 영혼'으로만 존재할 수 있을 뿐이고, 몸은 오직 '영혼의 몸'으로 있을 뿐이다.[19] 이처럼 인간이라는 주체는 '몸을 가진 영혼'이요, '영혼을 가진 몸'이라는 독특한 구조를 가지고 생각하고 행동하고 살아간다.

창세기 1-2장에 따르면 하나님께서는 물리적 세계를 만드시고, 그 세계의 일부로 인간을 몸과 영으로 만드셨다. 그렇기에 인간은 물질적 세계에 살면서, 동시에 영적 세계에 속해 있다. 인간이 하나님의 '피조물'이라는 사실은 영혼과 몸 모두가 하나님에게서 왔으며, 둘의 통일성 역시 하나님의 '은혜'에 근거한다는 것을 알려 준다. 이는 인간의 영혼은 신적 기원을 가지나 육체는 그렇지 못하다는 이원론과는 전적으로 다른 인간 이해이다. 따라서 영혼과 육체의 결합체로서 인간의 참모습을 알기 위해서는 인간의 '피조물 됨'을 알려 주는 창조 신앙이 필요하다.

피조물인 인간은 스스로는 자기를 만든 창조주를 온전히 알 길이 없다. 이 세계를 만든 궁극적 존재가 있다는 것은 이성적 추론으로는 어느 정도 알 수 있을지라도, 그 존재가 인격적인 하나님이시며 우리에게 말씀하시는 분이라는 것은 '계시'를 통해서 알려질 수 있다. 그 하나님은 우리의 영혼만을 사랑하시는 분이 아니라 영혼과 육체의 결합체로서 우리의 존재 전체를 요구하신다. 에밀 브루너는 다음과 같이 말한다.

만약 그분이 세계의 창조주라면, 그는 또한 몸의 창조자이시다.……창조주 하나님에 대한 신앙의 관점에서 보자면, 물질적인 육체나 질료와 같은 것들은……창조주의 존재와 대비되는 피조물의 분명한 표지이다. 따라서 인간의 피조적 본성의 구체적 표현이라 할 수 있는 육체적 본성은 그가 신이 아니라는 표지이다.……영혼과 몸의 존재로서 인간은 하나님을 영화롭게 하고자 창조되었다. 따라서 거꾸로 말하자면 하나님께서 자기 자신을 알려 주시는 가장 고차원적 방법은 말씀께서 인간의 몸과 피가 되신 것이다. 성육하신 하나님 말씀을 만난 이들이 몸을 경멸하는 것은 불가능하며……그의 육체적 본성이 하나님에게 이질적이라는 것도 불가능하다. 그에게 몸은 '성령의 전'이다.[20]

영혼과 육체의 관계는 인간의 추론이나 관찰로 정의되는 것이 아니라, 성육신을 통해 우리에게 알려진다. 성자가 인간의 몸을 취하셨을 때, 물리적 육체는 하나님의 신비로운 뜻을 표현하고 인간의 더 높은 소명을 인식하게 해주었다. 또한 부활하신 예수 그리스도가 몸을 가지고 있었다는 사실은 우리의 미래의 운명이 몸으로부터의 해방이 아니라 몸을 가진 회복과 구원이라는 점을 알려 준다. 이처럼 창조주께서 인간을 위해 만드신 몸은 그를 통해 하나님께서 실현하고자 하는 일을 현실화하는 매개이다. 또한 몸은 창조주의 섭리에 참여하는 피조물 인간의 참 존엄과 운명이 무엇인지 알려 주는 기호[sign]이다. 이런 의미에서 영혼과 결합한 몸은 유기체 조직의 대사 활동을 넘어서는 특수한 역할과 신학적 의미가 있다고 할 수 있다.

몸과 연합한 영혼은 하나님 말씀을 받아들임으로써 자신의 참 정체를 인식하고, 이를 자신의 몸을 통해 세계에서 구체화한다. 하나님은 영이시기에(요 4:24) 영혼을 통해 인간과 소통하신다. 그런데 창조주 하나님께서 말을 건네는 대상인 영혼은 몸과 연합된 통전적 실체로서 물리적 세계 속에 위치하고 있다. 몸이 없는 영혼은 하나님께서 주신 고유한 사명을 삶의 현장 혹은 역사 속에서 실현할 수가 없다. 반대로 영혼 없는 몸은 개인적·사회적 관습에 맹목적으로 파묻혀 자신의 고귀한 사명을 인식하지 못한다.

하나님을 인식하는 곳은 영혼인가?

성서는 인간의 본질을 영육통합체라고 계시한다. 따라서 몸과 유리된 영적인 것만 추구하거나 몸이 속한 물리적 세계를 무시하는 신앙은 비성서적이라 할 수 있다. 마찬가지로 물리적 세계에 함몰된 삶을 살거나 몸 자체를 우상화하는 것도 비신앙적이라 할 수 있다. 브루너는 "성령이 친히 우리의 영과 더불어 우리가 하나님의 자녀인 것을 증언"하신다는 로마서 8장 16절을 해석하며, "하나님이 인간에게 자신을 드러내는……'장소' 는 몸과 무관한 영혼이 아니라 영혼과 몸이 하나인 곳, 곧 '마음'heart "[21] 임을 강조한다. 실제 구약성서와 신약성서를 보면 '마음'을 뜻하는 단어가 800번 이상 사용되고 있지만, 이러한 단어들이 문자적으로 육체적 심장을 뜻하지는 않는다.[22] 오히려 성서에서 마음은 영혼과 육체의 통합체로서 인간 됨의 가장 중심이 되는 깊고도 신비한 곳이다.

　인간을 영육통합체로 이해한다는 것은 또한 하나님 말씀이 순수하게 영적 말씀이 아니라, 언제나 물리적 매체와 단단히 결합한 형식으로 우리에게 오신다는 것을 의미하기도 한다.[23] 선포된 하나님 말씀은 입으로 말해지고 목소리로 전파되며 귀를 통해 들려진다. 기록된 말씀은 여러 문학적 기교로 쓰였고 훈련된 눈으로 읽게 된다. 계시된 하나님 말씀은 성육신하여 육체를 가진 인간과 함께 이 땅을 거니셨다. 성서는 이러한 계시 사건의 '육체적' 본성을 다음과 같이 묘사한다. "태초부터 있는 생명의 말씀에 관하여는 우리가 **들은 바**요 눈으로 **본 바**요 자세히 보고 우리의 손으로 **만진 바라**"(요일 1:1). 이처럼 인간이 하나님을 만난다는 것, 하나님의 말씀을 듣는다는 것은 언제나 몸을 매개로 한 활동이다.

창조주이신 하나님께서는 세계 안에서, 세계의 물질성을 부정하는 것이 아니라 적극적이고 풍성하게 사용하며 자기를 소개하시고 인간을 만나신다. 하나님께서는 인간의 영혼과 육체 모두를 사랑하시며, 은혜에 대한 인간의 전인적 반응을 요구하신다. 영적인 것뿐만 아니라 물질적인 것을 좋아하시는 창조주의 모습을 반영하듯, 인간은 하나님의 형상인 그리스도(고후 4:4)를 따라 영혼과 육의 통합체로서 창조되었다. '몸의 영혼'이자 '영혼의 몸'인 인간은 그 본질상 하나님께서 만드신 창조 속에 살아가는 물질세계 내 존재being-in-the material world이다. 따라서 토마스 아퀴나스가 말했듯 물질세계가 악하다거나 육체의 감각을 죄라고 보는 것은, 하나님께서 창조하신 세계의 본성을 거스른 죄이자 창조주의 의도를 무시하는 신성모독의 위험이 있다.[24] 우리를 둘러싼 세계는 우리가 구원을 받고자 벗어나거나 극복해야 할 대상이 아니라, 하나님의 영이 지금도 활동하시는 회복과 구속의 무대이다.

다시 강조하자면 예수 그리스도는 성육신하신 하나님의 말씀이고, 인간은 몸을 가진 영혼이다. 그리스도의 영이신 성령은 몸과 영혼의 통일체인 인간 안에 거하신다. 오감을 가진 우리의 육체는 신앙의 장애가 아니라, 하나님과 깊은 관계로 이끄는 소중한 매개이다. 그리스도교 영성은 죄와 욕망으로 무질서한 이 세계를 떠나 드높은 영적 세계로 올라가 순수한 상태를 유지하는 것을 가리키는 것이 아니다. 오히려 뒤뚱거리는 몸을 가지고서, 불확실한 현실 세계의 일원이자 하나님 말씀의 청취자로서 충실한 삶을 살아가는 것이 바로 그리스도교적 영성이다.

사람이면 다 사람인가 사람다워야 사람이지

철학자 디오게네스 알렌은 "영혼이라는 어휘는 사실상 오늘날의 우리에게는 하나의 당혹스러운 수수께끼이다"[25]라고 말한 적이 있다. 영혼을 가진 인간이 어떤 존재인지 그 신비를 푸는 것이 그만큼 곤란하다는 의미일 것이다. 이 문제가 어려운 이유 중 하나는 영혼을 그 자체로 연구하거나, 그 의미를 육체와의 관계 속에서만 살펴보기 때문일 수도 있다. 성서에 따르면 하나님의 피조물로서 인간 영혼은 언제나 몸과 결합하고 있으며, 양자의 통일성은 말씀이 육신 되신 예수 그리스도의 신비 안에서 올바로 계시된다. 즉, 참 하나님일 뿐만 아니라 '참 인간'이신 그리스도가 인간 됨의 의미를 푸는 열쇠가 되신다.

신앙의 유무와 무관하게 인간은 누구나 육체와 영혼의 통합체이다. 하지만, 이원론이나 유물론이 다양한 형태로 탈바꿈하며 인류를 계속해서 유혹하는 가장 큰 이유 중 하나는, 인간의 육체와 영혼이 현상적으로는 통합되지 못하고 서로 갈등을 일으키고 있는 것처럼 보이기 때문일 것이다. 영혼의 교만에 압도된 몸, 몸의 관능성에서 헤어나지 못하는 영혼이 일상에서 우리가 경험하는 인간 군상의 모습이 아닌가? 역사 속에서 문명과 문화는 너무나 쉽게 관념주의 혹은 물질주의로 흘러가지 않았는가? 영혼과 몸의 부조화 때문에 우리는 사람됨의 충분한 조건을 갖고도 인간답게 살아가지 못하고 있는 셈이다. 심상태가 지적했듯, "사람이 모두 인간인 것은 아니다. 인간 존재란 역사 속에서 인간다운 삶의 성취를 통해서 비로소 생성될 수 있는 것이다."[26] 이런 시각에서 보면 영육의 괴리로 인한 참 인간 됨으로부터 소외가 낙원에서 추방된 인간의 현존재를 규정하는 비극의 핵심에 놓여 있다고도 할 수 있다.

　하지만, 태초에 인간을 영육통합체로 만드신 '창조자 하나님'은 말씀의 '성육신'을 통해 참 인간 됨이 무엇인지 계시하셨다. 그리고 부활하신 주께서 보내 주신 '성령'은 인간의 영혼과 관계를 맺으실 뿐 아니라, 인간의 몸을 성전으로 삼으신다. 그렇기에 영혼과 몸의 부조화 속에서 신음하던 우리에게 말을 붙이며 찾아오시는 하나님께 전인적으로 순종할 때, 이제껏 속해 왔던 익숙한 삶의 질서와 가능성을 넘어선 영육이 조화된 삶의 가능성이 열린다. 인간다운 삶, 그것은 창조주 하나님의 성육신하신 말씀을 따라 그분의 자비로운 말씀을 우리가 세상 속에서 육화(肉化)^{embody}하며 살아갈 때 누릴 수 있는 은혜의 선물이다.

적용과 토론을 위한 질문

1. '사람이면 다 사람인가 사람다워야 사람이지'는 어떤 의미인가? 사람을 사람답게 만드는 조건들은 무엇이 있을까?

2. 인간을 영과 육과 혼으로 나누는 삼분설과, 영혼과 육으로 나누는 이분설 중 어느 이론을 더 많이 들어 왔는가? 둘 중 어느 것이 현실의 인간의 모습을 잘 설명해 주는 것 같은가?

3. 유대−그리스도교 전통은 몸을 중요시한다. 하지만, 현대 사회는 몸 자체를 우상화하지 않는가? 몸에 대한 균형 잡힌 이해란 어떤 것일까?

4. 죄를 짓게 만드는 여러 동기나 욕망 중 영혼에 관계된 것이 많은가, 아니면 몸과 관련된 것이 많은가?

5. 인간이 누구인지를 '참 인간'이신 예수 그리스도를 통해 알 수가 있다. 그렇다면 예수 그리스도를 통해 알게 된 인간은 어떤 존재인가?

6. 인간은 영육통합체이기에 모든 지식은 물질성을 전제할 수밖에 없다. 이에 관한 구체적 사례가 있는가? 하나님에 관한 지식마저 몸과 물질이 매개한다는 주장은 어떻게 느껴지는가?

19장. 욕망론

하나님께서는 왜 탈 많은 욕망을 만드셨는가?

욕망, 그 꿈틀거리는 삶의 에너지

한 사생아의 삶에 관한 소설이 있다. 꼬이고 또 꼬이는 인생, 안주할 곳 없이 떠도는 삶, 그 불안정함과 팍팍함을 버티는 가냘픈 힘의 원천은 옛 연인을 다시 만나고픈 막연한 욕망, 그리고 대리만족을 위해 현실과 꿈 사이를 오가며 썼던 한 줄 한 줄의 글이었다. 원치도 않은 세상에 억지로 태어나게 했고, 또 비루한 삶에 강제로 얽히게 만들고도 사람들은 뻔뻔하게 일상을 잘 살아가는 것 같아 보였다.

자기네 욕망에 눈이 멀어 자신에게 행복을 나눠 주지 않는 이들에게 주인공은 충동적으로 칼을 들었다. 자신을 불행으로 모는 이들을 찌르고 도주하는 것만이 무의미한 세상에게 자신을 증명하는 유일한 방법이었을지 모른다. 하지만, 칼도 제대로 쓸 줄 몰라 살해 시도는 늘 실패로 돌아갔다. 심지어 스스로 목숨을 끊으려 했으나 이마저도 실패했다. 살려는 욕망이나 죽으려는 욕망이나 그에게는 사치였다. 욕망을 거세당한 그는 살아 있으나 죽어 있었다.

> 어제, 나는 깊은 잠에 빠졌다. 내가 죽는 꿈을 꾸었다. 내 무덤을 보았다. 그곳은 아무도 돌보지 않아 잡초만 무성했다.
> 한 노파가 무덤들 사이를 거닐고 있었다. 나는 왜 내 무덤을 아무도 돌보지 않느냐고 노파에게 물었다.
> "이건 아주 오래된 무덤이구먼, 그래. 날짜를 봐요. 이제는 아무도 그가 여기에 묻혀 있다는 것을 기억하지 못하는가보우."
> 나는 날짜를 보았다. 올해였다. 나는 뭐라고 대답해야 할지 몰랐다.
> 내가 잠을 깼을 때, 날은 이미 저물어 있었다. 침대에서 하늘과 별들이 보였다. 공기는 투명하고 부드러웠다.[1]

행복하려는 몸부림도 절망하려는 몸부림도 무위로 돌아가자, 주인공은 결국 또 다른 형태의 자살을 선택했다. 그것은 꿈을 죽이고 현실이라는 무덤 속에 담담히 들어가는 것이었다. 현실을 받아들인 대가로 그는 오늘에 안주할 수 있었고, 더 이상 글을 쓰지 않게 되었다. '어제'는 위태로웠지만 다채로운 빛깔을 머금었는데, '오늘'은 무채색의 안정감과 권태로 채워졌다.

> 어제는 내내 무척 아름다웠다.
> 숲 속의 음악,
> 내 머리칼 사이와
> 너의 내민 두 손 속의 바람
> 그리고 태양이 있었기 때문에.[2]

타인도 자기도 죽이지 못한 그가 결국 선택한 자살은 자신의 꿈을 죽이는 일이었다. 겉으로 보기에는 이제야 삶의 안정을 찾았지만, 더 이상 꿈이 자라지 못하는 주인공의 삶은 목적 없이 꿈틀대며 움직일 뿐 죽어 있는 좀비 같다. 그런데 잠깐 돌아보자. 정작 주인공이 불행했던 것은 애초에 자기가 바라서는 안 될 것, 곧 타인의 행복을 욕망하고 있었기 때문은 아니었을까? 타오르는 욕망이 삶을 활기차게 하더라도, 그 생동감이 주는 쾌감에 눈이 멀어 버릴 때 인간은 서서히 불행 속으로 걸어가는 것은 아닐까?

사람은 누구나 욕망이 있다. 욕망의 강렬함은 우리를 실수로 이끌고 삶을 뒤틀고 공동체에 불행을 가져오곤 한다. 욕망은 채우고 채워도 끝없이 증식하는 것이 세계를 자기 속으로 한없이 끌어들이려는 인간의 자기중심성을 적나라하게 표출하는 것 같다. 그렇다면 과연 욕망은 죄의 근원인가? 하나님이 창조하신 모든 것이 선하다면(딤전 4:4) 욕망도 좋은 것이라 해야 하지 않을까? 욕망이 있기에 우리는 살아 있음을 느끼고, 욕망의 대상이 다양한 만큼 삶이 풍성해지는 것이 아닐까? 절대자를 찾을 때까지 쉬지 못하고 안달하는 우리 마음도 사실 욕망이라할 수 있지 않을까?

성서는 욕망을 어떻게 이해하고 있는가?

행복학 특강 등에서 자주 소개되는 심리학 이론 중 하나가 에이브러햄 매슬로우Abraham H. Maslow, 1908-1970의 '욕구단계이론'hierarchy of needs이다.[3] 매슬로우는 욕구를 다음과 같이 하위부터 상위까지 크게 다섯 단계로 나눈다. ① 갈증, 식욕, 주거지 등 생존과 결부된 **생리적 욕구**. ② 위험으로부터 보호받고 생존에 필요한 것들을 잃지 않으려는 **안전 욕구**.

③ 대인관계를 통해 얻어지는 **소속 혹은 애정 욕구**. ④ 내외적으로 인정받기 원하는 **존중 욕구**. ⑤ 자기를 완성하는 **자아실현 욕구**. 이 자리에서 매슬로우의 이론의 타당성을 논하는 것은 심리학에 무지한 필자의 능력을 넘어서는 일이다. 그렇지만 매슬로우의 이론을 짧게나마 소개한 이유는 인간 욕구가 다양하다는 것과, 욕망이 충족된다 해도 인간은 곧바로 또 다른 무언가를 욕망한다는 것을 보여주기 위해서다.

인간의 욕망이 복잡다단하다는 것을 예리하게 포착한 고대 문헌 중 하나가 구약성서이다. 욕망으로 번역될 수 있는 히브리어가 상당히 많이 있을 뿐만 아니라, 구약성서 내에 소개되는 욕망, 취향, 갈망, 소원의 종류와 대상도 매우 다양하다.[4] 식욕, 성욕, 무병장수, 가족의 안녕, 물질적 번영 등의 자연적 욕구는 그 자체로 긍정되고 있으며, 이들에 대한 윤리적 평가는 주로 상황적 맥락에 의존하고 있다. 하나님께서는 인간에게 욕망을 주셨을 뿐만 아니라, 어떤 욕망은 이뤄지도록 돕기도 하신다(삼하 23:5). 심지어 욕망이 충족될 때의 만족감은 '달다'라고 감각적으로 묘사되기도 한다(잠 13:19).

한편 구약성서는 자연적 욕구가 하나님의 뜻에서 멀어질 경우에는 죄로 이어진다는 것도 보여준다. 예를 들면, 먹을 것에 대한 욕구가 이집트의 노예생활에 대한 낭만화로 이어지기도 하고(출 16:1-12), 절제되지 않은 성욕은 위험하다는 경고도 있다(잠 6:22-23). 이와는 대조적으로 하나님과의 바른 관계 속에서 욕구는 윤리적으로 선할 수도 있고, 종교적으로도 중요한 기능을 한다. 일례로 하나님에 대한 갈망과 율법에 대한 욕망은 구약에서 인기 있는 주제이다(사 26:9; 시 19:10). 특별히 피조물인 인간이 절대자에 대해 가지는 갈망은 이 땅에서 완전히 충족되기 어렵기에, 신약 시대로 넘어오면서 죽음 이후 상태 혹은 삶에 대한 소망으로 발전하는 것도 볼 수 있다(빌 1:23; 고전 13:12 등).

인간 욕망에 대한 구약성서의 다채로운 이해는 신약성서에 거의 그대로 이어지고 있다. 그런데 구약과 비교할 때 신약에서 욕망은 중립적이기보다는, 인간의 죄와 결합되거나 죄성의 표현으로 간주되기도 한다. 왜곡된 육체의 욕망은 하나님에 대한 인간의 저항과 불순종으로 여겨진다(엡 2:3; 벧전 4:2). 욕망은 사라져 없어져 버릴 이 세계와 그 타락상과 연결된다(요일 2:15; 딛 2:12; 벤후 1:4). 탐욕은 우상숭배와 다를 바 없고(골 3:5), 그리스도인은 육체와 욕망을 십자가에 못 박아야 한다(갈 5:24). 특별히 바울이 소개하는 육체와 영의 대조(롬 7:7-8:4)는 이후 서구 문명에서 육체적 욕망을 부정적으로 평가하는 데 어느 정도 기여했다.

분명 구약성서에 비해 신약성서에서 욕망, 특히 육신의 욕망은 부정적인 느낌을 풍긴다. 그렇다고 욕망 자체가 부정하다고 단정 지을 수 없다. 바울서신에서 육신은 단지 물리적 실체로서 인간의 몸을 말하는 것이 아니라, 자기 자신과 자아의 능력을 신뢰하는 인간의 왜곡된 이기적 모습을 지칭하는 신학적·실존론적 개념이라고 할 수 있다.[5] 그런 의미에서 육체를 가진 인간의 욕망은 그 자체로 죄악이 아니라, (히브리적 의미에서) 하나님의 뜻에 저항하거나 유리된 채 자기의 유익을 구할 때 죄의 근원이라 할 수 있다.

욕망이 우리를 하나님께로 이끌 수 있는가?

플라톤은 욕망의 존재인 인간을 금이 간 그릇에 비유했다.[6] 아무리 물을 채워도 채워지지 않는 깨진 그릇처럼, 욕망을 충족시키려 아무리 노력해도 인간은 계속해서 결핍을 호소한다. 이것을 나쁘게만 보지 않아도 될 것이, 사실 인간은 다양한 욕망을 통해 외부 세계와 관계를 맺는

다. 배고픔은 먹을 것을, 안락함의 욕구는 주거지를, 친밀함의 욕구는 우정의 대상을, 미에 대한 욕구는 예술을, 지적 욕구는 학문을 찾게 한다. 그렇다면 유한한 인간이 자기를 넘어서 신비한 무엇을 향해 가지는 욕구에는 뭔가 종교적 의미가 있지 않을까? 실제 초대교회 이래 그리스도교는 인간 마음에서 우러나오는 욕망을 통해 신을 찾아 나가는 방식을 중요하게 여겨 왔다.

인간이 피조물이라는 말은 존재의 근원에 대한 본능적 욕망을 가진다는 뜻이기도 하다. 아우구스티누스는 이 신비한 마음의 움직임을 다음과 같이 묘사했다. "당신은 우리를 당신을 향해서$^{ad\ te}$ 살도록 창조하셨으므로 우리 마음이 당신 안에서$^{in\ se}$ 안식할 때까지는 편안하지 않습니다."[7] 그렇기에 고린도전서 13장에서 바울이 말했듯 얼굴을 마주하듯 하나님을 보는 것이 인간 본성과 삶의 목표라 할 수 있다. 토마스 아퀴나스는 이를 조금 더 신학적 문장으로 바꿔 놓는다. "인간의 완성은 궁극 목적의 획득 안에 있는데, 그 궁극 목적이란……신의 직관으로 이루어진 완전한 지복이나 행복이다."[8] 하나님의 형상으로 창조된 인간 본성의 최종 목표는 하나님에 대한 갈망이고, 인간의 현재 삶은 자신의 유한함을 초월해 절대자를 보고픈 욕망으로 물들어 있다.

인간이라면 신앙 여부와 무관하게 자기 존재의 근원인 절대사에 대한 욕망이 있다. 이해하기도 설명하기도 힘든 이 본능적 욕망을 자각하고 길들여 갈 때 하나님과 깊은 관계로 들어가게 된다.[9] 아름다움과 즐거움이 곳곳에 뿌려진 피조 세계는 우리 속에 욕망을 불러내지만, 세계 안에서 욕망의 완전한 충족을 찾지 못한 마음은 모든 선한 욕망의 근원을 찾아가게 된다. 이 같은 욕망의 작용 방식을 분석함으로써 초월적 영역의 존재를 논증한 대표적 인물이 C. S. 루이스이다.

피조물이 태어날 때부터 느끼는 욕구가 있다면, 그 욕구를 채워 줄 것 또한 있는 것이 당연해. 아이는 배고픔을 느끼지. 그러니까 음식이란 것이 있잖아. 새끼 오리는 헤엄치고 싶어 하지. 그러니까 물이란 것이 있는 거고. 또 사람은 성욕을 느껴. 그러니까 성관계란 것이 있잖아. 그런데 만약 이 세상에서 경험하는 것들로 채워지지 않는 욕구가 내 안에 있다면, 그건 내가 이 세상이 아닌 다른 세상에 맞게 만들어졌기 때문이라는 것이 가장 그럴듯한 얘길 거야.[10]

위 인용문이 보여주는 '욕망으로부터 논증'argument from desire이 루이스의 독창적 이론도 아니고, 논리적으로 문제가 없는 것도 아니지만,[11] 이는 초월을 향한 욕망이 일상적 욕망과 어떻게 연결되는지를 제시하는 주목할 만한 사례이기도 하다. 우리가 물리적 세계 속에서 이런저런 욕망을 충족해도 계속 갈망이 꿈틀거린다면, 그 대상은 유한의 지평을 넘어선 그 무엇이기 때문일 것이다. 이렇게 궁극적으로 욕망은 이 세상의 모든 '좋은' 것과 '기쁨'의 근원이 되는 절대자를 향하게 해준다. 그렇기에 그리스도인은 초월의 계기가 되어 주는 일상에서의 쾌락을 무시해서도 안 되지만, 초월에 대한 욕망을 잃어버릴 정도로 이를 절대시하는 것도 경계해야 할 것이다.

욕망은 악의 근원이 될 수도 있지 않은가?

하나님의 형상인 인간 안에서 피어나는 절대자에 대한 근원적 욕망, 이는 하나님과 우리 사이를 연결해 주는 단단한 끈이다. 루이스 역시 무신론자 시절 정체 모를 갈망을 계속해서 느꼈고, 그 강한 욕망은 신앙을 되찾고 그리스도 안에서 성숙하는 데 큰 기여를 했다. 가톨릭교회에서는 심지어 절대자를 향한 욕망을 근거로 인간을 종교적 존재라 규정하기까지 한다.

> 하느님은 자신의 형상으로 인간을 창조하시고, 직접 인간의 마음에 하느님을 보고픈 욕망을 써 놓으셨습니다. 이 욕망이 종종 무시당하더라도, 하느님께서는 인간을 자신에게로 이끄시는 일을 멈추지 않으십니다. 왜냐하면 인간이 끝없이 찾아 헤매는 진리와 행복의 충만함을 인간은 하나님의 뜻 안에서만 찾고 누릴 수 있기 때문입니다. 따라서, 자신의 본성과 부르심에 따라 인간은 하느님과 사귐 속으로 들어갈 수 있는 종교적 존재입니다. 하느님과 이러한 친밀하고 생동적 유대가 인간에게 근원적 존엄을 부여합니다.[12]

하지만, 앞서 성서의 욕망론을 소개하며 잠깐 언급했듯, 욕망은 죄를 불러일으킬 뿐만 아니라, 탐욕 자체가 죄로서 파괴적인 힘을 발휘할 수도 있다. 욕망은 다양한 형태로 탈바꿈하며 마성적인 힘을 발휘하지만, 욕망이 종교가 될 때만큼 악랄한 경우는 없는 듯하다.

인간의 종교성은 욕망과 매우 밀접하게 엮여 있다. 이를 조금만 비틀어 생각해 보면, 종교는 인간의 욕망으로 만들어진 자기만족 혹은 자기방어의 기제가 아닌가라는 합리적 의심도 가능하다. 그렇다면 19세기 철학적 무신론의 선두주자 루드비히 포이어바흐 Ludwig Feuerbach, 1804-1872 가 말했듯 종교란 "인간 마음의 꿈"[13]이 아닌가? 실제로 많은 사람이 예배하는 신은 자신의 의식과 욕망을 투사해서 만들어 낸 것 아닌가? 그것도 천국에서 볼 수 있는 고귀하고 거룩한 분의 모습이 아니라 '너무나 인간적인' 우리의 지상 모습을 과장되게 투사한 것 아닌가? 인간이 하나님의 형상이 아니라, 하나님이 인간의 형상으로 만들어진 것 아닌가? 결국 인간의 마음은 우상을 만드는 공장이고,[14] 욕망은 그 동력원에 불과한가?

종교를 욕망의 투사로 보는 무신론자들의 날 선 주장이 물론 가슴 아프고 (어느 정도는) 부당하지만, 이러한 비판은 신학의 가장 중요한 기능 중 하나인 '우상 타파'를 간접적으로 수행해 주고 있다고도 할 수 있다. 로버트 뱅크스$^{Robert\ Banks,\ 1939-}$ 가 지적하듯, "신자든지 아니든지, 사람들은……자신의 소원과 두려움을 그들이 다른 것들에서 이끌어 낸 신 개념에 투사하려는 유혹을 지속적으로 느낀다. 그 이유는 그들이 그렇게 함으로써 계속해서 통제할 수 있는 신의 형상을 창조하기 때문이다."[15] 성서는 욕망이 하나님의 뜻과 유리되어 인간의 자기중심성의 노예가 될 때, 혹은 그 초월적 지향점을 잃어버리고 이 세계 내 질서에 함몰될 때, 악의 근원이 될 수 있음을 경고한다. 이러한 욕망은 그 자체로 악한 일을 추구할 뿐만 아니라, 자신을 정당화하고자 투사물로서 종교를 만들어 낸다. 이로써 종교는 인간의 개인적 혹은 집단적 이익에 봉사하는 우아하지만 탐욕에 찌들고 악취가 나는 제의가 되어 버린다. 이런 종교야말로 하나님에 대한 불신앙이요 불순종이다(바르트).[16]

욕망 이론에 기반한 종교 비판은 개인의 내적 심리나 사회적 심리를 비판적으로 성찰함으로써, 종교의 탈을 쓴 욕망의 실체를 드러내는 긍정적 기능을 어느 정도 수행해 준다. 그러나 욕망 이론을 통한 우상 타파는 한계가 있을 수밖에 없고, 결국에는 계시를 통한 우상의 실체 폭로와 믿음을 통한 죄성의 솔직한 인정이 요구된다. 계시의 구체성에서 출발하지 않았다는 점에서 볼 때, 인간의 자기의식을 투사해서 만들어진 종교적 신념이나 인간의 비판적 사고 능력을 통해 형성된 무신론은 겉모습은 다르지만 그 뿌리는 맞닿아 있다고 할 수 있다. 여기서 "무신론은 유신론의 형제로 나타난다"[17]는 위르겐 몰트만의 통찰이 빛을 발한다.

결론적으로 말하자면, 19세기 근대 유럽에서 정교한 욕망 투사 이론이 나오면서 무신론이 크게 일어났지만, 사실 고대에도 철학자들이 종교는 인간의 욕망으로 형성되었음을 꿰뚫어 볼 정도로 인류는 예전부터 높은 영적 통찰과 지적 수준이 있었다. 그렇다면 그리스도교 신학은 욕망이 파괴적이고 마성적으로 변할 가능성을 충분히 알고서도, 욕망을 신학과 실천의 중심에 위치시켜 왔던 셈이다. 여기서 '오용이 필요를 없애지 못한다'*abusus non tollit usum*는 중요한 신학적 원리를 재확인할 수 있다. 아무리 욕망이 잘못 사용된다 하더라도, 욕망은 여전히 하나님의 창조 속에서 불가결한 기능을 담당하고 있다. 오히려 욕망의 필요성과 중요성이 큰 만큼 오용의 사례도 많았다고 보아야 할 것 같다.

욕망이 대중이 원하는 우상을 주조하지 않으려면, 한편으로는 하나님을 향한 근원적 갈망을 유한한 존재에 대한 욕망과 대치하지 않아야 하고, 다른 한편으로는 일상의 다양한 욕망을 영원에 대한 갈망으로 상대화할 수 있어야 한다. 그런데 이게 말처럼 쉽지 않다. 특별히 어떤 특정 대상은 절대자만큼이나 우리 인간의 욕망을 끝없이 이끌어 낸다는 데 문제가 있다.

돈을 사랑함이 왜 일만 악의 뿌리인가?

바울은 돈을 사랑하는 것이 일만 악의 뿌리라고 했다. 왜냐하면 돈을 탐내다 믿음을 떠나 헤매기도 하고, 근심으로 고통을 받을 수 있기 때문이다(딤전 6:10). 돈 혹은 재물에 대한 욕망은 다른 어떤 욕망보다도 강렬할 뿐 아니라 다른 욕구들을 조종할 정도로 그 파장이 엄청나다. 어찌 보면 역사는 돈을 향한 인류의 절대 욕망에 맞서고자 종교와 철학이 연합전선을 만들고 저항하는 양상으로 흘러온 것이 아닌가라는 생각마저 든다.

솔직히 말하자면 신의 속성의 상당 부분을 돈이 공유하고 있으며, 하나님 형상인 인간은 돈을 통해 하나님처럼 되려고 한다. 돈은 어마어마한 권력을 안겨 주고(권능), 세계 어느 곳에나 있게 해주며(편재), 일반인은 알 수 없는 고급 정보를 선사하고(지혜), 법을 내편으로 만들며(정의), 가난한 자를 먹이고 병자를 일으키고(자비), 명예와 존경을 안겨 주고(영광), 오래 살게 해준다(영원). 셰익스피어의 말을 빌린다면 '검은 것을 희게, 추한 것을 아름답게, 나쁜 것을 좋게, 늙은 것을 젊게, 비천한 것을 고귀하게'[18] 만들 수 있는 돈은 신과 같다. 인간에게 신적 속성을 부여하고, 자연법칙을 거스르는 기적(?)을 과시하면서, 돈은 피조 세계에서 가장 강력한 신적 아우라를 가지게 되었다.

신과 돈 사이에 발견되는 이러한 표면적 유사성보다 더 심층적인 유사성을 사회학자 게오르그 짐멜Georg Simmel, 1858-1918은 다음과 같이 묘사한다.

세상의 모든 다양성과 대립은 신을 통해서 통일성에 도달하게 되며, 또한 신은……모순의 지양—또는 대립의 지양—[이다]. 존재의 모든 낯섦과 화해 불가능성은 신에서 통일성과 화해를 발견한다는 이 이념으로부터 평화, 안전 그리고 모든 것을 포괄할 정도로 풍부한 감정이 유래하는데, 이 감정은 신에 대한 표상 및 우리가 신을 소유한다는 표상과 결부된 것이다. 의심할 여지 없이, 돈이 자극하는 감정들은 이것과 심리학적인 유사성을 지닌다. 돈은 점점 더 모든 가치들을 충분하게 표현하는 등가물이 됨으로써 아주 추상적인 높이에서 객체들의 매우 광범위한 다양성을 초월하게 되며, 또한 아주 상반되고, 낯설며, 멀리 떨어져 있는 사물들이 자신들의

공통점을 발견하고 상호 접촉하는 중심이 된다.[19]

돈을 단지 물물교환 혹은 부의 축적을 위한 도구로 보는 것은 너무 순진한 태도다. 돈은 인간에게 지금보다 더 나은 삶을 꿈꾸게 하고, 불안과 갈등으로 점철된 현세에 조화와 화해와 평온의 감정을 불러낸다. 특별히 근대 자본주의의 도래와 함께 돈으로 획득할 수 있는 대상이 늘어나고, 삶의 거의 모든 영역이 화폐가치로 전환될 수 있게 되었다. 그 결과 돈의 위상도 급격히 높아졌고 그 능력의 한계는 더욱 헤아리기 힘들어졌다. 약 100년 전 발터 벤야민Walter Benjamin, 1892-1940이 예언자적으로 외쳤듯 "자본주의에서 일종의 종교를 볼 수 있다. 즉 자본주의에는 예전에 이른바 종교들이 그 답을 주었던 것과 똑같은 걱정, 고통, 불안을 잠재우는 데 핵심적으로 기여한다."[20]

돈에 대한 열렬한 환호는 화폐경제가 생긴 고대 사회부터 있었고, 신약성서도 신처럼 행세하는 돈의 힘을 '물신'mamon이라고 불렀다(마 6:24). 하지만, 돈이 종교적 아우라마저 흡수해 버린 자본주의 시대에는 소비와 욕망이 독특한 형태로 결탁했다. 즉, 근대 자본주의와 민주주의가 형성한 삶의 조건에서, 사람들은 유행fashion을 따르는 탐욕적 소비에 탐닉하게 되었다. 자본주의 사회에서는 모든 사람이 생산자는 아닐지라도 모두가 소비자일 수밖에 없다. 이는 민주주의를 전파하는 데 유리한 평등이라는 사회 조건을 형성했다. "소비의 세계는 평등하다.……소비자는 인종이나 민족, 계급, 성에 따른 무리와는 다른 새로운 무리다."[21] 하지만, 모든 인간이 평등을 좋아하는 것도, 모든 사람이 같은 수준의 부를 소유한 것도 아니다. 이럴 때 유행은 소비자라는 이름의 형식적 평등 속에서 실질적 차별화를 가능하게 해줬다.

유행은 모든 소비자에게 허락된 사치스러운 권리가 아니다. 짐멜에 따르면 "유행이란 사회적 균등화 경향과 개인적 차별화 경향 사이에 타협을 이루려고 시도하는 삶의 형식들 중에서 특별한 것이다."[22] 일부 부유한 이들은 유행을 소비함으로써 대중과 자신을 구별한다. 동시에 유행을 따름으로써 자기가 속한 집단에 동질감을 느끼고 또 가시적으로 그 집단을 대변하게 된다. 그래서인지 자본주의가 고도로 발달된 사회에서는 모든 것이 유행을 탄다. 옷과 패션, 자동차, 스마트폰, 맛집, 해외여행, 직업, 자녀 교육, 아파트 브랜드, 심지어 종교와 교회까지.

유행을 따라가는 데 예술적 취향, 사회적 지위, 교육 수준, 타고난 감각 등이 있으면 좋겠지만, 사실 이런 것들이 없더라도 돈만 있으면 얼마든지 유행을 자기 것으로 만들 수 있다. 유행에 뒤처질까 하는 두려움과 유행에 합류하고픈 갈망은 더 많은 소비를 촉발하고, 각종 미디어를 통해 유행 강박증은 퍼져 간다. 유행의 역설, 곧 "한편에서는 동등한 위치에 있는 사람들과의 결합……다른 한편에서는 낮은 신분의 사람들에 대한 집단적 폐쇄성"[23]은 현대 소비사회를 이끌고 있는 강력한 동력이다. 소비의 광풍이 휩쓸고 지나간 삶의 영역은 돈의 지배를 거부하기에는 이미 너무나 나약해져 버려 있다. 유행의 부드럽지만 거부하기 힘든 강제 속에 현대인은 자신의 참 욕망으로부터 소외되고, 오히려 잘나가는 타인의 욕망을 욕망하게 된다. 근대 자본주의의 상징처럼 등장한 백화점에는 유행하는 상품만이 아니라 우리의 욕망도 전시되어 버린다.

나는 흠칫 놀라 뒤로 물러서는데
여점원 아가씨가 함북 미소를 풍긴다.

나의 모가지가 나의 것이 아니었고

질문하는 신학

마네킹의 모가지가 나의 것이었음을

깨달은 나는 실없이 미소를 짓는다.

—박화목, 「미소」 중에서

근대 자본주의의 여명기, 종교개혁자 칼뱅은 돈의 역설적 성격을 잘 꿰뚫어 봤다. 돈은 이 세계가 돌아가도록 교환과 분배를 촉발하는 하나님의 섭리의 도구이다. 하지만, 타락한 세계에서 돈은 원래의 목적과 기능을 잃었고, 심지어 "마귀와 연합하여 피조물을 다스린다."[24] 재물의 신은 돈을 통해 인간이 자유롭고 자아를 실현해 갈 수 있다는 환상을 심어 주어 인간성을 파괴한다. 일용할 양식을 거짓 약속하며 전체 사회의 타락을 초래한다. 심지어 이 영리한 신은 삶을 영적 차원과 물질적 차원으로 나누도록 유혹한다. 이 그럴듯한 권면에 신자들은 경제와 신앙 혹은 돈과 종교가 서로 별개인 것처럼 생각하고, 자기의 탐욕이 그리스도교마저 돈에 예속되도록 만들고 있음을 깨닫지 못한다.

그렇다면 과연 종교는, 특별히 그리스도교는 돈에 저항할 지혜와 방법을 현대인에게 제공할 저력이 남아 있을까? 벤야민의 말대로 자본주의가 종교적 세의의 양상을 보일 뿐만 아니라, 그리스도교 자체가 이미 자본주의로 변형된 것 아닌가?[25] '네 분석은 창대하였으나 네 대안은 미약하도다!'라는 학자들의 자조적 심리가 돈에 대한 그리스도교의 경고와 대안에도 적용될 수밖에 없는가?

욕망은 어떻게 교육될 수 있는가?

신학적으로 참 단단하고 수사학적으로 멋진 가르침이 있더라도, 현실에서는 그 말이 힘없게 느껴질 때가 있다. 지성에 호소하는 탁월한 설명이 있더라도, 인간은 더 근원적 차원인 오장육부의 설득을 필요로 하는 존재이기 때문이다. 인간을 영육통합체로 이해하는 그리스도교 전통은 아주 이른 시기부터 이러한 통찰을 발견했다. 아우구스티누스는 이렇게 말했다.

> 인간은 그가 알고 있는 것에 의해서가 아니라
> 그가 사랑하는 것에 의해 평가되어야 한다.
> 오로지 사랑만이 인간을 인간답게 만든다.
> 선한 사랑은 그를 선하게 만들고
> 악한 사랑은 그를 악하게 만든다.[26]

그런데 문제는 인간이 욕망의 존재임을 그리스도인도 자주 망각한다는 데 있다. 그러는 사이 재물에 의한 욕망의 식민화는 더욱 쉽게 일어난다. 세상의 참 주인이 하나님이라는 것을 '깨닫게' 만들고자 교회가 설교와 교회교육 등으로 노력하는 동안, 자본주의가 돈을 '사랑하도록' 사람들을 쾌락과 편리함으로 길들인다면, 둘 중 어느 것이 더 강력한 힘을 발휘할까? 인간의 욕망을 조종하는 데 탁월한 자본주의 시스템 안에서 어떻게 해야 욕망이 올바로 질서 잡힐 수 있을까? 몸의 쾌락에 호소하는 소비주의에 저항하고자 그리스도교적 '세계관'과 '지성'을 강조하면서, 영육통합체인 인간에 대한 성서적 지혜는 충분히 고려하지 못하는 것은 아닌가?[27] 욕망의 존재인 인간이 행복해지기 위해서 욕망의 수련과 교육이 필요하다는 통찰은 고대부터 철학과 종교에서 쭉 이어 내려오고 있다. 하지만, 이 역시 너무나 방대한 주제이고, 필자의 전문적 지식도 부족하니, 현대 사회에서 그리스도인의 욕망에 대해 몇 가지 고민해 볼 만한 신학적 주제를 간략히 제시하고 결론을 맺도록 하겠다.

첫째, 복음이 바로 선포되고 성례전이 바로 집행되는 곳에 교회가 있다는 아우크스부르크 신앙고백Confessio Augustana, 1530 7항에서 착안하여, 티모시 고린지Timothy J. Gorringe, 1946- 는 교회를 다음과 같이 정의한다. "우리는 말씀과 성례전으로 인간 욕망이 교육받고, 훈련받는 곳에 교회가 존재한다고 말할 수도 있다."[28] 그리스도교와 자본주의는 대중의 욕망을 교육하는 데 심혈을 기울여 왔다는 데 공통점이 있다. 단, 욕망의 증식을 통해 운영되는 자본주의는 '욕망에 한계가 있다는 사실'을 거부하도록 교육한다는 점에서 '교리상' 근본적인 차이가 있다. 따라서 그리스도교 신학과 실천은 참 욕망의 대상이 되시는 하나님에 대한 강조에만 머물러서는 안 되고, 인간의 한계 혹은 욕망의 참 본질을 가식이나 두려움 없이 직시하고 인정하게 도울 수 있는 언어와 이미지가 풍성히 담긴 이야기와 예전에도 관심을 기울여야 한다.

현대 사회는 욕망은 긍정하고 찬양하면서도 그 책임은 잘 묻지 않는다. 이러한 세태 속에서 현대인은 욕망의 파괴적 결과에 대한 감각이 사라져 간다. 하지만, 무질서한 욕망은 다른 이를 희생시킬 뿐만 아니라 우리 삶에도 깊은 상처를 남기게 마련이다.[29] 그렇다고 너무 절망할 필요는 없다. 욕망이 인간을 특정한 방향으로 움직이게 한다면, 상처에 대한 인식도 인간 주체를 특정 방향으로 행동하게 만드는 강력한 요인이다. 그렇다면 욕망이 우리에게 남긴 상처가 얼마나 심각한지 뼈저리게 느끼고, 그 상처가 누군가에게 또 다른 상처를 주리라는 것을 자각하는 것이 현대인에게 필요한 '대안적 욕망 교육'이지 않을까? 이로써 소비주의 사회에서 당연시했지만 사실은 자기 파괴적이었던 욕망들에 의문을 표하게 되고, 다른 가치를 가지고 삶을 생각하고 살아 볼 여백도 생기지 않을까? 타자와의 관계도 소비와 경쟁이 아니라, 주체가 품고 있는 상처를 통한 연대와 공감으로 재정의할 수 있지 않을까?

특별히 그리스도교는 우리와 다를 바 없는 보통 사람들의 경제적·종교적·정치적 욕망 때문에 모든 권리를 박탈당하고 비참하게 희생될 수밖에 없었던 한 사형수를 예배하는 종교이다. 즉, 그리스도를 기억한다는 것은 지금도 욕망의 충돌 속에서 희생양이 되고 있는 실제 사람들을 생각하는 행위이기도 하다. 그런 의미에서 교회의 선포는 이중적 과제를 지닌다. 한편으로는 하나님에 대한 욕망을 다른 사물에 대한 욕망으로 대치하려는 안일한 욕망의 우상주의를 경고하고(마 6:24; 눅 16:13), 다른 한편 소비와 경쟁으로 분주한 일상에서 생각도 기억도 못했던 이웃의 상처와 사회의 흉터들을 인지하도록 해야 한다.

둘째, 욕망이 시공간을 초월해 맹위를 떨치는 것 같지만, 사실 욕망은 상당히 맥락에 의존한다. 예를 들면, 고속도로가 발달한 나라와 그렇지 않은 나라에서 사람들이 가지는 자동차를 향한 욕망은 다를 수밖에 없다. 직업군에 따라 소유욕이 일어나는 대상도 다르다. 그렇기에 욕망이 반복적으로 일어나고 충족되는 맥락이 경쟁과 소비로 정의되는 뜨겁게 달궈진 곳인지, 아니면 여유와 배려와 나눔이 있는 곳인지도 윤리적으로 중요한 의미를 지닐 수밖에 없다. 이 지점에서 욕망을 교육하는 환경으로서 성찬의 중요성을 언급하지 않을 수 없다.

현대 소비주의와 성례전은 '몸'을 중심으로 한 특수한 실천 양식을 만든다는 공통점이 있다. 하지만, 소비주의가 광고를 통해 자아의 이상화된 몸이라는 허상을 주입한다면, 성찬은 타자를 위해 십자가에서 찢기고 부서진 몸을 기억하게 한다. 소비주의가 탐욕의 증폭을 촉진하는 메커니즘으로 돌아간다면, 성례전은 나눔을 기반으로 하는 교환 메커니즘으로 규정된다. 즉, 성찬에서 기념하는 몸은 욕망으로 비대해진 몸이 아니라, 타인을 위해 희생하고 나눠 주는 몸이다. 고린지가 말했듯 "[자본주의 사회에서] 몸은 소비의 몸이자 그 자체로 소비의 대상이 된다.……성만찬은 몸을 긍정하지만, 하나님 나라의 맥락 속에서 긍정한다."[30]

성찬은 옆에 있는 이들을 나의 욕망으로 조종하는 대상이 아니라 하나님의 욕망의 대상으로 지각하게 된다. 성찬은 서로를 소비자가 아니라 무료지만 값비싼 은혜free but costly grace를 필요로 하는 존재로 상호 인정하고 수용하는 시공간 속으로 우리를 초대한다. 그 신비한 예전에 오래 반복적으로 참여함으로써, 하나님 나라에 대한 상상력은 커 갈 수도 있고, 평화와 나눔의 관계 속에서 타자를 마주하고 이야기하는 습관도 형성하게 된다. 즉, 성찬은 이론으로 환원될 수 없고 말로는 설명될 수 없는 하나님 나라의 대안적 꿈 그리고 바르게 질서 잡힌 욕망을 몸에 아로새기는 장(場)이다. 하나님 나라의 꿈을 잔뜩 머금은 예전과 교제는 우리의 욕망이 교육되는 비효율적이지만 불가결한, 느긋하지만 신뢰할 만한 환경이다.

셋째, 칼뱅에 따르면 십자가에서 악의 세력에 승리를 거두신 예수 그리스도는 맘몬에게도 이미 승리하신 주님이시다. 그분은 자신의 부유함을 버리고 스스로 가난한 인간이 되셨고, 세상의 참 주인으로서 사회·경제적 회복을 위해 재화도 다스리신다. 따라서 믿음으로 그리스도와 연합한 인간은 자신의 참 정체성을 회복하고 이웃과 바른 관계를 회복할 뿐 아니라, 사회의 균형과 공평을 되찾는 방식으로 경제활동에 참여해야 한다. 비엘레가 말하듯, "기독교 공동체는 돈이 영원하신 그리스도에 의해 축귀되고 그 악한 영이 발가벗겨져서 섬기는 존재로서의 본래적 기능을 회복하게 하는 행위를 분명한 공적 행위를 통해 확인해야 한다."[31]

돈에 대한 욕망을 제어하는 데 신앙인의 경제적 책임을 환기하는 것만으로는 한계가 있기 때문에, 세상의 참 주인이 하나님이심을 반복적으로 재확인하는 교회의 예배도 중요하고, 공평과 정의를 세울 국가의 적절한 개입도 반드시 필요하다. 즉, 칼뱅의 진단에 따르면 승리자 그리스도 때문에 마성적 힘을 상실한 돈은 개인-교회-국가의 협력 속에서 섭리의 도구로서 본래적 기능을 부분적으로 회복할 수 있다. 하지만, 사실 개인이나 교회나 국가 모두 인간의 왜곡된 욕망으로 인해 제 기능을 발휘 못할 때가 많다. 그렇기에 결국 '욕망은 어떻게 올바로 교육되는가?'라는 주제가 근본적인 물음이 될 수밖에 없다.

욕망, 인간 삶의 알파와 오메가?

창세기 3장은 인간이 하나님께 불순종한 이유를 욕망과 연결시켜 설명한다. 하나님께서는 선악을 알게 하는 나무 열매는 먹지 말라고 하셨다. 하지만, 여자의 마음을 흔들어 결국은 하나님 말씀을 어기게 했던 열매를 성서는 '탐스러웠다'라고 묘사한다(창 3:6). 여기서 탐스럽다$^{wə-neh-}$ $_{mād}$는 '탐내는 마음'이란 뜻의 ḥamad에서 파생되었다.[32] ḥamad는 구약성서 여러 곳에 사용되는 데 가장 유명한 구절은 바로 십계명의 마지막 명령이다. "네 이웃의 소유를 탐내지^{ḥamad} 말지니라"(신 5:21; 출 20:17 참조).

첫 인류의 흐트러진 욕망은 인간을 하나님으로부터 멀리 떨어트렸을 뿐 아니라, 다른 인간과 물질적 세계와의 관계까지 근본부터 뒤틀었다. 하나님은 이기적 욕망의 노예가 되어 오랫동안 방황하던 인류를 끌어 모아 그 속에서 하나님의 백성을 탄생시키고자 십계명을 주셨다. 그리고 십계명의 마지막이 바로 눈먼 욕망 때문에 너와 이웃 사이의 경계를 넘지 말라는 말씀이었다. 탐욕으로 인해 죄의 길에 스스로 들어선 인류를 구출하시고 새로운 공동체를 만드시면서 하나님께서 하신 마지막 명령이 욕망과 관계되었음이 의미심장하다. 그런 의미에서 '욕망의 교육'은 선택과목이 아니다. 이것은 하나님의 백성이 되고자 반드시 수행해야 할 필수과목이다.

신약에서 예수 그리스도께서 받으신 첫 시험은 바로 돌을 떡으로 만들라는 것이었다. 이에 예수께서는 "사람이 떡으로만 살 것이 아니요 하나님의 입으로부터 나오는 모든 말씀으로 살 것이라"(마 4:4)고 말씀하신다. 세련된 신앙을 자랑하는 현대의 그리스도인들이 이 구절의 의미를 모르지는 않을 것이다. 하지만, 미로슬라브 볼프^{Miroslav Volf, 1856-} 가 지적했듯, 떡만큼 우리의 모든 주의를 훔쳐가는 치명적인 유혹을 실제 삶에서 찾아보기 힘들다.

> 풍요할 때나 가난할 때나 가장 큰 유혹은 인간이 떡으로만 사는 것처럼 믿고 사는 것, 마치 그들의 삶 전체가 세상의 상품을 생산, 개선, 분배하는 것을 중심으로 돌아가야 하는 것처럼 믿고 사는 것이다.……'일상적 실재'로만, 그리고 그것만을 위해서 살면 우리는 안절부절못하게 되고, 안절부절못함으로써 더 정의롭고 자비롭고 자상한 인간적 실천과 사회적 환경 조성을 방해할 뿐 아니라, 경쟁과 사회적 불의와 환경 파괴를 낳는다. '떡으로만' 살려고 하면 우리 자신과 이웃 모두를 죽이게 된다.[33]

복음서가 사람이 떡으로 산다는 사실을 부정한 것은 아니다. 단, 하나님 말씀으로 대변되는 영적 실재를 거부하고 떡으로'만' 살 것처럼 세상을 욕망의 전쟁터로 만드는 생활 방식을 문제 삼는다. '떡으로만'으로 대변되는 초월이 상실된 일상에 욕망이 갇혀 버리면 우리 마음은 곧 불안으로 가득해질 것이고, 삶은 더 많은 소유를 위한 경쟁으로 파괴되어 버릴 것이다. 그러다 결국 생존을 위한 우리의 순진한 몸부림은 어느새 타인의 것을 내 것처럼 탐하는 욕망과 행동으로 변할 수도 있다.

그리스도의 말씀은 '떡으로**만**'이라는 강박적 이데올로기에서 '만'을 떼어 내며, 일상적 실재에 올바른 위치를 찾아준다. 이로써 우리가 욕망을 가지면서도 탐욕의 노예가 되지 않는 길이 제시된다. 돈이 일만 악의 뿌리임을 예리하게 직시한 바울도 미래에 대한 소망을 가지고 후하게 나눠 줄 것을 권면했다(딤전 6:10, 17-19; 히 13:5 참조). 이렇게 성서는 탐욕을 이기려면 우리가 속한 세계를 넘어선 근원적인 것을 응시하고, 나눔의 실천부터 시작하라는 익숙한 조언을 건네준다. 그렇지만 이상하게도 인류는 지혜의 단순한 가르침대로 열심히 살려고 해도 화살이 과녁에서 벗어나듯 초점이 어긋난 삶을 계속해서 살아 왔다. 이를 신학적 용어로 죄라고 한다. 이제 그리스도교 신학에서 가장 논쟁적 주제 중 하나인 죄론을 살펴보도록 하자.

적용과 토론을 위한 질문

1. 이 글에서 '욕망'이라는 단어가 포괄적으로 사용되었다. 그럼에도 이 단어가 그리스도인 사이에서 부정적 느낌을 가지는 것은 왜일까?

2. 욕망하다, 갈망하다, 원하다, 추구하다 중에서 진리를 주어로 할 때 적합한 동사를 고르라면 어느 것을 선택하겠는가?

3. 하나님이 창조하신 것에 욕망이 들어간다고 할 수 있을까? 창세기 2-3장을 읽어 보며 그 답을 찾아보자.

4. C. S. 루이스의 '갈망을 통한 논증'은 과연 설득력이 있는가? 이 논증이 성립하기 위해 필요한 전제가 있는가?

5. 종교가 욕망과 밀접히 관련되어 있다는 근대 무신론자의 주장이 거북하지는 않은가? 나의 신앙생활 혹은 우리의 교회생활과 결합한 욕망은 어떤 것일까?

6. 어떻게 하면 돈을 향한 욕망을 제어할 수 있을까? 종교마저 돈을 향한 욕망에 사로잡힌 오늘날 과연 대안적인 삶이 어떻게 가능할까?

7. 본인이 따르거나 관심이 있는 유행이 있는가? 유행이 나의 일상이나 신앙에 어떤 영향을 끼치고 있는가?

20장. 죄론

죄를 강조하는 그리스도교는 비관론적인가?

인간, 그 비극적인 오묘하고 놀라움

성서는 인간이 영원부터 존재한 것도 아니고, 스스로 발생한 것도 아니며, 하나님께서 특별히 만들고 가치를 부여한 피조물이라고 소개한다. 신이 아니지만 신적 기원을 가진 존재, 흙이지만 신의 형상으로 만들어진 존재가 인간이다. 인간 됨의 신비를 시편 139편 14절(새번역)은 이렇게 노래한다. "내가 이렇게 빚어진 것이 **오묘하고** 주님께서 하신 일이 **놀라워**, 이 모든 일로 내가 주님께 감사를 드립니다."

　　오묘하고 놀랍게 만들어진 fearfully and wonderfully made 인간, 하지만, 이 빛나는 아름다움 이면에는 암흑같이 짙은 그림자가 드리워져 있다. 인간의 삶에는 폭력, 잔인함, 자가당착, 비합리성, 이기심 등이 뿌리 깊게 박혀 있다. 인류사에 등장한 수많은 사상가와 문학 작품은 인간 존재의 비극성, 모순됨, 유한성 등을 지적해 왔다. 특별히 그리스도교는 인간을 부패한 본성을 가지고 태어나는 존재, 죄에 빠져 살아가는 존재, 악을 만들고 퍼트리는 존재라고까지 규정한다. 사실 맨정신으로 듣기에 그리 기분 좋은 말은 아니다.

프랑스의 근대 철학자 파스칼Blaise Pascal, 1623-1662은 인간은 우주가 물 한 방울로도 죽일 수 있을 정도로 보잘것없지만, 인간은 자신의 한계와 죽음을 알기에 우주보다도 위대한 존재라고 했다.[1] 이처럼 인간은 자기 자신을 성찰할 때 스스로는 파악할 수 없는 신비와 쉽게 해소되지 않는 역설을 발견하고 또 발견하게 된다. 광대한 우주에 비하면 점 하나에 불과하지만 우주보다 더 큰 세계를 상상하는 존재, 선과 악이 복잡하게 뒤엉켜 있는 모호한 존재, 신을 갈망하는 만큼이나 세속을 숭배하는 존재, 무한한 가능성과 처참한 실수로 범벅된 존재, 천사와 야수의 두 얼굴을 가진 존재가 바로 인간이다.

그리스도교는 인간의 이중성을 아주 예리하게 지적해 왔다. 원래 인간은 하나님 형상으로 창조자의 본성과 뜻을 드러내도록 만들어졌다. 그러나 인간은 태어날 때부터 죄인이고, 자신의 힘으로 이 상태를 벗어날 가능성은 없다. 그럼에도 인간은 절대자의 사랑을 받는 존재일 뿐만 아니라, "이 세대를 본받지 말고"(롬 12:2) 순결한 삶을 살도록 요청받는다. 어찌 보면 일관성이 없어 보이고, 어느 장단에 맞춰야 할지도 잘 모르겠다. 하지만, 논리적으로는 봉합되지 않는 인간성의 딜레마 속에서 삶의 본질을 응시한 젊은이가 있었다.

하얗게 눈이 덮이었고
전신주가 잉잉 울어
하나님 말씀이 들려온다.

무슨 계시일까.

빨리
봄이 오면
죄를 짓고
눈이 밝어

이브가 해산하는 수고를 다하면

무화과 잎사귀로 부끄런데를 가리고

나는 이마에 땀을 흘려야겠다.

　　　—윤동주, 「또 태초의 아침」

시의 도입부가 전달해 주는 이미지는 순백의 겨울이 가진 청결함이다. 하지만, 겨울이 만들어 낸 반들반들한 깨끗함에서는 생명이 자라날 수 없다. 시인은 겨울의 무균 상태의 맑음이 녹아 없어질 봄을 기다리며, 그때가 오면 땀 흘리며 일할 것을 계시처럼 받아들인다. 그런데 생명의 기운이 충만한 봄의 이미지가 마냥 밝지만은 않다. 그 속에는 범죄한 아담과 하와의 몸에 새겨진 당황함, 수치심, 찝찝함, 고통이 삼투되어 있다. 윤동주가 그려 내는 인간 삶은 죄를 모르는 티 없는 청순함과는 거리가 멀다. 이 예민한 청년이 볼 때 순결함이란 죄에 대한 인식과 고민과 책임으로부터 서서히 잉태되는 것이다.

　젊은 시인이 직시한 인간 삶의 이중성을 염두에 두며, 첫 인류가 하나님께 불순종하는 이야기가 소개된 창세기 3장을 볼 때 유독 주의를 끄는 부분이 있다. 비극적으로 보일 수도 있는 타락 이후 삶의 모습을 인간 스스로 설계한 것이 아니라는 사실이다. 그것은 창조자 하나님께서 결정하시고 부여하신 '인간 됨의 조건'이다. 죄의 그림자 속에 살아야 하는 불완전한 실존은 불순종에 대한 심판의 표지이지만, 현실에 대한 희망과 긍정을 뿌리째 뽑아 버리는 저주는 결코 아닌 셈이다. 그렇다면 인간 삶에 대한 바른 성서적 이해는 (윤동주가 보여준 것처럼) 세상의 밝음과 어둠, 타락과 순결의 역설을 가식 없이 받아들이는 데서 시작해야 하지 않을까? 달리 말하면, 죄에 대한 기만이나 과장 없이 살아가야, 밤이 아무리 어둡고 적막하더라도 빛나는 별을 헤아릴 수 있고, 또 별을 사랑하는 마음으로 모든 죽어가는 것도 사랑할 수 있게 되지 않을까?[2]

성서에서 말하는 죄의 본래 의미는 무엇인가?

철학자 니체의 『안티크리스트』는 정신이 번쩍 들게 하는 책이다. 니체가 교리와 전통을 해석하는 방식에 동의하지 않더라도, 그의 예리하고 도발적인 분석과 비판을 접하노라면 내 신앙을 고통스럽게 되돌아보지 않을 수 없다. 특별히 '죄'의 교리는 교회에 대한 니체의 분노를 뜨겁고 맹렬히 타오르게 한다.[3] 물론 니체가 죄를 이해하는 방식은 편협하고 단순하지만, 그가 올바로 지적했듯 죄는 그리스도교 신학과 실천을 구성하고 이해하는 핵심 개념 중 하나이다. 또한 니체가 죄론을 가지고 그리스도교를 비판할 정도로, 죄의 개념에 대한 왜곡된 이해와 적용이 만연하고 있다. 그렇다면 우리는 죄를 어떻게 이해해야 할까? 균형 잡힌 죄론을 위해 성서로부터 출발해 보도록 하자.

흔히 교회생활이나 신학적 담론에서는 '죄'라는 하나의 단어를 중점적으로 사용하지만, 구약과 신약은 인간 실존의 비참함을 설명하고자 다양한 개념을 반복해서 사용한다.[4] 예를 들면 구약성서에는 *avah*(구부리다), *aval*(허물), *ra*(악의 지배), *maal*(신뢰의 깨짐), *pasha*(거역하다, 침해하다) 등이 등장한다. 이들 중 구약에서 가장 자주 그리고 널리 쓰이는 단어는 '올바른 목표에서 엇나가다' 혹은 '규범에서 벗어나다'는 뜻을 가진 *ḥata*이다. *ḥata*는 일반적 의미에서 실수를 가리킬 때뿐만 아니라, 하나님의 율법이나 목적에서 일탈한 인간의 소외된 모습을 가리키기 위해 사용된다(레 4:2; 민 15:28 등).

신약성서의 죄론은 구약과 연속성을 가지면서도, 죄의 다면적 의미를 폭넓게 제시한다. 그리스어 단어 *agnoēma*(알아야 할 바를 모름), *anomia*(율법을 지키지 않음), *parabasis*(경계를 범함), *parakoē*(말을 듣지 않음), *paraptōma*(바로 서야 하는 곳에서 넘어짐), *plemmeleia*(조화 속의 부조화), *hubris*(교만) 등이 죄라는 의미로 사용된다. 특히 히브리 단어 *ḥata*와 유사하게, 신약에 자주 사용되는 개념인 *harmartia*도 '과녁에서 빗나감'이라는 뜻을 가지고 있다. 그런 의미에서 '과녁에서 벗어나다'는 죄 개념이 신구약을 관통하고 있다고 할 수 있다. 하지만, 이 의미에만 과도하게 집중하는 것은 죄의 다차원적 모습을 단순화할 수도 있다. 특별히 주의 깊게 볼 점은 *harmartia*가 단지 개별적인 악행을 가리킬 때도 있지만, 죄악 속의 상태나 죄가 가진 악한 권능을 표현할 때도 사용된다(롬 6:6; 갈 3:22).

각각의 잘못된 행동 배후에서 인간을 사로잡고 있는 신비한 파괴적 힘에 대한 성서의 증언을 보며, 그리스도인은 체계화된 죄론을 점차 발전시켜 나갔다. 티슬턴이 잘 지적했듯, 히브리어나 그리스어 용례에서 죄의 복잡한 모습은 문맥에 따라 크게 세 범주로 나누어진다. "① 행동 또는 실패의 측면. ② 종종 태도나 욕구를 수반하는 심각한 결과를 가진 행동. ③ 죄악의 결과."⁵ 고대부터 지금까지 사람들은 성서를 통해 인간의 비참한 상황에 대한 생생한 보고를 접하게 되면서, 매번 반복되는 자신의 악행과 실패를 깨닫고 삶의 방향을 되돌리고자 했다. 죄에 대한 성서적 이해가 교리화되는 과정 중에, 성서적 언어의 모호함은 신학적 언어의 선명함으로 대체되었다. 안타깝게도 성서의 죄 이해가 가지는 다면적이고 신축적인 특성은 교리적 명확성의 대가로 어느 정도 사라졌다. 그렇기 때문에 죄에 대한 교리 공부를 할 때, 어떤 '문맥'에 따라 죄에 대한 논의가 전개되고 있는지 파악하는 것이 중요하다.

성서에서 죄론의 목적은 인간을 정죄하는 하나의 고정된 원리를 제시하는 것이 아니라, 인간 실존을 가식 없이 직시하고 인정하게 하여 삶 속에서 그 왜곡된 상황에서 벗어나도록 돕는 것이다. 즉, 죄론은 인간 상황에 대한 존재론적 규정이기도 하지만, 그 속에는 자신의 비참한 처지를 깨닫고 순례의 길을 떠나는 천로역정의 '드라마' 같은 요소가 들어 있다. 그렇기에 죄론을 고정된 교리적 언어의 체계 속에 가둬 버리는 것을 조심해야 하고, 그 의미를 성서적 내러티브와 삶의 구체적인 지평 위에서 역동적으로 파악할 수 있어야 한다.

죄에는 어떤 종류가 있는가?

교리로서 죄론의 발전 과정에서 주목할 만한 현상 중 하나는 죄를 일컫는 성서의 다채로운 개념과 별도로 죄의 종류를 세분화하는 신학적 언어가 등장했다는 사실에 있다.⁶ 실제 일상을 살아가다 보면 우리가 피해를 입히는 대상이나 잘못을 범하는 방식은 셀 수 없을 정도로 다양하다. 하나님 앞에서 죄가 있다면, 이웃에 관한 죄와 자기 자신에 대한 죄도 있으며, 심지어 자연에 해를 끼치는 경우도 있다. 행동으로 나온 죄가 있다면, 생각이나 말로 범하는 죄가 있다. 해서는 안 될 일을 하기에 죄를 짓지만, 인간으로서 마땅히 해야 할 바를 안 해서 죄를 짓기도 한다. 그러다 보니 인간 마음에 놓여 있는 정체불명의 마성적 힘, 우리가 하루하루 살면서 일으키는 크고 작은 파괴적 사건들을 적절히 구분하고 설명해 줄 세밀한 언어가 필요할 수밖에 없다. 일례로 가톨릭교회에서는 죄를 다음과 같이 구분한다.[7]

> **원죄**(原罪) original sin 아담과 하와가 하나님께 불순종한 결과 인류 모두가 공유하는 죄
> **본죄**(本罪) actual sin 개신교에서는 흔히 자범죄(自犯罪)로 번역함. 원죄의 결과 각 개인이 생각, 행동, 언어, 욕망으로 하나님의 법을 어기는 죄. **대죄**(大罪) mortal sin와 **소죄**(小罪) venial sin로 구분됨.

그렇다면 가톨릭 신학에서 대죄와 소죄는 어떻게 다를까?[8] 우선 **대죄**란 ① 중대한 잘못된 행위를 ② 그 심각함을 완전히 알면서도 ③ 자유와 의지를 발휘해 행한 죄에 해당한다. 예를 들면, 십계명에서 금지하는 살인이 얼마나 큰 죄인지 알면서도 계획을 짜서 고의로 사람을 죽였다면 이는 대죄이다. 대죄는 인간을 거룩하게 하는 하나님의 은총을 잃어버리게 하므로, 회개하고 교회의 세례와 고해 성사에 참여하지 않으면 구원받지 못한다. 영원한 죽음에 이르게 하기에 사죄(死罪)라고 하기도 한다.

　소죄 혹은 경죄(輕罪)는 거룩하게 하는 하나님의 은총을 박탈하거나 하나님과의 계약 관계를 무효화하지는 않지만, 의지를 약하게 하여 그리스도인의 삶에 악영향을 끼치고 사랑이 마르게 하여 관계의 질서를 왜곡시킨다. 하나님께 불순종하거나 그리스도인의 덕목에 어긋나

지만, 대죄를 구성하는 세 가지 조건 모두가 충족되지 않는다면 소죄로 분류된다. 정신장애나 고문의 고통으로 스스로 목숨을 끊은 사람들의 죄책을 상대적으로 작게 보거나, 자살자를 위해서도 기도하는 현대 가톨릭의 입장이 이를 잘 반영한다.[9] 소죄 때문에 영원한 형벌에 처하는 것은 아니더라도 지상에서 회개와 보속(補贖)은 요구된다.

그렇다면 개신교는 대죄와 소죄를 어떻게 이해할까? 개신교 정통주의 교리서를 보면 가톨릭과 마찬가지로 영원한 죽음에 이를 정도로 큰 죄와 그렇지 않은 가벼운 죄를 나누곤 한다. 그러나 많은 현대 개신교 신학자들은 성서적 개념이 아니라는 이유로 대죄와 소죄를 나누는 것을 거부한다. 물론 이들이 죄와 그에 따른 파국적 결과의 경중을 암시하는 성서 구절을 모르지는 않는다(겔 8:13-15; 요 19:1; 약 3:1; 눅 12:48 등). 실제로 이러한 성서적 가르침은 죄의 압박 아래서 우리가 어떻게 살고 행동해야 할 것인지에 대해 완전하지는 않지만 요긴한 통찰을 줄 수 있기에 목회적으로나 윤리적으로나 중요하다. 하지만, 이러한 부분적 사례가 대죄와 소죄를 나누는 것을 교리적으로 정당화하는 근거가 되기에는 부족하다. 웨인 그루뎀은 죄의 정도가 아니라 하나님의 주권적 은혜의 빛 아래서 대죄와 소죄의 문제를 다음과 같이 정리한다.

> 성경에 의하면, 지극히 작은 죄라도 모든 죄는 대죄로서 우리로 하여금 하나님 앞에 죄인 되게 하며 영원한 형벌을 받기에 합당하기에 충분하다. 그러나 아무리 중한 죄라도 구원을 위해 그리스도께 나아오면 모두 용서받을 수 있다.……따라서 이 경우에 모든 죄는 용서받을 수 있다.[10]

그루뎀의 주장은 자신을 구원할 능력이 없는 인간이 오직 은혜로만 죄 용서를 받는다는 개신교적 구원론을 전제하고 있다. 대죄와 소죄의 구분을 개신교적 원리에 입각해 비판적으로 바라볼 수는 있지만, 그렇다고 전통적인 죄론이 가진 심오한 깊이와 통찰을 완전히 무가치한 것으로 성급히 결론을 내려서는 안 될 것이다.

일례로 개신교회와 비교할 때 가톨릭교회에서 강조하는 전통적 죄론의 한 측면이 있는데 그것은 바로 죄의 구조적 차원이다. "죄의 구조들structures of sin이란 하나님의 법을 거스른 사회적 상황 혹은 기관들을 의미한다. 이들은 개인의 죄들의 표현이자 결과이다."[11] 죄는 '나' 혹은 '너'라는 개인이 저지르는 것이기도 하지만, 인간은 타인의 죄에 직간접적으로 참여하면서 '사회적 죄'를 만들어 낸다. 그리고 오랜 기간 인류가 서로의 죄를 묵인하고 공모하면서 탐욕과 폭력과 부정의가 인간을 다스려 왔다. 사회적 죄의 왜곡된 구조를 벗어날 수 없는 인간은 서로서로 가해자이자 피해자로서 폭력의 사슬에 단단히 묶여 있다. 만약 인간이 개인적으로나 사회적으로나 죄의 속박 아래 놓여 있다면, 우리는 오직 죽음으로만 죄의 굴레에서 벗어날 수 있는가?

아담이 불순종하지 않았다면 인류는 불멸의 존재가 되었을까?

"죄의 삯은 사망이요"(롬 6:23). 바울의 단도직입적인 선언은 죄의 결과로 인간이 죽음에 이르게 되었다는 근거 본문으로 많이 쓰인다(롬 5:12 참조). 창세기로 거슬러 올라가 보자. 하나님께서 아담에게 에덴동산의 어떤 과일도 먹어도 되지만, 선악을 알게 하는 나무의 열매는 먹으면 죽을 것이니 먹지 말라고 경고하셨다(창 2:17). 이러한 구절들을 근거로 삼아 다음과 같은 논리를 전개할 수도 있다. ① 하나님의 형상으로 만들어졌던 아담은 범죄 이전에는 불멸의 존재였다. ② 아담이 죄를 지어서 인간의 본성 속에 죽음이 들어왔다. ③ 그러므로 아담 이후 모든 사람은 죽게 되었다.

그렇다면 선악과를 먹지 않았다면 사람은 영원히 살았을까? 성서 본문을 자세히 보면 문제가 생각보다 복잡하다는 것을 알게 된다. 하나님께 불순종 후 아담은 바로 죽은 것이 아니라 930세까지 살았다(창 5:5). 오히려 구약은 오래 살다가 '죽는 것'을 하나님의 복이라 묘사하고 있다(신 22:7; 잠 3:2 등). 이런 질문들을 놓고 사람들은 인간의 유한성을 어떻게 해석해야 할지를 고민했다.

초대 교부 이레나이우스는 흥미로운 생각을 제시했다. 결론부터 말하자면, 하나님께서 만드신 태초의 낙원은 결코 완전한 곳도 아니고, 태초의 인류도 영원성을 소유하고 있지는 않았다. 오직 하나님만이 영원하고 완전하시기 때문에, 피조물인 아담이 '하나님과 같은 의미에서' 영원하고 완전하다고는 말할 수 없다.[12] 즉, 태초의 창조는 완전한 낙원이 아니라, (라이프니츠의 표현을 빌리자면) 가능한 세계 중 최고의 세계 the best of all possible worlds 의 등장이라고 볼 수 있다. 성부는 성자와 성령을 통해 미성숙 상태 속에 있는 인간을 성숙시키고, 자신과의 온전한 교제로 이끌고, 영원한 생명을 나눠 주고자 하셨다. 그러나 아직은 어리고 부족했던 첫 인간이 그만 사탄의 간계에 속아 넘어가 버리고 말았다. 여기시 중요하게 보아야 할 깃은 인간의 불멸성이란 피조물인 인간이 소유하고 주장할 수 있는 권리가 아니라, 삼위일체 하나님께서 구원의 역사 속에서 주시는 '은혜의 선물'이라는 점이다.

서방교회의 대표 신학자 아우구스티누스는 첫 인류의 상태에 대해 이레나이우스와 다른 생각을 하고 있었다. 흔히 아우구스티누스가 창조의 원초적 선함과 인간의 타락 사이를 강하게 대조했다고 알려졌다. 하지만, 그의 논의도 '타락 이전의 불멸'과 '타락 이후의 죽음'의 단순 이분법 구도 속에서 진행된 것은 아니다. 아우구스티누스에 따르면, 아담은 막 창조되었을 때 '죽지 않을 가능성'*posse non mori*을 가지고 있었다. 이 '가능성'을 현실화시키는 것은 궁극적으로 아담의 노력이 아니라 하나님의 은혜이다. 자유의지는 태초의 인류를 순종으로도 불순종으로도 이끌 수 있었다. 만약 아담의 자유가 죄로 기울어지지 않았다면, 그는 은혜 덕분에 죽음을 맛보지 않고 불멸로 옮겨졌을 것이다. 성서는 아담이 금지된 선악과를 먹고 죽게 되었다고 말하지만, 아우구스티누스는 아담이 선악과가 아니어도 자유의지를 자기를 파멸하는 방식으로 사용함으로써 죽을 수도 있었을 것이라는 상상도 해본다(예를 들면, 아담이 고집을 피우며 단식해서 굶어 죽을 수 있었다).[13] 죄의 결과 '죽지 않을 가능성'을 가졌던 첫 인류는 '죽을 수밖에 없는 존재'*non posse non mori*로 바뀌었다. 아담의 죄책을 물려받는 인류는 죄를 범할 수밖에 없는 존재이자, 죽음의 위협을 벗어날 수 없는 존재가 되었다.

자유의지의 실패를 강조하는 아우구스티누스와 창조 속에서 성숙과 교육의 과정을 강조하는 이레나이우스의 인간학은 차이가 있지만, 우리가 주목해야 할 바는 두 신학자 모두에게서 타락 이전 인간이 자연적으로 영원성을 소유한 존재가 아니었다는 점이다. 영원한 생명은 삼위일체 하나님의 사랑의 사귐에서 흘러나와 아담에게 선물로 주어지도록 되어 있었다. 여기서 우리는 인간의 사변이나 상상력이 만들어 내는 추상적 의미의 영원성, 신화적 의미에서 불멸성을 경계해야 한다는 따끔한 경고를 받게 된다.

아담과 하와는 선악과를 먹고도 왜 바로 죽지 않았을까?

선악과가 아담의 이로 잘게 쪼개지고 타액과 섞이면서 식도를 통해 장기로 내려가 소화되며 그 형태는 사라졌지만, 아담은 여전히 죽지 않고 있었다. 죄의 결과 인류에게 찾아온 죽음이 처음으로 현실화되기 위해 아담의 숨이 멈출 순간을 900년 넘게 기다렸어야 했을까? 이 문제에 대해 다양한 신학적 의견이 혼재하고 있기에, 성서 내러티브를 통해 생각을 정리해 보도록 하자.

죄의 결과가 죽음인 것은 분명하지만, 죄의 결과를 단지 '자연적 죽음'으로 한정 지으면 죄론의 깊은 신학적 통찰이 약해질 위험이 있다. 하나님의 창조를 보여주는 창세기 1-2장과 인간의 타락을 묘사하는 3장을 비교하면, 죄의 결과인 죽음이 인간이 살아 숨 쉬고 있는 순간에도 어떻게 작용하고 있는지 알게 된다. 하나님께서 만드신 선한 창조에서 아담은 하나님, 하와, 자연과 조화로운 관계를 맺었다. 하나님은 이를 보고 좋아하셨고, 제7일은 안식 속에 모두가 잠기도록 함으로써 창조 세계 전체가 거룩함에 참여하게 하셨다(창 2:3; 출 20:8-11).

그런데 창세기 3장에서 죽음의 그림자가 즉각적으로 하나님의 창조 세계에 드리워지는 것을 볼 수 있다. 범죄 후 아담은 하나님을 바로 대면할 수 없어, 나무 뒤에 숨어서 하나님과 이야기를 시도한다(창 3:10). 친밀했던 하나님과 인간 사이에 한편으로는 나무라는 물리적 벽이, 다른 한편으로는 두려움과 수치심이라는 심리적 벽이 놓인 것이다. 하나님께 아담은 "하나님이 주셔서 나와 함께 있게 하신 여자"(창 3:12) 때문에 이런 일이 생겼다고 변명한다. "내 뼈 중의 뼈요 살 중의 살"(창 2:23)이라 칭송받던 복된 존재가 순식간에 내 인생의 실패의 원인, 의로움을 더럽히는 저주의 근원으로 전락해 버린다. 심지어 '땅을 다스리라'는 특수한 임무를 받은 인간 때문에 땅은 저주마저 받게 된다. 모든 채소와 열매를 먹거리로 받았던 인간은 땅이 만들어 내는 가시덤불과 엉겅퀴와 씨름하며 땀 흘리며 살아야 한다(창 1:28-29; 3:17).

이처럼 첫 인류의 불순종은 하나님-인간, 인간-인간, 인간-자연의 관계에서 실패와 왜곡을 불러왔다. 낙원에서 쫓겨나 에덴의 동쪽에 살아가는 인류는 다중적 관계의 파괴라는 죽음의 표지를 안고 살아가는 존재가 되었다. 하나님께서 만들어 놓으신 근원적 관계의 끈이 꼬이고 왜곡되고 끊기는 곳마다 죽음의 냄새가 진동하게 되었다. 그 결과 지금도 우리의 마음은 우상을 끊임없이 만들고 숭배하며, 타자를 목적이 아니라 수단으로 대하며, 자연을 파괴하며 착취하고 있다. 하나님, 동료 인간, 자연과의 관계에서 실패한 인간은 참 자아마저 찾지 못하는 소외된 존재가 될 수밖에 없다.[14]

신약에서도 하나님과 인간과 자연과의 삼중적 관계는 죽음의 세력에 위협받고 있지만, 복음서는 예수 그리스도가 어떻게 관계를 회복하시는지 보여준다.[15] 특별히 복음서에서 예수께서 시험받는 장면을 중심으로 하나님, 인간, 자연의 관계를 재조명해 보자. 40일간 금식하신 그리스도에게 마귀는 돌로 떡을 만들라고 시험했다. 하나님 아들의 능력과 권위로 기적을 행하여 허기를 면하라는 것인데(마 4:3), 이것은 '자연'의 질서에 어긋나는 것이다.[16] 그리스도는 "사람이 떡으로만 살 것이 아니요 하나님 입으로부터 나오는 모든 말씀으로 살 것이라"라고 대답하시며 유혹을 이기셨다(마 4:4). 자기가 겪었던 것과 유사한 시험에 놓일 수밖에 없는 제자들에게 그리스도는 "일용할 양식을 주시옵고"라는 기도를 가르치시며(마 6:11) 물질 혹은 자연을 무차별 남용하고 착취하려는 인간의 끝없는 욕망에 재갈을 물리셨다.

두 번째 시험으로 마귀는 예수 그리스도를 성전 꼭대기로 세우고, 하나님 아들이면 뛰어내리라고 자극했다. 즉, 마귀는 인간으로 오신 하나님 아들에게, 자신이 사람 위의 사람임을 드러내 보이라며 '인간'과의 관계를 뒤틀려는 유혹을 감행했다. 하지만, 예수 그리스도는 "주 너의 하나님을 시험하지 말라"라고 하시며 시험을 극복하셨다(마 4:7). 또한 삶의 막바지에 이르러 예루살렘에 올라가시기 직전에 예수께서는 제자들에게 "인자가 온 것은 섬김을 받으려 함이 아니라 도리어 섬기려 하고"라고 말씀하시며(마 20:28), 인간과 인간 사이의 바른 관계는 지배가 아닌 섬김을 통해 가능함을 보여주셨다.

마지막 유혹으로 마귀는 높은 산으로 예수 그리스도를 데려가서 천하와 만국의 영광을 보여주며 자기에게 경배하면 이 모든 것을 줄 것이라고 말했다. 최종적으로 세계의 참 주인이신 '하나님'과의 관계가 시험대에 오른 것이다. 그러자 예수께서는 "주 너의 하나님께 경배하고 다만 그를 섬기라"라고 하시며 마귀를 물리치셨다(마 4:10). 이렇게 마귀의 모든 시험을 '말씀으로' 극복한 하나님 아들에게 승승장구하는 삶이 기다리고 있었을까? 오히려 기대와는 다르게 예수 그리스도는 비극적 죽음을 맞이하셨고, 십자가에 달린 "이는 유대인의 왕 예수라 쓴 죄패"(마 27:37)만이 그의 영광을 역설적으로 보여주는 것 같았다. 하지만, 예수 그리스도는 다시 사셨고, 하나님께서는 죽기까지 순종하신 그리스도에게 "하늘과 땅의 모든 권세를"(마 28:18) 주셨다. 흩어졌던 제자들은 이 세상을 폭력과 기만으로 다스리는 거짓 주가 아니라 참 주님이신 그리스도께 나와 경배를 하였다.

결론적으로 말하자면, 죄의 결과로서 죽음은 삶의 기반이자 힘과 기쁨의 원천이 되는 관계를 왜곡하고 끊어 놓는다.[17] 오늘도 인간은 하나님, 동료 인간, 물질과의 관계에서 죽음의 힘을 경험하고 있다. 삶의 무게가 너무 무거워 관계를 끊으려 하니, 그것은 자신의 일부를 잘라내는 자해가 되어 두렵고 아프기까지 하다. 관계의 다층적 틈 사이로 '사망이 쏘는 것'에 찔려 상처를 받으면서도, 관계를 떠나서는 살 수 없는 인간은 참으로 곤고한 존재이다. 하지만, 죽음마저 삼키지 못한 '생명의 주'는 관계 속에 죽음의 기운을 불어넣는 마귀의 시험을 이기신 하나님의 아들이시기도 하다. 예수 그리스도는 죽음의 경계 너머에서 뿐만 아니라 지금 여기에서도 인간의 희망이 되신다.

죄의 파괴성에도 불구하고 인류는 어떻게 생존하고 있는가?

죄론은 인간의 죄로 하나님의 선한 창조의 질서가 왜곡되어 있음을 알려 준다. 만약 인간의 생각과 판단이 죄에 물들어 있고, 또 인간이 만들어 낸 국가·사회·조직·공동체 역시 인간의 죄악을 드러내고 있다면, 어떻게 인류는 이토록 오랜 기간 멸망하지 않았을까? 이런 비관적 시각은 굳이 죄론을 전제하지 않더라도, 역사 속에서 인류의 행태를 관찰하면 충분히 형성될 수 있다. 한 예로 인류가 인공지능 컴퓨터의 조종을 받게 되어 기계의 착취 대상이자 에너지 공급원으로 전락한 미래를 그린 영화 「매트릭스」에서 인공지능은 인류를 다음과 같이 묘사한다.

> 내가 여기 있는 동안 받은 한 가지 계시를 나누고 싶어. 너희 종을 분류하면서 깨달은 건데, 너희는 사실 포유류가 아니야. 지구상의 모든 포유동물은 본능적으로 자기를 둘러싼 환경에 자연적으로 균형을 만들어 내지만, 너희 인간은 그렇지 않거든. 너희는 한 지역으로 이동해서는, 그곳의 모든 자연 자원이 고갈될 때까지 번식하고 또 번식해 버려multiply and multiply. 너희가 생존할 수 있는 유일한 방법은 다른 지역으로 퍼져나가는 것뿐이야. 지구라는 행성에 너희와 똑같은 형태로 움직이는 또 다른 유기체가 있지. 바로 바이러스야. 인간은 질병, 곧 이 행성의 암적 존재야.[18]

하나님께서 창조하신 환경과 조화와 공존을 도모하기보다는, 생존의 필요를 넘어 자기중심적 욕구 충족을 위해 자연을 파괴하는 인간의 모습은 현상적으로 바이러스보다 더 나을 것이 없어 보일 수도 있다. 하나님의 형상으로 창조된 존재에게 주어진 "생육하고 번성하라"be fruitful and multiply(창 1:28)는 명령은, 죄의 영향 아래 있는 세계에서는 나의 안전과 편의와 번영을 위해 "번식하고, 또 번식하라"multiply and multiply라는 욕망의 합리화 기제로 오용되기도 한 것도 사실이다.

그런데 신기한 것이 있다. 바로 죄악이 세상을 뒤덮었다고 하면서도, 이제껏 인류가 멸망하지 않고 있다는 점이다. 역사를 보면 인간 삶이 배신과 분열과 전쟁으로 점철되어 있지만, 인간은 타협과 협상과 조약을 이뤄 낼 뿐만 아니라, 심지어 적과의 동침도 기꺼이 선택할 수 있는 기이한 능력이 있었다. 분명 현대인은 지구의 역사를 단번에 끝낼 수 있을 정도의 핵무기를 가지고 있지만, 그것을 사용하지 않도록 끝없이 서로를 억제해 왔다. 브레이크 없이 질주하는 듯한 소비 욕구를 충족하기 위해 끝없는 생산이 요구되지만, 인간은 미약하게나마 지속 가능한 발전에 대해 고민한다. 그리스도의 유일성을 고백하는 그리스도교인도 타종교인 혹은 무종교인의 고통에 참여하며 그들을 돕기도 하고, 역으로 도움을 받기도 한다. 이와 같은 모순 혹은 이중성은 자멸을 두려워하는 무의식적 혹은 생물학적 동기에서 나오는 것일까? 아니면 다른 근원이 있을까? 놀랍게도 그리스도교는 죄 속에 있는 인간이 살아가는 터전을 지탱하기 위해 하나님께서 특별한 활동을 하신다고 증언한다. 그 예를 다음과 같이 몇 가지로 요약해 보았다.[19]

(1) 우선 하나님께서는 **율법**을 통해 하나님의 뜻을 이 세상에 보여 주셨다. 비록 율법을 다 지킬 수 있는 사람은 없을지라도, 거룩하고 의롭고 선한 하나님 말씀을 사모하고 따르는 것은 이 세계를 지탱하는 큰 힘이 된다.

(2) 율법을 모르는 사람이라도, 그 마음에는 하나님께서 주신 **양심**의 증거가 있다(롬 2:14). 그래서인지 "무엇이든지 남에게 대접을 받고자 하는 대로 너희도 남을 대접하라"(마 7:12)라는 도덕적 황금률을 거의 모든 문화권에서 찾아볼 수 있다.

(3) 타락 후에도 하나님의 은혜와 지혜는 기술, 공학, 윤리, 교육 등을 통해 사회를 유지하고 있다. 신학자들은 창조 세계의 생존과 유지를 위한 하나님의 신실한 활동을 **일반은총**이라는 범주 아래서 흔히 논의하곤 한다.

(4) 인간의 죄악은 너무나 크고, 그 부정적 영향은 눈덩이처럼 불어나기 마련이라서, 개인의 도덕성이나 공동체 차원의 안전망으로 그 위협을 막아 내기에는 부족할 때가 많다. 그래서 하나님께서는 **정부**라는 세속 권위를 특별히 세우셨다. 이 권위는 "하나님의 사역자가 되어 네게 선을 베푸는"(롬 13:4) 역할을 위임받았기 때문에 정의와 평화를 지키고 유지하는 데 그 칼, 곧 공권력을 사용한다.

(5) 끝으로 **하나님 형상**으로 만들어진 인간은 하나님과 소통하고, 하나님의 모습을 이 땅에 보여줄 수 있는 능력을 어느 정도 가지고 있다. 비록 타락으로 하나님의 형상이 훼손되었지만, 은혜로 이 형상이 회복되어 간다는 것은 폭력과 거짓이 넘치는 세상에서 우리가 기댈 수 있는 희망의 근거가 된다.

창세기 3장 21절을 보면 아담과 하와가 불순종하여 에덴동산에서 나오게 되었을 때, 하나님께서는 이들을 위해 가죽옷을 직접 지어 입히신다. 이 가죽옷은 세상에 첫발을 내디딘 초보 부부를 내적으로는 수치심으로부터, 외적으로는 거친 환경으로부터 보호해 준다. 이와 유사하게 하나님께서는 죄로 왜곡된 세상에서 살아야 할 인류를 내적으로부터는 비뚤어진 욕망으로부터, 외적으로는 폭력적 사회로부터 보호할 수 있게 여러 선물을 주셨다. 율법, 양심, 이성, 과학기술, 제도, 정부 등은 인간을 구원으로 이끌지는 못할지라도, 이 세상을 유지하고 인간을 보호하기 원하시는 하나님의 뜻을 구체화하는 매개가 될 수 있다.[20] 그리스도인이라면 이 선물들이 죄 때문에 오용되는 현실에 의로운 슬픔과 분노를 느껴야 마땅하고, 또 이들을 통해 세상에서 길 헤매는 우리를 지키시는 하나님의 마음을 바로 인식할 수 있어야 할 것이다.

"오 복된 죄!"라는 말을 감히 예배 때 사용하다니?

필자가 유학할 때 BBC 라디오에서 원죄에 대한 철학자와 신학자 사이의 논쟁을 들은 적이 있다. 철학자는 원죄에 대한 상투적 이해를 바탕으로, 죄에 대한 그리스도교의 강조가 인간에 대한 비관적 태도를 만들어 낸다고 비판했다. 신학자는 그리스도교는 인간을 죄인이라고 말하는 데 그치는 것이 아니라 하나님의 은혜와 맞닿아 있는 자로 규정함으로써, 자연적 인간이 가질 수 있는 것보다 훨씬 더 큰 가능성을 부여한다고 응수했다. 후자의 입장을 성서적 은유로 표현하자면, 죄를 범하고 당황한 첫 인류가 자신을 가리려고 '나뭇잎으로 옷'을 어설프게 만들 정도의 가능성을 가졌다면(창 3:7), 은혜 앞에 놓인 인간은 '그리스도로 옷' 입는 자로서(롬 13:14) 삼위일체 하나님의 교제 속으로까지 초대 받은 존재이다.

따라서 성서가 죄를 강조한다고 단순히 그리스도교를 비관론이라 부르지 말자. 죄론은 다른 철학이나 지혜도 감히 말하지 못할 정도로 인간의 위치에 대해 높게 찬미하게 한다. 반면, 성서가 죄인인 인간을 그리스도와 같은 영광에 참여한다고 말한다고 그리스도교가 낙관주의라고 섣불리 결론짓지도 말자. 왜냐하면 죄론은 우리가 꿈꾸는 고귀한 이상마저 자기중심성의 죄에서 자유롭지 못하다는 것을 폭로함으로써, 헛된 망상에 속고 또 속는 우리의 모습을 적나라하게 보여준다. 죄론이 있기에 그리스도교는 낙관론과 비관론의 양자택일 논리를 벗어나, 하나님께서 인간을 보시는 그 방식으로 인간 됨의 정체를 생각해 볼 가능성을 얻는다.

　　죄는 인간이 그 실체를 완전히 파악할 수 없는 신비이다. 이 짧은 지면을 통해 죄론의 심오한 의미를 드러내는 것은 그야말로 불가능한 일이었다. 죄론의 목적에 대한 더 깊은 이해로 이어졌으면 하는 바람에 *Felix culpa*라는 라틴어 표현을 소개하며 글을 맺고자 한다. '복된 타락' 혹은 '행복한 죄' 등으로 번역될 수 있는 이 구문은, 로마 가톨릭의 부활 전야의 미사에서 사용되는 "*O felix culpa quae talem et tantum meruit habere redemptorem*"(오, 복된 죄여! 너로 말미암아 우리가 위대한 구세주를 얻을 수 있게 되었도다!)라는 문장의 첫 두 단어이다. 참으로 도발적인 표현이다. 감히 죄를 복되다고 할 수 있는가? 죄악을 미워하시는 하나님(시 5:4)을 믿으며, 동시에 죄를 찬미하며 긍정할 수 있는가?

　　사실 *Felix culpa*는 "하나님께서는 악의 존재를 허락하지 않는 것보다는, 악으로부터 선을 끌어내는 것이 더 좋다고 판단하셨다"[21]라는 아우구스티누스의 명언에서 비롯되었다. (인간의 자유의지를 강조하던 펠라기우스에 대항해) 원죄의 교리를 강하게 제시했던 아우구스티누스의 입에서 나온 말이기에 충격적으로 느껴지기도 한다. 하지만, 조금 더 곰곰이 생각해 보자. 인간은 하나님을 배신하였지만, 하나님은 그리스도를 통해 더 큰 은혜를 부어 주시지 않았는가? 첫째 아담 속에서 인간성에 대하여 절망했기에, 마지막 아담이신 그리스도를 통한 새로운 생명으로의 초대에 더 큰 경이와 기쁨을 누릴 수 있지 않을까? 죄에 대한 깊은 고민이 없는 사람이 하나님의 은혜의 놀라움을 바로 파악할 수 있을까?

이런 관점에서 보자면 바바라 브라운 테일러가 잘 표현했듯, "……죄는 우리의 유일한 희망이다. 일을 바로 잡기 위해서는 무언가 문제가 있음을 인지해야 하기 때문이다. 어떤 도움도 필요 없다는 이를 도울 방법은 없다."[22] 죄의 교리는 인간의 가능성을 억압하고, 나 혹은 남을 절망의 나락으로 이끄는 교리가 아니다. 죄론은 곤궁과 비참의 쳇바퀴를 돌고 돌면서도, 어떻게 이 끝없는 순환의 굴레에서 벗어날지 모르는 우리에게 참 인간 됨을 회복하는 길을 제시한다. 그런 의미에서 함민복 시인의 말이 더욱 가슴에 와 닿는다.

오염시키지 말자

죄란 말

칼날처럼

섬뜩 빛나야 한다

건성으로 느껴

죄의 날 무뎌질 때

삶은 흔들린다

—함민복, 「죄」 중에서

인간을 인간답게 하고, 우리 삶의 과거와 현재와 미래를 특유의 관점에서 응시하도록 하나님께서 특별히 주신 가르침이 죄의 교리이다. 이것이 그렇게 아프고 부담스럽게 느껴짐에도 죄론이 여전히 아프고 부담스러워야 할 가장 큰 이유이다.

적용과 토론을 위한 질문

1. 신구약성서에서 죄는 규범, 혹은 과녁에서 벗어났다는 의미를 포함한다. 그렇다면 원래 인간이 머물러야 했던 규범 혹은 과녁이란 무엇인가? 그때의 인간의 상태와 모습을 성서는 어떻게 말하나?

2. 아우구스티누스에 따르면 아담이 지은 죄로 '죽지 않을 가능성' 대신 인간은 '죽을 수밖에 없는 존재'가 되었다. 이러한 교리적 설명이 현재의 나와 내 삶에 어떤 영향을 끼치는가?

3. 그리스도교 신학에서 죄는 신비이다. 평상시 가정하고 있는 신비 개념으로 이 문장을 이해할 수 있는가? 죄와 신비는 어떤 연결고리를 가지고 있을까?

4. 의지적으로 하나님으로부터 멀어져 원수가 되려는 인간의 모습을 인정한다면(골 1:21) 인간의 삶에 희망이 있을 수 있는가? 아니면 꼭 이러한 인식이 절망으로 이끌 필요는 없는가?

5. 타락 이후 인류에 관한 창세기 3장 16-23절이 만약 하나님께서 정하신 삶의 모습이라면, 그러한 묘사가 현실에 대한 긍정으로 이어질 수 있을까?

6. 죄를 대죄와 소죄로 나누는 것의 장점과 단점은 무엇일까?

7. 그리스도교 전통에서는 구조적 죄의 존재와 치명성도 교리적으로 인정했다. 그런데 개신교의 대표적 신앙고백에 구조적 죄가 잘 설명되어 있는가? 구조적 죄는 어떤 것이 있을까?

21장. 타락과 원죄

왜 아담 때문에 우리까지 심판받아야 하는가?

원죄인가 원복인가, 그것이 문제일까?

사느냐, 죽느냐 그것이 문제로다! To be, or not to be: that is the question!

1603년 출판된 셰익스피어의 『햄릿』은 문학사에서 가장 유명한 대사를 남겼다. 햄릿을 사랑하는 분들이 들으면 실망하시겠지만, 성서적으로는 그리스도 안에 있으면 살고 그렇지 않으면 죽는다. 즉, 첫 인간인 아담의 범죄 이후 인류는 원죄를 가지고 태어나 죽을 수밖에 없지만, 그리스도의 구원 사역을 통해서 생명을 얻을 수 있다. 바울도 다음과 같이 말하지 않았는가? "아담 안에서 모든 사람이 죽은 것같이 그리스도 안에서 모든 사람이 삶을 얻으리라"(고전 15:22).

그런데 1983년 가톨릭교회에서는 아담의 범죄 때문에 "사느냐, 죽느냐"가 치열한 논쟁 주제가 되었다. 도미니카 수도회 소속의 영성가

매튜 폭스Matthew Fox, 1940- 가 원죄original sin 교리 대신 원복original blessing 개념을 주장했고,[1] 당시 바티칸의 신앙교리성은 이 가르침의 이단성을 검토할 것을 수도회에 명했다. 가톨릭교회와 폭스 사이의 갈등은 고조되다가, 1993년 폭스가 가톨릭에서 나와 성공회 신부가 되면서 표면적으로는 일단락되었다. 하지만, 그가 교회에 던져 놓은 질문, 곧 "원죄냐, 원복이냐"는 지속적인 영향을 끼쳤다.

폭스는 창조의 선함과 아름다움에서 출발하는 '원복'과 타락과 죄의식에서 출발하는 '원죄' 전통을 강하게 대조했다. 그는 원죄 교리를 확립한 아우구스티누스 전통에서는 하나님의 본래적 축복에 대한 찬양을 찾아볼 수 없다고 비판했다. 대안적으로 그는 원복에서 시작하는 창조 영성을 제안했다. 물론 폭스의 주장이 설득력도 있고, 우리가 귀 기울여 들어야 할 부분도 있다. 창세기를 보더라도 타락(창 3)이 있기 전에 창조에 대한 하나님의 긍정과 축복이 있었고(창 1-2장), 하나님은 인간의 죄에도 불구하고 여전히 복 주시기 원하는 분이라는 것이 성서의 중심 가르침이다. 그러나 폭스의 주장과는 달리 아우구스티누스 신학의 핵심 중 하나도 하나님의 창조는 인간의 타락 여부와 무관히 선하다는 것이며,[2] 원죄를 강조한다고 하여 원복을 자동으로 부정하게 되는 것도 아니다. 그런 의미에서 원죄와 원복을 이분법적으로 나누는 것은 부적절하다고 할 수 있다.

원복에 기초한 창조 영성이 옳은지, 원죄에 기초한 타락과 속량 영성이 옳은지를 논하는 것은 이 글의 목적에 벗어난다. 그럼에도 글의 도입부에 원복과 원죄 논쟁을 소개한 것은, 그리스도교인이라면 다 인정할 것 같은 원죄론이지만, 그 타당성과 적절성을 놓고 여전히 고민과 토론과 갈등이 계속되고 있음을 보여주기 위함이다. 과연 원죄는 어떤 교리일까? 어떻게 아담의 죄가 후손에게 전달될 수 있을까? 폭스의 주장대로 원죄론은 시대에 뒤떨어지고 우리의 영적 발전을 저해하기에 결국은 수정되고 거부되어야 하는가?

원죄라는 개념을 성서에서 찾을 수 있는가?

『옥스포드철학사전』은 원죄를 다음과 같이 정의한다. "타락 이후 인류를 사로잡고 있는 죄의 상태이다. 이는……[일반] 윤리적 가르침에서는 호소력이 부족한 개념 중 하나이지만, 그리스도교의 다양한 가르침의 가장 중요한 요소 중 하나이다. 그 이유는 [원죄론이] 없다면 구원론을 설명할 합리적 기반이 상실되기 때문이다."[3] 여러모로 아쉬움이 남는 설명이기는 하지만, 이 짧은 정의 속에는 원죄론에 관해 생각할 거리가 크게 세 가지가 들어 있다. ① 타락 이후 인류는 누구나 아담의 죄의 영향을 받게 되었다. ② 모든 사람이 태어날 때부터 죄인이라는 이 개념은 그리스도교 외부에서 (심지어 내부에서도) 그다지 인기가 없다. ③ 원죄론과 구원론은 밀접한 관련이 있다. 하지만, 원죄론이 구원을 설명하기 위한 교리적 장치 정도로 환원되어서는 안 된다는 것 또한 명심해야 한다. 원죄론이 구원론과 별개로 이해되는 것도 부적절하지만, 원죄론 그 자체가 가지는 중요한 신학적 함의를 간과해서도 안 된다.

흔히 그리스도교인이라면 성서가 가르치고 있는 원죄론을 확실히 믿어야 한다고 생각한다. 그런데 원죄 교리를 공부하다 보면, 원죄라는 표현이 성서에는 없다는 사실에 놀라게 되고, 동방교회와 서방교회가 원죄를 다르게 이해하고 있다는 점에 또 놀라게 된다. 즉, 아우구스티누스 이후 서방교회가 발전시킨 아담으로부터 '유전되는 죄책'inherited guilt 으로서 원죄는 그리스 교부의 영향 아래에 있던 동방교회에서는 낯선 개념이었다. 그렇다면 동·서방교회가 각기 다른 죄론을 가지게 된 원인은 무엇일까? 그 차이는 아담의 타락이 기록된 창세기 3장이 아니라, 아담의 불순종과 그리스도의 은혜를 대조한 바울서신 해석에서 비롯되었다. 특히 동방 교부들이 읽었던 그리스어 성서와, 서방 신학자가 읽었던 라틴어 번역의 차이가 두 전통이 각기 발전하는 데 큰 역할을 했다. 초대교회가 원죄를 설명하기 위해 인용하는 바울서신의 대표 구절은 아래와 같다.

> 사망이 한 사람으로 말미암았으니 죽은 자의 부활도 한 사람으로 말미암는도다. 아담 안에서 모든 사람이 죽은 것같이 그리스도 안에서 모든 사람이 삶을 얻으리라(고전 15:21-22).

> 그러므로 한 사람으로 말미암아 죄가 세상에 들어오고 죄로 말미암아 사망이 들어왔나니 이와 같이 모든 사람이 죄를 지었으므로 사망이 모든 사람에게 이르렀느니라(롬 5:12).

고린도전서 15장에서 바울은 아담과 그리스도의 대비를 통해 죽음과 구원에 있어 인류의 '연대성'을 강조하고 있다. 그러나 아담의 죽음과 후손의 죽음을 연결하는 고리로써 '죄'는 언급하지 않는다. 반면 로마서 5장 12절에서는 아담의 죄가 죽음을 가져왔다는 생각이 분명히 나타난다. 그런데 이 구절의 문자적 의미가 '아담의 죄의 결과로 모든 인류에게 사망이 퍼지게 되었다'라는 원죄론을 자명하게 지지해 주지는 않는다.

초대교회 신학자들의 머리를 아프게 했던 것은 로마서 5장 12절의 마지막에 등장하는 *eph' hō pantes hēmarton*이라는 표현이다.[4] 이를 그리스어에 능숙했던 동방의 교부들은 '왜냐하면 모든 사람이 죄를 지었기에'라고 번역했다. 아담이 죄를 지어 죽게 된 것과 마찬가지로, 모든 사람이 죄를 지었기 때문에 죽음이 온 인류에 미치게 되었다는 것이다. 반면 라틴어 번역 성서를 사용했던 아우구스티누스는 이 표현을 '그 사람[아담] 안에서 모두가 죄를 지었다'로 해석했다. 달리 말하면, 아담이 하나님께 불순종할 때, 인류 전체가 아담 안에서 함께 범죄하고 있었다고 그는 생각했다. 아담 안에서 아담과 함께 죄를 저지른 인류가 '죄의 삯인 사망'(롬 6:23)도 아담 안에서 아담과 함께 지게 된 것이다. 아담의 죄와 그 결과는 성교에 이은 출산을 통해 후대로 전해지고, 그런 의미에서 원죄로부터 자유로운 사람은 아무도 없다. 아담에서 인류로 퍼져 가는 죄의 결과를 설명하는 아우구스티누스의 유려한 논리 구조는 서방교회에서 '유전 죄'로서 원죄론이 정착하는 데 큰 역할을 했다.

부정확한 라틴어 번역에 기반을 둔 아우구스티누스의 입장은 지금까지 다양한 비판을 받고 있다. 우선 아우구스티누스의 극단적 성서 해석에 이의를 제기하는 사람들도 있었고, 죄의 유전을 설명하기 위해 원죄를 성(性)sexuality과 연결하는 것도 논란을 일으켰다. 또한 동방교회에서는 아담과 그리스도의 대비가 강조하는 '죽음과 생명'의 대조가 아우구스티누스 때문에 '죄와 용서'의 대조로 협소화되었다고 비판하기도 한다.[5] 무엇보다도 소위 타락 본문이라 불리는 로마서 4장 1절에서 5장 21절을 보면 바울의 의도가 유전 죄의 추상적 원리를 밝히는 것이 아니라, 세상에 들어온 사망보다 그리스도를 통한 은혜가 더욱 크고 넘친다는 것을 밝히는 것임이 문맥상 확연히 드러나고 있다.[6]

그렇다면 그리스도교 역사에서 이어져 내려오며 많은 사람을 당혹하게 하는 원죄론은 그리스어 실력이 부족했던 아우구스티누스의 실수에서 나온 잘못된 교리이고, 그런 점에서 한시라도 빨리 사라져야 하는가? 라틴어 번역이 잘못된 것을 알면서도 원죄론을 계속 주장하는 교회는 위선적 집단이라고 봐야 할까? 1515-1516년에 시행된 루터의 로마서 강해에서도 아우구스티누스의 로마서 5장 12절 해석이 거의 그대로 반복되고 있는데, 그렇다면 개신교인은 로마 가톨릭으로부터 이어져 내려오는 원죄론을 어떻게 이해해야 할까?[7] 아우구스티누스가 잘못 해석했음에도, 성서 전체 맥락에서 볼 때 이것은 일관성이 있고, 또 성서적 죄론의 심오한 신비를 드러내는 데 기여한다고 할 수 있을까? 이런 질문을 가지고 '타락'의 교리에 대한 논의로 들어가 보기로 하자.

하와를 유혹한 뱀은 타락한 천사, 곧 사탄인가?

'아담의 죄로 세상에 죄가 들어오게 되었다'는 주장은 곧 '왜 하나님의 형상으로 창조된 첫 인류가 타락했을까?'라는 질문으로 이어진다. 그리스도교는 전통적으로 하나님 형상인 아담은 영적 존재였기에, 하나님께 순종하거나 불순종할 수 있는 자유가 있었다고 말한다. 그렇다면 하나님께서 창조하신 좋은 세계에서 인간은 왜 자유의지를 잘못 사용했을까? 창세기 3장에 따르면 첫 인류가 하나님께 불순종하도록 뱀이 유혹을 했다. 그렇다면 말하는 뱀의 정체는 무엇인가? 흔히 뱀을 사탄이나 마귀라고도 말하기는 하지만,[8] 창세기는 뱀을 "여호와 하나님이 지으신 들짐승 중에 가장 간교"(3:1)하다고만 담백하게 묘사한다. 게다가 한국어로 '간교한'으로 번역된 히브리어 단어 ʾā·rūm은 다른 구약 본문에서는 긍정적인 의미로 사용되기도 한다(예를 들면, 잠언 27장 12절은 악을 피하는 '슬기로운' 자를 묘사하고자 이 단어를 사용한다). 그렇다면 타락은 언제 어디서 왜 시작되었단 말인가? 안타깝게도 구약은 아담과 하와의 범죄 이전에 있던 타락의 시초를 분명히 규정하고 있지 않다.

신약성서 저자들은 인류 역사 초기에 하나님과 인간 사이에 스며

들어 온 악한 영적 존재를 인지하고 있었던 것으로 보인다. 특별히 요한계시록 12장 9절이나 20장 2절을 보면 창세기 3장을 염두에 두며 사탄을 옛 뱀이라고 부르고 있다. 또한 베드로후서와 유다서는 하나님께 등을 돌린 천사를 구체적으로 언급하고 있다. 이와 같은 이유로 많은 그리스도인이 성서가 사탄은 타락한 천사이고, 첫 인류가 타락 천사의 영향을 받아 죄를 지었다고 가르친다고 생각한다.[9] 하지만, 신약에서도 창조주를 배신한 천사가 마귀나 사탄이 되어 뱀의 모습으로 인류를 유혹했다고는 분명하게는 말하지는 않는다.

초대교회 신학자들의 저술로 넘어가면 첫 인류를 유혹한 것이 단순히 피조물로서 뱀이 아니라 사탄이라고 보는 견해를 어렵지 않게 찾아볼 수 있다. 한 예로 테르툴리아누스는 타락한 천사인 사탄이 가졌던 하나님에 대한 불만이 사탄과 대화했던 하와에게 전염되었고, 하와의 불만이 또 아담에게 전달되면서 하나님에 대한 인류의 반역이 일어났다고 보았다.[10] 그렇다면 타락한 천사가 뱀이 되거나 뱀을 통해서 아담과 하와를 타락하게 했다는 생각은 어떻게 형성되었을까?

태초의 창조와 인류의 범죄 사이에 일어났던 불길한 사건에 대한 증언은 신구약 중간기 유대교 문헌과 신화 속에서 발견된다. 신약성서 저자들이 신구약 중간기에 형성된 사상의 영향을 어느 정도 받았는지에 대한 논의는 학자들 사이에서 여전히 진행 중이다. 분명히 알 수 있는 것은, 개신교 정경에는 상세히 묘사되지 않은 사탄의 유혹과 아담을 통한 죄의 전파에 대한 가르침이 그리스어로 된 칠십인역이나 라틴어 성서 불가타역에 수록된 외경에서 부분적으로 발견된다는 사실이다. 예를 들면, 악마의 시기로 죽음이 세상에 들어오게 되었다고 말하는 지혜서 2장 24절, 아담의 타락이 우리에게까지 내려오게 되었음을 한탄하는 제2 에스드라서 7장 118절 등이다. 성서의 정경화가 이루어지지 않았던 당시에 활동했던 초대교회 신학자들이 외경과 정경의 구절을 종합적으로 해석하며 원죄 교리의 신비를 설명하려 했음은 어찌 보면 자연스러운 일이었다.

또한 로마 가톨릭이나 동방 정교회 성서에도 포함되어 있지는 않지만, 낙원에서 추방과 아담 때문에 죽게 된 운명을 언급하는 제2 바룩서(4:7; 54:15, 19), 불순종한 천사 때문에 타락한 인류에 관해 이야기하는 제1 에녹서(19장), 타락 이후 이브에게 대적하기 시작한 동물들을 묘사하는 모세의 묵시록(10-11장) 등도 있다. 이러한 정경 외의 구절들이 타락에 대한 설명을 매끄럽게 해줄 수는 있다고 하더라도, 라틴어 성서를 번역했던 제롬이 말했듯 외경에 기초해서 교리를 만들려고 해서는 안될 것이다.[11] 실제 그리스도교인이 신앙의 기준으로 삼는 사도신경, 니케아 신경, 웨스트민스터 신앙고백, 아우크스부르크 신앙고백, 39개조 등에서 천사의 타락이나 뱀의 정체는 구체적으로 언급되지 않고 있다.

사탄은 타락한 천사이고, 그 사탄이 뱀의 형태로 혹은 뱀을 이용하여 인간을 유혹했다는 생각은 초대교회 이래 교리적 차원보다는 신학적 상상력을 통해 매끈하게 다듬어졌고 대중화되었다고 할 수 있다. 아우구스티누스는 다음과 같이 인간의 타락을 묘사한다.

거기에서 교만한 천사가 왔다. 교만하기 때문에 시기하게 된 그는 또한 사람이 하나님을 버리고 자기를 따르게 만들었다. 이를테면 폭군의 자만심으로 자기가 섬기기보다 남을 부리는 것을 기뻐하기로 결심한 것이다.……[이 천사는] 스스로 타락한 후에 간계를 써서 사람의 마음속에 기어들어 왔다. 자기가 타락했으므로 사람의 타락하지 않은 상태를 시기한 것이다. 물리적인 낙원에는 남녀 두 사람과 함께 모든 땅의 동물들이 길이 들고 양순하게 살고 있었는데, 저 천사는 자기의 대변자로서 뱀을 택했다.……그는 천사라는 위신과 우월한 지위로 사악한 쪽으로 뱀을 부하로 만들며, 뱀을 도구로 이용해서 여자에게 거짓말을 했다.[12]

위 인용문은 첫 타락의 원인을 둘러대지 않고 직설적으로 설명한다. 그 것은 바로 '교만,' 그리고 교만에서 자라나는 '시기심'이다. 인류 전체에 죄의 굴레를 씌운 것이 우리가 일상에서 늘 경험하는 심리 상태라고 하 니 다소 맥이 빠질 수도 있다. 하지만, 이러한 파괴적 마음을 모든 사람 이 가지고 있기에, 아우구스티누스의 심리적 설명이 죄에서 자유롭지 못한 인간의 '보편적' 운명을 잘 설명해 주기도 한다.

흥미롭게도 아우구스티누스는 타락한 교만한 천사의 심리의 독 특성을 '섬기기보다 남 부리는 것을 기뻐하는' 폭군의 마음으로 묘사 한다. 아우구스티누스의 영향을 받은 밀턴은 『실낙원』에서 그 심리를 강렬한 한 문장으로 요약해 낸다. "천국에서 섬기느니, 지옥에서 다스 리는 것이 훨씬 낫다!"Better to reign in Hell, than serve in Heaven![13] 희망 없는 나락 으로 떨어질망정 자기가 스스로 주인 행세하는 것을 선호하고 선택하 는 왜곡된 욕망이 여러분과 나 속에 있음을 타락 교리는 고발하고 있 다. 그렇다면 '군림하고자 하는 욕망'libido dominandi은 왜 이토록 무서운 것일까?

왜 교만이 이토록 큰 죄인가?

사실 교만이 성서에 나와 있는 유일한 죄도 아니고, 교만이 가장 심각한 죄일지도 논쟁의 여지가 있다. 그렌츠에 따르면, "성경의 기자들은 우리 인간의 문제를 '교만'이 아니라 '실패'라고 묘사한다. '죄'는 본질적으로 우리가 우리를 향하신 하나님의 의도를 성취할 수 없는 상태 또는 성취하지 않으려고 거부하는 태도를 지칭한다.……그러므로 우리는 교만이라는 개념은 죄의 중요한 차원을 설명해 주기는 하지만 우리의 죄악된 태도와 행위들의 근원적인 동기를 이루는 것은 아니라는 결론을 내린다."[14] 하지만, 그리스도교 전통에서 천사와 인간의 불순종 혹은 타락의 근본 원인으로 '교만'을 가장 많이 꼽아 왔다. 왜 교만은 이토록 불명예스럽게도 인기 있는 죄가 되었을까?

교만은 피조물이 창조주를 인정하지 않고 순종을 거부하는 것이기에, 피조된 존재로서 인간의 다른 모든 악한 행동의 뿌리라고 할 수 있다. 신학자들은 교만으로 자신을 파괴하고, 시기심으로 타자마저 파멸로 이끌어 가는 모습을 '자기 자신을 향해 안으로 굽은'*incurvatus in se, curved inward on oneself* 혹은 '자기 자신에게로 굽은 마음'*cor curvum in se, the heart turned upon itself*이라고 표현해 왔다. 자기 자신을 향해 굳어 버린 인간의 마음은 자기 속에서 만족과 행복과 위안을 얻고, 자아 안에서 문제의 해결책을 찾으려 하기에, 오히려 자아의 감방에 갇혀 버리게 된다. 아니, 교만한 존재는 쳇바퀴를 도는 다람쥐처럼 자아를 중심으로 무의미한 회전을 하는 것도 모자라, 자신도 모르는 사이 존재의 "점진적 강등"[15] 과정을 스스로 선택하게 된다.

밀턴의 『실낙원』을 보면 하나님을 받들던 찬란한 영적 존재였던 천사는 메시아의 위치를 보고는 자존심이 짓밟힌 느낌, 스스로 열등해졌다는 생각을 가지게 된다. 그는 자유를 위하고 자신의 위엄을 지킨다는 고귀한 명목으로 창조자에게 반기를 든다. 하지만, 그는 정작 자신의 명예와 분노 때문에 명목 없는 전쟁에 자신을 내맡긴 것이다. 자신의 존재를 가득 채우고 있는 악으로는 도저히 선을 이길 수 없음을 알게 되자, 이 타락한 천사는 전략을 바꿔 신께서 특별히 사랑하시는 인간을 파멸할 비열한 계획에 탐닉한다. 이를 위해 세상에 들어온 그는 전장으로 나가는 당당한 영웅이 아니라, 두 연인의 사랑하는 모습을 음험하게 염탐하는 변태 스토커 같은 모습으로 전락한다. "천국에서 섬기느니 지옥에서 다스리겠다"고 의기양양했던 그는 에덴동산과 그 안의 남녀를 몰래 바라보다 비통함을 토해 낸다. "아, 비참한 나⋯⋯! 어디로 피하든 지옥이다. 나 자신이 지옥이다!"Me miserable⋯⋯! Which way I fly is Hell; myself am Hell! 16

아담과 하와를 타락시키지 않고는 지옥불과 같은 마음속 분노가 풀리지 않던 그는, 결국 자신의 계획을 이루고자 징그러운 뱀이 된다. 하나님이 만드신 영광의 존재였던 천사가 교만과 시기심에 사로잡혀 비통한 마음을 억누르며 꾸불꾸불한 똬리를 틀고 있는 뱀 안에 기꺼이 들어간 것이다.17 여기서 우리는 다음과 같은 중요한 가르침을 얻을 수 있다. 교만은 단지 하나님처럼 되려고 하는 마음이기 때문에 큰 죄인 것이 아니다. 마치 천사장이 점진적 강등의 과정을 거쳐 결국은 뱀의 자리까지 떨어지듯, 교만은 기꺼이 하나님께서 허락하신 적절하고 선한 위치로부터 내려와 자기보다 열등한 존재가 되게 파멸의 길로 '스스로' 들어가게 하기에 무엇보다도 큰 죄이다.

이처럼 아우구스티누스 이후 서방교회 전통은 흔히 교만을 하나님 없이 '혼자 힘으로 존재'하기 원하는 욕망이라 정의하곤 한다.18 "자기를 낮추시고 죽기까지 복종"하셨던 그리스도(빌 2:8)와는 달리, '순종의 질서' 속에서 살아간다는 것은 교만한 자에게는 부자유요, 불평등이요, 권리 박탈이요, 치욕이다. 하지만, 불순종이 죄라면, 죄의 결과도 불순종이다. 교만해진 영은 하나님같이 되는 것이 아니라, 결국은 자신의 육체와 감정과 욕망의 노예가 되어 버린다.19 땅을 정복하고, 다른 모든 생물을 다스려야 할 존재가(창 1:28), 오히려 물질의 불순종을 경험하고 물질에 종속되어 간다. 이런 시각에서 볼 때 원죄론이 던져 주는 놀라운 현실적 통찰 중 하나는, 불순종의 왜곡된 욕망이 단지 자신에 대한 폭력으로 드러날 뿐만 아니라, 자아 외부와 그 관계에까지 파괴적 영향을 끼친다는 것이다.

원죄는 어떻게 역사와 사회에 영향을 끼치는가?

앞서 살펴봤듯 하나님에 대한 불순종이 인간의 타락을 일으킨 원인이었듯, 그 결과 역시 인간에 대한 피조 세계의 불순종이다. 물론 '불순종'이라는 단어에는 아우구스티누스가 깊게 영향을 받았던 고대 신플라톤주의의 흔적이 남아 있다. 그럼에도 이 단어는 우리가 속해 있는 세계가 결코 가치중립적인 물리적 환경, 혹은 힘과 권력을 통해 완전히 지배하거나 조종할 수 있는 세상과 거리가 멀다는 것을 보여준다. 타락으로 왜곡되고 깨어진 세계, 그 부조리한 시공간 속에서 뒤틀린 욕망을 가지고 더 큰 개인적·사회적 비극을 양산해 내는 것이 바로 인간이다. 아우구스티누스는 이것을 두 도성 개념으로 훌륭히 설명한다.

> 두 가지 사랑이 두 도시를 건설했다. 심지어 하나님까지도 멸시하는 **자기 사랑**이 **지상 도성**을 만들었고, 자기를 멸시하면서 **하나님을 사랑**하는 사랑이 **천상 도성**을 만들었다.……지상 도성에서는 **지배욕**이 자체 속의 귀인들과 피정복 민족들 위에 **군림**하고, **천상 도성**에서는 지도자와 피지도자들이 사랑으로 서로 **섬기되**, 지도자는 그 지혜로 피지도자는 복종으로 섬긴다.[20]

아우구스티누스는 두 도성을 형성하는 질서의 바탕에는 욕망이 있음을 보여주면서, 인간의 정치·사회적 실존을 이해하는 상상력의 지평을 새롭게 열고 있다. 특히 위 인용문에서 잘못된 욕망에 기초한 지상의 도성을 묘사하는 데 사용된 '힘과 군림의 언어'는 앞서 인류의 타락을 설명하기 위해 사용했던 언어와 거의 유사하다. 다른 말로 하면, 자기애 amor sui에서 시작한 지상의 도성은 천사와 아담을 타락시켰던 교만과 지배욕이 질서가 된 삶의 공간이요 역사이다. 죄의 압박하에서 인간이 살아가는 시공간은 결코 가치중립적이지 않고, 왜곡된 욕망에 물든 불완전하고 비합리적이고 폭력적인 곳이다. 그렇기에 역사 속에서 인간은 자기 잘못에 대해서만 책임이 있을 뿐 아니라, 다른 사람의 죄의 대가로 고통 받기도 한다. 나의 언행은 본 의도와 무관하게 뒤틀린 삶의 구조로 인해 일면식도 없는 다른 누군가에게 폭력이 되기도 한다. 이처럼 원죄론은 죄의 사회성과 죄 속에서 인간의 연대성을 가식 없이 직시하게 한다.

이 시점에서 언급하지 않을 수 없는 것은 현대 신학에서 원죄의 위치이다. 원죄론을 비판하며 인간의 가능성을 찬양했던 계몽주의를 거치고 난 후, 오히려 현대 신학자들은 원죄론의 중요성과 의미를 새롭게 발견했다. 특히 '자기 자신에게로 굽은 마음'을 뜻하는 cor curvum in se 라는 전통적 표현은 하나님 앞에 선 죄인을 묘사할 때만 아니라, 문명 전체를 지배하는 폭력적 욕망을 분석하고 비판하는 데 사용되었다. 한 예로 디트리히 본회퍼는 cor curvum in se가 근대의 개인주의, 합리주의, 기술만능주의, 종교적 욕망, 경제 이데올로기, 전체주의 등과 결합하면서 하나님과 인간의 공동체, 인간과 인간의 공동체에 죽음의 기운을 불어넣고 있음을 폭로했다.[21] 이 분석이 놀라운 것은 인간의 지배욕과 자기애가 문화, 종교, 학문, 정치, 경제 등에까지 스며들면서 그 파괴적 결과를 일상화하고 있음을 예언자적으로 보고 있다는 데 있다.

이러한 이유로 필자는 죄책의 필연성과 보편성을 주장하는 서방교회의 원죄론이, 개인의 책임을 통해 원죄가 각각의 삶 속에서 현실화된다고 보는 동방교회 입장보다 죄의 실재를 더욱 잘 설명한다고 개인적으로 생각한다.[22] 물론 서방교회 원죄론을 형성하는 데 중요한 역할을 했던 아우구스티누스의 로마서 5장 12절의 해석은 불완전하고, 당시의 생리학적 지식의 한계 속에서 원죄를 인간의 성과 연결했던 그의 시도는 비판적으로 재검토되어야 한다. 그럼에도 그는 인간의 타락한 욕망이 자신만 파괴하는 것이 아니라, 정치·사회·문화적 구조까지 영적으로나 도덕적으로 뒤틀고 있음을 보여줬고, 또 이러한 외부화된 구조를 인간이 내면화하며 각 개인의 욕망이 더욱 왜곡되어 가고 있음을 설득력 있게 논증하고 있는 듯하다.

첫 아담 안에서 절망과 마지막 아담 안에서 희망

원죄론은 우리에게 불편한 진실inconvenient truth을 알려 준다. 그것은 바로 인간은 본성상 죄를 향해 있고, 또 인류가 죄의 무게를 함께 지고 있다는 사실이다. 이를 가장 잘 알 수 있는 상황 중 하나는 바로 원죄론마저 자기 유익을 위해 악용하는 우리 자신을 볼 때이다. 원죄론은 인간을 죄인이요 심판받아야 할 존재로 규정하는 것이 주목적이 아니다. 오히려 이 교리는 자기 자신이 아니라 하나님의 은혜에 의지할 때 구원의 가능성을 발견할 수 있다는 것을 보여준다. 그러나 정작 원죄론은 자신을 비하하고, 윤리적 실패를 정당화하고, 다른 사람을 조종하고, 자유를 억압하기 위해서도 사용되어 왔다. 그런 의미에서 원죄의 교리마저 악하게 이용하고 있는 인간의 존재만큼 원죄론을 설득력 있게 변증하는 것이 없다고 할 수 있다.

물론 원죄론의 기초가 되는 창세기 3장의 타락 이야기가 신화처럼 보인다고, 어떤 이들은 이 교리를 대신할 심리학·철학·사회학·과학적 이론을 제시하기도 한다. 사실 신학이 아닌 다른 학문이 인간의 복잡한 심리와 사회의 왜곡된 구조를 더 잘 설명해 주기도 하고, 죄론에도 많은 영향을 줄 수도 있다. 하지만, 우리는 다음과 같은 키르케고르^{Søren Kierkegaard, 1813-1855}의 경고에도 귀 기울일 필요가 있다. "최초의 죄에 대한 창세기 이야기를 특별히 오늘날에는 신화라고 별다른 생각 없이 대하고 있다. 거기에는 타당한 이유가 있는데, 창세기 이야기를 대체하는 것도 분명 하나의 신화이기 때문이다. 그것도 매우 형편없는 신화이다. 인간의 머리가 신화적인 것에 맛을 들여갈 때, 수다보다 더 나은 결과물을 내어 놓는 경우는 거의 없다."[23]

원죄론이 인간의 상황과 운명에 대해 훌륭한 설명 방식이 될 수 있는 것은, 이 교리가 우리가 희망 속에서 살아야 할 이유를 말해 주기 때문이다. 혹자는 아담의 죄 때문에 모든 사람이 예외 없이 하나님의 진노 대상이 된다는 것이 어떻게 희망을 줄 수 있냐고 반문할지 모른다. 이에 대한 답변으로 『실낙원』의 한 장면을 소개하면서, 이 글을 마무리하고자 한다. 불순종 이후 첫 인류는 헤아릴 수 없는 혼란과 걱정과 두려움 속에 빠져든다. 자신들에게 내릴 하나님의 심판과 후손들에게 이어질 저주를 피하고자 하와는 아담에게 자살하자고 제안한다. 그러자 아담은 다음과 같이 말한다.

……하느님께서 얼마나
온화하고 은혜로운 기색으로 노여움도 책망도
비치시지 않고 우리 이야기를 듣고 심판하셨는지를
생각해 보오. 우리는 즉각적인 죽음을 예상하고
그것이 그날의 죽음이라고 생각했는데, 보오,
그대에게 선고된 것은 다만 출산의 고통뿐이고

그 고통도 곧 그대 몸에서 나오는 기쁨의
씨에 의해 보상되리라고 하셨소. 나에 대한
저주는 스치기만 하고 땅으로 떨어졌소…….
우리의 악행이 불러들인 온갖 화를 구제하고
치료하는 법을, 우리가 기도하고 은총을 구한다면
하느님은 틀림없이 가르쳐 주시리라. 그러면 우리는
하느님이 주시는 많은 위안에 힘 얻어 이 생을
편안히 보내고, 때가 되면 마지막 안식처이자 고향인
흙으로 돌아가리라.[24]

그리고 아담과 하와는 에덴이라는 낙원에서 추방을 받아들인다. 실낙
원 때문에 생긴 슬픔과 분노와 후회가 아니라, 사람의 아들을 통한 복
낙원의 희망을 가지고서.

적용과 토론을 위한 질문

1. 원죄라는 단어를 들었을 때 어떤 느낌이 드는가? 그리스도교 신앙이 없는 사람에게 원죄에 관한 질문을 받아 본 적이 있는가?

2. 원죄 교리의 발전에 아우구스티누스의 부족한 그리스어 지식이 기여를 했다는 것에 대해 어떻게 생각하는가? 교리는 반드시 히브리어와 그리스어 성서 본문에 대한 문자적 해석을 통해 만들어져야 하지 않을까?

3. 테르툴리아누스에 따르면 사탄의 불만이 하와에게 전염되고, 이것이 아담에게 전달된 후 결국 인간의 반역이 일어난다. 이처럼 죄는 확장성과 전염성을 가진다. 일상에서 죄의 전염이나 확장을 경험해 본 적이 있는가? 그렇다면 어떤 계기로 그런 일이 일어났는가?

4. 구약에서 약속의 땅에서 이스라엘을 다스려야 할 여호수아에게 하나님께서 명하신 것은 무엇인가?(수 1:1-9) 이후 역사에서 이스라엘은 어떻게 타락하는가?

5. 순종보다 다스리기를 원하는 인간의 욕망과 자기 존재의 점진적 강등은 어떻게 연결되는가? 일상에서 교만과 시기심 때문에 일어난 존재의 점진적 강등을 목격한 적이 있는가?

6. 다스리려는 욕망, 권력에로의 의지는 무조건 교만으로 봐야 할까? 자연을 다스리라는 것은 하나님의 명령이기도 하지 않은가?(창 1:28) 하나님 형상인 인간은 지배하려는 욕망을 제어할 수 있지 않은가?

7. 아우구스티누스는 지배하려는 욕망이 개인의 의지나 삶뿐만 아니라, 역사 속의 조직이나 공동체, 기관, 정치권력에까지 스며들어 있다고 분석했다. 이러한 '구조적' 분석이 우리가 현실을 볼 때 어떤 시각을 안겨 줄까? 그의 주장이 과연 현대 사회에도 유용할까?

6부

그리스도 안에서 하나님-인간

낭신은 용납되었습니다. '당신은 용납되었습니다.' 당신보다 더 위대한 분께, 알지도 못하는 그 이름에 용납되었습니다. 지금은 그 이름을 묻지 마십시오. 당신은 아마 그 이름을 이후에 발견하게 될 겁니다. 지금은 어떤 것도 하려고 노력하지 마십시오. 당신은 아마도 이후에 더 많은 것을 하게 될 겁니다. 어떤 곳도 구하지 마십시오. 어떤 것도 행하려 하지 마십시오. 어떤 것도 의도하지 마십시오. '단지 당신이 용납되었다는 그 사실을 용납하십시오!' 만약 이러한 일이 우리에게 일어난다면, 우리는 은혜를 경험하는 것입니다.

— 폴 틸리히, 「당신은 용납되었습니다」 중에서[1]

그리스도교 신학은 예수 그리스도 안에서 하늘과 땅의 만남, 곧 하나님과 인간의 화해를 응시하도록 시선과 상상력을 훈련한다. 그리스도가 역사적 존재이시기에, 이 만남과 화해는 시공간 속에서 구체적 형태로 드러나게 된다. 비록 그 만남이 지금은 불분명하게 보이더라도 그리스도와 함께 역사 속으로 들어온 새로운 창조는 결코 취소될 수 없다. 그 화해가 하루하루의 삶 속에서 충만한 형태로 드러나지 않더라도, 그리스도인은 희망 속에서 새 하늘과 새 땅에 접속되어 살아가는 존재로 예정되었다. 앞으로 다루게 될 세 장에서는 그리스도 안에서 하나님을 마주하고 있는 인간의 삶과 관련된 중요한 주제를 다루게 된다.

22장은 칭의론에 할애되었다. 예수 그리스도를 통한 하나님과 인간의 화해는 죄의 용서라는 구체적 신적 행위 덕분에 가능하다. 그 결과 그리스도교, 특별히 개신교에서는 어떻게 죄인이 하나님께 용서받고 용납되는지에 관한 '칭의론'이 중요한 교리가 되었다. 하지만, 그리스도교의 다양한 전통은 칭의론을 조금씩 다르게 이해하고, 한국 교회는 교단이나 학파에 따라 칭의 대신 다른 번역어를 사용하면서 혼란스러운 상황에 처해 있다. 칭의론이 개신교 신앙의 핵심 교리이니만큼, 이 장에서는 칭의 교리의 발전사를 비롯하여, 가톨릭과 개신교가 '칭의'를 놓고 어떻게 다른 해석을 제시하고 있는지를 살펴볼 것이다. 그뿐만 아니라, 오직 '믿음'을 강조하는 칭의론 때문에 개신교가 윤리를 강조하지 않는다는 비판에 대한 반응으로, 칭의론 자체가 근본적으로 관계적이고 공적인 인간 이해를 형성함을 보여줄 것이다.

23장은 용서에 관한 신학적 성찰이다. 칭의론적 맥락에서 보자면 그리스도인의 삶은 서로가 서로를 용서하는 삶이라 할 수 있다. 신약성서가 용서를 강조함에도, 우리는 용서가 무엇인지를 사실 잘 알지 못하고 있다. 그러다 보니 그리스도인은 섣부르거나 서툰 용서로 비극적 상황을 더욱 악화시키기도 한다. 하지만, 최근 종교학, 철학, 정치학 등 다양한 영역에서 용서를 주목하면서, 성서의 핵심 가르침인 용서의 중요성도 새롭게 재발견하게 되었다. 이 장은 융합학문적 접근을 취하기보다는, 기초적인 수준에서 용서에 관한 오해를 우선 제거한 후, 나약한 인간이 과장이나 가식 없이 용서의 의미와 결과를 받아들일 수 있는지 그 가능성을 모색해 보고자 한다.

24장은 그리스도교 예술 신학에 관한 소고이다. 예술이라는 것이 인간 삶에 없어서는 안 될 그 무엇이기도 하지만, 그리스도교에서 예술은 성육신에 관한 성찰과 함께 발전했기에 더욱 중요한 의미를 지닌다. 절대자에 대한 어떤 이미지도 허락하지 않던 구약 신앙과 달리, 초대교회 때부터 그리스도인은 '보이지 않는 하나님의 보이는 형상'인 예수 그리스도를 통해 신앙의 대상을 시각적으로 묘사하기 시작했다. 물론 어떻게 그리고 얼마만큼 예술가가 하나님의 이미지를 만들어 낼 수 있는가 하는 격렬한 논쟁이 뒤따랐다. 이 짧은 글에서는 그리스도교 예술을 성육신의 관점에서 어떻게 이해할 수 있을지에 도움이 되는 몇 가지 핵심 주제를 선별하였다.

22장. 칭의와 그리스도인의 삶

믿음으로만 의로운 인간이 될 수 있는가?

교회를 세우기도 넘어트리기도 한다던 바로 그 교리

"침묵을 지키는 것은 마르틴 루터가 잘할 수 있는 일이 아니었다."[1] 마르틴 루터의 약점은 결국 역사의 물줄기를 바꾸는 종교개혁의 원인이 되고 말았다. 이 열정적인 독일인 수사는 당시 로마 가톨릭에서 발행하던 면벌부(免罰符)indulgence의 잘못된 신학과 관행에 대해 뭔가를 말을 해야만 했다.[2] 설교를 통해 동네 사람들에게 말하는 것으로는 분에 차지 않자, 결국 그는 "면벌부의 능력과 효력에 관한" 95개 논제를 써서 1517년 10월 31일 대주교 알브레히트에게 보냈다. 다혈질인 루터가 예상했던 것보다는 시간이 조금 걸리긴 했지만 머지않아 그리스도교 세계 곳곳에서 논쟁이 뜨겁게 일어났다. 신학자와 목회자와 정치가들 사이에 패가 갈렸으며, 서로의 신학적 오류를 파헤치는 글들이 계속 출판되었다. 아슬아슬하게 이어 오던 교회의 통일성은 결국 1541년 레겐스부르크 회담의 결렬로 치명타를 입었다. 곧이어 일어난 가톨릭교회의 트리엔트 공의회[1545~1563]에서 종교개혁자들의 주장 중 상당 부분이 정죄되면서, '그리스도의 한 몸'이라 부르기에는 개신교와 가톨릭의 사이가 너무나 멀어져 버렸다. 결국 1618년부터 유럽의 가톨릭 국가와 개신교 국가 사이에 벌어진 30년 전쟁은 인류 역사에 가장 참혹하고 용납되기 힘든 비극적 사건으로 기억되었고, 가톨릭과 개신교 사이의 반목과 증오는 걷잡을 수 없이 증폭되었다.

개신교와 가톨릭이 분열된 데에는 여러 이유가 있지만, 신학적으로는 '죄인인 인간이 어떻게 하나님 앞에서 의롭다 할 수 있는가?'에 관한 칭의(稱義)justification 교리가 결정적 역할을 했다. 천 년 넘게 교회의 역사를 뜨겁게 달궜던 삼위일체론도 그리스도론도 아닌, 중세까지만 해도 그렇게 큰 신학적 주제도 아니었던 칭의론이 두 교회의 갈라진 틈에 놓여 있었던 셈이다. 칭의론이 얼마나 논쟁적 위치를 차지하고 있는지를 보여주듯, 1999년에 로마 가톨릭교회와 루터교 세계 연맹이 수백 년의 갈등을 뒤로하고 상호 협력과 대화를 할 때도 '칭의 교리에 대한 공동선언문'A Joint Declaration on the Doctrine of Justification에 공동으로 서명하는 상징적 행동을 취했다.

독일 비텐베르크에서 30대 중반의 수사가 용감히 일어선 지 수백 년이 지난 시점, 지구 반대편 한국 교회와 신학계는 유럽 현지에서도 보기 힘들 정도의 뜨거운 열정과 큰 관심을 가지고 종교개혁의 유산을 기억하고 보존하려 노력 중이다. 종교개혁의 칭의론이 무엇인지, 우리가 그 정신을 잘 계승하고 있는지, 한국 개신교의 위기가 칭의론과 무슨 관련이 있는지 등에 관한 논의도 풍성하다. 그런데 이러한 과도한 관심이 칭의론이라는 '신학적 우상'으로 빠지지 않으려면, 혹은 칭의론이 또 다른 교회 분열의 원인이 되지 않으려면, 왜 칭의론이 유독 중요하냐는 근본적 질문부터 시작해야 한다. 사실 칭의라는 주제가 어렵기도 하지만, 다뤄야 할 내용도 방대하다. 과도하게 밀려오는 정보만큼 영혼의 체기를 불러일으키는 것도 없으니, 종교개혁의 긍정적 유산이 우리의 신학과 신앙의 자양분으로 잘 활용되도록 핵심 주제 몇 가지만 정리해서 살펴보도록 하자.

칭의론은 왜 이토록 중요한 교리가 되었는가?

흔히 루터의 종교개혁의 핵심은 '칭의'라고들 한다. 하지만, 더 정확히 말하자면 루터에게서 "신학의 적절한 주제는 죄를 범하고 저주받은 인간과, 죄인 된 인간을 의롭게 하시며 구원하시는 하나님이다."[3] 따라서 개신교의 정수를 찾고자 칭의 '교리 자체'에 집착하면 하나님의 풍성한 은혜를 납작한 이론으로 환원할 위험이 있다. '우리가 어떻게 의로워지는가?'라는 단순한 질문을 하더라도, 구원자와 죄인 사이의 관계를 풍성히 설명해 줄 다양한 개념과 이미지로 만들어진 해석의 장이 필요하다. 그렇다면 칭의론과 함께 우리가 알아야 할 신학적 내용들은 무엇이 있을까?

우선, 칭의론은 우리가 거부도 부정도 할 수 없는 중요한 무엇을 알려 준다. 그것은 바로 '우리는 어떤 존재인가'이다. 인간은 하나님으로부터 존엄과 가치를 부여받았지만, 또한 자기중심성 때문에 하나님께 이르지 못할 뿐만 아니라 누군가를 사심 없이 사랑할 능력도 상실해 버렸다. (앞 장에서 살펴봤듯) 죄는 하나님과 나, 이웃과 나, 자연과 나, 나와 나 자신의 관계를 모두 왜곡하고, 그 뒤틀린 관계 속에 함몰되게 만들어 버린다. 바바라 브라운 테일러의 표현을 빌리자면, "죄는 하느님, 그리고 다른 사람과 깨어진 관계에 머무르기를 선택하는 것이다.……법률 모델과는 달리 신학 모델에서 죄란 단순히 하면 안 되는 일련의 행동들이 아니다.……그래서 법률 모델과는 달리 신학 모델에서는 누구도 죄가 없다고 말할 수 없다."[4]

인간의 비극은 죄에서 자신을 건져 낼 능력이 없을 뿐만 아니라, 내가 무슨 죄를 어떻게 지었는지조차 정확하게 인지 못 하고 있다는 데 있다. 그렇기에 인류에게는 정의뿐만 아니라 용서가 필요하다. 셰익스피어는 『베니스의 상인』에서 이 핵심을 정확하게 묘사한다. "그대는 정의를 호소하지만, 잘 생각해 보게. 정의만을 좇는다면 아마도 구제를 받을 자 아무도 없으리라. 우리는 자비심을 위해 기도드리고, 그리고 바로 그 기도는 우리에게 자비로운 행위를 베풀도록 가르쳐 준다."[5] 희망 없는 죄인에게 희망이 생기려면, 용서의 여백이 있는 정의 혹은 용서를 통해 작동하는 정의가 필요하다.

또한 칭의론이 중요한 이유는 이 교리가 우리를 구원하시는 '하나님은 어떤 분'이신가를 보여주기 때문이다. 그분은 우주를 탄생시키고는 세상사에 관여하지 않는 추상적 원리도 아니고, 세상 만물에 합리적인 질서와 원리만을 부여한 비인격적 일자(一者)the one도 아니다. 그분은 삼위일체이신 창조주이시자, 인간을 위해 십자가에 달리신 분이시다. 십자가에서 계시된 하나님의 모습은 우주를 창조하신 삼위일체 하나님의 본질과 다른 그 무엇이 아니다. 하나님은 성자를 통해 세상을 만드시고, 성령을 통해 만물 안에 계속해서 활동하시는 분이시다. 성자는 성부에게 순종하시고, 성부는 성자를 기뻐하며 영화롭게 하신다. 성령은 성부와 성자 사이를 연결하고 그 관계를 풍성하게 하시고, 어제도 오늘도 내일도 그 사랑의 관계가 역사 속에서 다양한 방식으로 드러나고 현실화하도록 하신다.[6]

이 같은 삼위일체론적 시각에서 볼 때 성부가 성자를 통해 세계를 만드셨기에 하나님께서 피조 세계를 다루시는 근원적 방식은 성자의 본질에 상응한 군왕적 지배가 아닌 '사랑의 섬김' 그리고 높아짐이 아닌 '자기 비움'이다. 성부가 성자를 통해 세계를 통치하신다는 것은, 피조 세계가 성자처럼 하나님의 '기쁨'의 대상이자 '영화'롭게 변모할 대상임을 보여준다. 그런 의미에서 하나님은 폭력과 기만으로 깨진 현 상태를 인정하거나 묵인하지 않으시는 분이라 할 수 있다.

더 나아가 우리는 구원자 하나님께서 죄인을 다루시는 방식을 이해하고 설명할 때도 삼위일체론적 시각에서 접근해야 한다. 하나님의 본성이 인류에게 성자의 섬김과 자기 비움을 통해 드러나듯, 하나님께서는 '섬김'과 '자기 비움'이라는 방식으로 죄인을 심판하신다.[7] 그런 맥락에서 하나님의 정의란 잘잘못을 꼼꼼히 따져 심판하시는 것이 아니라, 자비로운 신적 본성에 합당하게 죄인을 다루시는 방식이다. 즉, 하나님은 심판자의 자리에 머물지 않고, 십자가를 통해 심판받는 인간의 자리에 대신 서셨다. 형벌을 내릴 수 있는 권리 대신에 십자가에서 조건 없이 용서의 은혜를 베푸셨다. 바로 이것이 하나님께서 깨지고 죄에 물든 피조물을 기뻐하시고 영화롭게 하시는 신비로운 방법이다. 그 고유한 방법을 교리적 언어로 '칭의'라 부른다.

결론적으로 말하자면, 칭의론은 자기 안에서 희망을 발견하지 못하는 인간이 삼위일체 하나님의 존재와 활동에서 희망을 발견하도록 도와주는 교리이다. 십자가에서 계시된 하나님과 인간의 새로운 모습과 관계를 통해, 사변으로 만든 그릇된 신 이미지와 왜곡된 자아 이해를 탈피하게 도와주는 지혜이기도 하다. 존재의 불안으로 쉬지 못하는 마음을 그리스도를 통해 주어지는 은혜 안에서 안식하도록 인도하는 가르침이다.

하나님의 의란 어떤 것인가?

이렇게 칭의 교리는 눈에 보이는 경험적 세계가 우리를 아무리 낙담
시키더라도, 우리 삶을 하나님의 은혜와의 관계 속에서 볼 수 있는 새
로운 눈을 선사해 준다.[8] 흔히 개신교 신학에서는 칭의는 오직 믿음만
으로 가능하다고 하여 이신칭의(以信稱義)justification by faith라는 표현을 쓴
다. 물론 칭의론에서 믿음이 중요하긴 하지만 가장 중요한 것은 인간
의 불완전한 믿음이 아니라 죄인인 인간을 의롭게 하시는 하나님의
의(義)righteousness이다. 루터는 험난하고 투쟁적인 오랜 생이 끝나가던
1545년, 회의와 혼란이 가득했던 젊은 수사였던 자신이 '하나님의 의'
를 어떻게 재발견했는지를 기록에 남겼다.

> 나는 수도사로서 흠 없이 생활하였지만 내가 극도로 혼란스러운 양심 속
> 에서 하나님 앞에서 죄인이라고 느꼈다.……나는 바울의 그 말씀[롬 1:17]
> 에 끈덕지게 매달렸고 아주 열렬히 성 바울이 원하는 것을 알고자 하였다.
> 마침내 하나님의 자비로 밤낮으로 묵상하는 가운데 나는 그 단어들이 나
> 오는 문맥들에 주의를 기울였다. "하나님의 의가 나타나서……기록된 바
> 오직 의인은 믿음으로 말미암아 살리라 함과 같으니라." 거기서 나는 하나
> 님의 의는 이 의에 의하여 의인이 하나님의 선물 즉 믿음으로 말미암아 살
> 아가는 바로 그 의라는 것을 이해하기 시작하였다.……여기서 나는 내가
> 완전히 새로 거듭나서 열린 문들을 통하여 낙원으로 들어가는 것을 느꼈
> 다. 거기에서 성경 전체의 전혀 다른 면모가 내게 보였다.[9]

과거 루터는 죄인을 심판하는 하나님의 의를 공정하고 꼼꼼한 재판관
의 정의justice와 같다고 생각했다. 그가 상상하기에 하나님은 피조물로

서는 헤아리지도 못할 그 엄중하고 알 수 없는 기준으로 우리가 잘한 것에 상을 주고, 나쁜 일에 벌주시는 공정한 절대자였다. 그런데 만약 정의가 잘하고 못하고를 편견 없이 판단하여 상과 벌을 주는 것이라 할 때, 과연 누가 정의로우신 하나님 앞에서 떳떳할 수 있을까? 만약 하나님의 의가 이런 것이라면, 누가 과연 하나님을 만족시킬 것이며, 누가 구원을 받을 수 있을까? 성서를 알면 알수록, 그리스도인으로서 맑은 양심을 가질수록, 죄에 대한 민감성이 커지고 하나님 앞에서 죄인임을 더 처절히 깨닫게 되지 않는가? 그렇다면 결국 하나님의 의는 복음이 아니라 저주라는 말이 아닌가? 이런 식으로 하나님의 의를 파악했던 젊은 루터는 은혜의 하나님이 아닌 진노의 하나님 이미지에 눌려 괴로웠고, 슬펐고, 낙담했고, 분노했다.

그러나 결국 루터는 로마서를 통해 하나님의 의가 우리가 흔히 생각하는 일반적 정의 개념과 다르다는 것을 발견하며 새로운 신학적 돌파구를 찾아냈다. 하나님의 의는 인간의 선행과 악행을 판별하는 그 무엇이 아니라, 능력 없는 죄인을 조건 없이 의롭게 하는 은혜의 선물임을 깨달았다. 그리고 그 의는 거룩함과 성스러움에 대한 인간의 기대를 거스르며, 그리스도의 '십자가'라는 바로 그 비극적 지점에서 계시됨도 발견했다.[10] 인간은 자신의 노력으로 하나님의 의에 도달할 수도, 그 의를 성취할 수도 없음이 드러났다. 인간에게 요구되는 것은 자기 욕망이 주조한 신을 만족시키려는 '노력'이 아니라, 십자가에서 계시된 하나님의 은혜를 인정하고 신뢰하고 받아들이는 '믿음'이다. 밤낮으로 본문을 읽다 이것을 깨달은 루터는 안도감과 평화가 자신의 내면을 채우고 새로운 존재가 된 것 같은 느낌을 받았다.

그런데 종교개혁의 동력이 되었던 루터의 깨달음이 완전히 새로운 것은 아니다. 흥미롭게도 루터는 회고를 마무리하며 자신이 성서 속에서 찾아낸 하나님의 의가 초대교회의 위대한 신학자 아우구스티누스의 재발견이었음을 밝힌다.[11] 아우구스티누스를 통해 루터가 자신의 신학을 정리할 수 있었지만, 루터가 비판했던 중세 가톨릭의 칭의론 역시 아우구스티누스로부터 깊은 영향을 받았다.[12] 조금 과장해서 말하자면, 아우구스티누스를 어떻게 이해하느냐에 따라 가톨릭과 개신교가 달라진 셈이다. 그렇다면 아우구스티누스는 하나님의 의를 어떻게 이해했을까?

어떻게 죄인은 의롭게 될 수 있는가?

칭의론에 있어서 아우구스티누스가 남긴 업적은 너무나 방대하고 복잡하다. 아우구스티누스의 칭의론 전체를 이 짧고 부족한 글에서 제대로 드러낼 수는 없다. 그래서 구원에 대한 기존 이해와 차별성을 만들어 낸 그의 독특한 라틴어 파자(破字) 방식부터 전략적으로 주목해 보고, 그후 그의 칭의론의 핵심 이미지를 간략히 살펴보도록 하자.

성서의 언어인 히브리어와 그리스어에 정통하지 못했던 아우구스티누스는 라틴어 번역 성서를 주로 읽으며 신학적 사유를 갈고 닦았고, 라틴 독자를 위해 글을 썼던 사람이다. 그는 의로움과 관련된 라틴어 동사 *iustificare*를 어떻게 이해할지 고민했고, 이를 그만의 창조성을 가지고 흥미롭게 분석했다. 이 단어는 *ius*(법, 정의, 권리)와 -*ficare*로 나눌 수 있는데, 아우구스티누스는 뜻이 불분명한 뒷부분 -*ficare*가 동사 *facere*(만들다)에서 비롯된 것으로 보았다. 그 결과 그는 *iustificare*를 하나님께서 죄인을 '의롭게 만드신다'라는 능동적 뜻으로 해석했다.[13] 즉, 인간이 의롭게 되는 justified 것은 자신의 노력 때문이 아니라 하나님께서 그를 의롭게 만드셨기 make righteous 때문이다. 따라서 하나님의 의는 인간을 그의 자격이나 행한 바에 따라 올곧고 엄격하게만 판단하는 기준이 아니라, 연약하고 불완전한 인간을 의롭게 '만드는' 은혜로 이해되어야 한다. 이러한 시각에서 아우구스티누스는 성서를 읽고 암기했으며, 자신의 죄로 얼룩진 삶을 해석했고, 다양한 신학 저술을 했다.

물론 성서신학적 시각에서 볼 때 하나님의 의를 '인간을 의롭게 만드는 은혜'로 정의하는 것은 분명 문제가 있다.[14] 하지만 이는 그릇된 신념에 이끌려 젊음을 탕진한 탕자, 로마제국이 선사하는 명예와 성공에 눈이 멀었던 성취욕의 노예, 교만과 성욕으로 타자의 삶을 파괴했던 나쁜 남자였던 아우구스티누스가, 용서를 바라기조차 염치없는 죄인마저 무조건 용납하신 하나님을 만나면서 나오게 된 실존적 해석이기도 하다.[15] 이 지점에서 우리는 아우구스티누스와 루터의 신학이 상당히 닮았음을 발견하게 된다. 그것은 인간의 힘으로 해결할 수 없는 깊은 곤란을 해결하시고자 인간을 '먼저' 찾아오신 하나님의 은혜에서 자라난 신학이다. 학자적 엄밀함과 중립성이 아니라 하나님의 의에 주리고 목마름에 압도된 신학이다.

칭의의 은혜에 대한 아우구스티누스의 도발적 해석은 죄에 대한 그의 독특한 이해와 별도로 이해될 수 없다. 죄란 단지 하나님의 법이나 명령에 불순종하는 행위 혹은 그 결과가 아니다. 인간이 죄인이라는 것은 그가 태어날 때부터 스스로는 치유할 수 없을 정도로 영적으로 병든 상태에 있음을 의미한다.[16] 원죄론은 인류 전체가 그 병으로 신음하고 있지만, 교육이나 사회제도 개선, 자기 수양 등의 노력으로는 그 상태에서 벗어날 수 없음을 가르쳐 주는 교리다.

아우구스티누스가 볼 때 죄가 병이라면, 구원은 병으로부터 '치유'이다. 하나님의 은혜는 이러한 병든 상태에서 인간을 회복시켜 주신다. 죄의 치명성은 인간에게 자신이 치유받아야 할 상태라는 것을 인지하지 못하게 할 뿐만 아니라, 치유받아야 한다는 본능에마저 무감하게 만든다는 데 있다. 그렇기에 인간을 '치유하는' 하나님의 은혜, 곧 죄인을 의롭게 '만드는' 하나님의 의는 인간의 사전 준비나 노력이나 갈망으로 얻어질 수 있는 것이 아니다. 인간은 자신의 노력이나 업적이 아니라 하나님의 은혜로 '의롭게 만들어지는 존재'이며, 이 신비한 선물을 믿음을 통해 받음으로써 구원받게 되는 절대적으로 의존적 존재이다.

이 지점에서 우리는 이후 칭의론 발전의 씨앗이 되는 신학적 상상력이 심기고 자라는 형태를 볼 수 있다. 죄인의 치유는 하나님의 은혜로부터 시작한다. 인간 본성 깊은 곳에 박혀 있는 곤란을 해결하는 '외부로부터의' 도움, 곧 하나님의 은혜와 이를 받아들임(신앙)이 없다면, 인간에게 진정한 의미에서 행복한 삶이나 선한 행동은 불가능하다.[17] 치료받지 못한 뒤틀린 마음으로 인간이 선행한다고 노력해도, 결국 인간은 자기 자신을 향한 이기적 중력에서 자유롭지 못하다. 따라서 그리스도인이 된다는 것은 인간의 자각이나 선행이 아니라 우리를 치유하는 하나님의 은혜로부터 시작된다. 어두워진 마음을 밝히는 성령의 빛을 따라, 죄의 질병으로부터 점차 벗어나는 치유의 여정을 걸어가는 것이다.

이처럼 죄인이 '의롭게 됨'에 있어 하나님 은혜의 우선성은 그리스도교 신앙의 핵심을 구성한다. 특별히 아우구스티누스가 구원을 '치유'라는 중심 이미지를 통해 이해하고 설명하면서 하나님의 의와 희망 없던 죄인과 그리스도인의 삶을 함께 엮어 사고할 수 있는 풍성한 신학적 토양이 마련되었다. 이 기발한 통찰은 제국의 네트워크를 타고 서방교회에 널리 퍼졌고, 가톨릭교회에서는 구원을 인간이 실제 의로워지는 과정, 곧 의화(義化)로 보게 되었다.

그러나 '무오한' 신학이란 있을 수 없고, 또한 '완벽한' 이미지란 있을 수 없기에, 이러한 설명 방법에도 문제가 생겨날 수밖에 없었다. 의사가 가망 없어 보이는 환자를 성공적으로 수술하더라도, 건강을 되찾는 '과정'에는 환자 몸의 치유력과 환자 자신의 노력이 함께 필요하다. 이러한 유비적 상상력은 구원에 있어서 하나님 은혜와 더불어 인간의 역할을 강조하게 만들었다. 하지만, 이는 자칫 은혜로부터 유리된 인간의 노력과 선행에 독자적 지위와 위치를 부여할 위험이 있다. 실제 중세 가톨릭의 구원론에서 시간이 흐르며 인간의 노력과 지분에 독자적 자리를 마련해 주려는 경향이 커졌다. 중세 말기 가톨릭교회의 부패와 타락의 현상뿐만 아니라, 이 같은 문제를 잉태하게 하는 신학적 근원까지 파고들어 간 것이 바로 종교개혁 시대의 칭의론이었다.

왜 칭의, 인의, 의화 등 여러 개념이 쓰이는가?

잠깐, 여기서 논의를 더 진행하기 전 정리하고 넘어갈 사항이 있다. 왜 루터를 설명할 때는 '칭의'라는 단어를 썼다가, 아우구스티누스에 대한 논의에서는 '의화'라는 단어가 등장했을까? 개신교 신학에서 칭의란 스스로는 의로워질 수 없는 죄인을 하나님께서 의롭다고 '여겨 주시는' 은혜의 사건이다. 반면 가톨릭은 하나님의 의가 실제로 죄인에게 '주입'infusion되어 인간의 본성이 의롭게 변화되어 간다고 본다. 그래서 개신교의 '칭의'와 대비되는 가톨릭의 입장을 '의화'라고 한다.[18] 칭의와 의화가 신학적으로 차이가 있지만, 둘을 비교할 때 다음과 같은 한국 교회 특유의 언어적 상황을 유의해야 한다.

첫째, 영어 단어 justification(독일어 *Rechtfertigung*, 프랑스어 *justification* 등)을 번역할 때 한국 개신교와 가톨릭에서는 일반적으로 칭의와 의화라는 개념을 각각 사용한다. 개신교회와 가톨릭교회가 구원론에서 다른 단어를 사용하다 보니 두 교회의 차이점이 과하게 두

드러져 보였다.[19] 물론 구원에 관한 두 교회의 신학적 차이가 없는 것은 아니지만, 번역어의 문제는 불필요한 오해와 왜곡을 불러일으켰다. 실제로 많은 개신교인이 가톨릭교회는 선행이나 공로를 통한 구원을 가르친다고 생각한다. 그러나 개신교와 마찬가지로 가톨릭도 하나님의 은혜로 그리고 믿음으로 죄인이 구원을 받는다고 본다.[20] 그 대전제를 바탕으로 인간의 행위 혹은 공로가 어떤 식으로 구원에 기여하느냐에 대한 교리적 각론에서 입장을 달리하고 있을 뿐이다. 하지만, justification을 번역하고자 각기 다른 개념을 사용하고 이것이 서로 다른 언어적 습관을 형성하다 보니, 두 교회의 구원론의 차이가 더욱 크게 느껴지게 되었다.

둘째, 한국 개신교에서 '칭의'라는 단어를 많이 쓰기는 하지만, 이를 모든 개신교회가 획일적으로 사용하는 것도 아니다. 이 교리는 하나님께서 죄인을 그의 본성이나 선행과 상관없이 의롭다고 여겨 준다는 의미이다. 따라서 justification을 한자로 '일컬을 칭(稱)'자를 써서 '칭의'라 부르기도 하지만, '인정할 인(認)'을 사용하여 '인의'라 번역하기도 한다. 또한, 일부 학자는 인간 자신의 것이 아닌 하나님의 의를 얻게 됨을 뜻하는 득의(得義)를 사용한다.[21] 신학적으로 고려해 볼 때, 득의가 칭의와 인의, 의화 모두를 아우를 수 있는 가상 포괄적인 단어일 뿐 아니라, 은혜의 우선성을 적절히 강조한 번역어라고 개인적으로 생각한다.[22]

셋째, 칭의와 인의, 득의, 의화 등이 혼용되다 보니 교회 내에 혼란이 생기지 않을 수 없다. 각 번역어가 특정 신학적 입장을 품고 있기 때문에, 어느 하나를 번역어로 사용하는 순간 이 풍성한 교리의 일부가 언어의 그림자에 가려지게 된다. 칭의, 인의, 득의, 의화 등의 개념을 문자 하나하나가 의미를 가지는 표어문자(表語文字)[logogram]인 한자로 주조했기 때문에 이 같은 곤란을 피할 수는 없다. 따라서 각 단어에 담긴 신학적 전제에 대한 적절한 이해가 없으면 개념적 혼란은 타 교단에 대한 의심과 배제로 탈바꿈하게 된다. 한자어에서 오는 혼동을 줄이고 justification의 다채로운 의미를 균형 있고 포괄적으로 드러내기 위해, '의롭게 됨'이라는 표현을 쓰자는 주장도 상당히 설득력 있다.[23]

넷째, 대부분 유럽 언어와 마찬가지로 영어 단어 justification은 신학적 언어로 한정되지 않는다. 일반적으로 justification은 '무엇인가가 올바르거나 합리적이라는 것을 보여주는 행동'[24]이라는 뜻으로 사용된다. 예를 들면 내가 뉴욕보다 런던이 더 국제적 도시라고 주장한다면, 이에 합당한 근거나 사례를 제시해야 한다. 이처럼 justification은 일상의 여러 상황에서 일어나는 '정당화' 작업을 일컫는 표현이기도 하다. justification이 종교적 개념과 일상적 개념으로 함께 사용되는 언어 문화권에서는, 이 단어를 통해 형성되는 의미의 외연이 넓고 포괄적일 수밖에 없다. 반면, 한국에서는 칭의나 인의, 득의, 의화 등이 신학적 언어로 제한되다 보니, 이 복음의 교리 역시 종교적으로만 협소하게 이해되는 경우가 많다. 이것이 한국 개신교의 '공공성'이 약화하는 이유 중 하나일지도 모른다.[25]

우리에게 익숙한 '칭의'라는 단어 이면에는 이러한 복잡성이 얽혀 있다. 흔히 사용하는 개념이 사고의 패턴과 한계로 작용하긴 하지만, 이미 대다수 개신교인의 언어생활의 일부가 되어 버린 단어를 갑작스레 바꿀 수 있으리라 예상하는 것은 비현실적이다. 그렇기에 '칭의'라는 단어가 가져올 수 있는 의미의 협소화, 다른 신학적 입장에 대한 단순화된 이해 등에 대해서는 잘 숙지하며 이 개념을 사용할 필요가 있다. 이러한 전이해를 가지고 가톨릭교회와 개신교회에서 어떻게 칭의를 다르게 보는지를 살펴보자.

가톨릭의 의화와 개신교의 칭의는 어떻게 다른가?

종교개혁자 칼뱅이 칭의론을 "종교가 열고 닫히는 중요한 경첩"[26]이라고 불렀을 정도로, 이 교리는 개신교 신학에서 중심 위치를 차지한다. 하지만, 그리스도교 신앙의 핵심을 담은 사도신경, 니케아 신경, 칼케돈 신경 등은 칭의 혹은 의화를 언급하지 않는다. 게다가 가톨릭이나 정교회의 경우 이 교리가 개신교 신학에서만큼 중심적 위치를 차지하고 있지도 못하다. 이를 어찌 설명하고 이해해야 할까?

중세 후기 가톨릭의 신학적 혼란과 윤리적 타락을 비판하며 서유럽에서 종교개혁이 일어났을 때, 칭의론이 개신교의 교리적·역사적 정체성 형성에 큰 역할을 했음을 부인하기 힘들다. 그러나 칭의론을 16세기 이후 가톨릭과 개신교 사이의 논쟁적 맥락에만 놓고 파악하는 것은 이 교리가 가진 신학적 의미를 충분히 드러내지 못한다. 여전히 많은 개신교인이 개신교회는 믿음으로 구원을 얻지만 가톨릭교회는 행위로 구원 얻음을 가르친다고 오해하고 있다. 이렇게만 본다면 가톨릭과 개신교는 삼위일체 하나님을 예배하고, 그리스도를 주님이라 고백함에도, 전혀 다른 구원론을 가진 두 다른 종교라 할 수 있을지 모른다. 그러나 가톨릭과 개신교의 구원론의 차이를 살펴보려면, 대중적 담론에서 한 발짝 떨어져 16세기 당시 신학자들이 치열하게 고민했던 논쟁점 몇 가지를 알아 둘 필요가 있다.

첫째, 루터는 하나님의 은혜와 함께 작용하는 인간의 행위를 강조하는 중세 가톨릭의 구원관에 대항하며 "오직 믿음으로만 의로워진다"고 주장했다. 이때 루터가 인용한 성서 구절은 바로 로마서 3장 28절이다. "그러므로 사람이 의롭다 하심을 얻는 것은 율법의 행위에 있지 않고 믿음으로 되는 줄 우리가 인정하노라." 그런데 문제는 바울의 말 어디에도 '오직 믿음'이라는 표현이 없다는 데 있다. 그렇다면 루터는 성서를 자기 마음대로 해석했다는 말인가?

가톨릭 신학자들은 루터가 성서 본문에도 없는 '오직'*allein*을 추가하여 독일어로 성서를 번역하고 자기 신학을 전개함을 문제 삼았다.[27] 반면 루터는 라틴어나 그리스어와는 달리 독일어는 어법상 '오직'이란 단어가 번역될 때 추가될 수밖에 없다며 자신을 변호했다. 더 나아가 루터는 로마서에 '오직'이란 단어가 없더라도, 앞뒤 문맥을 잘 읽어 보면 행위가 아니라 믿음'만'이 우리를 의롭게 함을 로마서 본문이 보여준다고 주장했다. 즉, 독일어의 언어적 특성뿐만 아니라, 성서에 대한 꼼꼼한 독해가 '오직 믿음만으로'*Sola fide*를 지지한다는 입장이다.[28]

그렇다고 루터와 달리 중세 가톨릭 신학자들이 인간이 믿음이 아닌 다른 무엇으로 구원을 받는다고 한 것은 아니다. 단, 이들은 사랑이 없는 믿음, 혹은 행함이 없는 믿음(약 2:26)은 구원으로 이끌기에 충분하지 않다고 보았다.[29] 믿음으로 죄인은 의롭게 되지만, 그 믿음은 사랑을 통해 활동하고 완성된다. 대표적으로 아우구스티누스는 "귀신도 하나님이 한 분이시라는 것을 믿는다"는 야고보서 2장 19절의 구절을 해설하며, 믿음은 하나님이 누구시냐는 지적 동의에 그칠 수 있기에, '사랑과 함께한 믿음'만이 우리를 의롭게 하는 믿음이라고 주장했다.[30]

'오직 믿음'을 외쳤던 루터가 믿음과 사랑을 혼동하는 것은 경계했지만, 그 역시 사랑을 크게 강조한 신학자임을 잊어서는 안 된다. 그는 그리스도를 통한 하나님 은혜로 의롭게 된 그리스도인은 이웃을 사랑하는 '작은 그리스도'가 될 수밖에 없음을 주장했다.[31] 단, 중세 신학자들과 달리 루터는 그리스도인의 삶에서 사랑은 믿음의 '결과'로서 뒤따를 뿐, 사랑이 믿음의 일부를 구성하거나 믿음을 형성하지는 않는다고 주장했다.[32] 루터에 따르면, '믿음'은 하나님과 관계를 바로 세우고, '사랑'은 이웃과 그리스도인의 관계를 형성한다. 이 둘을 구분하지 못하면 선행으로 하나님의 호의를 얻으려 노력을 하게 되고, 이러한 강박은 하나님을 우리와 흥정하는 분 혹은 우리를 선행의 정도에 따라 냉정히 심판하는 분으로 잘못 이해하게 한다.

둘째, 루터는 자신이 얻은 깨달음이 그 옛날 아우구스티누스가 주장했던 바와 본질적으로는 다르지 않았다고 보았다. 단, 루터는 아우구스티누스가 하나님의 의를 올바로 잘 가르쳤지만, 한 단어를 잘 알지 못했다고 지적했다. 그것은 바로 '전가'(轉嫁)imputation이다.[33] 이 개념은 16세기 이래 가톨릭과 개신교 신학의 차이를 만드는 데 큰 역할을 했다.

가톨릭 신학에서는 하나님의 의가 자기 자신을 구원할 능력이 없는 죄인에게 '주입'infusion된다고 본다. 아우구스티누스에 따르면, 타락한 인간 안에 들어와 내주하는 하나님의 은혜 덕분에 인간은 실제로 의롭게 변화하게 된다. 물론 인간 본성은 그 뿌리부터 깊게 상처가 나 있기에 세례 받은 신자라고 할지라도 여전히 연약한 상태로 남아 있다. 하지만, 참 신자는 종말론적 미래의 궁극적 치유를 통한 영광스러운 변모를 기다리며, 불안전하지만 지속적인 변화를 동반한 삶을 살아간다.

반면 종교개혁 신학은 '전가'라는 언어를 중심으로 구원론을 형성해 왔다. 칭의란 그리스도의 의가 죄인에게 전가되는 것, 곧 그리스도의 의로움 때문에 인간을 의롭다 여기는 것이다. 따라서 엄밀하게 말하자면 인간이 실제 의로워지는 것이 아니라 단지 의롭다고 간주될 뿐이다. 루터파의 신학을 요약한 아우크스부르크 신앙고백을 해설하며, 필리프 멜란히톤Philipp Melanchthon, 1497-1560은 유비를 들어 전가 교리를 설명한다. "어떤 친구가 다른 친구의 빚을 갚아 주면, 채무자는 다른 이의 공로merit가 마치 자기 것인 양 그것 덕분에 자유로워진다. 마찬가지로 그리스도의 공로가 우리에게 주어진다. 우리가 그리스도를 믿을 때, 그분의 공로에 대한 확신이 마치 우리 자신이 공로를 가진 것처럼 우리를 의롭다고 여기게 한다."[34] 그리스도의 의는 인간에게 주입되거나 내주하는 것이 아니라 단지 전가되는 것이기에 그 의는 낯설고 외적alien and external이다.

이 지점에서 우리는 종교개혁을 기점으로 발전한 개신교적 칭의 개념이 '법정'의 이미지 혹은 논리와 강하게 결부되어 있음을 관찰할 수 있다.[35] 아우구스티누스 이후 가톨릭 구원론에서 인간이 죄의 상태에서 치유되어 가는 과정process을 중요시했다. 반면, 종교개혁자들의 법정적 이미지는 칭의를 재판에서의 판결처럼 단번에 이루어지는 사건event으로 이해하게 신학적 상상력의 방향을 틀어 놓았다. 이러한 강한 법정적 이미지 때문에 하나님의 칭의의 은혜에 인간이 기여하거나 협동한다는 생각이 자라날 여지가 없어지게 되었다. 물론 가톨릭에서 '병원' 이미지만 배타적으로 사용하고, 개신교가 '법정' 이미지를 독점하는 것은 아니다.[36] 하지만, 구원을 은혜를 통한 치유로 보는 가톨릭에서는 '인간이 실제 변화하는 과정' 그리고 그 과정을 단계적으로 이끄는 교회의 성사sacraments(개신교에서는 흔히 '성례'로 번역한다)가 중요하다. 반면 칭의를 죄인에 대한 무죄 선고로 보는 개신교 칭의론에서는 '신분 변화의 사건'을 강조하고, 그 이후 변화의 과정을 '성화'sanctification로 구분하여 설명한다.

이처럼 '의의 전가'imputation of righteousness 교리는 16세기 이래 개신교 구원론을 형성하는 데 크게 기여했다. 특별히 르네상스를 통한 그리스-로마 고전의 재발견은 법률적 개념인 '전가'의 교리적 발전을 가능하게 해주는 법철학적 전이해도 만들어 주었다.[37] 하지만, '전가'라는 언어가 본격적으로 종교개혁자들의 논의에 들어온 시기가 1530년대 초반임을 고려할 필요가 있다. 실제 루터도 초기에는 전가라는 개념에 강한 신학적 의미를 부여함 없이 의롭게 됨을 설명했다. 심지어 그는 의의 '주입'infusion이란 표현도 별 거리낌 없이 썼다. 개신교의 대표적 신앙고백인 하이델베르크 요리문답의 56번 질문도 번역본에 따라 가톨릭 구원론에서 애용하는 '분여하다'impart라는 단어를 사용하기도 한다. 따라서 종교개혁 신학과 달리 가톨릭이 전가 개념이 없다고 무조건 비판하는 것은 시대착오적인 교리적 독단주의로 빠질 위험이 있다.

가톨릭과 루터파의 협상 노력이 1541년 레겐스부르크 회담의 실패로 결렬되었고, 1545년부터 시작된 가톨릭의 트리엔트 공의회를 거치며 가톨릭과 개신교의 구원론은 각기 다른 형태로 발전하였다. 그 후 전가 교리는 개신교가 가톨릭 구원론을 비판하는 주요 근거이자, 가톨릭에서 개신교를 비판하는 지점이 되었다.[38] 의화인가 아니면 칭의인가를 구분하는 데 전가 교리가 개념적 명료성을 가지게 해준 것은 사실이다. 그러나 전가 개념 자체에만 집중하다 칭의 교리의 토대가 되는 더욱 중요한 가르침(예를 들자면 하나님의 의나 그리스도의 십자가)을 간과하면 신학적으로 왜곡이 일어나고 실천에서 문제가 생길 수밖에 없다.

칭의론은 개인주의적 신앙을 형성하는가?

개신교의 칭의론은 구원에 있어 인간의 어떠한 기여도 배제한 '오직 은혜'와 '오직 믿음'이라는 상징적 표현으로 집약된다. 그런데 이는 그리스도인의 삶에서 윤리의 중요성을 약화하는 것은 아닌가? 개인의 믿음과 구원의 관계에 대한 강박적 추구는 신앙의 공동체적 지평이나 정치적 함의를 아예 배제해 버릴 수 있지 않은가? 물론 교회에서의 삶이나 그리스도인의 윤리·정치적 실존은 성화론에서 다루는 주제라 말할 수 있을지 모른다. 그러나 칭의와 성화가 불가분의 관계라면 어떻게 칭의는 개인주의적·탈윤리적·비정치적이면서 성화는 공동체적·윤리적·정치적일 수 있는가? 오히려 칭의와 성화의 개념적 구분이 한국 개신교의 타락을 정당화하지 않았는가? 교회 강단에서는 칭의뿐만 아니라 성화도 중요하다고 외치는 선동적 성화론이 넘치고 있지 않은가? 과연 칭의와 그리스도인의 삶은 어떤 관계에 있는가?

이 같은 질문에 답하고자 본격적인 신학적 논의에 들어가기에 앞서 모호한 개념부터 정리할 필요가 있다. 이제껏 논의를 보면 정의 (正義) justice와 의(義) righteousness라는 두 단어가 이 글에서 혼용되고 있음을 눈치를 챈 독자가 있을지 모르겠다. 실제 일상 언어생활에서는 '정의'는 윤리적이고 정치적인 의미가 강하다면, '의'는 종교적인 맥락에서 많이 사용된다. 그런데 과연 성서의 저자들도 현대인처럼 정의와 의를 구분해서 사용했을까?

루터의 종교개혁에 결정적 영향을 끼쳤던 성서 구절은 로마서 1장 17절이다. "복음에는 **하나님의 의**가 나타나서 믿음으로 믿음에 이르게 하나니 기록된 바 오직 의인은 믿음으로 말미암아 살리라 함과 같으니라." 이때 '의'로 번역된 그리스어 단어는 *dikaiosunē*이다. 이 단어는 문맥에 따라 영어로는 justice 혹은 righteousness, 한국어로는 '의' 혹은 '정의'로 번역될 수 있다.[39] 즉, 하나의 그리스어 단어가 역자의 신학적 해석에 따라 다르게 번역되어 왔던 셈이다. 라틴어 번역 성서에서 그리스어 *dikaiosunē*에 해당하는 라틴어 단어 *iustitia* 역시 한국어로 '정의' 혹은 '의'로 통일성 없이 번역되고 있다. 특별히 칭의론의 핵심이라 할 수 있는 바울의 표현 *dikaiosunē theou*의 경우는 '하나님의 정의'가 아니라 '하나님의 의'로 번역되고 있다.

그리스어와 라틴어뿐만 아니라 대부분의 유럽 언어 사용권에서는 '정의'와 '의'를 가리키고자 하나의 단어로 주로 사용하다 보니 칭의론을 '정의'의 관점에서 이해하고 설명하는 데도 익숙해져 있다. 반면 한국어 성서와 신학 저술에서 '정의'와 '의'라는 단어가 각기 사용된 것은, 칭의론의 윤리적 의미를 약화하는 안타까운 결과를 가져왔다. *dikaiosune*가 가졌던 풍성한 의미를 살려, 칭의론을 설명하면서 인간을 의롭게 righteous 하는 하나님의 의 righteousness'가 아니라 '우리를 정의롭게 just 하는 하나님의 정의 justice'라고 말을 바꿔 본다면 어떤가?[40] 칭의론에 상당히 강한 윤리적이고 정치적인 느낌이 묻어나지 않는가?

칭의의 정치적 지평을 살펴보기 위해서는 단지 언어유희에 그쳐서는 안 되고, 하나님의 정의와 관련하여 다음과 같은 윤리적 주제를 꼼꼼히 따져 봐야 한다. 첫째, 개인의 영혼뿐만 아니라 인간의 사회·정치·문화·경제 모든 영역은 인간의 죄성에 물들어 있다. 따라서 피조 세계 전체가 하나님의 구원을 기다리고 있으며, 인간 삶의 모든 영역에서 의를 회복시켜 줄 (혹은, 정의롭게 만들어 줄) 칭의의 은혜가 간절히 필요하다. 나치 치하 독일의 양심적 개신교 지도자들이 발표했던 '바르멘 신학선언'[1935]의 문구를 빌리자면, 그리스도인은 "예수 그리스도를 통한 칭의와 성화를 필요로 하지 않는 삶의 영역이 있다는 거짓된 가르침"[41]에 저항해야 한다. 그런 맥락에서 칭의론은 이 세계의 폭력과 증오와 상처를 싫어하시는 정의의 하나님이 누구신지 보여주고, 하나님께서 역사 속의 부정의를 대하는 방식을 알려 주고 있다.

둘째, 칭의의 핵심인 하나님의 정의는 죄의 영향력 아래 있는 모든 것에서 정의를 세우는 능력이기도 하다. 조지 헌싱어 George Hunsinger, 1945- 가 잘 표현했듯 "칭의는 부정의를 없애는 것이요, 자비의 펼쳐짐이요, 죄인의 회복이요, 억눌린 자를 위해 정의를 추구하라는 명령을 의미한다. 그것은 우리의 모든 무질서함이 바로 서게 되는 것, 그리고 세상이 하나님과 화해하는 것을 의미한다."[42] 우리가 하나님의 은혜로 의롭게 되었다는 것은 이 세상을 향한 하나님의 정의에 참여하는 존재가 되었음을 의미한다. 그리고 칭의 받은 신자들이 모인 교회는 깨지고 분열된 세상을 향해 화해의 증인으로 부름 받은 공동체이다.

셋째, 하나님의 정의는 희망이 없을 정도로 부서지고 무너진 곳을 향하고 있기에, 그리스도인은 사회의 무질서와 부정의로 인한 희생자들과 우선적으로 연대해야 할 책임이 있다. 바울은 그리스도인의 삶을 다음과 같이 요약한다. "내가 그리스도와 함께 십자가에 못 박혔나니 그런즉 이제는 내가 사는 것이 아니요 오직 내 안에 그리스도께서 사시는 것이라"(갈 2:20a). 하나님 은혜로 의로워진 죄인 혹은 믿음으로 그리스도와 연합한 인간이 그리스도인이라면, 그가 있어야 할 곳은 바로 그리스도가 계신 곳이다. 헌싱어는 이 주제의 윤리적 함의를 다음과 같이 설명한다.

사회의 밑바닥에서 큰 도움을 필요로 하는 이들의 비참함을 경감시키고자 노력하지 않고서는, 우리는 우리의 비참함인 죄를 보고자 마음을 움직이신 그리스도를 따를 수 없다.[43]

죄인의 칭의가 그리스도의 '십자가' 때문에 성취되었기에 그리스도인의 윤리적 책임은 단지 억눌린 자들을 돕고 그들의 편에 서는 것으로 그치지 않는다. 칭의론은 로마제국과 제도 종교의 결탁이 만들어 낸 폭력적 구조의 상징인 십자가를 기억하게 하는 교리이기도 하다. 그런 의미에서 칭의론에 근거한 그리스도교 윤리는 사회·경제적 부정의를 생산해 내는 구조적 악에 대해 저항하는 것까지 지향한다.

이렇게 칭의와 정의, 구원과 윤리, 새로운 사람됨과 사회적 책임감은 서로 결합하고 있다. 마치 내가 애써서 칭의를 쟁취하는 것이 아니 듯, 그리스도인의 윤리적·정치적 삶은 구원받은 후 추가로 노력해서 성취해 나가야 할 그 무엇이 아니다. 오히려 죄인인 '나와 너'가 의롭게 되었다는 것은 '우리'가 특정한 윤리적·정치적 지향점을 가진 존재로 거듭났음을 의미한다. 이렇게 칭의는 바로 하나님의 정의로 부정의한 우리가 정의롭게 되는 사건이기도 하다.

'나를 위한 하나님'을 '나만을 위한 하나님'으로 만들지 않기

로마서 1장 17절에서 루터가 재발견한 복음은 교회의 역사, 아니 세계의 역사를 그가 예기치 못한 방향으로 흘러가게 했다. 그에게 하나님의 의는 인간을 그의 잘남과 못남, 성공과 실패에 따라 평가하고 심판하는 '객관적' 기준이 아니었다. 그것은 나 같이 연약한 자, 희망 없는 죄인을 회복하고 바로 세우기 위한 정의였다. 그리스도의 십자가에서 자신을 드러내신 하나님은 추상적인 절대자 혹은 엄격하고 냉정한 심판자가 아니셨다. 그분은 '나와 너'가 연약하고 버림받고 깨진 그 자리에서 우리와 함께하길 원하시고 우리를 구원하시는, '나를 위한'$^{pro\ me}$ 그리고 '우리를 위한'$^{pro\ nobis}$ 분이셨다.

그렇기에 칭의론의 핵심은 '자격 없는 내가 어떻게 구원받나'에 한정되지 않는다. 칭의론은 우리 욕망이 만들어 낸 거짓 신, 사회적 필요와 관습이 형성한 뒤틀린 종교심으로부터 자유롭게 하는 은혜의 하나님에 관한 교리다. 그리고 여전히 나 같은 죄인이 어떻게 용서받을 수 있겠냐는 의심과 불안을 넘어, 하나님 자녀로서 새로운 존재의 가능성을 주시는 분에 대한 믿음을 가능하게 하는 교리이다.

하지만, 칭의론에 대한 관심이 '나와 너를 의롭다 하시는 하나님은 누구신가?'에서 이탈해 '내가 어떻게 의로워질까?'에 머무른다면, 우리는 그분을 '나를 위한 하나님'에서 '나만을 위한 하나님'으로 만들어 버리게 된다. 타자를 위한 존재로 거듭나는 것이 아니라 나와 내 가족이 구원 얻는 데만 믿음을 집중한다면, '우리를 위한 하나님'이 아니라 '우리만을 위한 하나님'이라는 우상을 섬기게 된다. 오늘날 한국의 개신교회는 여러 윤리적 문제로 사회 곳곳에서 손가락질을 받고, 심지어 개혁의 주체가 아니라 개혁의 대상이 되어 버렸다고 조롱받고 있다. 지금 여기서 우리가 종교개혁의 유산을 바로 계승하는 길은 종교개혁자들의 칭의론 자체가 아니라, 16세기 당시 칭의론이 보여줬던 우상 타파의 힘과 해방의 동력을 재발견하는 데 있을지 모른다.

적용과 토론을 위한 질문

1. 죄인된 내가 의인이 된 것, 곧 하나님과 관계가 회복되었다는 것을 어떻게 경험하고 느끼는가? 구체적 사례가 있으면 이야기해 보자.

2. 내가 속한 교회 혹은 공동체에서는 칭의, 인의, 득의, 의화 중 어떤 단어를 사용하는가? 다른 단어를 사용할 때 어색함이 느껴지는가?

3. 죄를 병, 구원을 치유로 보는 아우구스티누스의 상상력이 어떠한가? 이러한 상상력이 어디까지 확장될 수 있을까? 아우구스티누스가 쓴 유비가 가지는 문제점은 무엇일까?

4. '믿음은 사랑을 통해서 작동'한다고 본 아우구스티누스의 견해와 '사랑은 믿음의 결과'로 본 루터의 견해 중 어느 것이 더 설득력이 있어 보이는가?

5. 칭의와 성화를 통전적으로 본 가톨릭과 달리 개신교는 이 둘을 구분하여 본다. 칭의와 성화를 개념적으로 구분할 때 어떤 장점과 단점이 있을 수 있을까?

6. 인간은 공짜를 좋아한다. 그러나 이러한 심리가 인간을 비열하고 게으르게 만들 수도 있다. 그렇다면 칭의론의 핵심인 '값없이 주어지는 은혜' 역시 오용될 가능성이 높다. '값없이'란 표현이 어떤 문제를 일으킬 수 있을까?

7. 칭의 받은 죄인이 세상을 보는 방식과 세상을 살아가는 방식에서 어떻게 하나님의 자비와 정의가 반영될 수 있을까?

23장. 용서의 은혜

인간과 세계를 온전하게 하는 것은 무엇인가?

용서 없는 유토피아?

중세 너머의 새로운 세계의 도래에 대한 설렘과 혼란이 가득하던 1516년, 토머스 모어Thomas More, 1478-1535는 『유토피아』라는 기묘한 제목의 책을 출판했다. 이 책에 등장하는 유토피아라는 섬은 화폐도 없고, 세습 권력도 없으며, 재산을 나누어 공동생활을 하고, 합리성과 배려와 관용이 사회를 지탱하는 원리가 되는 이상적 공간이다. 현실 사회의 비극성과 한계에 대한 성찰과 풍자가 가득한 이 책을 읽다 보면, 유토피아의 삶이 아름답고 평화롭고 정의롭지만, 과연 그곳이 모두가 꿈꾸고 욕망할 만한 이상 사회가 맞는지 갸우뚱거리게 된다. 모어도 책의 결론 부분에 유토피아가 현실에 그대로 적용할 만한 모델이 아님을 넌지시 밝히고 있다. 그 이상향의 이름도 그리스어의 ou(없다)와 topos(장소)를 조합하여 '어디에도 존재하지 않는 장소'라는 의미의 유토피아utopia로 지었다.

비록 이 땅에 실재하지는 않지만, 유토피아라는 상상의 공간은 부정의와 폭력이 지배하는 현실의 디스토피아를 비춰 보는 거울 역할을 한다.[1] 이 책은 독자들에게 상당한 통찰과 만족감과 지적 쾌감을 안겨주지만, 마지막 책장을 덮을 때까지 끝없이 질문을 던지게 하기도 한다. 특별히 매일 우리가 경험하는 인간의 죄를 고려할 때 이처럼 아름답고 고결한 이상 사회가 가능할지 의심이 들기도 한다.

모어의 책을 다시 읽으며 조화와 협력이 잘 이루어진 유토피아에서 '용서'는 어떤 의미일까 질문했다. 이상 사회라서 그런지 유토피아에는 죄를 범하게 하는 동기나 상황을 찾아보기 힘들었다. 혹 누군가 법을 어기더라도, 합리적인 형벌 체계는 폭력의 순환 고리를 형성하지도 않고, 죄인을 교정하는 데도 효율적이었다. 이쯤에서 근원적인 질문을 던져볼 필요가 있다. 실패의 가능성이 적어 용서가 불필요한 곳이 이상향이라 할 수 있을까?[2] 잘못을 저지를 가능성이 클지라도 용서의 희망이 있는 곳이 인간에게 더 적합한 곳일까? 인간의 약함을 고려하면 전자보다 후자가 더 설득력 있지 않을까? 아니, 이러한 도덕적으로 애매모호한 타협적 태도가 오히려 죄와 악을 정당화해 주는 것일까? 오늘의 사회는 불가피한 죄나 실수를 범할 가능성이 크지만, 용서마저도 사라진 팍팍하고 각박한 곳이 아닌가? 오히려 거짓 참회와 사이비(似而非) 용서가 이 사회에서는 눈먼 정의와 가식적 평화를 용인하는 기제가 되어 있지는 않은가?

종교개혁자 마르틴 루터가 잘 보여줬듯, 신학의 주제는 죄의 노예가 된 인간과 용서하시는 하나님이다.[3] 이처럼 '용서'는 단지 구원론의 한 주제가 아니라, 그리스도교 신앙과 신학 전체를 관통하고 있다. 그렇기에 용서와 무관하게 인간과 사회가 무엇인지 정의하고자 하는 신학적 시도는 결국은 무익할 수밖에 없다. 성서가 보여주듯 하나님 형상이 인간의 인간 됨의 기초라면, 용서 받음의 경험은 인간을 온전하게 한다. 하나님의 창조가 이 세상의 선함의 기초라면, 용서의 은혜로 이 세계는 비극의 깊이를 품은 아름다움을 가지게 된다. 아무리 유토피아라도 그곳의 질서와 안정이 '용서'의 필요성과 가능성을 배제한다면, 그곳은 디스토피아가 될지도 모른다. 반면, 디스토피아 같은 현실에 살더라도, 용서의 은혜와 체험이 있다면 그곳은 희망이 자라나는 터전이 될수 있다. 이 세상에 존재하지 않는^{ou} 장소^{topos}로서 유토피아^{utopia}가 아니라, 자아의 깨짐과 사회의 불완전함에도 불구하고 좋은^{eu} 장소^{topos}로서 유토피아^{eutopia}를 꿈꾸는 존재, 이것이 바로 그리스도교적 인간상의 절정이라 할 수 있다.

용서는 어떻게 인간을 온전하게 만드는가?

2012년 마지막 달, 무의미하게 마무리될 것 같던 한 해를 두 주 남겨놓고 개봉한 영화가 대한민국을 뜨겁게 달궜다. 프랑스의 대문호 빅토르 위고$^{Victor\ Hugo,\ 1802-1885}$의 『레 미제라블』$^{Les\ Misérables}$을 뮤지컬화한 영화가 대한민국의 18대 대통령 선거에 맞춰 개봉하면서, 국내에서 상영된 뮤지컬 영화로서 전무후무한 흥행 기록을 세워 갔다. 150년 전 빅토르 위고가 전했던 프랑스 민중의 삶에 대한 사실적 묘사가 한국적 상황과 공명을 일으키며, 많은 사람이 이 영화와 함께 울고 웃었고, 가슴 아파하고 또 치유받았다. 영화를 감독했던 톰 후퍼$^{Tom\ Hooper,\ 1972-}$는 한국의 기자들과 전화 인터뷰에서 '레미제라블'의 예기치 못한 흥행 이유를 다음과 같이 진단했다.

원작 소설에 "사랑하거나 사랑한 적이 있다면 그걸로 충분하다"$^{To\ love\ or}$

have loved, that is enough라는 구절이 있습니다. 이 작품은 세대나 문화권을 막론하고 사람들에게 치유의 힘을 갖고 있는 것이죠.[4]

인터뷰 기사를 접하고 이런저런 질문이 떠올랐다. 19세기 도시 산업사회로 전환하는 시기의 프랑스에 살던 비참한 사람들*Les Misérables* 이야기에, 21세기 정보화 사회에 속한 한국인이 극도로 공감하게 한 것이 바로 사랑이란 말인가? 과연 위고가 말했던 치유의 힘을 가진 사랑이란 무엇일까? 그 사랑은 추상적 의미에서 사랑이나 감정으로서 사랑이 아니라, 용서로 형상화하는 무조건적 사랑은 아니었을까?

잘 알려져 있듯 장발장은 배 주린 가엾은 조카들을 위해 빵 한 조각을 훔친 죄로 징역 5년을 선고받고 감옥에 갔다. 장발장이라는 이름 대신, 죄수 번호 24601이 그의 정체성이 되었다. 네 차례 탈옥 시도와 실패 끝에 결국 19년의 징역을 살게 된 그를 지탱하는 힘은 세상에 대한 증오와 원망이었다. 장발장은 출소 후 형식적인 자유는 얻었지만, 전과자라는 과거 때문에 일할 곳도 찾지 못했다. 더욱 절망적 상황 속으로 빠져들어 가던 그는 우연히 미리엘 주교에게서 숙식을 제공받게 되었다. 세상에 대한 증오가 가득했던 장발장은 깊은 밤 주교를 살해하고 주교관의 은 식기를 훔쳐 나갈 계획을 세웠다. 하지만, 잠든 노주교의 얼굴에 깃든 존귀와 거룩에 압도되어 결국 물건만 훔쳐 도망쳤다.

도주하던 장발장은 헌병대에게 붙잡혀 19년 만에 겨우 되찾은 소중한 자유를 한순간에 잃게 될 위기에 처했다. 그때 미리엘 주교가 헌병들에게 자신이 은 식기를 장발장에게 선물로 줬다고 '거짓 증언'하고, 은촛대까지 덤으로 주며 장발장을 구해 준다. 장발장에게 자유를 선물하며 주교가 장발장에게 진심을 담아 남겼던 말을 뮤지컬 대사로 들어 보자.[5]

내 형제여, 이것을 기억하시오. 이 사건 속에서 더 큰 계획을 보시오. 당신
은 이 귀한 은을 정직한 사람이 되는 데 사용해야 하오. 순교자들의 증언
과, [그리스도의] 수난과 피로, 하나님께서는 당신을 어둠으로부터 일으키
셨소. 난 하나님을 위해 당신의 영혼을 샀소.

죽음으로부터 그리스도를 일으키신 하나님은 희망 없고 저주 받은 상
태의 인간을 일으키신다. 하지만, 1세기 팔레스타인에서 일어난 십자
가 사건이 19세기 프랑스에서 팍팍한 현실을 버텨야 하는 전과범의 실
제 삶을 변화시킬 수 있을까? 하나님은 장발장의 영혼 구원에 관심 있
고 기뻐하신 분이기에 장발장 앞에 새롭게 펼쳐진 가석방 상태의 삶에
는 무관심하실까?

미리엘 주교는 그 위험한 밤, 한 미약한 인간이 다른 한 인간을 용서
하는 사건에 감춰진 '더 큰 계획'을 볼 것을 주문했다. 특히 위 인용문 마
지막 부분에 중요한 신학적 주제가 나온다. 하나님께서 먼저 인간을 용
서하셨고, '그 하나님을 위해' 주교는 장발장에게 새로운 삶의 가능성을
선사했다. 장발장이 받은 자유는 단지 영혼만의 해방이 아니라, 주교 자
신의 희생을 대가로 주어진 몸과 영혼을 가진 인간의 총체적 자유이다.

장발장을 주교가 용서하는 장면을 보며 상당수의 그리스도교인은
죄인을 의롭게 하시는 하나님의 이미지를 연상하게 될 것이다.[6] 하나님
의 의는 인간의 추함과 대비되는 고귀한 신적 속성이 아니라, 스스로는
아무 희망 없는 죄인을 의롭게 만드는 '우리를 위한'*pro nobis* 하나님의 정
의이다. 하나님의 용서는 단지 죄를 못 본 척 덮는 것이 아니라, 죄의 노
예였던 인간을 자유롭게 해방하는 능력이다. 인간이 스스로 고치지 못
하는 자기중심성이라는 병을, 하나님의 은혜는 근원적으로 치유함으로
써 새 삶을 살게 하신다.

미리엘 주교의 용서는 희망 없는 죄인인 장발장을 자유롭게 했고, 치유했으며, 온전하게 만들어 갔다. 용서받은 장발장은 악이 아니라 선에 속한 사람, 죄인이 아니라 자유인이 되었다. 주교는 장발장의 운명이 자신의 판단에 달리게 되었을 때, 사법적 정의로 그를 냉정하게 심판하지 않았다. 대신 장발장에게 전적으로 용서를 베풀며 이전의 삶의 굴레에서 벗어날 수 있는 가능성을 선사했다. 단, 한 가지 조건이 있다. 은혜의 징표인 은 식기와 촛대는 장발장 자신의 욕망 충족을 위해서가 아니라, 선한 사람이 되어 다른 비참한 사람들에게 사랑을 베푸는 데 사용해야 한다(실제 소설에서 장발장이 큰 유혹에 빠졌을 때 은촛대는 양심을 지켜 내는 데 큰 역할을 한다). 이 예기치 못한 용서의 은혜, 죄인으로서 감히 요구하지 못할 사죄를 경험했을 때, 장발장은 자기 삶에서 이전에는 전혀 없던 가능성이 열리고 있는 것을 응시할 수 있었다.

> 내가 세계를 증오하게 되었기에, 이 세계는 언제나 나를 미워했다. 눈에는 눈! 네 심장을 돌덩이로! 이것이 내가 살아온 이유이며, 이것이 내가 아는 모든 것이었다. [주교의] 한 마디 말이라면 나는 다시 채찍질 아래로, 고통 속으로 돌아갔을 턴데. 대신 그는 내게 자유를 주었다. 수치심이 칼처럼 속에서 나를 찌르는구나. 그는 내가 영혼을 가지고 있다고 말했다.……나는 공허 속을, 내 죄의 소용돌이 속을 응시한다. 나는 이제 그 세계로부터 빠져나올 것이다.……또 다른 이야기가 반드시 시작되어야 한다![7]

용서의 은혜는 장발장에게 전혀 다른 세계와 자아에 대한 가능성을 선사했다. 이제껏 장발장은 증오의 질서 속에 살아갔다. 그러나 주교의 용서는 원망과 분노의 노예였던 장발장을 자유롭게 했고, 그리고 장발장은 선과 사랑의 질서로 규정되는 세계에 자아를 개방했다.

장발장은 마들렌으로 개명했고, 사업가이자 시장으로서 새 삶을 시작했다. 그가 경험한 용서는 한 도시의 정치와 경제가 사랑의 질서에 따라 움직이게 하는 원동력이 되었다. 가석방 상태의 도주자라는 신분이지만, 선과 자비를 체화한 그는 많은 사람의 존경과 사랑을 받았다. 이렇게 장발장은 '의인이면서 동시에 죄인'*simul iustus et peccator*으로 살았다. 물론 미리엘 주교의 용서가 없었다면 장발장은 신분 변화도 꿈꿀 수 없었고 출세도 할 수 없었다. 하지만, 그의 삶 속에서 용서의 경험은 한 개인의 성공을 넘어 공동체를 치유하는 힘으로 변화되었다.[8] 『레 미제라블』이 출판 이후 고전 위치에 오른 것은 용서가 개인에게 새로운 가능성을 선사할 뿐만 아니라, 선한 공적인 영향력도 형성하기를 바라는 우리의 마음을 잘 대변해 줬기 때문이 아닐까?

왜 그리스도교는 용서를 중요시하는가?

그렇다면 왜 용서가 이토록 중요할까? 왜 용서는 그리스도교에서 가장 중요한 덕목 중 하나이자, 그리스도교인의 삶을 정의하는 실천적 명령 중 하나일까? 그리스도교가 인간을 죄인이라고 규정했기 때문에 용서가 어쩔 수 없이 중요해진 것은 아닐까? 아니면 용서에는 '범죄와 사면'의 구도를 넘어선, 더 큰 의미가 있을까? 용서는 우리가 이해하기에 몹시 복잡하고 신비로운 개념이지만, 그 의미를 조금 더 명확하게 살펴보도록 하자.

영어 사전을 보면 '용서하다'라는 동사 forgive의 동의어로 excuse가 나온다. 그런데 우리는 forgive와 excuse를 혼동하기 때문에 용서의 참의미를 파악하지 못하곤 한다. 영어 excuse의 어원은 라틴어 *excusare*인데, 이 단어는 '출처' 혹은 '밖으로'를 뜻하는 *ex-*와 설명 혹은 이유를 뜻하는 *causa*가 합쳐져서 생겼다. 즉, 동사 excuse는 죄나 잘못을 저지른 이해할 만한 이유가 있어서, 꾸짖거나 벌하지 아니하고 덮어 주는 경우를 의미한다. 그렇기에 명사 excuse는 핑계, 양해, 변명, 구실, 실례 등으로 번역된다. 실제로 우리가 다른 사람을 용서해야 한다고 생각하는 대부분 경우는 그가 상황에 대해 무지했거나, 선을 행할 능력이 부족했거나, 물리적으로 제약이 있었다거나 등 잘못에 대한 합당한 설명이 가능할 때이다.

그러나 그리스도교에서 말하는 용서는 '정상참작'할 이유가 있어서 벌이나 심판을 덜어 주는 것이 아니다. 혹은 자신의 잘못을 책임질 수 있을 만한 자격이나 능력이 있어서 용서를 받는 것도 아니다. 용서는 자신으로서는 변명도 할 수 없고, 자기 힘으로는 잘못을 수습할 수 없는 경우 행해진다. 만약 잘못을 저지른 이유가 있고 그 잘못을 보상할 수 있으면 곧 양해^{excuse}를 구하면 된다. C. S. 루이스는 용서와 양해의 차이를 다음과 같이 설명한다.

저는 하나님께 용서를 구할 때……실제로는 제가 그분께 전혀 다른 것을 구하고 있음을 발견합니다. 용서가 아니라 양해를 구하는 것입니다. 용서는 이렇게 말합니다. "그렇다. 너는 이런 일을 했다. 하지만, 네 사과를 받아들인다. 나는 이 일에 대해 네게 앙심을 품지 않을 것이고 우리 사이의 모든 것이 이전과 똑같을 것이다." 그러나 양해는 이렇게 말합니다. "네가 어쩔 수 없었다는 것과 본심이 아니었다는 걸 알겠다. 정말 네 잘못이 아니었구나." 이런 의미에서 용서와 양해는 반대말에 가깝습니다.[9]

우리가 하나님 앞에서 자신을 변명할 뭔가가 남아 있다고 의식적이든 무의식적이든 생각하고 있다면, 우리는 하나님께 용서가 아닌 양해를 구하는 중일 것이다. 우리가 용서받아야 할 존재라는 것은 죄와 실패를 하나님 앞에서 변호도 보상도 할 수 없는 위치에 서 있음을 의미한다. 마치 주교의 호의를 저버리고 도둑질하다 붙잡힌 장발장이 변명할 수도 없고 죗값을 치를 수도 없는 것과 마찬가지인 상황이다. 그렇기에 용서를 구한다는 것은 내 삶이 이제 상대방의 호의에 전적으로 달려 있음을 인정하는 것이다. 용서를 받았다는 것은 내 삶이 상대방의 은혜로 가능하게 되었음을 시인하고, 이제는 내가 아니라 그의 뜻에 따라 살아야 함을 의미한다.

물론 하나님과의 관계이든 사람과의 관계이든 용서와 양해를 날카롭게 분리할 수 있는 것은 아니다. 그렇지만 십자가에서 자신을 드러내신 하나님은 양해의 하나님이 아니라 용서의 하나님이시다.[10] 또한 하나님과 인간의 관계를 새롭게 정립하고, 새로운 존재로서 인간의 가능성을 열어 주는 것도 양해가 아니라 용서이다. 용서를 구한다는 것, 용서를 받는다는 것은 아담 이후 인류를 계속해서 얽어매던 자기중심성을 포기하고 삶의 중심을 자아로부터 하나님에게로 옮김을 의미한다. 하나님께서 우리를 용서하셨듯 서로 용서하며 살아간다는 것은 역사를 짓누르던 폭력과 증오에서 해방된 새 창조의 공동체를 지금 여기서 이뤄 나가게 됨을 뜻한다. 그런 의미에서 용서받은 죄인이라는 말은 "이제는 내가 사는 것이 아니요 오직 내 안에 그리스도께서 사시는 것"(갈 2:20)의 다른 표현이기도 하다. 이처럼 용서는 그리스도인으로서 우리의 정체성 형성에 결정적 계기가 된다.

죄는 미워하지만, 죄인은 미워하지 않을 수 있을까?

용서가 그리스도교 신학의 핵심이라고 하지만, 철학의 오랜 역사에서는 그다지 중요한 덕목으로 여겨지지 않았다.[11] 왜 그럴까? 한편으로는 '죄'에 대한 인식이 강한 종교에서나 용서의 필요성과 중요성이 크다고 할 수 있다. 다른 한편으로는 용서에 대해 철학적으로 풀리지 않는 난제가 있다. 『옥스퍼드철학사전』은 그 문제를 다음과 같이 설명한다. 용서란 잘못을 범한 사람을 "그들이 마땅히 누려야 할 바보다 더 잘 대해 주는 것이다. 그러나 어떻게 [용서가] 누군가를 그 사람이 마땅히 받아야 할 바가 아닌 다른 방식으로 대하도록 하는 조건……이 될 수 있는가?"[12] 달리 말하면, 용서란 일반적 의미의 정의justice와 대비되는 개념이기에 철학에서 윤리적 중요성을 오랜 기간 인정받지 못했다.

고전적 의미에서 정의란 "각 사람에게 마땅히 주어져야 할 바를 주는 것"*ius suum cuique tribuere*[13]이다. 그런데 용서가 누군가를 '다르게' 대해 주는 것이라면, 이것은 정의의 원칙에 어긋난다. 이 난제에 대해 그리스도교는 (원칙적으로나마) "죄는 미워하되, 사람은 미워하지 말라"라는 답을 해왔다. 즉, 죄에 대해서는 엄중한 책임을 묻고 심판을 내려야 하지만, 죄인은 용서를 받을 수 있다는 것이다. 그러나 이 역시 또 다른 철학적 질문을 불러온다. 만약 죄와 죄인을 분리한다면, 인간 자체가 '비인간화'되어 버린다. '책임의 존재로서 인간'과 '인간이 저지른 죄'를 의도적으로 구분해 낸다면, 인간을 생각과 행동의 주체로서 온전히 인식하지 못하게 된다. 교회를 다니지만 비윤리적 삶을 사는 사람을 보고 "그리스도인이 되기 전에 먼저 인간이 돼라!"라고 말하는 것도, 용서가 가진 철학적 딜레마를 일상 언어로 잘 표현해 낸 것이라 할 수 있지 않을까?

그렇다면 이토록 논쟁을 많이 불러일으키는 "죄는 미워하지만, 죄인은 미워하지 말라"는 어디서 나온 말일까? 흔히 이 유명한 문구가 성서에 있다고 생각하지만, 사실 이는 간디의 자서전에서 찾아볼 수 있다.[14] 간디는 죄를 미워하고 죄인은 미워하지 않는 것이 머리로는 이해할지라도, 증오가 소용돌이치는 세상에서 실천하는 것이 어렵다는 맥락에서 이 표현을 썼다.

물론 성서는 이웃뿐만 아니라 원수를 사랑하고, 서로 잘못을 용서하며, 악을 멀리하고 선으로 악을 이기라고 가르친다(마 5:43-44; 눅 11:4; 요 8:7; 롬 12:21 등). 그러나 성서는 개념적으로 죄와 죄인을 구분하고 있지는 않다. 죄와 죄인을 다르게 대해야 한다고 명시한 사람은 아우구스티누스이다. 그는 "*Cum dilectione hominum et odio vitiorum*"[15]이라는 명언을 남겼다. 이 우아한 라틴어 문구를 거칠게나마 번역하면 "인간에게는 사랑을, 죄에는 증오를 가지고" 정도가 될 것이다. 이 짧은 표현에 죄는 미워하시지만 죄인인 인간을 사랑하시는 하나님을 예배하는 그리스도교 정신이 절묘하게 요약되어 있다.

많은 사람이 은혜의 하나님께서는 죄인을 사랑하실 수 있지만, 우리 인간은 그러기가 너무 힘들다고 생각한다. 실제 원수를 그 죄와 분리해 인간 자체로 본다는 것은 불가능에 가까운 일이다. 자기 자신이나 가족에게 폭력을 가한 사람을 사랑하는 것은 더더욱 어려운 일이다. 제2차 세계대전 때 수많은 유대인을 죽음으로 몰아넣었던 나치 전범의 죄는 끔찍하지만, 그 사람들을 용서하라고 피해자들에게 요구할 권리는 누구에게도 없다.

그러나 잘 살펴보면 뜻밖에 많은 사람이 일상에서 죄는 미워하지만 죄인을 사랑하라는 가르침을 실천하고 있다. 한 예로 C. S. 루이스가 자신의 과거를 분석한 결과, 자신이 유독 한 사람에 대해서만 그의 죄를 미워하면서도 그 인간 자체는 사랑하고 있음을 발견했다. 그 사람은 바로 루이스 자신이었다. 그는 자신의 비겁함이나 탐욕이나 나태함 등은 싫어하면서도, 자신을 계속해서 사랑하며 살아왔다. 아니, 자기를 너무 사랑했기 때문에 기대에 못 미치는 자신의 생각이나 행동을 더 싫어했다고도 할 수 있다.[16] 자기중심성을 가진 인간이라면 누구나 자신의 죄는 미워하면서도, 여전히 자신을 사랑하며 살아가고 있다. 이처럼 사람들이 자신에 대해서는 관대하면서도, 타인을 향해서는 더욱 엄격한 윤리적 잣대를 들이댈 수 있기에 인간 사회에 비극이 일어난다.

　죄는 미워하지만 죄인은 사랑하는 이중적 잣대를 자기성찰로 연결한 루이스의 통찰이 놀랍기는 하다. 그런데 실제 생활에서 죄와 죄인을 구분하는 것은 이론적으로나 실천적으로 큰 문제를 일으킨다. 죄와 죄인이 나뉘면 책임성이 약화되어 더 많은 죄를 조장하고 정당화할 위험이 있다. 또한 죄인은 용서받았다 하더라도, 죄의 결과는 피해자나 공동체에 남아서 계속해서 고통과 악을 만들어 낼 수 있다. 다른 무엇보다도 용서는 피해자가 가해자에게 해야 하는데, 어떻게 하나님이 가해자를 용서할 수 있느냐는 신학적 문제가 제기된다.

　이 지점에서 그리스도교 신앙의 치명적 위험을 관찰하게 된다. 그 위험이란, 하나님께서 은혜로 만들어 내신 '결과'가 신학의 '전제'로 탈바꿈하는 것이다. 죄인은 자신의 노력으로 죄의 문제를 근원적으로 해결할 수 없다. 오직 하나님께서 그런 인간들을 죄의 멍에로부터 해방하시는데, 이것은 인간이 조종하거나 소유할 수 없는 하나님의 자유로운 은혜이다. 그런데 인간은 선물로 받은 은혜를 자신들의 신학적·윤리적 판단을 정당화하는 원리로 오용한다. 스스로 폭력과 죄의 굴레를 벗어날 수 없는 이에게 값없이 주어진 용서의 은혜를 하나님께서 용서해 주실 테니 우리는 무엇이든 해도 된다는 그릇된 신념으로 탈바꿈시킨다.

　이렇게 결과가 전제와 혼동되면 '선물'로 받아야 할 사죄의 은혜를 인간으로서 누릴 수 있는 '권리'인 양 착각하게 된다. 이로써 하나님의 용서가 죄인에게 모든 책임과 죄책을 내려놓게 하는 '면책특권'이 된다. 심지어 사죄의 은혜를 거꾸로 사용하여, 죄는 사랑하지만 죄인을 비난하는 위선적 종교인이 되기도 한다. 이렇게 하나님의 은혜로 일어난 결과를 그리스도교인이 삶과 신학의 원칙적인 전제로 삼는 것, 이것을 본회퍼는 하나님의 값비싼 은혜를 값싼 은혜로 만드는 것이라 부른다.

> 루터가 수도원을 뛰쳐나왔던 것은 죄를 의롭다고 인정하기 위해서가 아니라 죄인을 의롭다고 인정하기 위해서였다.……그러나 만약 은혜가 나의 그리스도교적인 삶의 원칙적인 전제라면, 이로써 세상의 삶 가운데서 지은 나의 죄는 이미 의롭다고 인정을 받게 된 셈이다. 이제 나는 이러한 은혜를 바라보면서 죄를 지을 수가 있으며, 세상은 원칙적으로 은혜를 통해 의롭다고 인정을 받게 된다. 따라서 나는, 지금까지 그래왔듯이, 나의 부르주아적이고 세속적인 삶을 계속 살아갈 수 있으며, 모든 것은 옛날 그대로 머물러 있어도 좋다.[17]

위 인용문에서 본회퍼는 세상 한복판에서 실천해야 할 제자도를 강조하기 위해서 값싼 은혜를 비판하였다. 그의 날이 선 분석은 죄인과 죄를 구분하는 우리의 일반적 행태에 대해서도 경종을 울린다. 죄는 미워하지만 죄인은 미워하지 않는 것, 이것은 하나님의 용서를 몸으로 살아내기 위해 끝없는 자기 부인과 순종의 길을 가는 것이다. 하나님께서 우리를 용서하기 위해 그리스도께서 십자가를 지셔야 했던 것처럼, 죄를 미워하면서 죄인을 사랑하는 것은 자기 십자가를 지고 그리스도를 따르는 제자도의 실천이다.

다른 사람을 용서해야 하나님께서 우리를 용서하시는가?

용서는 사실 그리스도교의 가르침 중 가장 어려운 부분이라 해도 과언이 아니다. 제자들에게 기도를 가르치시며 예수 그리스도께서는 다음과 같이 간구하라고 말씀하신다. 마태복음과 누가복음이 약간의 차이가 있기에 둘 모두를 인용해 보았다.

> 우리가 우리에게 죄 지은 자를 사하여 준 것같이 우리 죄를 사하여 주시옵고(마 6:12).

> 우리가 우리에게 죄 지은 모든 사람을 용서하오니 우리 죄도 사하여 주시옵고(눅 11:4).

이 간구가 과연 무엇을 의미하는지에 대해서는 학자들 사이에 수많은 논의가 있었지만, 그 깊고 오묘한 뜻을 명확히 밝혀내기는 힘들다. 하지만, 확실한 건 용서하지 못하면 용서받지 못한다는 말씀이 성서에 있다는 사실이다(마 18:35; 막 11:25 참조). 하나님의 용서와 인간의 용서를 비교할 수도 없을 텐데, 어떻게 (논리적이든, 시간적이든, 신학적이든) 우리의 용서가 하나님의 용서의 전제가 될 수 있을까? 과연 이러한 잣대를 들이대었을 때 누가 하나님께 용서를 받겠는가? 사실 신약을 보면 우리의 용서가 먼저 요구되기도 하지만, 그리스도의 용서가 우리의 용서 앞에 위치하는 경우도 있다(엡 4:32; 골 3:13). 즉, 둘의 관계는 이론적으로 깔끔히 설명할 수는 없지만, 성서적 관점에서 볼 때 용서하는 것과 용서받는 것은 서로 긴밀히 연결되어 있다.

용서에 관한 성서의 가르침을 논리적으로 이해하는 것은 힘들지만, 다음과 같은 양극단적 해석이 참다운 용서를 불가능하게 만들어 버리는 것에는 저항해야 한다. 첫 번째 극단은 용서를 무조건적 의무로 단순화시켜 이해하는 것이다. 용서를 그리스도교인이 어떤 상황에서든 무조건 실천해야 할 행동 양식이라든지, 참 그리스도의 제자인지 따지는 표식으로 삼는 것은 가장 위험하고 파괴적인 율법주의를 만들어 낼 위험이 있다.[18] 일례로, 상황에 따라서는 정치적 이유로 가해자를 용서하라고 부당하게 강요당할 때, 개인의 양심에 따라 용서를 거부하는 것도 인간의 존엄성과 자유를 지키는 한 방법이 될 수도 있다.

다른 극단은 용서하라는 그리스도의 가르침을 수사학적 과장으로 여기는 것이다. 즉, 인간은 죄인이기에 타인을 온전히 용서할 능력이 없지만, 용서하는 삶을 강조하고자 예수께서 지나치게 부풀린 표현을 쓰셨다는 입장이다. 그러나 이 경우 하나님의 용서와 우리의 용서를 연결하거나, 둘의 관계를 설명하려는 노력 자체가 무의미해지며, 그럼으로써 용서는 그리스도교인의 삶에서 중요성을 사실상 상실하게 된다. 그리고 신약의 저자들은 실천하지도 못할 가르침을 멋지게 말로만 제공하는 사이비 설교자로 전락해 버린다.

그렇다면 하나님의 용서와 인간의 용서의 관계를 어떻게 파악해야 할까? 하나님의 용서에 앞서 우리가 다른 사람을 용서해야 한다는 그리스도의 가르침을 접할 때, 솔직히 신성모독을 하는 것과 같은 당혹감을 느끼지 않는가? 이 난제를 톰 라이트는 이렇게 정리한다. "[예수님은] 결국 우리 속에 있는 용서를 받아들이는 기관과 용서를 베푸는 기관은 같은 것이라고 말씀"[19]하신다. 달리 말하면, 다른 사람을 용서하려 하지 않을 정도로 뻣뻣해진 사람은, 자신을 향한 용서마저 수용하지 못할 정도로 마음이 도덕주의적으로 경직되어 있을지 모른다. 타자를 끝까지 용서하지 않으려고 한다면, 증오와 상처 때문에 이웃이나 하나님의 호의를 받기 힘들 정도로 이미 폐쇄적 인간이 되어 있을지도 모른다. 복수심이나 두려움에 사로잡혀 용서하려 하지 않는 사람은, 조건 없이 주시는 하나님의 용서의 의미를 이해하기에 마음이 너무 좁아져 있을 수도 있다. 따라서 미로슬라프 볼프가 이야기했듯, "우리의 용서할 줄 모름은, 하나님의 용서 철회를 일으키는 원인이라기보다는, 하나님의 용서를 받지 않겠다는 뜻을 분명하게 드러내는 표지"[20]도 된다.

반면, 용서의 불확실성과 괴로움을 알면서도 이웃을 용서하려는 사람에게는 죄인을 용납하는 하나님의 은혜의 신비를 조금이나마 깨달을 수 있는 인식론적 변화가 일어나게 될지도 모른다. 그렇다면 용서라는 고통을 겪으면서도 용서를 실천하려는 사람은 자신을 조건 없이 받아들이신 하나님의 사랑에 더 깊이 잠기는 특별한 경험을 하게 될 수 있을 것이다. "네 원수를 사랑하라"라는 그리스도의 가르침(마 5:44)을 따르려 했으나 그것이 불가능함을 처절히 경험한다면, 죄인을 용서하신 하나님의 은혜에 의지하지 않고는 타인을 용서하기 힘들다는 것도 깨닫게 될 것이다.

용서 이후에 펼쳐지는 미지의 여정

성서는 용서가 중요하다고 말한다. 앞서 살펴봤듯 용서를 구하고 받는다는 것은 내 삶의 중심축이 나에게 있지 않고 상대방의 호의에 놓여 있다는 것을 인정하는 행위이기 때문이다. 에덴동산 중심에 있던 선악과를 자기 것으로 만든 이후 인류를 지금까지 괴롭혀 온 자기중심성에서 벗어나게 하는 것이 바로 용서이다. 그런 의미에서 랭던 길키[Langdon Gilkey, 1919-2004]는 "모든 인간은 온전해지기 위해 각자 다른 방식으로 하나님의 용서라는 은혜가 필요하다"[21]라고도 말한다.

성서는 용서가 절대 쉽지 않다고도 가르친다. 용서가 얼마나 힘들었으면, 그리스도께서는 '간구기도'의 형식으로 용서를 가르치셔야 했겠는가? 용서를 한다 하여 피해자의 물리적 피해나 정신적 고통이 없어지는 것도 아니다. 그렇지만 용서를 통해 개인과 공동체는 깨어진 세상 속에서 실존하면서, 폭력과 증오의 사슬로부터 풀려날 가능성을 선사받는다. 괴로운 기억은 계속 가져가겠지만, 그 기억의 노예가 되지는 않을 것이다. 따라서 용서는 정의의 하나님께서 이 세상의 죄와 악을 다루시는 가장 중요한 방식이자, 죄의 세력 아래 있는 개인과 사회가 하나님의 치유의 은혜를 경험하는 통로라 할 수 있다.

"피차 용서하되 주께서 너희를 용서하신 것같이 너희도 그리하고"(골 3:13)라는 말씀이 보여주듯, 용서는 모호한 역사 속에 살면서도 은혜에 의지해 제자의 삶을 살아가는 이에게 주어진 고귀한 사명이다. 그러나 용서가 아무리 중요하다 하더라도 '용서하라'는 그리스도의 말씀을 시공간을 초월한 원리이자 무조건적인 도덕적 당위로 만드는 것은 화해가 아니라 또 다른 폭력을 불러일으킬 수 있다. 그런 의미에서 스티븐 체리 Stephen Cherry 는 다음과 같이 용서의 지혜를 알려 준다.

> 첫째, 용서는 절대 간단히 행해질 수 있는 일이 아니다. 둘째, 성급하고 섣부른 용서는 피해자 자신을 더 힘들게 만들 뿐만 아니라 가해자에게도 바람직하지 않으며 나아가 이들이 속한 사회와 인류 공동체에까지 해가 미칠 수 있다. 기독교적인 용서의 의무는……'어떤 일이든지 전적으로 용서하라'가 아니라 기독교적 덕목인 '성령의 열매'를 항상 염두에 두라는 의미다. 단, 그 덕목이 어떻게 적용될지 얼마큼의 치유를 가져올지 어떤 유형의 용서와 화해로 이뤄질지는 시간과 장소, 그리고 전체적인 맥락에 따라 각기 다를 것이다.[22]

이러한 이유로 체리는 용서는 시적 poetic 이고 창조적 creative 이라 말한다. 시적이라 함은 용서를 표현하고 설명하고 전달할 수 있는 논리적이고 합리적 방식이 없기에 그 언어가 은유적일 수밖에 없음을 의미한다. 창조적이라 함은 우리가 용서하게 될 때 과거 어느 누구도 가 보지 않은 인내와 회복과 치유의 낯선 길을 열어 가야 함을 의미한다. 그렇기에 용서는 파국 이전의 관계를 지속하거나 부서진 질서를 회복하는 데 그치는 것이 아니라, 전혀 다른 언어와 창조성이 요구되는 새로운 세계로 우리를 이끈다. 부활과 함께 찾아올 새창조를 앞두고 제자들을 준비시키면서, 그리스도께서 용서를 그토록 강조하신 것도 이렇게 다 이유가 있어서이지 않을까?

적용과 토론을 위한 질문

1. 일상에서 배려와 관용이 부족해서 겪는 사회적 부조리와 비극은 무엇인가? 이때 용서라는 덕목이 어떤 역할을 할 것인가?

2. 누군가에게 용서를 빌거나, 누군가를 용서한 경험이 있는가? 이때 무엇이 가장 힘들었는가? 용서 이전과 이후에 어떤 차이가 있는가?

3. 용서에 관해 대표적인 성서 구절이나 성서 속 이야기는 어떤 것이 있는가? 구약에서도 용서의 중요성을 잘 보여주는 사례가 있는가?

4. 누군가가 범죄를 하고, 사람과 사람 사이의 관계가 깨져 갈 때, 우선적으로 호소해야 할 것은 정의가 아닌가? 용서는 오히려 상황을 악화시키지 않을까?

5. 용서와 칭의가 어떤 관계인지 생각하고 이야기해 보자. 그 후 성화와 용서는 어떤 관계인지도 생각하고 나눠 보자.

6. 죄는 미워하고 죄인은 미워하지 말라는 가르침이 과연 현실적인가? 죄와 죄인을 구분을 하는 것이 쉽지 않은 이유가 무엇인가?

7. 우리 사회의 구조적 부조리와 악을 볼 때 용서가 과연 더 나은 미래에 대한 대안이 될 수 있는가?

질문하는 신학

24장. 종교예술

예술가는 보이지 않는 하나님을
어떻게 묘사할 수 있는가?

개신교와 시각예술, 그 불편한 관계

서유럽 곳곳에 있는 수백 년 된 오래 교회를 가 보면, 벽면에 그림이나 조각상이 흉측하게 훼손되어 있는 것을 종종 발견하게 된다. 개념 없는 동네 불량배나 그리스도교를 증오하는 타종교인이 자행한 몰상식한 짓이라고 생각할지 모르지만, 사실 위대한 신학자와 목회자들 때문에 이 같은 파괴 행위가 일어나거나 정당화된 경우가 대다수다. 종교개혁자 칼슈타트, 츠빙글리, 칼뱅 등은 '어떤 형상도 만들지 말라'는 십계명의 제2계명을 근거로 예배 장소에 조각상이나 그림을 두는 것에 강하게 반대했다(출 20:4). 그 결과 종교개혁의 영향력이 빠르게 퍼져 나갔던 스위스, 덴마크, 독일, 스코틀랜드, 프랑스 남부의 여러 도시에서 성상파괴(聖像破壞)iconoclasm 운동이 강렬히 일어났다.

그런데 16세기 유럽 곳곳에서 일어났던 성상파괴를 종교개혁 세력만이 지지했던 것은 아니다. 하나님을 형상으로 만들어 교회 안에 두고 예배하던 중세 그리스도교는, 알라를 묘사조차 불가능한 절대자로 믿었던 무슬림에게 이질적일 수밖에 없었다. 무슬림의 눈에는 말씀 중심의 종교를 내세우며 유럽을 새롭게 뒤흔들던 종교개혁 신학이 자신들과 더 가깝게 느껴졌다. 마르틴 루터 역시 가톨릭과 달리 터키인(무슬림)이 어떤 장식이나 회화도 용납하지 않는다며 높게 평가하기도 했다. 심지어 그가 말하길, 터키인은 동전이나 장신구에까지 이미지를 허락하지 않기에 "우리 쪽의 성상파괴자보다 더욱 거룩하기까지 하다."[1] 실제 1520년부터 1566년까지 재위하며 오스만 제국의 전성기를 이끌었던 술탄 술레이만 1세Suleiman the Magnificent, 1494-1566는 성상파괴가 자신들의 신앙과 잘 맞는다고 보았고, 유럽 각지에서 일어난 종교개혁에 우호적 태도를 보인 것으로 유명하다. 그는 종교개혁을 지지하던 독일 제후들에게 금을 보내기도 하고, 헝가리나 네덜란드의 개혁 세력을 지원하는 등, 신성로마제국과 로마 교황청의 주의를 분산하며 종교개혁 세력이 유럽에서 확장하는 데 이바지하였다.[2]

여기서 잠깐 질문을 던져 보자. 가톨릭은 십계명을 몰라서 교회에 그림이나 조각을 가져다 두었을까? 교회 벽면에 그림이 걸린 것을 보고도, 우리는 종교개혁의 열정을 잃고서 비겁하게 그림을 찢어 버리지 못하고 있는 것 아닌가? 성상을 반대하는 그리스도교 신학이 단지 십계명 제2계명에 근거한다면, 회화에 대한 그리스도교 입장은 유대교나 이슬람과 다를 바가 없다는 말인가? 형상 금지 명령이 들어가 있는 십계명을 교회에서 가르치면서도, 정작 아이들에게는 하나님 이미지가 삽화로 들어가 있는 그림성경을 읽히고 있지 않는가? 믿음이 좋고 성서도 많이 안다는 예술가도 하나님 모습을 형상화하지 않는가?

이 질문들에 대한 적절한 답을 찾고자, 이 글은 다소 먼 길을 둘러가듯 여러 주제를 다뤄 볼 예정이다. 우선 신학과 예술의 바른 관계를 탐구하기 위해 아름다움에 대한 짧은 성찰부터 시작하고자 한다. 그 후 형상을 금지하는 구약의 가르침에도 불구하고, 이미지 사용을 결정한 대표적 사건들을 동·서방 교회의 역사를 통해 소개하고자 한다.

아름다움이 일으키는 쾌락은 신앙을 방해하는가?

한국에서는 존경받는 목회자에게도 흔히 '청교도적'이라는 수식어를 붙인다. 한국 교회 개혁을 위해서도 청교도 영성을 회복해야 한다고 주장한다. 서점에 가면 청교도 관련 신앙 서적이 많고, 신학계에서도 청교도 신학과 영성에 대한 학술 활동이 활발하다. 그만큼 알게 모르게 한국 그리스도교가 전반적으로 청교도의 영향을 많이 받고 청교도를 모델로 삼고 있다는 말일 것이다. 그렇다면 청교도란 무엇인가?

16세기 유럽은 새로운 시대정신으로 중세 사회와 종교를 개혁하려는 움직임이 뜨거웠다. 영국은 교회 개혁과 왕권 강화라는 목표를 동시에 추구하면서, 1534년 잉글랜드의 왕을 교회의 수장(首長)으로 하는 국가교회, 곧 성공회가 형성되었다. 영국 국교회가 로마 교회로부터 분리했지만, 그 안에 여전히 가톨릭적 요소가 많음에 불만을 가진 칼뱅주의 성향의 신자들이 교회를 정화하는^{purifying} 열망과 목표를 가졌다. 1560년대에 이러한 개혁 세력을 일컬어 Puritans라고 불렀고, 이 단어가 동아시아에 소개될 때 일본에서 '종교를 깨끗하게 하다'라는 의미에서 청교도(淸敎徒)라고 번역했다.

그런데 고유명사로서 Puritan과는 별도로, 일반명사로서 puritan도 널리 사용되는 단어이다. 『케임브리지영어사전』은 puritan을 다음과 같이 정의한다. "열심히 일하고 자신을 통제하는 것이 중요하며, 또 쾌락은 잘못되었거나 불필요하다고 생각하는 사람."³ 실제 과거에 청교도 하면 음악과 춤을 포함한 세속 문화를 멀리하고, 음식도 간을 하지 않아 심심하게 먹고, 수수한 옷을 입고 다니고, 장식 없이 담백한 공간에서 예배드리는 사람이기도 했다.

이러한 청교도적 신앙을 단순화하면 '쾌락은 죄'라는 잘못된 도식이 형성될 위험이 있다. 쾌락을 억압하는 분위기가 보편화될 경우 쾌락을 유발하는 '아름다움'도 신학과 경건에서 덜 중요하게 된다. 하지만, 성서는 아름다움을 경탄하고 아름다움을 주신 하나님께 찬양하고 있다 (시 8; 시 50:2; 아 1:1; 전 11:1 등). 따라서 아름다움에 대한 무조건적 거부가 아니라 적절한 재발견이 신앙의 균형을 잡아 주고 삶을 풍성하게 해줄 수 있다. 오히려 진선미의 균형이 깨질 때 그리스도교는 지나치게 합리주의적이거나 도덕주의적 종교가 되어 버린다.

일상에서 인간은 다양한 아름다움을 경험하며 살아간다. 멋진 자연도 있지만, 위대한 예술작품도 있고, 아름다운 사람도 있다. 그리스도인은 하나님을 온 세상의 창조주이자, 모든 좋은 것이 하나님에게서 나왔다고 믿는다. 즉, 피조물 각각에서 발견되는 아름다움은 그 자체로 존재하는 것이 아니라 창조주로부터 비롯되었다. 그런 의미에서 하나님은 아름다움의 근원이시다. 아름다우신 하나님을 향한 아우구스티누스의 기도를 들어 보자.

> 그렇게도 오래되셨지만, 그렇게도 새로운 '아름다움'이 되시는 당신을 나는 너무 늦게 사랑했습니다. 보시옵소서. 당신은 내 안에 계셨지만 나는 나 밖에 나와서 당신을 찾고 있었습니다. 그리하여 나 자신은 (참 아름다우심이 되시는 당신을 떠나) 당신이 만드신 피조물들의 아름다움 속으로 굴러 빠져 들어가 흉하게 되어 버렸습니다.……그러나 실은 그 피조물의 아름다움도

위 인용문을 꼼꼼히 읽어 보면 아름다움에 대해 이중적 태도가 제시되고 있다. 한편으로, 신앙의 대상으로서 하나님은 아름다운 분이시자, 다른 모든 아름다움의 근거이시다. 피조물은 선하고 아름다우신 하나님에게서 나왔기에, 세상은 우리를 매혹하기에 충분히 아름답고 좋다. 다른 한편으로는, 하나님이 만드신 세계가 충분히 아름답기에 인간의 왜곡된 욕망은 미(美)의 근원까지 나가지 못하고 창조 세계가 뿜어내는 미의 잔향에 고착될 수도 있다. 만약 유한한 피조물이 주는 쾌락에 중독되어 아름다움 자체이신 하나님을 못 보고 산다면 우리 영혼은 피폐해질 수밖에 없다. 하지만, 이 세계 안에서 미적 체험을 '통해' 아름다움의 근원인 하나님을 향유enjoy하도록 욕망이 바르게 질서 잡혀 간다면, 아름다움은 하나님께로 인도하는 중요한 매개가 된다.

아름다움에서 오는 즐거움이 일상에서 올바르게 긍정되고, 또 아름다움이 하나님께 가는 올바른 길이 되기 위해서는 '주님의 아름다우심'은 신학적 성찰의 중요한 범주가 될 필요가 있다. 앞서 언급한 청교도의 '금욕적' 평판과 달리, 미국의 청교도 신학자 조나단 에드워즈Jonathan Edwards, 1703 1758는 하나님은 아름나우실 뿐 아니라 창조 세계의 아름다움의 근원이시라고 말한다. "하나님은 무한히 위대한 분이시기에, 그분은 무한히 가장 아름다우시며 탁월한 분이시기도 하다. 전 우주를 통해 발견되는 모든 아름다움은 빛과 영광의 무한한 충만함을 가지신 존재로부터 발산된 광채의 반영에 불과하다."[5] 이처럼 하나님의 아름다움에서부터 시작하여 창조 세계에 반사되는 아름다움을 다루는 신학 분야를 '신학적 미학'theological aesthetics이라 부른다. 한정된 분량의 글에서 신학적 미학의 핵심 논제를 소개하는 것은 현실적으로 불가능하니,[6] 아름다움을 다루는 두 핵심 분야인 신학과 예술의 관계에 관해서만 간략히 언급하고 다음 주제로 넘어가도록 하자.[7]

첫째, 신학의 대상은 하나님이시고, 하나님은 아름다운 분이시자 다른 모든 아름다움의 근원이시다. 그렇다면 아름다운 하나님을 다루는 학문인 신학은 그분의 영광을 반영하기에 "가장 아름다운 학문"[8]이라 할 수 있다. 하나님이 참되고 선하신 분이라는 전제하에, 신학은 이제껏 교리적으로 진실하고 도덕적으로 올바른 학문이 되고자 했다. 그러나 아름다운 학문으로서 신학은 아름다우신 하나님에 상응하는 미적 특성도 가져야 한다. 신학은 건조한 교리집이나 팍팍한 도덕 교과서로 머물려고 해서는 안 되고, 하나님의 아름다움을 응시하고 거기서 넘쳐나오는 기쁨을 소통할 수 있는 미적 학문이기도 하다.

둘째, 하나님은 아름다움의 근원이고, 창조 세계는 하나님의 아름다움을 반사하고 있다. 신학이 아름다움의 근원인 하나님을 예배한다면, 예술은 아름다움을 표현하고 소통하는 역할을 한다. 따라서, 신학은 하나님 아닌 미(美)를 섬기는 것을, 예술은 미가 아닌 하나님의 본질 자체를 다루려는 욕망을 경계해야 한다. 신학과 예술 사이의 자의적 종합을 만들거나, 한쪽이 다른 한쪽을 대체하는 것이 아니라, 둘이 조화 속에서 구분될 때 우리의 신앙과 삶이 풍성해질 수 있다. 그런 의미에서 종교와 예술의 관계에 대한 판데어루어 Gerardus van der Leeuw, 1890-1950의 지적을 경청할 필요가 있다.

침묵 속에서 종교와 예술은 서로 만나고 관통한다. 종교와 예술은 영원 속에서만 교차하는 평행선이고, 하나님 안에서 만난다. 그런데도 우리가 둘 사이의 새로운 통일성에 대해, 거룩과 미가 만나도록 하는 힘에 대해, 이 세상 안에서 종교와 예술이 만나는 지점에 대해 계속 이야기한다면, 우리

는 결국에는 자기를 무너뜨릴 방향성, 노력, 혹은 생각을 의미하고 있을 뿐이다.[9]

십계명에 따르면 그림성경도 사용해서는 안 되는가?

오늘날 예술품의 주요 기능은 '감상'이다. 그러나 예술이 이러한 독립적 지위로 오른 것은 인류의 장구한 역사에서 그리 오래되지 못했다. 그렇기에 앞에서 언급한 신학과 예술의 조화는 엄밀히 말하면 상당히 현대적 주제라 할 수 있다. 근대 이전 그리스도교 문명에서 종교예술은 대부분 교회의 필요에 봉사하는 역할을 하였다. 교회사에서 찾아볼 수 있는 종교예술에 관한 논쟁은 대부분 '회화나 조각, 음악 등의 예술이 교회 내에 들어오는 것이 정당화될 수 있는가?' 그리고 '만약 그렇다면 예술은 교회에서 어떤 기능을 수행하는가?'에 집중되었다. 이러한 질문이 그리스도교 내에서 첨예하게 제기된 것은 무엇보다도 십계명의 제2계명, 곧 어떠한 형상도 만들지 말라는 하나님의 명령 때문이다.

초대교회 교인들의 상당수가 유대인이었다. 따라서 형상을 금지하는 십계명이 초대교회에 큰 영향을 끼쳤을 수밖에 없다. 또한, 초기에 교회는 독자적 종교예술을 발전시킬 정도로 부유하지도 않았고, 박해라는 상황은 예배 공간을 예술품으로 꾸밀 여유도 주지 않았다. 시간이 지나 그리스도교가 로마제국의 종교가 되며 정치·경제·문화적으로 여유와 자신감이 생겼다. 그 결과 점차 그리스도교 예술이 발전하고, 교회 건축도 발전해 갔다. 또한 로마인들이 야만족 취급하던 게르만족이 5세기에 대이동을 하면서, 라틴어를 모르던 이들에게 그리스도를 쉽게 소개하기 위한 교육적 목적으로도 이미지 사용이 필요해졌다. 그러다 보니 6세기경에는 교회가 그림과 모자이크 등으로 화려하게 장식되었고,

이에 대한 찬반 논쟁이 격렬하게 뒤따를 수밖에 없었다.

590-604년 동안 교황으로 있었던 그레고리우스 1세^{Gregory the Great,} ^{c. 540-604}가 마르세유의 감독 세레누스에게 보낸 두 편지는 이미지 사용에 대한 갈등과 분열을 일단락한 중요한 텍스트다. 이 편지는 이미지 사용에 대한 신학적 옹호론의 대표적 예이자 이후 그리스도교 예술론에 지대한 영향을 끼치게 된다. 주교 세레누스가 교회 안의 이미지를 파괴하면서, 교구 내에 갈등이 고조되었다. 그레고리우스는 599년 7월 편지를 보내서 한편으로는 주교의 열정을 칭찬하면서도 다른 한편으로는 성상을 파괴해서는 안 되었다고 조언했다. 왜냐하면 "글자에 무지한 자들이 책에서 읽을 수 없는 바를 최소한 벽을 바라봄으로써 읽을 수도 있기 때문"[10]이다. 소수의 사람만이 글을 읽을 수 있고, 필사본의 형태로 구했던 책이 너무 비쌌던 시대에, 다수의 신자에게는 그림이 그리스도교 신앙을 습득하는 데 도움이 되리라는 목회적 관심이 편지의 밑바탕에 깔려 있었다.

그런데 세레누스는 교황의 조언을 듣고 따르기는커녕 편지가 위조되었다고 역으로 도발했다. 그러자 600년 10월 그레고리우스는 더 길고 신학적으로도 섬세한 편지를 써서, 그림 사용의 정당성을 옹호할 뿐만 아니라 교회에서 그림의 기능에 대해서도 지침을 보냈다. 그레고리우스는 "그림을 **숭배하는**^{adore} 것과 이야기나 그림을 통해 숭배할 대상에 대해 **배우는**^{learn} 것은 다른 일"[11]임을 분명히 하며, 이방인이나 비문맹자를 교육하고, 목양하기 위해 회화나 조각 등이 사용될 수 있다고 주장했다. 그리고 세레누스에게 이미지를 파괴해서도 안 되지만, 사람들이 그림을 숭배하는 것은 금지해야 한다고 단호히 조언했다.

그레고리우스가 예술을 옹호하기 위해 사용한 논리는 이후 중세의 종교예술관에 지대한 영향을 끼치게 된다. 특히 12세기에 호나리우스

Honorius Augustodunensis, 1080-1154는 그레고리우스의 편지로부터 예술의 세 가지 기능을 뽑아서, '트리플렉스 라티오'triplex ratio(삼중의 이유)라고 불렀다. 트리플렉스 라티오는 여러 중세 신학자들에게 널리 쓰임 받는 그리스도교 종교예술론으로 자리 잡았다.[12] 그렇다면 그레고리우스의 편지에서 발견되는 종교예술이 교회 안에서 수행하는 삼중의 기능은 무엇일까?

- **교훈적**didactic **기능** 예술은 라틴어를 읽거나 알아듣지 못하는 교육을 받지 못한 사람, 이방인, 어린아이에게 그리스도교의 가르침을 전달하는 역할을 할 수 있다. 중세교회 벽면이나 스테인드글라스는 성서 이야기나 성인의 삶이 묘사되어 있어서, 글을 몰라도 성서의 핵심 내용과 위대한 신앙인의 삶을 배울 수 있었다.

- **회상적**mnemonic **기능** 교회에서 설교를 듣거나 교육을 받고도 그것을 완벽하게 기억하기란 어렵다. 그렇기에 교회 안의 예술은 독자적 가르침을 주는 통로가 아니라 성서나 설교 내용을 회상하는 것을 도와주는 보조적 역할을 하게 된다.

- **감정고양**affective **기능** 설교나 성서는 우리의 지성에 작용한다. 그러나 예술은 우리의 감각에 호소하여 마음을 열게 도와준다. 따라서 종교예술은 교육받지 못한 이들이 회개하도록 이끌기도 하고, 설교나 가르침을 쉽게 받아들일 수 있게 감정을 고무하기도 한다.

그레고리우스가 제시한 예술 옹호론은 그림은 '숭배하는 것이 아니라 이용하는 것'이라는 구분을 만들어 냈다. 이 경계 안에서 그리스도교 문명은 종교예술이 자라나는 비옥한 토양이 되었다. 하지만, 16세기 종교개혁 당시에는 이러한 입장마저 비성서적이라는 비판을 받았고, 결국 교회사에 성상파괴 운동이 재등장하였다. 그럼에도 오늘날 대다수 개신교회에서 예술을 이해하는 방식은 그레고리우스의 입장과 크게 다르지 않다. 설교 때 영화의 한 장면을 보여준다거나, 교회학교에서 그림성경을 이용하는 것이 현대판 '트리플렉스 라티오'의 예라 할 수 있다. 그러나 현대인이 그레고리우스의 종교예술론을 대할 때 주의할 점이 있다. 그것은 바로 그리스도교 예술의 장소가 교회를 넘어 갤러리나 콘서트홀로 확장된 근대 사회에서 그레고리우스처럼 종교예술을 '도구적' 가치로 한정 짓기가 어려워졌다는 사실이다.

정교회에서는 이콘을 숭배하는가?

종교예술이 가지는 여러 긍정적 기능을 고려한다고 하더라도, 개신교인으로서 정교회의 이콘 숭배는 이해하기가 쉽지 않다는 분들을 만나게 된다. 정교회 성당에 들어가면 그 내부는 그리스도와 마리아, 성인들이 그려진 이콘들로 가득하다. 정교회 신자들은 예배드리며 이콘에 입을 맞추기도 하고, 집에 이콘을 모시거나 여행 때 지니고 다니기도 한다. 정교회에서 이콘을 이렇게까지 높게 평가하지만, 초대교회부터 지금까지 이콘은 우상이라는 비판이 계속되고 있기도 하다.

한자어를 사용해 성상(聖像) 혹은 도상(圖像)으로 번역되는 이콘은 그리스어로 이미지를 의미하는 *eikōn*에서 나온 말이다. 이콘 신학을 설명하기 이전에, 사람들이 흔히 사용하는 '이콘 숭배'라는 표현의 타당성부터 가려 보자. 가톨릭이나 정교회에서는 예배에 대해 논할 때 숭배*latria, adoration*와 공경*dulia, reverence*을 구분한다. '숭배'는 오직 삼위일체 하나님에 대한 참된 예배를 의미하고, 그 외의 피조물에 대한 종교적 존경을 '공경'이라고 한다. 이콘은 삼위일체가 아니기에 숭배의 대상이 될 수 없고 오직 공경만 가능하다. 숭배와 공경의 구분 자체가 하나님과 다른 모든 것 사이의 넘을 수 없는 '존재론적 차이'를 전제한다. 따라서 이콘은 창조주와 피조물을 혼동하는 우상과는 범주 자체가 다르고, 정교회 신자나 이콘 신학을 아는 사람은 '이콘 숭배'라는 말을 쓰지 않는다. 한국 정교회의 조성암 암브로시오스 대주교는 이콘의 의미에 대해 다음과 같이 정리한다.

> 정교회는 성화의 사용을 통해서 신자들로 하여금 지상에서 천상의 실재로, 임시적이고 물질적인 것에서 영원하고 영적인 것으로, 썩어 없어질 불완전한 세상에서 썩지 않는 완전한 하느님 나라로 건너가도록 도와준다.……정교회 성화는 성화에 직접 다가오는 이들에게 영적으로 유익을 주기 위한 것이다.[13]

즉, 이콘을 '공경'하는 것은 신자들을 교육하고, 신자들의 구원의 여정을 올바로 인도하고 이끌기 위함이다. 이콘의 공경은 몸을 가진 연약한 인간의 감각을 열어서 삼위일체 하나님을 숭배하도록 돕는 보조적 기능으로 이해하는 것이 적절하다.

이콘 옹호론자들이 사용하는 숭배와 공경의 개념적 구분은 앞서 설명했던 그레고리우스 교황의 사상 속에도 이미 어느 정도 들어 있다. 그는 삼위일체 하나님만 숭배하고, 그림은 그 대상을 묘사할 뿐이라고 주장했다. 그러나 이러한 미묘한 신학적 차이가 사람들에게 잘 받아들여졌던 것은 아니다. 역사 속에서는 730년 비잔틴 제국의 황제 레오 3세는 성상을 금지하는 칙령을 내리면서 성상 문제가 그리스도교 세계에서 뜨거운 화두가 되었다. 그의 아들 콘스탄티누스 5세가 선친의 정책을 이어받으며, 동방에서 이콘 사용이 반세기 동안 억압되었다. 이러한 제국의 정책에 특별히 서방교회가 반발했다. 라틴어를 모르는 게르만족을 선교하기 위해서는 그림이 필요했던 서로마 교회는 황제의 결정에 반발하는 표로 세금 납부를 거부했다. 게다가 비잔틴 제국의 간섭이 꽤 불만이었던 로마 교회가 동로마의 세력에서 벗어나려는 정치적 동기까지 겹치면서, 이콘을 둘러싸고 정치·경제·종교의 분열이 가중되었다.

성상파괴론과 성상옹호론 사이의 논쟁이 격렬해지자, 787년 콘스탄티누스 5세의 아들 레오 4세의 황후이자 비잔틴의 여제 이레네가 니케아에서 공의회를 소집했다. 삼위일체론을 논의하고자 325년에 니케아에서 첫 공의회가 열린 후 약 460년이 지나 개최된 제7차 에큐메니컬 공의회 혹은 제2차 니케아 공의회는 이콘 사용의 정당성을 최종적으로 재확인했다. 이때 사용된 중요한 신학적 근거가 바로 숭배와 공경의 구분이었다. "이콘들은……공경의 대상이지, 참 예배의 대상이 아니다.……이콘을 공경하는 사람은 이콘을 통해 이콘이 지시하는 실재를 공경하는 것이다."[14] 즉, 이콘 공경은 이콘 자체를 예배의 대상으로 삼는 것이 아니고, 이콘이 묘사하는 성인들을 숭배하는 것도 아니기에 우상숭배일 수가 없다.

8세기 니케아에서 이루어진 합의는 이콘 신학의 핵심적 지침이 되었고, 11세기 정교회와 가톨릭의 분열 이후에도 양쪽 교회 전통에 지속적 영향을 끼쳤다. 개신교회는 제7차 에큐메니컬 공의회에 대해 다양한 입장을 보여 왔다.[15] 최근 동·서방 교회의 대화가 활발해지면서, 개신교인 사이에서도 이콘에 대한 관심이 고조되긴 했다. 하지만, 대부분 개신교회가 이콘 공경을 적극적으로 실천하거나 권장하지는 않는다.

이콘을 제작하고 공경하는 신학적 근거는 무엇인가?

종교개혁 신학자 중 장 칼뱅은 이콘에 대한 제7차 에큐메니컬 공의회의 결정에 부정적 견해를 가졌던 대표적 인물이다. 우상숭배가 참 하나님에 대한 반역임을 역설하면서, 칼뱅은 이 문제를 날카로운 논조로 언급했다. 그는 자신이 숭배와 공경의 차이를 모르는 것은 아니지만, 이 같은 구분은 비성서적이며 언어유희일 뿐이라고 보았다.[16] 그가 볼 때 이미지에 대한 공경은 고대의 우상숭배와 다를 바가 없고, 그의 부정적 견해는 이후 많은 개신교인이 이콘을 이해하는 방식에 영향을 끼쳤다.

칼뱅이 이콘을 비롯해 이미지의 종교적 사용에 비판적이었던 근본 이유는 십계명 제2계명 때문이다.[17] 형상 금지 명령의 관점에서 보자면 '보이지 않는 하나님'에 대한 숭배와 '보이는 이미지'에 대한 공경의 구분 자체가 말이 되지 않는다. 현실적으로 볼 때도 전문적으로 훈련받은 신학자가 아닌 일반 신자들이 숭배와 공경을 나누리라 기대하기가 어렵다.

십계명에 대한 탄탄한 해석에서 나온 칼뱅의 반대가 무색하게 그리스도교 역사에서 이미지는 빈번히 사용되었고, 특별히 동방교회는 이콘을 공경해 왔다. 유대교의 틀 속에서 자라난 초대교회가 구약의 형상 금지 명령을 잘 알면서도 상당히 이른 시기부터 이콘을 인정했다는 사실은 이미지 사용에 분명한 신학적 근거가 있었기 때문이다. 그것은 바로 그리스도교 신학의 핵심이라 할 수 있는 성육신incarnation이다.[18]

하나님께서는 모세에게 어떤 형상도 만들지 말라는 계명을 주심으로써(출 20:4; 신 4:16), 이스라엘이 창조주와 피조물을 혼동하지 않게 하셨다. 그런데 그러한 창조주가 피조물 형상을 하고 시공간 속에 나타나셨다. 그것이 바로 예수 그리스도의 성육신이다. 신약은 그리스도를 본 사람은 아버지를 보았고(요 14:9), 그리스도는 "보이지 아니하는 하나님의 형상"(골 1:15)이라고 증언한다. 구약에서는 하나님의 계시가 말씀으로만 들렸다면, 이제는 하나님께서 성육신하셔서 자신을 직접 보여주셨다(요 1:18; 5:19; 고후 4:4 등). 모세의 율법에서는 말씀이 형상을 부정했지만, 복음에서는 말씀이 인간의 형상을 취했다.[19] 이콘 공경을 옹호한 대표적 신학자인 다마스커스의 성 요한의 주장의 일부를 간략히 소개해 보겠다.

> 형체가 없고 볼 수 없고 영적이고 묘사할 수 없는 존재인 하느님을 그린다는 것은 당연히 불가능하다.……옛날에는 하느님은 육체가 없으시고 볼 수도 없는 분이셨기에 그 어떤 형상도 만들지 않았다. 하지만, 지금 하느님은 육신 안에서 보이셨고 사람들과 함께 사셨기에, 나는 보이는 대로의 하느님을 하나의 형상으로 표현한다. 나는 물질 앞에 엎드려 경배하는 것이 아니라, 나를 위해 물질이 되시고, 물질 안에서 사시길 수용하셨고, 물질을 통해 나의 구원을 성취하신 물질의 창조주 앞에 엎드려 경배한다.……그러므로 물질을 모욕하지 말라. 그것은 결코 무가치하지 않기 때문이다. 하느님으로부터 온 것은 어떤 것도 무가치한 것이 없다.[20]

이콘 옹호론자들에 따르면 십계명의 형상 금지 명령은 성육신 이전까지 유효했다. 이콘이라는 독특한 형태의 종교예술이 가능한 것은 바로 그리스도교가 완전한 하나님이자 완전한 인간이신 예수 그리스도를 신앙의 대상으로 삼고 있기 때문이다. 성육신을 따라 이콘은 신성과 인성이 '혼동도, 섞일 수도, 나눠질 수도, 분리될 수도 없이' 연합된 신비이신 그리스도를 형상화한다. 그렇기에 이콘은 그리스도의 인간적 본성을 시각화하지만, 그 인성을 신성으로부터 화가나 감상자가 자의적으로 분리하거나 구분해 낼 수 없다.

이제까지의 짧은 요약으로 이콘 옹호론과 반대론의 복잡한 논의를 충분히 드러내기에는 한계가 있다.[21] 글을 맺으며 재차 강조하고 싶은 것은, 그리스도교에서 이콘의 정당성을 평가하는 가장 중요한 신학적 근거는 십계명이 아니라 보이지 않는 하나님께서 나사렛 예수를 통해 자신을 드러내신 성육신 사건이었다는 점이다. 그리스도론적으로 볼 때 이콘은 하나님의 신비를 그림으로 제한하는 것도, 인간의 창작품을 경배하는 우상숭배도 아니다. 이콘은 인간을 만나러 시공간 안으로 들어오신 하나님의 신비를 향해 우리의 감각을 개방하게 하는 역할을 한다. 이콘 신학을 바로 알게 되고, 그 안에 숨겨진 신학적 의미를 파악할 수 있다면, 십계명을 근거로 이콘을 우상숭배라고 비난하기보다는, 동방교회의 다름을 이해하고 존중하려는 성숙한 시각도 가지게 되리라 기대한다.

성화된 상상력과 종교예술

아브라함의 신앙에서 흘러내려온 유대교, 그리스도교, 이슬람교 중 유독 그리스도교에서만 종교 회화나 그림, 조각 등이 발달했다. 유대교는 십계명 제2계명의 형상 금지 명령에 따라 그들의 주님을 시각화하는 것을 경계했다. 이슬람교는 특별히 모하메드의 가르침에 따라 사람이나 동물 등의 형상을 모스크에 두는 것을 금지했다. 그럼 왜 유독 그리스도교는 이미지 사용 면에서 예외적 태도를 보여 왔을까? 그만큼 성서적 신앙에서 타락했다는 것인가? 아니면 '형상'에 대한 신학적 이해가 근본적으로 달라서일까? 이에 대한 답은 독자마다 조금씩 다르겠지만, 나사렛 예수를 주님이라 고백하는 그리스도교 신앙의 독특성이 그리스도교 종교예술을 이해하는 핵심이 되어야 한다고 말하고 싶다.

형상 금지 명령에 대한 설교 중에 칼뱅은 아무리 '선한 의도'를 가지고 있더라도 하나님에 대한 이런저런 이미지를 만들어서는 안 된다고 말했다. "그런 식으로 우리는 우리의 선한 의도라는 핑계 뒤에 숨으려 합니다. 그러나 하나님은 우리의 그런 선한 의도를 경멸하십니다.……인간이 그분을 가시적인 형상을 통해 나타내고자 할 때, 그분의 위엄은 우스꽝스러운 것이 되고 말기 때문입니다."[22] 즉, 교육받지 못한 자, 어린이, 외국인에게 복음을 전하는 좋은 뜻이 있더라도, 교회에서는 회화나 조각을 허락해서는 안 된다는 말이다.

물론 칼뱅이 말했듯 '우리의 좋은 의도'가 하나님의 명령을 어기는 것을 정당화할 수는 없다. 그러나 인간에게 자기를 알려 주시기로 하신 '하나님의 좋은 의도,' 즉 성육신이 종교예술의 존재와 사용의 근거가 된다면 어떻게 될까? 그분의 선한 의도를 뒤따라 우리도 좋은 뜻을 가지고 교육이 부족하거나 믿음이 자라지 않은 사람을 위해 회화나 조각 등을 사용하면 어떨까? 유한한 언어로서는 담아낼 수 없는 예수 그리스도의 하나님에 대한 간절한 갈망을 설교나 글만이 아니라 예술을 통해 풍성히 표현해 내면 어떨까?

칼뱅은 교회에서 이미지를 사용하는 일에 있어 하나님께서 말씀을 통해 명령하신 것을 따라야지 우리 상상력에 의지해서는 안 된다고 말했다. 이 말에 전적으로 동의하지만, 하나님의 말씀과 인간의 상상력이 그렇게 선명히 나누어질지는 의문이 든다. 오히려 인간이 되신 말씀이 인간 됨 '전체'를 변화시킬 능력이 있기 때문에, 우리의 예술적 상상력도 우상을 만드는 것이 아니라 하나님을 찬양하고 섬길 수 있지 않을까? '세례 받은 상상력' 덕분에 다양한 예술적 창작·참여·감상 행위를 통해 그분의 영광에 참여하고 증거할 수 있는 가능성도 선사 받게 되지 않을까?

적용과 토론을 위한 질문

1. 개인적으로 선호하는 그리스도교 예술의 장르가 있는가? 왜 그러한가?

2. 육체적 쾌락은 신앙에 어떤 영향을 줄까? 하나님이 모든 선한 것과 아름다움과 기쁨의 근원이라고 했을 때 쾌락은 신앙에서 어떤 위치를 가지게 될까?

3. 성서에 나오는 문화예술의 예는 무엇이 있을까?

4. 예수 그리스도를 묘사한 회화 작품 중 가장 기억에 남거나 좋아하는 작품은 무엇인가?

5. 인간의 상상력은 하나님에 대한 왜곡된 이미지를 만들까? 아니면 우리는 상상력을 통해 볼 수도 만질 수도 없는 하나님을 새롭게 이해하게 될까?

6. 그레고리우스 1세가 종교예술을 옹호하기 위해 제시한 세 가지 논거 중 가장 설득력 있는 것은 무엇일까? 반대로 설득력이나 유용성이 떨어지는 것은 무엇일까? 그 외에 종교예술 사용을 지지하는 다른 근거도 있을까?

7. 십계명에서 '형상 금지'를 어떻게 이해해야 할까? 칼뱅처럼 문자적으로 해석해야 할까, 아니면 정교회처럼 그리스도론적으로 재해석해야 할까?

III

성령과 공동체

7부

성령론과 교회론

우리에게 내려오소서.

하나님의 빛이여

우리의 영혼에 불을 지피소서.

사랑으로, 예수님의 사랑으로.

당신은 교회의 영이십니다.

당신은 생명이시며, 당신은 사랑이십니다.

당신은 신성한 은총이십니다.

주님 안에서 우리가 하나 되게 하시는 분입니다.

하나님의 영이여, 내려오소서.

우리의 마음이 불타오르게 오소서.

우리의 영혼을 준비시키러 오소서.

하나님께서 원하시는 것을 우리가 듣게 하소서.

— 브라질 찬송, 「신적인 빛」*A nos descei* 중에서 [1]

바람이 어디서부터 와서 어디로 가는지 알지 못하듯, 자유로우신 성령을 우리는 붙잡거나 온전히 파악할 수 없다(요 3:8). 역사 속에서 활동하시는 하나님의 힘이신 성령은 우리와 너무나 밀접하지만, 어떤 이론화나 체계화도 거부하시는 분이라 할 수 있다. 따라서 성부나 성자에 관한 논의에 비해 성령 하나님의 존재와 사역은 조직적으로 다루기에는 힘든 주제라 할 수 있다. 하지만, 성령론에 관한 충실한 성찰이 없다면, 나의 입맛과 욕망에 맞는 기이한 영의 이미지를 형성하고 이에 고착되어 버릴 수 있다.

예부터 그리스도교는 성령이 누구신지를 올바로 이해하기 위해서는 성령의 활동을 묘사하는 성서 본문으로부터 시작해야 한다고 당부해 왔다. 그리고 성령을 추상적으로 이해하기보다는 교회의 구체적 사역과 활동을 통해 움직이시는 분이심을 강조했다. 사도신경도 "성령을 믿사오며, 거룩한 공회(공교회)와……"라며 성령론과 교회론을 밀접히 관련시킨다. 그래서 7부에서는 다섯 장에 걸쳐 성령론과 교회론의 핵심 질문을 다루고자 한다.

25장은 사도행전에 기록된 오순절 사건을 통해 성령론의 중요 주제들을 풀이하며 시작한다. 예수 그리스도께서 부활하고 승천하신 후 제자들이 성령을 받으면서 새로운 인류인 교회 공동체가 형성되었다. 그리고 교회를 통해 화해자 그리스도의 사역이 이 땅에 반복되며 현실화하였다. 이러한 성찰을 통해 성령이 현실을 초월한 신비한 체험으로 이끄시는 것이 아니라, 삶의 구체적 정황 속에서 우리를 하나님의 자녀로 태어나게 하시는 분임을 보여주게 될 것이다.

26장은 성령론을 구약으로부터 이해하려는 시도이다. 성령론의 구약적 지평은 성령의 활동을 개인 구원이나 교회의 삶에 한정하지 않고, 성령을 자연과 사회 속에서 살아 계시며 활동하시는 분으로 새롭게 인식하게 해준다.

그 이후 구약을 넘어 종합적인 논의로 옮겨 가, 성령께서 어떻게 그리스도와 나, 하나님과 세계, 옛 실존과 새 실존을 연결하시는지를 오늘날의 성령론 논의와 더불어 소개하고자 한다.

27장은 성령론과 교회론의 유기적 관계를 보여주고자 성령의 열매를 포함한 여러 실천적 논의에 집중하였다. 그리스도께서 이루신 구원을 성령께서 어떻게 '전유'하시는지, 그리고 이러한 성령의 활동이 개인의 믿음이라는 주관적 지평과 교회라는 공동체적 지평을 어떻게 연결하는지를 보여준다. 그 이후 신약성서에 소개된 성령의 은사를 간략히 살펴봄으로써 성령 충만의 현대적 의미에 관해 생각해 보고자 한다.

28장은 교회론에 관한 일반적 내용에 할애했다. 교회의 어원은 무엇인지, 신구약의 빛에서 바라볼 때 교회는 어떻게 이해되어야 하는지, 교회와 하나님 나라의 관계는 무엇인지, 그리고 교회의 공동체성은 어떤 의미인지 등의 주제를 다루었다.

29장은 교회와 관련된 신학적 주제 몇 가지를 선별하여 소개했다. 교회의 기초란 무엇인지, 교회가 그리스도의 몸이라는 것은 어떤 의미인지, 참 교회의 표지는 무엇인지, 교회에 속한다는 것이 왜 안락한 삶을 보장해 주지 않는지 등의 질문이 던져질 것이다. 성령과 교회에 관한 성찰을 마무리하며 이 땅에 교회가 '여전히' 존재해야 할 근본 이유가 무엇인지에 관한 짧은 성찰이 뒤따른다.

25장. 성령론 1

오순절에 오신 성령 하나님은 누구이신가?

바람처럼 찾아오신 하나님

예수 그리스도가 십자가에 달려 돌아가신 후 '거룩한 도시' 예루살렘은 제자들에게 몹시 '거북한 도시'가 되었다. 헤롯의 뉴타운 정책 덕분에 과거 어느 때보다 더 화려해진 그곳에서 그리스도는 고난을 겪으셨고 치욕적인 죽음을 맞이했다. 이제 예루살렘은 제자들에게 결코 안전한 도시가 아니었다. 한 정치범이 사형당한 도시에 그의 추종자가 여전히 어슬렁거린다는 소문은 로마 정치권력과 유다 종교 지도자를 충분히 도발할 수 있었다. 무엇보다도 예루살렘은 스승을 배신해야 했던 그들의 나약함과 비겁함을 떠올리게 하는 불편한 공간이었다. 죽음을 앞두고 자신을 배신한 제자들을 저주하지 않고 용서하신 스승에 대한 기억의 조각이 건물과 도로 곳곳에 남아 있었다.

예루살렘은 제자들의 마음 깊이 눌려 있던 죄책감과 수치심이 각인된 장소지만, 부활한 그리스도께서는 제자들에게 그 도시에 머무르라고 말씀하셨다(행 1:4). 예루살렘에서 도피했던 제자들은 예루살렘에 다시 들어갈 때 감람산 길을 걸었다(행 1:12). 그 길은 바로 얼마 전 고통과 죽음을 결심하고 그리스도께서 밟으셨던 길이기도 하다. 그때 예루살렘 성을 보시며 예수께서는 눈물을 머금고 말씀하셨다. "너도 오늘 평화에 관한 일을 알았더라면 좋을 뻔하였거니와 지금 네 눈에 숨겨졌도다"(눅 19:42). 스승의 눈물이 떨어졌던 길 위에서 수난과 죄책의 상징처럼 되어 버린 예루살렘을 바라보던 제자들은 어떤 생각에 잠겼을까? 일본의 작가 엔도 슈샤쿠遠藤周作, 1923-1996는 그들의 기분을 다음과 같이 묘사한다.

> 그들은 이 예루살렘 곳곳에서 마지막 날의 예수를 생생하게 떠올렸으리라. 좁고 구불구불한 길은 그날 그가 무거운 십자가를 짊어지고 비틀거리며 걸었던 길이다.……하지만, 무엇보다도 제자들에게 고통스러웠던 것은 '골고타'라고 불리는 예루살렘 성 밖의 처형장과 대사제 가야파 관저를 대하는 것이었으리라. 가야파 관저는 예수가 사두가이파의 의원들에게 재판받은 회의 장소였을 뿐만 아니라, 베드로가 제자 전원을 대표하여 가야파와 타협함으로써 예수를 저버린 굴욕과 배신의 장소였기 때문이다.[1]

예루살렘으로 돌아온 제자들은 다락방이 있는 집을 모임의 장소로 삼았다. 전승에 따르면 그 다락방이 예수께서 제자들과 마지막으로 식사하셨던 곳이었다. 사실 여부를 확인할 수는 없지만, 다락방이라는 공간 자체만으로도 그 위험한 밤을 회상시키기에 충분했으리라.

그런데 오순절 날이 되어 제자들이 함께 다락방에 모였을 때 맹렬한 기세의 바람 소리가 공간을 가득 채웠다. 그리고 예수께서 말씀하신

대로 성령께서 오셨다. 성령께서 불의 혀처럼 각 사람 위에 임하셨고, 그들은 성령이 충만하여 성령께서 시키시는 대로 여러 다른 언어로 말하기 시작했다(행 2:1-4). 전통적으로 오순절에 성령께서 오신 사건, 곧 성령 강림을 교회가 시작된 기점으로 흔히 간주한다.

여기서 여러 질문이 떠오른다. 왜 성령께서는 예수 그리스도께서 승천하신 직후가 아니라 오순절 날이 되어서야 오셨을까? 다른 나라 언어로 이야기하는 것, 곧 방언하는 것이 성령이 충만하다는 증거인가? 방언 외에도 성령 충만한 사람들이 가지는 독특한 모습은 어떤 것일까? 이러한 궁금점을 가지고 성령 하나님이란 누구시고 어떤 일을 하시는지를 사도행전에 기록된 오순절 사건을 중심으로 살펴보기로 하자.

왜 성령께서는 그리스도의 승천 후 10일 뒤에 오셨을까?

부활한 그리스도께서는 승천 전까지 40일 동안 제자들을 만나셨고, 가르치셨고, 함께 식사하셨다(행 1:3). 그리고 예수께서 승천하신 직후가 아니라, 10일이 지난 후에야 성령께서 강림하셨다. 성서는 왜 10일이란 간격을 두고 성령께서 오셨는지 설명하지 않는다. 단지 우리가 알수 있는 것은 성령께서 오신 날이 그리스도께서 부활 후 50일이 지난 '오순절'이었고(행 2:1), 예수께서 제자들과 함께하셨던 기간은 이스라엘의 광야생활을 상징하는 숫자인 '40'일이었다는 점이다(행 7:23-24; 13:16-25).[2]

고대 유대인들은 이집트에서 탈출을 기념하는 유월절 다음날부터 50일의 축제 기간을 가졌다. 그리고 50일 잔치의 마지막 날이자 절정이라 할 수 있는 오순절에 시내산에서 율법을 받은 것을 특별히 기념하였다(출 19:1 이하). 오순절(五旬節)을 뜻하는 영어 단어 Pentecost도 50

번째라는 뜻을 가진 고대 그리스어 *Pentēkostē*로부터 온 단어이다. 물론 사도행전 본문에는 오순절이 시내산 계약과 어떤 관련이 있는지 명확히 밝히지는 않는다. 그러나 사도행전의 저자인 누가는 이를 염두에 두고 있었던 것 같다.

누가복음과 사도행전 해석의 권위자인 조셉 피츠마이어^{Joseph} Augustine Fitzmyer SJ, 1920-2016는 그 이유로 세 가지를 제시한다.[3] 첫째, 누가는 "경건한 유대인들이 천하 각국으로부터 와서 예루살렘에 머물러" (행 2:5) 있었다고 하는데, 이는 시내산 계약 사건을 기념하기 위한 '장엄한 집회'에 참가한 이들로 보인다. 둘째, 베드로가 "열한 사도와 함께"(행 2:14) 예루살렘의 온 유대인과 마주하는 것은, 열두 사도가 열두 지파를 심판하게 되는 종말론적 역할을 상기하게 한다(눅 22:30). 셋째, 성령 강림을 묘사하는 사도행전 2장과 시내산에 강림하시는 하나님을 묘사하는 출애굽기 19-20장 사이에는 표현이나 내용 면에서 유사점이 있다. 물론 피츠마이어의 주장에 대한 반론이 전혀 없는 것은 아니다. 하지만, 피츠마이어를 포함한 여러 성서학자들이 주장하듯 시내산 계약과 성령 강림이 연결되어 있다면, 사도행전 2장은 "오순절에 시내산에서 하나님께서 옛 율법을 수여하셨듯, 오순절에 하나님께서는 성령의 새 율법을 주시는 것"[4]을 보여준다. 이제 성령을 통해 하나님의 말씀이 이스라엘을 넘어 온 인류에게 선포되고, 성령 안에서 삶을 통해 거룩한 하나님의 백성이 되는 시대가 온 셈이다.

성령 강림 사건을 이스라엘의 출애굽 경험과 유월절 전통의 맥락에서 해석하는 사례는 종교개혁자들의 글 속에서도 어렵지 않게 찾아볼 수 있다. 일례로 마르틴 루터는 성령의 오심은 유월절의 내용을 다음과 같이 충만히 변화시킨다고 말한다.

바울이 말했듯, 우리가 보게 되는 구약 이야기에서 유대인에게 일어난 일은 은혜의 시간인 신약에서 일어난 특정 사건의 그림자라고 할 수 있다. 따라서 새 언약 안에서 [우리는 이스라엘이 먹던 것과는] 다르지만 더 좋은 유월절 양을 먹듯, 새 언약 안에서 우리는 옛 언약에 속한 이스라엘의 [유월절과는] 다르지만 더 좋은 유월절을 가지게 된다. 이집트에서 어린양의 피는 문지방에 그 피를 발랐던 집의 첫 자손들만……죽음의 천사로부터 보호했다. 반면 부활절 양의 피, 곧 그리스도 예수의 피는 진정한 의미에서 이집트라 할 수 있는 사탄의 압제, 그리고 죄와 영원한 죽음에서 우리를 구원한다.[5]

오순절을 유월절 맥락에서 이해하는 방식은 그리스도와 성령의 활동을 구약부터 이어져 내려오는 하나님의 약속과 구원의 성취로 파악하게 하는 풍성한 해석의 틀을 마련해 준다. 이스라엘 역사의 완성자로서 그리스도가 오셨다면, 성령은 교회를 탄생시켜 예수 그리스도의 이야기를 이스라엘의 경계를 넘어 세계 곳곳에서 들리게 하신다. 교회를 통해 이어지는 그리스도와 성령 사역의 역동적 관계를 피츠마이어는 다음과 같이 정리한다. "[누가는] 부활하신 그리스도께서 당신 제자들에게 성령의 선물을 주신 역사적 사건의 신학적 의미를 강조하려 했다. 이렇게 해서 성령은 그리스도 교회의 삶과 성장을 이끄는 원천이 된다. 오순절의 기적은 성령의 업적을 알리는 것이고, 이로써 언어의 은사를 받은 열두 사도들은 이스라엘에게, 그리고 마침내는 온 인류에게 새로운 [하나님] 말씀을 선포하게 된다."[6] 달리 말하면, 오순절은 성령을 선물로 주심으로써, 예수께서 뿌리신 씨앗을 사도들이 자신의 경계와 한계를 넘어서까지 추수하도록 만든 사건이다(눅 10:2).

이 지점에서 중요한 성령론적 주제 두 가지를 언급할 필요가 있다.

첫째, 한국에서 부활 주일을 크게 기념하지 않는 교회가 거의 없지만, 성령강림주일을 특별하게 기념하는 교회는 찾기가 쉽지 않다. 하지만, 사도행전에 따르면 오순절의 성령 강림은 부활한 예수 그리스도의 사역의 완성이자, 교회가 탄생하면서 새로운 역사가 시작되는 계기가 된다. 또한 이날은 이제껏 은밀하게 활동하시던 성령께서 역사 속에 분명한 형태로 드러내셨다는 의미에서 삼위일체 하나님이 충만히 계시된 날이기도 하다. 이러한 이유로 동방정교회에서는 성령강림주일을 삼위일체주일Trinity Day이라고도 부르며, 부활절만큼이나 중요한 날로 기념한다.[7]

둘째, 사도행전 2장에 나오는 성령의 오심은 제자들이 각기 다른 언어로 이야기하는 신비로운 현상을 동반했다. 그러나 본문에서 성령의 은사가 주어진 맥락을 잘 파악할 필요가 있다. 우선 이 은사가 교회의 탄생과 밀접하게 관련된 만큼, 그리스도의 몸인 교회와 그 사역과 무관하게 방언을 받으려 하거나 사용하려 하는 것은 부적절하다. 또한 방언의 은사는 우선적으로 부활한 그리스도의 이야기가 다른 이에게 들리도록 하기 위한 것이지, 개인의 유익이나 교회의 다른 필요를 충족하고자 주어진 것이 아니다.[8] 실제 신약성서는 영적 은사로서 방언을 긍정적으로 묘사하지만 공동체에서 타인이 알아들을 수 있는 언어를 사용하는 것을 방언보다 더 강조한다(행 2:14-42; 고전 14:1-19). 그렇다면 성령께서 우리에게 주시는 선물의 본질은 무엇이기에 방언과 같은 강렬한 영적 체험의 중요성마저 상대화하는 것일까?

왜 성령 충만한 사람들은 방언을 했을까?

방언에 대한 성서의 묘사는 다소 모호하다. 한편으로 방언은 대표적인 성령의 은사요, 심지어 바울은 모든 사람이 방언하기를 원한다고도 했다(고전 12:8-19; 14:5). 다른 한편 방언은 다른 은사보다 뛰어나지 못하며, 자칫 교회에 덕이 되지 못한다. 방언에 대한 성서의 다소 상충하는 견해 때문에 방언을 어떻게 이해할지에 대해 교단, 신학자, 목회자마다 다른 입장을 보이기도 한다.[9] 확실한 것은 오순절에 성령이 강림했을 때 제자들이 방언하기 시작했고, 이를 사도행전이 분명히 언급하는 것으로 보아 이 사건은 무시하지 못할 신학적 의미가 있다는 점이다. 따라서 방언의 중요성을 인정하면서도 그 현상 자체에만 몰두하는 것보다는 '왜 성령 받은 제자들은 방언하게 되었을까?'를 고민과 성찰의 주제로 삼을 필요가 있다.

오순절에 탄생한 교회가 성령으로부터 받은 첫 선물은 여러 지역 출신들이 알아들을 수 있는 다양한 언어이다. 성령 충만이 언어와 소통의 문제와 관련 있다는 점에서, 초대교회 이래 오순절 사건을 바벨탑 사건(창 11장)과 연관 지어 해석하곤 한다.[10] 먼 옛날, 하나의 언어만 쓰던 인간은 하늘까지 닿는 탑을 만들어 이름을 내고 흩어짐을 면하고자 하였다. 하늘과 자신의 운명마저 스스로 결정하려는 뿌리 깊은 교만이 고대인의 단일 언어와 결합한 셈이다. 이러한 인류에게 언어가 혼란하여 서로를 이해하지 못하게 되는 하늘의 벌이 내려졌다. 소통의 장벽에 막힌 인간은 온 지면으로 흩어졌고, 각자의 성을 쌓고 문명을 형성하며 살게 되었다.

그렇다면 언어의 분화와 이에 따른 인류의 이동은 어떤 신학적 의미가 있을까? 우선, 의사소통에 실패한 인간은 서로가 서로에게 근원적으로 낯선 이가 되었다. 그러면서 "가인의 형제 아벨을 살해한 일(창 4장)에서 시작된 폭력은 바벨탑 사건에 이르러서는 세상의 새로운 표준으로 자리 잡았다."[11] 또한 타락한 인류가 온 땅으로 흩어졌다는 것은 인간의 이동과 함께 죄가 온 지면을 다 덮게 되었음을 의미한다. 최초 인류의 불순종이 기록된 창세기 3장부터 바벨탑 사건이 나오는 11장까지를 읽다 보면, 이 세계의 운명은 희망의 빛 한 조각 찾기 힘든 암흑 상태로 미친 듯이 달려가는 것 같다.

죄가 인류의 이동과 함께 곳곳으로 흩어진 만큼, 하나님께서는 또 다른 세계를 새롭게 창조하시거나, 온 세계를 완벽히 덮을 만한 강력하고 보편적인 은혜의 구조를 사용하셨어야 할 것 같다. 하지만, 창세기 12장에서는 인간의 기대와는 정반대로 펼쳐지는 하나님의 '전략'이 흥미롭게 소개된다. 그 시작은 한 명의 평범한 인간, 곧 아브라함을 선택하여 그를 통해 모든 민족이 복을 받게 하시는 것이다(창 12:3). 보편적이고 가시적인 죄의 현상에 대응하시고자 '구체적'이고 '숨겨진' 역사적 사건을 선택하시는 하나님의 신비로운 방식은, 하나님의 아들이 베들레헴에서 인간이 되시고 골고다 십자가에서 돌아가심으로 절정에 이른다. 그리고 이제 성령께서는 로마제국의 주변부였던 유대 땅의 작은 무리를 통해 전 세계에 부활하신 주님의 이야기가 들려지게 하신다.

부활하신 그리스도의 약속대로 오순절에 성령께서 오셨다. 그 결과 역사를 불신과 폭력의 장으로 만들던 옛 질서와는 전적으로 다른 세계에 속한 새로운 하나님의 백성이 이 땅에 등장했다. 그리고 하나님께서는 여러 민족이 이해할 수 있는 언어를 교회의 첫 선물로 주심으로써, "언어의 혼돈으로 서로 고립되어 살아가는 우리에게 내재한 폭력이 그리스도의 십자가와 부활에 의해 극복되었음을 세상에 증언"[12]하게 하셨다. 그 이야기의 핵심을 바울은 에베소에 있는 교회에 보내는 편지에서 다음과 같이 요약하고 있다.

그는 우리의 화평이신지라. 둘로 하나를 만드사 원수 된 것 곧 중간에 막

헌 담을 자기 육체로 허시고 법조문으로 된 계명의 율법을 폐하셨으니 이는 이 둘로 자기 안에서 한 새 사람을 지어 화평하게 하시고 또 십자가로 이 둘을 한 몸으로 하나님과 화목하게 하려 하심이라. 원수 된 것을 십자가로 소멸하시고 또 오셔서 먼 데 있는 너희에게 평안을 전하시고 가까운 데 있는 자들에게 평안을 전하셨으니 이는 그로 말미암아 우리 둘이 한 성령 안에서 아버지께 나아감을 얻게 하려 하심이라(엡 2:14-18).

이것을 오순절의 '복음'이라고 할 수 있지 않을까? 아담의 자손에게 수천 년간 내려오던 두려움, 폭력, 시기, 불신이라는 해진 꼬리표가 성령 안에서 떨어지게 되었다. 이제 누구든 성령 안에 있으면 세계를 하나님께서 그리스도 안에서 화해한 곳으로 보게 되고, 자신도 '화해의 사도'가 되는 혁명적 변화가 일어나게 된다(고후 5:18-19). 자아를 보호하고자 쌓아 올린 배제의 담이 허물어지면서 환대와 용서로 특징지어지는 새로운 인간 됨이 가능해진다. 이러한 창조적 사건을 니콜라스 라쉬 Nicholas Lash, 1934- 는 다음과 같이 한마디로 요약한다. "이 사람들은⋯⋯무로부터ex nihilo 하나님 안에서 공동의 삶, 곧 교제로 부름을 받았다."[13]

옛 질서를 밀어내고 이 땅에 새 질서가 들어오는 전복의 첫 시작을 알리는 상징적 인물은 베드로이다.[14] 스승을 버린 수제자 베드로, 예수 그리스도가 잡히시던 밤 그는 고문과 죽음이 두려워 스승을 모른다고 세 번 부인했다. 그러던 베드로가 대중 앞에서 "너희가 십자가에 못 박은"(행 2:36) 이가 살아나 주님이 되셨다고 도발했다. 심지어 성전에 간 베드로는 예전에 사람들이 그리스도를 돌로 치려고 했던 솔로몬 행각이라는 위험한 장소에서 스승에 대해 힘 있게 설교했다(행 3:11; 요 10:23).

급기야 베드로는 그리스도를 죽음으로 내몰았던 대제사장 가야바

앞에서 "너희가 십자가에 못 박고 하나님이 죽은 자 가운데서 살리신 나사렛 예수 그리스도"(행 4:10; 마 26:3 참조)를 담대히 증언했다. 예수께서 잡히시던 밤 베드로가 세 번이나 그분을 배반한 장소가 바로 가야바의 뜰이었다(마 26:69-75). 베드로에게 가야바는 두려움 때문에 스승을 버려야 했던 죄책감과 수치심을 고통스럽게 환기하는 인물이었다. 그러나 성령이 충만한 베드로는 가야바와 공회 앞에서 담대하고 당당하게 그리스도의 십자가와 부활을 증거했다.

여기서 우리는 성령께서 옛 질서에 사로잡혀 있던 인간을 해방하여 새로운 존재로 만들었음을 볼 수 있다. 성령은 베드로를 아담 이후 인간을 옭아매 왔던 죽음에 대한 근원적 공포, 죄와 실패로 얼룩진 자신에 대한 수치심으로부터 자유로워진 인간으로 재탄생시켰다. 하지만, 이것이 인간의 비루함과 나약함과 상호의존성을 모두 초월한 초인 *Übermensch* 같은 존재의 등장을 알리는 것은 아니다. 부활의 영인 성령이 빚어내는 새로운 인류는 상당히 특수한 모습을 보이는데, 이를 오순절 이후 형성된 공동체적 삶의 모습을 통해 살펴보기로 하자.

성령은 어떻게 인간을 새롭게 만드는가?

칼 바르트는 그리스도교 신앙에서 동등한 중요성을 가진 세 가지 결정적 기적이 있다고 주장한다. 성부의 무로부터 창조, 그리스도의 동정녀 탄생, 그리고 성령을 통한 그리스도인의 등장이다.[15] 물론 마지막 기적은 앞의 두 기적 없이는 일어날 수 없지만, 이들 모두가 인간의 노력이나 자연의 일반법칙으로는 실현될 수도 설명할 수도 없는 전례 없이 특별한 사건들이다. 특별히 사도행전은 세 기적 중 그리스도인의 탄생을 공동체적 나눔의 삶, 곧 코이노니아*koinonia*를 통해 설명한다.

믿는 사람이 다 함께 있어 모든 물건을 서로 통용하고 또 재산과 소유를 팔아 각 사람의 필요를 따라 나눠 주며 날마다 마음을 같이하여 성전에 모이기를 힘쓰고 집에서 떡을 때며 기쁨과 순전한 마음으로 음식을 먹고 하나님을 찬미하며 또 온 백성에게 칭송을 받으니 (행 2:44-47a).

왜 베드로와 사도들의 가르침을 받고 형성된 공동체에 대한 첫 묘사가 공동생활과 물질의 공유일까? 이 이야기는 초대교회부터 그리스도인이 된다는 것이 무엇인지에 대한 상상력을 형성하는 데 큰 영향을 끼쳤다. 1세기의 한 익명의 저자는 그리스도인들에게 경제적으로 궁핍한 형제들과 '모든' 것을 나눠 쓰고, 또한 자기 소유를 주장하지 말라고 권면하고는, 그 이유를 다음과 같이 제시한다. "불멸의 것에 함께 참여하는 자들 사이에서 어찌 사라 없어져 버릴 것에 더 나눠 쓰지 않을 수 있는가?"[16] 좋은 말이기는 하지만 실천하기에는 참 어려운 가르침이다. 예수 그리스도를 찾아온 부자 청년 역시 십계명은 잘 지켰지만, 자기 재산과 소유를 팔라는 문제를 넘지 못해 고민하지 않았던가?(마 19:21)

사유재산 제도 위에 구축된 문명 속에 살아가고, 더 소유하지 못하면 낙오자가 된다는 강박에 시달리는 우리에게 사도행전 2장이 들려주는 그리스도교 이야기는 참 낯설고 불편할 수밖에 없다. 첫 인류의 불순종 이후 인간 마음은 자신을 향해 굽어 버렸기 때문에 *cor curvum in se*,[17] 개인의 의지와 노력만으로는 자기 재산과 권리를 타자를 위해 포기하기가 힘들다. 그런데 성서는 마지막 아담인 그리스도의 영을 받은 사람의 특징으로 '공동 소유'를 언급한다. 자기를 향해 굽어 있던 마음에서 벗어난 전인적 사귐과 나눔이 그리스도의 승천 이후 형성된 화해의 공동체의 모습으로 제시되고 있는 셈이다. (앞서 설명한 방언 사건과 마찬가지로) 이는 아담의 타락 이후 역사를 '자기중심성'으로 규정하던 옛 질서 속으로 새 질서가 뚫고 들어왔음을 보여준다. 바울도 사랑은 자기의 것을 구하지 않는다고 했는데(고전 13:5),[18] 이 역시 왜곡된 자기애를 극복한 참 사랑이 삶의 새로운 원리가 되고 있음을 증언한다.

원시 그리스도교 공동체 형성에 결정적 역할을 했던 오순절 베드로의 설교는 새로운 인간 됨의 모습이 무엇인지를 구약성서의 예언의 맥락에서 탁월하게 요약해 준다. 성령의 가르침을 따라 서로 다른 언어로 이야기하는 제자들에게 사람들이 술에 취한 것이 아니냐고 비아냥거리자, 베드로는 이는 하나님의 메시아적 약속이 성령의 오심을 통해 성취된 것이라 설명한다. 이때 요엘서 2장 28절 이하를 그의 선포에서 인용하는데, 그중 눈여겨볼 지점이 있다.

> 하나님이 말씀하시기를 말세에 내가 내 영을 모든 육체에 부어 주리니 너희의 자녀들은 예언할 것이요 너희의 젊은이들은 환상을 보고 너희의 늙은이들은 꿈을 꾸리라. 그때에 내가 내 영을 내 남종과 여종들에게 부어 주리니 그들이 예언할 것이요(행 2:17-18).

언뜻 보면 베드로는 자신을 변호하고자 요엘서를 인용하는 것 같지만, 사실 이 구절은 성령으로 새롭게 탄생한 하나님의 백성이 누구인지를 보여주는 역할을 한다. 구약성서에서는 하나님의 영은 중요한 사명과 직책을 감당하도록 특별히 선택된 예언자나 왕 위에 임하곤 했다. 하지만, 요엘은 하나님께서 종교적 지도자 혹은 정치적 엘리트가 아니라 '모든' 육체에 영을 부어 주실 것이라고 예언한다. 이는 이스라엘 역사에 전례 없는 종말론적 사건이다.

요엘은 하나님의 영이 부어질 '모든 육체'가 누구인지를 세부적으로 묘사한다. 바로 '너희의' 아이들, 젊은이, 늙은이, 남종과 여종이다.

이는 현대 사회학에서 볼 법한 범주이기도 하다. 자녀와 부모, 청년과 기성세대, 노동 가능 인구와 노동력 상실 인구, 종과 주인, 여자와 남자 모두에게 차별 없이 영이 내려진다. 하나님의 영으로 태어난 새로운 인간은 이제껏 문명을 유지 발전하는 데 불가피하다며 정당화했던 각종 사회적 구분과 소외의 원리를 넘어선다. 이 엄청난 사건을 위르겐 몰트만은 "영으로 말미암은 메시아적 민족의 다시 태어남"[19]이라 부르기도 했다.

하나님의 때에 대한 요엘의 예언은 권력 투쟁이나, 혁명을 통해 피지배 상태로부터의 해방을 이야기하는 것은 아니다. 그렇지만 하나님의 영은 우리가 익숙하게 생각했던 사회 질서나 쉽게 용인했던 현실을 새롭게 인식하고, 완전히 새로운 사회를 꿈꿀 수 있는 상상력을 불어넣어 준다. 미하엘 벨커 Michael Welker, 1947- 의 표현대로 성령의 부어짐으로 인해 일상화된 차별과 불이익에 대한 "민감성이 증가"되고, "서로서로를 위하여 하나님이 의도한 현실"[20]을 인식하게 된다. 그런 의미에서 성령은 일상에서 우리를 사로잡고 있는 각종 욕망과 선입견의 굴레로부터 자유롭게 하고, 마땅히 해야 하는 일을 실행하게 해주는 힘이기도 하다.

오순절에 성령께서 오시자 제자들은 이전 것으로 설명되지 않는 새로운 미래를 맛볼 수 있었다. 그 급진적 희망 속에서 개개인으로 보아서는 보잘것없는 이들이 하나님의 화해를 이 땅 곳곳에서 증언하는 일을 해낼 수 있었다. 죄인들의 모임이기도 한 교회가 '하나님 나라'를 이 땅에서 맛보고 가리키는 기이하고 특이한 장소가 되었다. 사도행전에 기록된 오순절 이야기를 통해 볼 때 결국 '성령이 누구신가?'라는 질문은 '교회가 무엇이며, 교회가 이 땅에서 사명을 잘 수행하고 있는가?'라는 그리스도인의 자기 성찰로 이어질 수밖에 없다.

성령이 우리 안에 계신다는 것은 무슨 뜻인가?

한국의 유명한 목사님 중 한 분이 신학생들을 대상으로 그리스도교와 다른 종교의 차이에 대해 설교하시는 것을 최근에 들었다. 그분은 다른 종교는 창시자가 기억 속에 남아 있지만, 그리스도교는 창시자가 신자들 안에 실제로 거한다는 데 독특성이 있다고 설명하셨다. 잘 알던 이야기였지만 그날따라 신기하게도 새롭게 그 내용이 다가왔다. 여기서 어린아이가 해볼 만한 질문을 한 번 던져 보자. 예수 그리스도는 육체를 가지고 계신 인간인데, 어떻게 다른 인간 안에 들어가 있을 수 있는가? 바울도 다음과 같이 신비롭게 말하지 않았는가? "내가 그리스도와 함께 십자가에 못 박혔나니 그런즉 이제는 내가 사는 것이 아니요 오직 내 안에 그리스도께서 사시는 것이라"(갈 2:20a).

　이 구절에서 바울의 실제 관심은 그리스도가 '어떻게' 우리 안에 계신지가 아니라, 그리스도를 품고 우리가 '어떻게' 살 것인가이다. "이제 내가 육체 가운데 사는 것은 나를 사랑하사 나를 위하여 자기 자신을 버리신 하나님의 아들을 믿는 믿음 안에서 사는 것이라"(갈 2:20b; 롬 8:10 참조). 그리스도께서 성령을 보내시고, 성령을 통해 그리스도가 우리 안에 계시게 되면, 이제 우리는 새로운 생명을 가진 존재로 살아가게 된다. 그 생명은 어떻게 가능하고, 그 내용은 무엇일까? 바르트는 이를 설명하고자 흥미로운 성령론적 사유를 발전시킨다.

　예수 그리스도께서 우리를 부르시고 그 부름을 우리가 들을 때, 그리스도는 성부와 자신이 가지는 고유한 관계를 우리 안에서 '반복하고자' 성령을 우리에게 주신다. 이제 아버지가 그분을 알고 그분이 아버지를 아는 방식으로, 그분은 우리를 아시고 우리는 그분을 안다. 이러한 반복 속에[in this repetition 살아가는 이는 성령 안에서 살아가는 것이다.[21]

성령은 삼위일체 하나님의 관계 속에서 일어나는 일을 하나님과 우리의 관계 속에서 '반복'하신다. 성부와 성자의 관계가 창조주와 피조물 인간의 관계에서 '은혜로' 반복되기에, 양자의 영을 받은 우리도 하나님의 자녀가 된다(롬 8:18-25). 아버지가 아들을 기뻐하고 아들은 아버지에게 순종함으로 영화로워지듯, 하나님은 우리를 기뻐하시고 우리는 하나님께 순종함으로 그리스도의 영광에 참여한다(요 17:1-8). 이로써 우리는 옛 자아의 죽을 운명에서 비롯된 자기중심성을 넘어서는 새로운 삶의 가능성을 이 땅에서도 맛보고 누리게 된다.

'반복의 영'으로서 성령은 그리스도가 성부와 맺었던 관계뿐만 아니라, 그분이 이 세상에서 보여주셨던 삶도 그리스도인들을 통해 반복하신다. 아버지가 아들을 이 세상에 보내신 것처럼, 하나님의 자녀도 이 세상에 보내진다(요 6:57). 그렇기에 그리스도인의 삶은 그 뿌리부터 '선교적'missional이라고 할 수 있다. 삶에 대한 경이와 기대가 희미해져 가던 이들에게 하나님 나라를 선포하셨던 그리스도의 사역은 말씀의 증언자로서 그리스도인의 소명을 통해 지금도 되풀이된다. 하나님의 깊은 연민과 사랑을 삶과 행동으로 보여주셨던 그리스도의 삶은 가난한 자, 억눌린 자, 소외된 자, 침묵을 강요당하는 자와 연대하는 그리스도인의 삶으로 재현된다. 정의롭지 못한 정치권력과 타락한 종교에 대한 그리스도의 의로운 분노와 용기 있는 저항 역시 성령에 이끌리는 그리스도인의 윤리적 삶에서 반복된다.

죽음을 앞두신 그리스도께서는 제자들에게 성령께서 오실 것을 예고하셨다. 그러고는 놀랍게도, "나를 믿는 자는 내가 하는 일을 그도 할 것이요 또한 그보다 큰 일도 하리니"(요 14:12)라고 말씀하셨다. 성령은 죄로 얼룩지고 유한한 인간이 그리스도의 일을 '반복'할 뿐만 아니라, '더 큰 일'도 할 수 있게 하는 능력을 선물한다. 그런데 이것이 어떻게 과연 가능할까? 사실 이 구절을 어떻게 받아들여야 할지를 놓고 많은 이들이 고민에 빠졌다. 루돌프 불트만^{Rudolf Bultmann, 1884-1976}이 잘 지적했듯, '더 큰 일'을 제자들이 그리스도보다 지리적으로 더 넓은 곳에서 일한다거나, 더 큰 선교의 성공을 이룬다거나, 더 놀라운 기적을 이룬다는 식으로 해석하는 것은 부적절하다.[22] 이 구절은 여러 주석가들이 언급했듯 이 땅에서 나사렛 예수의 사역이 부활 이후 성령을 통해 충만을 향해 간다는 종말론적 관점에서 해석할 때 그 의미가 올바로 드러난다.[23]

신학적 관점에서 이 구절을 이해할 때, 성령을 그리스도론적이며 공동체적으로 해석했던 디트리히 본회퍼의 통찰로부터 도움을 받을 수 있다. 그리스도 안에서 인간은 자기중심성에서 해방되어 거룩한 성도의 공동체의 일원으로 변화한다. 즉, 그리스도 안에서 탄생한 새 인류는 오순절의 성령 강림을 통해 '교회 공동체'로서 존재하게 된다.[24] 공동체의 영이신 성령의 활동을 고려할 때, 성령께서는 개개인이 아니라 부활한 주님께서 현존하시는 공동체인 교회에 그리스도보다 더 큰 일을 할 수 있는 능력을 주셨다고 할 수 있다. 교회는 그리스도를 통한 하나님과의 화해를 각자의 역사적·문화적·정치경제적 상황에서 변주하듯 반복한다. 이로써 교회는 성령의 능력 안에서 그리스도의 사역을 1세기로서는 상상도 못할 방식으로 복잡한 현실 속에서 현실화하게 된다.

결론적으로 말하면, '양자의 영'이신 성령이 있기에 우리는 하나님의 자녀가 되고(롬 8:15), 성령의 활동 속에서 나사렛 예수의 사역은 지금도 계속된다. 성령께서 창조하신 새로운 인류인 교회는 하나님과 세상을 화해케 하셨던 그분의 존재와 사역의 빛 아래서 이 땅 위에 현존하는 화해의 공동체로서 정체성과 사명을 지닌다. 교회는 하나님 나라를 선포하셨고, 차별 없이 사람들을 그 나라로 환대하셨던 그리스도의 멋지고 아름다운 삶을 지금 여기서 창조적인 방식으로 보여주는 성도들의 교제이다.

성령 강림과 새로운 인류의 등장

태초의 천지창조 때 수면 위에 계셨고, 마리아의 복중에 함께하셨던 하나님의 영께서 오순절에 제자들에게 임하셨다.[25] 이로써 이전에는 역사 속에 불확실한 형태로 가려져 있던 하나님의 구원 경륜이 교회의 탄생과 함께 구체적 형태로 드러났다. 이 땅에 아들을 보내셨고, 또 성령을 보내셨던 하나님의 선교[missio Dei]는 교회를 통해 지금도 계속되고 있고, 앞으로도 계속될 것이다.

바벨탑 사건으로 인류가 찢어지고 죄가 온 지면으로 흩어졌다면, 교회를 통해 화해의 복음이 온 세상으로 전파되게 되었다. 오순절에 교회는 다른 언어를 사용하면서도 서로를 이해하게 되는 놀라운 선물을 성령께 받았다. 이는 바벨탑 이전의 인류가 이상으로 삼았던 '같음'에 기초한 단일성과는 차별화된, 서로의 '다름' 속에서 형성되는 공동체성이다. 베다[Béda, 672/3-735]가 잘 표현했듯, "교회의 겸손은 바빌론의 교만이 흩트려 놓았던 통일성을 회복한다. 그러나 영적으로 볼 때 언어의 다원성은 다양한 은총의 선물을 가리킨다."[26]

물론 각종 형태의 차별과 소외가 인류 역사 속에서 완전히 사라지는 날은 오지 않을 것이다. 또한 성령체험의 신비를 사회학적이거나 정치학적인 해석으로 그 의미를 완전히 드러낼 수도 없다. 하지만, 성령에 충만했던 원시 그리스도교 공동체는 영적 차원만이 아니라 인간의 실제적 관계와 삶의 물질적 차원까지 변혁을 가져왔다. 그들은 거칠고 팍팍한 현실에 비해 부활한 그리스도께서 불어넣어 주신 꿈이 너무 '이상적'이라고 실망하거나 좌절하지 않았다. 오히려 그들은 아직은 낯선 미래를 성령께서 공동체에 선물하신 은사를 가지고 이 땅 위에 현실화하려고 하였다. 사람을 낚는 어부가 되게 하려고 제자를 부르셨던 그리스도처럼, 성령은 화해의 사도를 세상에 보내시고자^{sending} 교회 공동체로 사람을 부르신다^{calling}. 이것이 바로 오순절에 제자들에게 찾아오신 성령께서 우리에게까지 확장하신 삼위일체 하나님의 풍성한 생명과 사역으로의 초대이다.

적용과 토론을 위한 질문

1. 성령체험이란 무엇인가? 여러분이 알고 있는 성령체험의 현상은 어떤 것인가?

2. 구약의 유월절과 신약의 오순절은 어떤 관계가 있는가? 성령강림을 오순절 혹은 출애굽의 맥락에서 볼 때 우리는 어떤 가르침을 얻을 수 있는가?

3. 사도행전에서 성령께서 제자들에게 찾아온 이후 그들의 삶에 일어난 구체적 변화들은 어떤 것이 있는가? 그러한 일들을 오늘날 교회에서도 찾아볼 수 있는가?

4. 아담 이후 인류 역사를 지배하던 질서와 성령의 오심과 함께 새롭게 현실화된 질서는 어떻게 다른가?

5. 성령이 인간이 만들어 놓은 배제와 차별, 선입견을 극복하는 힘이라는 주장을 어떻게 생각하는가? 종교를 지나치게 윤리적으로 해석하는 것인가?

6. 성령이 '반복의 영'이라면, 성령의 능력을 힘입어 오늘날 반복되어야 할 예수 그리스도의 모습이나 사역은 어떤 것이 있을까?

26장. 성령론 II

성령께서는 교회와 세상에서 어떤 일을 하시는가?

"오소서, 성령이여!"

하나님의 영이신 성령은 자유로운 분이시고, 그 다채롭고 신비로운 활동을 인간의 언어와 범주로 규정 짓기에는 역부족이다. "바람이 임의로 불매 네가 그 소리는 들어도 어디서 와서 어디로 가는지 알지 못하나니 성령으로 난 사람도 다 그러하니라"(요 3:8). 성서에 나오는 성령의 모습 일부만 나열해 보더라도 성령은 위로자요, 계시의 해석자요, 인간을 거룩하게 하시는 분이요, 기쁨의 근원이요, 은사를 주시는 분이며, 우리를 위해 기도하시는 중보자이시며, 종말론적 영이시다.

　성서에서 찾아볼 수 있는 성령론적 이미지들 외에 후대에 교회 예배나 신학 저술에서 발전하게 된 놀랍고 도발적인 이미지들이 여럿 있다. 그중 하나가 바로 '가난한 자의 아버지이신 성령'이다. 물론 가난은 구약부터 신약까지 쭉 이어져 내려오는 중요한 신학적·윤리적 주제이다. 성서는 가난한 자들에게 특별한 관심을 보이고, 우리에게 부를 조심하라고 경고할 뿐만 아니라, 그리스도를 따르는 조건으로 재산을 포기하라고도 한다. 그런데 흥미롭게도 교회 전통에서는 특별히 성령의 활동을 가난의 문제와 깊이 연관시킨 사례도 찾아볼 수 있다.

성령강림절 미사 때 사용하는 「오소서, 성령이여」 $^{Veni,\ Sancte\ Spiritus}$라는 전례문이 있다. 13세기 초 캔터베리의 대주교였던 랑톤의 스티븐 $^{Stephen\ of\ Langhton,\ 1150-1228}$이 작성했다고 알려지는 이 기도문은 성령의 활동을 아름답고 다채롭게 잘 설명한다. 여기에 성령에 대한 여러 호칭이 나오는데, 그 첫 호칭은 다음과 같다.

오소서, 가난한 이들의 아버지! $^{Veni,\ pater\ pauperum}$

왜 성령이 가난한 자들의 아버지일까? 성령강림절 기도문에 '가난'이라는 단어를 집어넣는 것을 보면 우리가 흔히 생각했던 것보다 성령의 활동이 가난과 더 근원적으로 연결되어 있음을 알려 주는 것 아닐까?

하나님께서는 노예생활을 하던 가난한 이스라엘의 울부짖음을 들으시고 역사 속에 개입하셨다(출 2:24). 예수 그리스도께서는 가난한 자로 태어나셨고, 소외당하고 억압 받고 고통 속에 있는 이들과 함께하셨다. 그분은 가난한 자와 연대하셨을 뿐만 아니라, "너희 가난한 자는 복이 있나니 하나님의 나라가 너희 것임이요"(눅 6:20)라고 선언하셨다. 나아가 그분은 하나님 앞에서는 인간이라면 누구나 가난한 자임을 깨닫게 하셨다. 그렇다면 그리스도교는 왜 이토록 가난을 강조할까? 단지 초대교회 교인들 중 가난한 사람이 많고, 박해라는 상황 때문에 원시 그리스도교 공동체가 부를 축적하지 못해서일까? 리처드 보컴 ^{Richard} $^{Bauckham,\ 1946-}$은 가난의 신학적 의미를 다음과 같이 설명한다.

어디에도 의존할 곳이 없었던 가난한 사람들은 자신들이 하느님께만 전적으로 의지하고 있음을 알고 있었다. 반면 먹고살기에 부족함이 없었던 부유한 사람들은 하느님에게서 벗어나 오만하게 독립해서 제멋대로 사는 삶의 전형을 보여준다.⋯⋯따라서 하느님 나라의 모범적 시민의 자질인 가난함은 그저 사회·경제적 지위가 낮거나 재산이 없음을 뜻하지 않고 하느님과의 관계에서의 겸손한 태도까지를 포괄한다.[1]

1세기 가난한 유대인이 되셨던 하나님의 아들을 뒤이어, '가난한 자'의 아버지인 하나님의 영께서 오셨다. 성령은 가난한 자를 향한 하나님의 한결같은 연민을 보여주신다. 또한 성령은 교만과 자기만족, 이기심과 탐욕, 지배의 욕구로 배를 채우려는 타성에 저항하도록 우리를 도우신다. 성령은 우리가 하나님에게 전적으로 의존해야 하는, 곧 '일용할 양식'을 간구하며 살아야 할 존재임을 깨닫게 하는 신비한 힘이다.

　이렇게 성령은 경쟁과 억압과 폭력에 길든 존재에서 벗어나, 하나님의 연민을 머금고 서로 용서하고 환대하며 살아가는 존재가 되도록 하신다. 부활하신 그리스도께서는 성령이 오실 것을 약속하셨고(행 1:4-5) 제자들은 성령을 기다리며 기도했다. 오순절에 성령께서 오신 이후에도 계속하여 그리스도인은 성령께서 오셔서 시혜를 주시고, 우리를 위로하시고 인도하시기를 간절히 구하고 있다. '오소서, 성령이여!'는 그리스도가 다시 오실 때까지 끊임없이 계속될 소중한 기도이다. 그런데 이렇게 성부와 성자께서 성령을 '보내 주실 것'을 요청하시는 것을 보면, 왠지 성령이 성부나 성자보다 열등한 존재인 것은 아닌가 하는 의심도 자연히 생길 수도 있다.

성령도 성부와 성자와 같은 하나님이신가?

과연 성령도 하나님이신가? 삼위일체 교리에 익숙한 그리스도인이라면
당연히 그렇다고 생각할지 모른다. 초대교회에서 예수 그리스도의 신성
이 워낙 논쟁적 주제여서 다소 간과된 면도 없지 않지만, 성령의 신성도
역시 격렬한 논쟁을 일으켰다. 예수 그리스도가 하나님의 아들인 것이
그가 하나님이라는 직접적 증거가 되지 못하듯, 성령이 하나님의 영이
라 하여 성령이 하나님이라는 결정적 근거가 되지 못한다. 게다가, 그리
스도교가 자라났던 그리스-로마 문명권에서 큰 영향력을 발휘했던 스
토아 철학도 물리적 자연을 움직이게 하는 힘으로써 영(靈)^{Pneuma} 개념
을 가지고 있었기에, 당시 사람들에게 성령이 하나님이라는 것은 쉽게
받아들여지기 힘든 주장이기도 했다.[2]

구약성서는 하나님의 영에 대한 언급이 많지만, 그 영이 본질상 하
나님인지 아니면 역사에 작용하는 신적 힘에 불과한지에 대해서는 존
재론적 설명을 충분히 하고 있지는 않다. 하지만, 이 문제는 초대교회에
서 그리스도의 신성이 문제가 되고 삼위일체론적 사유가 자라면서 그
냥 지나칠 수 없게 되었다. 구약의 하나님과 예수 그리스도를 예배의
대상으로 삼았던 초대교회에서는 성부와 성자와 구분되는 성령의 정체
에 대해 질문했다. 과연 성령도 성부와 성자와 같은 의미에서 신적 존
재일까? 제자들에게 그리스도는 성부께서 '또 다른 보혜사'를 보내 줄
것이라 말씀하셨는데(요 14:16-17), 이는 성령도 성자와 마찬가지로 성
부에게서 나왔고 신성을 공유한다는 말일까?

성령의 신성 문제는 그리스도교 역사에서 계속된 논쟁거리였지
만, 그리스도인의 믿음과 삶을 인도하는 최고 권위가 되는 성서는 성령
의 신성을 증명할 수 있는 근거를 직접적으로 제시하지는 않는다. 성서

를 보면 원시 그리스도교 공동체가 복잡한 신학적 논쟁에 들어가지는 않았지만, 세례나 기도 등 반복되는 교회의 실천에서 성부와 성자와 성령의 이름을 함께 부르고 있음을 알 수 있다(마 28:19; 고후 13:13). 즉, 초대교회에서는 직접적이고 체계적인 논증 대신 신중하면서도 간접적인 방식을 통해 성령의 신성을 전제하면서 예배드리고 공동체적 삶을 영위했다.[3]

이와 유사하게 초대 교부들도 성령의 신성을 직접적으로 증명하기보다는 여러 '정황증거'를 적절히 사용하는 방법을 사용했다. 이들은 성령의 사역으로 간주되는 창조를 새롭게 하고 인간을 성화하는 활동은 사실 하나님만이 하실 수 있는 일이고, 또한 성령을 부를 때 사용되는 '거룩한' 혹은 '주님' 등의 단어가 신적 존재에게 부여되는 것이라며, 성령의 신성을 간접적으로 옹호했다.[4] 결국 성령에 대한 논의는 381년에 채택된 니케아-콘스탄티노플 신경에서 다음과 같이 정리되었다.

> 주님이시며 생명을 주시는 성령을 믿나니,
>
> 성령은 성부와 성자로부터 나오시며,
>
> 성부와 성자로 더불어 같은 경배와 영광을 받으시며,
>
> 예언자들을 통하여 말씀하셨나이다.[5]

이처럼 니케아-콘스탄티노플 신경은 하나님의 호칭인 '주님'을 성령께 사용했고, 성령을 성부와 성자와 함께 경배와 찬양 받는 분으로 설명하는 등 다차원적 방법을 사용하여 성령의 신성을 인정하고 있다.

특별히 여기서 주의를 기울일 부분은 성령의 활동으로 '생명의 수여'를 우선적으로 강조할 뿐만 아니라, 성령을 '예언자들을 통해 말씀하셨던 분'으로 소개한다는 점이다. 생명을 주고 거두고 하는 권한은

오직 하나님께 있기에, 생명을 주시는 성령은 완전한 신적 존재라 할 수 있다. 그런데 이 표현은 태초의 생명 창조부터 성령께서 활동하시는 분임을 알려 주는 역할도 한다. 또한 성령께서는 성육신 이전부터 예언자를 통해 말씀하셨던 분이시다. 인간의 마음이나 역사, 자연 등에도 성령께서는 현존하시지만, 하나님의 영에 사로잡혔던 구약의 예언자들의 선포와 활동을 통해서 성령은 구체적으로 활동하셨다. 이와 같이 니케아-콘스탄티노플 신경은 성령론의 구약적 지평을 간과해서는 안 됨을 보여준다.

태초에도 성령이 계셨고 구약의 역사에도 성령이 활동하셨지만, 신약성서에서는 성령을 '그리스도의 영'이라 부른다. 성육신 사건, 그리고 부활 이후 교회의 탄생을 통해서 성령의 신비가 인류에게 더욱 구체적이고 분명하게 계시되었다. 기원후 1세기 오순절에 오신 성령은 구약에 등장하는 하나님의 영과 다른 존재가 아니지만, 그 활동 방식에 차이가 없는 것은 아니다. 따라서 좌우로 계속해서 움직이는 진자처럼, 성령에 대한 성찰과 논의는 구약의 하나님의 영과 신약의 그리스도의 영 사이를 끝없이 오가면서 이루어져야 한다고도 할 수 있다.

성령은 구약 시대에도 계시지 않았는가?

예수 그리스도는 자신이 죽고 부활하신 후에 성령께서 오실 것이라고 말씀하셨다(요 20:22; 행 2:1-1 등). 그런데 복음서에 따르면 예수께서는 성령으로 잉태되신 분이며, 또한 세례 때 성령이 내려오는 것을 체험하기도 하셨다(눅 1:35; 3:22). 시간을 한참 거슬러 올라가 성령은 구약의 위대한 신앙의 조상들과 함께했고, 심지어 창조 때도 활동하셨다. 그렇다면 그리스도의 약속과는 달리, 부활 이전에도 성령의 활동이 있었다는 말이 된다.

'하나님의 영'의 존재와 활동은 구약성서 곳곳에 발견된다.[6] 구약성서가 오랜 시간 동안 쓰인 경전인 만큼 그 속에는 역사 속에서 다양하게 활동하시는 하나님의 영의 모습이 보도되고 있다. 일부 예만 들더라도, 하나님의 영은 창조의 능력(창 1:2), 인간 삶의 힘(욥 34:14-15), 이해력과 지혜의 근원(단 4:5), 말씀을 이해하고 전달하는 영감(사 59:21), 예측할 수 없는 힘(삼 19:19-24), 인간성을 뛰어넘는 초자연적 능력의 원천(삿 13:25), 새로운 세계와 인간의 창조자(사 32:15-18; 시 51:11-12)이시다.

구약의 역사에서 하나님의 영은 구약의 예언자들을 통해 특별하게 활동하셨다. 영에 사로잡힌 이들의 역할은 단지 미래 일을 예고하는 데 그치지 않았다.[7] 하나님의 영은 그들이 불의한 사회를 가식 없이 바라보게 했고, 하나님 뜻이 꺾인 참담한 상황을 날 선 언어로 고발하게 했다. 현실에 대한 비판과 미래에 대한 예고는 이스라엘이 하나님께로 돌아오도록 강권하기 위함이었다. 진리를 선포한다는 이유로 예언자들은 박해 받고, 누명을 썼으며, 감옥에 갇히고, 죽임을 당하기도 했다. 그러나 고난 중에도 예언자들은 값싼 변명이나 허황한 비전 장사 대신, 고통과 혼란 속에 숨겨진 하나님의 참 위로와 계획을 선포했다(렘 31:33-34; 사 53장 등).

이것이 바로 우리가 간과하기 쉽지만, 구약성서에는 뚜렷이 드러난 하나님의 영의 활동이다. 역사를 비극적으로 물들이는 폭력과 부정의, 개인적 혹은 공동체적 위기, 무지와 감정적 불안정 속에서도 하나님의 영은 정의와 평화를 현실화하고자 예언자를 통해 활동하셨다. 레오나르도 보프Leonardo Boff, 1938- 가 힘주어 썼듯, "무엇보다도 예언자들은 **위기를 해석하는 능력**을 지녔다.……예언자들은 사람들에게 사회적 혼란과 전쟁의 위협에 주목하도록 만들고, 그 상황을 반전시킬 수 있는 삶의 변화를 호소한다.……**불의가 발생**하고 **변화의 요구**가 가능한 곳이 예언자들이 활동하는 자리였다."[8] 하나님의 영은 구질구질한 일상을 뒤로하고 초월의 세계를 동경할 때 주어지는 위로가 아니라, 예언자처럼 현실을 가식 없이 올바로 응시하게 해주는 힘이다.

그러나 신약에서는 그리스도의 성육신과 함께 성령의 임재 방식에 큰 변화가 찾아온다. 앞서 간략히 살폈듯 구약의 역사에서 하나님의 영은 특수한 목적을 이루고자 예언자들을 사로잡았다. 복음서에서는 아기 예수의 탄생 전후로 소개된 인물들, 예를 들면 사가랴, 엘리사벳, 시므온도 그런 식으로 성령 충만했던 것으로 보인다. 그런데 예수 그리스도의 성육신은 전혀 다르게 성령께서 역사 안에서 활동하시는 계기가 되었다. 마리아를 찾아온 천사는 그리스도의 나심을 예고하며, "성령이 네게 임하시고 지극히 높으신 이의 능력이 너를 덮으시리니"(눅 1:35)라고 전했다. 이때 '덮으시리니'로 번역된 그리스어 단어 *episkiasei*는 천막[skēnē]을 위[epi]에 펼쳤다는 의미로 해석되기도 했다.[9] 즉, 성령께서는 잠깐 있다가 떠나는 것이 아니라, 마리아라는 한 인간에게 머물고자 임하셨다.

성령의 특수한 임재 속에서 말씀이 육신이 되고 우리 가운데 함께 '거하시는' 기적이 역사 한가운데서 일어났다(요 1:14). 이때 '거하시다'로 번역된 *eskēnōsen*에도 천막을 뜻하는 어원 *skēnē*가 들어가 있다. 이렇게 하나님께서는 말씀과 성령을 통해 역사 속에 들어오시고 머무르시며, 삶의 희로애락을 나누시고, 인류의 운명에 자기를 묶으신다. 부활한 그리스도께서는 성령을 제자들에게 주셨고, 성령은 특별히 교회 안에서 그리고 교회를 통하여 역사에 거하고 활동하게 되셨다. 이처럼 인류 역사에서 성령과 인간 사이의 전례 없는 긴밀한 연합은 마리아의 태 안에서 성육신, 그리고 부활을 통해 계시되었다.

신약에서 성령과 인류 사이의 관계, 역사 속에서 성령이 내주하시는 방식을 이해하는 새로운 장이 열렸지만, 가난한 자와 함께하고 불의를 비판하던 영의 '사회 비판적 기능'은 여전히 중요한 위치를 점하고 있다. 성령이 충만했던 어린 처녀 마리아는 강력하고 도발적 언어를 사용하며 하나님을 찬양했다. 구약의 예언자들처럼 마리아는 교만한 자와 권력자와 부자를 심판하고, 가난한 자와 억압받는 자를 회복시키는 하나님께 영광을 돌렸다(눅 1:51-54).

그 어머니에 그 아들이라고나 할까? 성령으로 잉태되었고, 성령의 능력으로 갈릴리를 돌아다니며 활동을 시작한 나사렛 예수께서는 이사야의 한 구절을 인용함으로써 인상적으로 공적 사역의 시작을 알리셨다. "주의 성령이 내게 임하셨으니 이는 가난한 자에게 복음을 전하게 하시려고 내게 기름을 부으시고 나를 보내사 포로 된 자에게 자유를, 눈 먼 자에게 다시 보게 함을 전파하며 눌린 자를 자유롭게 하고 주의 은혜의 해를 전파하게 하려 하심이라 하였더라"(눅 4:18-19; 사 61:1 참조). 다른 어떤 인간도 누리지 못했던 성령과 깊은 친교 속에서 사셨던 그리스도는 인간을 향한 하나님의 깊은 연민을 타자를 위한 무조건적 사랑과 섬김으로, 다른 한편으로 진실을 담대하게 말하고 불의에 대항하는 용기로 구체화하셨다.

십자가에 달려 돌아가신 그리스도는 부활하고 승천하셨다. 그리고 약속대로 성령을 보내 주셨다. 주후 약 30년 이후 이래 그리스도인은 성령을 통해 그리스도와 긴밀한 사귐 속으로 들어가게 되었다. 이 주제를 바울은 성령의 주요한 활동 터 중 하나인 세례를 가지고 설명한다. 그리스도인이 된다는 것은 세례를 통해 그리스도와 연합하는 것이다(롬 6:3-4). 세례는 단지 죄 씻음만 아니라, 그리스도가 사셨던 삶의 모습과 가치를 내 것으로 삼는 새로운 인간성의 등장을 의미한다. 성령에 이끌리심에 따라 그리스도가 계셨던 삶의 자리, 곧 혼돈과 곤경에 쌓여 있던 이웃이 있는 자리에 함께 서는 존재가 그리스도인이다. 그렇기에 예수 그리스도처럼 그리스도인도 "우리 사회와 관련해 매우 중요한데도 쉽게 간과되는 물음들"[10]을 제기하고 물어야 하는 예언자적 역할을 각자의 삶의 자리에서 담당하게 된다.

이제껏 구약과 신약의 성령론의 연속성을 성령의 '예언자적' 활동을 중심으로 살펴보았다. 물론 구약과 신약의 성령 이해에는 다소 차이가 있다. 구약에서는 하나님의 영이 낯설고 예측할 수 없는 분처럼 묘사되는 경우가 많았지만, 신약에서는 성육신을 계기로 성령이 (여전히 낯설기는 하지) 인격적이고 자비로우신 분으로 신비롭게 현존하시는 모습이 더욱 강조된다. 그리스도를 통해 계시된 하나님의 영은 필요에 따라 역사 속에 멋지게 들어오셨다 일 끝나자 훌쩍 떠나시는 분이 아니다. 성탄과 오순절을 통해 충만히 계시된 삼위일체 하나님은 말씀과 성령으로서 인간의 삶의 현장 깊숙이 들어와 언제나 함께하시는 분이시다.

성령은 창조 때도 창조 안에도 계시지 않는가?

구약성서에 성령이 주로 '예언자적 영'으로 소개되긴 하지만 성령은 '창조의 영'이기도 하시다. '자연을 다스리는 하나님의 영,' '창조의 능력으로서 하나님의 영,' '인간의 삶의 힘으로서 하나님의 영' 등은 성령과 창조의 관계를 풍성히 묘사할 신학적 상상력을 불러일으켰다.[11] 특별히 하나님의 영은 인간을 비롯한 모든 생명의 근원으로서 숨, 호흡, 바람 등으로 묘사되고 있다(창 1:2; 창 6:7; 시 104:29; 욥 34:14-15 등). 그런 의미에서 성령의 가장 기본적 활동은 신비 체험이나 경건 생활을 돕는 것도 아니고, 예언자적 인물을 일깨워 사회 비판을 하게 하는 것도 아니다. 무엇보다도 성령은 자연 세계 가운데 역사하면서 우주 내 개별적 사물들이 탄생하고 생존하게 하는 존재와 생명의 원리이다.

창조의 영으로서 성령은 신학의 역사에서 중요하긴 했지만 그렇게까지 자세히 다뤄지지는 못한 교리였다. 그 이유가 여러 가지겠지만, 우선 창조와 성령의 사역을 함께 묶어 놓은 성서 본문이 상대적으로 적다 보니 이 주제를 충분히 발전시키기가 쉽지 않았음을 지적할 수 있다. 또한, 말씀이신 예수 그리스도를 통한 세상 창조와 통치가 성서에서 강조되다 보니, 그리스도론 중심으로 창조와 섭리 교리가 발전하게 되었다. 게다가, 강한 유일신론인 그리스도교가 범신론에 대해 가지는 본능적 경계심은 우주에 편만한 영에 관해 이야기하는 성령론적 창조론이 발전하는 데 장애가 되었다.[12]

현대 과학의 발전은 우주가 기존에 생각했던 것보다 훨씬 복잡한 원리로 형성되고 운동한다는 것을 알려줬다. 그런 의미에서 우주의 탄생, 유지, 발전을 설명하는 데 합리적이고 규칙적인 '로고스'(말씀) 이미지보다는 상호침투적이고 유동적인 '영'의 이미지의 중요성이 최근 새롭게 조명을 받게 되었다. 실제 현대 신학자 몰트만과 판넨베르크 등은 현대 자연과학과 대화하며 성령론적 창조론을 전개하는 데 선구자적 업적을 남겼다.[13] 하지만, 개신교 신학의 역사에서 창조와 섭리에서 성령의 역할을 누구보다 일찍 강조한 사람은 종교개혁자 장 칼뱅이다.

16세기 당시 르네상스의 세례를 받았던 비판적 사상가들로부터 삼위일체를 옹호하려 노력했던 칼뱅은 창세기 첫 장에 나오는 "땅이 혼돈하고 공허하며 흑암이 깊음 위에 있고 하나님의 영은 수면 위에 운행하시니라"(창 1:2)라는 기묘한 문장을 그냥 지나칠 수 없었다. 성령을 무시하던 위험한 반대자들에 대항해, 그는 이 구절에서 성령 하나님의 본질적 능력을 찾아냈다. "천지의 혼돈스러운 물질이 질서와 아름다움을 가지기 전에 성령께서 그 물질을 조심스레 다루시고 유지하셨음을 볼 때, 영원한 성령께서 언제나 하나님 안에 계셨음이 확실하다."[14] 또한, 칼뱅은 태초에 성령께서 유지하고 계셨던 것은 질서 잡힌 우주가 아니라 무질서한 물질이라는 점도 놓치지 않았다. "[모세는] 이 덩어리가 얼마나 혼란스럽다 하더라도, 성령의 은밀한 작용 때문에 어느 정도는 안정적으로 있었다고 주장한다."[15] 창세기 1장 2절을 해석하면서 그가 성령의 창조적 역할까지는 세세히 밝히지는 않았지만, 성령께서 영원부터 (단지 바람이나 영이 아니라) 전능한 하나님으로 존재하셨음을 거듭 강조하였다.

흥미롭게도 이때 칼뱅은 성령의 역할을 아름답게 묘사할 뿐만 아니라, 그 본질도 '미학적'으로 평가하였다. 그는 성령을 세계를 유지하시는 분이자, 피조 세계에 질서와 아름다움을 부여하시는 분으로 소개했다. 김선권이 지적하듯, "칼뱅은 세상의 아름다움은 성령의 능력을 통해서만 유지될 수 있다고 역설했다. 즉, 성령은 창조 세계를 유지하며 창조된 세계를 그들 존재의 모든 아름다움으로 남겨 놓으신다."[16] 창조의 아름다움에 경이를 표하는 것은 시편을 포함하여 성서적 신앙에 전혀 낯선 일은 아니다. 교부 문헌에도 하나님을 예술가로 피조 세계를 예술작품으로 묘사하는 것을 어렵지 않게 찾아볼 수 있다. 단, 칼뱅은 창조론과 성령론을 결합하며 논의의 지평을 확장했다는 점에서 개신교 신학에 독특한 기여를 했다고 할 수 있다.

성령께서 창조 때부터 활동했다는 것은, 교회의 탄생 이전뿐만 아니라 지금도 교회 밖에서 성령이 일하심을 의미한다. 칼뱅주의 언어를 빌려 설명하자면, 하나님께서는 믿는 이들에게만 '특별은총'으로 구원을 선물로 주시지만, 교회나 신앙의 영역 밖에서는 '일반은총'으로 차별 없이 생명을 일으키시고, 삶을 유지하시며, 사회생활에 필요한 모든

질문하는 신학

것들을 제공하신다. 자연 속에서 성령은 피조물에 생명을 주고 운동을 불러일으키시지만, 하나님 형상인 인간 안에서는 특별한 방식으로 작용하신다. 즉, 타락한 이후에도 이성적 존재인 인간에게는 구원의 지식과 직접 연관이 없는 영역에서는 신앙 여부와 무관하게 성령의 은혜가 일반적으로 작용한다. 성령의 도우심을 통해 발전하는 구체적 영역으로 칼뱅은 과학, 의학, 교육, 예술, 문화, 학문, 윤리 등을 거론한다.

> 우리는 성령의 가장 탁월한 유익을 잊어서는 안 된다. 성령께서는 그 유익을 인류의 **공공선**을 위해 자신이 원하는 사람이라면 누구에게나 나눠 주신다. 브살렐과 오홀리압이 성막을 만들기 위해 필요했던 이해력과 지식을 하나님의 영께서 그들 안에 주입해 주셔야 했다(출 31:2-11). 그렇다면, 인간 삶의 가장 탁월한 모든 지식이 성령을 통해 우리에게 전해진다고 말하는 것은 전혀 놀라운 일이 아니다.……하나님의 영이 신자들 안에 거하신다는 말은(롬 8:9) 하나님의 전으로 우리를 성별하는(고전 3:16) **성화의 영**을 가리키는 것으로 이해해야만 한다. 그럼에도 **동일한 영의 힘**으로써 성령께서는 각각의 종마다 창조의 법칙으로 부여하셨던 고유한 특성에 맞게 모든 것을 채우고 움직이시고 흔드신다. 만약 우리가 불신자들의 노동과 사역으로 발전한 물리학, 변증법, 수학, 그리고 다른 학문의 도움을 받기를 주께서 원하신다면, 이 도움을 이용하도록 하라.[17]

칼뱅은 이처럼 성령이 '교회 밖'에서 활동하시는 것을 긍정할 뿐만 아니라, 불신자들이 성령의 도움으로 탁월한 업적을 내는 것을 모범으로 삼고 더 삶을 적극적으로 살 것을 촉구했다. 그러나 성령의 창조적 활동이 아무리 중요하더라도 자연 안에서 활동하시는 성령을 지나치게 강조하게 되면, 성령이 우주의 운동이나 인간 사고의 원리나 역사 발전의 보이지 않는 동력으로 협소하게 이해될 위험도 있다. 또한 칼뱅과 그의 후예들이 성령의 활동을 '구원'과 '창조'를 강하게 구분하는 다소 경직된 틀 속에서 설명하였음도 부인할 수 없는 사실이다. 그럴지라도 새로운 인문학적·자연과학적 세계관의 도래로 혼란이 가중되던 시기에 칼뱅이 성령의 활동을 교회 혹은 신앙생활에 제한하지 않고 자연과 사회라는 더 넓은 틀 속에서 보게 했다는 것은 높이 평가받아야 할 만한 일이다.

자유로우신 성령은 언제나 우리의 기대와 예측과 제도와 지혜를 넘어 활동하신다(요 3:8). 그리스도의 영이신 성령은 교회에 현존하시지만, 자연 위에서 그리고 자연 안에서 활동하시는 분이다. 따라서 성령을 교회 안에만 가둬 두려 하거나, 말씀과 분리해 추상적으로 이해하려는 양극단의 태도는 경계하고, 성령을 언제나 '성부와 성자와 더불어 경배와 영광을 받으시는'[18] 하나님으로서 창조와 구원과 성화의 활동에 함께 참여하시는 분으로 이해해야 할 것이다.

성령은 하나님과 세계를 어떻게 연결하시는가?

그리스도교 신학에서 성령은 그 자체로 이해되는 것이 아니라 삼위일체론적 맥락에서, 그리고 특별히 성자와 관계 속에서 이해되어 왔다. 일례로 동방정교회에서는 삼위일체론을 다음과 같이 설명하곤 한다.[19] '성부'께서는 '말씀'Word을 하심으로써, 자신이 누구신지 계시하신다. 성부께서는 이 말씀을 신자들이 이해하고 수용할 수 있도록 '숨'Spirit도 함께 내쉬신다. 말씀 없이 계시는 있을 수 없지만, 숨 없이는 말씀도 전달될 수 없다. 성자와 성령은 각기 다른 사역을 담당하시지만, 하나님과 인간 사이의 관계와 소통을 위해 언제나 함께 일하신다.

현대 신학자 중 로완 윌리엄스는 이 같은 삼위일체론적 사유를 배경으로 신약의 성령론을 연구하는 데 탁월한 업적을 남겼다. 그는 신약에서 말씀과 성령을 이해하는 모델을 크게 두 가지로 분류한다.[20]

첫째는 '계시' 중심의 모델인데, 이는 누가복음과 사도행전에 주로 나타난다. 신비의 하나님은 말씀과 성령을 통해 인간에게 자기 자신이 누구신지 소개하신다. 여기서는 하나님과 세계 사이의 '간격'이 강조되고, 우리가 계시를 어떻게 듣고 이해할 것인지가 중심 질문이 된다.

물론 다른 계시 종교의 경우도 신과 세계 사이에 소통이 어떻게 일어날 것인지를 중요시한다. 하지만, 그리스도교의 삼위일체론은 성부와 성자와 성령이 계시에서 각각 어떤 역할을 하는가라는 입체적 질문을 제기한다. 그 결과 계시가 전달되는 과정에 따라 다음과 같은 위계적이고 선형적인 모델이 만들어진다.

성부(계시자) → 성자(계시) → 성령(계시의 조명) → 세계(계시의 수용)

성서를 보더라도 성령은 계시가 없어 방황하거나, 계시의 뜻을 몰라 당황하는 이를 위해 소통과 해석의 역할을 맡고 있다. 계시의 전달과 이해가 그리스도교 신앙에서 핵심이지만, 이 모델에서는 안타깝게도 삼위일체 하나님의 충만한 상호내재와 피조물과의 사귐이 잘 드러나지 않는다. 게다가 신적 계시의 선형적 순서에서 삼위일체 중 마지막에 성령이 위치하다 보니, 성령을 통한 신비하고 비일상적인 영적 체험이 지나치게 강조될 수 있다. 그리고 인간도 수동적으로 계시를 받는 존재로만 그려질 수도 있다. 무엇보다도 하나님과 인간의 관계를 '정보전달'로만 파악하면, 하나님의 풍성한 사랑에 대한 인간의 반응의 다채로움도 납작하게 인식론적으로만 이해될 수도 있다.[21]

둘째는 '참여'와 '변화' 중심의 모델로, 신약성서에는 요한과 바울의 글에서 주로 발견된다. 바울에게 성령의 종말론적 사역은 '그리스도 안에서 생명'에 관한 것이고, 우리가 어떻게 삼위일체 하나님의 사귐에 들어가는지에 관한 것이다(롬 8:14-17; 갈 4:6-7). 성령 안에서의 삶은 한편으로는 성령의 은사, 다른 한편으로는 삶에서의 구체적 열매와 연결된다(고전 12:28-30; 갈 5:22-23). 또한 보혜사 성령은 계시의 전달자 역할을 맡기도 하지만(요 14:17), 우리 안에서 활동하시며 아버지와 아들의 충만한 상호 교제를 열어 보이시는 분이다(요일 4:13). 이러한 성령론의 두 번째 모델을 윌리엄스는 다음과 같이 요약한다. "……성령은 그리스도인의 실존적 성격과 연결되어 있다. 즉, 성령은 성자에 대한 인간 주체의 반응을 창조하시고, 인간 주체가 성자에 순응하도록 한다. 성령의 증언은 인간 세계를 초월해 있는 성자를 가리키는 것이 아니라, 오히려 인간 세계 안에서 '성자 같은' 삶을 형성한다.……이것은 용서받고 의로워진 삶이다."[22] 성령은 성자와 성부의 친밀한 사랑의 관계를 우리에게 가져오신다. 그리고 신적 사랑에 우리가 참여할 수 있도록, 우리를 지금 여기서부터 변화시키신다.

성령 안에서 생명이란 이 세계 안에서도 하나님 자녀가 된다는 것이고, 이는 그리스도 같은 삶을 지금 여기서 살아간다는 뜻이다. 이 지점에서 윌리엄스는 신학의 핵심 주제인 성령론과 구원론, 그리스도인의 양자 됨과 그리스도의 십자가를 결합한다. "예수의 아들 됨이 십자가의 갈등, 결정, 고통과 불가분의 관계라는 것은 겟세마네에서 '아바'라는 외침에서 부분적으로 드러난다. 예수께서 아버지의 뜻에 그토록 친밀하고 가까우셨기에 그가 십자가에서 '신의 부재'와 버림받음을 향해 내몰렸다는 것은 역설이다. 이 폭력의 세계 속에서 '하나님의 아들'이 된다는 것은 십자가에 매달린 희생자가 되는 것이다."[23] 이것이 바로 삼위일체론적 성령론이 우리에게 폭로하는 십자가의 불편한 진리다. 성령에 의해 하나님의 자녀로 변화되었다는 것은 그리스도의 삶과 십자가에서 드러난 '나약함'과 '무의미함'을 스스로 선택할 정도로 자기중심적이었던 인간이 자유롭고 사랑으로 충만한 존재가 되었음을 의미한다.

성령은 우리 마음 깊은 곳에 자리한 자기중심성을 극복하게 하시며, 그보다 더 깊은 곳에 뿌리박고 있는 하나님에 대한 갈망을 불러 일깨우신다. 성령은 우리를 삼위일체의 사귐 속에 참여할 수 있도록 변화시키지만, 이는 세계로부터 등을 돌리는 도피적 영성과는 거리가 멀다. 오히려 성령은 우리의 실존에 그리스도의 십자가의 표를 새겨 넣음으로써 현실을 가식이나 환상 없이 바라보게 한다. 성자가 육을 입고 이 세상에 오셨듯, 나와 너의 육체성과 피조 세계의 물질성에 주의를 기울이게 하신다. 따라서 성령이 충만한 삶이란 이 세상의 고통과 슬픔에 눈을 감는 것이 아니라, 부활에 대한 믿음으로 서로가 함께 인내하며 삶을 나누는 새로운 실존의 가능성을 열어 준다.

성령이 탄생시킨 그리스도인의 특이한 삶

논의를 마무리하며 다시 신약성서로 돌아가 보자. 초대교회 때 성령론을 형성하고 발전하는 데 가장 큰 영향을 줬던 본문 중 하나가 바울의 로마서 8장이다. 성령이 누구신지, 우리를 위해*pro nobis* 성령이 하시는 일이 무엇인지에 대한 보석 같은 설명이 하나하나 아름답게 전개되는 놀라운 장이다. 그런데 그중 흥미롭고 희귀한 표현이 하나 나온다. 바로 '양자의 영'이다(롬 8:15).

성령론적 맥락에서 바울은 하나님께서 죄의 노예였던 인간을 입양하셔서 그리스도의 합법적인 공동 상속자로 만드셨다고 설명한다. 즉,

바울은 성령의 사역을 설명하고자 입양과 공동상속 개념을 끌어오는데(롬 8:15-17), 이는 공동상속 제도가 제대로 정착되지 않았던 유대에서는 그다지 효과적인 설명 방식이 아니었을 수도 있다. 신약학자 김규섭이 지적하듯, 로마서의 입양 개념이 "이스라엘의 하나님 아들 됨이라는 유대적 개념에서 비롯되었지만, 이러한 하나님의 아들 됨이라는 개념을 바울은 그레코-로만 사회의 입양ʋιοθεσία이라는 개념에 비추어 설명"[24]하고 있다고 할 수 있다. 그런데 이 문화적 낯섦은 오히려 우리로서는 파악하기 힘든 성령의 신비로운 활동에 맞게 우리의 사고를 변화시키는 데 결정적 기여를 할 수도 있다.

당시 로마법에 따르면 입양된 자녀의 권리는 대부분의 경우 친자녀의 권리보다 약했다. 그뿐 아니라 노예를 자유인으로 해방하여 입양하는 경우는 거의 일어나지 않았고, 심지어 동기가 불순한 명예롭지 못한 행동으로 여겨지기까지 했다. 그런데 로마서 8장 15-17절은 하나님께서 당시 법과 관습과는 달리 자유인이 아니라 노예를 입양하셨고, 입양된 자녀를 친자녀처럼 합법적인 공동 상속자로 세우셨다고 말한다. 이 낯선 은혜가 바울의 성령론에 들어 있는 복음의 진수다.

하나님의 자녀 됨에 관한 바울의 편지를 읽고 사람들은 아마도 한편으로는 하나님의 특별한 자비에 적잖이 충격을 받았을 것이다. 마치 집을 나가 아버지 재산을 탕진한 아들을 받아들이며 동네에서 모욕과 수치를 감내했던 아버지처럼(눅 15:11-32), 하나님은 당시 로마의 관습과 기대를 거스르며 노예를 입양하여 합법적 상속자로 삼는 불명예를 지셨다. 다른 한편으로는 사람들은 자신들의 삶을 규정하던 익숙한 질서로서는 상상하기 힘든 방식으로까지 자신들이 (하나님의 아들과 같은 수준의 권리를 가진) 사랑의 대상으로 결정되었음에 놀랐을 것이다.

이렇게 성령 안에서 하나님에 대한 전복적 이미지를 가지고, 당시 그리스-로마 문명에서 일반적으로 기대하고 예상하던 것과는 전혀 다르게 자기를 규정하며 대안적 삶을 살았던 이들이 그리스도인이었다. 하나님의 은혜에 기대어 인간의 존엄성에 대한 급진적 상상력을 마음에 품고 살았고, 또한 그리스도의 공동 상속자로서 성자의 영광뿐만 아니라 세상을 위한 고난마저 자기들 것으로 기꺼이 여겼던 이들이 교회를 이루었다(롬 8:17).

물론 성령에 이끌리는 사람의 수가 늘어나고, 화해의 사역을 담당하는 교회가 증가한다고 하여 우리가 살아가는 이 세계가 갑자기 아무런 고통도 없고 평화만 가득한 곳으로 변화하지는 않을 것이다. 복음은 어제도 오늘도 내일도 고통과 갈등과 불신으로 물든 땅을 향해 선포되었고, 선포되고, 선포될 것이다. 하지만, 마치 노예가 자녀로 변화하며 이전에는 꿈도 꾸지 못할 새로운 삶의 가능성을 가지게 되듯, 성령은 전혀 다른 방식으로 세상을 바라보고 살아가는 길을 우리에게 지시하신다. 그리고 하나님의 자비와 치유로 가득한 하나님 나라에 대한 상상력을 불어넣으신다. 성령의 한결같은 사역 덕분에 우리는 좌절하거나 실망할 이유가 충분한 듯 보이는 이 현실 속에서도 하나님의 신실하심을 믿으며, 이웃을 사랑하며, 하나님의 미래를 희망하는 존재가 될 수 있다. 이것이 바로 부활의 영이신 성령께서 하나님 사녀에세 열어 보여 주는 새로운 인간상이다.

적용과 토론을 위한 질문

1. 영적이든 물질적이든 가난을 실제 경험한 적이 있는가? 이때 나의 태도는 어떠했는가? '가난한 자의 하나님'이라는 성서의 가르침이 어떤 도움이 되었는가?

2. 서양 종교화에 나타난 성령 하나님은 어떤 모습인가? 성부와 성자와 비교할 때 특별히 다른 형태로 나타나는 경우가 있는가?

3. 성령도 하나님이라고 할 수 있는가? 성서가 알려 주는 성령의 이름은 어떤 것이 있는가?

4. 구약성서에서 하나님의 영은 예언자들을 통해 어떻게 활동하셨는가? 지금도 성령께서는 그런 방식으로 여전히 활동 중이신가?

5. 구약의 역사와 다른 방식으로 신약과 교회의 역사에서 성령이 활동하시게 된 계기는 무엇인가? 그럼에도 구약과 신약을 통틀어 발견할 수 있는 공통된 역할은 무엇인가?

6. 말씀과 성령의 관계를 설명하고자 로완 윌리엄스가 제시한 두 모형은 무엇인가? 두 모형 속에서 인간의 위치는 어떠하며, 이러한 차이가 인간의 자기 이해에 영향을 끼칠까?

7. 하나님의 자녀가 되는 것과 그리스도를 따르는 제자 된 삶은 어떤 관련이 있는가? 여기서 성령의 역할과 도움은 무엇인가?

27장. 성령의 은사

성령 충만한 삶이란 어떤 것인가?

그리스도를 닮도록 이끄시는 성령

때는 1938년, 20년간의 중국 선교사 생활을 끝내고 고국에 돌아온 치섬^{Francis Chisholm} 신부에게 손님이 찾아왔다. 오랜 타지 생활을 정리한 치섬 신부는 스코틀랜드 시골 마을에 정착하여 사목 활동을 계속하려 하였다. 하지만, 나이는 많고, 일은 서툴고, 몸은 불편한 치섬 신부를 은퇴시키려고 주교는 비열한 계략을 세웠다. 주교는 비서인 슬리스 신부를 보내어 노신부를 관찰하고 조사하여 현직에서 내려오게 할 빌미를 찾아서 보고하도록 지시했다.

나름 마음의 준비는 했겠지만, 젊은 신부의 눈에 비친 치섬 신부는 이해하기 힘들 정도로 기괴한 모습이었다. 오랜 타지 생활 끝에 젊음을 다 소진해 형편없이 늙었고, 선교지에서 입은 상처로 얼굴은 일그러지고 다리도 절었다. 신부의 품격에 맞지 않게 언제 세탁했는지도 모를 더럽고 낡은 옷을 입고 있었다. 신부는 고아 한 명을 거두어 함께 살고 있었는데, 본인 앞가림도 제대로 못 하는 늙은이 아니랄까 봐 제대로 된 교육이나 돌봄을 제공하지 않고 소년을 방치하는 것처럼 보였다. 주교가 슬리스 신부를 자기에게 보낸 의도를 눈치챌 만했지만, 이에 개의치 않는지 노신부는 자신을 변호하지 않고 여전히 어설프게 이야기하고 행동했다.

닮고 싶지도 가까이하고 싶지도 않던 치셤 신부를 곁에서 한동안 묵묵히 지켜보고는, 슬리스 신부는 고난과 실패로 얼룩진 한 노인의 삶에 숨겨진 위대함을 알아보는 눈을 얻었다. 결국 그는 노신부를 파멸로 이끌기에 충분한 내용을 담은 보고서를 갈기갈기 찢어 버렸다. 그러고는 무릎을 꿇고 신음을 내며 간절히 기도했다. "오! 주님, 제가 저 노인에게서 뭔가를 배울 수 있게 하옵소서."[1] 이로써 그는 자신을 신임했던 주교를 실망시켰고, 권력과 성공의 길에서 엇나가게 되었을지도 모른다. 하지만, 치셤 신부와 보냈던 짧은 시간은 슬리스 신부가 의식하지도 못하는 사이, 마음에 깊은 자국을 남겼다. 그도 치셤 신부처럼 양심과 진실의 렌즈를 통해 칙칙한 현실을 부드럽고 은밀히 어루만지는 천국의 영광을 볼 수 있게 된 듯하다.

치셤 신부는 스코틀랜드의 작가 A. J. 크로닌Archibald Joseph Cronin, 1896-1981의 대표작 『천국의 열쇠』의 중심인물이다. 이 작품을 읽으며 치셤 신부의 잔잔하지만 숭고한 삶에 경의를 표하게 되고, 일반적 기대와 시각으로 포착되지 않는 신앙의 역설에 취하게 된다. 그리스도께서 인간의 자기중심성을 벗어난 이타성과 자유를 보여주셨듯, 크로닌은 그리스도 같은 삶을 치셤 신부에게서 형상화하여 보여준다고 할 수 있다.

하나님께서 그리스도를 따르는 삶을 살도록 우리를 부르시는 것은, 각 개인이 가진 능력이 출중해서가 아니라 그리스도의 영인 성령께서 우리를 도우시기 때문이다. 하지만, "성령의 능력(고전 2:4-5)은 강력한 표징에 있는 것이 아니라 십자가의 약함에 대한 메시지에 있기 때문에(고전 1:18; 2:6-8),"[2] 성령에 이끌리는 삶이란 치섬 신부처럼 삶의 비극성과 모순을 답답할 정도로 '진실하게' 인내하며 사는 것일 수도 있다. 즉, 성령의 사역은 방언과 기적과 치유 같은 초자연적 현상뿐만 아니라 일상에서 '비효율성'과 '무능함'으로도 드러날 수 있다. 성령으로 잉태되었던 예수께서도 비현실적이라는 이유로 제자들과 갈등을 일으키다 결국에 배신당하셨다. 성령을 보내셔서 인간을 새로운 존재로 거듭나게 하실 그분은 무능하게 힘 한번 제대로 못 써 보고 십자가에서 고통을 겪다 죽으셨다. 이러한 다소 답답한 주제를 성찰할 기회를 갖고자, 이 장에서는 성령 충만한 삶, 혹은 성령의 열매를 맺는 삶이란 무엇인지를 간략히 살펴보기로 하자.

성령은 어떻게 우리에게 구원을 전달해 주시는가?

이 책의 16장에서는 1세기 팔레스타인에 세워졌던 십자가가 어떻게 시공간을 넘어 구원의 효력을 끼치는지를 속죄론의 관점에서 살펴봤다. 여기서는 성령론적 관점에서 구원의 신비에 접근해 보도록 하자. 하나님 아들의 죽음은 역사 속에서 반복될 수 없는 유일회적 사건이다. '그때 거기'서 일어난 십자가 사건에 '지금 여기'에서 우리가 참여할 수 있는 것은 성령의 사역 덕분이다. 이것을 신학적 용어로 구원의 전유appropriation of salvation라고 한다. 전통적으로 신학자들은 구원을 전달하시는 성령의 활동을 '객관적'인 측면과 '주관적'인 측면으로 나누어 설명하곤 했다.

우선, 성령의 '객관적' 활동은 교회론과 깊이 결합되어 있다. 그리스도는 자신의 몸인 교회에 현존하시기에, 교회는 구원을 위해 필수적이다. 그리스도의 영인 성령은 교회를 탄생시키고, 신자들은 교회의 영이신 성령을 통해 구원에 참여한다. 구원을 전달하시는 성령의 활동을 교회론적으로 설명하는 경향은 개신교보다는 가톨릭에서 더욱 강할 수밖에 없다. 이처럼 구원을 교회의 제도적 권위와 연결시키는 전통은 거슬러 올라가면 초대 교부들의 사상에서부터 시작되었다.

북아프리카 카르타고의 주교 키프리아누스^{Thascius Caecilius Cyprianus, c. 210-258}는 "교회 밖에는 구원이 없다"라는 유명한 명제를 남겼다.[3] 그는 이단에 몸담았던 사람에게 세례를 줘야 하느냐라는 논쟁에 대한 응답으로 '교회 밖'의 세례는 구원에 이르게 할 수 없다는 의견을 내었다. 성과 속을 나누는 '교회의 벽' 안에 있거나 교회에 등록되었는지 여부가 아니라, 교회에서 집행되고 성령이 임재하시는 '성례'(聖禮)^{Sacrament}에 참여함으로써 신자들은 구원의 효력을 받게 된다. 이때 그가 편지에 쓴 라틴어 문구 *Extra ecclesiam nulla salus*, 즉 "교회 밖에는 구원이 없다"는 중세로 넘어오면서 제도적 교회가 그리스도의 구원을 독점으로 매개한다는 생각을 정당화하는 데까지 사용되었다.

파멸로 이끄는 세상의 거센 파도 위에 떠 있는 '구원의 방주'로서의 교회 이미지는 가톨릭교회 밖에는 구원이 없다는 배타주의로 발전되기도 했다. 또한, 교회를 통해서 구원을 얻는다는 생각은 중세 로마네스크 양식 건축에도 영향을 끼쳐 교회의 문을 천국으로 가는 통로로 묘사하게 했다. 일례로 헝가리의 에스테르곰 대성당의 문 위 아치형 장식에는 다음과 같은 문구가 적혀 있다.

생명의 문이 열려 있다. 신랑이 부르신다. 안으로 들어오라.
Porta patet vite. Sponsus vocat. Intro venite.[4]

물론 개인이 가진 주관적 믿음이 아니라 교회를 통해 구원을 받는다는 생각은 로마 가톨릭의 전유물이 아니다. 믿음으로 구원을 얻는다는 표어를 내세우며 중세교회와 대립각을 세웠던 종교개혁자들 역시 교회 없이는 구원이 없다고 주장했다. 마르틴 루터는 다음과 같이 말했다. "교회는 성령이 세상 가운데 두신 아주 특별한 공동체입니다. 이 공동체는 그리스도인을 태어나게 하고 하나님의 말씀을 전하는 어머니이기 때문입니다."[5] 현대 가톨릭은 교회가 구원을 위해 꼭 필요함을 여전히 강조하지만 이는 단지 교회의 '제도' 때문이 아니라 "머리이신 그리스도의 모든 구원이 당신의 몸인 교회를 통해"[6] 주어지기 때문이라고 강조점에 변화를 두었다.

반면, 구원을 전유하게 하시는 성령의 '주관적 활동'은 각 개인의 믿음과 긴밀히 연결되어 있다. 성령께서는 인간의 어두운 마음을 '조명'illumination하셔서 진리에 대한 바른 지식을 얻게 하시고, 완악한 마음을 부드럽게 녹여 구원의 은혜를 받아들이도록 믿음을 선물하신다. 이러한 구원론적 주제는 16세기에 작성된 개신교 신앙고백문에 두드러지게 나타난다. 우선 벨직 신앙고백에는 이러한 문구가 있다. "이 위대한 지식을 얻기 위해 성령께서 올바른 믿음을 우리 마음 안에 불붙이셔야 함을 믿는다."[7] 즉, 인간으로서는 이해하기도 설명하기도 힘든 예수 그리스도를 통한 구원이라는 진리를 인식하려면 성령께서 이 놀라운 신비를 깨닫게 해주셔야 한다. 또한, 하이델베르크 요리문답을 보면 이신칭의(以信稱義)justification by faith와 관련된 질문과 답변도 다름 아닌 '성령론' 안에 자리 잡고 있다.[8]

문 61 왜 당신은 오직 믿음으로만 당신이 의로워진다고 말합니까?

답 내 신앙의 훌륭함이 하나님을 기쁘게 해드려서가 아닙니다. 오직 그리스도의 속죄, 의로움 그리고 거룩함이 나를 하나님 앞에서 의롭게 만들기 때문입니다. 그리고 이 의로움을 나는 다른 어떤 방법이 아니라 **믿음으로만** 받아들이고 내 것으로 만들기 때문입니다.

물론 개신교뿐만 아니라 가톨릭도 성령을 통해 우리가 구원의 지식을 깨닫고, 믿음은 성령께서 죄인에게 주신 구원의 선물이라고 고백한다. 그러나 '오직' 믿음에 대한 개신교적 강조는 이후 17세기 경건주의와 복음주의 시대로 넘어오면서 구원을 중재하는 교회의 역할을 감소하게 하고 개인의 결단과 경건을 우선적으로 강조하는 구원론이 발전하도록 하였다.

　구원의 전유 교리에서 교회와 신앙의 두 차원을 구분하여 함께 설명하는 것은 신앙의 공동체적 지평과 개인적 지평을 혼동 없이 강조하게 해준다. 하지만, 자칫 이를 '오직 교회'와 '오직 믿음'으로 단순화시켜 버리면 성령의 통합적 활동을 인간이 자의적으로 둘로 나눠 버릴 위험이 생겨난다.[9] 이런 경향이 더욱 커지면 교회의 공동체성과 개인의 믿음 사이의 접촉점이 희미해져 버리게 된다. 그 결과 교회에 속하기만 하면 구원받는다는 '미신적 제도주의'와, 교회에 속하지 않고 나만 잘 믿으면 된다는 '신앙적 개인주의'라는 양극단적 현상이 생길 위험이 있다. 비록 성령께서 한편으로 교회에 현존하시고 다른 한편 개인 안에 계시지만, 이는 한 분 성령께서 우리를 그리스도의 몸으로 삼으시는 하나의 통일된 활동임을 간과해서는 안 된다. 이를 잘 설명하려면 그리스도론과 성령론, 교회론, 구원론을 함께 고려해야 그 본래 의미가 왜곡되지 않을 수 있다. 이 모두를 통합적으로 이해하기란 복잡한 일이지만, 성령의 은사를 중심으로 삼고 보면 그 모호함이 의외로 쉽게 풀릴 수도 있다.

　　　　　질문하는 신학

성령께서 교회에 주신 다양한 은사는 무엇인가?

그리스도인이 된다는 것은 구원자 성령 하나님께서 빚어내는 '교회'라는 객관적 축과 '개인의 신앙'이라는 주관적 축 사이에서 균형 잡고 살아가는 일이다. 메이엔도르프John Meyendorf, 1926-1992에 따르면 "성령 신학은 그리스도교 신앙 자체의 본질 안에 있는 아주 중대한 양극성을 함축한다. 성령 강림은 여러 구조들과 연속성과 권위를 갖게 될 교회를 출현시켰고, 교회 또한 인간을 종살이에서 해방하여 자유를 되돌려 주고 하느님에 대한 인격적 체험을 가능케 할 영적 은사들을 제공한다."[10] 그렇다면 성령의 활동 속에서 형성된 객관적 축과 주관적 축 사이에서 빚어진 긴장을 우리는 어떻게 잡고 살 수 있을까? 성령에 관한 바울의 가르침 세 가지를 우선 살펴보며 이 문제에 관한 실천적 지혜를 얻어 보도록 하자.

성령의 첫 열매를 받은 그리스도인의 궁극적 운명은 ① 하나님의 자녀가 되는 것이다(롬 8:23-24). 그리고 부활하신 주님께서 보내 주신 성령은 ② 우리를 그리스도의 몸인 교회로 만드신다(고전 12:12-13). 또한 성령은 교회의 유익을 위해 ③ 다양한 영적 은사를 주신다(고전 12:4; 엡 4:7; 벧전 4:10 등). 이 세 가지 주제를 종합하자면, 성령께서 형성하시는 구원의 객관적 축과 주관적 축의 간격은 성령께서 신자 개개인에게 주시는 '영적 은사'gifts를 통해 창조적으로 메워진다. 즉, 성령으로부터 고유한 은사를 받은 하나님의 자녀는 다른 은사를 가진 형제자매와 함께 그리스도의 한 몸인 교회를 이룬다. 개개인이 각기 받은 은사를 사용함으로써 공동체 내에서 고유한 위치와 역할을 가지게 되고 공동체는 생기 있는 유기체가 된다. 성령께서 주신 여러 은사 덕분에 그리스도의 몸인 교회는 통일성 속에 다양성을 가지며 유기체적으로 존재하고 활동한다.

신약성서는 성령께서 그리스도의 몸인 교회에 다양한 영적 은사를 주신다고 거듭 강조한다. 신약의 서신서가 은사의 정확한 목록을 제시하려는 의도가 없이 쓰였던 만큼, 그 개수가 몇 개인지는 정확히 알 수가 없다. 각 저자마다 나름의 의도를 가지고 은사를 분류한 만큼, 맥락이나 공동체 상황에 따라 조금씩 다른 은사의 목록이 제시된다.[11] 신약성서에 나오는 은사를 책에 따라 간략히 정리하면 다음과 같다.[12]

- 예언, 섬김, 가르침, 위로, 구제, 다스림, 긍휼 베풀기(롬 12:6-8)
- 지혜와 지식의 말씀, 믿음, 치유, 능력, 예언, 영 분별, 방언, 방언 통역(고전 12:8-10)
- 사도, 선지자, 교사, 능력, 치유, 상호 구제, 행정, 방언(고전 12:28)
- 결혼, 독신(고전 7:7)
- 사도, 선지자, 전도자, 목사와 교사(엡 4:11)
- 말과 봉사(벧전 4:11)

이처럼 성서는 여러 성령의 은사를 '비조직적'으로 소개한다. 이러한 영적 은사가 등장하는 문맥 대부분이 목회적·실천적인 권면이지 논증이나 증명이 아니다. 또한 성령이 자유로운 분인 만큼, 그분께서 주시는 은사도 어떤 체계나 이론에 맞춰 정형화하기가 어렵다.

그러나 신비를 인정하고 존중하며 살기에는 지나치게 조급하고 단순한 마음을 가진 인간은 자신이 알 수 있는 것보다 더 많이 이야기하려는 욕망이 있다. 그러다 영적 은사를 향한 관심이 과하다 못해 도를 넘게 되면, 교회의 유익을 위해 주어진 은사가 오히려 혼란을 일으키는 원인이 될 수도 있다. 심지어 신앙의 공동체적 지평과 개인적 지평을

질문하는 신학

이어 줘야 할 은사에 대한 사모가 극도로 개인주의적인 신비주의로 흘러가게 할 수도 있다. 은사에 대한 그릇된 이해는 그릇된 신앙을 향해 개인과 공동체를 맹목적으로 몰아갈 수도 있다. 그렇다면 성서는 영적 은사를 어떻게 사모하고 활용할지에 관해 어떤 가르침을 주고 있을까? 이 역시 이론의 단순성에 비해 실천에서는 복잡해지는 주제이니만큼, 영적 은사에 관한 성서적 지혜를 다음과 같이 간결하게 네 가지로 정리해 보았다.

첫째, 보통의 인간은 일상의 자연스러움에 익숙해져 있어서, 평범함보다는 신비에 더 큰 매력을 느끼기 마련이다. 그러다 보니 예언과 치유, 방언 등의 기적적인 은사에 과도한 관심을 기울이기가 쉽다. 하지만, 성서에 따르면 가르침, 행정, 구제 등과 같이 매일, 매주, 매년 반복되며 교회생활을 유지하게 하는 활동도 성령의 소중한 은사이다. 즉, 영적 은사를 판별할 때 우리가 보기에 평범한지 신기한지가 아니라 성령께서 공동체에 주시는 선물이라는 점이 더 중요하다. 바울은 아무리 강렬하고 놀랍고 비범한 은사라도 '예수를 주'라고 고백하게 하는지에 따라 판단되어야 한다고 말한다(고전 12:3). 이러한 기준에 따라 보자면 '초자연적'이냐 '자연적'이냐의 구분은 이차적 문제일 뿐이고, 신적 권능으로 가득 차 보이는 기적적 현상들이 오히려 성령의 선물이 아닐 가능성도 있다.

둘째, 흘러가는 바람처럼 성령께서 어디서 오셔서 어디로 가시는지 우리로서는 알 수 없다(요 3:8-9). 성령의 예측 불가능성 때문이라도, 환상이나 예언, 치유, 방언 등 기대도 못했던 신비로운 현상을 성령의 역사라고 믿기가 쉽다. 실제로 성령 운동이나 은사 집회 등에서는 기적적인 일들을 강조하고, 또 실제 눈이 휘둥그레질 만한 놀라운 사례들이 보고되기도 한다.[13] 이러한 상황을 접하고는 과학이나 상식으로 설명하기 힘들다고 거부감부터 가지거나, 하나님의 계시나 현존의 증거라고 무조건 믿기보다는, 성령께서 초월적이며 자유로우신 분임을 고려해 그분의 활동에 대해 겸손하게 열린 마음을 가지고 영적 분별을 할 수 있는 지혜를 구하는 것이 중요하다.

다른 한편으로는, 성령께서 자유로운 분이지만 자기 멋대로 움직이는 분은 아니라는 것도 명심할 필요가 있다. 태초에 창조주와 함께하셨던 영은 우주의 합리적이며 규칙적이고 예측 가능한 질서를 통해서도 활동하시는 분이다. 마찬가지로, 성령은 개개 신자에게 특별한 은사를 주시기도 하지만 무엇보다도 "성령 자체는 교회질서의 원리"[14]가 되신다는 점을 명심해야 한다. 바울도 성령의 은사를 그 현상의 강렬함과 신비로움이 아니라 교회에 유익이 되고 도움이 되는지에 따라 가치의 서열을 매긴다(고전 14:26).

셋째, 교회를 위해 은사를 주시는 성령은 다름 아니라 그리스도의 영이시다. 따라서 영적 은사는 그리스도를 주라 고백하게 하는지에 따라 판단되어야 할 뿐만 아니라, 그리스도를 증언하는 성서의 권위의 빛 아래에서 이해되고 활용되어야 한다.[15] 바울은 "신령한 것들을 사모하되 특별히 예언을 하려고 하라"(고전 14:1)라고 말하며 예언을 높게 평한다. 그러나 바울은 예언할 때 두 명이나 세 명이 있어야 하고, 또 이러한 예언을 분별하라고 말한다. 그리고 한 사람의 예언이 공동체를 압도하지 못하게 하도록 주의를 기울인다(고전 14:30-32). 그런데 이런 조심스러운 조언을 하나님 말씀인 성서에도 적용할 수 있을까? 교회에서 성서를 읽는다고, 그 진정성을 분별하라고 사도가 권했는가? 즉, 영적 은사가 성령의 강한 임재의 표현일 수도 있겠지만, 무엇보다도 성령의 주된 역할은 복음의 말씀을 통해 (그리고 말씀에 따른 성례를 통해) 그리스도께서 교회에 현존하시게 하는 일임을 우선적으로 명심해야 한다.

질문하는 신학

넷째, 다양한 영적 은사는 고유한 힘과 생동력을 품고 있다. 그렇기에 영적 은사를 교회 성장이나 자기 과시를 위한 '도구'로 사용하고픈 유혹도 만만치 않다. 또한, 공동체에서 사람들이 좋아할 만한 은사는 강조하고, 그렇지 않은 은사는 언급하지 않는 경우도 허다하다. 심지어 특정 은사를 받았는지를 구원의 여부와 연결하거나 신앙의 높고 낮음을 판단하는 잣대로 삼기도 한다. 그러나 은사는 공동체의 유익과 발전을 위해 주어졌기에, 우리가 일상의 기준이나 실용주의적 목적으로 은사의 호불호를 판단하고 있지는 않은지 진지하게 반성해야 한다.

예를 들면, 방언과 기적과 치유를 강조하며 성장한 잘 알려진 대형 교회가 있다. 큰 교회답게 성서적으로 이상적이고 행복한 가족을 강조하며, 여러 교육과 상담 프로그램도 활발히 운영 중이다. 그런데 보통 이 정도 규모의 교회는 대부분 30대 중후반을 넘은 미혼 청년을 위한 별도의 주일 예배가 있다. 목회적으로 세심한 배려라 할 수 있지만, 이것이 과연 성서적으로 타당한지 따져 볼 만하다. 바울이 말했듯 독신도 결혼과 같은 영적 은사이다(고전 7:7).[16] 영적 은사를 발견하고 또 공동체를 위해 사용되도록 도와주어야 할 교회가 독신의 은사에 대해서도 그렇게 해왔는가? 만약 결혼하지 않은 이를 위해 교회에서 별도로 예배를 드린다면, 은사에 따라 교회행정 하는 사람이나 방언하는 사람을 위한 예배도 분리해야 하는가? 이것이 과연 그리스도의 한 몸을 이루는 것인지 고민해 봐야 하지 않을까?

정리하자면, 성령께서 공동체에 은사를 선사하시는 것은 다양한 사람이 그리스도와 한 몸을 이루고 살도록 하기 위함이요, 가시덤불과 엉겅퀴를 내는 황무지 같던 우리 삶을 "사랑과 희락과 화평과 오래 참음과 자비와 양선과 충성과 온유와 절제"(갈 5:22-23)라는 성령의 열매가 맺히는 비옥한 동산으로 만들기 위함이다. 그리스도의 영이신 성령은 개인의 기대, 교회의 제도, 교단의 신학, 인류의 전통을 초월해서 활동하시는 자유로운 주님이시기도 하다. 그렇기에 성령의 은사를 우리에게 익숙한 신학의 틀이나, 경험의 한계, 욕망의 경로에 가둬 두려는 무의식적 관성을 조심해야 한다.

또한, 성령의 신비한 은사가 지금도 교회에서 계속되는지,[17] 성령의 활동이 교회 밖에서 발견될 수 없는지 등의 논쟁적 주제를 접할 때, 실용적 답변에 골몰하거나 가시적 현상에 휘말리기보다는 성서가 이 문제를 판단하는 데 중심 기준이 되도록 해야 한다. 그리고 성령께서 은밀하고 자유롭게 활동하신다는 것을 고려해, 상대를 배려하는 경청의 태도와 겸손함으로 이 문제에 접근하는 지혜도 요구된다. 성령은 공동체에 무질서가 아니라 화평을 주시는 분인 만큼(고전 14:33), 영적 은사에 대한 갈망과 논의가 극단화되고 서로의 감정을 자극하면서 갈등을 첨예화하는 것은 성령의 본 의도를 크게 벗어나는 일이다.

성령은 교회 밖에서는 어떤 선물을 주시는가?

보이지도 않고 어디로 와서 어디로 가는지도 알 수 없는 바람처럼 성령은 자유롭게 움직이는 분이시다. 그렇기에 창조주 하나님의 영인 성령은 교회 안에만 계시는 것이 아니라 교회 밖에도 계시고 활동하신다. 마치 성령께서 교회를 위해 영적 은사를 주시듯, 우리 삶의 기본이 되는 사회에서의 삶을 위해서도 무엇인가를 주신다. 그것이 무엇일까? 이에 관해서도 이야기할 바가 여럿 있지만, 여기서는 문화예술을 중심으로 이야기하고자 한다. 신학에서는 흥미롭게도 이 같은 '미학적' 주제를 성령론에서 다루곤 했다. 그렇다면 단도직입적으로 물어보자. 예술도 성령의 선물이라고 볼 수 있을까?

주기도문에 관한 초대 교부의 설교나 글을 보면 두 번째 간구 "나라가 임하시오며"(눅 11:2)가 다음과 같이 성령론적으로 변형된 형태로 나타나기도 한다. "성령께서 오셔서 우리를 정결케 하옵시며."[18] '성령이 곧 하나님 나라'라는 초대교회의 믿음은 종말의 영으로서 성령의 활동을 아주 생생히 보여준다. 복음서를 보더라도 예수 그리스도와 함께 '이미' 도래한 하나님 나라는 '아직' 완성되지는 않았다. 부활한 그리스도께서는 '이미'와 '아직' 사이의 낯선 긴장을 견디며 살아야 할 그리스도인에게 성령을 보내 주셨다.

성령은 역사의 마지막에 드러날 하나님의 영광에 상응하게 피조 세계를 거룩하게도 하시지만, 우리가 살아가는 중간시대를 위해 특별한 종말론적 선물도 주시는 분이시다.[19] 우리는 현실에 속해 있지만 하나님의 미래를 지금 여기서 맛보면서 장차 온전히 성취될 하나님의 약속에 대한 갈망과 신뢰도 강화하게 된다.[20] 이를 위해 성령께서는 현실에 심각한 중요성을 부여하던 강박적 태도를 부드럽게 완화하시며, 하나님의 미래라는 궁극적 실재의 빛 아래서 오늘을 기쁘고 감사하게 살 수 있는 특별한 '여유'를 만드신다.

그렇다고 종말론적 태도가 피안적 신앙을 조장하면서 현실에 등을 돌리게 하거나, 일상을 점령한 고통과 어려움에 눈감게 만드는 것은 아니다. 종말 신앙은 인간의 삶이 깨지기 쉽고, 그 의미는 복잡하고, 심지어 눈물로 얼룩져 있다는 것을 가식 없이 인식하면서도 미래에 관한 희망을 품는 법을 가르치기에 더 큰 의미가 있다. 특별히 종말론은 연약한 인간이 세계에서 절망이나 망상 혹은 과도한 심각함에 얽매이지 않도록, 이 땅에 필요한 '휴식'과 '느슨함'이란 선물을 하나님께서 주셨음을 잊지 않게 해준다.

이 주제를 설명하면서 바르트는 독일어 특유의 느낌을 살려 성령의 "구속^{Erlösung}은 풀어짐^{lösung}을 포함"[21]하고 있다고 주장한다. 즉, 성령께서 우리를 구속하는 방식 중 하나는 자기 삶을 스스로 옭아매던 강박의 망상에서 '풀어지게' 하는 것이다. 이로써 인간의 과학과 기술로 얼마든지 조작 가능한 빡빡한 물리적 세계 한가운데서 낯선 희망이 싹틀 여백이 마련된다. 현실 세계에 깊이 새겨진 폭력과 억압, 경쟁의 오랜 습관에서 자유로워질 가능성도 생긴다. 피상적 삶의 질서에서 요구되는 강압과 의무가 아니라 자유와 책임, 심지어 기쁨과 감사로 규정된 인간상이 드러나게 된다. 하인리히 오트$^{Heinrich\ Ott,\ 1929\text{-}2013}$는 이 같은 삶에 대한 태도와 생각의 전환이 성령체험의 중요한 측면이라 말한다. "상대화시키고 개방하고 새로 정향하는 영의 능력이 선행되기 때문에 인간은 자기의 자유를 행사할 수 있고 가능성을 선택할 수 있고 그 경우에 자신이 책임질 수 있다."[22]

인간의 사회 내 활동도 종말론적 관점에서 바라보면 새로운 의미를 가지게 된다. 특별히 바르트는 삶의 두 특별한 가능성인 '예술'과 '유머'의 고유한 역할에 주목한다. 예술과 유머는 '이미'와 '아직' 사이의 긴장 속에서 "인간의 행동을 기쁘고, 자발적이고, 활기찬 그 무엇으로 정의"[23]하게 해준다. 유머는 인간의 내적 차원에서, 예술은 외적 차원에서 우리 삶을 '느슨하게' 하시는 성령의 사역을 현실화한다. 이로써 유머와 예술은 우리가 현실 속에서 살아가면서도 현실에 대해 궁극적인 관심과 심각함을 거둘 수 있는 여유와 쉼의 공간을 열어 준다.

이처럼 예술의 기원은 성령의 종말론적 사역인 '풀어 주기'와 밀접히 관련되어 있다. 이 땅이 유일한 실재라고 여기며 아등바등 살아가던 인간은 하나님 나라가 진정한 실재임을 인식함으로써 자기를 억압하던 망상과 심각함에서 해방될 수 있다. 예술의 종말론적 기능 역시 이와 유사한 방식으로 이해될 필요가 있다. 예술은 창조주 성부께서 '피조물'에 선사하신 존재의 선물이나 구원자 성자께서 '죄인'에게 주신 새 생명의 선물과도 구별되는, 종말의 영인 성령께서 '하나님 자녀'를 위해 마련하신 놀이play의 선물이다. 따라서 예술은 현실을 반영하고 현실에서 피어나지만, 생계를 위한 활동과 달리 현실로부터 적절한 거리감을 두고 있다. 바르트는 다음과 같이 말한다.

> 우리는 하나님의 자녀로서 우리가 사실 삶의 심각함으로부터 풀려났고, 우리가 하나님 앞에서 단순하게 놀이를 할 수 있고 또 놀아야 한다고 말할 수 있어야 한다.⋯⋯사실상, 우리는 언제나 그분의 어린 자녀이고, 그분과 관계되어 우리가 하는 일은 일이라기보다는 놀이에 더 가깝다. 그것은 순종적인 놀이이며, 우리를 기다리는 아버지 집의 평화 안에서의 놀이지만, 여전히 놀이이다.[24]

하나님의 자녀에게 이 땅의 삶은 놀이이다. 이처럼 삶이 놀이로 비유될 수 있는 것은 "현실 그 자체가 충분히 심각하지 않아서가 아니라, 현실 속으로 뚫고 들어오는 하나님의 미래가 더 심각하기 때문이다."[25] 놀이는 현실 속에 있으면서도 현실을 빗겨 나간다. 놀이의 끝은 놀이의 영원한 연장이 아니라 현실로 돌아감이다. 마찬가지로 '이미'와 '아직' 사이에 허락된 시공간에서 이뤄지는 종말론적 삶은 자신의 한계 너머에 있는 새 하늘과 새 땅을 반영하며 이를 갈망하게 한다. 종말론적 시각으로 볼 때 예술은 유희적 본성을 가진 인간에게 주어진 창조성의 자연스러운 표현이다. 그런 의미에서 예술은 과학기술의 조작 범위를 초월한 '참 실재'를 가지고 기쁘게 놀이한다. 그렇다고 예술이 현실의 심각함 자체를 폐기하는 것은 아니다. 오히려 예술은 현실에서 응결된 눈물을 렌즈 삼아 하나님 나라를 응시하는 비극적 깊이를 가진 놀이이다.

성령께서는 사람들이 망상으로 빚어낸 파괴적 자아상에 빠지거나, 눈앞의 것만 바라보다 절망하거나, 지나친 진지함과 엄숙함으로 인간미를 잃거나, 반복되는 일상의 무료함에 허우적거리지 않도록 예술을 만들어 내고 향유할 수 있는 창조성을 주신다. 하나님께서 창조하신 인간이 몸을 가진 존재인 만큼, 예술이 사용하는 여러 감각적 소재는 창조 세계 내에서 경이를 불러일으키고, 상상력을 새 하늘과 새 땅에 관한 종말론적 색채로 물들이는 데 큰 역할을 담당한다. 그렇기에 성령의 능력 안에서 교회는 말씀의 선포와 성례로, 예술은 인간의 문화적 활동이라는 서로 다른 방식으로 하나님께 봉사하고 있다.

은밀하게 그러나 위대하게

창조 때부터 성령은 위대한 일을 하고 계신다. 그러나 성령은 역사 속에서 은밀하게 활동해 오셨다.[26] 마치 그리스도께서 자신의 신분과 능력을 과시하지 않고 자신을 보내신 아버지를 겸허하게 드러내셨듯, 성령 역시 자기를 보내신 분을 겸손히 증거하신다. 성령은 자기 나름의 화려하고 극적인 새로운 프로그램을 도입하신 것이 아니라, 그리스도께서 이루신 구원에 신자들이 교회 공동체와 신앙을 통해 참여하게 하신다. 메이엔도르프가 말했듯, "성령의 인격적 실존은 하나의 신비로 남아 있다. 그것은 창조 세계와 구원의 역사에서 로고스의 왕권을 드러내고 증거하는 것으로 완성되는 '겸비적' 실존이다."[27]

성령은 자유롭고 신비로우시지만, 자의적으로 활동하시지는 않으신다. 그리스도의 영이신 성령은 서로 충돌하는 생각과 욕망을 가진 오합지졸 같은 우리를 그리스도의 한 몸으로 만드시고, 그 속에서 나와 너를 작은 그리스도로 신비롭게, 그리고 서서히 빚어내신다. 종말의 영이신 성령은 현실의 피상적 표피에서 발견할 수 없는 미래의 충만한 모습을 희망 속에서 기다리게 하신다. 그런 의미에서 '성령 충만'이란 환상을 보거나, 방언하거나, 치유하는 것보다 더 근원적인 기적이 우리에게 일어났음을 의미한다. 그것은 바로 예기치 않은 선물을 가지고 불현듯 찾아오실 님을 기다리는 '설렘'이 우리 안에 창조되었다는 사실이다.

창을 열어 놓았더니

산새 두 마리가 날아와

반나절을 마루에 앉아

이상한 이야기를 나누다가 날라갔다.

……

오늘도 나는

창을 열어 놓고 있다.

산새를 기다리는 마음에서

―황금찬, 「산새」 중에서

무미하던 일상에 우연히 찾아왔던 산새가 남긴 여운은 시인의 마음에 기다림을 심어 놓았다. 성령께서 우리 안에 심어 놓으신 설렘도 굳게 닫혔던 마음의 창문을 열게 만들지 않을까? 그 열린 창으로 들어오는 맑고 시원한 생명의 기운은 무의미하게 반복될 수 있는 하루하루를 경이와 기쁨으로 채워 주지 않을까?

적용과 토론을 위한 질문

1. 1세기 예루살렘에 세워졌던 십자가가 어떻게 21세기 세계 곳곳에 구원의 효력을 미칠 수 있을까?

2. 성령의 구원의 활동은 객관적 측면(교회)과 주관적 측면(신앙)으로 나눠 생각해 볼 수 있다. 이제껏 둘 중 어느 것을 더 강조해 왔는가? 다른 하나를 덜 강조해 온 이유는 무엇인가?

3. 성령에 이끌리는 삶이 『천국의 열쇠』의 치셤 신부의 모습과 같다면 과연 그리스도인이 된다는 것이 매력적인 일일까? 우리가 흔히 생각하는 성령 충만과 치셤 신부의 일상의 태도는 어떻게 다른가?

4. 본인이 속해 있는 교회에서 강조하거나 두드러진 성령의 은사는 무엇인가? 본인은 어떤 은사를 가졌다고 생각하는가? 특별한 은사를 사모한 적이 있었는가?

5. 예술과 유머가 그리스도 신앙에서 중요한가? 예배는 반드시 거룩하고 엄숙해야만 한다고 보는가?

6. 신앙을 표현하는 매체로서 예술이 중요하다고 생각하는가? 종교적 소재나 동기를 가지지 않은 일반 예술 작품이라도 신앙적으로 중요할 수 있다고 보는가?

28장. 교회론 I

교회란 무엇이며 왜 필요한가?

교회, 그 독보적 성공의 역사?

수년 전 박사 과정 재학 당시 세미나 중에 교수님 한 분이 농담 섞인 질문을 하나 하셨다. "인류 역사상 가장 성공적 조직 혹은 기관은 무엇일까?" 교수님께서 마음에 품고 계셨던 답은 바로 교회, 특별히 로마 가톨릭교회였다. 그 이유는 뜻밖에 간단하고, 상당히 세속적이었다. 역사를 주름잡았던 강성했던 제국과 가문, 조합이라도 500년 넘게 그 영광을 지키기 힘들었다. 반면 교회는 2천 년 넘도록 망하지 않으면서 전 세계의 정치, 경제, 문화, 사상에 강한 영향을 끼쳐왔다. 이처럼 '성공적'(?) 조직 내지는 기관을 동서고금에서 찾아보기 쉽지 않다.

그런데 교회를 논하며 성공이라는 단어를 쓰고도 마음이 편하지만은 않다. 그리스도교 역사는 교회의 죄악사라 불릴 만큼 교회의 타락하고 수치스러운 모습으로 가득하다.[1] 게다가 오늘날 교회 현실은 어떠한가? 성공은 고사하고 서구 교회가 급격히 쇠퇴한다는 위기와 경고의 소리가 종종 들려온다. 불과 1세기 전만 하더라도 유럽이나 미국에서 교회에 가지 않으면 이상한 사람 취급당했다면, 지금은 교회를 정기적으로 출석하는 사람이 사회 내 소수가 되어 가고 있다. 다른 나라 교회를 걱정하는 것 자체가 사치일 정도로 한국 그리스도교는 심각한 내홍을 앓고 있다. 짧은 기간에 큰 부흥을 했던 한국 개신교회는 자정 능력을 상실했고, 오히려 사람들의 손가락질 받는 집단이 되어 버린 듯하다. 전통의 지혜를 끌어올려 현실의 목마름을 축여 주고 미래의 비전을 제기해야 할 신학은 교회 현장과 접촉점을 상실한 듯 정체성의 혼란을 겪고 있다. 이러한 암담한 '현실 진단'만 하더라도 며칠 밤을 지새워도 부족할 것이다. 물론 문제에 대한 정확한 파악이 있어야, 설득력 있고 효과도 있는 대안이 나오게 된다. 하지만, 본질과 근원에 대한 고민 없는 현실 인식은 피상적 성격을 띠게 마련이고, 심지어 누군가의 숨겨진 이익에 봉사하기 위한 허울뿐인 비판으로 변질할 위험도 있다.

"요즘 애들 보니 말세가 가까웠다!"는 탄식을 인류가 고대부터 반복해 왔듯, "지금 교회 꼴을 보니 그리스도교가 망하겠다!"는 걱정은 그리스도교 역사에 늘 있었다. 물론 21세기 교회가 당면한 도전의 강도가 이전 세대와 비교할 수 없는 수준이기는 하다. 그렇지만 위기에 대한 걱정에 모든 관심이 쏠려 버려서 이제껏 교회에 생명을 부여하고, 교회의 상처를 치유하며, 교회를 변화시켜 온 근원적 힘을 보지 못하는 것만큼 위험하고 어리석은 일도 없을 것이다. 구스타보 구티에레즈 Gustavo Gutierez, 1928- 가 핵심을 정확하게 짚었듯, "문제는 교회가 살아남을지 아닐지 여부가 아니라, 교회가 섬길 수 있는지 없는지 여부다."[2] 많은 논란과 걱정과 말들이 있어도 결국 교회의 본질과 사명이 문제이다.

이 글은 교회란 무엇이며, 교회를 교회 되게 하는 것은 무엇이며, 왜 교회에 나가야 하는지 등의 근본적 물음에 대한 짧은 성찰이다. 질문의 무게가 상당한 데 비해, 이 글이 제공하게 될 통찰이 참을 수 없이 가벼울지 모른다. 하지만, 사도신경에서 정의하듯 교회는 성도의 교제 _sanctorum communio_ 이다. 이 말은 나와 비슷한 신앙적 고민을 하며 함께 길을 걸어가는 사람들이 비록 보이지는 않더라도 시공간을 뛰어넘어 서로 연대하고 있다는 말이기도 하다. 그래서 각자가 상상하고 감당할 수 있는 것보다 더 큰 것을 갈망하더라도 그 꿈이 결코 허무하지 않으리라는 믿음이 가능하게 된다. 이 믿음이 가시적인 공동체 형태로 현실화된 교회는 그 외양이 처절해 보일지라도 우리가 여전히 희망을 품을 수 있는 이유가 된다.

성서에 소개된 교회는 어떤 곳인가?

과연 교회란 무엇인가? 교회를 알 수 있는 방식은 여러 가지다. 우리가 일상에서 보고 경험하면서 쌓아 온 정보와 통찰을 가지고 교회란 어떤 곳인지 묘사할 수도 있다. 위대한 그리스도교 사상가의 교회론을 연구함으로써 교회를 개념화할 수도 있다. 교회의 오랜 역사를 연구하고 분석함으로써 교회가 무엇인지 파악할 수도 있다. 교회도 사람들의 모임이기에 사회학적 시각으로 들여다볼 수도 있고, 교회가 그리스도교라는 종교의 공동체이기에 종교학적 방법론으로 연구할 수도 있다. 그러나 교회가 단순한 사교 모임 혹은 건축물이 아니라, 하나님의 영이 거하시는 곳이기에 교회가 무엇인지 알려면 신학적 접근이 불가피하다. 따라서 교회에 대한 신학적 성찰이 시작하는 지점은 바로 교회를 이 땅위에 세우신 하나님의 말씀인 성서이다.

신약성서는 교회를 설명하고자 에클레시아, 하나님의 백성, 그리스도의 몸, 성령의 전, 그리스도의 신부 등의 다양한 표현들을 사용한다.[3] 이 모두가 교회의 중요한 신학적 의미를 다채롭게 보여주지만, 여기서 중심적으로 살펴볼 단어는 한국어로 '교회' 혹은 영어 church로 번역되는 에클레시아이다. 성서적 교회론의 가장 핵심 단어인 에클레시아의 의미를 살펴보기 전에 먼저 용어 정리부터 할 필요가 있다.

에클레시아의 영어 번역어 church는 중세 영어 chirche로부터 왔고, 이는 고대 영어 cirice를 기원으로 한다. 더 거슬러 가면 이는 '주께 속한'이란 뜻을 가졌던 비잔틴 제국 당시 그리스어 kurikon에서 왔고, 교회를 의미하는 독일어 Kirche나 스웨덴어 kyrka 등도 같은 어원을 공유한다. 이러한 현대 유럽어 단어들이 과연 공동체로서 교회의 본질을 잘 반영하는지 논란도 있지만, 어원상 교회가 누구의 소유인지를 잘 보여준다고 할 수 있다.[4]

반면 신약에서 교회를 의미하는 단어 에클레시아의 원래 의미는 상당히 세속적이고 정치적이기까지 하다. 에클레시아는 고대 그리스에서는 시민권을 가진 성인 남성이 자유롭게 참여하고, 의견을 개진하고 투표할 수 있었던 민회(民會)를 의미했다. 사도행전 19장 39절에서도 사도들을 판단하기 위해서 에베소 시에서 에클레시아, 곧 민회가 소집되었다. 그런데 이 단어가 성서에서는 주로 교회론적 맥락에서 사용되면서 그리스도인의 공동체라는 신학적 의미도 형성되었고, 이후 에클레시아는 라틴어 ecclesia, 스페인어 iglesia, 프랑스어 église 등으로 발전했다.

그렇다면 신약에서는 왜 세속적 용어를 그리스도인의 예배 공동체를 지시하고자 사용했을까? 우선 에클레시아는 구약의 그리스어 번역인 70인역LXX에서 모임이나 무리를 뜻하는 카할kahal의 번역어로 이미 빈번히 사용되고 있었다.[5] 에클레시아와 마찬가지로 카할이라는 단어 자체에는 종교적 함의가 들어 있지 않았다. 카할은 "행악자의 집회"(시 26:5)의 예에서 보이듯 문맥에 따라 부정적 의미로도 사용되기도 했다. 한편 대중으로부터 구분되어 하나님과 특별한 관계에 들어간 사람들, 특별히 하나님과 계약을 맺음으로 형성된 공동체를 뜻할 때 구약에서 카할 야웨*kahal Yahweh*라는 단어를 사용했다(신 23:1). 어느 정도 가치 중립적 단어였던 *kahal*이 누구에게 속했는지에 따라 급진적으로 다른 의미를 부여받게 되었고, 이 단어의 그리스 번역어로 *ekklēsia*가 등장한 것이다.

하나님과 계약 관계에 들어간 구분된 공동체라는 의미에서 에클레시아*ekklēsia*는 신약에서 그 신학적 의미가 더욱 분명해졌다. 이 단어는 '밖으로'를 뜻하는 에크*ek-*와 '부르다'를 뜻하는 칼레오*kaleo*가 합쳐져 형성되었다. 즉, 에클레시아는 특별한 목적을 위해 불려 나온 사람들이고, 그 사람들의 공동체이다. 실제로 고대 그리스 사회에서 민회는 한 마디로 '불려 나온 사람들의 모임'이었다.[6] 평온한 일상을 보내고 있던 도시국가, 곧 폴리스에 중대사가 일어난다. 이 일을 어찌할지를 놓고 통치자가 사신을 보내 집에 있던 자유인들을 광장으로 '불러내면서' 민회가 형성된다. 이와 유사하게 일상적이고 대중적인 삶에 침몰해 있던 사람들이 하나님의 부름을 받아 기존의 삶의 방식으로부터 나와서 새로운 사명을 공유하게 된 공동체가 바로 하나님의 백성이자 교회로서 에클레시아이다.

하나님께서는 대중적 삶'으로부터'*ek-* 교회로 그리스도인을 '불러내신다'*kaleo*. 마치 그리스도께서 무리로부터 제자를 부르셔서 공동체를 만드신 것과 구조적으로 유사하다. 이런 어원적 의미를 고려하면서 우리는 에클레시아 개념에서 다음과 같은 교회론적 의미를 발견할 수 있다.[7] ① 교회는 사람의 기획이나 노력이 아니라, 근본적으로 '죄인을 부르시는 하나님의 능력'으로 형성되었다. ② 따라서 교회의 주인은 목회자도 성도도 아닌 '하나님'이시다. ③ 하나님의 부름은 교회가 형성되게 하는 중요 계기이지만, 부르심의 목적이 교회의 성립인 것은 아니다. 하나님께서 세상으로부터 우리를 교회로 부르신 목적은 '우리를 세상을 향해 보내기 위함'이다.⁸ 생명의 주이신 하나님을 애써 부인하거나, 그리스도의 복음을 모르거나, 정의와 평화가 억눌려 죽음의 냄새가 나는 곳으로 파송되기 위해 우리는 교회로 부름을 받았다. 칼 바르트는 이 주제를 다음과 같이 요약한다. "교회의 삶이 자기 자신에게 봉사하는 일에 소진되는 곳에는 죽음의 맛이 나면서 다음의 결정적 사실이 망각된다. 교회의 삶은 오직 우리가 [그리스도를 통한 하나님과의 화해라는] 소식 전달의 직무라 부르는 것을 실행하는 중에 살아 있게 된다."⁹

세상으로부터^from 부름을 받아 세상을 향해^towards 파송되는 쌍방향의 역동성이 교회를 생동하게 한다. 그리스도인의 삶의 목적이 세상을 향한 하나님의 활동에 참여하는 것이 아니라, 교회의 존재 자체가 되어 버리면 그 교회는 생명력을 잃고, 타락할 위험에 직면한다. 고인 물이 썩게 마련이듯, 하나님의 부르심에 따라 모이고 흩어지는 움직임을 본질로 하는 교회가 그 자체로 머물러 있으려고만 한다면 당연히 그 교회는 부패하기 마련이다.

교회가 곧 하나님의 나라인가?

에덴의 동쪽에서 희망과 목적지를 잃고 방황하던 인류를 위해 하나님께서는 폭력과 경쟁의 세상으로부터^ex- 선택된 사람들을 불러내어^kaleo 이스라엘, 곧 하나님의 백성으로 만드셨다. 하나님께서 이스라엘과 약속하셨던 메시아적 세계의 성취로서 예수 그리스도가 오셨다. 예수께서 일상적 삶으로부터 불러내시고 부활의 영을 불어넣어 주신 무리가 교회가 되었다. 지금도 그리스도는 말씀과 성례를 통해 교회 공동체에 현존하신다. 그런 의미에서 교회는 그리스도에게서 나왔으며 그리스도를 기초로 삼는다.

여기까지 참 좋은 서사이기는 한데, 사실 역사적 예수는 교회의 설립이 아니라 하나님 나라의 선포를 목적으로 활동하였다. 복음서에 사용된 단어 빈도수를 비교해 보더라도 교회는 단 두 구절에서만 나오는데, 하나님 나라는 백 번이 넘게 등장한다.[10] 그렇다면 교회는 예수 그리스도께서 의도하신 바가 아니란 말인가? 어떻게 그분은 자신이 거의 언급하지도 않은 공동체의 기초가 될 수 있는가? 교회는 하나님 나라를 외쳤던 예수 그리스도의 죽음 이후 제자들이 만들어 낸 제도인가? 하지만, 전통적으로 교회의 기초를 예수 그리스도라고 하지 않는가?

초대교회부터 지금까지 과연 하나님 나라와 교회가 어떤 관계일지를 규명하려는 여러 입장이 있었을 뿐만 아니라, 때론 이 문제로 첨예한 대립이 일어나기도 했다. 초대교회의 역사가 유세비우스의 경우는 로마제국이 그리스도교를 공인하는 상황 속에서 교회와 하나님 나라를 거의 동일시하기도 했다.[11] 반면 신앙의 순수성을 강조하는 이들은 교회의 타락상에 너무 실망하여 예수 그리스도를 배반한 교회와 그분이 선포한 하나님 나라 사이의 불연속성을 강조하기도 한다.[12] 그렇다면 둘의 관계를 어떻게 이해하는 것이 가장 적절할까?

프랑스의 가톨릭 사제 루와지[A. Loisy]는 "예수가 선포한 것은 하나님 나라였다. 하지만, 도래한 것은 교회였다"[13]라는 유명한 말을 남겼다. 이 짧은 문장이 풍기는 강렬한 인상만큼 예수 그리스도의 사역과 교회의 현실 사이의 괴리가 크게 느껴진다. 하지만, 현대적 관점에서 하나님 나라와 교회의 '차이'에 감정적으로 반응하기보다는, 1세기에 부활 이후 어떤 일이 일어났는지를 유심히 볼 필요가 있다. 하나님 나라를 선포하던 예수 그리스도의 제자들이 공동체를 형성했고, 그 공동체가 성령의 오심과 함께 교회가 되었다. 성령의 오심은 하나님 나라를 대체한 것이 아니라, 하나님 나라에 대한 갈망을 계속 일깨웠다. 그뿐만 아니라, 성령은 다시 오실 주님을 지금 현존하는 공동체에서 경험하게 하는 힘이었다. 즉, 교회의 존재는 이미 도달한 하나님 나라와 아직 완성되지 못한 하나님 나라 사이에서 철저히 '종말론적' 성격을 띤다.

종말론적 맥락에서 볼 때 교회가 곧 하나님의 나라일 수 없다. 또한 교회는 하나님 나라를 지금 여기서 완전히 이룩할 수 없다는 숙명을 가진다. 요한계시록 21장을 보더라도 새 하늘과 새 땅에는 교회가 아니라 새로운 도성(예루살렘)이 있다.[14] 바꾸어 말하면, 다른 집단과 달리 교회는 자신이 없어질 이유를 위해 설립되었고, 자신이 사라질 그때를 갈망하며 존재한다.

만약 이 운명에 영웅적으로 맞서며 교회를 하나님의 나라와 동일시하고자 한다면, 이것은 하나님께서 신비한 계획 속에서 벌려 놓으신 부활과 재림 사이의 간격을 무시하는 것이다. 하나님 나라와 교회 사이의 차이를 존중한다 하더라도, 문제는 하나님 나라도 아닌 교회가 그 나라를 현실에서 선포하고 또 그 나라의 가치를 가시적으로 드러내야 한다는 데서 생긴다. 여기에 교회의 이중적 곤란함이 생겨난다.

첫째, 교회는 하나님 나라를 꿈꾸고 이를 살아 내려는 이들의 모임이기에, 현실에서 교회만큼 사람들이 역겹게 여기는 곳도 별로 없게 된다.[15] 루터의 표현대로라면 교회는 의인이자 죄인의 모임이기에, 교회에서는 이 역설을 견디는 인내와 상호 배려와 공감능력이 진리에 대한 헌신만큼이나 요구된다.

둘째, 진리를 특정한 시공간 속에서 선포할 책임이 있는 교회는 역사가 지닌 애매모호함과 비효율성에 압도되곤 한다. 그러다 보니 역사 속에 위치한 자신의 존재 의미를 무시하면서 무시간적이고 영원하고 보편적인 진리를 선포하고픈 유혹에 빠진다. 이 치명적 유혹에 무너질 때 결국 교회는 탈역사적이고 독단적인 모습에 빠지게 된다.

그러나 교회와 하나님 나라 사이에는 인간의 힘으로 넘을 수 없는 불연속성도 있지만, 삼위일체 하나님의 사역으로 형성된 연속성도 있다. 그리스도의 몸으로 현존하는 교회는 예수 그리스도의 하나님 나라 사역을 자신의 존재와 사명과 활동의 기본 틀로 삼을 수밖에 없다. 예수 그리스도는 이 땅에서 하나님 나라의 복음을 선포하고, 병든 이를 고치고, 악한 영에 사로잡힌 이를 자유롭게 하고, 가난한 자와 창녀와 세리들과 삶을 나누셨다. 이러한 그리스도의 삶을 그리스어 단어를 써서 케리그마^{kērygma}(선포), 디아코니아^{diakonia}(봉사), 코이노니아^{koinōnia}(친교)의 세 범주로 나누기도 한다.[16] 교회가 그 기초가 되는 예수 그리스도의 삶을 이 땅에서 현실화시키려면, (사도행전이 증언하는 초대교회처럼) 성령의 능력 안에서 이 세 역할 모두를 균형 있게 잘 이뤄 내야 한다.

또한 교회는 삼위일체께서 완성하실 하나님의 나라를 삶의 현장에서 현실화하는 역할을 한다. 달리 말하면, 하나님의 미래는 이미 교회 안에 부분적으로나마 현존하고 있으며, 교회의 선포와 성례 그리고 선교를 통해 사람들은 하나님 나라를 역사 속에서 경험하게 된다.[17] 이렇게 교회는 하나님 나라와 자신 사이의 연속성과 불연속성이 가져오는 긴장과 갈등을 믿음을 가지고 인정하면서도, 그리스도의 하나님 나라 선포와 사역을 현실화하면서 둘 사이의 간격이 좁혀지는 것을 희망해야 한다.

결론적으로 말하자면, 하나님 나라와 교회는 일치할 수 없지만, 둘은 그리스도 안에서 간접적 동일성을 가진다. 즉, "'하나님 나라 자체'^{autobasileia}였던 예수가 교회의 머리요, 교회는 '그리스도의 몸'이다."[18]

그런 의미에서 교회는 이 땅의 현실 속에 살아가는 사람들에게 하나님 나라를 지시하는 기호^{sign} 역할을 한다. 이를 아우구스티누스는 이렇게 표현한다.

> 참으로 이 천상 도성을 상징하며 **예시하는 형상**이 필요에 따라 지상에 있었다. 그 목적은 천상 도성을 지상에 실현시키려는 것이 아니라, 그런 도성이 있으리라는 것을 사람들이 **생각하게 만들려는 것**이었다. 이 형상은 미래 도성의 상징이요 그 실체는 아니었지만, 거룩한 도성이라고 불렸다.……지상 도성의 한 부분이 천상 도성의 상징이 되었고, 그 자체에 의미가 있는 것이 아니라 다른 도성을 의미하며, 따라서 '종이 되어' 섬긴다.[19]

교회는 현실의 삶에서 여러 부족함과 거듭된 실패 속에서도 하나님 나라를 자기의 과제로 삼고, 지금 여기서 하나님 나라의 모습을 부분적으로 미리 맛보는 곳이 되어야 한다. 물론 오늘날 교회에 문제가 있다는 지적이 늘어나고 교회에 실망하는 사람들이 많다. 이럴 때 여러 위기진단도 필요하겠지만, 먼저 교회가 현실 속에서 하나님 나라를 가리키는 근원적 역할을 제대로 담당하고 있는지를 살펴볼 필요가 있다. 또한 교회를 개혁하고 교회가 나아가야 할 바를 고민할 때도 무엇보다 예수 그리스도가 선포한 하나님 나라가 바로 그 기준이 되어야 할 것이다.

주안에서 하나 된 교회에서 왜 모두 자기식대로 살까?

교회에 있는 사람들은 하나님께서 선택하셨고 하나님을 주로 받아들인다는 점에서 공통점을 가진다. 바울도 하나님께서는 "유대인이나 헬라인이나 종이나 자유인이나 다 한 성령으로 세례를 받아 한 몸이 되었고 또 다 한 성령을 마시게"(엡 12:13) 하셨음을 강조한다. 한스 큉^{Hans Küng,} ¹⁹²⁸⁻ 은 이 주제를 다음과 같이 설명한다. "에클레시아가 하나님의 공동체가 된다는 것이 중요하다.……하나님의 에클레시아는 수시로 일어나는 임의의 집회 이상의 것이다. 그것은 하나님이 미리 선택한 사람들의 하나님을 중심으로 한 모임이다."²⁰ 이렇게 하나님의 능력으로 서로 다른 사람이 모여 만들어진 하나 된 공동체가 바로 교회이다.

그런데 현실로 들어와 보면 교회라는 곳이 여러 사람이 부대끼는 곳이다 보니, 그 속에는 기쁘고 보람찬 일도 있지만 어렵고 당혹스러운 상황도 많다. 더욱이 같은 하나님을 믿고 같은 성서를 읽는다는 그리스도인이 생활방식도, 생각하는 바도, 정치 성향도, 심지어 신앙의 색깔도 같지 않다. 교인들 간에 서로 다른 생각, 판단, 행동, 취향 때문에 교회는 종종 사랑과 화해의 공동체가 되지 못하고 갈등과 다툼과 이간질의 장이 되기도 한다. 교회 밖에서도 나랑 다른 가치관과 삶의 방식을 가진 사람들 때문에 스트레스를 받는데, 교회에 와서도 같은 이유로 힘들다는 것 자체가 교회가 뭔가 잘못 돌아가고 있다는 징표가 아닐까?

성서에 따르면 교회의 시초였던 제자들의 무리도 그리스도를 따르고자 모였다는 공통점 외에는 직업, 성향, 출신 지역, 믿음의 정도가 다 달랐다. 바울은 몸의 유비를 들어 몸이 서로 다른 지체들로 이루어졌듯, 교회 안에서도 사람들이 서로 다른 기능을 각각 담당하고 있음을 보여 줬다. 달리 말하면, 공동체가 형성되는 것은 이 '다름' 속에 있다. 나와 너의 차이에서 나오는 모순은 그 관계를 '군집'이 아니라 '공동체'로 만든다.²¹ 성령께서 주시는 은사의 다양성은 '다름'을 인식하는 방식에 질적인 변화를 가져오며 교회를 생동감 있고 풍성하게 만든다. 레오나르도 보프가 말하듯, "은사에 따라 이처럼 직책을 분담하는 일은 교회를 형제들과 자매들의 공동체로 만들어, 퇴폐적이며 때로 적대적인 세계에서 모두가 거룩함과 증인이 되는 하나의 목적을 추구하도록 만든다."[22] 성령의 역사는 다름을 말소하는 것이 아니라 다름의 참된 가치와 기여를 회복함으로써, 다름이 곧 폭력과 배제로 이어지는 세계와 대조되는 사랑과 환대의 공동체로서 교회를 세운다.

그렇지만 교회 안에서 '차이 자체'가 무조건 정당화될 수는 없다. 바울도 은사가 공동체 내에서 질서 잡히지 않을 때 혼란과 분쟁과 경쟁을 일으킬 수 있음을 지적한다(고전 12:14-31). 그리고 바울은 차이를 인정하고 인내하게 하는 덕목인 '사랑'을 가장 중요한 은사로 제시한다(고전 13:1-13). 즉, 교회는 서로의 다름을 조화롭게 하는 사랑의 은사가 주어진 곳이기에 그 다양성 속에서도 공동선을 이루어 낼 수 있는 곳이다(고전 12:18; 16:16 등). 교회란 서로의 다름에도 '불구하고'가 아니라 그 다름 '덕분에' 함께 생활함의 좋음과 기쁨으로 이어질 수 있는 지혜와 지도력과 상호 섬김이 있는 곳이다.

교회 안에서 다양성의 문제를 종말론과 절묘하게 결합한 사람이 바로 C. S. 루이스이다. 루이스는 다양성의 핵심에는 자유와 책임이 있다고 보았다. 하나님께서는 인간을 그분 앞에서 자유의지를 가지고 각기 판단과 행동을 하도록 창조하셨다. 각자 자유의지를 사용한 결과 '나'와 '너'의 삶은 고유한 방식으로 다르게 빚어져 간다. 삶 속에서 수많은 결정을 진실하고 성실하게 할수록 '너'와 '나'의 다름은 아름답고 조화롭게 형성되어 간다. 반면 하나님 앞에서 자유의지를 제대로 사용하지 못하는 사람은 겉으로는 개성 있어 보일지 몰라도, 사실상 세태를 따르고, 권력에 달라붙고, 성공 논리를 너나 할 것 없이 내면화하며, 서로 경쟁적으로 눈치를 보며 갈수록 획일화되어 간다.

자유의지를 충실히 발휘한 결과 천국에 가서 보게 될 '너'는 '나'와 유사한 것이 아니라 하나님 앞에서 '너'의 고유함이 충만히 드러난 모습이다. 루이스는 가상의 인물에게 쓴 한 편지에서 이렇게 말한다. "부디 마음을 넓게 갖게.……마음을 넓히라고! 세상을 이루는 데는 온갖 종류의 사람이 필요하다네. 교회도 마찬가지야. 교회의 경우에는 더욱 그럴지도 모르겠군. 은총이 자연^{nature}을 완전하게 한다면 은총 덕분에 우리 모두의 본성^{nature}이 확장되어 하나님이 원래 의도하신 풍성한 다양성을 온전히 드러내게 될 걸세. 그리고 천국은 지옥보다 훨씬 더 다양한 모습을 보여 주겠지."[23] 즉, 천국은 신자들 간의 동일성으로 규정되어지는 곳이 아니라 다양성으로 특징지어지는 곳이다. 천국을 이 땅위에 비춰 주는 곳인 교회 역시 동일성이 아니라 다양성이 있는 곳이다. 더 정확하게 말하자면 역사 속에서 참된 의미에서 다양성이 발견되는 장소가 다름 아닌 교회이다.

교회는 우리가 타자의 다름을 진정으로 인정하며 다름과 함께 살아가는 것을 배우는 곳이다. 타자성에 대해 무조건 용납을 강요하는 포스트모던적 이데올로기가 아니라, 우리의 다름과 결핍도 은혜로이 인정하시고 회복해 가시는 하나님 안에서 타자를 겸허히 만나는 곳이 바로 교회이다. 다양성이 넘치는 현대 사회에 왜 교회가 필요한지에 대한 존 프리처드$^{John Pritchard, 1948-}$의 설명을 들어 보자.

오늘날 사회는 각자의 관심사를 따라 묶인 모임들로 파편화되었습니다. 교회는 우리의 인간성을 왜곡하는 장벽들, 파편화하는 사회 흐름에 맞서, 각기 다른 세대를 아우르고 환대하며 인류 유산이 지닌 다양성을 살리는 공동체를 세우기 위해 진실한 시도를 하는 공간입니다. 자신과 전혀 무관해 보이는 낯선 누군가를 그리스도 안에서 형제자매로 대하고, 자신과 사뭇 다른 정치적 견해와 신학적 관점을 지닌 이와 함께 예배를 드리게 함으로써 교회는 오늘날 사회를 지탱하기 위해 필요한, 더 나아가 인류의 미래

를 위해 필요한 근본적인 무언가를 구현합니다.[24]

이러한 관점에서 오늘날 교회를 돌아볼 필요가 있다. 소득과 교육 수준에 따라 출석하기에 꺼림칙한 교회가 있지 않은가? 교회와 교회가 서로 다른 정치적 이념으로 소통하는 데 어려움을 겪고 있지 않은가? 다름을 배우는 예배가 아니라, 나와 비슷한 사람들이 모여 편안하게 예배를 드리게 되어 있지 않은가? 한 교회 내에서도 연령별로, 관심사별로, 지역별로 예배를 분화하고 있지는 않은가? 소금이 그 맛을 잃으면 무엇으로 짠맛을 낼지가 문제인 것처럼, 타자를 만나고 다름을 인내하는 것을 배우는 장소로서 교회가 그 기능을 잃으면 다원화된 사회에서 우리가 어떻게 희망을 품을 수 있을까?

교회의 주된 역할은 가르치는 것인가?

한자어로 교회(敎會)는 '가르치는 모임'이라는 의미이다. 구원의 진리, 올바른 교리, 그리스도인의 삶을 '가르치는' 장소라는 뜻이 이 단어에 강조되어 있다. 하지만, 한자어 단어에서는 그리스어 단어 에클레시아에 내포된 '공동체적 지평'이 상대적으로 약화되어 있다. 에클레시아의 의미에 더 충실한 단어를 찾는다면, '함께하고 나누는 모임'이라는 뜻의 교회(交會)가 더 적절할지도 모른다.[25] 이는 어떤 면에서 사도신경에서 교회를 '성도의 교제'라고 소개하는 것과 더 잘 부합할 수도 있다.

물론 고대부터 현대까지 교회의 중심 역할 중 하나가 가르치는 것이다. 그런데 과연 가르침이 에클레시아의 번역어로 敎會로 삼을 정도로 압도적 기능인지, 그리고 군사부일체(君師父一體)라며 가르치는 권위를 최상급으로 여기던 한국 문화에서 이 단어가 적합한지도 따져 볼 만한 일이다. 오히려 소통을 강조하는 교회(交會)라는 개념이 '가르치는 목회자와 배우는 평신도'를 나눴던 한국 교회의 관습에 도전하며 하나님 앞에서 평등한 공동체 이미지를 더 잘 구현할지도 모른다. 하지만, 일상어로서 교회(交會)가 '서로 만남'이란 뜻으로 이미 쓰이고 있고, 또 이 개념이 교회가 다른 사교 모임에 비해 어떤 면에서 독특한지를 설명해 내는 데도 한계가 있다. 따라서 교회(交會)가 교회(敎會)를 대체하기에는 현실적으로 무리가 있어 보인다.

하지만, 교회에서 '가르침'보다 '상호성'을 강조할 때 교회의 역할과 기능에 대한 생각도 변화하게 된다는 것은 명심할 필요가 있다. 교회는 공동체를 이루고 그 안에서 서로가 서로에게 기대어 부단한 '배움'을 경험하는 곳이다. 이때 배움이 단지 교리 교육이나 성경공부를 의미하지 않는다. 교회의 삶을 통해 우리는 하나님이 누구신지 그리고 피조물로서 삶이 무엇인지 배우게 된다. 그리고 프리처드가 이야기했듯 "교회가 가장 교회다운 모습을 하고 있을 때 교회는 사람들에게 이 땅이 지닌 거룩함을 익히게 해주는 공간"[26]이 된다. 교회를 통해 우리는 이 세계가 단지 물질 덩어리나 인간의 창조성이 이룩한 문명이 아니라, 성부 하나님께서 창조하셨고, 그리스도를 통해 화해되었고, 성령께서 활동 중이신 곳임을 배우게 된다.

'배우는 교회'의 가장 중요한 자세는 경청과 겸손과 인내일 것이다. 하나님 나라를 선포한다는 사명 자체가 세상을 향해 무례하게 가르치려는 태도를 정당화하지 않는다. 오히려 교회는 진리에 대한 순종을 진리를 필요로 하는 사람 앞에서 겸손과 진실함으로 번역해 낸다. 교회는 어떤 숨은 정치적 의도나 예측 가능한 목표 없이도, 세상의 슬픔과 필요에 공감하며 귀를 기울인다. 교회는 우리의 이상이 실현되지 않는다고 하여 좌절하거나 분노하거나 실력을 발휘하는 것이 아니라, 하나님의 때를 기다리며 타자와 함께 사는 능력을 개발하게 도와준다.

체코의 사회학자이자 신학자인 토마스 할리크[Tomáš Halík, 1948-]는 신앙과 무신론의 주된 차이를 신앙의 여부가 아닌 '인내'임을 지적했다.[27] 아무리 교리를 많이 알고 신앙생활을 열심히 하더라도 일상에서 경험하는 하나님의 침묵, 선(善)의 더딘 움직임을 참고 인내하는 법을 알지 못하면 얄팍하고 까칠한 신앙에 머무르거나 회의에 탐닉하게 마련이다. 그리스도인은 하나님으로부터 인내를 배울 수 있고, 긴 기다림을 함께할 벗을 만나는 장소인 교회를 선사 받았다. 달리 말하면, 그리스도의 몸인 교회는 부활을 살아가는 그리스도인이 여유 있는 시선을 가지고 타자를 배려하며 함께 성숙할 수 있는 이 땅 위에 내려진 새로운 차원의 느긋한 시공간이 되어 준다.

교회가 '배우는 공동체'라는 사실은 이 땅에 완전한 교회가 존재하지 않는다는 말이기도 하다. 우리는 단지 교회의 본질이 현실에서 다양한 형태로 드러난 것만 볼 수 있을 뿐이다.[28] 그렇기에 교회에 속한다는 것은 "이상과 현실 사이의 엄연한 간극에 주의"[29]하되, 그 벌어진 틈 때문에 좌절하는 것이 아니라 오히려 이상과 현실의 계속된 대화 속으로 들어감을 의미한다. 현실과 대화를 거부하는 '순수한' 이상은 대부분의 경우 현실의 공동체를 파괴하기 마련이고, 반면 이상에 눈을 감은 '맹목적' 현실은 모든 것을 일상의 논리로 환원시킬 위험이 있다. 교회라고 현실의 익숙함에 만족하거나 이상의 아름다움만 응시하고픈 유혹을 받지 않는 것은 아니다. 하지만, 교회는 현실과 이상의 긴장을 종말론적으로 볼 수 있는 '독특한' 곳이다. 배움의 장소로서 교회는 이상에 대한 꿈을 저버리지 않으며, 성숙의 환경으로서 교회는 불완전한 현실을 긍정하도록 도와준다.

결론 짓자면, 역사적 뿌리로 올라가 봐도 교회는 배움을 위해 형성된 공동체였다. 교회의 기초이신 예수 그리스도께서는 건물을 세우고 그곳에 사람들이 정기적으로 와서 예배드리고 교리 교육하고 봉사하라고 명령하시지는 않았다. 그분은 길을 걸으시다가 "나를 따르라"라고 말씀하셨다. 그 부름에 응한 사람들이 제자가 되었고 이후 교회가 되었다. 즉, 예수의 공적 사역의 시작에는 '제자의 탄생'이 있었다. 많이 알아서 남을 가르칠 수 있는 잘난 이가 아니라 배움이 필요했고 성숙의 여지가 있었던 이들이 그분을 따랐다.

물론 한 번도 가보지 않은 길을 부르심에 따라 간다는 것은 많은 용기와 희생을 요구한다. 그리고 길을 가는 중에는 언제나 의심과 불안이 엄습해 오게 마련이다. 하지만, 교회가 그리스도를 중심으로 모인 배움의 길벗의 모임이라는 그 본질은 시간이 지나도 변화하지 않을 것이다. 그렇기에 그리스도인이라면 길을 함께 걷는 모임으로 부르시는 주님의 초청에 기쁘고 감사한 마음으로 반응할 충분한 이유가 있다.

예수님은 좋은데, 교회가 싫은걸

2012년 4월 둘째 주 미국의 주간지 「뉴스위크」의 표지에 뉴욕 도심 길 한복판에 현대인 복장을 하고 가시관 쓴 예수 그리스도가 등장했다. 굳게 입을 다문 예수 그리스도 아래로 "교회는 잊어버리고 예수를 따르라!"Forget the Church and Follow Jesus!라는 도발적 문구가 적혀 있었다.[30] 심각한 분석과 연구까지 안 가더라도, "Jesus, Yes! Church, No!"라는 표현에서 보이듯 교회의 존재 이유에 대한 회의가 오늘날 적지 않다. 그리스도교의 본질은 예수 그리스도의 가르침대로 잘 살고 그분을 잘 믿는 것이지, 제도화되고 비효율적이고 시대에 뒤떨어진 교회에 소속되는 것과는 별 상관 없다는 인식이 어느덧 팽배해져 버린 듯하다.

그렇지만 우리의 믿음과 교회를 쉽게 분리할 수 없는 이유는 교회의 사명이 인간의 근원적 본질과 깊숙하게 결부되어 있기 때문이다. 그 본질이란 인간은 공동체적 존재이며, 끝없는 배움의 도정에 놓여 있다는 점이다. 그렇기에 하나님께서 인류를 다루시는 방식에는 언제나 '공동체'가 그 중심에 놓여 있었다. 구약성서를 보면 하나님께서는 인류의 빛이 되게 하려고 이스라엘을 부르셨다. 그런데 이스라엘은 자신의 사명을 바로 깨닫기는커녕 불순종하고 계속 말썽을 일으켰다. 신실하신 하나님께서는 신약에서도 하필이면 말 많고 갈등을 빈번히 유발하고 실수투성이인 교회를 하나님의 백성이자 부활한 그리스도의 전으로 삼으셨다.

교회 역시 현상적으로 보아 만만치 않은 곤란을 겪고 민폐를 끼쳐 왔다. 그럼에도 우리의 경험과 기대와 전략을 거스른 하나님의 부름 때문에 교회는 인간의 근원적 관계성을 계시하고, 왜곡된 공동체성을 치유하고, 사랑의 관계를 배우는 장이 되었다. 배움은 우리가 일상에서 마주하게 될 의심, 불안, 모순을 하나님께서 성숙으로 이끌어 나가시도록 삶의 여백을 마련하는 과정이 되었다. 하나님께서 우리를 교회로 부르시는 것은 자만에 빠져 있던 인간을 참 배움의 길로 들어서도록 하기 위함이요, 자기 스타일의 공부에 빠져 있는 세상에 하나님 나라의 기쁜 복음을 배우도록 초청하는 역할을 맡기기 위함이다. 그렇기에 그리스도를 뒤따르는 우리에게 요구되는 것은 인간 공동체를 사랑하고 거기에 거듭 희망을 거시는 하나님의 '비효율적 신실함' 위에 우리 삶의 무게 중심을 올려놓는 '어린아이 같은 신실함'일지 모른다.

질문하는 신학

적용과 토론을 위한 질문

1. 여러분에게 교회란 어떤 곳인가? 여러분 가족은 언제부터 교회를 다니기 시작했는가? 교회는 여러분 삶에 어떤 위치를 차지하고 있는가?

2. 내가 생각하는 교회와 사도신경에서 묘사하는 교회는 어떻게 다른가?

3. 신약성서에서 교회를 뜻하는 그리스어 단어 '에클레시아'는 어떤 뜻인가? 이 단어의 일반적 의미와 성서에서의 의미는 어떻게 다른가?

4. 만약 교회가 세상으로부터 부름을 받아 세상을 향해 파송되는 쌍방향 역동성을 가진다면, 오늘날 교회의 모습은 이 역동성을 잘 보여주는가? 교회의 일원으로서 나는 그 역동성을 잘 실현하고 있는가?

5. 예수 그리스도께서 선포한 하나님 나라와 성령 강림으로 탄생한 교회 사이의 공통점과 차이점은 무엇인가?

6. 교회를 '가르치는 곳'만이 아니라 '서로 교제하는 곳'으로 보았을 때 교회는 어떤 모습이 되어야 할까? 그리고 교회를 '배우는 곳'이라고 할 때 우리는 교회에서 무엇을 배우는가?

7. 서로 다른 사람이 모인 '군집'에서 그리스도를 따르는 '공동체'로 변화하는 과정에서 성령은 어떤 역할을 하시는가? 과연 군집과 공동체는 어떤 차이가 있을까?

29장. 교회론 II

왜 그리스도인이 되려면 교회에 속해야 하는가?

나의 교회인가, 그리스도의 교회인가?

어느 날 교회학교 부장 집사님께서 주일 아침 예배에 참석하지 않으셨다. 학생 예배는 무사히 끝났지만, 한 주도 빠지는 일 없이 누구보다 일찍 교회에 오시던 분이 안 보이니 뭔가 이상했다. 그런데 저녁 예배 때 보니 부장 집사님께서 몹시 피곤한 모습으로 앞줄에 앉아 있었다. 설교하시던 중 담임 목사님께서 집사님을 칭찬하기 시작했다. 급한 일로 지방에 내려가야 했던 분이 '교회'를 사랑하는 마음으로 힘든 몸을 이끌고 와서 저녁 예배는 함께 드리게 되었다고. 언제 어디서나 '자기 교회'를 생각하고 예배를 드려야 신앙이 성장하고, 학생들도 이를 신앙의 모범으로 삼고 교회를 사랑하게 된다고. 나중에 사정을 듣고 보니 집사님께서는 집안일이 생겨 지방에 내려가야 한다고 교회에 미리 전화했다가, 목사님께서 그래도 주일에 자기 교회에서 예배를 드려야 한다고 강하게 말해서 저녁 예배라도 드리러 급하게 달려왔다는 것이었다.

당시 신학생이었던 필자는 약간 혼란스러웠다. 한편으로 학교에서는 '교회는 하나!'이며, 복음이 바로 선포되고 성례가 제대로 집행되면 어느 지역교회든 진정한 교회라고 배웠다. 게다가 학교 안팎에서 한국 교회의 가장 큰 문제 중 하나로 '개교회주의'라는 비판도 자주 들었다. 그런데 다른 한편으로 교회에 대한 목사님의 헌신과 사랑은 숭고해 보였고, 추상적 의미에서 보편적 교회가 아니라 구체적인 교회 공동체에 대한 '소속감'은 신앙생활에서 너무 중요해 보였다.

사실 지난 세기 한국 교회의 급속한 성장 요인 중 하나는 바로 '자기' 교회에 대한 사랑에 있다고 해도 과언이 아니다. 지금도 해외 신학자들이 한국 교회를 방문하면 주일에 한국 그리스도인이 보여주는 교회에 대한 엄청난 헌신에 놀라곤 한다. 여름에 길을 걷다 뙤약볕 아래서 흐르는 땀을 닦으며 행인들에게 전도지와 물티슈를 나눠 주는 교인들을 볼 때마다 그분들의 교회 사랑에 감동하기도 한다. 물론 가끔은 "저 교회 다녀요"라고 말씀을 드려도 자기 교회로 나오라며 악의 없이 권하시는 분들 때문에 불편한 마음이 생기기도 한다. 이처럼 자기 교회에 대한 사랑이 한국 교회의 힘이 되기도 하지만, 그것이 지나칠 때는 한국 그리스도교의 슬픈 모습 중 하나인 '무례함'으로 쉽게 변하기도 한다.

그래서 이번 장에서는 교회론 중 교회의 하나 됨, 그리고 교회에 속하게 될 때 어려움에 대해 짧게나마 고민해 보았으면 한다. 물론 아무리 좋은 학교에서 신학을 공부했더라도, 혹은 목회를 수십 년 했더라도, 어떻게 여러 교회가 하나의 교회가 되는지 명료하게 이론화하거나 설명하기는 힘들다. 왜냐하면 그리스도가 한 분이시듯 그리스도의 몸인 교회가 하나라는 것은 우리의 이해력을 넘어서는 신비이기 때문이다.

우리는 그 신비가 무엇인지 잘 알지도 못하지만, 그 신비에 참여하고 있다. 교회의 하나 됨의 신비를 믿고 그 의미를 성찰해 나가다 보면 교회에 대한 우리의 이해와 참여에 질적 변화가 일어날 것으로 기대한다.

참 교회의 기초란 무엇인가?

신학의 오랜 역사 속에서 '교회가 무엇인가'에 대한 계속된 질문은 교회론이 상당히 방대하고 복잡하게 발전되도록 하였다. 수많은 논의 중 옥석을 가릴 수 있는 기준은 교리로서의 '교회론'이 얼마나 성서에 나오는 교회의 이미지를 적절히 수용하며 발전하였는가, 그리고 교회를 통해 펼쳐질 하나님의 뜻에 그리스도인이 충실히 참여하도록 도울 수 있는가 여부이다. 신약성서에 따르면 교회는 하나님 아들 예수 그리스도의 사역의 결과로 성령의 능력 속에서 탄생하였다. 그런데 놀랍게도 복음서에는 교회를 뜻하는 그리스어 단어 에클레시아*ekklēsia*가 단 두 구절, 그것도 마태복음에만 나올 뿐이다. 그렇다면 예수 그리스도는 교회에 별 관심이 없으셨단 말인가? 교회는 어디서 그 존재의 당위성을 가져오는가?

교회를 교회 되게 하는 표지가 무엇인지를 생각해 볼 때 우리는 다음과 같은 요소들을 성서 안팎에서 발견할 수 있다.

첫째, 성령의 활동이다. 교회는 오순절 성령의 오심과 함께 존재하게 되었고(행 2:1-4), 바울은 교회를 성령의 전이라 불렀다(고전 6:19). 제자들은 "내가 너희와 함께하리라" 하신 그리스도의 약속이 예상을 못했던 방식으로 성취되고 있음을 성령 안에서 생생히 경험했다. 그리스도가 살아 계실 때 교회를 세우시지는 않았더라도, 교회는 그분의 영이신 성령의 역사를 통해 탄생했다. 성령은 역사 속에서 교회가 하나님

질문하는 신학

나라의 모습을 부분적으로 현실화하게 하신다. 비록 교회가 하나님 나라 자체는 아니지만, 이로써 하나님 나라를 이 땅에서 미리 맛보게 하는 종말의 선취로서 역할을 담당하게 된다.

둘째, 이스라엘의 역사도 교회의 밑바탕이 되었다.[1] 교회는 탈역사적이거나 모호한 신성을 경배하는 종교 집단이 아니라, 이스라엘을 선택하고 부르시고 계약을 맺으신 하나님을 예배하는 공동체이다. 예수 그리스도는 유대인으로서 이스라엘이 하나님과 맺은 계약, 그리고 당시 유대인이 품고 있던 메시아적 희망의 맥락 속에서 하나님 나라를 선포하고 활동하셨다. 교회는 팔레스타인에서 유대인의 공동체로 시작했고, 히브리 성서(구약성서)의 신앙을 바탕으로 예수 그리스도의 정체성과 사역을 해석해 냈다.

셋째, 16세기 종교개혁자들은 참 교회의 표지로 '말씀'과 '성례' 두 가지를 제시했다. 로마 가톨릭교회에 대항하여 무엇이 참 교회인가 논쟁이 고조되어 갈 때, 종교개혁자들은 교황이나 전통의 권위가 아니라 말씀과 성례전의 권위를 참 교회 됨과 결부 지었다. 예를 들면, 1536년에 나온 칼뱅의 『기독교강요』 초판은 참 교회의 표지를 다음과 같이 정의한다. "우리가 볼 때는 하나님의 말씀이 순전히 전파되고 경청되는 곳, 또 그리스도께서 제정하신 대로 성례가 시행되는 곳에는 하나님의 교회가 존재한다고 의심치 않고 말할 수 있다."[2] 이러한 정의는 당시 개혁자들에게 널리 받아들여졌다. 이보다 앞선 1530년도에 작성된 아우크스부르크 신앙고백 7조도 교회를 복음의 순전한 설교와 복음에 일치하는 성례전이 있는 곳으로 설명했다. 즉, "이 산에서도 말고 예루살렘에서도 말고"(요 4:21) 올바른 말씀 선포와 성례전에 참여하며 영과 진리로 예배드린다면 바로 그곳이 참 교회라 할 수 있다.

넷째, 믿음 또한 교회의 기초로 중요하다. 교회는 하나님의 부름을 받은 사람들의 모임이다. 그리고 이 사람들의 가장 큰 특징은 바로 '믿음'이다.[3] 달리 말하면 하나님의 부름에 믿음으로 응답한 사람들이 모여 있는 곳이 바로 교회다. 이때 믿음이란 단지 교회에서 가르치는 교리적 내용에 대한 지적 동의를 의미하는 것이 아니다. 믿음은 그리스도를 통해 부어 주시는 하나님의 은혜를 담아내는 그릇이다. 이 믿음은 하나님의 부름을 받기 이전의 생활과 단절하고자 하는 결단, 자기중심성을 벗어나 그리스도처럼 타자를 위한 삶을 살겠다는, 새로운 존재로 살겠다는 삶의 변화를 포함한다(눅 18:18-27; 행 9:1-19 참조).

다섯째, 성령, 믿음, 이스라엘 역사, 설교와 성만찬 외에도 교회를 구성하는 요소를 성서나 교회 전통에서 추가로 찾아낼 수도 있을 것이다. 그러나 무엇보다 중요한 교회의 기초, 곧 궁극적 기초는 바로 예수 그리스도이다. 그리스도는 교회의 터이자 모퉁잇돌이 되신다(고전 3:11; 엡 2:20-22). 그리스도는 교회의 머리이자 교회의 신랑이시다(엡 1:22; 엡 5:23). 예수께서도 "주는 그리스도시요 살아 계신 하나님의 아들이시니이다"(마 16:16)라는 베드로의 고백 위에 교회를 세우겠다고 하셨다. 그런 의미에서 교회는 자기 스스로 존재하는 것이 아니라, 언제나 그 기초가 되는 그리스도와 연합되어 역사 속에 위치하고 활동한다. 그렇기에 교회의 존재와 활동은 '예수 그리스도가 누구신가?'라는 질문에서 시작하게 된다.

성령, 믿음, 이스라엘의 역사 등과 같은 교회의 기초는 궁극적 기초인 예수 그리스도 안에서 통일성을 부여받고 참 의미가 드러나게 된다.[4] 성령의 활동은 교회를 황홀한 신비 체험으로 채우는 것이 아니라, 교회를 통해 그리스도의 존재와 삶을 역사 속에서 현실화하신다. 믿음은 모호한 대상에 대한 신뢰가 아니라 그리스도 안에서 자신을 결정적으로 드러내신 하나님에 대한 믿음이자, 그리스도를 통해 인류를 새롭게 빛어 내셨다는 것에 대한 믿음이다. 또한 교회는 이스라엘의 역사를 과거 사로 보는 것이 아니라, 이스라엘에 대한 하나님의 약속의 성취이신 그리스도를 통해 자신의 존재 이유와 사명을 찾게 된다. 말씀과 성례는 성령을 통해 현존하시는 그리스도를 들리고 만져지고 맛볼 수 있는 형태로 지시한다.

결론적으로 말하면, 예수 그리스도는 교회의 궁극적 기초로서 교회의 다른 기초 모두를 질서 지우고 통합하신다. 그리스도를 기초로 삼지 않을 때 교회는 사교 모임이 될 수도 있고, 종교적 이데올로기를 공유한 신념집단이 될 수도 있고, 고대 근동 역사와 종교에 흥미를 느끼고 정기적으로 모이는 스터디그룹이 될 수도 있고, 정통신앙을 사수한다며 여기저기 간섭하는 교리 수호 민병대가 될 수도 있다. 교회가 '규범성'을 가지면서도 시대에 맞게 '변화'할 수 있고, '역사적' 근거를 가지면서도 미래에 '개방적'이었던 것은, 교회의 기초가 어떤 경직된 교리나 추상적 제도가 아니라 지극히 인간적이면서도 언제나 살아 있는 하나님 말씀인 예수 그리스도이기 때문이다.

왜 교회는 그리스도의 몸이라 일컬어지는가?

성서에 교회를 소개하는 여러 개념이 나오지만 그중 가장 중요하고 흥미로운 것 중 하나가 '그리스도의 몸'이다. 성서에서 그리스도의 몸은 크게 두 가지 의미로 사용된다. 하나는 성찬에서의 빵이다. 이는 잘 알려졌듯 마지막 만찬 때 예수 그리스도께서 빵을 들어서 축사하시고 "이것은 내 몸이다"라고 말씀하셨던 것에서 비롯한다(마 26:26; 고전 10:16). 또 하나는 교회이다. 바울은 교회를 그리스도의 몸이라 불렀다(고전 12:12-14; 엡 4:1-16). 성찬과 교회가 떼려야 뗄 수 없는 관계이지만, 이 글에서는 그리스도의 몸으로서 교회로 주제를 한정하기로 하고 성찬은 다음 기회에 다루기로 하자.

고대 그리스 철학에서도 이상적 공동체를 여러 지체가 조화를 이룬 건강한 몸으로 비유하는 '유기체적' 설명을 사용하곤 했다.[5] 하지만, 신약성서에서 교회를 그리스도의 몸이라 부를 때, 교회가 안정되고 질서를 갖춘 상태의 신자들의 공동체임을 말하려고 한 것만은 아니었다. 오히려 '몸'이라는 이미지는 부활과 함께 찾아온 새 창조의 형용 못할 실재를 은유적으로 표현하는 데 긴요하게 사용되었다. 바울은 교회를 그리스도의 몸이라 부름으로써 부활 공동체의 의미의 다채로움과 깊이를 다음과 같이 더해 냈다.[6]

첫째, 그리스도의 몸으로서 교회는 여러 지역에 실재하는 교회이자 하나의 전체교회로서 존재한다. 바울은 고린도 교회 혹은 로마 교회를 그리스도의 몸이라 부르지만(고전 12; 롬 12), 또 전체교회를 그리스도의 몸으로 인식하기도 한다(엡1:10; 골 1:9 등). 그런 의미에서 진정한 교회는 개별교회인 동시에 전체교회이다. 한스 큉은 그 관계를 다음과 같이 설명한다. "교회는 개별적인 단체들의 합자회사가 아니다. 개별교회가 모여서 전체교회가 되는 것도 아니요, 전체교회가 나뉘어 개별교회가 되는 것도 아니다. 하느님의 교회 자체가 여러 곳에 있다. 참으로 존재하는 것은 단순히……고린도인의 교회나 고린도의 교회가 아니라, 고린도에 있는 하느님의 교회이다."[7] 즉, 주님으로부터 전체교회가 받은 복음, 사명, 약속이 개별교회의 예배와 목회와 선교를 구성한다. 각 교회의 구체적 활동을 통해서만 전체교회가 역사 속에서 인식되고 의미를 부여받기에, 전체교회는 개별교회 위에 군림하는 것도 아니요 관념으로서만 존재하는 것도 아니다.

둘째, 그리스도의 몸으로서 교회는 거기에 속한 교인들의 하나 됨뿐만 아니라, 하나 된 교회가 삶을 나누는 공동체임을 보여준다. 교회는 바울이 말했듯 하나의 세례와 하나의 성령으로 한 몸 이룬 공동체이고, 그 몸에 속한 구성원들은 고통도 기쁨도 함께한다(고전 12:12-14; 엡 4:4-5). 그렇기에 서로의 차이가 억압되거나 소멸하지 않으면서도 그리스도 안에서 하나 됨을 경험하는 곳이 바로 교회이다.

셋째, 그리스도의 몸은 교회 내 통일성을 보여주지만, 동시에 각 지체의 다양성과 고유성도 강조한다. 사람 몸의 지체가 여럿이고 그 기능도 다양하듯, 그리스도의 몸으로서 그리스도인은 서로 다른 은사를 가지고 각기 다른 역할을 한다(롬 12:4-6). 은사가 평등하기에 교회 내 각 교인의 역할과 기능도 평등하고, 그렇기에 교회 내에 위계질서란 존재할 수 없다(고전 12:14-26). 김균진이 말했듯, "교회는 모든 사람들이 평등하게 사는 이상적 사회의 앞당겨 일어남이다. 모든 인류가 평등하게 사는 역사의 미래가 그리스도의 몸 된 교회를 통하여 현재화된다."[8] 직분, 성별, 계급, 세대, 인종의 다름에 따른 차별적 대우가 없는 하나님 자녀의 급진적 평등과 사귐이 있는 곳이 교회이다.

넷째, 교회는 그리스도의 몸이기에, 교회는 머리 되신 그리스도에게 배타적으로 속해 있다. 머리가 몸에 속하듯, 몸은 머리와 결합하여 있다. 머리가 둘이 될 수 없듯, 교회는 오직 그리스도만을 주님으로 고백한다. 머리와 몸이라는 비유는 그리스도와 교회 사이의 연합을 말해주지만, 또 동시에 그리스도와 교회 사이의 차이도 부각한다. 몸으로서 교회는 어떤 의미에서도 머리인 그리스도와 동일시될 수 없기에, 교회나 목회자가 그리스도를 대신하게 되는 어떤 형태의 우상숭배라도 경계해야 한다.

다섯째, 신약성서는 교회의 머리이신 그리스도를 온 우주의 주님으로도 고백한다(골 1:17; 엡 1:10). 교회가 피조 세계와 동일시될 수는 없고, 우주가 교회처럼 그리스도의 몸일 수도 없다. 그렇지만 교회와 우주 모두가 그리스도를 기원으로 하고 있기에, 교회는 신앙공동체의 장벽 안에만 머물 수 없으며, 오히려 우주 전체에 충만한 그리스도의 사역에 참여하게 된다. 이렇게 그리스도의 몸으로서 교회라는 이미지는 일반적 이론이나 일상적 경험을 기반으로 만들어진 공동체론을 넘어서, 부활의 지평 속에서 공동체를 보도록 우리의 상상력에 새로운 지평을 더한다.

그렇다면 그리스도의 몸인 교회는 오늘날 실제 어떤 모습이어야 할까? 그리스도의 몸으로서 교회는 자신의 정체성과 사명을 어떻게 파악해야 할까? 각종 자선단체와 복지기관이 전문 인력과 탁월한 기획력을 가지고 공공선을 향해 힘쓸 때, 과연 그리스도의 몸으로서 교회는 어떤 선한 영향력을 행사할 수 있을까?

우선, 교회는 그리스도의 몸이기에 자기의 존립을 위해 사역을 개발하는 것이 아니라, 그리스도의 사역을 자신의 사역으로 우선적으로 삼아야 한다. 그런데 교회의 머리이신 그리스도는 세계의 주님이기도 하시기에, 그리스도께 속한 그리스도인은 교회와 세속 사회에 동시에 속하게 된다. 인간이라면 누구나 세계의 일부로 존재하지만, 그리스도인은 세계를 그리스도의 몸의 일부로 마주하는 특별한 존재이다.[9] 교회가 사회 안에 있더라도 그리스도의 몸이라는 정체성이 없어지는 것이 아니고, 세속에 있다고 그리스도인이 그리스도와 연합된 존재라는 사실이 부정되는 것도 아니다. 따라서 교회는 하나님을 예배하는 공동체로서 고유의 사명뿐 아니라, 사회를 위한 책임도 있다.[10] 물론 하나님의 말씀은 교회와 달리 일상에서 불명료하게 들릴 수밖에 없다. 교회와 무관한 일반인이라도 정의와 평화를 위해 살아갈 것이다. 하지만, 그리스도의 몸으로서 교회는 세상과 하나님의 화목(골 1:17)이라는 더 큰 맥락에서 공공선을 위해 일하는 존재라 할 수 있다. 그렇기에 그리스도인의 실존을 교회 공동체 내부의 삶으로 한정 짓는 것은 반쪽짜리 진리일 뿐이다.

또한 교회를 그리스도의 몸이라는 유기체적 이미지를 사용한 것은 교회가 경직된 조직이나 완성된 기관이 아니라 언제나 '되어 가는 중에 있는 존재'Being in becoming라는 것을 알려 준다. 에베소서 2장 11-12절에서 바울이 교회를 설명할 때 하나님과 예수 그리스도를 주어로 하는 동사를 아홉 개나 사용했다는 사실은 교회가 본질상 삼위일체 하나님의 활동으로부터 그 존재와 사명을 부여 받는 다양한 역동성이 있음을 보여준다. 그런 의미에서 교회의 본질은 현실 공동체에서 완전히 드러날 수는 없다. 교회가 부족한 죄인들의 모임들이기 때문이기도 하지만, 무엇보다도 교회가 역사와의 복잡한 상호작용 중에 자신의 존재와 사명을 규정하기 때문이다. 달리 말하면, 교회의 본질은 변화하는 형태로 부분적으로만 현실 속에 구체적으로 드러나게 된다.[11] 교회가 이러한 본질적 역동성을 잃어버리고 제도나 건물로 인식될 때, 부활의 영 대신 인간적인 안정과 편리함, 번영이 교회를 채우게 될 위험이 있다.

바울은 교회가 하나님이 거하는 처소가 되기 위해 그리스도 예수 안에서 서로서로 연결하여 함께 지어져 가는 곳으로 묘사했다(엡 2:20-22). 이것은 우리가 너무나 당연시하면서도 잘 망각하는 교회의 특징이다. 교회란 완벽한 사람이 아니라 불완전하고 아파하고 굶주리고 의심에 잠긴 자들이 모여서 형성되어 가는 하나님의 성전이다. 다른 개성과 삶의 이야기를 가진 사람들을 건축 재료로 쓰고자 다듬고 연결하려다 보면, 우리의 기대와 달리 오랜 시간이 걸리고 성장통도 있게 마련이다.[12] 그런 의미에서 교회는 그 기다림과 고통을 인내하는 공동체이자, 한자리에 머무르지 않고 계속 자라나는 유기체와 같다. 그리스도의 몸인 교회는 1세기 예루살렘, 4세기 로마, 9세기 프랑크 왕국, 16세기 제네바, 17세기 신대륙, 20세기 초 평양 등을 낭만화한 기억을 자양분으로 삼는 것이 아니라, 하나님의 미래를 기다리는 희망 속에서 오늘도 각자의 미성숙함과 서로의 다름을 품고 자라는 공동체다.

개신교인도 공교회를 믿어야 하는가?

필자가 어릴 적만 해도 대부분의 아이가 중학교에 입학하고서야 영어를 처음 배웠다. 영어를 떠듬거리며 읽기 시작할 때쯤 교회 중등부를 시험에 빠트리는 뭔가가 교회 내에 있었다. 그것은 바로 찬송가 표지에 있는 사도신경의 영어 번역이었다. 예배 때마다 암송했던 사도신경에 "the holy catholic Church"(거룩한 공교회)를 믿는다고 되어 있으니, 개신교회를 쭉 다녀왔던 아이들이 혼란스러울 수밖에 없었다. 전도사님이나 선생님이 사도신경의 공교회가 대문자로 시작하는 Catholic(로마가톨릭)이 아니라고 말해도, catholic이란 단어가 '일반적인 혹은 전체적인'을 뜻하는 그리스어 *katholikos*에서 나왔다고 설명을 들어도, 그 놀란 마음은 쉽게 진정되지 않았다. 영미권에는 catholic이란 단어에 대한 불필요한 오해를 없게 하려고 "the holy universal church"로 사도신경 문구를 바꾼 교회도 있다.

비록 각 지역마다 예배 공동체가 있지만, 전 세계를 아우르는 하나의 교회에 대한 믿음은 초대교회 이후 지금까지 그리스도인 사이에서 쭉 내려오고 있다. 그리스도의 몸이 하나이듯, 교회도 하나이다. 초대교회 당시 여러 지역 교회가 있음에도 교회의 보편성을 표현하고자, 사도신경은 왜 하필 catholic이란 단어를 사용했을까? 그 의미는 뭘까? 개신교인도 the catholic Church, 곧 공교회를 믿어야 하나?

사도신경에는 "거룩한 공교회"the holy catholic Church라는 두 형용사가 교회를 수식하지만, 니케아-콘스탄티노플 신경에서는 "하나이고, 거룩하며, 보편적이고, 사도적인 교회"one holy catholic and apostolic Church라는 문구를 사용하며 교회의 표지를 더욱 세분화한다. 신학자마다 혹은 교회 전통마다 네 가지 표지를 해석하는 방식에 다소 차이가 있다. 에드먼드 클라우니Edmund Clowney, 1917-2005는 교회의 표지를 다음과 같이 잘 요약해 낸다.

> 교회는 **사도적**이다. 왜냐하면 교회는 사도의 복음을 기초로 하고 있으며 사도적 사명을 수행하도록 부름을 받았기 때문이다. 교회의 **거룩**은, 진리는 물론 삶이 그리스도의 교회의 표지가 된다는 의미이다.……교회의 **일체성**은 공통의 신앙과 삶으로 연합된 새로운 공동체를 요구한다. 교회의 **보편적** 성격은 교회가 천국의 거민이라는 사실에서 연유한다. 교회는 그리스도 안에서 새로운 인류가 시작되는 것이기 때문에, 타락한 세상을 분열시키는 사회적 계급이나 분파적 목적에 순응할 수 없다.[13]

클라우니의 설명은 교회가 무엇이고 어떤 곳인지 잘 알려 준다. 무엇보다도 잊지 말아야 할 것은 교회의 일체성, 사도성, 거룩성, 보편성은 교회가 스스로 만들어 내거나 소유한 특성이 아니라, 삼위일체 하나님으로부터 부여 받은 것이라는 사실이다. 그렇기에 교회의 표지의 의미도 교회 안에 현존하시는 하나님의 활동과의 관계성 속에서 규명되고 해석되어야 한다.

(1) 교회의 일체성은 우리가 개별 공동체 속으로 '한 분 하나님'의 부르심을 받기 때문에 형성된다. 바르트가 말했듯, "우리가 우리 각각의 구체적인 교회의 존재를 믿을 때, 우리는 또한 교회

의 단일성 곧 공동체들의 통일성을 믿는다. 바로 이 특정한 교회 안에서 성령을 믿을 때, 우리는 다른 공동체들로부터 최악의 경우에도 전적으로 분리되지 않는다."[14] 신약성서의 언어를 사용하자면, 교회는 참 목자이신 한 분 주님이 아니라 다른 거짓 목자들의 음성을 듣고 따르기 때문에 일체성을 상실하고 분열하게 된다.

(2) 일반적으로 '거룩함'은 종교 제의적 맥락에서 '따로 구분'된다는 의미를 강하게 내포하고 있다. 교회가 거룩한 것은 오염된 세상으로부터 떨어졌기 때문이 아니라, '하나님의 백성'을 만드시고자 부르시는 하나님의 거룩하신 음성 때문이다. 그리스도의 성육신 관점에서 보았을 때도, 교회의 거룩함이란 세상으로부터 단절된 정결함이 아니라 '세상 안'에서 드러날 교회의 특성이다. 또한 세속 속의 교회가 거룩할 수 있는 것은 성령께서 현존하시며 죄인들의 공동체인 교회를 거룩하게 만들기 때문임을 유념해야 한다.[15]

(3) '보편성'은 오해되기 쉬운 교회의 표지이다. 초대교회 때 이단들과 싸우면서 사용한 보편적catholic 교회라는 말이, 4세기 그리스도교가 제국의 종교가 되면서 그 의미가 법적이고 정치적으로 변질되었다. 원래 보편성이란 교회가 하나님의 보편적인 구원의 진리를 성령을 통해 위탁받았고, 그 진리가 과거나 현재나 미래나 할 것 없이 다르지 않음을 의미한다. 또한 교회의 보편성은 교회가 진리를 '세계 전체'를 향해 선포하도록 부름 받았다는 사명과도 연결된다. 그런 의미에서 판넨베르크가 말하듯, 교회는 "모든 다양한 삶의 지평에서 인류 모두의 필요와 운명을 향해 개방되어 있다. 교회의 보편성은 현존하는 교회가

협소한 **교회주의**에만 갇힐 것이 아니라 국가와 인종과 계급의 경계를 넘어서서 **인류 전체**를 바라보도록 촉구하며, 모든 이들 중에서 평화와 정의를 위해 살도록 촉구한다."[16] 이렇게 교회의 보편성은 "만유의 주로서 만유 안에"(고전 15:28) 계신 주님을 따라 교회가 세계 전체를 향해, 그리고 인류 모두의 행복을 위해 진리를 선포할 사명을 가졌음을 알려 준다.

(4) 교회의 '사도성'이란 교회가 사도적 기초 위에 세워지고, 사도적 복음이 선포되는 곳이라는 의미이다. 교회는 그리스도께서 일상적 삶을 살던 열두 사람을 사도로 부르셨다는 그 역사적 사실 위에 서 있다(마 10:1; 요 17:13-16 등). 사도를 뜻하는 그리스어 단어 *apostolos*는 문자적으로 '멀리 보내진 사람'이라는 뜻이다. 교회가 사도적이라는 말은 교회가 근본적으로 '선교적'이라는 의미이기도 하다. 즉, 교회의 사도성은 교회가 뭔가 자신의 것을 지키려고 방어적이거나 정적이 되기보다는, 오히려 온 인류를 향한 하나님의 사역에 참여하고자 역동적이고 변혁적으로 되기를 요구한다.[17] 사도적 교회의 선교는 비복음화 지역이나 미전도 종족에 대한 사역으로 한정되는 것이 아니라, 말씀을 선포하고*kērygma* 서로 교제하고*koinōnia* 세상을 섬기는*diakonia* 교회의 삶 전체에 침투되어 있다.

교회의 일체성, 거룩성, 보편성, 사도성이 삼위일체 하나님의 활동에서 흘러나왔기에 서로 밀접하게 관련되어 있다. 특별히 니케아-콘스탄티노플 신경이 교회의 '하나 됨'을 제일 처음에 소개하는 것은, 교회가 한 분 하나님의 부름에서 나왔다는 전제가 간과될 경우 교회의 '거룩성'과 '보편성'과 '사도성'이 내가 속한 교회나 교단만의 '잘남'과 '권력'과 '똑

똑함'으로 변질될 위험이 있기 때문일지도 모른다. 물론 일체성, 거룩성, 보편성, 사도성이 실제 우리가 경험하는 교회에서 온전히 구현되리라 기대할 수는 없다. 하지만, 교회가 하나님의 활동에 깊숙이 참여할수록, 자기 자신의 생존과 번영이 아니라 전 세계와 온 인류를 향한 하나님의 욕망에 충실할수록, 교회의 표지들은 더욱 분명하고 아름다운 형태로 역사 속에 드러나게 될 것이다.

교회를 다니는데도 왜 삶은 어려울까?

교회는 하나님께서 특별히 부르신 사람들의 모임이고, 부활한 그리스도의 영이 현존하는 곳이다. 그리스도의 몸으로서 교회는 인류의 행복과 번영을 바라는 하나님의 활동에 참여한다. 따라서 교회를 다니면 어떻게든 삶이 나아져야 할 것 같은데, 사실 그렇지 않은 경우도 많다. 교회를 다녀도 삶에서 걱정, 불안, 고통은 끊이지 않는다. 때로는 교회 출석과 봉사, 헌금 등으로 삶이 더 고단하고 쪼들리게 될 수도 있다. 그렇다면 왜 교회에 가야 하는가? 죽은 후 구원받기 위해서? 그렇다면 죽기 얼마 전부터 교회를 다니면 되지 않을까? 아니면 사람이 언제 죽을지 모르니까 교회는 미리미리 다녀야 하는가? 물론 이 말도 일리가 있지만 이 정도쯤 되면 교회를 다녀야 하는 이유가 보험을 드는 것과 크게 달라 보이지 않는다.

그런데 교회의 일원이 된다는 것, 곧 그리스도의 몸의 일부가 된다는 것은 오히려 기존의 삶과는 구별되는 그래서 오히려 불편할 수 있는 삶을 살게 됨을 의미한다. "기독교의 관점에서 보아 세상이 교회를 필요로 하는 이유는, 세상을 좀 더 부드럽게 굴러가도록 도와주거나 세상을 그리스도인들이 살기에 더 안전하고 좋은 장소로 만들기 위해서가 아니다."¹⁸ 그렇기 때문에 교회 다니면 행복해진다고 할 때, 그 행복은 일반적 기준에서 불행처럼 보일 수도 있다. 그리스도인이기에 '복' 받는다고 할 때, 그 복은 고통이 멸균된 복인 것도 아니다. 그렇다면 왜 교회에 다녀야 할까? 듣기에 거북할 수도 있겠지만, 사실 불편함 내지는 고통이야말로 때로는 참 교회에 속해 있다는 '표지'가 될 수도 있다. 그 이유를 다음과 같이 설명해 보겠다.

첫째, 교회에 속한다는 것은 서로 '다른' 사람들이 모여 하나를 이루는 그리스도의 몸의 일부가 됨을 의미한다. 우리가 교회로 부름을 받은 것은 완벽하기 때문이 아니라, 모두가 은혜를 필요로 하는 불완전한 존재이자 죄인이기 때문이다. 따라서 교회는 일상의 불안, 고뇌, 아픔으로부터 우리를 방어해 주는 성벽이 아니다. 교회는 본질상 서로를 통해 삶의 의미를 배워 가며 희망의 불씨를 지피고 나누는 성도의 공동체이다.

교회에서 우리가 만나는 사람들은 완전히 거룩하게 된 의인이 아니라, 루터의 표현대로 의인이면서 동시에 죄인*simul iustus et peccator*인 모순 속의 존재들이다. 그 모순이 극복될 때인 하나님의 미래에 대한 믿음 속에서 삶의 부조리와 서로의 다름을 인정하고 인내하는 법을 배우는 곳이 교회이다. 프리처드는 다음과 같이 이야기한다. "우리는 모두 결함을 지닌 인간입니다. 우리는 뒤엉킨 생각과 상처 입은 마음을 가지고 교회를 찾습니다. 교회에 가면 우리는 우리 자신의 혼란과 상처뿐 아니라 타인의 혼란과 상처도 마주합니다. 그리스도의 몸인 교회가 당신을 너그럽게 감싸 안아 주기를 바란다면 당신도 그리스도의 상처 입은 몸을 너그러이 대하십시오."¹⁹ 프리처드는 그리스도의 상처 입은 몸이란 표현을 썼지만, 신약성서는 그것보다 더 강력한 이미지를 선사한다. 그것은 바로 부활한 그리스도의 몸에 남아 있던 못과 창자국이다.

그리스도는 죽음마저 이기셨지만, 그의 몸에 파인 날카로운 상처는 여전히 아물지 않았다. 인류를 위해 십자가에 달리며 새겨진 그리스도의 몸의 상처는 우리의 구원을 위한 '기억의 터'가 된다. 부활한 그리스도의 몸인 교회 역시 '상처의 흔적'을 지닌 공동체다.[20] 그 상처는 우리가 다른 누군가의 몸에 상처의 흔적을 남겼음을 기억하게 하며, 우리도 상처가 남을 수 있는 연약한 몸을 가지고 있음을 가식 없이 인식하게 한다. 교회는 단지 상처 입은 사람들의 모임일 뿐만이 아니라, 세상을 위해 고난을 받는 그리스도의 몸이자, 잊혀 가는 부당한 고통의 기억을 지키고 저장하는 곳이기도 하다. 따라서 교회에 속하고 그리스도인이 된다는 것은 이전보다 조금 더 금욕적 삶을 살거나 높은 윤리적 기대치를 가지고 사는 것 이상의 불편과 희생을 감수하게 마련이다.

둘째, 신약성서의 가르침의 핵심 중 하나는 십자가 덕분에 '우리도 예수 그리스도처럼 하나님 자녀가 되었다'이다. 교회는 단지 피조물로서 인간이 아니라 하나님의 자녀로서 삼위일체 하나님을 예배하고, 서로 교제하며, 세상을 위해 일하는 곳이다. 그런데 정작 '하나님의 자녀'라는 단어를 어떻게 이해해야 할까? 바울이 로마서 8장에서 이야기했듯, 아무 자격이나 조건도 없이 하나님의 양자 된 이들은 그리스도의 '영광'뿐만 아니라 '고통'도 함께 나누어야 하지 않는가? (앞서 성령론에서 설명했듯) 당시 로마의 법과 관습에 따르면, 양자가 된 노예는 합법적인 상속자가 되는 경우가 거의 없지 않았는가? 그런데도 하나님은 양자의 영이신 성령을 보내어 우리를 성자와 같은 공동 상속자로 만들지 않으셨나? 우리의 일반적 기대도 당시 사회의 통념도 모두 뒤흔드는 방식으로, 모든 전이해와 합리적 기대가 무너진 혼란 속에서 탄생한 새로운 존재가 그리스도인 아닌가?

이처럼 1세기 당시 교회란 세상이 인간 삶을 규정하는 방식을 거스르며 십자가와 부활이 가져온 새 창조로서 세상을 마주했던 공동체였다. 그리스도인이 된다는 것은 그 시대에 일반적 혹은 정상이라 여겼던 삶의 방식마저 뒤엎은 특별한 존재로 살겠다는 의미였다. 그렇기에 예나 지금이나 교회에 속한다는 것은 "지금까지 이어 오던 습관을 바꾸는 것보다 더 큰 결단을 필요로"[21] 할 수밖에 없다. 폭력과 효율성, 권력과 경제의 논리에 중독된 세속적 질서에 맞서는 대안적 공동체로서 교회의 정체성이야말로 지금 여기서 교회가 교회로서 존재하는 이유가 된다. 일례로 배리 하비Barry A. Harvey, 1954- 는 포스트모던적 사고만 인정하려는 현대 세태에 대항하여 오늘날 교회는 초대교회가 가졌던 것과 같은 '거룩한 광기'holy madness를 가진 공동체가 될 것을 요청한다.[22] 로마제국의 질서 속으로 하나님이 주 되신 하나님 나라를 끌고 들어오신 예수 그리스도처럼, 그분의 신부인 교회 역시 현실 세계 내에서 전복적 현존을 통해 하나님의 정의와 평화를 등불처럼 비추어야 할 사명이 있다. 십자가가 어리석음과 걸림돌이었듯(고전 1:22-24), 교회도 이 세상의 질서에서는 어리석음과 걸림돌로 존재한다. 현실 속에서 존재의 필요성을 호소하려, 자신의 본질적 사명을 망각한 교회는 진정 그 존재의 이유를 잃어버리게 된다. 하우어워스와 윌리몬William Willimon, 1946- 은 이러한 세태를 경고한다.

> 불행하게도, 세상의 종노릇하기에 분주한 타협적인 교회는 이 세상에게 기독교 신앙에 맞서 싸울 거리를 줄여 주고 있다. 우리가 회중을 더 크고 멋지게 세우고(교회 행정), 사람들의 자부심을 높여 주고(예배), 사람들이 자신이 빠진 물질주의에서 비롯된 불안감에 적응하도록 도와주고(목회적 돌봄), 그리스도를 시적 반성을 위한 값진 주제로 만드는 일(설교)에 열심을 내고 있는 바로 그때, 무신론은 하나님이 진정으로 중요하게 대접받지 못하는 이 교회 속으로 파고들어 온다.[23]

진정한 의미에서 교회를 다닌다는 것은 안락하고 풍요로운 삶을 대가로 주지 않는다. 교회가 세상에 등을 돌리는 것이 아니라 세상의 빛과 소금이 된다는 것은, 안정적 삶을 보장받고자 하는 인간 본연의 불안과 강박을 마주하고 넘어서는 것을 요구한다. 교회에 속하게 될 때 생기게 될 어려움을 과소평가해서도 안 되지만, 그 어려움을 지나치게 과장해서도 안 된다. 그리스도인이라고 고통과 고뇌, 불안과 의심에서 벗어날 수는 없다. 그러나 그리스도인이 무의미함이나 절망에 압도되지 않을 수 있는 것은, 교회가 다름 아닌 '승리자이신 그리스도'의 몸으로 역사 속에 현존하기 때문이다.

그래도 교회가 왜 필요한지를 묻는다면?

이제껏 교회란 무엇이고, 교회는 어떤 일을 하며, 왜 교회에 속해야 하는지 등의 문제를 다소 이론적인 차원에서 다루었다. 교회가 역사 속에서 본질을 상실하지 않으면서도 계속 그 형태를 변화해 오듯, 교회론도 완결된 체계가 될 수 없고 계속해서 수정 보완할 수밖에 없다. 말씀이 육신이 되어 이 땅에 거했듯, 교회론도 궁극적으로는 이론이 실천되어 '실제 삶 속'으로 들어와야 하는 작업이다. 그렇기에 교회론을 쓴다는 것은 언제나 새로운 교회의 상황과 현실의 도전에 자신을 개방하는 불완전하고 끝없으며 때로는 위험한 작업이기도 하다.

　이 같은 교회론의 특수성 때문에 아무리 훌륭한 신학자의 교회론일지라도 '왜 교회에 다녀야 하는가?'에 대한 충분한 답이 되지 못할지 모른다. 그 해답은 아마 실제 교회의 삶을 통해서 발견해 가야 할 그 무엇이 아닐까 싶다. 그러한 답을 찾아가는 여정을 떠나는 사람들을 위해 영국의 시인 필립 라킨^{Philip Arthur Larkin, 1922-1985}의 「교회 가기」^{Church Going}라

는 시의 일부를 소개하며 글을 어설프게나마 끝맺고자 한다.[24]

시인은 자전거를 타고 지나가다 길가의 교회에 우연히 들른다. 아무도 없이 텅 빈 그곳에서 오래된 의자, 설교단, 세례반, 소책자가 무심한 듯 낯선 방문객을 반긴다. 교회를 지탱하는 오랜 돌과 나무만큼이나 묵직하고 먼지 덮인 고요함이 말 못할 경외감을 불러일으킨다. 시인은 교회를 둘러보고 방명록에 서명하고 예의상 동전 몇 개를 헌금한다. 문을 열고 나가며 이곳이 방문할 만한 가치는 없었다고 생각하던 시인에게 불현듯 기이한 생각이 떠오른다. 그는 특별한 뭔가가 없는 줄 알면서도 가던 길을 멈추고 굳이 교회에 들렀음을 자각한다. 아무 이유도 없이 낯선 교회에 들어와 무엇을 찾고자 했던 것일까를 생각하던 시인은 소박하지만 소중한 깨달음을 얻었다. 그의 마음에 새로운 의미와 함께 자리 잡게 된 교회란 결국······.

심각한 땅 위의 심각한 집
그 뒤섞인 공기 속에 우리의 모든 충동이 만나고
인식되고, 또 운명의 가운을 입는 곳······.
누군가는 자기 안의 배고픔이
몹시 심각하다는 것에 영원히 놀랄 것이고
배 주림을 안고 이 땅으로 가라앉을 것이기에
그러한 굶주림은 결코 시대에 뒤처지지 않는다.

교회 안을 충만히 채우는 거북하지 않은 침묵 덕분인지, 시인은 인간이란 존재의 신비한 의미를 발견했다. 인간은 자기 힘으로는 달랠 수 없는 배고픔을 안고 사는 존재이다. 이러한 배고픔이 생각보다 심각하고, 시대가 바뀌어도 이러한 굶주림은 절대 사라지지 않을 것이다. 이 이유

모를 배고픈 존재를 위해 교회는 언제나 존재한다. 교회는 그러한 영원한 배고픔이 있는 인류를 위한 "심각한 땅 위의 심각한 집"이다. 심각한 세상을 사랑하셔서 독생자를 보내셨던 하나님을 예배하는 곳, 그 심각한 세상에서 굶주린 사람들과 함께하셨던 그리스도께서 지금도 배고픈 이에게 자기 몸을 선물로 주시는 곳, 그곳이 바로 교회이다.

적용과 토론을 위한 질문

1. 교회를 교회되게 하는 기초들은 무엇이 있는가? 가장 중요한 기초는 무엇인가?

2. 교회를 그리스도의 몸이라고 부르는 것은 교회를 어떻게 이해하게 하는가? 몸의 다채로운 이미지를 통해 교회에 대해 생각해 보자.

3. 교회의 네 가지 특성은 무엇인가? 이들은 교회를 어떤 곳으로 정의하는가? 내가 속한 교회는 이러한 특성을 잘 반영하고 있는가?

4. 왜 교회는 단지 '개별교회'로만 존재해서는 안 되는가? 개별교회에 대한 강조가 꼭 개교회주의로 연결되는가? 각 교단별로 열리는 총회라든지 혹은 여러 교회가 만든 연합회 등은 공교회성의 표현이라 할 수 있을까?

5. 교회를 다니는데도 삶이 어렵고 고통스럽다면 과연 교회를 계속 다닐 필요가 있는가? 내 삶만 해도 벅찬데 굳이 타인의 고통에까지 신경을 써야 하는가?

6. 예수 그리스도를 잘 믿으면 되지 굳이 교회까지 다녀야 하는가? 오늘날같이 공동체성이 공적 영역에서 강조되는 상황에서 교회의 공동체성을 굳이 강조할 필요가 있을까?

8부

교회에서의 삶

내가 하나님을 사랑할 때, 나는 육체의 아름다움과,

활동들의 리듬과, 눈들의 광채와, 포옹들과, 느낌들과, 냄새들과,

형형색색의 이 창조의 소리들을 사랑합니다.

나의 하나님 당신을 내가 사랑할 때, 나는 모든 것을 껴안고 싶습니다.

당신의 사랑의 피조물 속에서

나는 나의 모든 감각들을 가지고 당신을 사랑하기 때문입니다.

당신은 내가 만나는 모든 것 안에서 나를 기다립니다.

— 위르겐 몰트만, 『생명의 영: 총체적 성령론』 중에서[1]

교회는 건물이 아니다. 교회는 본질적으로 성도의 교제이다. 다양한 필요와 욕망을 가진 육체적 존재인 인간이 모여 형성된 교회는 본질적으로 '생동적'인 곳이다. 교회는 믿음을 통해 하나님과 맞닿아 있는 사람들의 모임이기에, 교회에서 그들의 역동적 활동은 하나님의 은혜를 특유의 방식으로 반영하게 된다.

그리스도인의 교회 안에서의 삶은 다양한 방식으로 드러난다. 그런데 여기서는 성례라는 특별한 활동에 우선 집중하고자 한다. 전통적으로 성례가 있는 곳에 교회가 있다고 할 정도로 성례는 그리스도인의 공동체인 교회의 정체성을 결정하는 데 중요한 역할을 한다. 성례에 관한 논의 후에 그리스도인의 독특한 삶의 방식 중 하나인 기도에 대한 짤막한 이론적 성찰이 뒤따를 것이다. 기도는 개인적으로 행해지기도 하지만, 공동체적인 활동이기도 하기에 그리스도인의 공동체적 실존에 있어 매우 중요한 위치를 차지하고 있다.

30장은 성례신학에 대한 일반적 소개이다. 성례라는 단어의 뜻이 무엇인지, 그리고 왜 이토록 성례가 초대교회 이후 그리스도교 신앙에서 핵심적 위치를 차지하는지 등을 우선 살펴볼 예정이다. 그 이후 가톨릭과 개신교가 서로 다른 성례신학을 발전시키게 된 계기는 무엇인지, 그리고 죄의 고백(고해성사)을 가톨릭뿐만 아니라 종교개혁자가 강조했는지 등의 문제를 소개할 것이다.

31장은 세례에 할애되었다. 세례가 왜 그리스도인의 삶이 시작인지, 초대교회 때 세례는 어떻게 베풀어졌는지, 왜 세례는 삼위일체 하나님 이름으로 주는지, 유아세례를 주는 것이 옳은지 아닌지 등의 주제가 다루어졌다. 이러한 논의를 통해 세례가 형식적인 예식이 아니라 그리스도인의 삶을 구성하는 핵심적 사건임을 보여주고자 했다.

32장은 성찬에 관한 짧은 글이다. 오늘날 성찬을 마지못해 정기적으로 시행하는 교회도 있지만, 성찬에 관한 이론적·실천적 관심이 증대되는 움직임도 뚜렷이 목격된다. 이 글은 성찬의 중요성을 새롭게 볼 수 있도록 먹기의 중요성에 관한 성찰에서 시작하여, 성찬을 표현하고자 교단별로 사용하는 여러 용어의 차이를 설명하고자 한다. 또한 오늘날 성찬신학에서 새롭게 주목받고 있는 '기억,' '공동체,' '환대' 등의 개념도 더불어 소개할 예정이다.

33장은 기도를 중요한 논의 대상으로 삼았다. 기도라는 구체적 실천을 이론적으로 접근한다는 것이 불필요하다고 느낄지 모르지만, 예수 그리스도의 제자들이 스승께 기도를 가르쳐 달라고 부탁한 것으로 보아 기도는 우리가 계속 배워야 할 그 무엇이다. 이 글에서는 기도 언어의 특징은 무엇인지, 왜 예수 그리스도 이름으로 기도해야 하는지, 중보기도와 간구가 왜 참 기도라 불리는지 등의 주제를 다루게 된다.

30장. 성례론

말씀 중심의 개신교에서 성례가 여전히 중요한가?

'사'와 '례,' 작지만 큰 차이

사도신경 중에 "죄를 사하여 주시는 것"을 믿는다는 문구가 있다.[1] 성서에 따르면 인류의 죄는 십자가에서 이미 해결되었는데, 왜 죄 용서가 하필 교회와 부활에 관한 문구 사이에 있을까? 사도신경에서 죄 용서 문구의 위치는 원시 그리스도교 때부터 죄 사함이 교회에서 시행하던 세례, 고해와 깊이 연관되었음을 알려 준다.[2] 부활한 예수께서는 교회가 될 제자들에게 성령을 주시며 다음과 같이 말씀하셨다. "그들을 향하사 숨을 내쉬며 이르시되 성령을 받으라. 너희가 누구의 죄든지 사하면 사하여질 것이요 누구의 죄든지 그대로 두면 그대로 있으리라 하시니라"(요 20:22-23). 이 구절을 근거로 가톨릭에서는 죄를 사하는 실제 사명과 능력이 교회에 주어졌다고 본다(마 16:19 참조).[3] 칼뱅 역시 "제네바 교회를 위한 요리문답"(1545)을 작성하면서 죄 용서가 교회론에 이어서 나오는 이유를 다음과 같이 설명한다.

> 왜냐하면 누구도 하나님의 백성과 먼저 연합되지 않고는, 곧 끝까지 그리
> 스도의 몸과 하나 됨을 굳건히 유지하고, 그럼으로써 자신이 교회의 진정
> 한 일원임을 증명하지 않고는 죄의 용서를 받지 못하기 때문입니다.[4]

물론 하나님께서는 그리스도 때문에 죄인을 용서하신다. 그렇지만 칼
뱅은 각 신자의 죄 사함은 교회에 속함으로써 가능할 뿐만 아니라 영혼
의 더러움을 씻는 의식인 세례와 결부되어 있음을 강조한다.[5] 달리 말
하면, 전통적으로 가톨릭에서든 개신교에서든 교회의 존재 이유와 기
능의 핵심에 위치하는 것이 바로 성사(聖事) 혹은 성례(聖禮)이다.
　　바로 위 문장에서 성사와 성례라는 단어가 함께 등장하였다. 사실
이 두 개념은 알게 모르게 많은 논란을 일으켰다. 라틴어 *sacrāmentum*
이 영어로 sacrament가 되었고, 이에 상응하는 번역어로 한국 가톨릭
은 '성사'를 개신교는 '성례'를 주로 사용하고 있다(이 글에서는 일반적으
로 '성례'라고 하겠지만, 로마 가톨릭 신학의 특수한 문맥에서는 '성사'라고 표
기할 예정이다). '사'(事)와 '례'(禮)는 한자어 선택에서 발생한 차이만은
아니다. 성사 혹은 성례는 두 교회의 신학이 충돌하는 지점이고, 사역과
예배의 형태를 다르게 형성했으며, 오랜 갈등과 반목의 원인이 되기도
했다.
　　가톨릭은 공식적으로 세례(洗禮), 견진(堅振), 성체(聖體, 개신교에서
는 성찬), 고해(告解), 병자(病者), 성품(聖品), 혼인(婚姻)의 일곱 성사를
인정한다면, 개신교는 세례와 성찬 둘만을 진정한 성례라고 주장한다.
가톨릭에 성사 종류가 개신교의 세 배 이상이라고 놀랄 것도 없이, 중
세에 성사신학이 정착되기 이전에는 훨씬 더 많은 성사가 있었다. 종교

개혁자 루터와 칼뱅이 존경하여 마지않았고, 그들의 성례신학에 지대한 영향을 끼쳤던 아우구스티누스의 경우 304가지의 성사를 언급했다고 알려져 있다. 성사의 개수가 수백 가지나 될 수 있었던 것은, 오늘날과 달리 '성사'라는 단어가 교회가 주관하고 시행하는 '예식'을 넘어 훨씬 더 다양하고 다채로운 대상을 가리켰기 때문이다.

그렇다면 성사 혹은 성례는 왜 교회생활에서 이토록 중요한 역할을 하며, 무엇 때문에 격렬한 신학적 논쟁을 일으켰을까? 왜 가톨릭의 성사와 개신교의 성례는 종류 수가 다를까? 이러한 차이 이면에 깔린 이론적·실천적 전제는 무엇일까?

왜 성례가 신학과 실천에서 핵심적 위치를 차지하는가?

단순히 말하자면 성례를 뜻하는 라틴어 *sacrāmentum*은 신약성서에서 신비를 뜻하는 그리스어 *mysterion*의 번역어이다(엡 1:9; 골 1:26-27; 딤전 3:16 등). 신비나 비밀, 거룩함을 뜻하는 라틴어 *mysteria*나 *sacra*가 있음에도, 고대 로마에서 병사들의 충성 맹세 혹은 신성한 장소에 맡겨진 돈을 뜻하는 *sacrāmentum*을 왜 라틴어 번역에서 사용했는지 그 이유는 정확히 알 수 없다. 단지 고대 로마 종교에서 *mysteria*나 *sacra*가 제의적으로 이미 사용되었기에 그리스도인에게 혼동을 주지 않고자 이러한 개념을 피했을 것이라고 짐작만 할 뿐이다.[6]

3-4세기에 활동했던 대표적 라틴 신학자 테르툴리아누스는 *sacrāmentum*과 *mysterion*의 내적 의미를 통해 둘 사이의 연속성을 규명하고자 했다. 그는 일반인이 병사로서 새 삶을 시작하는 표였던 충성 맹세처럼, *sacrāmentum*이 그리스도교 공동체에서 새로운 존재로 거듭나는 신비를 표현하는 데 적절하다고 보았다.[7] 하지만, 이러한 설명이

얼마나 광범위하게 수용되었고 성례신학 발전에 결정적 영향을 끼쳤는지 정확히 알기 어렵다. 오히려 그다음 두 세기 동안 활동했던 아우구스티누스가 이후 가톨릭뿐만 아니라 개신교에서 성례를 이해하고 실행하는 방식에 크게 기여했다. 아우구스티누스는 성례를 '비가시적 은혜의 가시적 형태' 혹은 '신적인 것을 담지하고 있는 기호'로 정의했다.[8] 이 심오하면서 알쏭달쏭한 말은 무슨 뜻일까?

그리스도교는 영이신 하나님이 천지의 창조주라고 고백한다. 하나님께서 창조주라는 말은 그분은 다른 피조물과 달리 물질성이 없으시다는 것을 의미한다. 물질적인 몸이 없으신 하나님은 영으로서 세계 안에서 피조물을 통해 활동하신다. 또한 우주의 모든 것을 하나님이 만드셨다는 것은, 창조주와 피조물 사이에 '질적 차이'는 있지만 우주의 삼라만상이 창조자를 가리키는 기호sign 역할을 하고 있음을 뜻한다. 키스 워드Keith Ward, 1938- 가 잘 요약했듯, "유한한 존재로는 신을 묘사할 수 없습니다. 그러나 우주는 특정한 방식으로 신을 드러내고 있음을 기억해야 합니다."[9]

초월적인 절대자가 세계에 내재하심은 "우리는 하나님 안에서 살고, 움직이고, 존재하고 있습니다"(행 17:28, 새번역)의 다른 표현이기도 하다. 하나님은 가시적 세계의 존재 근거이자, 물질 안에도 현존하시며 물질을 통해 인간과 소통하시고 물질과 함께 활동하신다. 구약 시대에 노아가 본 '무지개,' 이스라엘의 광야생활에 함께했던 '구름기둥'과 '불기둥,' 기드온에게 승리를 약속한 '양털 적신 이슬' 등의 다양한 물질은 하나님 말씀에 대한 가시적 확증이었다.[10] 신약에서는 하나님께서 직접 물질인 몸을 입고 피조물처럼 이 땅을 거니셨다. 그분은 하나님 나라를 단지 입으로만 가르치시지 않고, 사람들이 목격할 수 있게 공적 삶으로 증거 하셨다. 그분은 말씀으로만 치유하신 것이 아니라, 병자의 몸에 직접 손을 대셨다. 그분은 다른 사람이 차려 준 음식을 드셨고, 직접 음식을 나눠 주시고, 요리도 하셨다. 그분은 자신의 몸인 교회에 물질(물, 빵, 포도주)을 사용하여 죄를 씻고 신앙을 자라게 하라는 사명을 맡기셨다. 그리고 교회는 성례를 통해 '공동체로서 현존하시는 부활하신 그리스도'의 가시적인 활동을 계속 이어 오고 있다.

초월적이고 보이지 않는 하나님은 물질적 세계 안에 내재하시며 활동하신다. 심지어 하나님께서 인간을 하나님 형상으로 만드실 때 육을 가진 존재로 창조하셨다. 그 이후 하나님께서는 영육통합체인 인간을 만나고 사귐에 초대하실 때, 물질을 부정하는 것이 아니라 긍정하고 사용하고 계신다. 초대교회 이래 그리스도인은 피조물 중 하나님의 은혜나 약속을 특별히 담지하며 거룩한[聖] 용도와 의미를 새로 부여받은 것[事]을 '넓은 의미에서' 성사라 불렀다. 12세기 이후 가톨릭에서는 그들 중 교회의 사역과 관련된 '일곱' 가지를 선별했다. 16세기 이래 개신교에서는 이들 중 세례와 성찬 '둘'만의 진정성과 권위를 인정하고, 특별히 한국 개신교에서는 성사 대신 '성례'라는 단어를 사용하고 있다.

하지만, 잔잔한 호수를 보고도 어떤 이는 그냥 물이라 생각하고, 어떤 이는 수영하고 싶어 하고, 어떤 이는 자기 마음을 떠올리게 마련이다. 마찬가지로 세계가 보이지 않는 절대자를 가리켜도, 사람들은 각기 다른 반응을 보이며 다들 자기식대로 해석하게 된다. 삼라만상이 창조자를 지시하는 기호 역할을 하더라도, 피조계의 다양성과 복잡성에 감춰진 하나님의 뜻은 말씀이신 그리스도를 통해서 그 비밀이 드러나고 서로 충돌하던 의미도 질서를 잡게 된다. 즉, 성례는 '존재론적으로' 창조주 하나님의 은혜와 약속을 담지하더라도, '인식론적으로는' 말씀을 통해서만 기호sign로서 무엇을 지시하는지 signified 드러난다. 그런 맥락에서 아우구스티누스는 성례를 '보이는 말씀'이라고 불렀다.[11] 유사하게

칼뱅은 "우리에게 선사하는 하나님 은혜의 풍요로움을 침묵 속에 응시하게 하는 거울"이라 표현했다.[12]

이러한 이유로 중세 말기 가톨릭의 왜곡된 일곱 성사에 경악했던 종교개혁자들은 '말씀'과 '성례' 사이의 긴밀한 관계를 강조하는 신학을 전개했다. 또한 이들은 복음의 말씀이 성례에 우선한다는 것을 강조하고자 성례를 지표mark, 언약의 표증token, 정본 인장seal, 복음의 부록appendix 등으로 부르기도 했다. 성례란 무엇이고 어떤 효력이 있는지에 대한 종교개혁자들의 관심과 연구는 어떤 것이 성서적으로 참 성례인지에 관한 논쟁으로 이어졌다.

왜 가톨릭은 일곱 성사를, 개신교는 두 가지 성례를 인정하는가?

중세 시대에 성례는 아우구스티누스 덕분에 '내적 은혜에 대한 외적인 표징' 혹은 '비가시적 은혜의 가시적 형상'으로 이해되었다. 이 정의가 성례의 본질을 꿰뚫고 있기는 하지만, 이 경우 문제는 하나님께서 창조하시고 섭리하시는 세상에서 너무나 많은 것이 성례가 될 수 있다는 데 있다. 은혜의 가시적 형태는 교회 예식 밖에서도 너무나 많기에, 이때는 sacrament의 번역어로 '성례'(聖禮)보다는 '성사'(聖事)가 그 의미를 더 잘 살린다고 할 수 있다.

중세의 오랜 기간 동안 다양한 성사론이 등장했고, 성사의 종류도 수백 가지가 되었다. 결국 '그리스도께서 명하셨고 교회에서도 중심적 위치를 차지하는 세례와 성찬 등이 어떻게 성사라 불리는 다른 수많은 것들과 다른가?'라는 질문을 제기하게 되었다. 12세기 이후 신학자들은 교회의 핵심적 사역과 관련된 일곱 가지의 성사를 제시하기 시작했고, 이는 15세기 플로렌스 공의회에서 공식적으로 인정되었다. 하지만,

16세기 초 종교개혁자들이 가톨릭의 성사를 비판하면서 세례와 성찬의 권위만을 주장하였고, 이에 대한 반작용으로 로마 교회는 1547년 트리엔트 공의회에서 일곱 성사를 재확인했다.

가톨릭의 일곱 성사는 개인이자 공동체의 일원으로서 인간이 살아가며 거쳐야 할 여러 삶의 매듭들을 상징적으로 표현해 준다. 즉, 성사는 인간이 태어나면서부터 죽을 때까지 하나님의 은혜에 의존하고 있음을 압축적으로 보여준다. 가톨릭 『교리문답서』는 일곱 성사를 입문 성사, 치유의 성사, 친교에 봉사하는 성사의 세 범주로 구분하여 다음과 같이 설명한다.[13]

(1) 그리스도교 입문의 성사인 **세례성사, 견진성사, 성체성사**는 그리스도교 생활의 기초를 놓는다.……신자들은 그리스도교 입문 성사들을 통해서 하느님의 부요한 생명을 더욱더 풍부하게 받게 되고 사랑의 완성을 향해 나아가게 된다.

(2) 우리 영혼과 육체의 의사이시며, 중풍 병자의 죄를 용서해 주시고 육체의 건강을 회복시켜 주신 주 예수 그리스도께서는 교회가 성령의 힘으로 그 치유와 구원 활동을, 당신의 지체까지도 대상으로 하여, 계속해 주기를 바라셨다. 이것이 치유의 두 가지 성사, 곧 **고해성사**와 **병자성사**의 목적이다.

(3) 다른 두 성사, 곧 **성품성사**와 **혼인성사**는 타인의 구원을 위한 것이다. 이 성사들은 개인적인 구원에도 이바지하지만, 그것은 타인들에 대한 봉사를 통하여 이루어진다. 이 성사들은 교회 안에서 특별한 사명을 부여하고, 하느님 백성의 형성에 이바지한다.

이 같은 성사신학은 한마디로 가톨릭판 '요람에서 무덤까지'from cradle to grave

라 할 수 있다. 인간이라면 누구나 태어날 때(세례성사), 성인이 될 때(견진성사), 먹을 것이 필요할 때(성체성사), 잘못으로 깨진 관계를 회복할 때(고해성사), 병들고 아플 때(병자성사), 인생의 반려자를 만날 때(혼인성사), 특별한 사명을 받을 때(성품성사) 누군가의 도움이 필요한 의존적 존재이다.[14] 일곱 성사는 이러한 인간의 '자연적 의존성'이 근원적으로는 '하나님에 대한 의존성'을 통해 치유되고 질서 잡히고 채워지게 됨을 계시한다. 교회는 일곱 성사를 통해 남녀노소 할 것 없이 생애 전체가 하나님의 은혜에 감싸 안기도록 하는 것을 자신의 중심 사역과 선교로 삼는다.

가톨릭의 일곱 성사는 초대교회 이후 천 년 넘게 발전하고 숙성된 이론과 실천의 정수를 균형 있게 표현하려던 공동의 노력이 빚어낸 결실이었다. 또한 하나님 은혜의 보편성과 인간의 피조적 본질을 아름답고 포괄적으로 종합하려는 시도이기도 했다. 일곱 성사는 교회 안과 밖에서 언제나 하나님의 임재를 경험하도록 도와주며, 생애 시작부터 마지막까지 성화의 삶을 살아가도록 정교하고 세심하게 계획되었다. 하지만, 이제껏 오용되던 성사론을 개혁하려던 일곱 성사 역시 중세 말기 타락한 교회 내에서 심각한 역기능 현상을 보여줬고, 일곱 성사의 왜곡은 교회의 타락을 역으로 부추겼고 정당화했다. 무엇보다도 중세 신학자들이 일곱 성사의 성서적 근거를 제시하려 했지만, 루터가 지적했듯 제대로 된 성서적 원칙이 부재하여 각 성사와 성서를 연결하는 방식이 자의적이고 형식적으로 될 위험도 분명히 있었다.

16세기 종교개혁은 로마 교회의 일곱 성사를 공개적으로 비판하며 일어날 수밖에 없었다. 특별히 마르틴 루터의 1520년 논문 "교회의 바벨론 포로"는 개신교의 성례 이해의 핵심을 잘 표현하고 있다.[15] 여기서 루터는 이후 개신교 성례론에서 핵심이 되는 참 성례의 두 가지 원칙,

곧 '약속'과 '성례의 표지'를 제시하였다. 첫째, 진정한 성례는 그리스도께서 직접 제정하셨고, 이를 행하라고 명령하셨고, 약속을 담아 두셨어야 한다. 둘째, (비가시적 은혜의 가시적 형상이라는 고전적 정의에 따라) 성례는 빵, 포도주, 물과 같이 물질적이고 감각으로 경험할 수 있는 표지가 필요하다. 이러한 물질적 형식은 성례 집전자가 자의적으로 고르는 것이 아니라 그리스도께서 직접 제정하신 것이어야 한다. 루터는 이러한 두 가지 기준에 중세 가톨릭의 일곱 성사를 쭉 따져 본 후에 '세례'와 '성찬'만이 참 성례라고 결론을 내렸다.

> 표지들과 결합되어 있는 약속들을 이루고 있는 규례들에 성례라는 이름을 부여하는 것이 가장 적절한 듯하다. 아무런 표지도 부가되어 있지 않은 약속들은 단순히 그저 약속일 따름이다. 엄밀하게 말해서 하나님의 교회에는 세례와 성찬이라는 두 가지 성례밖에는 없다. 왜냐하면 우리는 이들 속에서만 하나님에 의해 제정된 표지들을 발견하고 여기에서만 죄 사함의 약속을 발견할 수 있기 때문이다.[16]

루터에 따르면 세례는 그리스도인의 삶의 시작뿐만 아니라 전체를 아우르고, 성찬은 그리스도를 기억하면서 우리의 삶의 종말을 바라보는 것이다. 그런 의미에서 일곱 성사에서 두 가지 성례로 숫자가 줄었다고 하여, 성례의 은혜가 미치지 않고 방치된 삶의 영역이 있는 것은 아니다.

가톨릭의 일곱 성사에 비교할 때 개신교의 성례는 성서적 근거를 분명히 하고 오용 가능성을 최소화하려는 노력의 결과물이다. 개신교의 성례론도 인간적 지평이 신적 지평과 신비롭게 맞닿아 있고, 일상의 삶이 은혜로 충만히 삼투되어 있음을 그리스도의 공로와 약속의 가시적 형태를 통해 체험하게 해주는 것을 목표로 했다. 하지만, 중세 가톨릭의 성사주의에 대한 지나친 반감 때문인지, 이후 성례의 의미와 유익에 관한 성찰이 약화하면서 많은 개신교회에서 성례가 형식주의로 흘러가는 경향이 생겼다. 또한 루터의 의도와 달리 세례와 성찬 '예식'에 집중하다 보니, 굴곡진 인간 삶의 모든 구비가 하나님의 은혜에 맞닿아 있음을 가시적이고 공동체적으로 체감할 기회도 많이 없어지게 되었다.[17] 그렇기에 개신교가 세례와 성찬만을 성례로 인정한 이유를 숙지하면서도, 성례가 품고 있는 깊고 풍성한 신학적 의미를 실천적 차원이나 목회적 지혜로서 재발견하는 것이 필요하다. 이를 위해 성례신학의 또 다른 중심 주제 하나를 간략히 살펴보도록 하겠다.

집례자에 따라 세례와 성찬의 효력이 달라지는가?

세례와 성찬 예식에 참여하는 사람 대다수가 기왕이면 집례자가 인품이 훌륭하고, 설교도 잘하고, 영적으로도 깊이 있는 사람이기를 바랄 것이다. 물론 세례와 성찬 자체가 중요하고 우리 마음이 얼마나 그리스도를 향해 있는지가 더 중요하다고 생각하는 이도 얼마든지 찾아볼 수 있다. 그런데 만약 교회 내외에서 문제를 일으키고, 설교 시간에는 끝없이 자기 잘못을 합리화하며, 돈과 권력으로 교단을 매수하고, 사회적으로 지탄받는 이가 집례하는 세례와 성찬이라면 어떨까? 이럴 경우 판단 내리기가 쉽지 않고, 교회 내 의견이 갈라질 수도 있다.

　이와 유사한 문제가 그리스도교 세계 자체를 분열시킬 위기로 몰고 갔던 적이 있다. 로마의 디오클레티아누스 황제 치하에서 이뤄졌던 잔인한 박해[303-305]는 많은 그리스도인을 배교로 이끌었다. 박해가 끝나자 배교자들이 교회로 돌아왔는데, 이들 중에는 성례를 집전하는 주교와 사제도 있었다. 이러한 상황을 못마땅히 여긴 도나투스Donatus Magnus, 출생연대 미상-c.355는 배교했던 주교나 사제가 집행한 성례는 무효라고 주장했다. 그의 추종자들은 '도나투스파'라 불리는 분리주의 세력으로 크게 자라나 4-6세기 북아프리카에서 활동했다.

교부들은 도나투스의 입장에 반대하며 교회의 분열을 막으려 했다. 그중에서도 아우구스티누스는 성례신학의 발전에 결정적 영향을 끼칠 다음과 같은 주장을 내놓았다. 성례전의 효력은 그것을 집행하는 인간의 공로에서 발생하는 것이 아니라, 성례전을 제정하신 그리스도의 공로에서 나온다. 성례 집례의 권위는 그리스도로부터 사도들을 통해 교회에 주어졌다. 그렇기에 삼위일체의 이름으로 교회로부터 합당하게 시행된 성례는 집례자의 도덕성이나 신앙의 순수성과 무관하게 유효하다. 성례의 효력을 둘러싸고 첨예하게 드러난 견해차는 이후 다음과 같이 신학적으로 정리되었다.[18]

- 성례전은 인효적(人效的)ex opere operantis으로 효력을 지닌다. 문자적으로는 '사역을 행하는 그 사람 때문에' 효력이 있다는 의미다. 이 견해에서는 성례전의 효력이 성직자의 개인적 덕성에서 나온다고 주장한다.
- 성례전은 사효적(事效的)ex opere operato으로 효력을 지닌다. 문자적으로는 '거행되는 그 사역 때문에' 효력이 있다는 의미다. 이 견해에서는 성례전의 효력이 그리스도의 은총에서 나오며 이 은총을 드러내고 전달하는 것이 성례전이라고 주장한다.

이후 서방교회에서 '사효론적 입장'이 정통적 견해가 되었다. 그런데 여기에도 문제가 만만치 않다. 만약 성례가 집례자의 도덕성이나 경건과 무관하게 효력이 있다면, 성례를 마술적 힘으로 오해하게 만들지 않을까?[19] 그리스도의 공로를 성례에 매개하는 독점적 통로 역할을 하는 교회의 권위가 너무 커지지 않을까? 하나님의 은혜만 너무 강조하다 성직자의 도덕적 방종과 신자의 신앙적 해이함을 눈감아 주지 않을까? 실제로 방금 제기한 문제들은 중세 말기에 크게 대두되었고, 개신교의 성례신학은 이에 대한 반작용으로 일어났다고도 할 수 있다.

미국의 역사신학자 리처드 뮐러Richard A. Muller, 1948- 는 루터교회와 개혁교회 모두가 인효론ex opere operantis과 사효론ex opere operato을 다 거부했다고 본다.[20] 전자의 경우는 인간의 경건이나 도덕성이 성례에 효력을 일으킨다고 봄으로써 공로주의에 빠지게 한다. 또한 성례 참여자의 믿음이 없이는 성례가 은혜의 도구가 될 수 없기에, 성례 자체의 효력만 강조하는 후자의 입장도 부적절하다.

뮐러가 잘 설명했듯 개신교의 성례신학이 믿음을 특별히 강조하는 것이 사실이다. 종교개혁자들은 믿음이 없다면 성례의 빵과 포도주와 물은 그저 우리의 감각을 때리며 스쳐 지나가는 물질일 뿐이라 보았다.[21] 성례와 함께하는 하나님의 말씀과 약속에 대한 믿음이 없다면, 성례는 형식적인 성례주의로 흐르게 될 수도 있다. 형식주의로 빠지지 않더라도, (인효론의 극단적 형태인) 공로주의나 (사효론의 왜곡된 모습인) 마술주의로 그 본질이 오염될 수도 있다.

그러나 아무리 믿음이 '산을 옮길 능력'이 있다 할지라도(마 17:20), 믿음 자체가 성례전의 효력을 발생시킬 정도로 힘이 있는 것은 아니다. 믿음으로 성례전에 유익하게 참여할 때 하나님의 은혜를 받을 수 있지만, 그 효력은 궁극적으로 물, 떡, 포도주와 함께 있는 말씀으로부터 나온다.[22] 그리고 믿고자 하는 강한 의지가 아니라 성령의 조명 덕분에 성례전을 통해 말씀하시는 하나님께 우리의 마음이 열리게 된다. 그런 의미에서 종교개혁자들도 그리스도의 공로와 약속에서 성례의 효력이 나온다는 사효론의 기본 전체 자체는 버리지는 않았지만,[23] (사효론에 대한 미신적 태도와는 달리) 성례를 통해 확증되는 하나님 말씀에 대한 믿음도 강조했다고 보는 것이 오히려 더 적절하다.[24]

성례의 효력에 대한 좀 더 적절하고 깊은 이해를 위해서는 교파 혹은 학파간의 논쟁적 맥락에서 벗어나 '삼위일체 하나님께서 성례를 통해서 우리를 어떻게 다루시는가?'라는 본질적 문제에 집중할 필요가 있다.[25] 전통적으로 신학자들은 사효론을 '소극적으로' 해석하면서 성찬의 효력이 집례자의 과오나 신자의 신앙과 무관한지의 여부에 집중해 왔다. 그 결과 객관적인 하나님 은혜와 주관적인 인간의 믿음을 대조하는 경직된 이분법적 틀이 형성되었다. 하지만, 성례의 효력 문제는 '적극적인' 맥락에서 이해되어야 참 의미가 드러날 수 있다.[26] 그렇다면 그 적극적인 의미란 무엇일까? 쉽게 설명하고자 조금 긴 이야기를 예로 들어 보자.

캔터베리 대주교였던 토머스 베켓[Thomas Becket, 1118-1170]은 영국에서 가장 잘 알려진 순교자 중 한 명이다. 왕과 대립각을 세우던 대주교는 왕이 보낸 네 명의 기사에게 잔인하게 살해당했고 그의 시신은 처참히 모욕당했다. 오랜 시간 영국과 유럽의 그리스도인의 입에 오르내리던 베켓의 순교 이야기는 T. S. 엘리옷의 『대성당의 살인』을 통해 예배극으로 새 생명을 얻게 되었다. 이 작품에서 인상적이었던 부분은 칼을 가지고 먼 길을 여행해서 대성당에 도달한 기사들의 악한 의도를 알면서도 사제가 우선 환대부터 베푸는 장면이다.

여러분은 친절하신 대주교님의 성품을 알고 있으리라 믿습니다. 우리는 저녁을 들러 가려던 참이었습니다. 저 선량하신 대주교님께서는, 여러분이 용무를 보시기 전에 우리가 여러분에게 아무것도 대접하지 않았다는 것을 아시면, 화를 내실 것입니다. 부디 우리와 함께 저녁을 드시기를 바

랍니다. 따라온 분들 또한 보살펴 드리겠습니다.[27]

그러나 기사들은 식사 초대를 조롱하며 거절하고, 비열하고 무례하게 대주교를 겁박한다. 하지만 베켓은 요동치 않았고, 위협에 실패한 기사들은 일단 물러났다 무장을 하고 성당으로 다시 다가온다. 위기에 처한 대주교는 살기등등한 적들을 보고 도망치기는커녕, 대성당 문을 걸어 잠그는 사제들을 향해 외친다.

> 빗장을 벗겨라! 문을 열어라! 나는 기도의 집이요, 그리스도의 교회인 이 성소를 요새로 만들지는 않겠다.……교회의 문은 열려야 한다. 적들에게까지도! 문을 열어라![28]

그리스도의 몸으로서 교회(골 1:18)가 어떤 곳이고, 그리스도로 옷 입은 신자(갈 3:27)가 어떤 존재인지를 문학적으로 잘 형상화한 극적인 장면이다. 그리고 개인적으로는 성례의 참 의미를 보여주기에 좋은 예라고 생각한다. 교회와 대주교는 상대가 누구든 무조건 환영을 했다. 하지만, 그 호의는 완악한 이들에게 단번에 거부당했다. 그럼에도 "언제나 교회의 표식이며, 보혈의 표식"[29]에 따라 상대를 향한 자비는 취소되지 않았다. 심지어 상대의 악한 뜻을 알았음에도, 호의가 죽음으로 되갚음 될 것을 예감하면서도 교회의 문은 열려야 했다.

사효론과 인효론 그리고 가톨릭과 개신교의 긴 논쟁 속에서 망각되었던 사효론의 첫 주창자들이 품었던 참 의미가 바로 이것이다. 대주교는 인간의 법을 넘어서는 하나님의 법에 따라 '미련하게' 행동하다 결국 대성당에서 처참히 살해당했다. 마찬가지로 미련한 교리인 것같이 보이는 사효론은 신적 은혜가 인간의 부족함이나 과오 때문에 철회되는 것이 아니라, 죄인을 향해 언제나 한결같이 열려 있음을 보여주고자 했다. 이 주제를 보프는 다음과 같이 설명한다. "인간의 공로나 잘못과는 상관 없이 하느님은 우리들에게 확정적인 긍정의 말씀을 하시었다. *ex opere operato*라는 말은 이 진리를 최대한으로 강조하고 고수하자는 것밖에 아무것도 아니다. 하느님이 먼저 우리를 사랑하시었다. 그것도 우리가 아직 당신의 원수일 때부터 사랑하시었다."[30] 인간의 거듭된 실패에도 흔들리지 않는 하나님의 신실하심, 각종 죄에 대한 하나님의 최종적이고 결정적인 승리, 이것이 성례를 통해 알려진다.

그렇기에 성례는 신실한 하나님의 약속이 인간의 의심이나 불순종에도 '불구하고' 결코 포기될 수 없음을 보여주는 표지이기도 하다. *ex opere operato*로 초대교회가 표현했던 성례의 객관적 효력은 인간의 교만과 죄악, 심지어 성례마저 마술적으로 악용하려는 욕망에도 '불구하고' 언제나 우리에게 호의를 베풀기 원하시는 하나님의 겸손과 선한 욕망을 보여준다. 성례를 언제나 어디서나 유효하게 만드는 그리스도의 공로와 약속은 인간의 믿음을 무의미하게 만드는 것이 아니라, 조건 없이 베풀어진 은혜에 인간이 기쁨과 감사로 응답하도록 이끄는 자비의 초청이다. 그렇기에 교회가 성례의 효력에 관한 태도를 정해야 할 때 '넓은 의미에서' 사효론에 가까운 결정을 내렸던 것은 현실이 아무리 우리를 낙담하게 만들더라도 하나님 은혜에 대한 전적인 신뢰를 포기하지 않으리라는 교회의 신념이 있었기 때문이다.

왜 루터는 고해성사의 인정 여부를 고민했을까?

앞서 마르틴 루터 이후 개신교에서는 전통적으로 세례와 성찬, 두 가지만 성례로 인정해 왔음을 살펴봤다. 그런데 사실 루터가 성례 개혁을 시도할 때 처음에는 세 가지 후보를 놓고 고민하다 결국에는 하나를 포기했다. 그것이 바로 고해성사이다. 루터에 따르면, 참 성례가 되려면 그리스도의 제정이 있어야 한다. 그런데 복음서에 따르면 '참회하라'는 명령은 분명히 주어져 있다.[31] 게다가 참회는 신앙의 성숙과 공동체의 평화를 위해서도 많은 유익이 있다. 그럼에도 루터가 최종적으로 고해성사를 탈락시킨 이유는 참 성례의 다른 원칙인 '가시적' 표지가 없기 때문이다.

　로마 교회의 도덕적 해이와 잘못된 신학을 문제 삼으며 루터가 95개의 반박문을 작성한 지 10년도 되지 않아, 개신교 성직자들의 부패와 교리적 무지가 오히려 큰 문제가 되었다. 성직자들이 흔들리니 교인들 역시 제대로 교육과 지도를 받지 못하며 혼란이 가중되었다. 고민 끝에 결국 고해성사를 성례에서 제외했던 혈기 넘치던 30대 중반의 젊은 수사 때와는 달리, 원숙함을 더한 종교개혁의 상징적 지도자로서 루터는 공적인 죄의 고백이 왜 중요하고 필요한지를 적극적으로 대변하게 되었다. 그렇다면 죄의 고백, 혹은 참회는 왜 이토록 중요한 것일까?

　살다 보면 인간은 죄를 지을 수밖에 없기에, 인간이라면 누구나 화해와 용서가 필요하다. 죄는 하나님과의 관계를 뒤틂과 동시에 인간과의 관계도 파괴한다. 즉, 죄는 수직적으로는 하나님과의 공동체에, 수평적으로는 이웃과의 공동체에 함께 피해를 끼친다.[32] 예를 들면, 하나님보다 돈을 더 사랑하는 사람은 사회적 약자를 정의롭지 못하게 대하면서 이익을 취한다. 뒤집어서 보더라도 가난한 자를 부당히 억압하며 착취하는 것은 하나님이 아니라 맘몬을 섬기는 일이다. 이렇듯 하나님에 대한 죄와 이웃에 대한 죄를 전혀 두 다른 범주로 봐서는 안 된다. 죄는 '하나님-나' 그리고 '나-이웃'이라는 이중적 관계에 입체적으로 파괴적 결과를 끼친다. 죄에 대한 이중적 책임성에서 나온 것이 참회이고, 이것이 성사로 발전한 것이 고해성사이다.

실제 초대교회에서는 죄의 고백을 공적으로 하였고, 속죄란 공동체적인 일이었다. 그러다가 6-7세기 켈틱 선교사들이 그들의 수도원 전통에서 발전한 '사적 속죄'private penance를 유럽 대륙에도 소개했다. 거기다 각종 죄와 이에 대한 보속의 내용이 기록된 참회서penitential가 등장했다. 참회서는 사제가 죄를 고백하는 신자를 지도하는 데 사용할 수도 있었지만, 개인적으로 은밀하게 하나님 앞에서 참회하는 사람들에게 긴요한 지침서가 되었다.[33] 이러한 환경의 변화는 사적인 속죄가 그리스도교 세계에 퍼지는 중요한 계기가 되었다.

참회의 '개인 영성화'가 중세 시대의 한 흐름이었다면, 고해성사를 교회의 권위로 '제도화'하려는 움직임은 또 다른 흐름이었다. 고해성사는 다음과 같이 크게 네 가지 단계로 나뉘었다. 마음의 참회contrition of heart → 입으로 죄의 고백confession of mouth → 보속행위satisfaction of works → 사죄absolution. 게다가 1215년에 라테란 공의회에서 고해를 일 년에 한 번 이상 하도록 규정하면서, 고해성사는 로마 교회에 속한 유럽인들의 의무 조건이 되어 버렸다. 죄 고백의 내면화와 제도화, 얼핏 보면 모순되어 보이는 현상이 진행되면서 참회의 내적 본질과 공동체적 성격이 함께 훼손되었다.

루터를 비롯하여 종교개혁자들은 중세의 '고해성사' 제도에 내재된 여러 문제를 예리하게 지적했다. 우선 고해성사 중 '보속'은 많은 폐해를 쉽게 만들어 낼 수 있다. 죄로 생긴 피해를 갚는다는 의미의 '보속'은 이웃에 끼친 손실을 보상하기도 했지만, 일반적으로 자선이나 기도, 시편 암송, 금식, 순례 등의 종교적 의무도 요구했다. 이는 하나님과 공동체의 관계를 회복한다는 긍정적 의미도 있었지만, 악용되면 사람들을 착취하고 통제하는 수단도 될 수 있었다. 또한 원칙상 보속이 끝나야 사제에게서 사죄 선포를 받을 수 있게 되어 있었지만, 8세기경부터 순서가 역전되는 현상도 나타나기 시작했다. 즉, 죄 사함을 선포하는 대가로 자선이나 기부 등의 특정한 보속 행위가 요구될 수 있게 되어 버렸다. 이로써 보속 때문에 일반 신자들의 재정적 부담이 늘어난 반면, 돈 있는 이들은 쉽게 죄책에서 벗어날 수 있었고, 교회나 사제가 보속을 다른 목적을 위해 악용할 위험도 생겼다.

또한 참회서가 제시한 세세한 죄의 목록은 역설적이게도 신실한 신자들의 양심에 고통을 가중하는 부작용을 일으켰다. 그 결과 마음에서 우러나는 회개인 진정한 참회contrition가 아니라, 형벌의 두려움이나 형식적으로 하는 불충실한 회개attrition가 만연했다. 재정적 압박과 양심의 불편함, 수치심 때문에 힘들어하는 신자들에게 교회가 고해를 의무화하면서 가한 압박은 고해성사를 은혜가 아니라 강압적 율법으로 만들어 버렸다. 이런 상황에서 루터가 '그리스도인의 자유'를 외치면서 중세 가톨릭의 성사 제도를 비판했고, 심지어 고해를 성례에서 제외했다는 것은 말 그대로 놀라운 혁명이었다.

그러나 독일 곳곳을 다니면서 개신교 목사와 신자들의 종교적 해이와 도덕적 방종을 목격하면서 충격을 받은 루터는 몇 년이 지나지 않아 참회의 중요성을 역설하게 되었다.

> 지금 우리는 세 가지 사항이 제거된 상태의 참회를 선물로 받았습니다. 첫째, 더 이상 두려움 가운데 떨며 억지로 할 필요가 없게 되었습니다. 둘째, 죄목을 일일이 나열해야 하는 고문에서 해방되었습니다. 마지막으로, 참회에 대한 무지에서 풀려났습니다. 그리하여 참회를 복되게 사용하여 위로받고 양심을 강건하게 만들 수 있는 기회를 얻었습니다.[34]

루터는 사제에게 죄를 고백하고 사죄 선언을 받는 가톨릭의 고해성사와 다르게, 하나님과 이웃에게 죄를 고백하는 것이 참회라고 보았다.[35] 진정한 참회란 한편으로는 우리의 죄를 놓고 하나님 앞에서 용서를 구하는 것이요, 다른 한편으로는 실제 피해자에게 용서를 구하는 일이다. 자존심과 자기변호의 욕망을 내려놓는 죄의 고백은 쉬운 일이 아니고, 참회 이후 관계 회복은 상호 격려와 인내로 이루어 가야 할 과정이기도 하다. 그런 의미에서 칭의는 십자가의 공로로 의롭게 되는 유일회적 사건인데 반해, "참회는 우리가 살아 있는 한 항상 새롭게 갱신되어야"[36] 한다. 이는 피해자에게 직접 용서를 구하거나 보상하지 않은 채, 내가 하나님께 진심으로 참회했으니 죄를 용서받았다고 주장하는 '셀프용서'와는 거리가 멀다.[37] 만약 공개적으로 자신의 잘못을 인정할 충분한 믿음이나 여력이 없는 사람이 있다면, 루터는 그에게 형제나 자매를 조용히 찾아가 잘못을 인정하고 용서를 구하는 '은밀한 참회'라도 해야 한다고 조언한다. 이렇게 사람 앞에서 죄를 고백해야 하는 이유는 "사람의 입에 하나님의 말씀을 주시고, 그 말씀으로 우리가 죄에서 풀려났다는 것을 선포"[38]하시기 때문이다.

루터와 마찬가지로 칼뱅 역시 초대교회 교인들이 성서에 근거해서 수행하던 회개를 중세 가톨릭이 고해성사로 바꿔 버린 것을 강하게 비판했다.[39] 하지만, 목회 현장에서 칼뱅은 회개가 지극히 내적인 문제이지만, 외적인 표로도 나타나야 한다고 주장했다. 이는 제네바를 영적으로나 도덕적인 도시로 살리고자 힘썼던 제네바 컨시스터리 Consistoire de Genève 사역에서 그가 죄에 대한 공적인 고백과 공동체적 치리를 강조했던 것을 보면 알 수 있다.[40]

물론 내적이고 개인적인 참회에 익숙한 현대인에게 '공적 회개'가 낯설어 보일 수 있다. 그러나 단지 루터와 칼뱅이 여전히 '중세적'이었

질문하는 신학

기 때문에 공동체에서 죄를 고백하는 것을 강조했다고 보는 것은 지나친 단순화이다. 잘 알려진 현대 개신교 사상가 중에도 다른 이에게 죄를 정기적으로 털어놓은 '비성사적' 고해의 중요성과 효력을 변호했던 이들이 있다(본회퍼와 C. S. 루이스가 대표적이다).⁴¹

고해를 강조했던 종교개혁 초기의 역사에 비추어 보면, 한국 개신교가 참회에 대한 오해와 오용으로 힘든 시기를 지내고 있는 것은 아닌가 하는 생각이 든다. 누구나 알 만한 교회 지도자도 자기 죄 때문에 교회 내외로 문제가 불거지면, 하나님 앞에서 다윗처럼 눈물로 회개했다며 잘못에 대한 책임은 지지 않고 용서를 권리처럼 주장하곤 한다. 수련회나 부흥회에서는 다른 교인들 앞에서 죄를 고백하라고 (거의 반강제적으로) 권하며 용서의 은혜를 간증의 공로로 바꾸는 일도 번번이 일어난다.⁴² 자신의 얼룩진 수치스런 과거는 공개했는데 여전히 자신을 숨기는 사람 때문에 서운함이 쌓인다. 결국 공동체에 분열이 생기기도 한다. 하지만, 공동체에서 죄를 고백하고 죄의 고백을 듣는 데는 상당한 지혜와 인격적 성숙과 책임이 요구된다. '죄를 서로 고백하라'는 말씀(약 5:16)에는 지혜롭게 순종하되, "번민하는 양심에게 비길 데 없이 좋은 치료제"⁴³인 참회를 개인의 잘못을 정당화하는 기제로 만들거나, 죄의 고백을 중세의 고해성사처럼 좋은 신자가 되기 위한 무조건적 원칙으로 만드는 양극단은 경계해야 한다.

'성례'와 '성례적,' 한 음절을 넘어선 울림

"인간은 양서류다. 반은 영이고 반은 동물이지."⁴⁴ '양서류'는 C. S. 루이스 작품에 등장하는 노련한 악마 스크루테이프가 인간을 부르는 말이다. 스크루테이프가 볼 때 초짜 악마는 인간이 영적이면서도 육체적이라는 것을 잊고 어느 한 측면만 공략하려다 결국 유혹에 실패하고 만다. 그런데 이 말을 창조자의 관점으로 돌려 보자면, 인간을 영육으로 창조하신 분께서는 인간의 영뿐만 아니라 몸에 적합한 방식으로 자기를 계시하시고 은혜를 베푸신다. 물질적 세계에 속하며 몸을 가지고 사는 인간을 위해 '비가시적 은혜가 가시적 형태'로 드러난다는 믿음은 '성례적'sacramental 사고를 발전시키는 데 크게 기여했다. 성례적 세계 이해는 모든 우주가 신이라는 '범신론' 혹은 세계는 물질에 불과하다는 '유물론'과는 차별화된 물질관을 그리스도교에 선사해 줬다. 하늘과 땅은 그 자체에 신적인 본성이 있지 않음에도 창조자의 영광이 충만히 드러나는 아름다운 무대이다. 물질로 이루어진 우주임에도 그 안에서 신비롭게 하나님의 영이 거하고 활동하고 계신다.

창조 세계의 경이에 흠뻑 빠졌던 고대와 중세 그리스도인은 자연과 삶 여기저기서 하나님 은혜를 발견하였고 이를 성사라 부르며 소중히 여겼다. 수백 가지에 이르던 성사는 12세기를 넘어오면서 일곱 성사가 되었고, 16세기 종교개혁자들에 의해 두 가지 성례로 그 수가 다시 축소되었다. 드디어 오용 확률이 낮고 더욱 성서적인 성례신학이 오랜 시행착오 끝에 등장하고 정착하게 되었다. 그러나 개신교에서 성례를 세례와 성찬 '예식'으로만 강조하다 보니, 예배 밖 일상에서 마주하는 물질에서 은혜를 '지각'하는 상상력과 감각을 교육할 장이 교회에서 사라져 버리는 감도 없지 않다.

세계를 과학적으로 이해하고 경험론적으로 사고하는 데 익숙해진 현대 그리스도인이 과거에서 배우고 회복해야 할 것 중 하나는 '성례적'으로 세계를 보고 참여하는 지혜이다. 여기서 세례와 성찬보다 더 많은 종류의 '성례전'이 필요하다고 주장하는 것은 결코 아니다. 글을 맺으며 강조하고 싶은 것은 가시적 세계 속에서 비가시적 은혜를 지각

질문하는 신학

하는 성례적 상상력이 회복될 필요가 있다는 점이다. 그래야 세례와 성찬을 통해 부어지는 자비의 은혜가 '거룩한 예식'(성례)을 집행하는 교회를 감싸고 흘러넘쳐서 팍팍하고 무의미한 삶까지 촉촉히 채워 주며 일상을 비옥하게 만들 수 있다. 반면 하나님께서 창조하시고 기뻐 머무시는 창조 세계를 '성례적'으로 바라보는 상상력이 고갈되면 세례의 물과 성찬의 떡과 포도주의 깊고 다채로운 의미도 말라비틀어지게 된다. 그럴 경우 두 개만 고이 남은 성례마저 건조한 예배 중에 어쩔 수 없이 급하게 해치우는 공허한 형식으로 전락할 위험도 커질 수밖에 없다.

적용과 토론을 위한 질문

1. 여러분이 속한 교회에서 성찬과 세례는 얼마나 자주 시행되는가? 성찬과 세례를 집례하는 사람은 누구이며, 집례시 성찬과 세례를 어떻게 소개하는가?

2. 성례가 우리 신앙생활에서 왜 중요하다고 생각하는가? 말씀 중심인 개신교회에서 성례가 여전히 필요하다고 할 수 있는가? 실제 우리의 교회생활에서 성례는 어떤 위치에 있는가?

3. 가톨릭에서 사용하는 '성사'와 개신교에서 사용하는 '성례'라는 용어의 차이가 어떤 상이한 느낌을 형성하는가?

4. 왜 하나님께서는 '보이지 않는' 은혜를 '보이는' 형태를 통해 우리에게 전달하실까? 전능하신 하나님께서 그런 가시적이고 물질적인 매개가 필요하신 이유가 있을까?

5. 가톨릭의 일곱 성사는 삶의 시작부터 끝, 개인적 삶과 공동체적인 삶, 세속적 삶과 종교적 삶을 어떻게 연결하려 하는가? 이럴 경우 어떤 장점이 있고, 또 어떤 문제가 생기는가?

6. 종교개혁자들이 참 성례의 조건으로 내세운 것은 무엇인가? 그런 원칙에 입각해 이들이 인정하는 성례는 무엇인가? 이들이 강조한 것들 중에 오늘날 우리가 잃어버린 것은 없는가?

7. 죄의 고백은 왜 중요한가? 영화나 언론을 통해 비판받는 개신교의 일반적인 '죄 용서' 메커니즘은 어떤 문제가 있는가?

질문하는 신학

31장. 세례

그리스도인이 되려면 왜 세례를 받아야 하는가?

두 세례식 이야기

잊을 수 없는 세례식이 있었습니다. [한 국제 모임에]……주 강사로 초청을 받아 3일 동안 집회를 했습니다. 중국의 비즈니스맨 20명이 참석했습니다. 그들은 그리스도인이 아니었습니다.……3일 집회가 끝나고 모든 사람들이 다 돌아가게 되었습니다. 저도 성경책과 설교 원고를 들고 나가려고 할 때, 20명의 중국 비즈니스맨이 강대상 위로 올라왔습니다. 3일 동안 당신의 설교를 들었는데, 오늘 우리가 세례를 받고 싶은데 세례를 줄 수 있겠느냐고 물었습니다. 굉장히 당황했습니다. 신앙고백도 들을 기회도 없고, 물도 준비가 안 돼 있고, 가운도 준비가 안 되어 있었습니다. 그런데 그 사람들은 세례를 받겠다는 겁니다. 그리고 그 사람들의 눈에는 눈물이 있었습니다. 이 소식이 중국에 들려지면 그들은 위험에 처할 수도 있습니다. 게다가 아무리 찾아봐도 물이 없었습니다. 그런데 일회용 컵에 담겨 있던 물이 있었습니다. 그리고 일회용 접시가 있었습니다. 그 접시에다가 그 물을 담고, 간단한 신앙고백을 하고, 그 아주 작은 물에 손을 적셔서 세례를 주었습니다. 그 사람들이 무슨 말을 하느냐보다 그 사람들에게 있는 눈물을 봤습니다. 이들이 눈이 아주 빨개져서 진지하게 세례를 받을 때, 저는 이런 세례를 줘 본 적이 없기 때문에 아주 감동했습니다.[1]

위 인용문은 모든 족속에게 세례를 주라는 그리스도의 명령을 교회와 자신의 사명으로 보았던 한 목회자의 증언이다. 처음 만난 20명의 사람에게, 게다가 교회에 다니지도 않고 앞으로 신앙생활을 할지 안 할지 확인도 못할 외국인에게 세례를 베푸는 것이 적절한가? 그리스도인이 된다는 것과 세례를 받는 것 사이에 어떤 깊은 연관이 있기에 이런 세례식이 가능할까?

　방금 언급한 세례식이 어쩌다 일어난 사건이었다면, 한국에서 정기적으로 열리는 특별한 세례식이 있다. 군대에 가 본 사람은 알겠지만, 훈련소에서 대규모 진중 세례식이 열린다. 논산 훈련소에서는 많게는 한 번에 3천 명 이상의 훈련병이 세례를 받기도 한다. 이때 수세자들은 그리스도인이 되기 위한 교육 과정 없이 그날 처음 보는 목사들에게서 세례를 받는다. 물론 진지한 마음으로 세례를 받는 훈련병도 있다. 하지만, 간식이 먹고 싶어서 세례식에 참석하는 이도 있고, 고단한 훈련소 생활에서 잠깐이라도 벗어나려고 세례 행렬에 끼어든 사람도 있으며, 유아세례를 받고도 또 세례를 받는 한국형 '재세례파'가 있기도 하다. 어떤 훈련병들은 그리스도를 구주로 받아들이겠다는 믿음 없이 세례식에 참석했다가, 세례를 계기로 그리스도인이 되기도 한다.[2] 군 선교에서 진중 세례의 역할을 부인할 수 없지만, 원론적 수준에서 이야기한다면 대규모 세례식에서 신앙의 준비나 교리 교육이 잘 되었는지 확인하기가 쉽지 않다.

니케아-콘스탄티노플 신경에 따르면 그리스도인은 '죄를 용서하는 **하나의 세례**'를 믿는다. 그러나 세례가 무엇인지 또 세례를 어떻게 베풀어야 할지를 놓고는 다양한 이해와 태도가 교회 내에 공존한다. 이 글에서는 세례가 무엇이며, 왜 세례가 중요하며, 초대교회에서는 어떻게 세례를 베풀었으며, 유아에게 세례를 주는 것이 합당한지 등의 주제를 살펴보고자 한다.

성서는 세례에 대해 무엇을 알려 주는가?

세례를 뜻하는 영어 단어 baptism은 '씻는 의식' 혹은 '씻음'을 뜻하는 그리스어 *baptisma*에서 유래했다. 이 단어의 동사형 *baptizō*는 일반적으로 '물속에 담그다'라는 뜻이 있고,[3] 초기 그리스도교 공동체는 *baptizō*를 '세례를 받다'는 의미로 사용했다. 명사로서 '세례'와 동사로서 '세례를 받다'는 신약성서에서 그리스도의 구원과 밀접하게 연관되어 있다. 그러나 성서는 세례의 기원이 무엇인지 분명히 밝히고 있지는 않다. 예수 그리스도가 요단강에서 요한에게 세례를 받으신 것으로 보아서는, 세례가 그리스도가 공생애를 시작하시기 이전부터 시행되고 있던 종교의식이라고도 할 수 있다.[4]

신약에서 세례가 죄를 씻는 기능이 있는 것과 유사하게, 제의적 정화 의식에서 흐르는 물을 사용한 사례가 구약성서에 등장한다.[5] 대표적으로 제사장의 봉헌(출 29:4), 나병 환자의 정화(레 14:7), 기타 정결 의식(레 11:25; 15:6; 민 19:12) 등이다. 바벨론 포로기 이후에는 물에 들어 갔다 나오는 예식이 유대교의 입교 의식이 되었는데, 이를 트빌라*tvilah*라고 부른다. 트빌라는 여러 번 반복할 수 있다는 점에서 원칙적으로 일생에 단 한 번만 하는 세례와는 현상적으로 차이가 있다. 트빌라와 세례의 결정적인 차이는 그 신학에서 찾아볼 수 있다. 그렇다면 그리스도교의 성례 중 하나인 세례는 무엇인가?

성서는 세례가 무엇인지에 대해 조직적이고 체계적인 신학적 이론을 제시하지는 않는다. 따라서, 세례가 시대와 교단과 신학자에 따라 다르게 이해되었고, 다양한 방식으로 목회 현장에서 시행되고 있다. 사도들의 가르침을 받았던 초대교회 신자들도 세례가 중요하다는 것은 알았지만, 세례가 무엇인지 명확히 이해하기는 쉽지 않았던 것 같다. 그래서 신약의 저자들은 출애굽(고전 10:1-2), 할례(골 2:11-12), 홍수(벧전 3:19-21) 등 구약을 통해 익숙해진 이미지를 이용해 세례의 구원론적 의미를 설명했다. 비록 성서가 체계적인 세례 신학은 전개하지는 않더라도, 세례가 무엇인지에 대해 다음과 같은 중요한 가르침은 분명히 주고 있다.[6]

첫째, 세례는 정결 의식, 곧 죄를 씻어 없애는 예식이다. 디도서 3장 5절은 "중생의 씻음"에 대해 이야기하며, 사도행전 22장 16절에서 아나니아도 사울에게 "세례를 받고 너의 죄를 씻으라"라고 말한다. 베드로후서 1장 9절은 "그의 옛 죄가 깨끗하게 된 것을 잊었느니라"라며 세례를 받고도 그리스도인답게 살지 못하는 이들에게 경고의 메시지를 전달한다. 이 구절은 세례가 이전의 죄를 씻어 버린 표지임을 보여주는 예로 자주 사용된다.

둘째, 세례는 이전의 모습과 구별되는 새로운 존재로 다시 태어나는 사건이다. 세례의 물은 구약과 마찬가지로 정결 의식과 연결되지만, 신약에서는 옛 자아의 죽음과도 밀접히 관련되어 있다. 바울은 고린도전서 6장 11절에서 다음과 같이 말한다. "너희 중에 이와 같은 자들이 있더니 주 예수 그리스도의 이름과 우리 하나님의 성령 안에서 씻음과 거룩함과 의롭다 하심을 받았느니라." 세례를 받을 때 사람이 물속으로 들어갔다 다시 나오는 것은 사람이 죽었다가 새로운 생명을 가지고 살아남을 상징적으로 보여주는 사건이다.[7]

셋째, 세례를 받음이 새 생명의 탄생일 수 있는 이유는 그리스도의 죽음과 부활이 그 근거이기 때문이다(골 2:12; 롬 6:1-11). 세례를 통해 개개인의 신자는 그리스도와 연합되며, 특별히 가시적인 그리스도의 몸에 참여하게 된다. 따라서 세례는 신자로서 교회의 일원이 된다는 것을 공적으로 보여주는 사건이기도 하다. 고린도전서 12장 13절에서 바울은 "유대인이나 헬라인이나 종이나 자유인이나 다 한 성령으로 세례를 받아 한 몸"이 되었다고 말한다. 이 구절은 한편으로는 세례를 통해 우리가 그리스도와 연합함을 보여주며, 다른 한편으로는 그리스도의 몸인 교회는 인간과 인간 사이를 나누던 인종적·민족적·사회적·경제적 구분을 뛰어넘는 화해의 공동체임을 보여준다.

이처럼 신약성서는 세례가 그리스도인의 삶에서 결정적으로 중요한 사건임을 강조한다. 하지만, 사람이 물에 잠기는 세례의 '가시적' 의식이 영적 재탄생이나 연합이라는 '비가시적' 사건과 어떻게 연결되는지를 구체적으로 설명해 주지 않고 있다. 그렇기 때문에 세례가 원죄를 실제로 씻고 은혜를 전달해 수는 효력이 있다는 가톨릭부터, 세례를 성례로 인정하면서 가톨릭의 세례론을 부분적으로 수정한 개신교의 대부분 교단, 그리고 세례를 성례라고 부르는 것조차 꺼리는 침례교와 급진적 종교개혁 전통까지 다양한 입장이 공존하고 있다. 이러한 복잡성을 염두에 두며, 초대교회의 세례의식을 통해 세례의 의미를 풀어나가 보도록 하자.

초대교회 사람들은 왜 죽기 전까지 세례를 미뤘을까?

성서에 따르면 세례는 죄를 씻어 낸다. 이러한 가르침은 곧바로 다음의 문제를 불러일으킨다. 세례를 받은 이후에 지은 죄는 어떻게 될까? 이 문제를 해결하기 위한 논리적이고 현실적인 방법 중 하나는 죽기 직전에 세례를 받는 것이다. 그리스도교를 공인한 로마의 콘스탄티누스 황제Flavius Valerius Aurelius Constantinus, 272-337가 죽기 전에 세례를 받은 것은 잘 알려진 일화이다.

초대교회 사람들은 우리가 생각하는 것 이상으로 세례를 매우 중요하게 생각했다. 단지 세례 이후 범한 죄 때문에 구원받지 못할까 하는 불안감 때문만이 아니라, 세례가 지닌 복합적 의미를 총체적으로 고려했기 때문이다. 물론 지역마다 교회마다 세례를 베푸는 방식에 차이가 있지만, 초대교회의 세례의식을 통해 당시 사람들이 세례를 어떻게 생각했는지를 알 수가 있다.

4세기 기록에 따르면 그리스도인이 되고 싶다 해도 곧바로 교회의 일원이 될 수 없었다. 세례를 받지 않은 사람은 예배 중에는 말씀을 듣고는 성찬식이 시작되기 전에는 자리를 떠야 할 정도로 교회생활을 부분적으로만 허락받기도 했다. 세례를 받으려면 성서와 교리 교육을 위해 길게는 3년 정도의 준비 기간이 필요했다. 그 기간에 예비신자는 도덕적 지도를 받고, 신앙 훈련도 받으며, 그리스도인으로서 삶을 익혀야 했다.

세례를 준비하는 과정의 절정은 '승리자 그리스도'Christus Victor에 대한 구원 이야기를 받아들이고 이에 참여하는 사건이었다. 승리자 그리스도는 초대교회 이래 가장 중요한 구원론의 모델 중 하나다. 앞서 그리스도론에서 이 주제를 다뤘기에, 그 내용만 간단히 간략히 요약하면 다음과 같다. 아담의 불순종 때문에 인류는 사탄의 죄수가 되었고 악의 위협 아래 놓여 왔다. 그리스도는 인류를 해방하시러 성육신하셨고, 십자가와 부활은 인간을 억압하던 죄와 죽음의 권세를 무너뜨렸다. 즉, 그리스도의 승리는 악의 힘의 지배하에 있던 모든 인류에게 새로운 삶의 가능성을 열어 주는 우주적 사건이다.[8] 신자는 세례를 통해 그리스도와 함께 죽고 살아나고, 성찬을 통해 그리스도의 몸을 받아먹는다. 따라서 그리스도인은 승리자이신 그리스도와 연합하면서 죽음과 죄와 악의 위협으로부터 자유롭게 된 새로운 피조물이 된다.[9]

사탄과 악과 죄로부터 승리하신 그리스도라는 구원론적 주제는 개신교 세례 신학과 의식에도 이어져 내려오고 있다.[10] 예를 들어,『성공회 기도서』에 따르면 세례언약에서 사도신경의 내용을 믿고 동의하는지 물어보기 전에, 다음과 같은 세 질문과 답변을 거치게 되어 있다.[11]

문 여러분은 하느님을 거역하고 창조질서를 어지럽히는 사탄의 모든 일을 거절하겠습니까?

답 예, 거절하겠습니다.

문 여러분은 하느님께서 지으신 피조물을 파괴하고 타락시키는 세상의 악한 권세를 물리치겠습니까?

답 예, 물리치겠습니다.

문 여러분은 하느님의 사랑으로부터 우리를 떼어 놓는 죄의 욕망을 버리겠습니까?

답 예, 버리겠습니다.

세례는 자기 나름의 삶의 이야기를 가지고 살던 인간이 그리스도를 통한 구원 이야기 속으로 들어가는 의식이다. 초대교회에서 세례식은 보통 그리스도의 십자가와 부활 사이, 곧 부활절 전야에 밤을 지새우는 동안에 시행되었다.[12] 수세자는 한밤중에 교회를 떠나 침례 장소baptistery로 이동해서는, 옷을 벗고 알몸으로 물에 들어갔다. 그런데 세례 받기 전 그는 주교의 지시에 따라 특별한 의식을 행해야 했다. 그는 어둠의 영역을 상징하는 서쪽을 향해 서서, 축귀(逐鬼)exorcism의 말을 들었다. 악마와 그를 추종하는 세력에게서 단절된다는 것을 상징적으로 선언하고자 수세자는 욕설을 퍼붓고 침을 뱉기도 했다. 그 후 그는 빛의 땅을 상징하는 동쪽으로 돌아서서, 공중의 권세 잡은 자가 아니라 승리자이신 그리스도를 주로 삼을 것을 맹세하고 자신이 교회의 믿음에 전적으로 순종한다는 믿음을 고백했다.

자신을 옭아매던 옛 주인으로부터 진리와 자유를 주는 새 주인으로 넘어가게 되었음을 선서하는 의식이 끝난 후 침례가 진행되었다. 수세자는 성부, 성자, 성령의 이름으로 주교가 세례를 줄 때마다 물에 잠겼다 일어난 후, 물 밖으로 걸어 나왔다. 이제 옛 생명은 죽고, 그리스도와 연합하면서 새로운 생명을 받게 되었다. 성유를 바르고 새 옷을 입고 교회로 들어가 성찬에 참여함으로써, 그는 그리스도의 몸인 교회에 온전히 속하게 되었다. 세례를 통해 피조물이자 죄인에 불과했던 그가 하나님의 자녀로 변화하면서, "하나님의 상속자요 그리스도와 함께한 상속자"(롬 8:17)가 되었다. 이제 그는 하나님께서 계신 본향에 대해 동경을 가지고 이 땅에 한시적으로 살아가는 거류민, 혹은 체류 외국인resident alien으로서 자신을 정의했다.

이처럼 초대교회 세례의식은 왜 세례가 그리스도인의 삶의 시작이자 교회의 구성원이 되기 위한 입문 예식인지를 상징적으로 잘 보여준다. 특별히 초대교회 당시에는 죄의 씻음, 십자가와 부활에 참여, 새 생명의 탄생, 그리스도의 몸에 속함이라는 중요한 가르침이 한 편의 드라마와 같은 세례의식 속에 아름답게 얽혀 있다. 이후 그리스도교 역사에서 세례의 극적 성격이 다소 상실되면서, 세례의식과 신학 사이의 긴밀한 관계에 대한 감각도 희미해졌다.[13] 오늘날 우리가 초대교회의 형식을 그대로 따를 필요는 없겠지만, 세례의식을 둘러싸고 있는 구원 이야기의 두껍고 풍요로운 층은 여전히 중요하다고 할 수 있다.

세례는 왜 삼위일체 하나님 이름으로 주는 것일까?

미국의 현대 신학자 스탠리 하우어워스와 윌리엄 윌리몬이 잘 표현했듯, 우리가 "세례를 받을 때는 성령이 시작하고 유지하는 이야기에 참여"[14]하게 된다. 세례는 이 세계를 용서하고 치유하고 완성해 가시는 하나님의 이야기 속에서 자기 삶의 의미와 가치를 얻는 존재로 태어나는 새 창조의 사건이다. 세례의 신학적 의미는 세례를 어떻게 집례하느냐는 방법의 문제와 결부된다. 1세기 그리스도교 모습을 파악하는 데 중요한 문서인 『디다케』 혹은 『열두 사도들의 가르침』에는 세례에 대한 흥미로운 지침이 나온다. 그중 일부를 아래와 같이 번역하였다.

> 앞서 언급한 가르침을 미리 연습하고는 다음과 같이 세례를 베푸십시오. 흐르는 물에 성부와 성자와 성령의 이름으로 세례를 주십시오. 만약 흐르는 물이 없다면 구할 수 있는 어떤 물이라도 사용하십시오. 만약 차가운 물에서 세례를 할 수 없다면, 따뜻한 물을 사용하십시오. 그러나 만약 둘 다 없다면, 성부와 성자와 성령의 이름으로 머리에 물을 세 번 부으십시오.[15]

위 인용문에서 흥미로운 점은 물에 완전히 잠기는 침례인지 아닌지는 세례의식에서 결정적으로 중요하지는 않다는 사실이다. 오히려 우리 몸에 닿는 물의 양이나 온도가 아니라, 성부와 성자와 성령의 이름으로 세례를 베풀어야 한다는 점이 더 강조되고 있다.

세례가 삼위일체 하나님과 깊이 관련되어 있음을 가르쳐 주는 가장 중요한 권위의 출처는 신약성서이다. 특히 마태, 마가, 누가복음 모두가 예수 그리스도께서 공생애를 시작하시며 세례를 받았다고 전한다. 물에서 올라오실 때 '성자' 위로 비둘기같이 '성령'이 내려오셨고, '성부'는 그를 사랑하는 아들이라 부르셨다(마 3:13-17 외). 또한 부활하신 그리스도께서는 제자들에게 중요한 명령을 남기고 승천하셨다. 바로 "아버지와 아들과 성령의 이름으로"(마 28:19) 세례를 베풀라는 것이다.[16]

그리스도의 명령에 따라 대부분의 교회와 집례자는 다음과 같은 내용의 예식문을 사용하며 세례의식을 진행한다. "○○○ 씨, 나는 너에게 성부와 성자와 성령의 이름으로 세례를 주노라. 아멘."[17] 이처럼 세례는 성부, 성자, 성령의 이름이 우리 각자가 가진 이름과 연결되는 사건이다. 누군가의 이름을 알고 부른다는 것은 그 사람을 인격으로 인정하고 받아들이는 행위이다. 그렇기에 세례 때 내가 가진 고유한 이름이 삼위일체 하나님의 거룩한 이름과 함께 불린다는 것은 하나님과 내가 인격적인 사귐과 소통의 관계 속으로 들어가게 된다는 의미이다. 유진 피터슨은 삼위일체와 세례의 관계를 아름답게 묘사한다.

우리는 삼위일체의 이름으로 세례를 받는다. 세례는 우리가 삼위일체 하나님, 곧 아버지 하나님, 아들 하나님, 성령 하나님 속으로 잠겨 들어가는 것이다. 여기에는 엄청난 의미가 있다. 우리는 하늘과 땅을 창조하시는 하나님, 역사 속으로 들어오시고 그 결정적인 행위로써 구원을 이루시는 하나님, 예배 공동체를 형성하시며 자신의 말씀과 행위를 증언하시는 하나님과의 사귐에 참여하게 되는 것이다.……삼위일체의 이름으로 세례 받아 공동체 속으로 들어올 때, 우리 삶은 더욱 철저하고 더욱 깊은 방식으로 관계적인 것이 된다. 하나님과의 관계에서뿐 아니라, 모든 세례 받는 지체들과의 관계에서도 말이다.[18]

세례를 받으며 옛 자아가 죽고 새로운 생명이 선물로 주어진다. 그 생명은 홀로 외따로 떨어진 개인으로서 삶이 아니라, 삼위일체 하나님과 관계 맺어진 삶이다. 나의 자아에 깊숙이 박혀 있던 삶의 중심축이 삼위일체 하나님의 거룩한 사귐을 향해 기울어지는 사건이다. 세례를 통해 비인격적 원리나 추상적 관념에 길들여 있던 인간은 상호 인격적이며 사랑을 주고받는 존재로 거듭난다. 영혼의 고귀함이 짓눌리고 탈인격화 된 경쟁에 내몰리는 것이 아니라, 진정한 안식이 있고 서로 용서하며 치유하는 공동체의 삶 속으로 초청된다. 그런 의미에서 세례는 고립된 자아에서 공동체적 자아로 재탄생하는 사건이기도 하다. 그래서 루터교회의 예식에서는 회중들이 세례를 받고 난 신자들을 환대하며 다음과 같이 한목소리로 말한다.

우리는 그대들을 주의 가족으로 환영합니다. 그리스도의 몸의 한 지체로 받아들이며, 같은 하나님 아버지의 자녀와, 같은 하나님 나라의 일꾼으로 받아들입니다.[19]

'자기중심적' 존재에서 '하나님 중심적' 존재로 변화하면서 신앙인은 하나님의 백성이 된다. 이러한 관점에서 본다면 세례는 자기 힘으로 스스로를 구원할 수도 없고, 자기 자신의 문제를 자각할 수도 없는 나와 너에게 베풀어 주시는 은혜의 선물이다. 그런데 바로 이 지점이 목회 현장이나 그리스도인의 생활에서 직면하게 되는 현실적 문제가 생기는 곳이다. 자기 스스로 믿음의 고백을 할 수 없는 아기가 그러한 선물을 받을 수 있을까? 세례는 그리스도를 구주로 받아들이겠다는 결단을 하고, 그리스도교 신앙을 이해하고 동의하는 이에게 베풀어져야 하는 것이 아닌가? 이제 초대교회부터 지금까지 많은 그리스도인을 혼란스럽게 한 유아세례의 문제를 다루어 보기로 하자.

유아세례, 과연 성서적인가?

그리스도교 가정에 속한 아이에게 세례를 베푸는 유아세례가 옳은지, 아니면 자신의 의지로 믿음을 고백할 때 받는 신자 세례가 옳은지는 그리스도교 역사에서 풀리지 않는 논쟁거리이다. 어린아이에 대한 세례를 성서가 명확히 언급하고 있지 않기 때문에, 성서를 근거로 유아세례를 완전히 지지하기도 부정하기도 어렵다. 초대교회가 세례의식을 신중하게 진행했고 세례 전까지 철저한 준비와 교육을 강조했지만, 흥미롭게도 유아세례는 상당히 이른 시기부터 일반화되었다. 로마제국의 그리스도교 공인 이전 초대교회의 모습을 알 수 있는 중요한 자료를 제공해 주는 로마 카타콤에 대한 고고학적 연구는 태어난 지 1-2년 된 유아들도 세례를 받았음을 알려 준다.[20] 히폴리투스의『사도전승』은 세례 예식 때 유아들부터 세례를 받게 하고, 자기 스스로 세례 문답을 할 수 있는 아이들은 직접 답하지만 그렇지 못한 경우는 부모나 다른 사람이 대신하라고 친절히 조언한다.[21]

초기 교부들은 세례의 중요성에 대한 많은 글을 남겼지만, 유아세례에 대해서는 입장을 통일하지 못했다. 세례가 구원에 있어 필수적이라 여겼던 테르툴리아누스는 유아세례에는 부정적이었다.[22] 교회론 형성에 큰 영향을 끼쳤던 키프리아누스는 유아세례를 찬성했지만, 이단에게서 세례를 받은 사람의 경우에는 그 세례가 무효하므로 다시 세례를 받아야 한다고 주장했다.[23] 아우구스티누스는 유아세례를 죄 씻음을 위해 필수적인 예식으로 여겼고, 삼위일체 이름으로 행해진 세례라면 교회 밖 분파나 이단에서 행해졌더라도 유효하다고 보았다.[24] 세례의 객관적 효력에 대한 가톨릭의 입장이 형성되면서, 유아세례를 받은 사람이 성인이 되어 자기 믿음의 결단에 따라 세례를 다시 받는 일은 불필요하게 여겨졌을 뿐만 아니라 금지되었다.[25]

16세기에 종교개혁은 중세 로마 가톨릭의 타락에 반발하여 일어났다. 그러나 유아세례를 거부하던 급진파를 무력으로라도 탄압할 때는 가톨릭교회와 루터교회와 개혁교회가 크게 다르지 않았다.[26] 1525년 5월 29일 스위스 슈비츠에서는 유아세례를 인정하지 않던 에벌리 볼트 Eberli Bolt, 출생연도 미상가 로마 가톨릭 당국에 의해 화형을 당했다. 1527년 1월 5일에는 취리히 정부가 펠릭스 만츠 Felix Manz, c. 1498-1527의 사형을 집행했다.[27] 불을 사용한 가톨릭과 달리 취리히의 개신교인들은 만츠가 재세례를 주장한다는 이유로 강물에 빠트려 익사시키는 잔인한 방식을 사용했다. 만츠의 순교는 종교개혁 세력 내부의 탄압의 시초이자, 수세기 동안 이어진 급진적 종교개혁 운동에 대한 박해의 상징적 사건이 되었다.

이처럼 종교개혁 당시 유아세례를 둘러싼 논쟁은 그리스도교 역사에 위험하고 잔인한 기억을 새겨 놓았다. 비록 우리가 세례에 대한 견해가 다르다고 서로를 박해하고 탄압하는 시대에 살고 있지는 않지만, 여전히 교단 간의 신학적 차이는 잘 좁혀지지 않고, 교단 내에서도 여러 견해가 공존하는 실정이다. 칼 바르트나 위르겐 몰트만과 같은 현대 신학자들은 전통적으로 유아세례를 옹호하던 개혁주의 신앙의 배경을 가지고 있지만, 정작 자신들은 유아세례를 반대하는 입장을 공개적으

로 밝혔다.[28]

그렇다면 유아세례와 신자의 세례를 주장하는 사람들의 입장은 어디서 차이가 나는 것일까? 이 역시 방대한 주제이기에, 먼저 각 입장이 세례에 대한 대표적 성서 구절을 해석하는 방식을 간단히 추려 보기로 하자.[29]

첫째, 구약 시대에 남자아이들은 생후 8일 하나님의 백성의 공동체에 들어가는 표시로 할례를 받았다. 유아세례 찬성자들은 신약에서의 세례는 구약의 할례에 해당한다고 보았고, 골로새서 2장 1-11절에서 바울도 할례와 세례를 연결하고 있다고 주장한다. 반대자들은 구약에서는 육체적 출생으로 언약 공동체에 들어간다면, 신약에서는 영적 거듭남으로 언약 공동체의 일원이 된다고 지적한다. 즉, 할례는 '믿음의 부모'가 아니라 이스라엘이라면 모두 받는 것이기에 유아세례와 본질적으로 다르다고 주장한다.

둘째, 사도행전과 서신서를 보면 가족들 전체를 위한 세례가 언급되고 있다(행 16:15, 33; 골 1:16). 찬성자들은 유아가 포함되어 있을 수 있는 '가족 전체'의 세례를 강조한다. 반면 반대자들은 그 가족들이 다 어느 정도 성숙하여 복음을 이해하고 믿을 만큼 장성한 사람이었을 것이라 주장한다. 이 지점에서는 성서는 유아세례 찬성자에게도 반대자에게도 확실한 근거를 마련해 주고 있지 못하다.

셋째, 예수께서는 어린아이를 용납하셨고, "천국이 이런 사람의 것이니라"라고 하셨으며, 아이들에게 안수하셨다(마 19:13-15). 유아세례를 찬성했던 칼뱅에 따르면, 그리스도께서는 아이들을 축복하셨고, 그들은 죽음으로부터 자유로워졌다. 죄의 저주로부터 풀려나 하나님의 자녀가 되었다는 표가 세례라면, 유아세례를 반대할 이유가 없다.[30] 반면, 반대자는 이 구절이 성례의 자격에 관한 그리스도의 가르침이 아닐

뿐만 아니라, 천국이 '이런 사람의 것'이라는 표현은 육체적인 어린이가 아니라 천국에 합당한 자질을 가리킨다고 주장한다.

이런저런 이유로 유아세례에 대해 각 교단은 서로 다른 입장을 취해 왔다. 세례의 자격 문제를 놓고 수백 년의 역사 속에서 형성된 신학적 차이를 단번에 좁힐 수 있는 이론 체계가 갑자기 등장하는 것은 현실적으로 쉽지 않다.[31] 그렇다 하더라도 이 문제가 다른 신앙에 대한 비판이나 핍박으로 이어지거나 교회 분열의 원인이 되어서는 안 될 것이다. 교단마다 특유의 세례론을 발전시켜 왔다고 할지라도, 그리스도인이라면 세례는 예수 그리스도께서 제정하신 중요한 예식이며, 구원의 근거는 세례가 아니라 그리스도이시고, 세례의 효력은 물 자체가 아니라 말씀과 성령의 능력에서 나온다는 점에는 동의할 것이다. 이러한 기본 전제를 존중하면서, 이 글에서는 유아세례를 옹호하는 개인적 의견을 제시하고자 한다.

첫째, 성서가 소개하는 하나님은 언약의 하나님이시며, 그 언약은 율법이 아니라 '은혜'의 언약이다. 그렇기에 세례에서 각 개인의 결단보다 더 우선하는 것은, 하나님께서 주도적으로 이스라엘과 교회와 맺으신 특별한 관계이다.[32] 따라서 인간은 자신의 주체적 결단이 아니라,[33] 교회를 향한 하나님의 은혜의 선택에 근거해 세례를 받을 수 있다. 물론 세례를 받을 때 각 개인이 가진 신앙의 중요성이 간과되어서는 안 된다. 하지만, 교회에 속한 성인 남녀나 교회의 구성원의 자녀 모두 언약의 공동체에 속해 있다는 표로서 세례를 받는 것이지,[34] 개인이 쌓아 온 신앙에 대한 보상 혹은 증명으로 세례를 받는 것이 아니다.

둘째, 인간은 하나님의 은혜를 자양분으로 삼고 살아가도록 창조되어 있다. 죄인이기에 인간은 하나님의 은혜가 더욱 필요하다. 하나님의 은혜에 의존하는 존재라는 점에서 성인과 유아의 구분은 무의미하다. 초대교회에 유아세례가 보편적으로 시행되었던 이유도 인간이라면 누구나 나이에 상관없이 그리스도의 은혜를 필요로 하고 있다는 믿음이 있었기 때문이다.[35]

셋째, 신자 세례에서는 그리스도교 신앙에 대한 이해와 동의, 그리스도를 주로 받아들이겠다는 결단, 교회 공동체의 일원이 되겠다는 헌신의 서약 등이 전제조건이다. 그렇다면 지적장애나 언어장애가 있어서 이러한 학습이 불가능한 사람은 세례를 통해 새로운 존재로 빚어 가는 하나님의 은혜로부터 배제될 수밖에 없을까? 혹은 사고나 질병으로 과거의 기억을 잃은 사람들에게 세례의 효력이 계속 유효하다 할 수 있을까? 아무리 지적으로 뛰어난 사람이라도 세례 교육 때 배운 교리를 전혀 오류 없이 이해하고 있을까? 오히려 조건과 경계 없이 주어지는 하나님 은혜의 포용성을 잘 드러내는 세례는 유아세례라고 할 수 있지 않을까?

끝으로, 유아세례는 한 아이와 하나님 사이의 진실하고 신실한 관계를 위해 공동체와 부모가 전적인 헌신으로 들어간다는 의미이다. 로마 가톨릭에 비교할 때 개신교는 성례에 참여하는 이의 믿음을 강조하다가, 세례와 성찬의 공동체적 지평을 간과하거나 약화할 위험이 있다. 하지만, 세례는 초대교회부터 본질적으로 공동체적 예식이었고, 각 개인은 공동체를 통해 그리스도의 부름을 받고 그리스도 안에서 성장할 수 있다. 그래서 사도신경을 성인 세례 때는 세례를 받는 사람만 문답식으로 고백한다면, 유아세례 때는 회중이 다함께 고백하기도 한다.[36]

종교개혁 이후 근대 신학에서 유아세례에 대한 비판이 빈번해지고 강화되는 것은 인간 주체의 자율성과 책임이 강조되는 시대정신과 무관하지 않다. 하지만, 유아세례가 얼마나 중요하고 심각한 의식인지는 유아세례 의식문을 꼼꼼히 읽어 보면 알 수가 있다. 교단과 교회마다 사용

질문하는 신학

하는 유아세례 의식문도 다 차이가 있지만, 아래에 인용한 유아세례 문답은 지적으로나 육체적으로 연약하고 미성숙한 존재에게 세례를 베푸는 것이 부모나 공동체에 얼마나 큰 책임을 부과하는지 잘 보여준다.

문 1 이 아이가 하나님의 아이인 것을 인정하겠습니까?

문 2 그러면 이 아이가 커서 하나님의 종이 되겠다고 할 때, 하나님을 위해서 일하고자 할 때, 당신은 말리지 않겠습니까?

문 3 이 아이가 자라다 죽었을 때 하나님을 원망하지 않겠습니까?[37]

유아세례에 대한 비판에는 분명 오늘날 그리스도인이 귀 기울여야 할 중요한 메시지가 들어 있다. 바르트가 지적했듯 교회 다니는 부모 밑에서 태어났다는 이유로 세례를 받는다면, 세례는 제자도의 삶과 무관한 값싼 은총cheap grace이 되어 버릴 위험이 있다. 몰트만이 비판했듯 유아가 자기 의지와 무관하게 세례를 받게 되면, 세례가 유럽의 국가 교회 유지를 위한 예식으로 변질될 수도 있다. 한국과 같이 국가 교회 시스템이 없는 곳에서도 세례의식은 얼마든지 기존의 종교 제도를 지탱하기 위한 도구로 잘못 사용될 수도 있다. 그렇기 때문에 유아세례를 시행할 때, 세례의식의 밑바닥에 깔린 신학적 의미를 충분히 인식하고 거기에 대한 확신이 있는지, 그리고 책임감 있는 공동체가 될 수 있다는 용기와 각오가 있는지 진지하게 성찰할 필요가 있다.

결론을 대신하는 기도

세례를 세례 되게 하는 근원은 수세자의 믿음이 아니라, 인간을 죄에서 벗어나게 하여 자신과의 교제에 참여하게 하시려는 삼위일체 하나님의 초청이다. 그 은혜의 부름에 믿음으로 참여하면서 우리는 현실의 두터운 가림막에 숨겨져 있던 하나님께서 갈망하시던 인간의 참 모습을 보게 된다. 존 메이엔도르프가 말했듯, 세례를 통해 인간에게 "종말론적이며 신비스러운 자신의 본래 운명"[38]이 계시된다. 이 주제에 관해 말을 더 하기보다는, 태초부터 계속되는 인간을 향한 하나님의 갈망을 잘 표현한 세례 기도문을 소개하며 이 글을 맺고자 한다.

> 전능하신 하느님, 한 처음 어둠 속에서 창조가 시작될 때에 물 위에 성령이신 하느님께서 함께하셨으며, 에집트의 노예로 묶여 살던 이스라엘 백성을 홍해의 물을 통하여 약속의 땅으로 인도하셨나이다. 또한 하느님의 아들 예수께서 물로 세례를 받으시고, 십자가에 수난하셨으나 죽음의 사슬을 끊고 부활하시어 영원한 생명으로 우리를 이끌어 주셨나이다. 그러므로 이 구원의 물을 주신 주님께 감사하오니, 이 물로 세례 받는 이들에게 성령의 은총으로 새 생명을 얻게 하시며 그리스도의 몸과 하나가 되게 하소서.
> 이제 성령의 능력으로 이 물을 축복하시어 거룩하게 하시고, 이 물과 성령으로 세례 받는 이들의 죄를 깨끗이 씻어 주시고, 다시 태어나게 하시어 구세주이신 예수 그리스도의 부활 안에서 영원한 생명을 누리게 하소서. 주님은 이제와 영원토록 다스리시고 만물을 주관하시나이다. 아멘.[39]

적용과 토론을 위한 질문

1. 여러분은 세례를 받았는가? 언제 어디서 받았는지 기억을 이야기해 보자.

2. 이 장 처음에 소개된 두 세례 이야기를 다시 한 번 읽어 보자. 그리고 각각의 세례에 관한 각자의 생각을 나눠 보자.

3. 세례는 그리스도인의 삶에서 왜 중요한가? 그 중요함을 잘 인식하고 세례를 받았는가? 혹은 교회에서 수세자 교육 때 이러한 점을 잘 알려 주고 있는가?

4. 초대교회의 세례의식에서 특이한 점은 무엇인가? 이 같은 의식이 오늘날에도 필요하다고 보는가? 아니면 이것은 지나치게 형식주의적인가?

5. 세례의식에서 보이는 하나님의 이미지는 어떠한 모습인가? 말씀으로 세상을 창조하신 하나님께서 굳이 세례를 우리에게 요구하실 이유가 있었을까?

6. 유아세례에 관한 찬반 입장을 꼼꼼히 읽어 보자. 여러분은 어떤 입장인가? 이 글에 제시되지 못한 다른 이유로 유아세례를 찬성 혹은 반대하는가?

7. 아리스토텔레스는 인간은 사회적 동물이라고 말했다. 이러한 정의가 세례적 인간론과 연결될 수 있을까?

32장. 성찬

빵과 포도주를 먹는 것이 그리스도인에게 꼭 필요한가?

낯선 식사로의 초대

어느 날 마케도니아 빌립보 출신의 로마 시민 푸블리우스는 유대인 가정에 식사 초청을 받았다. 푸블리우스는 그 집에 모인 사람들이 세대와 계급, 성별을 뛰어넘어 서로를 기쁘게 환대하는 모습에 놀랐다. 사람들이 어느 정도 모이자 식사가 준비되었다. 집주인 아굴라가 빵 한 덩이를 들고 감사 기도를 올리기 시작했다. 손님인 푸블리우스가 볼 때 그 기도는 너무 특이했다. 그는 그 기도를 듣고 느낀 바를 솔직히 털어놓았다.

우리 로마인들은 가정 신을 위해 음식과 음료를 조금 남겨 두었다가 식사 후에 그것을 받아 달라고 신들에게 바친다. 유대인들은 방식이 달라서, 빵을 떼고 기도한 다음 식사를 시작한다고 들었다. 그런데 지금 벌어지는 걸 보니 한술 더 떴다. 빵의 일부를 신에게 바치는 것이 아니었다. 그 대신 아굴라는 그들의 신이 그들을 위해 무언가를 주었음을 참석자들에게 상기시켰다. 다름 아닌 신의 독생자가 죽음으로써 그들이 살 수 있다는 것이었다.……아굴라가 말을 이었다. "그분은 육체로는 이 방에 우리와 함께 계시지 않지만 분명 우리 가운데 계십니다. 이 빵으로 시작하여……함께 먹으면서, 또한 먹는 가운데 서로 나누는 사귐을 통하여, '우리'는 그분을 우리 안에서 직접 경험하는 것입니다."……나는 그들의 신이 이렇게 엉성하고 일상적인 방식의 행위를 통해 대체 뭘 하려는 것인지 궁금했다. 그들이 자기네 신을 가볍게 여기는 것으로 보였다. 내가 신에 대해 익히 생각하던 방식과는 영 딴판이었다.[1]

식사 이후 늦은 시간까지 이어지는 자유로운 식사 친교와 활기찬 찬송, 역동적인 토론 등은 푸블리우스에게 낯설지만 강하고 친근한 인상을 남겼다. 아굴라의 집에서 나오며 그는 찬찬히 생각했다. "내 예상과는 달랐지만, 대체로 그날 저녁이 즐거웠다.……만찬 중은 물론 만찬 후에 이루어지는 그들의 대화에는 이상하게도 그 자체로 **무시할 수 없는 무언가**가 있었다. 그들의 행동에는 틀림없이 **실제적인 무언가**가 있었다."[2]

위 이야기는 신약학자 로버트 뱅크스가 재구성한 1세기 초대교회의 예배 모습의 일부다. 그의 역사적 상상력 덕분에 막연히 알아 왔던 초대교회의 기이하고 전복적인 모습이 더욱 생생하게 느껴진다. 1세기 그리스도인의 꾸밈없고, 낯설지만 매력적인 예배의 핵심에 위치한 것은 바로 성찬이었다. 푸블리우스가 느꼈듯 그리스도인의 '성찬'은 당시 다른 종교 예식에 비할 때 터무니없이 소박하고 일상적이었지만, 거기에는 뭔가 신비로운 실제적인 것이 있었고 그로부터 사람들은 힘과 영감, 심지어 생명을 얻었다.

그렇지만 오늘날 교회에서 성찬은 초대교회 때만큼 중요성을 부여받지 못하고 있거나, 상당히 형식적 차원에서 시행되고 있음을 부인하기 힘들다. 종교개혁자들이 중세 로마 교회가 성찬을 잘못 이해하고 실행한 것에 반발했다는 것은 잘 알려졌지만, 종교개혁 이후 개신교회에서 성찬의 '남용' 못지않게 심각한 '오해'가 자라지는 않았는지 심각하게 반성해 볼 만한 일이다. 실제 제대로 이해되고 실행되는 성찬은 그리스도인이 믿는 하나님이 누구신지, 그들이 사는 세상은 어떤 곳인지, 그들이 속한 교회란 무엇인지, 그리고 그들의 미래의 운명이 무엇인지 '감각적으로' 배워 가게 해준다.

이번 글에서는 이토록 중요한 성찬이 무엇인지에 대해 간략하나마 살펴보고자 한다. 보통 신학 교재에서 성찬론을 다룰 때 '어떻게 포도주와 빵이 그리스도의 몸과 피인가?'라는 '본성 논쟁'에 지면을 크게 할애한다. 하지만 여기서는 그리스도인의 삶과 신학적 성찰에서 성찬의 의미를 드러내 보이는 데 글의 초점이 놓이게 될 것이다. 이를 위해서 우선 왜 '먹기'가 중요한지부터 살펴보기로 하자.

왜 예수께서는 먹기를 탐하는 자라 불릴 정도로 음식을 좋아하셨을까?

생전에 사람들은 예수 그리스도에게 불명예스러운 별명을 지어 주곤 했다. 그중 가장 고약한 것이 "먹기를 탐하며 포도주를 즐기는 자"(마 11:19)이다. 실제로 예수께서 얼마나 잘 드셨고 잔치를 즐기셨는지는 잘 모르겠지만, 이것은 거룩한 삶의 모범이라 불릴 만한 이에게는 도무지 어울릴 것 같지 않은 도발적 비난이기도 하다. 사실 이 표현은 구약 율법을 배경으로 살펴볼 때 그 의미가 더 잘 드러난다. 신명기 21장 18-21절은 완악하고 반항적인 자녀를 어떻게 처벌할지에 관한 규정이

나온다. 불효자 중 악질은 성읍 사람들 모두가 나와 돌로 쳐 죽일 수 있는데, 그때 그를 고발하는 표현이 바로 "먹기를 탐하며 포도주를 즐기는 자"(신 21:20)이다.[3] 당시 비판자에게 예수 그리스도는 공동체의 안녕을 위해 척결해야 할 악의 실체(?) 정도로 여겨졌던 셈이다.

하나님의 뜻이 이 땅에서 이뤄지게 하려던 그리스도의 사역에서 '먹기'는 중요한 역할을 했다. 예수께서는 풍성한 음식이 차려진 혼인 잔치 비유를 좋아하셨다. 실제 혼인 잔치에 참석하셔서는 물을 포도주로 바꾸기까지 하셨다(요 2:1-11). 그분은 삭개오 같은 세리 집에서부터 시몬 같은 바리새인의 집까지 잔치가 열리는 곳에는 집주인의 신분을 따지지 않고 참여하셨다(눅 19:1; 7:36). 제자들은 스승 앞에서 눈치를 보지 않고 안식일에 이삭을 잘라 먹을 정도였고(마 12:1-8), 수천 명에 달하는 군중은 그분의 기적으로 기대치 않던 멋진 공동식사에 초청을 받기도 했다(마 14:13-21). 부활하신 예수께서는 배신한 제자들에게 먹을 것을 달라고 하셨고(눅 24:41-43), 먹을 것을 차려 주기도 하셨다(요 21:8-13).

먹기의 신학적 의미를 탐구하려면 예수께서 공적 사역을 시작하실 때 마귀에게 돌을 떡으로 바꾸라는 시험부터 받으셨다는 사실을 눈여겨볼 필요가 있다. 아담과 하와의 선악과 사건 이후 인류를 괴롭혔던 음식과 먹기에 대한 오해가 궁극적인 시험대에 오른 셈이다. 예수께서는 "사람이 떡으로만 살 것이 아니요 하나님의 입으로부터 나오는 모든 말씀으로 살 것이라"라는 신명기 8장 3절 말씀으로 이 유혹에 응수하셨다(마 4:4). 이 말을 뒤집어 보면, 음식은 창조주 하나님과 관계 속에서 이해되어야 하고, 먹기는 하나님의 영광과 밀접히 결합된 행위인 셈이다.

굳이 신학적 렌즈 없이 먹기라는 행위의 의미를 곱씹어 보더라도 그 신비적 깊이가 드러난다. 카를 라너 Karl Rahner, 1904-1984는 다음과 같이 설명한다. "[먹기는] 죽은 것이 산 것으로의 화함이요, 어떤 존재물을 그 본성을 지킨 채, 더 고차적이고 더 포괄적인 다른 현실 안으로 포섭함이다. 생명을 단지 물리화학적 현실의 복잡한 기계 구조로만 보는 사람 말고는 누구나 이 변화 앞에 놀라움을 금치 못할 것이다."[4] 먹기를 통해 한 독립된 실체가 다른 실체 안으로 들어가고, 화합하고, 변모한다. 그런 의미에서 먹기는 탈아적^{ecstatic} 활동이요, 한 존재가 다른 존재로 넘어가 새로운 생명력으로 변환되는 신비다. 다른 피조물과 마찬가지로 인간은 세상을 먹고 소화해 자기 몸의 일부로 만든다. 이처럼 태곳적부터 인간은 먹음으로써 살고, 먹는 것은 지금도 인간을 인간되게 한다. 이를 채호기 시인이 흥미롭게 묘사했다.

> 이게 내 살과 뼈와 피이니
> 그대는 받아먹으시라
> ……
> 나 이제 그대의 몸 속으로
> 내 몸을 밀어넣어
> 그대와 한 몸이 되느니
> 그대의 자궁 속에 웅크려
> 그대의 살과 피로
> 新生을 꿈꾸겠네
>
> —채호기, 「몸」 중에서

그리스도교 신앙은 음식과 먹기에 새로운 신비의 차원을 열어 준다. 성서에 따르면 하나님께서는 세상을 창조하시고 그 안의 과실과 채소를 인간에게 먹을거리로 주신 분이다(창 1:29). 알렉산더 슈메만^{Alexander} Schmemann, 1921-1983의 표현대로, "온 세상은 인간을 위해 차려진 거대한 잔칫상이다."[5] 먹음을 통해 인간과 세계 사이의 근원적 관계가 형성되고, 세상을 선물로 주신 하나님과의 특별한 사귐과 교제도 이루어진다. 슈메만의 이야기를 계속 들어 보자.

> 인간은 먹어야 사는 존재다.……분명 인간이 배고픔을 가진 유일한 존재는 아니다. 존재하는 모든 것은 다 '먹고' 산다. 창조 세계 전체가 다 무언가를 먹고 산다. 그러나 우주 안에서 인간만이 가진 독특한 점은 오직 인간만이 하나님에게서 받은 음식과 생명에 대해 하나님을 송축하는^{bless} 존재라는 점이다.[6]

생육하고 번성하고 정복하고 지배하라는 명령(창 1:28)도 세계를 하나님의 잔칫상으로 볼 때에야 그 숨겨진 의미가 또 한층 드러난다. 인간은 단지 창조의 면류관이나 청지기로만 이해되어서는 안 되고, 함께 먹음을 통해 구성되고 유지되는 창조 세계를 대표하여 하나님께 영광을 돌리고 예배하는 '제사장적 존재'로 파악되어야 한다. 성찬의 깊은 의미는 이 같은 '먹기'에 관한 신학적 성찰을 통해서 드러나게 된다.

왜 성찬은 그리스도교 신학과 삶에서 중요한가?

창조주 하나님은 잔칫상을 차려 주시는 분이고, 하나님 형상으로서 인간은 '먹기'를 통해 창조에 경이를 표하고 하나님과 피조 세계와 관계도 맺게 된다. 그런 의미에서 "죽지 않으려고 먹는다"는 말이 습관처럼 나온다는 것은 인간 됨의 기쁨과 창조의 경이를 잃어버리고 살아가고 있다는 의미이기도 하다. 삶의 번잡함과 치열함과 뒤숭숭함에 압도되다 보니 '선물로서 세상'과 '제사장적 인간'이란 창조의 깊은 뜻은 인간의 정신으로는 제대로 파악하기조차 힘들게 되었다. 인간은 끝없이 솟아오르는 욕망의 질주를 막지 못함으로써 존엄을 잃어버렸고, 세상을 하나님의 선물이 아니라 벌거벗겨진 물질 덩어리로 대하는 우를 범하고 있다.

바로 이러한 비극적 현실 한가운데서 예수 그리스도는 음식과 먹는 행위를 긍정하셨고, 세례의 물과 성찬의 음식을 통해 하나님 은혜가 선포되게 하셨다. 로렌스 스투키Laurence Stookey, 1937-2016는 신앙과 신학에서 물질성의 중요성을 다음과 같이 설명한다. "만일 현재의 세계가 하나님이 창조하신 것이 아니라면, 혹은 이 세계가 너무나 절망적이어서 하나님조차도 회복하실 수 없는 것이라면 물리적인 것들은 하나님의 사랑을 전달하는 수단으로서 무용지물일 수밖에 없다. 기독교 전통에서 보존되어 온 성례전은 그렇지 않다는 것을 보여주고 있다."[7] 성찬은 여전히 이 세상이 하나님의 선물임을 계시하기에, 그리스도교 신앙은 물질적이거나 감각적인 것을 무조건 거부하는 세상 도피적 영성과 차별될 뿐만 아니라 영적인 것 자체를 무조건 부인하는 유물론적 세속주의와도 구분된다.

창조가 하나님께서 '세상을' 선물로 주신 사건이라면, 성찬은 하나님께서 '자신을' 직접 선물로 주신 사건이다. 그것도 하나님께서 보이지도 않고 만져지지도 않는 신비한 영적 상태가 아니라, 오감을 통해 경험할 수 있는 음식의 형태로 자신을 선사하셨다. 그리고 하나님께서는 "받아먹으라" 말씀하시며, 그 선물을 받도록 우리를 환대하고 환영하신다. 우리는 성찬에 참여함으로써 하나님은 자기 자신을 인간에게 선물로 주시는 분임을, 인간은 하나님과 연합되도록 운명 지어진 존재임을 체감한다.

성찬은 창조 세계를 대표하는 존재로서 인간의 역할도 알려 준다. 제사장으로서 인간은 단지 종교적 언어나 예배로만 하나님께 감사를 드리는 존재가 아니다. 성찬 때 빵을 사용하려면, 밀을 재배하고 수확하고 갈고 반죽하고 구워 내는 오랜 과정이 필요하다. 또한 포도나무를 기르고 수확하여 즙을 짜내고 발효시켜야 포도주를 얻을 수 있다. 이처럼 성찬식이 한 번 이루어지기 위해서는, 생명을 자라도록 모든 환경을 제공하는 창조주 하나님과, 세상을 경작하고 지키는 역할을 부여받은 인간의 '협력'이 필요하다(창 2:15). 빵과 포도주를 만드는 인간의 문화적 활동과 이를 가능하게 하는 하나님의 섭리가 아름답게 조화를 이루는 장소가 바로 성찬이다. 이것이 바로 성찬신학의 기본 전제임을 미하엘 벨커는 다음과 같이 설명한다.

> 여기서는⋯⋯하나님과 인간의 '공동 협력'에 대한 두려움을 넘어서서 성서의 창조기사가 말하는 내용을 분명히 인식해야 한다. 사람이란 어느 정도 특별히 하나님의 창조 행위에 같이 참여하고 있는 것으로 운명지어졌다!⋯⋯성서에 따르면 하나님 창조에 대한 사람의 간섭 없이는 문명의 세계란 존재할 수 없으며 사람의 간섭 없이 주기적으로 열매 맺는 식물을 생각한다는 것은 불가능하다. 자연과 문화는 상호교환 관계 속에 있는 것이다.[8]

성찬은 세상과 자신을 선물로 주신 하나님의 사랑이 계시되는 소중한 순간이다. 그리고 성찬은 함께 모여 떡과 포도주를 나눔으로써 하나님의 잔칫상에 초대받는 손님이자 하나님과 함께 일하는 존재로서 인간의 고귀함과 존엄을 세상에 보여주는 놀라운 계기이다. 게다가 성찬은 하나님께서 자연뿐만 아니라 자연을 재료로 삶을 풍요롭게 만드는 인간의 각종 문화 활동을 긍정하시는 상징적 장이기도 하다. 이렇게 성찬에서는 창조주에 대한 감사, 생명에 대한 경외, 나눔의 기쁨, 은혜와 문화의 조화가 흘러나오게 된다.

또한 교회에서 시행되는 성찬은 역사 마지막에 있을 하나님과 인간과 자연이 함께 즐길 종말론적 잔치의 미리 맛봄이기도 하다. 제자들과 마지막 식사를 하시며 예수께서는 빵과 포도주라는 먹거리를 나누며 자신이 다시 오실 것을 기다리라고 말씀하셨다. 그렇기에 성찬은 그리스도와 함께했던 식사에 대한 기억이자, 그리스도 안에서 완성될 미래에 대한 기대가 만나는 지점이다.[9] 기억과 기대의 반복된 교차는 성찬의 특유한 정서를 만들어 낸다. 그것을 제임스 스미스James K. A. Smith, 1970- 는 놀랍게도 '거룩한 실망'이라고 불렀다. 성찬은 만물이 마땅히 되어야 할 상태를 미리 보여주고 맛보게 하지만, 사실 우리가 성찬에서 경험하는 만물은 여전히 깨져 있고, 불완전하고, 용서와 치유가 필요하다. 성찬에 참여하는 순간에도 냉난방 때문에 온실가스는 늘어나고, 포도주는 불공정거래를 통해 수입되었을 수도 있고, 빵은 유전자 변형 곡물로 만들어졌을 수도 있다. 한 빵과 한 잔을 나누면서도 '우리' 교인들은 특정 계층을 중심으로 모여 있고, 교회와 교회는 분열되어 있다. 심지어 서로 인자하게 웃으며 악수를 나누며 평화를 선포할 때도 어디에선가는 폭탄이 떨어지고, 총이 발사되고, 지뢰가 터지고 있다.

그렇기에 성찬의 감사와 기쁨은 그리스도의 제자가 되기 위해 꼭 필요한 감정인 거룩한 실망감을 가지도록 참여자의 마음을 움직인다. 그 거룩한 '실망감'은 한편으로 성찬에 참여할 때 우리의 깨지고 파괴적이고 모순적인 모습을 회개하도록 이끌며, 현실을 규정하고 정당화하는 각종 차별·성장·안정·배제·폭력의 논리에 대해 비판적 거리감을

질문하는 신학

가지게 한다. 다른 한편으로, '거룩한' 실망감은 떡과 포도주를 받으며 하나님과 인간과 자연이 평화를 이루는 종말론적 미래를 갈망하게 만든다. 그런 의미에서 성찬은 '역설을 배우는 학교'이자, 동시에 '화해를 배우는 학교'이라고 할 수도 있다.[10] 이렇게 성찬은 우리가 세상을 바라보는 고유한 관점과 세상과 관계 맺는 특유의 태도를 선사한다.

그런데 실상 우리의 성찬식은 어떠한가? 창조에 대한 감탄과 경이가 표현되는가? 하나님의 창조 세계 안에서 우리 인간의 특별한 위치와 역할을 새롭게 깨닫게 하는가? 아니면 하나님 앞에서 자신의 죄를 회상하며 떨리는 마음으로 떡과 포도주를 받는 의식인가? 나 같은 죄인을 위해 고귀한 하나님 아들이 고난 받고 돌아가신 것을 기억하도록 강요하는 엄숙하고 우울한 종교의식은 아닌가?

성찬식은 진지하고 엄숙하게 진행되어야 하는가?

성서에 기초한 말씀 선포가 있고 한국 교회 개혁을 위해 힘쓴다고 널리 알려진 교회를 얼마 전 방문하여 주일 예배를 드렸다. 마침 그날 예배 중에 설교가 끝나고 성찬식이 있었다. 집례자는 심각한 어투로 세례를 받았더라도 지난 한 주간 자신이 하나님 뜻대로 살지 못했다면 양심적으로 성찬에 참여하지 말라고 했다. 그리고 빵과 포도주를 받은 사람들도 그리스도의 고난과 죽음을 묵상하며 가능한 한 점심까지도 금식할 것을 권했다. 이러한 엄중한 말씀 때문인지 성찬식이 아주 무겁고 심각했다. 그런데 과연 성찬이 이런 분위기에서 진행되어야만 할까?

사실 성찬식의 분위기는 교회마다 차이가 있고, 교단마다 다르기도 하다.[11] 앞서 언급한 교회의 성찬식은 한국의 전통적인 개혁교회에서 행해진 성찬식이었다. 반면 루터교나 성공회와 같이 전통적인 예전적 교회의 성찬식은 분위기가 다르고, 로마 가톨릭이나 동방정교회에서는 또 매우 다르다. 이러한 성찬 예식의 다양성을 이해하려면, 고대부터 교회에 이어 내려오는 용어부터 정리해 보면 도움이 많이 된다.[12]

(1) Eucharist는 성찬으로 번역되는 가장 오래되고 널리 사용되는 단어이다. 이는 '좋은'을 뜻하는 그리스어 *eu*와 '선물'을 뜻하는 *charis*가 합쳐져 생긴 말로, 하나님께서 주신 좋은 선물에 대한 응답으로 감사를 뜻한다. 초대교회부터 사용되었던 이 단어의 원뜻을 잘 드러내고자(고전 11:24), 영어로는 '기쁨이 가득한 감사의 예전'joyful thanksgiving으로 풀어 쓰기도 하고, 한국성공회에서는 '감사 성찬례'라고 부른다.

(2) 주님의 만찬The Lord's Supper 혹은 the Supper은 중세 가톨릭의 미사라는 단어 대신 종교개혁자들이 널리 사용했고, 아직도 상당수의 현대 개신교회가 이 단어를 선호하고 있다. 아무래도 성찬이 그리스도께서 잡히시던 날 밤 제자들과 함께했던 식사에서 비롯된 만큼, 그 '역사적' 기원과 '공동식사'로서 그 본질을 잘 전달해 준다는 장점이 있다.

(3) 거룩한 교제the Holy Communion는 성찬을 통한 하나님과 신자들 사이의 사귐과 나눔을 잘 표현해 주는 단어로 성공회, 감리교회, 루터교회 등에서 널리 사용한다. 고린도전서 10장 16절에 그리스도의 몸과 피에 참여koinonia한다는 말이 나오는데, *koinonia*가 communion이라는 영어 단어로 번역되었다. 성찬에서 이루어지는 상호 간의 친밀한 관계가 하나님에게서 유래했다는 것을 보여주고자 앞에 '거룩한'holy이 붙으면서 '거룩한 교제'라는 말이 형성되었다고 본다.

(4) 미사^Mass는 중세 라틴어 *missa*에서 온 것으로, 주로 로마 가톨릭 용어라 생각하지만 성공회, 루터교회, 감리교회 중에서도 예전을 중요시하는 교회에서 사용한다. 이 단어의 기원에 대해 여러 논의가 있지만, 일반적으로 예배 끝나고 사람들을 해산시킬 때 사용한 "가십시오, 보내심을 받았습니다!"^Ite, missa est에서 왔다고 본다. 그러다 '미사'라는 단어의 용례가 넓어지면서, 성찬을 포함한 예배 전체를 지칭하는 데 사용되게 되었다.

그 외에도 성찬을 가리키는 예전적·신학적 단어는 여럿 있지만, 지금부터 중점적으로 살펴볼 두 단어는 영어로 Eucharist와 The Lord's Supper이다. 많은 그리스도인의 머릿속에서 주의 만찬은 마지막 만찬^The Last Supper과 동일시되곤 한다. 하지만, 이 경우 주의 만찬의 풍성한 의미가 예수께서 잡히시던 밤 제자들과의 마지막 식사로 그 의미가 한정되어 버려서는 안 된다. 실제 예수께서는 생전에 만찬에 여러 번 참여하셨고, 종말 때 일어날 일을 식사의 이미지로 설명하시기도 했다.

마지막 만찬은 복음서에도 언급되어 있지만, 이에 대한 가장 오래된 성서의 보고는 고린도전서 11장 23-26절이다. 바울에 따르면 예수께서는 잡히시던 날 빵과 잔을 취하셨고, 하나님께 감사하셨고(여기서 *Eucharist*의 동사형이 사용되었다), 빵을 떼셨고, 빵과 잔을 제자들에게 나눠주셨다. 그리고는 주께서 다시 오실 때까지 이 식사를 반복하고 기념하라고 하셨다. 이때 예수께서 힘주어 말씀하셨던 것이 바로 "나를 기념하라"(24-25절)이다. 여기서 '기념'을 뜻하는 성찬신학의 중요한 그리스어 단어 아남네시스^anamnēsis가 나오게 되었다.[13]

"나를 기념하라"는 주님의 말씀과 함께 우리에게 던져진 근원적 질문은 '무엇을 어떻게 기억하는가'이다. 마지막 식사와 성찬을 동일시할 경우 성찬 때 그리스도인이 기념해야 할 것은 인류의 죄, 특별히 나의 죄 때문에 하나님의 아들이 겪어야 했던 고통과 죽음으로 축소될 수도 있다. 그러면 성찬은 십자가형 직전의 위험하고 우울한 분위기를 반복하는 어둡고 무거운 의식으로 인식되고, 축제와 환대로서 성찬의 이미지는 가려질 가능성이 커진다. 또한 나의 죄와 구원의 문제로 성찬의 의미가 과도하게 집중되면, 성찬의 공동체적 지평이 가려질 수도 있다. 실제 서방교회의 성찬 이론과 예식에서 오랜 시간 이러한 납작한 의미로 아남네시스가 이해되었다.

성찬을 지나치게 개인 구원과 영적 생활과 연관 지으면, 바울이 '마지막 만찬'을 설명한 후에 언급한 고린도전서 11장 27-30절에 대한 오해가 생길 수 있다. 바울은 "누구든지 주의 떡이나 잔을 합당하지 않게 먹고 마시는 자는 주의 몸과 피에 대하여 죄를 짓는 것이니라"(27절)라고 했다. 오늘날 많은 학자가 이 구절에서 바울이 공동체 식사의 중요성을 무시하고 동료 신자들이 도착하기 전에 먹고 마시거나 식사 중에 상대를 배려하지 않는 사람들을 질책하고 있다고 본다.[14] 그러나 성찬을 개인주의적으로 이해했던 서방교회의 오랜 전통 속에서는 '합당하게'의 기준이 성찬 이전에 얼마나 경건한 삶을 살았는지의 여부로 변질되어 버렸다. 물론 경건한 삶이 나쁜 것은 아니고 오히려 권장할 만한 일이다. 하지만, 초대교회와 다르게 성찬의 기념 행위가 개인 영성화되면서 성찬은 자칫 "자기의 죄를 먹고 마시는"(29절) 위험에 반복적으로 처하는 위협적 의식이 되어 버렸다. 특별히 종교개혁 이후 근대의 개인주의적 성향 때문에 아남네시스는 양심을 통한 자기 성찰적 행위로 이해되는 경향이 더욱 강화되었다.

반면, 초대교회의 성찬 이해가 잘 반영되어 있다고 할 수 있는 Eucharist라는 단어는 성찬이 암울하고 슬픈 고난과 죽음을 회상하는

질문하는 신학

데 그치는 것이 아니라, 하나님께서 교회에 주신 선물에 대한 감사와 기쁨이라는 긍정적 이미지를 강조한다. 이런 맥락 속에서는 기념, 곧 아남네시스 역시 단지 십자가의 회상에만 머무는 것이 아니라, 부활하신 주님의 다시 오심에 대한 희망도 함께 강조하게 된다. 초대교회 당시 유대적 배경에서 아남네시스는 과거의 기억을 정신 속에서 반복적으로 되살리는 것보다 더 풍성하고 많은 것을 의미했다. 스투키가 잘 설명했듯, "고대의 유대인들과 초대 기독교인들(대부분이 유대인들이었음)에게는 기념이란 의식 ritual을 반복하면서 어떤 기념될 사건이 다시금 새롭게 경험되는 실체적 행위였다."[15]

예를 들자면, 어린 시절 다녔던 교회의 목사님께서 돌아가셨다고 가정해 보자. 이 경우 그분을 기억하는 방식을 크게 두 가지로 나눠 볼 수 있다. 첫째 방법은 매년 정기적으로 과거 기억을 혼자 떠올리며 그때의 감정 속으로 푹 그리고 깊이 잠겨 드는 방법이다. 둘째 방법은 옛날처럼 교회 친구들이 모여서, 목사님의 가르침과 행적을 함께 회상하고, 예배 때 자주 불렀던 찬양을 다시 부르고, 교회학교 끝나고 나눴던 음식도 오랜만에 먹고, 당시의 이야기를 하면서 그때의 기억과 감정과 경험을 현실화시키는 방식이다. 이는 분명히 공동체적 기억이며,[16] 죽음 너머로 기쁨과 감사가 솟아나게 하는 기억하기이다. 또한 흘러가 버린 과거를 현재 실존적 경험과 결부하고, 서로 기억을 공유하면서 그 의미를 더욱 확장하고 풍성하게 하고, 목사님의 가르침을 회상하며 어떻게 똑바로 살지를 성찰하게 하는 입체적이고 윤리적인 성격의 기념하기이다. 이것이 바로 신약성서의 아남네시스와 유사한 기억의 방식이다.

성찬에서 기념은 과거에 이 땅에 오신 그리스도를 각자 떠올리고 감상에 빠지는 것이 아니다. 아남네시스는 공동체의 기억하는 행위와 그리스도의 임재를 연결할 뿐만 아니라, 부활하신 주님에 대한 종말론적 기대에 물든 활동이다. 물론 그리스도의 고난과 죽음, 달리 말하면 고난주간에서 부활주일까지 일어났던 사건들이 성찬에서 중요한 기억의 내용인 것은 틀림없다. 그러나 초대교회에서 성찬을 기념하는 방식에 대한 최근의 연구는 "창조부터 예수님의 재림까지 그리스도의 사역의 전 영역을 성만찬에서 회상"[17]하는 것이 아남네시스의 핵심이었음을 재발견하게 해주었다.

세상을 선물로 주신 하나님, 그리스도 안에서 자신을 선물로 주신 하나님, 성령을 통해 우리를 선물 받을 만한 합당한 존재로 만들어 가시는 하나님께 기쁨으로 감사를 드리는 것, 그것이 바로 성찬의 참 의미이다. 그리고 다시 오신다는 그리스도의 약속에 대한 희망 안에서 미래에 있을 하나님의 축제를 지금 여기서 맛보게 하는 종말론적 표징이 바로 성찬이다.

성찬은 환대의 장소인가, 배제의 장소인가?

성찬이 최후의 만찬을 단순히 반복하는 것으로 생각하는 것도 적절하지 않지만, 성찬을 예수께서 잡히시던 날 밤이라는 맥락과 전혀 무관하게 이해하려 하는 것도 부적절하다. 성찬을 통해 우리는 나의 죄책 때문에 죽을 수밖에 없었던 하나님의 아들을 회상할 수밖에 없고, 그 기억이 불러내는 찝찝함과 당황과 슬픔을 직면할 필요가 있다. 그런 의미에서 성찬으로의 초대는 진정한 회개의 요청이기도 하다.[18] 그렇다면 회개는 성찬의 전제조건인가? 그렇다면 결국 양심의 검열을 거쳐야만 성찬에 참여할 수 있다는 말 아닌가? 앞에서는 성찬, 곧 Eucharist는 감사의 만찬이기에 지나친 내면적 성찰로 흘러서는 안 된다고 하지 않았는가?

필자가 미국에서 유학할 때 예배를 드리러 자주 갔던 현지 교회가 있다. 그 교회는 주일 저녁마다 성찬식을 했는데, 빵과 포도주를 나눠 주기 전에 목사님께서 성찬 참여자를 환영하며, 마지막 만찬 당시의 상황을 특이한 방식으로 떠올리게 하셨다. 예수께서는 마지막으로 제자들과 식사를 하실 때 제자 모두를 환대하셨다. 그날 예수께 빵과 포도주를 받은 사람 중에는 스승을 이미 배신한 가룟 유다도 있었고, 곧 스승을 부인할 베드로도 있었다! 성찬의 역사적 기원이라는 마지막 식사에 배신자가 있었다는 것은 어떤 의미일까?

배신은 전통적으로 죄 중의 죄로 여겨지곤 했다.[19] 배신은 인간의 가장 고귀한 덕목인 믿음과 사랑과 희망을 저버리는 행위이자, 개인과 공동체에 끔찍한 파괴적 결과를 가져오기 때문이다. 이러한 배신자마저 끌어안았던 역설적인 환대의 만찬, 그것이 바로 성찬이다. 우리는 하나님의 손님으로 성찬에 초청받았다. 우리도 유다처럼 이미 배신자이거나, 베드로처럼 잠재적 배신자이기도 하다. 성찬의 식탁에는 참여자가 이미 쌓아 올린 '자격' 때문에 초청받는 것이 아니다. 우리가 성찬에 초청받는 것은 치유와 구원의 은혜가 절대적으로 '필요'한 존재이기 때문이다.

예수 그리스도의 고난과 십자가는 죄인에서 손님으로, 배제에서 환대로의 신비한 변화를 불러일으켰다. 사라 코클리Sarah Coakley, 1951- 가 이야기하듯, 성찬의 배경이 되는 수난 이야기는 "우리가 저지르는 배신, 우리가 당하는 배신은 그리스도교가 전하는 사랑에 담긴 가장 깊은 의미로 우리가 '넘겨지는' 통로가 될 수도 있는 놀라운 가능성"이 있음을 보여준다. 그리고 하나님께서는 "우리의 배신에도 불구하고 그분의 사랑을 빚으실 수 있으며 그 사랑을 흘러넘치게 하실 수"[20] 있음도 알려 준다. 그런 의미에서 성찬은 희망 없는 죄인마저 귀한 손님으로 초청하는 하나님께서 베푸시는 은혜의 식사이다. 아버지를 배신하고 모욕하며 집 떠났던 아들이 아버지의 무조건적 용서와 용납 덕분에 다시 반지를 끼고 새 옷을 입고 아들의 자격으로 앉게 된 식탁과 같다 (눅 15:11-32).

그렇기에 근원적으로 성찬은 (칭의의 은혜와 마찬가지로) 하나님께서 인간에게 주신 선물이다. 성찬을 받기 위해 당신은 이런저런 조건을 충족해야 한다고 말하는 것은 성찬의 은혜를 다시 공로로 바꿔 버릴 위험이 있다. 우리는 성찬을 받기에 합당한 존재가 되었기 때문이 아니라, 하나님의 은혜와 공동체의 지지가 필요한 연약하고 미숙한 존재라서 성찬에 참여한다. 성찬 참여의 자격에 관해 로완 윌리엄스는 다음과 같이 이야기한다.

> 지금도 그리스도교 세계의 많은 지역에서는 성찬례를 '거룩한 사람'을 위한 것이라고 여기는 생각이 퍼져 있습니다. 하지만……성찬례는 결코 보상의 성격을 지니지 않습니다. 예수 그리스도와 관련된 모든 일이 그렇듯, 성찬례는 값없는 선물입니다. 우리가 성찬례를 받는 것은 잘하고 있기 때문이 아니라, 그릇되게 행하고 있기 때문입니다. 목적지에 이르렀기 때문이 아니라, 여행 중에 있기 때문입니다. 옳기 때문이 아니라 혼란스럽고 잘못되어 있기 때문입니다. 우리가 신처럼 거룩하기 때문이 아니라, 인간이기 때문입니다.[21]

실제 교회에서 성찬을 시행할 때 참여자의 자격을 얼마나 따질 것이며, 어디까지 환대의 문을 열 것인지에 대한 주제는 여기서 구체적으로 다루기에는 한계가 있다. 교단의 결정에 따라, 각 교회가 속한 전통에 따라, 공동체에 따라 고려해야 할 구체적인 상황과 문제가 있기 때문이다.[22] 그러나 초대교회부터 지금까지 유아, 비세례자, 타 교단 신자의 성찬 참여 문제는 계속해서 논의되고 토의되고 수정·발전되고 있다는 점에 대해서는 누구나 어느 정도 열린 마음으로 주의를 기울일 필요가 있다.[23]

자신을 먹거리로 주시는 사랑의 신비

예루살렘에서 마지막 만찬의 밤, 사랑과 배신이 함께 빚어내는 십자가의 드라마에 유다와 베드로가 모두 들어가 있었다. 그들은 하나님께서 베푸시는 자비에 감사하거나 좌절할 가능성을 모두 가지고 있었다.[24] 배신자마저 배제하지 않고 자신을 기꺼이 내어주시는 사랑의 하나님, 환대를 통해 환대하는 자를 빚어 가는 자비의 공동체와 같은 도발적이고 전복적인 종교적 가르침을 성찬을 떠나 어디서 찾아볼 수 있을까? 하나님의 선물을 받기를 끝내 거부하며 회개하지 않던 가룟 유다도 성찬의 자리에 있었다는 사실은 성찬의 '중심' 이미지가 회개하며 돌아오는 죄인이 아니라, 집 나간 아들을 기다리는 늙은 아버지의 따스한 품임을 알려 준다. 17세기 초 활동한 영국의 시인이자 성공회 신부 조지 허버트George Herbert, 1593-1633의 시 '사랑'Love은 하나님 은혜를 성찬의 이미지를 통해 가장 숭고한 형태로 보여준다.[25]

> 사랑은 나를 환영하셨지만,
> 먼지와 죄로 더럽혀진 내 영혼은 물러섰습니다.
> 하지만, 눈썰미 있는 사랑은 처음 들어섰을 때부터
> 내가 주저하는 것을 보고
> 가까이 오셔서 내가 뭔가 필요한 게 있는지
> 감미롭게 물으셨습니다.

"제가 여기 있을 만한 가치가 있는 손님일까요?"

나는 대답했습니다.

사랑은 말씀하셨습니다. "네가 내 손님이 될 것이다."

"무례하고 배은망덕한 제가요? 오 주님,

전 당신을 볼 수도 없는걸요?"

사랑은 내 손을 가져다가, 웃으시며 대답하셨습니다.

"네 눈을 만든 것은 내가 아니었던가?"

"그렇습니다! 진리의 주님. 그러나 제가 눈을 망쳐 놓았습니다.

제 수치심에 어울릴 만한 곳으로 가게 해주십시오."

사랑께서 말씀하십니다. "누가 모든 수치를 짊어졌는지 알지 않느냐?"

"오 주님, 그렇다면 제가 주님을 섬기겠습니다."

사랑은 말씀하십니다. "앉아라. 그리고 내 몸을 먹어라."

그래서 저는 앉아서 먹었습니다.

만약 성찬에 관한 신학적 논의가 빵과 포도주의 본성 문제에 머물러 있고,[26] 성찬의 기념이 나를 위한 그리스도의 고난과 죽음에만 한정되어 버린다면, 성찬이 담지한 포용성에 대한 그리스도인의 관심과 감각은 떨어질 수밖에 없다. 그 경우 하나님의 자비의 선물로서 성찬은 오히려 윤리적으로 깨끗한 사람과 그렇지 못한 사람, 유아와 성인, 세례받은 사람과 세례 받지 않은 사람, 내가 속한 교회와 그렇지 않은 교회를 구분하고, 심지어 구분을 차별로 이어지게 하는 배제의 징표가 될 수도 있다.[27]

예수 그리스도께서 성찬을 제정하시고, 또 자신이 다시 오실 때까지 행하라고 명하신 것은, 성찬의 책임을 부여받은 교회가 어떤 곳인지에 대한 근본적 성찰과 변화를 요구한다. 성찬의 무게추가 배제가 아니라 환대에 놓여 있다면, 그 핵심에 세상과 자신을 선물로 주신 하나님에 대한 감사가 놓여 있다면, 교회 역시 환대의 공동체이자 기쁨과 감사로 사람들을 초청하는 공간일 수밖에 없다. 지금 여기서 유아나 세례 받지 않은 사람도 성찬에 참여할 수 있어야 한다고 주장하는 것은 아니다. 글을 맺으며 강조하고 싶은 것은 성찬의 시간과 공간 안에서, (빵과 포도주를 받지 못하는 사람도) 함께 교제하고 복을 받고 환영받는 환대의 체험을 할 수 있는 고민과 실천이 있는 교회이어야 예수 그리스도의 몸으로서 교회라 할 수 있다는 점이다.

적용과 토론을 위한 질문

1. 성찬에 참여한 적이 있는가? 얼마나 자주 성찬에 참여하는가? 기억에 특별히 남는 성찬이 있는가?

2. 성찬 예식에서 가장 이질적이거나 이해가 안 가는 부분은 어디인가? 반면 가장 마음에 와 닿는 부분은 어디인가? 그 이유는 무엇인가?

3. 성찬이 무엇인지 알려면 '먹기'의 의미를 제대로 파악해야 한다는 이 글의 주장에 동의하는가? 왜 먹기가 그토록 인간의 삶과 신앙에서 중요한가?

4. 이 글에 소개된 시나 신학자의 주장 중 신선하게 다가온 것이 있는가? 만약 그렇다면, 성찬에 대한 여러분의 기존 인식에 변화가 생겼는가?

5. 성찬을 단지 예수 그리스도의 마지막 만찬만이 아니라 하나님에 대한 감사로 보자는 주장은 설득력이 있는가?

6. 성찬에서 우리는 무엇을 어떻게 기억해야 하는가? 여러분이 출석하는 교회에서 성찬 때 무엇을 기억하라고 집례자가 권하는가?

7. 성찬이 어떻게 환대의 하나님의 모습을 반영할 수 있을까?

33장. 기도

전능하고 전지한 존재에게 왜 기도를 해야 하는가?

언어와 실재, 그 신비한 관계

'물은 답을 알고 있다!' 2002년에 대한민국에 화제를 불러일으킨 책 제목이다.[1] 자의식이 없는 물에 무슨 질문이 있고, 뇌가 없는 물이 무슨 답을 알고 있다는 것일까? 이 오묘한 제목의 책을 세상에 선사한 일본인 작가 에모토 마사루江本勝, 1943-2014의 주장으로는, 클래식같이 감미로운 음악이나 사랑 같은 긍정적 단어에 노출된 물은 그 결정 구조가 아름답고 정갈하게 바뀐다. 하지만, 헤비메탈이나 욕설을 들려준 물의 결정은 기괴하고 흉측하게 변한다. 심지어 채소나 과일나무에 모차르트나 바흐의 음악을 들려줘도 생육에 큰 도움이 된다. 만약 이러한 주장이 옳다면 몸의 약 70퍼센트가 물로 이루어진 인간도 좋은 말을 듣느냐 아니면 나쁜 말을 듣느냐에 따라 건강에 무시 못할 차이가 생긴다.

당시 에모토 마사루의 설명이 워낙 특이하고 충격적이었고, 책장을 하나하나 넘길 때마다 나오는 물 결정 사진이 호기심을 끌기에 충분했기에, 『물은 답을 알고 있다』는 곧 베스트셀러의 반열에 올랐고, 이듬해 2권까지 출판될 정도로 폭발적 반응을 끌어냈다. 저자의 주장이 사랑과 감사의 본질적 중요성, 긍정적 언어의 힘에 대한 믿음을 고취했다는 점에서 당시 독자들에게 큰 영향을 줬다고 좋게 평가할 수 있다. 그러나 해당 분야에서 저자의 전문성이 부족하고, 이 책이 충분한 실험과 검증 과정을 거치지 않은 사이비 과학이라는 비판도 만만치 않게 일어났다.[2]

『물은 답을 알고 있다』가 일으킨 찬반 논쟁을 보면서, 어떻게 이 얇고 단순한 책이 대중의 열렬한 반응을 끌어냈을까 궁금했다. 그 현상을 분석하는 방식은 다양하겠지만, 개인적으로 이 책의 성공 이면에는 진실함과 선함이 무의미하게 흩어져 사라지지 않길 바라는 소박한 소망, 일상의 언어가 실제 삶에서 차이와 변화의 촉매가 되었으면 하는 간절한 기대가 깔려 있지 않았나 생각한다. 이를 뒤집어 표현하자면, 우리는 사랑이나 감사와 같은 '달달한' 말의 무기력함을 경험하는 팍팍하고 위협적인 일상을 살아가고 있는 곤고한 존재라 할 수 있다.

그래서인지 인간의 종교심은 이 세상을 넘어선 꿈을 꾸고, 그 원초적 욕망은 기도의 언어와 몸짓을 통해 표현된다. 당연히 그리스도교에서도 기도는 매우 중요한 신학적 주제이자 실천의 일부이다. 그런데 막상 기도하려면 여러 질문이 생긴다. 조용한 침묵 기도가 좋은가 아니면 소리 내는 기도가 좋은가? 은밀히 드리는 기도가 옳은가 아니면 공동체가 함께 드리는 기도가 옳은가? 왜 유대교나 가톨릭 등은 기도서를 정해 놓고 그것을 읽을까? 기도가 보편적 종교 현상이라면, 그리스도교의 기도는 어떤 점에서 특이한가? 우리의 신앙생활에 계속해서 제기되어 왔던 이러한 질문을 품고, 기도의 언어의 특징부터 우선 살펴보기로 하자.

기도는 마음에서 우러나야 할진대 왜 기도문을 읽을까?

어떤 기도가 올바른 기도일까? 그리스도교가 추상적 이론 체계가 아니었던 만큼, 어떻게 기도를 드려야 할지에 대한 질문은 신학이 정교하게 발전되기 이전부터 지금까지 쭉 내려오고 있다. 흔히 사람들은 기도란 우리 마음에 있는 솔직한 생각과 감정 등을 하나님 앞에 내어놓는 것이라 말한다. 물론 기도가 나 자신의 내면을 절대자에게 표현하는 수단이기도 하지만, 무엇보다도 하나님을 알아 가는 과정이라는 것을 명심하기로 하자. 그것도 연구자가 대상에 대한 객관적 지식을 얻어 가는 과학적 방식이 아니라, 자녀가 부모를 알아 가는 것과 같은 상호적이고 오랜 시간이 요구되는 과정이라는 것을 마음에 품어 두자. 독일의 신학자 디트리히 본회퍼는 이렇게 말했다.

> 어린이는 아버지의 언어를 배운다. 하나님이 우리에게 말씀하셨고 또한 지금도 말씀하고 계시기 때문에 우리는 하나님에게 말하는 법을 배운다. 하늘 아버지의 언어에서 그의 자녀들은 그와 더불어 말하는 것을 배운다.[3]

인격적 존재인 인간의 삶은 '언어'를 매개로 한 지속적인 배움의 과정이라 할 수 있다. 하지만, 언어는 하루하루 생존 중에 우리가 부닥치는 곤란이자 굴레이기도 하다. 뜻을 명확히 하려는 설명이 오히려 더 사태를 혼란스럽게 만들기도 한다. 어떤 이는 자신이 말을 못 한다고 기가 죽어 있고, 다른 이는 자신이 말을 잘한다고 기고만장하다. 기회가 없어 자신의 언어 구사 능력을 발휘 못 하고 있는 사람이 있다면, 자신의 의지와 무관하게 너무 많은 말을 하도록 내몰리는 사람도 있다. 겸손히 말을 삼가는 이가 있다면, 언어를 독점함으로 권력의지를 행사하는 이도 있다.

능변이든 눌변이든, 말을 많이 하든 적게 하든, 이 모든 언어 현상을 엮어 줄 하나의 공통점이 있다. 그것은 바로 자아를 표현하고 정보를 전달하는 언어는 폭발적으로 팽창하지만, 대부분의 인간이 자신이 쓰는 언어의 본질과 생명력에 대해서는 무덤덤해져 있다는 사실이다.

현대 사회에서 언어는 진리를 드러내고 소통하기는커녕, 현상의 표피를 덧없이 가볍게 스쳐 지나가고만 있다. 언어가 '나와 너'를 매개하기는커녕, 인간을 고독 속으로 내몬다. 언론 매체의 범람, 소셜네트워킹서비스SNS의 활성화, 자본의 출판시장 잠식, 학교 교육의 위기 속에서 우리는 자기를 표현하도록 강요받고, 또 다른 사람의 자기표현을 수용할 것을 요구받고 있다. 언어를 통해 자신의 인격과 유리된 가상의 '자아'를 누구나 만들고 소통할 수 있게 된 시대, 히틀러 같은 폭력적 절대 권력의 지원 없이도 얼마 안 되는 통신비만 내고도 인터넷을 통해 누구나 괴벨스Paul Joseph Goebbels, 1897-1945처럼 대중을 선동할 수 있게 된 사회에서,[4] 인간의 마음만큼이나 언어도 혼란스럽고 피폐해져 있다. 그런 의미에서 현대 사회의 위기는 언어의 위기라 규정할 수도 있을 것 같다. 유대인 철학자 아브라함 요수아 헤셸Abraham Joshua Heschel, 1907-1972은 다음과 같이 예언자적으로 이야기한다.

> 우리는 자기표현의 능력을 잃어 가고 있다. 진정한 자기표현이란 궁극적 질문에 대한 대답이기 때문이다. 그러나 우리는 더 이상 궁극적인 질문을 듣지 못하고 있다. 우리는 사람의 최고 관심에 대한 이해를 상실해 버렸다. 왜냐하면 그런 이해는 자기 점검을 통해 얻는 것이 아니라, 사람에게 관심을 기울이시는 그분을 사모함으로써 얻는 것이기 때문이다.[5]

언어와 인간의 위기는 긴밀히 연결되어 있다. 그런데 헤셀이 볼 때 단지 인간 됨과 일상 언어의 관계를 회복한다고 해결책이 찾아지지는 않는다. 위 인용문이 보여주듯, '자기를 사랑하는 인간'이 자신에게 집중하는 것이 아니라, '인간을 사랑하는 절대자'에게로 관심을 돌리고 그분을 사랑할 때 진정한 의미에서 자아를 찾게 된다. 그리고 거기로부터 분출하는 진실함의 힘에 기대어 자기를 표현할 수 있는 능력도 회복하게 된다. 그 절대자를 인간 세상을 초월해 있는 미지의 존재처럼 대해서는 안 된다. 헤셸이 말하듯, "기도하려는 나의 열망보다 훨씬 큰 것이 있는데, 그것은 내가 기도하기를 바라시는 하느님의 열망이다."[6] 그분은 인간이 찾기 전에 먼저 인간을 찾으실 뿐 아니라, 인간이 도달하기 전에 인간에게 미리 오신다.

기도는 인간과 대화하고자 하는 하나님의 욕망에 대한 반응이고, 유한한 언어를 통해 신비이신 그분을 알아 가는 행위이다. 마치 아이가 부모를 통해 말하기를 배우듯, 우리는 하나님 말씀인 성서를 통해 기도를 배운다. 아이가 지혜로운 교사나 형제자매를 통해서도 언어를 습득하듯, 우리도 성서적 영성에 푹 잠긴 기도문의 언어를 통해 절대에 대한 욕망을 교육하고 표현하는 법을 익힌다. 그렇기에 기도라는 것도 사실 우리 삶의 여러 배움과 다르지 않다. 아래 인용문은 이 단순한 지혜를 잘 설명해 준다.

> 노래를 잘하는 친구가 있었다. 그의 청아한 목소리는 우리 속에 있는 선(善)과 평화를 끌어내는 힘이 있었다. 어느 날 그에게 노래 잘하는 비결을 물었다. 농담조로……. 그러나 그의 대답은 진지했다. 피아노 음을 짚으면서 그대로 소리 내는 연습을 하라는 것이다. 피아노를 기본음으로 삼아 내 목소리를 조율하라는 것이다. 나는 그의 말에서 기도를 배웠다. 하나님의 마음과 하나 되기 위해 나를 조율하고 치유하는 것, 그것이 나의 기도다.[7]

하나님께 어떻게 말 건넬지 모르는 우리에게 기도문은 소중한 지침이 자 안내이다. 기도문을 통해 우리는 소원과 언어, 욕망과 간구 사이의 불협화음을 조율해 갈 수 있다. 물론 기도문만 가지고 기도한다면, 기도 문의 아름다운 언어 자체에 중독되거나 자기 내면을 스스로 성찰하는 일을 소홀히 할 위험이 없는 것은 아니다. 그럼에도 하나님께서 성서를 통해 시편과 주기도와 같은 기도문을 주셨다는 사실은 기도가 아무리 어렵고 힘들더라도 우리가 실망하거나 낙담하지 않을 이유가 된다. 그 리고 그리스도교의 오랜 역사에서 빚어진 여러 주옥같은 기도문 덕분 에 자신의 느낌에 고착되어 있던 의식을 돌려 우리에게 말씀하고 계신 하나님의 음성에 귀 기울이는 법을 배운다. 기도문을 읽을 때 자기의 희로애락의 감정을 표현하느라 지쳐 말랐던 언어는 생기를 회복하고, 자기애의 포로가 되어 있던 욕망이 해방된다.

그리스도를 따르는 자들로서 기도의 시작은 제자들과 마찬가지로 다음과 같은 진실한 간구이어야 한다. "우리에게 기도를 가르쳐 주옵소 서"(눅 11:1 참조). 이는 우리의 연약함에 대한 가식 없는 인정이자, 하나 님 은혜에 대해 자기를 개방하는 결단이기도 하다. 모든 기도의 간구를 앞서는 이 근원적 요청은 인간을 기도하는 존재로, 이 세상에 속하면서 도 이 세계에서 자유로운 존재로 빚어낸다.

왜 예수 그리스도의 이름으로 기도하는가?

그리스도교 기도의 가장 큰 특징 중 하나는 '예수 그리스도 이름으로 기도'한다는 데 있다. 그래서 공적 기도나 개인 기도 끝에 '예수님 이름 으로 기도합니다, 아멘'이라는 표현이 붙곤 한다. 그런데 기도서나 예식 서에 실려 있는 많은 기도문을 보면 '예수 이름으로' 없이 그냥 '아멘'

이라고 하고 끝나기도 한다. 그렇다면 이런 기도는 효력이 없는가? 중보자이신 예수 이름을 언급하지 않았기에 하나님께서 그 기도를 들으시지 않는가? 만약 그렇다면 '예수님 이름으로 기도합니다, 아멘'이라는 말은 마술적 힘을 가진 주술인가?

고대 근동 종교에서 '이름'은 그 존재의 힘과 현존, 능력을 의미했다. 이는 구약성서에서도 그 사례를 찾아볼 수 있다. 하나님께서는 성전을 "내 이름이 거기 있으리라 하신 곳"(왕상 8:29)이라 부르시고, 십계명에서도 "네 하나님 여호와의 이름을 망령되게 부르지 말라"(출 20:7)고 경고하신다. 놀랍게도 신약에서는 하나님의 이름과 능력이 나사렛 예수라는 한 인간에게서 발견된다. 하나님께서는 "모든 이름 위에 뛰어난 이름"(빌 2:9)을 그에게 주셔서, 모든 피조물이 하나님과 마찬가지로 그를 '주'$^{Adonai/Kyrios}$라고 부르게 하신다. 그리고 지상에서 생애와 사역을 통해 예수 그리스도는 아버지의 이름을 사람들에게 계시하셔서, "나를 사랑하신 사랑이 그들 안에 있고 나도 그들 안에 있게"(요 17:26) 하신다. 즉, 그리스도의 이름을 믿는 것은 성부와 성자의 관계를 인정하는 것이고, 성부가 성자에게 주신 권세를 믿는 것이며, 아버지와 아들의 사귐 속으로 초청받는 것이다.[8]

이런 맥락을 염두에 두며 우리는 '예수 그리스도 이름'의 의미가 무엇인지 성찰할 필요가 있다. 제자도에 대한 심오한 가르침을 주는 마태복음에 주목할 만한 구절이 있다. 거짓 선지자를 경고하시면서 그리스도는 "주의 이름으로 귀신을 쫓아내며 주의 이름으로 많은 권능"(마 7:22)을 행했다고 호소하는 이들을 인정하지 않으셨다. 즉, 초자연적 사건을 일으키는 것이 예수 그리스도의 이름이 주어진 중요 목적이 아닌 셈이다.[9] 복음서에서 '그 이름'은 무엇보다도 그분에게 속한다는 의미이다. 그리스도께서도 "두세 사람이 내 이름으로 모인 곳에는 나도 그들 중에 있느니라"(마 18:20)고 하시며, 자신이 이름을 통해 공동체에 현존하신다고 약속하셨다.

'예수 이름으로 기도'라는 정확한 표현은 공관복음에는 없고 요한복음에만 세 번 나온다. 그런데 흥미롭게도 '예수 이름으로 기도'는 모두 다 기도의 '응답'과 결부되어 있다. 그리스도께서는 "내 이름으로 무엇이든지 내게 구하면 내가 행하리라"(요 14:14)라고 말씀하셨다. 이는 자칫 우리가 그분 이름으로 기도하면 뭐든 다 이루어지리라는 약속처럼 잘못 들릴 수도 있다.

요한복음 14장 14절의 의미는 그 전후 맥락, 나아가 예수 이름으로 하는 기도에 대한 다른 두 구절인 15장 16절과 16장 23-26절을 포함한 더 큰 맥락 속에서 이해할 필요가 있다. '예수 이름으로 기도'라는 표현은 십자가를 지시기 이전 그리스도의 고별설교(요 13:31-16:33)에 집중적으로 드러난다. 고별설교를 하시며 그리스도는 자신이 떠나도 제자들을 고아처럼 내버려 두지 않으리라는 위로를 거듭하셨다(요 14:18). 그 위로의 근거의 첫 번째는 새 계명, 곧 예수께서 제자들을 사랑하셨듯 그들도 서로 사랑하는 것이다(요 13:34-35). 둘째 근거는 보혜사, 곧 성령께서 오셔서 함께하시는 것이다(요 14:16-31). 셋째가 바로 '예수 이름으로 기도'이다. 신약학자 오스카 쿨만Oscar Cullmann, 1902-1999은 그 의미를 다음과 같이 밝힌다.

> '예수의 이름으로 기도하다'는 표현의 정확한 의미를 파악하기 위해, 우리는 그것이 땅을 떠나는 그리스도가 그의 제자들 가운데 항시 현존한다는 결정적으로 중요한 위로의 약속들 가운데 하나라는 것을 고수해야 한다.⋯⋯하나님에게로 올리어진 분의 이 중보기도는⋯⋯우리는 기도하기 위해 그의 도움이 필요하다는 것, 그리고 아들이 하나님 곁에 있다는 사실

에 의거하여 우리 편에서는 우리 기도로 아버지와 직접 결합되어 있다는 것을 의미한다.[10]

그렇기에 '예수 이름으로 기도'는 어떤 요청이든 하나님께서 응답하도록 만드는 마술적 힘을 가진 것이 아니다. 오히려 그 기도는 우리가 무력하고 약하고 내버려진 것 같은 상황에서도 그리스도께서 우리 곁에 현존하신다는 것을 알려 준다. 나아가 그 기도는 피조물이자 죄인인 인간과 하나님 사이에 놀랍게도 '아버지-자녀'의 관계가 형성되었음을 보여준다.

'예수 그리스도 이름으로 기도'는 하나님과 그리스도의 친밀한 관계, 그리고 그리스도와 우리의 연합에서 나온 것이다(요 14:11; 15:4-5). 따라서 본회퍼가 말했듯, "기도란 마음에 가득 차 있는 괴로움이나 즐거움을 털어놓고 마는 것이 아니라, 예수 그리스도 안에서 중단됨 없이 꾸준히 하나님의 뜻을 배우고 자기 것으로 만들며, 자기의 기억에 하나님의 뜻을 각인시키는 것이다."[11] 그 기도는 우리 욕망을 무차별적으로 하나님께 쏘아 올리고, 우리가 원하거나 필요한 것을 달라고 떼쓰는 것과 전혀 다르다. 그것은 우리를 품으시는 그리스도 덕분에, 우리가 겸손하면서도 담대히 그분의 뜻에 따라 그분처럼 기도하는 것을 의미한다(요일 5:14).

결론적으로 말하면, 예수 그리스도 이름으로 기도한다는 것은 궁극적으로 겟세마네의 그리스도처럼 "나의 원대로 마시옵고 아버지의 원대로 하옵소서"(마 26:39)라고 간구하는 것이다. 예수께서는 종이 아니라 제자이자 친구에게 자기 이름으로 구하라고 말씀하신다(요 15:7-15). 그런데 그분은 단지 '가까이서 오래 사귀었다'고 친구(親舊) 삼는 분은 아니다. 그분은 친구가 되는 조건을 다음과 같이 딱 하나 제시하셨다.

"너희는 내가 명하는 대로 행하면 곧 나의 친구라"(요 15:14). 그런 의미에서 '예수 이름으로 기도'는 우리에게 주신 엄청난 은혜의 선물이자, 기도를 책임감 있는 삶과 결합하라는 요청이기도 하다.

중보기도는 어떻게 우리 삶에 도움을 주는가?

예수 그리스도께서는 '**제자들**'에게 자신의 이름으로 기도하라고 하셨다. 그리고 그분은 기도를 가르쳐 달라는 제자들의 요청에 다음과 같이 시작하는 기도문을 주셨다. "하늘에 계신 **우리** 아버지"(마 6:9). 이 모두는 그리스도인은 그리스도의 몸, 곧 공동체로서 함께 기도하는 존재라는 것을 알려 준다.

이러한 주장에 혹자는 '골방에 들어가 문을 닫고……기도하라'(마 6:6)는 말씀을 근거로 기도는 개인이 하나님께 드리는 것이라며 반론을 제기할지 모르겠다. 하지만, 소위 '골방 기도'는 공동체의 기도를 부정하는 것이 아니라, 위선자의 기도에 대한 비판의 맥락에서 나온 것이다. 심지어 이 구절 이후 예수께서는 곧바로 상당히 공동체적 성격이 강한 기도, 곧 주기도를 가르치신다는 점도 유념해야 한다(마 6:9-13).[12]

물론 그리스도의 몸의 일부로 기도한다는 것이 언제나 물리적으로 함께 모여 기도해야만 한다는 것을 의미하지는 않는다. 또한 하나님과 나와의 관계는 다른 어느 사람도, 권위도, 집단도, 기구도 대신해 줄 수 없다. 하나님과 대화로서 기도를 위해 홀로 조용한 곳을 찾는 것은 분명 중요한 일이다.

하지만, 우리의 일상 속의 기도의 현상을 분석해 보자. 대부분의 현대인의 마음에 하나님의 음성이 들리지 않는 경우가 많다. 바쁜 스케줄과 번잡한 마음은 기도하기 힘들게 한다. 게다가 우리가 열심히 기도하고 귀를 쫑긋 세울 때도 대부분 하나님께서는 조용하시기만 하다. 따라서 본질적으로 기도는 하나님의 침묵을 깨기 위한 요청이 아니라, 침묵 속에서 말씀하시는 분께 주의를 기울이는 행위이다. 기도를 통해서 우리는 "삶을 이루는 매 순간 삶을 이루는 모든 결을 통해 우리에게 임하시며 우리에게 말을"[13] 건네는 분을 만나게 된다. 이 부드럽고 고요한 대화에 참여하도록 대중적 삶으로부터 '나'를 불러내시는 분이 은혜의 하나님이시다.

하나님 앞에서 나를 부르시는 음성에 반응한다는 것은, 공동체성을 배제하고 이뤄지는 개인의 실존적 결단과는 다르다.[14] 다른 사람에게 자신의 영성을 과시하려는 위선만큼이나 위험하고 치명적인 것은 공동체로부터 '나'를 떼어 놓고자 하는 위선, 곧 이웃과 유리된 독립적 '나'를 하나님 앞에 두고자 하는 위선이다. 헤셀은 기도에 스며들어 오는 개인주의의 유혹을 다음과 같이 경고한다. "기도를 이루는 것은 우리가 순간적으로 개인적인 관심들을 떨쳐버리는 일, 자기중심적인 생각에서 벗어나는 일이다."[15] 이 말을 이해하기 위해서 기도의 능력은 자아로부터가 아니라, 우리에게 부어 주시는 하나님의 은혜에서 흘러나온다는 간단한 사실부터 상기해야 한다. 이것은 한편으로는 기도자가 자신의 내면이 아니라 하나님을 향해 돌이킬 때, 자기의 빈약한 요청이나 가능성이 아니라 하나님의 능력의 풍성함을 의지할 때 진정한 기도가 나올 수 있음을 의미한다. 다른 한편으로 은혜에 힘입어 기도는 타락한 인간의 한계, 곧 자아의 장벽에 갇혀 있을 수밖에 없던 곤란을 극복하도록 하기에, 하나님뿐만 아니라 타자와 관계를 회복하는 계기가 된다는 것을 보여준다. 그렇기에 기도는 공동체를 전제할 뿐 아니라, 공동체를 지향하게 하는 대화적이고 탈아적 escstatic 행위이기도 하다.

공동체로서 기도한다는 것은 우리가 교회의 일원으로서 기도하는 것이자, 서로를 위해 중보한다는 것을 뜻한다. 그리스도인이 중보를 하는 것은 그가 본성상 이타적 존재라서가 아니라, 예수 그리스도 이름으로 기도하기 때문이다. 앞서 살펴보았듯 예수 그리스도 이름으로 기도하는 것은 한편으로는 그리스도께서 중보자 되신다는 것을 보여주고, 다른 한편으로는 기도자와 그리스도와의 연합을 지시한다. 그리스도께서는 제자 공동체를 위해서뿐만 아니라 '인류를 대표'하면서 기도하셨다. 그러므로 예수 그리스도 이름으로 기도한다는 것은 그분의 몸의 일부로서 타자를 위해 그분과 함께 기도한다는 의미이기도 하다.

우리의 기도가 이웃을 향하게 되면서, 우리는 그를 하나님의 은혜를 필요로 하는 사람이요 하나님께서 사랑하시는 대상으로 보게 된다. 하나님의 관심 밖에 서 있는 사람이 아무도 없다. 이는 '예수 그리스도 이름으로 이뤄지는 기도'를 필요로 하지 않을 사람이 아무도 없다는 말과도 같다. 중보는 일상의 속도에 취해 우리가 보지 못하고 지나쳤던 사람들에게 주의를 기울일 수 있는 신비로운 시간과 공간으로 들어가게 한다. 이로써 우리는 무리 속 한 사람 한 사람을 보던 그리스도의 시각으로 세상을 응시하는 법을 배워 갈 특권을 얻게 된다.

또한 중보기도는 단지 다른 사람만을 위한 기도가 아니라, 자기 마음 은밀한 곳에 숨겨 두었던 욕심, 수치심, 증오, 두려움을 접어 두고 하나님 앞에 나아가게 해줌으로써 자아에 참 유익을 가져다준다. 그렇기에 본회퍼는 중보기도를 "모든 공동생활의 심장의 고동소리를 들을 수 있는 곳"[16]이자, "개인과 공동체가 날마다 들어가야 하는 정화의 욕실"[17]이라고 부른다.

하지만, 다른 사람을 위한 기도인 중보라도 사적인 관심과 이익에 길들여질 위험에서 완전히 벗어나지는 못한다. 나의 욕심과 주관적 판단을 구체화하여 타인에게 투사해서 기도할 위험성은 언제나 기도자를 괴롭힌다. 때로는 '나 자신'의 진정한 곤란과 대면하는 것을 회피하는 기제로 이웃에 대한 걱정과 관심을 전면에 내세우며 건강하지 못한 중보기도를 할 수도 있다. 혹은 다른 사람을 위해 기도하는 자신의 고귀함과 여유를 낭만화하고 과시하고자 중보기도를 이용할 수도 있다. 따라서 다른 사람을 위해 기도한다고 하더라도 개인주의 혹은 집단(내 가족, 교회, 직장, 국가) 이기주의에 사로잡혀 있다면, 그 기도가 진정한 의미에서 중보일지 심각히 반성해 볼 일이다.

정리하자면, 중보기도의 근거는 이웃을 위해 기도한다는 행위 자체가 아니라, 참 기도자이자 교회의 머리이신 예수 그리스도에게 있다. 부활하신 그리스도는 자신의 역할을 중보라고 소개하신다. 그분의 영이신 성령 역시 우리를 위해 중보를 하신다(롬 8:26). 그리고 우리는 서로를 위해 기도하는 자로 부름을 받았다. 따라서 그리스도인이 된다는 것은 '너와 나' 모두가 중보를 필요로 하는 존재라는 것을 가식 없이 인식하는 것이다. 진정한 중보란 자기 스스로 삶을 조종해 나갈 수 있다는 환상에서 벗어나는 소중한 계기이자, 타인의 곤궁과 필요를 내 것처럼 무겁게 느낌으로써 "무엇이든지 남에게 대접을 받고자 하는 대로 너희도 남을 대접하라"(마 7:12)는 실행 불가능한 계명을 일상에서 실천하는 길이기도 하다.

하나님의 뜻을 인간의 기도가 바꿀 수 있는가?

기도의 가장 중요하고 흔한 형태 중 하나가 우리가 필요한 바를 하나님께 아뢰는 간구이다. 그런데 간구기도는 아주 심각한 신학적 난제와 엮여 있다. 그것은 바로 하나님의 섭리는 영원할진대, 인간의 간구에 맞춰 하나님께서 자기 뜻과 계획을 변경하실 수 있느냐의 문제이다. 하나님 섭리의 불변성(약 1:17)을 심각하게 고려한다면, 과연 기도의 응답이 실제 있을 수 있을까? 하나님께서 미리 모든 것을 다 아시고 작정하셨다면 우리는 기도할 필요도 없고 특별히 간구는 무의미한 것 아닐까?

간구에 대한 신학적 사고를 펼쳐 나가는 방식은 여러 가지이지만, 지나친 사변의 미로에서 헤매지 않기 위해서는 성서의 구체적 가르침에서부터 시작할 필요가 있다. 간구가 중요한 기도의 형태인 이유는 성서에서 가장 두드러진 기도의 형태가 간구이기 때문이다. 예수 그리스도도 하나님께 간구하셨을 뿐 아니라, 제자들에게 간구로 이루어진 기도를 가르쳐 주셨다. 그런 의미에서 칼 바르트는 간구가 가장 진정한 형태의 기도라고까지 말했다. 그 이유는 간구란 인간이 자기 스스로 살아갈 수 있는 존재가 아니라, 하나님의 은혜에 의지하는 존재라는 것을 인정하는 것이기 때문이다.[18]

하지만, 하나님께서 역사의 주인이심을 고백하는 섭리 교리 때문에, 하나님께서 기도하는 인간의 필요에 맞추면서까지 자신의 영원한 계획을 바꾸시는 분일까 하는 물음이 떠오를 수밖에 없다. 만약 하나님께서 각 개인의 기도에 개별적으로 응답하지 않으신다면 인간이 간구할 필요가 있을까? 이러한 질문이 성서적 증언의 구체성을 곧바로 철학적 추상으로 바꿔 놓을 위험은 있지 않을까? 쿨만은 섭리와 기도의 신비한 관계를 이해하려면 성서의 한 구절에 집중할 필요가 있다고 조언한다.

아빠 아버지여, 아버지께는 모든 것이 가능하오니 이 잔을 내게서 옮기시옵소서. 그러나 나의 원대로 마시옵고 아버지의 원대로 하옵소서(막 14:36).

쿨만은 겟세마네의 기도가 하나님의 '영원한 계획'과 기도에 응답할 그분의 '자유'가 양립함을 보여준다고 주장한다. "신약성서가 이 간구를 알려 준다는 사실은 중요하다. 그것은 '응답받지' 못한 기도다. 하나님은 조건문 '가능하다면'에 '아니'라고 대답했다. 그러나 여기서 중요한 것은, 하나님이 인간적인 이 소원의 성취를 그의 계획과 결합시킬 수도 있었다는 '가능성'이 전제되고 있다는 점이다."[19] 아들의 기도에 응답하지 않는 아버지, 그러나 그 아버지의 뜻을 존중하는 아들, 이 비대칭적 상호성에서 발견할 수 있는 '가능성'은 간구에 대한 의심의 먹구름을 뚫고 비치는 한 줄기 희망의 빛일지도 모른다.

하나님께서 기도를 들으신다는 믿음으로부터 우리가 간구하더라도,[20] 안타깝게도 응답받지 못하거나 응답이 지연되는 기도가 있다는 것도 알아야 한다. 그래서 쿨만은 올바른 간구는 성서 속에 응답 없는 기도가 있음을 인정하면서 이루어져야 한다고 본다. 성공회 신학자이자 주교인 프리처드는 오랜 목회 경험 끝에 병중에 있는 교인을 위해 기도할 때, 어떤 이는 회복되고 다른 이는 고통 속에서 죽는다는 현실을 인정하고, 그 역설적이고 비극적인 '사실과 함께' 기도하는 것이 중요하다고 보았다.[21] 요약하자면 기도에 대한 하나님의 응답이 없을 수 있다는 '현실'과 하나님께서 기도를 들으신다는 '약속' 사이의 신비한 공간 안에 우리의 간구가 놓여 있고 놓여야 한다.

인간의 기도를 들으시는 하나님께서 응답 안 하시는 기도가 있다는 가르침은 '응답' 자체가 간구의 목적이 아니라는 불편한 사실을 우리에게 알려 준다. 인류 역사에서 가장 유명한 '응답받지 못한 기도'인 겟세마네 기도로 돌아가 보자. 삶의 무게에 억눌리고 위협에 노출된 다른 모든 사람과 마찬가지로, 극한 상황을 앞둔 나사렛 예수께서는 마음에서 우러나온 진지하고 솔직한 언어로 하나님께 기도했다. 이 기도가 규범적 간구라 불릴 수 있는 이유는 인간 기도에 응답할 하나님의 능력("모든 것이 가능하오니")과 인간 지성에는 가려져 있는 하나님의 자유("나의 원대로 마시옵고 아버지의 원대로 하옵소서") 모두를 존중하고 있기 때문이다. 겟세마네에서 올린 간구의 심연에는 하나님의 능력과 자유를 겸손하게 인정하는 담백한 '여백'이 있다. 우리의 필요와 계획, 욕망으로 채워지거나 규정되지 않은 그 창조적인 빈 공간에서 인간의 삶을 빚어 가고 역사를 운행하는 하나님의 은밀한 능력이 흘러나온다.

우리의 필요로부터 나온 기도가 참 간구가 되고, 하나님이 침묵하셔도 그분을 신뢰할 수 있는 이유는 간구에 이 신비로운 영역이 있기 때문이다. 이 여백을 표현할 수 있는 언어를 정작 인간은 소유하지 못하고 있을지도 모른다. 만약 단 하나의 예외가 있다면 "나의 뜻이 아니라 아버지의 뜻이 이루어지게 하소서"라는 예수 그리스도의 언어가 아닐까? 물론 연약하고 조급한 인간에게는 때로 그 허공의 어둠과 적막이 너무 크게 느껴질지도 모른다. 여기서부터 생긴 불안감과 낭패감은 기도하지 않을 이유가 되고, 간구를 인간 욕망의 투사로 환원시켜 보는 이론적 냉소주의를 형성하기도 한다. 그렇기에 기도자에게 필요한 것은 눈에 보이거나 손에 잡힐 것 같은 확실성이 없더라도 기도하는 '담대한 신뢰'이다.

응답받을지 알 수 없는 기도를 왜 해야 하는가?

어떤 신학적 난제보다도 그리스도인을 실존적으로 괴롭히는 것은 바로 '응답받지 못한 기도'이다. C. S. 루이스는 다음과 같이 말한다. "모든 전쟁과 기근과 역병, 거의 모든 임종의 자리가 응답되지 않은 청원기도의 기념비 아닌가."[22] 물론 하나님께서 모든 기도에 무조건 응답하신다는 것을 강조하고자 이리저리 둘러 답을 할 수 있기는 하다. '하나님께서는 내가 원했던 것과 다른 방식으로 응답하신다. 내가 바라던 때가 아니라 하나님 보시기 적절한 때에 답하신다. 하나님께서 내가 바른 간구를 할 때까지 인내하셨다가 성숙하고 올바른 기도를 하게 되면 그때 들어주신다.' 이러한 다양한 답변이 가능하고 다 의미가 있기는 하지만, 결국은 내가 지금 하는 기도를 하나님께서 당장 응답 안 하실 수도 있다는 사실 자체는 어쩔 수 없다.

하나님의 응답이 없더라도 기도는 여전히 중요하고 유효하다. '연약한' 인간이 제대로 구하지 못할 것을 알면서도 '전능하고 선하신' 하나님께서 기도하라고 명령하셨다는 것은 분명한 이유가 있기 때문이다. 기도는 궁극적으로 그리스도와 연합, 곧 하나님과의 '사랑의 교제'를 위한 것이다. 우리의 시선이 '기도 응답' 혹은 더 적나라하게 말하자면 '욕망 충족'에 고착되어 있다면, 그 강박이 하나님의 은혜로운 초청을 가로막는 장애가 될지 모른다. 참된 기도는 기도하지 못할 만한 충분한 상황 속에서도, 기도의 응답이 안 보이거나 더디더라도, 하나님에 대한 신뢰를 가능하게 해준다. 삶의 의미를 묻는 이들에게 답을 주기에 상당히 인색한 현실 세계에서도, 기도는 하루하루를 충실히 살아가는 삶의 기술을 길러 준다.

응답 없는 기도는 우리 자신이 어디에 있고 어떤 상태에 있는지 돌아볼 수 있도록 하나님께서 주신 기회이기도 하다. 인간은 두려움에서 자유로울 수 없고 다양한 욕망을 끝없이 품는 존재이기에, 무릎을 꿇든 않든 누구나 마음속으로 많은 것을 구할 수밖에 없다. 김기석은 하늘에 닿지 못하고 땅으로 우수수 떨어지는 수많은 기도 속에도 하나님의 뜻이 있다고 본다. "우리가 남발한 기도의 청구서 앞에서 침묵하시는 하나님을 원망하기도 한다. 하지만, 우리가 정작 감사해야 할 것은 때로 '나'의 기도를 들어 주시지 않으심일 때가 많다.……성취되지 않는 기도, 기각(棄却)된 기도는 우리 자신을 돌아보라는 하늘의 요구다."[23] 자신을 성찰하지 못하는 인간, 자기가 무엇을 바라는지도 모르는 인간에게 기도는 '응답 여부'와 무관하게 삶의 초점이 하나님께 제대로 맞춰져 있는지 살피게 한다는 의미가 있다. 달리 말하면, 기도에 응답이 없기에 경험하게 되는 하나님의 부재는, (로완 윌리엄스의 말을 빌리자면) 바쁘고 번잡한 삶에 치인 "우리 자신의 부재"[24]인 셈이다.

끝으로, 기도에 하나님의 답변이 없을 수 있다는 가능성은 기도의 대상이신 하나님의 전지전능하신[omnipotent] 능력에 대한 오해를 교정할 가장 좋은 계기이기도 하다. 전지전능을 모든 것을 할 수 있는 능력으로 생각하면, 우리가 간구하는 것을 주시지 않는 하나님은 뭔가 심사가 뒤틀려 갑질하는 절대자로 보일 수도 있다. 그러나 존 테일러[John V. Taylor, 1914-2001]가 핵심을 정확하게 찔렀듯 성서적으로 볼 때 '전지전능'이 아니라 '무궁무진한'[inexhaustible]이 하나님을 묘사하는 더 적절한 언어이다.[25] 돈을 넣고 버튼만 누르면 원하는 상품을 신속하고 정확히 주는 자동판매기와 달리, 기도는 내가 바라거나 필요한 것이 당장 주어지지 않을 수도 있다. 하지만, 우리로서는 알 수도 없고 조종할 수도 없는 은혜의 무궁무진함을 신뢰하며 살아가는 것, 그것이 바로 기도하는 삶이다. 이러한 신뢰의 삶을 느긋한 운전에 비유한 프리처드의 말을 한번 들어 보자.

천국으로 가는 길은 수많은 갈래로 나뉘어 있지만 그 길은 대부분 (드라이브에 견주면) 시속 48킬로미터 정도로 가야 합니다. 가끔 고속도로가 나올 때도 있지만 대부분 시가지 도로, 공사 중인 도로, 온갖 차들로 가득 덮인 길로 채워져 있습니다. 이때 할 수 있는 일은 핸들을 잡고 상태를 유지하며 도로를 지나는 것뿐입니다.[26]

질문하는 신학

기도가 힘든 시대에 사는 그리스도인

'느긋한 운전과 같은 기도.' 참 아름다운 말이긴 하다. 그러나 속도에 중독된 현대 한국인이 가장 힘들어하는 일 중 하나가 바로 여유를 가지고 천천히 운전하기이다. 오늘을 살아가는 그리스도인에게 기도는 결코 쉽지 않다. 자크 엘륄Jacques Ellul, 1912-1994이 말했듯 기술과 문명의 발전 덕분에 하나님께 기도하지 않고도 풍족히 살 수 있는 현대인에게는 "기도의 필요성이나 유익성을 입증할 수 있는 증거는 하나도 찾을 수"[27] 없게 됐다. 오히려 기술, 교통과 통신의 발달이 다른 모든 가치와 이념과는 비교도 안 될 정도로 소비주의를 강하게 만들어 버렸기에, 우리의 간구 역시 소비주의의 문법 속에서 맴돌고 있다.

> 가장 초보적인 차원에서 청원 기도는 유용한 물질들을 확보하려는 것이다. 그 물질들은 오늘날 우리가 필수적인 것이라고 규정하지만, 사실은 필요 이상의 여분에 해당하는 것들이다. 기도한다면, 우리는 이 사회에서 우리 몫이라고 여겨지는 것을 하나님에게 요청한다. 왜냐하면, 우리는 우리 자신을 불의의 희생자로 보면서 산업이 생산하는 잡다한 물건들을 가지지 못하면 절망감을 느끼게 되기 때문이다. 하나님은 우리 사회가 산출한 필요 욕구들을 만족시키는 에이전트가 되었다.[28]

기도마저 소비를 위한 주술이 되어 버린 현대 사회에서 역설적이게도 희망을 찾을 곳도 기도이다. 생산과 소비의 촘촘한 망에 갇혀 질식할 듯한 존재에게 필요한 것은 일상의 사물을 드러내는 것을 넘어 존재의 의미를 밝혀 주는 "신의 빛살로서의 언어"[29]이다. 이 물질적 세상에서 힘을 과시하는 우상이 아니라, 세상을 창조한 진정한 절대자에게 서툰 언어로 '아빠'라고 부를 수 있음이 우리가 다른 꿈을 꿀 수 있는 이유가 된다. 헤셸이 말했듯, 인간의 존엄성은 도구와 기계를 만드는 능력이 아니라, "하느님께 말할 수 있는 선물"[30]을 받았다는 데 있다. 침묵 속에서 하나님의 말씀을 듣고,[31] 암흑 속에서도 하나님께 말을 할 수 있기에, 기도하는 인간은 "높음이나 깊음이나 다른 어떤 피조물이라도"(롬 8:39) 하나님과의 사랑의 관계에서 끊어 낼 수 없는 특별하고 신비로운 존재이다.

적용과 토론을 위한 질문

1. 기도는 우리의 신앙생활에서 왜 중요한가?

2. 기억에 특히 남는 기도문이나 기도의 경험이 있는가? 왜 그런가?

3. 기도는 개인이 하는 것인가, 아니면 공동체가 하는 것인가? 성서는 이에 대해 무엇을 말하는가?

4. 중보기도란 무엇인가? 다른 사람을 위한 기도가 어떻게 가능한가? 다른 사람을 위해 무엇을 구해야 할까?

5. 우리의 기도에 하나님께서 꼭 응답을 하셔야 하는가? 응답받지 못한 기도라는 그리스도교의 난제를 우리는 어떻게 이해해야 할까?

6. 개인적으로 기도를 어렵게 하는 것이 무엇인가? 어떤 의미에서 현대인은 기도하기가 더욱 어렵다고 할 수 있는가?

9부

종말론

그러나 죽지 않으면 어떻게 다시 살아나겠는가? 아니, 죽지 않고서야 어떻게 살리기를 기대하셨는가? 이것이 바울의 질문이다. 죽어야 다시 살 수 있다. 아니, 죽어야 다시 살릴 수 있다. 그래서 바울은 "나는 날마다 죽노라"(고전 15:31)라고 말한다. 그런데 우리는, 바울과는 달리 날마다 산다. 우리는 너무 살고, 지나치게 많이 산다.……씨는 다시 살기 위해 죽는다. 살리는 것은 씨의 일이 아니다. 씨는 스스로 살 수 없다. 살려야 살아난다. 그러나 씨의 죽음은 자발적이다. 자발적으로 죽은 씨가, 죽었으므로, 죽은 다음에, 살리시는 하나님의 활동에 참여한다. 그리고 하나님의 활동 속에서, 다시 하늘로부터 태어난다.

— 이승우, 『사막은 샘을 품고 있다』 중에서[1]

어쩌면 초대교회 그리스도인에게 신앙은 거꾸로 사고하는 훈련이었을지 모른다. 그들은 예수 그리스도의 부활이라는 관점에서 자신의 지난 삶을, 하나님의 약속을, 이스라엘의 역사를 거슬러 올라 생각해야만 했다. 그 결과 부활에 대한 희망은 그리스도교 신앙과 신학에 충만히 삼투되었다. 역사 속에 일어난 종말론적 사건인 부활이 모든 것을 바라보는 시각을 바꿨다면, 종말론은 역사의 마지막에 관한 교리로 한정될 수 없다. 한마디로 그리스도교적이라는 것은 종말론적이라는 의미이기도 하다.

그러나 종말에 관한 잘못된 가르침은 1세기 이후 진리의 길을 걸어가는 많은 이의 발걸음을 혼란스럽게 해오고 있다. 종말의 희망과 현실의 모호함이 얽혀 있는 삶의 미로 속에서 두려움이나 호기심에 사로잡힌 나머지 길을 잃는 것을 막아 주고자, 성서와 교회 전통은 미래를 바라보는 중요한 푯대를 제시하고 있다. 그것은 바로 예수 그리스도가 부활의 첫 열매요, 그리스도인은 몸의 부활과 영생을 믿는 존재라는 가르침이다.

34장은 종말론을 대할 때 우리가 주의해야 할 몇 가지 사항을 정리했다. 우선 피안을 강조하는 종말론이 현실을 부정하는 신앙을 형성하지 않는지, 하나님의 종말은 어느 때에 오게 되는지, 영생이라는 보상을 바라고 믿는 것은 이기적 신앙이 아닌지 등의 질문을 던지고 이에 대해 나름의 답변을 해보았다. 이러한 논의를 통해 종말론이 단지 미래에 관한 '이론'이 아니라 지금 여기서 우리가 희망을 가지고 삶을 충실히 살도록 도와주는 실천적 교리임이 드러나리라 기대한다.

35장은 종말론에 있어 꼭 알았으면 하는 신학적 주제를 선별하여 소개했다. 죽음이 하나님의 심판인지, 죽음과 부활 사이에 있는 인간은 어떤 상태에 있는지, 성서 속의 묵시문학적 종말론을 어떻게 이해해야 할지, 피조 세계의 최종 운명을 올바르게 파악할 방법은 무엇인지 등을 다룬다. 이러한 종말론적 성찰은 그리스도인으로 산다는 것이 피조물로서 한계를 솔직히 인정하면서도, 희망을 품고 하루하루의 삶을 사는 기술을 익히는 과정임을 보여줄 것이다.

36장에서는 종말에 대한 논의를 끝맺고, 동시에 이 책을 마무리하고자 안식이라는 주제에 집중하고자 한다. 성서는 종말을 묘사할 때 흔히 안식의 풍요로운 이미지를 끌어다 쓰곤 한다. 하지만, 유대인에게 중요한 안식이 그리스도교 종말론에도 여전히 유효하고 적절할까? 이 글은 안식의 본 의미를 살펴봄과 동시에, 어떻게 현대 신학자들이 안식의 의미를 재발견해 왔는지를 간략히 소개할 예정이다. 그리고 그리스도교 종말론의 근원적 이미지로서 하나님 안에서 피조물의 영원한 안식을 제시하며 꽤나 길었던 신학적 수다에 마침표를 찍는다.

34장. 종말론 I

현재의 삶 너머에는 과연 무엇이 있을까?

복음으로서 종말

> 우리 인생길 반 고비에
>
> 올바른 길을 잃고서 난
>
> 어두운 숲에 처했었네.[1]

서양 문학사에서 가장 유명한 도입이라 손꼽히는 단테^{Durante degli Alighieri,} 1265-1321 『신곡』의 첫 부분이다. 단테는 인생의 반 고비, 곧 30대 중반에 삶의 정점에 도달한 듯 화려하고 성공적으로 살고 있었다. 성취와 찬사 로부터 오는 긍정 에너지에 익숙해져 정신없이 전진하다 고개를 돌려 보니, 자기도 모르게 길에서 벗어나 암흑 같은 수풀 속에 들어와 있었다. 익숙하고 밝은 세속에서의 삶과 달리, 낯설고 어두운 숲에서 앞으로 헤쳐 나갈 길도 뒤로 돌아갈 길도 모른 채 하염없이 걷고 있었던 셈이다.

위에서 인용한 한국어 번역은 "올바른 길을 잃고서 난/어두운 숲에 처했었네"이지만, 이탈리아 원어의 느낌을 살려 의역하자면 어두운 숲에서 '나 자신을 되찾았다're-found라고도 할 수 있다.[2] 인생의 한복판에서 인식한 자신의 실제 위치, 그리고 거기서부터 시작하는 삶의 여정은 나를 되찾는 계기가 된다. 단테는 이를 죽음 이후 세계를 여행하며 인간이 하나님께로 돌아가는 과정으로 묘사한다. 『신곡』이 (가톨릭의 교리적 구분에 따라) 지옥, 연옥, 천국을 그토록 세세하고 장엄하게 묘사한 목적은 내세가 어떤 곳인지를 보여주기 위함이 아니다. 단테가 전한 '삶 너머의 삶' 이야기는 현실에 대한 우리의 강박을 느슨하게 하고, 그 틈으로 '내세적 상상력'을 불어넣어 참된 개인적·공동체적 삶을 찾아 나갈 여백을 마련해 준다.

미국의 평론가이자 작가인 로버트 로얄Robert Royal, 1949- 이 말했듯, 단테의 작품에서는 "우리가 이 여정을 선택하는 것이 아니라, 그 여정이 우리를 선택한다."[3] 그리스도교 종말론도 이와 유사하다. 종말론은 익숙한 방식으로 살아오다 나도 너도 모르는 사이 올바른 길에서 벗어난 인류를 위해 주어졌다. 물론 일반적 정의에 따르면 종말론(終末論)은 세상의 마지막에 관한 교리이다. 그러나 끝을 의미하는 영어 단어 end에는 또 다른 중요한 뜻이 있다. 바로 '목적' 혹은 '목표'이다.[4] 즉, 종말론은 단지 세상의 마지막에 관한 것이 아니라, 하나님께서 창조하신 세상의 목적과 궁극적 운명에 대한 가르침이기도 하다.

역사 속에 암호화되어 잘 인지되지 않던 하나님의 뜻, 인간의 참모습, 세계의 의미 등을 풀어내는 열쇠를 제공하고, 그리스도교적 실천의 힘을 새롭게 불어넣는 신학의 영역이 종말론이다. 일상에서는 은폐되어 있던 하나님의 목적the ends of God은 결국 세상의 마지막the end of the world에 충만히 드러날 것이다.[5] 칼 바르트가 "철저하고 완전하게 종말론이 아닌 그리스도교는 철저하고 완전하게 그리스도와 상관이 없다"[6]고 강조했듯, 종말론은 조직신학 교재의 마지막 장을 장식하는 교리가 아니라 신학과 실천 전체를 향한 '진리 물음'이다.[7] 만일 종말론이 세상의 마지막에 관한 교리로 한정되면, 그리스도교는 피안을 위한 종교로 탈바꿈하게 된다. 이때 하나님 나라의 종말론적 희망은 종교적 경건의 옷을 입은 안정적 삶과 풍요에 대한 욕망으로 대체되어 버린다.[8]

종말론을 제대로 다루려면 하나님 나라의 희망이 삼투된 신학과 실천 모두를 다뤄야 한다. 그러나 이는 말 그대로 그리스도의 재림 이전에는 완성될 수 없는 불가능한 임무이다. 그래서 이번 장은 종말론에 대한 세 가지 대표적 오해를 해명하는 것을 목표로 한다. 바라건대, 이런 성찰을 통해 종말론이 묵시적 공포가 아니라 기쁨을 주는 '복음'으로 인식되는 계기로 삼았으면 한다.

종말론은 현실 도피적 신앙을 형성하지 않는가?

칼 마르크스^{Karl Marx, 1818-1883}는 1843년도 작품 『헤겔 법철학 비판』에서 종교는 '인민의 아편'^{Opium des Volkes}이라는 유명한 말을 남겼다. 종교를 비판한다는 사람이라면 누구나 한 번쯤 읊조리는 명언대로, 현실의 억압과 고통에 무감각하게 만드는 종교는 마약처럼 치명적인 매력과 지글지글한 중독성이 있다. 특별히 종말론은 내세에 대한 소망을 부풀어 오르게 하여 일상을 충실히 살아가려는 노력, 역사를 변혁하려는 의지, 부정의에 대한 저항의 힘을 빼앗아 버릴 수도 있다. 하지만, 성서적 종말론은 단순히 내세에 대한 희망을 품으라고 권하지 않는다. 그 희망의 본질과 역동성은 역사의 주인이신 하나님의 신실하심에 대한 '믿음'에서 흘러나온다. 그 희망은 탈역사적이거나 개인주의적 성향을 가진 종교성에 제동을 걸고, 우리의 마음을 하나님의 종말론적 미래로 향하게 한다. 이러한 관점에서 종말론의 핵심 범주라 할 수 있는 희망은 믿음과 함께 생각해야 그 의미가 온전히 드러난다고 할 수 있다.

그리스도교 신앙의 핵심에는 인간은 행위가 아니라 믿음으로 구원받는다는 가르침이 있다(롬 1:17; 갈 3:11 등). 우리를 의롭게 하는 믿음은 세상을 보고 대하는 우리의 인식과 태도를 근본적으로 바꾸어 놓는다(히 11:1-40). 파울 알트하우스가 잘 설명했듯, 그리스도를 통한 구원과 새로운 창조는 '믿음' 덕분에 우리에게 알려지고 경험된다. 하지만, 우리에게 선물로 주어진 새 창조의 실재reality는 하루하루 우리가 경험하는 비극적이고 모호한 세상과 모순을 일으킨다. 십자가와 부활을 통해 역사 속에 들어온 새로움은 일상에 은폐되어 있거나, 드러나더라도 낯설게 느껴질 수밖에 없다. 그렇기 때문에, '믿음'을 통해 얻는 구원은 눈에 보이지 않는 실재를 받아들이고 신뢰하게 하는 '희망'의 대상이기도 하다.[9] 희망이 없다면 믿음은 하나님의 새 창조에 참여할 힘과 용기를 잃고 개개인의 경건의 문제로 후퇴하게 될지 모른다. 반면 믿음이 없으면 희망은 무엇을 진정으로 바라고 기다려야 할지 몰라 오히려 혼란과 절망으로 이끌 수도 있다.

믿음 없는 희망은 맹목적이고, 희망 없는 믿음은 나약하다. 이 둘이 어떻게 구분되면서도 연결되는지를 적절히 파악하려면 종말론적 통찰이 필요하다. '믿음'으로 의로움을 얻은 신자는 하나님께서 약속하신 자신의 운명(죽음, 부활, 영생)을 '희망' 속에서 기다린다. 하나님 나라의 완성을 갈망하고 기다리는 '희망'은 그분의 약속에 대한 '믿음'에서 피어난다. 따라서 희망의 대상과 근거가 되는 것은 우리의 경건함이나 종교적 열정, 미래에 대한 비전이 아니라, 우리가 믿는 하나님께서 인류에게 주신 '약속'이다. 약속promise은 어원상 *pro-missio*, 곧 '미리 보냄'을 의미한다.[10] 하나님의 약속은 먼 미래에 하나님께서 알아서 다 이뤄 주실 그 무엇이 아니다. 약속의 성취를 위해서 '신실한' 하나님께서는 미래를 현재 속으로 보내신다. 따라서 희망은 하나님 나라의 미래를 지금 여기서 미리 맛보게 하며, 오늘의 삶에 하나님 나라에 대한 상상력을 불어넣는다.

그런 의미에서 위르겐 몰트만은 약속된 미래에 대한 희망은 현실에서 '부정적인 것을 부정'하고 '긍정적인 것을 선취'하는 이중적 기능을 한다고 주장한다.[11] 우선, 하나님 나라의 정의와 평화에 대치되는 이 땅의 폭력적이고 어두운 모습은 현재 속으로 하나님의 오심과 함께 '부정'된다. 또한 장차 완성될 영광의 나라에서 충만히 드러날 하나님의 세계 속 현존과 죄인들 사이의 화해가 (부분적이고 불완전한 모습이겠지만) 지금 여기서 '미리' 이루어지고 있다. 따라서 우리의 욕망에서 발생해 의식에서 부유하다 사라지는 공상fancy과 달리 종말론적 상상력imagination은 삶의 현실과 긴밀히 결합되어 있을 뿐 아니라, 약속의 성취를 향해 현실을 변혁시키는 힘이 된다. 그리스도인은 일상의 폐쇄성을 뚫고 새로움을 가져오는 하나님의 미래에 참여하는 자, 부정적인 것을 부정하고 긍정적인 것을 선취하는 하나님의 활동으로 부름 받은 자이다.

만약 우리가 종말론을 성서적으로 철저하게 생각하지 않으면 믿음과 희망의 고리는 쉽게 끊어져 버린다. 그 경우 영생에 대한 개인의 소망과 하나님 나라에 대한 우주적 소망이 분리되고, 교회에서의 신앙생활과 하나님 나라를 위한 일상에서의 실천 사이에 있는 접점도 은폐된다. 그러면 그리스도교는 인류 역사상 가장 넓게 퍼지고 큰 영향력을 끼치는 '아편 같은 종교'가 되어 버린다. 이러한 아슬아슬한 위험에 대면해서 궁극적으로 응시할 곳은 신실하신 하나님의 약속이고, 그 약속의 빛에서 믿음과 희망의 관계는 언제나 새롭게 정립되어야 한다. 몰트만이 강조하듯, "희망은 신앙에 추가되거나 그것의 부록처럼 덧붙여지는 것이 아니라, 신앙이 자신을 기독교 신앙으로 이해하는 한, 신앙 자체의 다른 면이다. 기독교 신앙은 그 자체로 '생동하는 희망'을 향한 인간의 '다시 태어남'의 힘이기 때문이다."[12] 신실하신 하나님에 대한 믿음과 그리스도가 선포하신 하나님 나라에 대한 희망이 결합할 때 종말론은 민중의 아편이 아니라, 많은 사람을 그릇된 종교적 중독에서 자유롭게 하는 '치료제'가 될 수 있다.

종말은 미래 어느 때 오게 되는가?

앞의 단락에서 종말론은 하나님의 약속과 성취에 관한 교리이고, 그런 의미에서 종말론의 중심에는 예수 그리스도께서 선포하신 하나님 나라가 있다고 일단 마무리 지었다. 1세기 당시 유대인들은 수백 년 동안 내려온 종말론적 기대에 부풀어 있었다. 예수 그리스도의 가르침과 사역의 핵심에도 하나님의 통치를 갈망하는 종말론적 지평이 깔려 있었다. 그런데 문제는 하나님 나라가 언제 오는가에 대한 성서 구절들이 통일된 가르침을 주지 않고 있다는 데 있다.[13] 복음서의 내표적인 사례 세 가지를 들어보면 다음과 같다.

- 이르시되 **때가 찼고** 하나님의 나라가 **가까이 왔으니** 회개하고 복음을 믿으라 하시더라(막 1:15).
- 바리새인들이 하나님의 나라가 어느 때에 임하나이까 묻거늘 예수께서 대답하여 이르시되 하나님의 나라는 볼 수 있게 임하는 것이 아니요 또 여기 있다 저기 있다고도 못하리니 하나님의 나라는 **너희 안에 있느니**

라(눅 17:20-21).

- 그러나 너희에게 이르노니 내가 포도나무에서 난 것을 이제부터 내 아버지의 나라에서 새것으로 너희와 함께 마시는 날까지 마시지 아니하리라 하시니라(마 26:29).

첫 번째 마가복음 구절에서 '가까이 왔다'로 번역된 ēngiken은 완료형 시제로, 하나님 나라가 완성까지는 아니지만 최소한 이미 **시작**되었음을 알려 준다. 그리고 두 번째 누가복음 구절에 따르면 예수께서는 '있다'estin라는 현재 시제를 써서 하나님 나라가 **실현**되어 있다고 말씀하신다. 끝으로 마태복음에서 십자가를 앞두고 예수께서는 제자들과 마지막으로 식사를 하시다가, **미래**에 하나님 나라에서 함께 포도주를 마실 것을 이야기하신다. 이처럼 복음서에는 하나님 나라의 도래에 관한 복합 시점이 제시되기에 종말론도 다양하게 발전할 수밖에 없다.

바울의 경우에는 '하나님 나라'라는 개념을 사용하지 않는다. 하지만, 그 역시 부활, 새 시대의 도래, 심판, 성령의 선물 등의 종말론적 사건이 일어나는 때를 각기 다르게 묘사한다. 그 예를 역시 세 가지만 추려 보도록 하자.

- 아담 안에서 모든 사람이 죽은 것같이 그리스도 안에서 모든 사람이 삶을 얻으리라. 그러나 각각 자기 차례대로 되리니 먼저는 첫 열매인 그리스도요 다음에는 그가 **강림하실 때**에 그리스도에게 속한 자요(고전 15:22-23).
- 그런즉 누구든지 그리스도 안에 있으면 **새로운 피조물이라**. 이전 것은 지나갔으니 보라 새것이 **되었도다**(고후 5:17).
- 피조물이 고대하는 바는 하나님의 아들들이 **나타나는 것이니**(롬 8:19).

우선 고린도전서 구절에 따르면 부활과 함께 새 시대는 이미 **시작**되었지만 아직 궁극적으로 완결되지는 않았다. 다음으로 고린도후서 구절은 새 창조가 이미 그리스도의 부활과 함께 **실현**되었다고 말한다. 마지막으로 로마서에서 바울은 **미래**에 대한 기대와 기다림을 이야기한다. 복음서와 유사하게 바울서신도 종말을 고정된 시점으로 한정하지 않는다.

이렇게 하나님 나라 혹은 새로운 시대가 언제 도달할지에 관한 성서의 여러 보고 사이에는 긴장이 존재한다. 이것은 성서가 일관성이 없는 책이라서가 아니라, 예수 그리스도와 함께 역사로 들어온 새 창조라는 낯선 실재가 우리에게 익숙한 시간 개념과 언어로 완전히 포착되지 않기 때문이다. 그 결과 개인에 따라 선호하는 종말론적 시점이 있을 수밖에 없고, 신학자들도 특정한 텍스트에 더 집중하면서 주장을 발전시켜 왔다. 성서의 복합적 사례와 마찬가지로 종말에 관한 다양한 신학적 견해도 하나님 나라를 기준으로 크게 셋으로 나눠 볼 수 있다.[14]

실현된 종말론realized eschatology 하나님 나라는 예수 그리스도께서 오신 1세기에 이미 실현되었다. 구약에 나온 예언과 약속은 그리스도의 삶과 죽음과 부활을 통해 성취되었고, 예수께서도 자신과 함께 하나님 나라가 도래했다고 말했다. 하나님께 순종함으로써 하나님의 통치가 이 땅에서 실현되고, 그리스도 안에 있는 것이 하나님 나라 안에 있는 것이라는 주장도 넓게 보아 이에 해당한다.

시작된 종말론inaugurated eschatology 하나님 나라는 예수 그리스도와 함께 이미 시작되었지만 아직은 완전히 성취되지 않았다. 비록 미래에 하나님 나라가 완성되겠지만, 그리스도의 부활은 우리가 속한 시공간에 결정적 영향을 끼쳤다. 전통적으로는 하나님의 나라를 하나님의 통치와 일치시키며, 현재에도 작용 중인 하나님의 전능이 역사의 최종 단계에 완전히 투명하게 드러나리라고 보는 학자들이 이 입장을 주로 취해 왔다.

미래적 종말론future eschatology　하나님 나라는 (임박한 혹은 지연된) 미래에 도달한다. 예수 그리스도 역시 하나님 나라를 선포하실 때에 곧 오게 될 그때를 기다리셨다. 하나님 나라는 인간에게는 숨겨진 하나님의 때에 올 것이기에, 현실에서 인간들의 윤리나 종교는 종말을 앞당기거나 현실화할 수 없다. 피조 세계에 대한 하나님의 자유를 강조하고, 종말이 모든 악에 대한 최종 승리라고 믿는 이들의 상당수가 이 범주에 속한다.

성서와 교회사에 등장한 복잡하고 다채로운 종말에 대한 논의를 이렇게 분류한다는 것이 무리수가 없는 것은 아니지만, 19세기 말 이후 성서학자와 조직신학자들의 하나님 나라에 관한 진지한 연구 덕분에 각 범주의 특징을 더욱 선명히 볼 수 있게 된 것은 고무적인 일이다.[15] 비록 종말론에 대한 여러 견해가 공존하지만, 오늘날 많은 학자가 성서적 종말론을 통합적으로 보는 데 있어 하나님 나라의 도래에 대한 복합 시점을 잘 담아내는 '시작된 종말론'을 선호한다. 게다가 복음서의 비유에 관한 최근 연구는 그리스도의 작고 소박해 보이는 이야기들이 사실은 종말론적 희망을 흥미롭게 품고 있음을 알려 줬다.[16] 특별히 잘 알려진 일부 비유는 시작된 종말론과 유사한 구조를 가지고 있다. 일례로 겨자씨는 심겨질 때는 아무리 작더라도 이후에는 새들이 깃들 정도의 나무로 성장하게 될 것이라는 말씀은 역사 속에서는 뚜렷이 보이지 않을지라도 하나님 나라가 완성을 향해 가고 있음을 알려 준다(마 13:31-32).[17]

　결론적으로 정리하자면, 하나님 나라는 그리스도와 함께 '이미' 시작되었다. 단, 얼굴과 얼굴을 맞대고 보는 것이 아니라 부분적으로만 알 수 있는 현재에는 '아직' 완전히 이뤄지지 않았을 뿐이다(고전 13:12). '이미'와 '아직'의 긴장이 그리스도교를 살아 있고 역동적이고 변혁적인 종교로 만든다. 이 독특한 시간성에 참여하면서 우리는 현실에 속하는 동시에 부활과 함께 도래한 새 창조에도 속하게 된다. 그런데 여기서 한 가지 주의할 점이 있다. 리처드 보컴은 이렇게 경고했다.

> '실현된 종말론' 혹은 '미래 종말론'의 양극 사이에서, 시작된 종말론이라는 개념은 신약성서의 종말론 논의에서 '이미'와 '아직' 모두를 인정하는 방법으로 꽤 일반화되었다. 그러나 이러한 표현 방식을 근대의 역사적 진보주의와 같은 흐름으로 잘못 해석하려고 해서는 안 된다. 이것은 시간 속에서 새 창조를 결국에는 만들어 내는 선형적 역사도 아니고 축적되어 가는 역사적 과정도 아니다. 이것은 피조물을 구원하고 완성하고 변화시키기 위한 하나님의 오심에 관한 것이다.[18]

그리스도인은 세계를 회복하고 완성하고자 이미 '오셨고' 지금도 '오고 계시며' 미래에 '오실' 하나님의 활동에 지금 여기서 기쁨과 감사로 참여하도록 부름받은 이다. 교회는 이미 도달하였지만 아직 완성되지 않은 하나님 나라의 정의와 평화, 그리고 화해와 교제의 표징으로 역사 속에 현존한다. 따라서 종말론은 현실을 넘어선 미래에 대한 강렬한 희망을 불러일으키더라도, 단지 마지막 날에 관한 교리도 아니고, 그리스도교를 민중의 아편으로도 만들지도 않는다.

천국 가고자 그리스도인이 되는 것은 이기적이지 않은가?

"예수 천당! 불신 지옥!" 그리스도교의 핵심을 최권능(본명 최봉석,

1869-1944) 목사는 이렇게 네 단어로 압착했다. 늦은 나이에 회심하고는 복음을 위해 전적으로 헌신했고, 신사참배에 반대하다 고문을 받았던 순교자의 생애에 비추어 볼 때 '예수 천당!'은 믿기만 하면 천국 간다는 식의 얄팍하고 이기적인 믿음이 결코 아니다. 하지만, 사실 많은 그리스도인이 구원받기 위해, 혹은 천국에 들어가고자 그리스도를 믿는 것은 아닌가? 이같이 '보상'을 기대하는 믿음은 여전히 자기중심성을 벗어나지 못한 것은 아닌가? 그렇다면 과연 천국을 바라고 믿는 것이 올바른 신앙일까?[19]

신앙은 나를 향해 굽어 있던 마음 *incurvatus in se*이 성령의 도움을 받아 펴지면서 삶의 중심이 협소한 자아에서 하나님과 이웃을 향해 옮겨지는 사건이다.[20] 그렇다면 '내가' 천국에 가서 영생을 누리려고 믿는다면 그 신앙이 올바르고 건강한 것인지 의문이 가지 않을 수 없다. 또한 인간의 자율성을 강조하는 현대 사회의 분위기에서, 뭔가를 얻기를 기대하고 신앙생활을 하는 것은 동기부터 불순할 뿐 아니라 너무 세속적이라는 느낌을 자아낸다.[21] 그래서인지 천국이 있든 없든 상관없이 그리스도를 잘 따르는 것이 신앙의 본질이라는 말이 왠지 고결하고 숭고하다는 느낌을 자아내기도 한다.

그러나 성서적 종말론에서 말하는 하나님 나라 혹은 천국은 죽어야 들어가는 '피안의 장소'만은 아니다.[22] 앞서 하나님 나라가 현재적 지평이 있음을 살펴보았으니, 여기서는 '보상'으로서의 영원한 삶이라는 주제에 집중해 보자. 종말 신앙을 비판하는 사람들 중 다음과 같은 논리를 펴는 이들이 있다. 영원한 삶은 보상 심리와 깊이 결부되어 있고, 보상을 바라고 하는 것은 동기가 순수하지 못하기에,[23] 종말론은 비윤리적으로 흐를 가능성이 높다. 하지만, 이 같은 주장은 지나치게 협소한 보상 개념을 전제로 논리를 전개하기 때문에 환원주의적 위험이 있다. 바꾸어 말하자면, 종말 신앙을 올바로 이해하기 위해서는 '보상'의 다차원적 의미를 섬세히 구분해야 한다.

영어로 된 가장 아름답고 영감 넘치는 설교 중 하나로 손꼽히는 C. S. 루이스의 「영광의 무게」$^{The\ Weight\ of\ Glory,\ 1942}$는 천국에 대한 신앙이 저급한 것처럼 여겨지던 20세기 초중반 지성 사회에 적잖은 파문을 남긴 작품이다. 이 설교에서 루이스는 보상을 크게 세 가지로 구분한다.[24] 첫째는 합당치 않은 보상이다. 행위와 보상 사이의 연관성이 부자연스럽거나, 동기가 불순한 경우가 이에 해당한다. 둘째는 선한 행동을 한 결과 자연스럽게 보상이 이어지는 경우이다. 이는 윤리적으로 올바를 뿐 아니라, 적극적으로 장려할 필요도 있다. 루이스는 전자의 예로 돈 때문에 하는 결혼을, 후자의 예로는 사랑의 결과 이르게 되는 결혼을 든다. 승진을 위해 전쟁터로 나가는 장군과 승리를 위해 싸우는 장군도 각각의 예라고도 할 수 있다.

이쯤에서 '루이스가 세상을 너무 고지식하고 순진하게 이해하는 군!' 하며 성급히 혀를 차지 말고, 그가 천국을 설명하고자 제시하는 세 번째 범주까지 살펴보자. 이 보상은 초기에는 첫 번째와 비슷해 보이지만 갈수록 두 번째와 닮아 가며 그 진면목이 드러난다. 어떻게 세 번째 보상에서 이러한 전환이 일어나는지 설명을 들어 보자.

그리스어로 된 시를 감상하는 즐거움은 그리스어를 배우는 사람에게 합당한 보상임이 분명합니다. 그것은 장삿속이 아닙니다. 하지만, 그리스어 실력이 시를 즐길 수 있는 수준에 도달한 사람만이 그 사실을 경험적으로 알 수 있습니다.……우선은 점수를 따기 위해서나 처벌을 면하기 위해, 혹은 부모님을 기쁘게 하기 위해……공부를 계속해야 합니다. 이 학생의 입장은 속물의 입장과 비슷한 면이 있습니다. 이 학생이 앞으로 얻게 될 보상은 자연스럽고 합당한 보상이 되겠지만, 그 보상을 받기 전까지는 그런 보상이 있는지도 모를 것입니다.……지루하기만 하던 고역이 즐거움으로 바뀌는 순간이 찾아옵니다. 그러나 아무도 고역이 즐거움으로 바뀌는 날짜와 시간을 정확히 집어낼 수는 없습니다.[25]

워낙 공부를 좋아했고 잘했던 사람답게 루이스가 고전어 공부를 예로 든 것이 아쉽지만, 그의 설명을 조금 더 풀어서 재구성해 보자. 공부는 궁극적으로 우리에게 어떤 보상을 줄까? 지혜를 얻는 즐거움, 다양한 지식과 관점을 습득하면서 형성되는 덕스러움, 관심사를 공유한 사람들 덕분에 누리게 되는 풍요로운 삶 등이다.[26] 그런데 이제 막 초등학교에 들어간 학생에게 이런 보상은 주어지지는 않는다. 초등학생에게는 시험 잘 봐서 받게 되는 칭찬이나 선물이 보상이다. 많은 중고등학생이 바라는 보상은 아마 좋은 학교 진학 혹은 좋은 직장 취업일 것이다. 그런데 사람이 성숙해지면서 다른 뭔가를 획득하는 수단이 아니라 공부를 통해 얻는 깨달음이 좋아서, 삶의 의미를 찾기 위해서, 공부 공동체에서 오는 기쁨이 좋아서 공부하는 단계가 찾아온다. 이때는 어릴 때 강압적으로 공부했던 외국어나 억지로 읽었던 난해한 고전 덕분에 오히려 공부가 질적으로나 양적으로나 풍성해지고 재밌어지기도 한다.

루이스의 방식으로 말하자면 믿음으로 얻게 되는 영원한 삶은 세 번째 범주의 보상에 해당한다. 처음에는 두려움 때문에 믿기도 하고, 사업에 성공하려고 교회에 등록하고, 인간관계 때문에 열심히 봉사를 하고, 부모님이나 배우자를 기쁘게 해주려고 마지못해 신앙생활을 할 수도 있다. 물론 신앙이 이런 상태에 머물면 안 되겠지만, 솔직히 말하자면 인간 중에 완전하게 순수한 동기를 가지고 하나님을 믿는 이는 아무도 없다. 오히려 "하나님은 얼마나 겸손하신지"[27] 이러한 사람들의 회심이나 변화까지도 용납하시고 기뻐하신다. 비록 불완전하게 시작한 신앙이라도 하나님을 신뢰하면서 생기는 여유로움과 희망, 말씀에서 오는 행복과 감사, 공동체에서 얻는 즐거움과 긍지라는 보상으로 천천히 옮겨 갈 수 있고 또 옮겨 가야 한다.

이제 논의를 다시 종말론으로 돌려 보자. 천국은 노력으로 쟁취하는 것이 아니라 그리스도와 연합함으로 누리게 될 은혜이다. 그리고 천국을 참으로 갈망하는 사람은 이 땅에서도 자기중심적 중력으로부터 자유로워져 가는 존재이다. 하지만, 영어 공부를 시작하자마자 외국인과 능수능란하게 이야기하는 즐거움을 누릴 수는 없듯이, 우리의 종말론적 희망도 처음부터 순수하고 올바른 단계에 도달할 수는 없다. 하나님과 인격적 관계가 깊어 갈수록, 내 구원에 꽂혔던 시선이 이웃의 존엄성과 삶의 가치로 점점 옮겨 갈수록, 하나님의 미래에 맞게 우리의 희망도 성화되어 간다. 루이스의 표현대로라면 "썰물로 갯벌에 처박힌 배가 밀물이 들어오면서 떠오르듯 서서히"[28] 천국에 대한 갈망은 교육되고 성숙하게 된다.

어떤 이는 여전히 협소한 마음에 갇혀서 믿음에 대한 보상으로 영생에 집착하기도 한다.[29] 그런 사람에게는 천국에 대한 강박이 제자도의 삶을 살아가는 데 오히려 장애가 될 수 있다. 반면 어떤 이는 천국이 있든 없든 내가 하나님을 제대로 믿고 성서대로 올바로 사는 것이 중요하다고 한다. 이 경우 욕망이 의지에 억눌리다 보니 희망이 성화하지 못하고 메마르게 된다. 성서를 보면 하나님께서는 그런 외골수나 영웅적 인간보다는 자신의 연약함에 솔직한 인간, 욕망을 포장하거나 숨기지 않는 인간, 그럼으로써 성숙과 변화의 여지가 있는 인간을 더 기뻐하신다. 하나님께서 약속하신 보상을 자신이 마땅히 누려야 할 권리가 아니라 감사와 겸손으로 받을 수 있고, 하나님의 나라가 자기 기대와는 전혀 다르게 찾아올 수 있음을 용납하며, 나의 친구가 아닌 원수마저도 은혜의 부름에 참여할 수 있음을 인정하는 사람, 그러한 이들이 하나님의 종말론적 잔치를 진심으로 즐길 수 있는 손님 아닐까?

지금 여기서 하나님 나라를 욕망하기

종말론은 우리가 만들어 가는 미래가 아니라 하나님의 '약속된 미래'에 관한 가르침이다. 종말론은 성서가 들려주는 하나님 나라 이야기에 상응하게 우리의 사고와 행동을 부단히 성찰하고 교정하게 도와준다. 하나님께서 꿈꾸셨던 미래를 상상하고 미리 맛보면서, 칙칙한 현실에 정의와 평화가 흐르고, 사랑과 화해가 이루어지도록 하는 초대가 종말론이다. 그렇기에 종말론은 철저하게 미래에 관한 교리이자 철저하게 현실과 연결된 교리이다. 우리의 손으로 조종하거나 이뤄 나가지 못할 운명에 관한 교리이지만, 우리의 순종과 책임의 중요성을 강조하는 교리이기도 하다. 종말론은 미래에 대한 희망을 오늘의 삶과 연결함으로써, 일상에도 '질적인 차이'를 만들어 내는 가르침이다.

인간은 욕망의 존재이다. 죄를 지어서 욕망이 있는 것이 아니라 원래 욕망을 가진 존재로 창조되었다. 단지 죄 때문에 인간이 적절한 대상을 적절하게 갈망하지 못할 뿐이다. 죽음에 대한 공포에 내몰린 불안한 마음은 안정을 향한 욕구 때문에 각종 '보험용' 우상을 만들어 낸다. 인간은 타인을 지배하려는 욕구나 열등감, 콤플렉스 등을 노골적으로 혹은 은밀하게 미래에 투사하고, 그 미래를 성취하거나 회피하고자 개인적으로나 집단적으로 분투한다. 그런데 실상 인류가 머릿속에 그리는 미래가 다 다르기에, 현실은 미래를 향한 각자의 두려움과 욕심이 경쟁하며 갈등을 일으키는 불편하고 폭력적인 곳이기도 하다.

그리스도교 종말론은 우리가 계획하거나 꿈꾸는 미래가 아니라 하나님께서 약속한 정의와 평화의 미래에 관한 교리이다. 그 미래는 나와 너의 욕망의 투사로 얼룩진 미래상을 심판하고, 수정하고, 치유한다. 그렇기에 종말론은 영원에 대한 우리의 갈망이 하나님 나라의 빛 아래서 성화되어야 함을 가르쳐 준다. 이런 시각에서 보자면 현세의 삶은 자아를 향했던 욕망을 영원한 삶에 적합하게 하나님과 타자를 향하도록 교육하는 과정이기도 하다.

따라서 종말론은 '지금 여기가 하나님 나라다' 혹은 '우리가 하나님 나라를 만든다'는 열정적 낙관론과 차이가 있다. 왜냐하면 약속된 미래에 적합해지기 위해 우리는 하나님의 은혜 안에서 계속 성숙하고 성장해야 할 존재이기 때문이다. 또한 종말론은 '하나님께서 미래를 다 이루실 것이니까, 우리는 잘 믿고 가만히 기다리고 있기만 하면 된다'는 소극적 방관주의와도 다르다. 왜냐하면 '지금 이 순간 바로 여기'에서 하나님의 미래에 대한 상상력이 자라나고, 욕망의 대상이 변화하면서 삶의 방식도 달라지기 때문이다. C. S. 루이스는 종말론의 이 놀라운 '현실성'을 다음과 같이 절묘하게 요약해 낸다.

> 천국 대신 지상을 선택한 사람은 지상이 처음부터 지옥의 한 구역이었음을 알게 될 것이다. 또 지상을 천국 다음 자리에 놓은 사람은 지상이 애초부터 천국의 일부였음을 알게 될 것이다.[30]

사람은 무엇을 궁극적으로 욕망하느냐에 따라 눈앞의 현실을 대하는 태도와 자세가 형성된다. 천국에 갈망의 초점을 맞춘 사람은 현실에서도 천국처럼 살아갈 수 있다. 그러나 지금 여기서의 삶이 유일하다고 믿고 사는 사람은 해결되지 못한 두려움과 정화되지 않은 갈망을 가지고 현실에 집착한다. 그 결과 자신과 이웃의 삶은 정제되지 않은 욕망이 서로 충돌하는 아비규환이 되어 버린다. 이러한 맥락에서 보자면 경쟁과 지배의 논리가 깊숙이 박힌 현실 세계에 대해 여유로운 거리감을 가질 수 있는 희망을 일깨우는 종교가 과연 '민중의 아편'이라 할 수 있을까? 오히려 끝없이 상처를 주고받으면서도 성공적 삶과 안정적 일상에 대한 집착을 놓지 않도록 거짓 환상을 불어넣는 탈종말론적 이데올로기야말로 중독성 강한 환각제가 아닐까?

적용과 토론을 위한 질문

1. 종말에 관한 설교나 책을 읽어 본 적이 있는가? 종말을 어떻게 묘사하는가?

2. 최근 종말을 주제로 한 여러 영화가 제작되었다. 어떤 영화를 보았는가? 거기서 종말은 어떻게 해서 시작되는가? 그 영화의 이야기 속에서 희망을 찾을 수 있는가?

3. 어떻게 해서 우리의 믿음은 종말론적 희망과 연결되는가? 둘 중 하나만 있을 경우 어떤 문제가 생길까? 사랑은 믿음과 희망과 어떤 관계가 있을까?

4. 종말론에 관한 세 가지 입장은 무엇인가? 셋 중 어느 견해에 가장 익숙해져 있었는가?

5. 믿음에 대한 보상으로 구원을 받는다는 주장은 과연 옳은가? 그러한 보상 개념의 정당성과 문제가 무엇인지 나눠 보자.

6. 종말 신앙은 미래를 보는 우리의 시각을 어떻게 변화시키는가? 또한 종말론적 상상력은 우리가 현실에 참여하는 방식에 어떻게 영향을 끼칠 수 있을까?

35장. 종말론 II

그리스도인은 종말을 왜 기다려야 하는가?

두려움으로 채워졌던 종말론

어릴 적 이야기다. 낮잠을 자다 일어나면 가끔 주위에 아무도 없고 혼자 방에 있는 경우가 있었다. 이럴 때마다 마음 깊은 곳에서부터 공포가 밀려 올라왔다. 혼자 '남겨진'[left behind] 이유를 정확히는 몰랐기에, 요동치는 마음을 꾹꾹 누르며 가족을 찾아 돌아다녔다. 담장 너머로 이웃의 목소리가 들려도, 그건 중요하지도 않았고 위로도 되지 못했다. 내게는 단지 '그리스도를 믿는' 가족들이 주위에 있는지가 중요했다.

왜 이런 불안이 있었을까? 바로 교회에서 들은 '휴거' 이야기 때문이다. 아무도 예측하지 못할 때 그리스도께서 하늘에서 내려오시고, 신자들이 하늘로 들려 올라가는 일이 있으리라는(살전 4:15-17) 말은 당시 아주 큰 충격과 공포를 안겨줬다. 그래서 혼자만 있게 될 때면 '나만 휴거 되지 못하고 이 땅에 남아 있는 것은 아닐까?'라는 공포심이 슬금슬금 올라왔다. 무시무시한 환난의 때를 어린 내가 어떻게 홀로 견뎌 낼까 생각하면 눈앞이 깜깜해졌다.

상당수의 한국 교회는 세대주의 종말론에 큰 영향을 받아 왔다.[1] 교회에서 어떤 분이 요한계시록 7장 4절에 나오는 인침 받은 사람 144,000명만 구원받으니, 그 속에 들어가려면 최선을 다해 믿으라고 경고했다. 이 말을 듣고 '복음을 이웃에게 전하면 144,000명에 들어가기 위한 경쟁률만 높아질 텐데 왜 굳이 전도해야 할까'라는 의아함이 생겼다. 다른 분은 144,000은 비유적이기 때문에 그 숫자에 집착하지 말라고 했다. 간혹 144,000명에 가톨릭 교인이 포함되느냐를 가지고 논쟁이 붙기도 했다. 기도원에 갔더니 설교자가 1990년의 걸프전은 아마겟돈의 시작이라 하셨다. 그 시각에서 보니 미국 주도 연합군과 이라크의 전쟁은 그야말로 선악 간의 투쟁이었다. 나중에 신학을 공부하고서야 이런 무작위적 성서 해석이 비성서적이고, 그리스도교 내에도 평화주의라는 소중한 전통이 있다는 것을 알게 되면서 씁쓸한 기분이 밀려왔다.

종말의 때가 이르면 혼란과 전쟁이 있을 것이라 하였는데, 오히려 종말론 때문에 현실에서 시련과 갈등이 생기는 것 같다. 바울은 '두렵고 떨림'으로(빌 2:12) 구원을 이루라 하였는데, 종말론이 '공포와 실족'을 유발하는 교리처럼 되어 버렸다. 그렇다고 종말론 없는 그리스도교를 믿을 수도 없는 노릇이다. 성서에 생생히 묘사된 우주적 재앙의 이미지와 일상적 삶에서 사랑과 나눔을 강조하는 다른 가르침을 어떻게 조화시킬 수 있을까? 성서의 묵시적 종말론을 애써 무시했던 19세기 유럽의 문화 개신교가 결국 마주한 것은 인류 파멸의 가능성을 직접 경험하게 한 세계대전이 아니었던가? 지난 세대 신학의 과오를 뼈저리게 반성하고 비판적으로 극복하려던 20세기 신학이 급진적으로 재발견한 것도 종말론이 아니었던가? 그렇다면 우리는 종말론을 어떻게 믿고 이해하고 선포하고 설명해야 할까? 성서에 나와 있는 심판이라든지 미래의 환란을 곧이곧대로 믿어야 할까?

인간의 죽음은 하나님의 심판인가?

인간은 죽을 수밖에 없는 존재다. '내가 죽음을 향하고 있다!'라는 부정할 수 없는 사실은 인간이라면 누구나 가지는 근원적 불안을 형성한다. 철학자 마르틴 하이데거Martin Heidegger, 1889-1976는 죽음을 인간, 곧 현존재Dasein의 고유하고 극복될 수 없는 가능성이라 보았다.[2] 죽음으로 향하는 존재being-towards-death인 인간은 근원적인 '불안'을 가지고 있고, 자기 삶에 충실하지 못하고 '비본래적 실존'으로 살아간다. 불안한 존재인 인간은 삶의 여러 가능성을 실현하지 못할 뿐만 아니라, 타인의 삶을 적절히 인정하지도 존중하지도 못한다. 하이데거는 이 비극적 상황에서 벗어날 길이 있다고 본다. 바로 자신이 죽음을 향한다는 사실을 회피하지 않고, 오히려 죽음을 향해 선구적 결단을 하는 것이다.[3]

하이데거에 따르면 인간의 실존적 문제는 죽음이라는 문제로부터 비롯되고, 이는 죽음을 가식 없이 대면하고 양심의 부름을 듣고 거기에 따라 살 때 극복될 수 있다. 죽음에 대한 불안으로 인간이 현실에 충실하지 못하고 이로부터 인간 삶의 문제가 생겨난다는 하이데거의 분석에는 다들 어느 정도 동의할 것이다. 하지만, 그가 강조했듯 실존적 결단의 가능성이 과연 죽음의 불안을 극복하게 할지에 관해서는 의견이 갈라질 것이다. 그렇다면 그리스도인은 죽음의 문제를 어떻게 볼까? 죽음의 문제에 대한 교회 내 논의는 풍성하지만, 이 글에서는 죽음의 의미를 '그리스도론적'이면서 '종말론적'으로 볼 필요가 있음을 상기하고자 한다.[4]

무로부터 창조된 인간이 비존재(非存在)^{non-being}로부터 와서 비존재로 돌아가는 것은 어찌 보면 당연하다. 단지 인간에게는 그 사이의 '한정된 시간'이 삶으로 허락되어 있을 뿐이다. 그런데 왜 인간은 죽음을 자연스럽게 받아들이지 못하고 두려워할까? 바로 '죄' 때문이다. 죄가 있기에 인간의 죽음은 다른 동식물의 죽음과 결코 같을 수 없다. 하지만, 죄가 더한 곳에 은혜가 더한 것은(롬 5:20), 하나님에게서 흘러나온 "사랑은 죽음보다 강하기 때문이다."[5] 성서의 약속에 따르면 이 땅에서 삶의 마침표를 찍을 때 단지 죽음만이 아니라 하나님께서도 우리를 기다리신다. 하나님은 응보적 심판자가 아니라 은혜로운 심판자이자, 죽음마저도 그 권세 아래 있는 '주님'으로서 생의 끝자락에서 우리를 만나신다. 시간의 경계 너머에서 만나게 될 존재의 이미지를 라이너 마리아 릴케^{Rainer Maria Rilke, 1875-1926}는 이렇게 아름답게 노래했다.

> 당신은 미래입니다.
> '영원'의 광야 위에 비치는 위대한 새벽 빛입니다.
> 때의 '어두운 밤'을 여는 닭소리입니다.[6]

그러나 죄 때문에 인간은 죽음과 함께 마주하게 될 하나님을 두려워하고, 죽음을 끔찍한 심판으로 인식한다. 놀랍게도 '자비로운 심판자'이신 하나님께서는 십자가에서 죄인이 아니라 그리스도를 심판하심으로써 죽음을 궁극적으로 우리 뒤에 두셨다. 그리스도는 우리의 자리에서 우리 대신 고통과 심판을 받으셨고, 부활을 통해 인간의 한계인 죽음으로부터 승리하셨다. 그 결과 이제 죽음은 그리스도 안에 있는 어떤 이에게도 치명적 해를 끼칠 수 없게 되었고, 그분은 죽음의 위협 아래 놓여 신음하던 인류의 희망이 되셨다.

그런데 정작 인간은 여전히 죽음이 마치 모든 것의 끝인 것처럼 혹은 진노의 심판인 것처럼 두려워한다. 그리고 두려움은 인간을 끝없이 좌절시키고 의심하게 하면서 자신에게 주어진 삶에 충실하지 못하게 만든다. 두려움을 견디지 못하기에 인간은 왜곡된 욕망으로 '시간'을 초월한 '영원'을 자의적으로 상정하고, 이로써 하나님과 인간과 구원과 종말에 대한 잘못된 이해를 형성한다. 이 실존적 곤란을 해결하고자 그리스도교는 전통적으로 첫 번째 죽음과 두 번째 죽음을 구분해 왔다. 일례로 아우구스티누스는 성서의 묵시문학을 인용하며 첫째 죽음은 사람이 마지막 숨을 거둘 때 몸과 영혼이 분리되며 몸이 죽는 것이고, 둘째 죽음은 최후의 심판 때 악인들이 지옥에서 몸과 영혼이 함께 당하는 죽음이라 설명했다.[7] 즉, 처음 죽음은 모두가 당하지만, 둘째 죽음은 역사의 마지막 때 악인만 겪게 된다.

이 주제는 개신교에도 흥미롭게 이어졌다.[8] 루터에 따르면, 최후 심판 때 악인은 영원한 죽음에 처해지지만, 의인은 십자가로 죽음과 심판으로부터 이미 자유로워졌다. 이 지점에서 루터는 특유의 목회적 통찰을 발휘하며 '두려움의 역설'을 만들어 낸다. 현실에서 하나님을 두려워하지 않던 악인은 종말의 때 최종 심판을 받고 멸망하겠지만, 의인은 심판에 대한 두려움으로 하나님을 더욱 경외하고 이웃을 사랑하게 된다.[9] 이처럼 십자가를 통한 죽음의 극복과 심판의 두려움을 통한 그리스도인의 삶의 형성은 신학적으로 중요한 주제이지만, 여전히 곤란한 질문을 불러일으키기도 한다. 그리스도가 우리를 위해 심판받으셨는데 여전히 우리는 심판에 대한 두려움 속에 살아야 하는가? 그리스도교가 심판의 '두려움'을 너무 강조하여 겁박의 종교가 되어 버리지는 않았는가? 공포심을 자극해서 과연 건강한 신앙이 형성될까?

이러한 도전에 직면하여 바르트는 심판의 두려움이 어떻게 현재 삶을 옭아매는지를 분석한다. 첫째 죽음과 둘째 죽음 사이의 시간차를 넓게 벌린 아우구스티누스와 달리 그는 둘 사이의 시간적 선후를 강조하지 않는다. 인간은 죄인이기에 자기에게 다가오는 죽음에서 심판의 냄새를 맡고 본능적으로 죽음을 두려워한다. "하나님의 심판 속에서 인간은 죄인이다. 따라서 하나님의 선고로 죽음에 처한다. 말하자면 거친 의미에서 두 번째 죽음에 처한다."[10] 그러나 그리스도의 죽음은 첫 번째 죽음을 두 번째 죽음, 곧 심판과 분리하였다. 십자가는 죽음과 심판 사이의 고리를 끊어 버림으로써, 죽음을 향한 존재로서 인간이 피할 수 없는 근원적 불안으로부터 자유하게 한다. 그 결과 우리는 "죽음의 선고로부터 풀려났으며 두 번째 죽음의 고통을 겪어야 하는 것으로부터 옮겨졌다.……예수 그리스도의 죽음은 우리의 죽음을 단순히 하나님의 심판의 '표지'로만 만들었다."[11] 매일매일 우리를 불안하고 좌절하게 만드는 죽음의 쏘는 것이 그리스도를 통해 '이미' 무력화되었기에(고전 15:55), 그리스도인의 실존은 '두려움'이 아니라 '기쁨'과 '감사'로 특징지어진다.

여기서 바르트는 한 발짝 더 나아가 성육신의 빛에서 죽음의 의미를 파헤친다. 하나님의 아들은 '죽기 위해' 인간의 유한성을 받아들였으며, 육체를 가진 한 인간으로서 참 인간 됨vere homo을 역사 속에 '계시'하셨다.[12] 이로써 인간의 죽을 수밖에 없는 본성, 곧 '유한함'을 하나님께서 부정하심이 아니라 긍정하심이 그리스도 안에서 드러났다. 벌카우어는 바르트의 입장을 다음과 같이 적절히 요약한다. "예수가 만약 참 인간이고 따라서 진정한 인간인 까닭에 사람됨의 본질을 보여준다고 한다면 우리는 인간의 죽음을 그렇게 순전히 부정적인 악으로 보는 것이 옳지 않다는 결론을 내리지 않을 수 없다."[13] 그리스도 덕분에 인간은 죽음으로 한계 지어진 유한한 삶을 하나님께서 주신 선물로 긍정하며, 죽음 너머에 계신 은혜의 하나님을 만날 희망과 함께 하루하루

살아가게 된다.

아담 이후 죽음이 인류에 깊이 각인했던 두려움과 공포로부터 자유로운 현존재^{Dasein}가 그리스도와 함께 역사에 나타났다. 이는 죽음으로 향하는 존재$^{being-towards-death}$가 아니라 부활로 향하는 존재$^{being-towards-resurrection}$이다. 하나님 아들이 인류의 대표이자 인도자가 되심으로써, 특히 그분의 성육신과 죽음과 부활 때문에, 인간의 유한성은 본질적으로 부정적이거나 악한 것이 아님이 계시되었다. 이러한 계시 없이 개개인의 결단으로는 우리 삶에 달라붙어 있는 죽음에 대한 불안을 궁극적으로 극복할 수 없다. 십자가 사건으로 심판의 두려움에서 벗어난 사람이라야 현실과 유한성에 대한 하나님의 강한 긍정을 발견하게 된다. 그렇기에 실존적 결단이 아니라 죽음을 이기신 하나님에 대한 믿음 그리고 그분의 약속에 대한 희망이 참 자유인으로 일상을 살아가는 힘이 된다.

죽음과 부활 사이에서 인간은 어떤 상태에 있는가?

장례예배 때 많이 부르는 찬송가 중 이런 후렴구가 있다. "며칠 후 며칠 후 요단강 건너가 만나리."[14] 구원에 대한 믿음과 천국에 대한 희망이 중첩되면서 만들어진 위로의 가사이다. 그런데 사실 이 찬송을 부를 때마다 많은 사람이 궁금해하는 문제가 하나 있다. '며칠 후'까지 죽은 사람은 어디에 있을까? 달리 말하면 십자가 때문에 죽음의 세력에서 자유로워진 그리스도인이라도 죽은 후부터 부활 때까지 그는 어떤 상태에 있을까? 사실 이에 대해 성서가 명확하게 말하지 않고 이곳저곳에서 부분적으로 암시만 하기에 정확한 답을 찾기가 쉽지 않다. 그래서 그리스도교 전통에서 논의되고 논쟁을 일으켰던 몇 가지 이론부터 소개하도록 하겠다.

영혼불멸설 인간에게는 육체만이 아니라 생명의 원리인 영혼이 있다는 생각은 다양한 종교와 철학에서도 발전되었다. 특별히 고대 그리스 사상은 영혼은 불멸하는 것으로서, 유한한 인간의 몸에 잠깐 갇혀 있다가 죽음과 함께 해방되는 것으로 보았다.[15] 유대교의 한 분파로 시작한 그리스도교가 로마제국 전체로 퍼져 나갈 수 있었던 것은 당시에 우주의 원리와 인간의 삶을 이해하는 중요한 틀이었던 그리스 철학과 만났기 때문이다. 그 결과 부활에 대한 유대-그리스도교의 가르침은 철학적 영혼불멸설과 쉽게 혼동되어 버렸다. 하지만, 그리스도는 육체적으로 부활하셨다. 성서는 몸의 부활을 가르친다. 사도신경은 몸의 부활을 믿는다고 되어 있다.

그리스도교는 고대 그리스 철학과 같이 영과 몸을 나누는 방식의 영혼불멸설을 처음부터 경계해 왔다. 일례로 영혼불멸설을 바르트는 다음과 같이 과격하게 비판한다. "나비가 무덤 위로 가볍게 훨훨 날아가는 것과 같이 어떤 다른 곳에서 보존되어 계속해서 죽지 않고 살아가는 영혼? 이방인들은 죽음 이후의 삶을 그와 같이 상상하였다. 그러나 그것은 그리스도교적 희망이 아니다."[16] 한편, 죽음과 부활 사이의 상태를 설명할 때 영혼불멸은 요긴한 개념이었다. 다음으로 살펴볼 두 입장은 부활은 믿되 영혼불멸을 그리스도교적으로 어떻게 수용할 것인지에 대한 중세의 논쟁에서 발전한 것이다.

죽음 직후의 지복 상태 "우리가 지금은 거울로 보는 것같이 희미하나 그 때에는 얼굴과 얼굴을 대하여 볼 것이요"(고전 13:12)라는 말씀에 따라, 초대교회 이래 인간의 궁극적 목표와 최고 행복은 다른 피조물의 매개 없이 영혼이 천국에서 하나님을 직접 바라보는 것, 곧 지복직관(至福直觀)*visio beaitifca*이라 여겼다.[17] 교회가 오랜 기간 지복직관을 가르쳐 왔지만, 이러한 상태가 언제 어떻게 일어나는지에 대해서는 공식적으로 교황이 칙령을 발표하지는 않았다. 하지만, 14세기 초에 재위했던 교황 요한 22세와 그 후임 베네딕트 12세는 죽은 그리스도인이 하나님을 눈으로 보게 되는 첫 시점을 놓고 의견을 크게 달리했다.[18] 요한 22세는 인간이 죽고 나면 영혼이 잠들다가 최후 심판 때 몸이 부활하면 그때에야 하나님의 본성을 응시하는 지복을 누릴 수 있다고 주장하며 논쟁을 일으켰다. 베네딕트 12세는 죽은 신자가 부활 이전까지는 '부분적으로' 지복을 향유한다는 교회의 오랜 믿음을 그의 전임자가 약화시켰다고 보았고, 1336년 *Benedictus Deus*라는 칙령을 통해 신자들의 영혼은 죽자마자 하나님의 본성을 관상할 수 있다고 선언했다.

이후 가톨릭과 개신교의 많은 신학자가 베네딕트 12세의 입장을 약간 변주하면서 그리스도교적 '영혼불멸설'을 주장해 왔다.[19] 일례로 칼뱅주의의 영향이 강한 웨스트민스터 신앙고백 32장 1항에 따르면, 사람이 죽으면 육체는 썩으나 불멸의 본질을 가진 영혼은 하나님께로 돌아간다. 의인의 영혼은 죽음을 거쳐 거룩해지면서 하나님의 얼굴을 뵙는 복을 누리며 몸의 부활을 기다린다. 반면 악인의 영혼은 지옥으로 떨어져 고통 속에서 최후의 심판을 기다린다. 여기서도 우리는 개신교적으로 수용된 영혼불멸 사상을 발견할 수 있다.

비판의 포격에 노출되자 요한 22세가 자신의 주장을 철회하기는 했지만, '몸 없이 영혼만으론 지복상태로 들어갈 수는 없다'던 그의 처음 주장은 귀담아 들을 만하다. 과연 한 인간의 생애 동안 지각의 주체요 기억의 저장고였던 몸이 죽은 자의 지복과 무관할까? 또한 종말에 일어날 부활 이전에도 죽은 영혼이 하나님을 바라보고 향유할 수 있다면 지복을 개인주의적 행복으로 오해하게 만들지 않을까? 이러한 이유로 현대 개신교 신학자뿐 아니라 가톨릭 신학자들 중에서도 요한 22세가 아니라 베네딕트 12세의 견해를 비판하는 이들을 어렵지 않게 찾아

볼 수 있다.[20]

영혼 수면설 14세기 두 교황 사이에 풀리지 않던 논쟁은 종교개혁 시대까지 내려왔다. 가톨릭의 전통적 입장을 고수하고자 1513년에 교황 레오 10세는 영혼불멸을 거부하는 입장을 이단적이라 저주했다. 반면 1517년 95개조 반박문을 작성한 이래 마르틴 루터는 잘못된 '불멸'에 관한 신념이 연옥에서 계속 고통 받는 영혼에 관한 비성서적인 미신을 조장한다고 비판했고, 로마 가톨릭의 영혼불멸설을 공개적으로 공격하였다.[21] 루터는 부활 때까지 죽은 신자의 영혼은 수면 상태에 들어간다고 보았다. 1533년 설교 중 그는 다음과 같이 말한다. "우리는 주님께서 오셔서 작은 무덤을 두드리며 '마르틴 박사, 일어나시오!'라고 말씀하실 때까지 잠자고 있을 것입니다. 그러면 저는 곧 일어나 주님과 영원히 함께할 것입니다."[22]

실제 성서에는 죽음을 잠으로 묘사하는 사례가 적지 않다. 우선 죽음을 잠으로 설명하는 전통은 구약에서부터 이어져 내려온다(신 31:16; 삼하 7:12; 열상 14:20; 시 13:3 등). 예수께서는 죽은 이를 '잠을 자고 있다'고 하시고는 살리신다(막 5:39; 요 11:11). 바울과 누가도 죽음을 잠의 상태로 그린다(고전 15:20; 살전 4:13; 엡 5:14; 행 7:60 등).

죽음과 부활 사이의 상태를 그리스도 안에서 수면으로 이해하는 것은 신학적으로 여러 장점이 있다. 무엇보다 성서에서 예를 쉽게 찾을 수 있기도 하지만, 죽음 이전과 이후의 인격적 연속성뿐만 아니라 몸과 영혼의 통합성도 잘 보여준다. 긍정적으로는 죽음도 끊어 내지 못하는 그리스도와의 연합을 표현하고 있으며, 죽은 성도와 그리스도 안에서의 교제도 설명할 수 있다. 그러나 수면설에 반대하는 학자들은 '잠을 잔다'는 표현은 고대의 완곡어법으로 봐야 하며, 성서가 '아브라함의 품'과 같은 지복의 상태를 묘사하고 있다고 주장한다(눅 16:19-31).[23]

중간 상태에서 의식적 실존 죽음과 부활 사이에 인간의 영혼이 현실 세계도 아니고, 그렇다고 천국이나 지옥도 아닌 상태에서 의식을 가진 상태로 존재한다는 견해도 있다. 대표적으로 가톨릭이나 정교회의 연옥설이 이에 해당한다. 연옥이란 하나님의 은혜로 구원은 보장받았지만, 가벼운 죄가 남았거나 보속을 완전히 하지 못해 일시적으로 영혼의 정화를 거치는 상태이다.[24] 그러나 연옥설은 성서적 근거를 어디서 찾을 것이며, 또 몸과 분리된 채 지속하는 의식에 관한 사변이 얼마나 적절한가 하는 물음이 제기된다. 또한 죽은 후 얻게 될 '두 번째 기회'라는 생각은 지상에서의 삶의 중요성을 약화시킬 위험도 가져온다. 이러한 문제를 피하려면 죽은 자도 영혼이 몸과 결합한 상태에서 연옥에서 의식을 가진다고 주장하는 방법도 있을지 모르겠다. 하지만, 이 경우에는 죽음 이전과 죽음 이후의 불연속성을 제대로 보여주지 못한다는 치명적인 단점이 생겨 버린다. 개신교는 가톨릭의 연옥 교리를 인정하지 않지만, 최근에는 연옥을 '개신교적으로' 재평가하는 목소리가 조심스럽게 나오기도 한다.[25]

잠정적 결론: 중간시대와 종말론적 기대 죽음과 부활 사이의 상태에 관한 여러 입장이 공존했지만, 사실 우리로서는 무엇이 실제 모습인지 정확히 알 길이 없다. 성서는 죽은 자들의 모습에 대해 파편적 내용만 알려 줄 뿐이다. 중간 상태에 관한 신구약성서의 개괄적 보고는 결국 "우리가 다 하나님의 심판대 앞에 서리라"(롬 14:10)는 종말론적 미래로 수렴된다. 그리고 궁극적으로 최종 심판은 우리가 그리스도와 연합하기 위한 것이라는 희망과 결부되어 있다. 그렇기에 칼뱅이 말했듯 중간 상태에 관한 모든 고민은 그리스도의 다시 오심에 관한 기대 속에서 풀린다.[26] 베르카워도 다음과 같이 말한다. "한 가지는 확실하다. '그리스도와 함께함'의 조건은 [미래에 대한] 기대를 상대화하는 것이 아니라 강

화시킨다. 누가 뭐라고 생각하든 중간 상태에 관한 올바른 교리는 다가오는 주님의 나라에 대한 진정한 전망에 문을 닫아서는 안 된다."[27]

정리하자면, 신학자들이 제공할 수 있는 단편적 설명으로는 죽음과 부활 사이의 상태에 관한 우리의 호기심이 충분히 충족되지 못할 확률이 높다. 하지만, 이 주제에 대해 성서가 '비조직적으로', '일관되게' 가리키는 바가 있다. 그것은 바로 "죽음마저도 신자들을 그리스도와의 교제에서 잘라 낼 수 없다는 약속의 현실성"[28]이다. 이 답변 아닌 답변이 요동치는 호기심은 못 달래 주더라도 우리 속의 뭔가 더욱 근원적인 욕망은 충족시켜 주리라 기대한다.

성서는 종말에 대해 왜 어둡고 공포스럽게 묘사할까?

지구와 인류의 마지막에 관한 '종말론'은 여러 세계 종교의 가르침 속에 들어 있다.[29] 또한 지구의 멸망 혹은 인류의 멸종은 최근 영화나 소설 등에서도 인기 있는 주제이다. 자연재해로 인한 문명의 파괴, 핵폭탄을 통한 인류의 파멸, 인공지능 컴퓨터가 자행하는 인간의 식민화, 보지도 듣지도 못했던 외계 생명체의 일방적 공격, 인간의 욕망을 버티지 못한 생태계의 붕괴, 영혼 없는 시체인 좀비 바이러스의 전 지구적 확산, 급격히 진화한 유인원의 위협 등은 '이렇게도 갑자기 훅 하고 망할 수 있구나'를 번뜩이는 상상력으로 알려 준다.

우리는 세속적 종말론과 종교적 종말론이 공존하고 범람하는 시대에 살고 있다. 지구적 대재난과 인류의 위기를 주제로 한 문화 콘텐츠가 제작되고 대중들이 이에 열광적으로 반응하는 것으로 보아, 종말이 인간의 불안한 심리 어딘가에 강하게 호소를 하는 것 같기도 하다. 많은 소설이나 영화가 그리스도교 성서에 묘사된 종말, 특별히 우주적 대재난에 관한 '묵시적'(默示的) 이미지를 활용하여 인류의 암울한 미래를 그리기도 한다. 묵시를 뜻하는 영어 apocalypse는 '숨겨져 있는 것을 열어 보이다'라는 뜻의 그리스어 동사 *apokalyptein*에서 유래했다. 묵시 사상은 인간에게 알려지지 않은 미래의 모습을 고도의 상징적 기법을 통해 표현해 낸다.[30] 성서 속의 묵시문학apocalyptic literature은 역사의 마지막을 우주적 환란과 전쟁, 신자들의 핍박, 하나님의 개입과 심판 등의 환상을 통해 묘사한다. 구약에는 에스겔과 다니엘서 일부, 그리고 신약에서는 요한계시록이 대표적이다. 그 외에도 구약의 예언서와 신약의 복음서와 서신서에도 묵시적 표상과 사상이 부분적으로 등장한다.

세계의 멸망을 이야기하는 묵시가 보편적으로 인기 있는 주제이기는 힘들다. 묵시문학에 대한 학술 연구는 20세기 세계대전 이후에야 종말론에 대한 관심이 높아지면서 본격화되었다.[31] 그 결과 학자들은 다니엘서처럼 잘 알려진 책이 아니라 바벨론 포로기 직후 예언서(주전 6세기 말에서 5세기 초)에서부터 묵시의 흔적을 찾았다. 또한 묵시문학이 단지 '문학' 양식이 아니라 이스라엘의 특수한 '역사관'을 바탕으로 하고 있음도 발견했다.[32] 이는 묵시문학의 이해에서 이전과 큰 차이가 있음을 보여준다.

이스라엘의 특수한 역사 이해 없이 묵시문학을 해석한다면, 묵시는 구체적 현실성을 잃어버리거나 문자주의적 해석에 갇혀 버리게 된다. 그렇다면 묵시문학의 독특한 역사관은 무엇일까? 이스라엘에게 역사는 추상적이거나 사변적인 영역에 있지 않고 개인과 나라의 운명이 달려 있는 생생한 삶의 문제였다. 창조주이신 하나님은 세상을 창조하시고 인간의 역사를 주관하신다. 그렇기에 하나님은 역사의 심판자가 되시고 구속주가 되신다. 역사는 하나님께서 활동하시는 무대이고, 하나님의 계시는 역사를 통해 나타난다.

하나님의 뜻이 실현되는 장(場)이라는 신앙 고백적 역사관은 주전 586년 유다 왕국의 멸망이라는 역사적 재난 앞에서 위협받게 되었다. 이스라엘의 수난은 페르시아 제국과 마케도니아 제국의 침략과 지배로 이어졌다. 거기다 바벨론으로부터 귀향 이후 재건된 제2 성전을 둘러싸고 제사장의 주도권 문제가 심각하게 제기되면서, 고난의 무게에 짓눌린 이스라엘은 '정의란 무엇인가'에 관해 질문하며 현실에 대해 비관적인 태도를 가지게 되었다.[33] 즉, 이스라엘 공동체는 비극적 현실을 제대로 설명하면서도 역사의 주인이신 하나님에 대한 신앙은 유지할 수 있는 새로운 역사 이해의 틀이 필요했다.

버나드 앤더슨[Bernard W. Anderson, 1916-2007]은 이제껏 이스라엘의 중심축이었던 계약신학이 유다 왕국의 멸망과 함께 위기에 처하면서 역사의 의미가 불확실해지는 상황에서 묵시문학이 나왔다고 주장한다.[34] 현실의 고통과 악 앞에서 이스라엘은 역사에 담긴 하나님의 비밀을 찾으려 노력했지만, 이전의 신학적 설명 방식으로는 이것이 어렵다는 것을 깨달았다. 이들은 결국 역사의 비밀을 파헤치는 완전히 다른 접근을 시도했다. 악은 선에 대항하는 세력으로 역사 속에 활동하고 있으며, 인간의 힘으로 악을 해결하기는 불가능하다. 지금의 역사는 하나님께 대항하는 악의 세력이 '일시적으로' 장악하고 있다. 그러나 '때가 오면' 하나님께서 악을 물리치시며 역사의 주인으로서 자신의 영광을 펼치실 것이다. "이 움직임……인간 세상에서 하나님으로가 아닌……하나님이 인간에게로 움직임이다."[35] 현재 경험하는 역사의 의미가 모호하고 불투명한 이유는 하나님께서 부재하시기 때문이 아니라, 지금의 역사가 하나님의 뜻이 완전히 실현되는 활동 무대가 아니기 때문이다. 이 같은 이스라엘의 독특한 역사 경험에서 빚어진 유대 묵시 사상의 특징 몇 가지만 정리해 보겠다.

(1) 비관주의적 역사관: 역사를 장악하고 있는 것은 악의 세력이기에, 악으로부터 구원은 역사의 연장선상에서는 이뤄질 수 없다.[36] 오히려 현실에서는 악한 자가 흥하고 의로운 자들은 고통을 당하게 된다. 악이 지배하는 역사가 계속된다면 희망은 역사의 끝, 곧 종말일 뿐이다.

(2) 시간적 이원론: 역사에 대한 비관주의적 입장은 역사에 대한 적대적 입장으로 발전한다. 여기서 묵시적 역사 이해의 핵심이라 할 수 있는 '현재 시대'와 '새로운 시대'를 나누는 시간적 이원론temporal dualism이 등장한다. 역사는 악의 세력이 지배하는 암흑의 시대라면, 앞으로 올 시대는 하나님께서 통치하실 빛의 시대이다.

(3) 하나님의 승리: 묵시 사상이 비관주의적 역사의식을 가졌지만, 일반적 의미에서 비관주의와는 다르다. 묵시 사상가들은 인간에게는 숨겨졌지만 하나님만이 아시는 적절한 때에 하나님께서 역사에 개입할 것이라 믿었다. 이는 '혼돈과의 투쟁'이라는 주제로 나타난다. 마지막 날 하나님께서 악의 세력과 우주적 전쟁에서 승리하시며 새 하늘과 새 땅이 등장한다.

(4) 역사적 결정론: 아무리 악의 세력이 범람하고 현실이 혼란스럽더라도, 역사는 하나님께서 정해 놓으신 과정을 따라 종말을 향해 간다. 레온 모리스에 따르면 역사적 결정론이 있기에 사람들은 "주위에 있는 악의 힘에 대해서 과도하게 당황하지 않는다. 왜냐하면 그러한 모든 것은 하나님의 계획이라고 믿고 있기 때문이다."[37] 즉, 현실에 대한 비관주의적 시각은 하나님의 최종 승리에 대한 믿음으로 한정 지어져 있다.

(5) 급진적 종말론: 묵시문학의 종말론apocalyptic eschatology은 예언자의

종말론prophetic eschatology과 비교하면 그 특징이 더욱 두드러진다. 예언자들도 하나님의 심판을 이야기했지만, 심판은 역사의 끝이 아니라 이스라엘의 회복을 목표로 한다. 그런 의미에서 예언자의 종말론은 '죄의 역사의 종말'이다. 반면, 묵시문학은 "역사 자체의 종말, 절대적 종말"38을 말한다. '시간적 이원론'에 입각해 볼 때 현재의 역사는 암흑의 역사이기에 종말은 역사의 완전한 끝을 의미한다.

묵시문학의 중요 주제는 역사 속에 현존하는 악에 대한 물음, 그리고 주변화된 사람들이 기다리는 하나님의 정의이다. 따라서 묵시는 역사적 혼란기에 세상이 불의하고 많은 사람이 소외계층으로 부당하게 밀려날 때 대중적으로 더욱 호소력을 가졌다. 김균진이 말하듯, "어느 시대를 막론하고 그 사회의 현실이 절망적 상황에 도달했을 때, 묵시 사상적 예언자들이 나타나는 법이다."39 한국의 경우는 19세기 말 개신교 선교 이후 일본의 식민 지배, 한국전쟁, 독재정권, 경제개발 등의 급속한 변화를 압축적으로 경험하면서 남북 대립, 국가 폭력, 제도화된 종교의 타락, 빈부 차에 따른 계급화, 안보와 성장 논리에 따른 인권 억압 등의 문제가 터져 나왔다. 신학과 교회가 묵시 사상에 대해 진지하게 성찰해 볼 여력이 없는 상황에서, 많은 그리스도인이 묵시문학에서 묘사되는 비극적 역사와 고통스러운 현실을 동일시하거나, 묵시의 본뜻을 왜곡하며 현실 도피적이고 피안적인 신앙에 빠져들었다.

특별히 묵시문학적 종말론은 한국 선교의 역사 초기부터 크게 맹위를 떨치며 교회 부흥이 중요한 축이 되었다.40 20세기 초 한국에 왔던 미국 선교사들은 요한계시록의 문학적·역사적 상황을 고려하지 않고 문자주의적이고 세대주의적으로 해석하는 경향이 강했다.41 또한, 초기

한국 교회 신자들 역시 나라의 운명이 위태로운 상황에서 비관적 역사관과 이를 넘어서는 희망을 던져 주는 묵시문학을 사랑했다. 하지만, 묵시 사상에 관한 제대로 된 신학적 정보 없이 묵시문학을 읽고 또 읽다 보니 몰이해의 골이 깊어질 수밖에 없었다. 그 결과 한국 교회는 묵시문학에 대한 편향된 해석에서 나온 건강하지 못한 종말론이 널리 퍼졌고, 많은 이단들이 묵시 사상을 잘못 해석하며 대중들을 협박하듯 현혹해 오고 있다. 성서적 종말론이라는 미명하에 묵시문학의 문자에 하나님 나라 복음을 억지로 끼워 맞추는 행위가 너무나 쉽게 정당화되어 왔던 셈이다.

물론, 종말론과 묵시문학이 깊은 관계를 맺고 있다는 사실은 부인할 수 없다. 예수 그리스도는 묵시적 기대가 팽배한 1세기 팔레스타인에서 활동했고, 초대교회는 묵시적 맥락 속에서 그리스도의 부활과 재림을 선포했다. 그러나 묵시문학을 '종말론으로만' 이해하는 것은 묵시문학의 다층적 모습을 단순화한 것이고, 종말론을 '묵시문학으로만' 해석하는 것도 종말론의 다양성을 무시한 것이다. 1세기 성서 저자들은 당시 유대교에 퍼져 있던 묵시적 이미지와 사상은 받아들였지만, 그것을 수정하여 그리스도 중심적 종말론으로 변화시켰다.[42] 앞선 장에서 보았듯 신약의 종말론의 핵심은 예수 그리스도의 하나님 나라이며, 알지 못할 미래가 아니라 그분의 부활과 함께 도래한 새 시대이다. 따라서 묵시문학이 성서적 종말론과 이스라엘의 역사 이해라는 맥락에서 벗어나면, 더 이상 묵시가 아니라 기묘한 신비주의 사상이 담긴 비서(祕書)가 되어 버린다.

종말은 어떻게 복음이 될 수 있는가?

성서 저자의 '의도된 의미'intended sense에 따라 적절히 해석될 때 묵시문학은 그 특유의 역사관과 문학적 기법을 통해 종말에 관해 아주 중요한 가르침을 전해 준다. 실제 20세기 중반 이후 유대 묵시 사상의 재발견은 종말론적 희망이 그리스도교 신학과 신앙 전체에 삼투되어 있음을 알려 줬다. 또한, 우주적 심판과 보편적 역사의 지평, 새로운 창조를 이야기하는 묵시문학은 구원을 개인 영혼의 문제로 한정 지으려던 오랜 신앙의 관성에 경종을 울렸다. 그렇기에 비록 묵시문학의 연구는 성서 신학이 주도하기 시작했더라도, 그 중요성은 판넨베르크와 몰트만 같은 조직신학자들에 의해서 드러나고 대중화될 수 있었다.[43] 이들은 하나님의 세계 심판을 이야기하는 묵시문학이 주변화될 때, 현실과 신앙이 쉽사리 동일화되면서 그리스도교가 제국의 종교나 부르주아적 시민종교, 민족주의 종교, 맘몬의 종교로 변질되었음을 보여줬다.

묵시문학적 종말론에 관해 다뤄야 할 주제가 여전히 많이 남아 있지만, 종말론에 대한 성찰을 마무리하고자 선택적으로 더욱 근본적 문제에 집중하기로 하자. 묵시문학에서 중요한 개념인 천년왕국이나, 휴거, 대핍박과 환난, 재림의 시기 등은 흥미롭게도 초대교회 때 형성된 에큐메니컬 신경에는 (그리고 이후에 만들어진 각 교단의 대표적 신앙고백에도) 명백히 언급되어 있지 않다.[44] 신경이 성서의 핵심을 잘 담아내고, 또 믿음의 규범적인 안내서 역할을 한다는 것을 고려하면, 종말론의 핵심은 사도신경 마지막에 나오듯 "몸이 다시 사는 것과, 영원히 사는 것을 믿습니다"로 요약할 수 있다. 즉, 묵시적 소재가 종말 신앙에서 큰 역할을 하는 것은 분명하지만, 부활과 영생의 약속은 궁극적으로 그리스도의 성육신과 십자가, 부활을 통해 주어졌다. 이렇게 그리스도 중심적으로 볼 때 종말론은 우리를 위해*pro nobis* 인간이 되신 하나님을 통해 현실이 되고 알려지게 된 '복음'이라 할 수 있다.

태초에 창조자와 함께 있던 말씀이 나사렛 사람 예수가 된 성육신은 한 유대인의 개인적인 탄생이 아니라 우주적 지평을 가진 놀라운 사건이다. 에드워드 캐스웰Edward Caswall, 1814-1878이 작시한 크리스마스 캐럴의 가사는 성탄의 경이를 잘 표현한다. "아! 구유에 누워 계시네/ 별이 가득한 **하늘을 만드신 분께서!**"[45] 말씀이 한 아기로 태어나기 훨씬 이전에 창조자께서는 말씀으로 무(無)로부터 천지를 불러내셨고, 남자와 여자를 신의 형상으로 만드시며 우주를 다스릴 존귀와 사명을 주셨다(요 1:2-3; 창 1:26-28). 그러나 첫 인류가 범죄한 결과 피조 세계 전체가 허무한 데 굴복하고 썩어짐의 종노릇을 하게 되었다(창 1:28; 롬 8:20-21). 하나님 **형상으로 빚어진** 인간의 범죄가 우주적 참사를 불러왔다면, 하나님의 **형상이신** 그리스도의 성육신은 피조 세계 전체의 희망이 되셨다. 그래서인지 사람들의 조롱과 멸시 속에서 십자가가 골고다 언덕에 세워졌을 때, 놀랍게도 하늘과 땅은 하나님 아들의 죽음에 민감히 반응했다(마 27:32-44; 눅 23:26-43). 이 비극적 장면을 비잔틴 성가가 다음과 같이 애절하게 묘사한다.

> 벌거벗긴 채 십자가에 높이 달리신 이를 보고,
> 모든 창조물이 슬픔에 젖었다.
> 태양은 빛을 잃고, 달은 그늘지고, 별들이 떨어지고,
> 땅이 흔들리며, 두려움은 극에 달하고,
> 바다는 갈라지고, 바위는 깨졌도다.[46]

창조자의 말씀이 연약한 인간이 된 성육신은 인류의 구원만이 아니라 우주적 회복의 시작을 알리는 사건이다. 그런 의미에서 십자가와 부활은 단지 한 사람이 죽었다 살아나면서 명예를 회복한 일이 아니다. 신약성서와 사도신경은 그리스도께서 '죽은 이들 가운데서 부활'하셨다고

강조한다(고전 15:20). 죽은 이들로부터의 부활은 죽음에 포박당했던 옛 세계의 끝을 알린다. 바르트는 다음과 같이 말한다. "셋째 날에는 예수의 새로운 생명이 시작된다. 동시에 또한 셋째 날에는 한 새로운 시대aeon가 시작된다.……시간은 이미 끝났다. 시계추가 아직도 몇 번 더 흔들릴 수 있다고 해도 그러하다. 그러한 중간시대의 공간 안에서 우리는 살고 있다."[47] 세계는 허무함과 썩어짐의 굴레를 벗어 던졌고, 우리는 그리스도 안에 있는 새 창조를 보라고 초청받는다(고후 5:17).

새 창조를 위해 하나님께서는 피조 세계를 일단 없애 버리고, 새로운 것들을 만들고 채워 넣는 '쉬운' 방법을 쓰지 않으셨다. 하나님의 새 창조는 역사 안에서 부활을 통해 새롭게 탄생한 인류와 그의 우주적 운명으로부터 이해되어야 한다. 메이엔도르프의 설명을 들어 보자.

> 인간의 죄가 창조 세계를 죽음과 부패 속에 빠뜨렸던 것처럼 그리스도 안에서 회복된 인간은 코스모스 전체가 그 원초적 아름다움으로 회복됨을 함축한다. 인간을 영화롭게 하는 것은 곧 창조 세계 전체를 영화롭게 하는 것과 다를 바 없고 따라서 종말론적 전망 안에서 이해되어야 한다.……이 영화로움은 특별히 전례 안에서 이미 모든 그리스도인들에게 살아 있는 가능한 경험이다. 이 경험만이 인간의 역사에 하나의 목표와 의미를 제공할 수 있다.[48]

위 인용문에서 도출될 수 있는 다양한 신학적 함의 중에 여기서는 두 가지를 특별히 강조하고자 한다. 첫째, 부활하신 그리스도는 성령을 보내셨고, 그리스도의 영인 성령은 죄인을 교회로 변화시키셨다. 마치 흙으로 된 아담의 육신에 하나님의 생기가 불어넣어졌듯, 그리스도의 몸인 교회에 부활의 영인 성령이 내려졌다. 마치 옛 창조의 시공간에서 아담과 하와가 피조 세계를 대표하는 사명을 받았듯, 새 창조에서는 교회가 특별한 우주적 사명과 책임을 부여받았다. 그렇기에 부활과 재림 사이 '중간시대의 공간'에서 교회는 설교와 성례를 통해 새 창조를 경험하는 곳이자, 새로운 시대의 도래를 알지 못하는 세상을 향해 복음을 선포하고 하나님 나라를 증거하는 선교적 공동체로 존재한다.

둘째, 부활하신 예수 그리스도는 몸과 결합된 영으로서, 자신의 인격성과 사회적 관계, 옛 기억과 함께 역사 속에 나타나셨다. 부활 이전과 이후가 유기체적 '몸'을 통해 '연속성'을 가지듯, 새로운 창조가 옛 창조를 무조건 취소하거나 파괴하는 것이 아니다. 새 시대의 상징인 부활은 한마디로 "이 썩을 것이 반드시 썩지 아니할 것을 입겠고 이 죽을 것이 죽지 아니함을"(고전 15:53) 입는 일이다. 또한 부활한 예수 그리스도를 가까운 제자들도 못 알아봤듯, 부활을 통해 도래한 새 창조는 태초의 옛 창조와 '불연속성'을 가지고 있다. 달리 말하면 새로운 시대는 옛 시대의 '계속'도 '폐기'도 아닌, 두 시대의 연속성과 불연속성을 통해서 성취되는 신비로운 '완성'으로 봐야 한다.

성서에 따르면 부활한 그리스도의 몸은 안식 후 첫날 아리마대 사람 요셉의 정원에 가시적으로 나타났다. 죽어서 생기가 빠진 몸은 이 땅에 버려지고, 영혼만 영광스럽게 변해 홀로 하늘로 올라가는 것은 그리스도교 신앙과 거리가 멀다. 새 창조의 실재는 역사 밖이 아니라 안으로 밀고 들어왔고, 인류의 궁극적 미래는 이 땅에서 미리 일어나고 있었다. 이렇게 인류에게 익숙한 시공간 개념과 물리학적 지식으로는 설명되지 않는 일이 부활과 함께 벌어졌다. 그리스도의 육체적 부활이 종말의 미래에 대한 희망의 내용을 채우지 않는다면, 종말론은 미래에 대한 종교적 사변이나 욕망의 투사가 되어 버리고 말 것이다. 즉, 다른 어떤 곳도 아닌 부활의 첫 열매인 예수 그리스도의 부활로부터 우리는 종말을 복음으로 해석할 수 있는 언어와 논리를 발견하게 된다.

질문하는 신학

삶의 한복판에서 죽음에 둘러싸인 희망

우리의 소중한 삶은 언젠가 죽음으로 끝이 날 것이다. 우리는 삶의 한 가운데서 죽음 안에 있다.*Media vita in morte sumus*.[49] 영원한 존재가 아닌 모든 것에는 시작과 끝이 있다. 인간, 동식물, 우주, 역사 모두가 필멸의 운명을 피할 수 없다. 이성적 존재인 인간은 미래에 있을 자신의 죽음을 미리 앞당겨 두려워하는 능력을 가졌다. 그러한 의미에서 죽음에 대한 공포란 마지막 숨을 쉴 때까지 거쳐야 할 육체적 고통에 대한 두려움만이 아니다. 이제껏 자신을 지탱해 온 정체성의 상실, 삶 속에서 쌓아 온 모든 업적과 사회적 관계의 해체, 타자와의 사귐과 소통의 중단, 한 번도 경험해 보지 않은 무(無)와의 대면 가능성이 죽음을 두렵게 만든다. 결국 죽음은 나를 둘러싸며 지탱해 주던 모든 것으로부터 들어내어 나만 홀로 암흑의 공포 앞에 남겨 둔다. 이를 인정하는 것이 무엇보다도 아프다. 헤르만 헤세는 「혼자」*Allein* 라는 시에서 이렇게 말했다.

세상에는
크고 작은 길들이 많이 있다.
그러나
도달점은 모두 다 같다.

말을 타고 갈 수도, 차로 갈 수도,
둘이서 갈 수도, 셋이 갈 수도 있다.
그러나 마지막 한 걸음은
혼자서 걸어야 한다.[50]

인간이라면 삶의 마지막 걸음을 홀로 내딛어야 한다. 누구도 이 걸음을 대신할 수 없다는 데 죽음의 고유성이 있다. 하지만, 그 고독한 한 발짝 너머에 무(無)의 공포가 아니라 존재의 근원에 참여하는 기쁨이, 관계의 해체와 단절이 아니라 충만과 완성이 있으리라고 하나님은 알려 주셨다. 이러한 맥락에서 보자면 '부활과 영생'을 믿는다는 것의 의미를 다음과 같이 한 문장으로 표현할 수도 있다.

> 내가 확신하노니 사망이나 생명이나 천사들이나 권세자들이나 현재 일이나 장래 일이나 능력이나 높음이나 깊음이나 다른 어떤 피조물이라도 우리를 우리 주 그리스도 예수 안에 있는 하나님의 사랑에서 끊을 수 없으리라(롬 8:38-39).

그 끊을 수 없는 사랑에 대한 희망에서 피어난 종말 신앙은 이제껏 우리 삶을 눌러 왔던 불안을 뒤로하고 하나님 안에서 안식을 꿈꾸게 할 뿐만 아니라, 그분을 통해 깨어진 인류가 회복되고 피조 세계가 평화와 풍요를 누리게 될 그날을 갈망하게 한다. 그렇기 때문에 초대교회 이후부터 신학자와 작가들은 역사의 마지막 때를 하나님과 인간과 자연이 함께 조화롭게 참여할 '영원한 안식'으로 종종 표현해 왔다. 이제껏 조직신학의 논의를 모두 마무리하며, 특별히 종말론의 마지막 장으로서 안식의 의미에 관해 살펴보기로 하자.

적용과 토론을 위한 질문

1. 종말에 관한 잘못된 이해 때문에 발생한 개인적 곤란이나 사회적 문제가 있는가? 그때 무엇이 종말에 관한 오해를 불러 일으켰다고 생각하는가?

2. 인간은 죽음을 피할 수 없다. 죽음에 관한 공포는 어떻게 현실에서 작용하고 있는가? 그리스도교는 어떻게 죽음에 관한 공포로부터 인간을 해방시켜 주는가?

3. 인간의 죽을 수밖에 없는 본성을 하나님께서 긍정하는 방식은 어떤 것이 있는가? 인간의 유한성을 하나님께서 긍정하셨다는 것이 죽음에 관한 공포를 극복하게 해주는가?

4. 죽음과 부활 사이의 상태에 관한 그리스도교의 전통적 가르침은 어떤 것들이 있는가? 이들 중 어느 것에 가장 익숙한가? 가장 설득력 있는 견해는 무엇이라 생각하는가?

5. 우리에게 익숙한 묵시적 이미지나 소재는 무엇이 있을까? 종말론을 이해할 때 묵시는 어떤 점에서 중요한가? 반대로 종말론과 묵시를 동일시할 때 어떤 문제가 생길 수 있는가?

6. 종말론적 미래가 어떠할지를 이해하는 데 가장 중요한 성서적 이야기는 무엇인가? 왜 종말에 관한 여러 이야기 중 그 이야기를 지목했는가?

36장. 안식일

안식일, 그리스도인에게도 여전히 중요한가?

피로한 사회, 안식의 소망

2012년 국내에 출판되어 지금까지 널리 읽히고 논의되는 한 책이 있다. 재독 철학자 한병철의 『피로사회』이다. 그 책은 성과주의에 빠진 현대 사회를 피로사회라 규정했고, 이 같은 주장은 전 세계적인 공감을 끌어냈다. 그 책에 따르면 "시대마다 그 시대에 고유한 주요 질병이 있다."[1] 이전 세대의 사회적 질병은 '부정성'의 과다이다. 달리 말하면 나와 다른 것을 '바이러스'로 인지하고 반응하던 '면역사회'에 사람들이 속했다. 여기서는 나 혹은 우리와 이데올로기나 가치관, 신념 등이 다른 사람과 단체 등을 참지 못하고 밖으로 밀어내려는 특징이 있다.

반면 현대 사회의 질병은 '긍정성'이 과다해서 생긴다. 시장이 주도하는 세계화의 광풍 속에 성과중심주의에 내몰린 현대인은 끝없이 자기를 개발해야 한다. 스펙을 쌓고 자신의 가치를 높이느라 시간과 건

질문하는 신학

강과 돈을 투자한다. 천신만고 끝에 어느 정도 단계에 겨우 이르면, 사회는 우리에게 더 높은 수준을 요구한다. 다른 누군가가 나를 착취하고 억압하던 이전 시대와 달리, 현대에는 성과 수당이라든지 자기 개발의 이데올로기 때문에 내가 나를 쉬지 못하게 착취하고 있다. "자기 착취는 자유롭다는 느낌을 동반하기 때문에 타자의 착취보다 더 효율적이다. 착취자는 동시에 피착취자이다."² 지치고 힘이 들 때 쉼의 그늘이 되어 줘야 할 친구와 이웃, 동료들도 성과에 대한 압박 때문에 자기 생산성과 경쟁력을 높이고자 끝없는 경주를 하고 있다. 그렇기에 성과사회가 우리에게 준 무한한 자유와 가능성은 역설적이게도 많은 이에게 '나는 낙오자야'라는 실망을 안겨 준다. 심지어 성공한 사람들마저 과도한 자유와 선택 가능성에서 빚어지는 '우울증'에 시달리게 된다.

성과 중심적인 현대 사회의 만성 질병은 바로 '피로'이다. 방과 후 학원에 다니느라 어깨가 축 늘어진 어린 학생도, 학업과 아르바이트를 병행하는 대학생도, 좁디좁은 정규직의 문을 통과하지 못해 몸과 마음이 분주한 취업준비생도, 만원 지하철에서 스마트폰을 보며 출퇴근하는 중년의 가장도, 온종일 해도 티도 나지 않는 가사에 녹초가 된 주부도, 주일이면 교회에 나와서 예배와 봉사를 드리는 그리스도인도, 하나님을 예배하는 것이 삶의 가장 큰 힘이요 기쁨이라 설교하는 목회자도, 현대 업적사회를 예리한 필체로 해부하는 인기 칼럼니스트도, 교외로 드라이브를 나가는 소위 '자유인'도 모두 피로에 절어 살고 있다. 우리는 모두 안식을 원하고 있다. 하지만, 성공과 자기 개발의 신화로 인해 조급함과 불안이 마음속 깊이 박힌 현대인은 쉬지 못한다. 어느 시대라고 쉼이 필요하지 않은 것은 아니겠지만, 현대 사회에서 안식은 더욱 중요한 화두가 되었다. 어둔 밤 쉬 되니 해 지기 전 열심히 일하라는 찬송 부르기가 무색하게 우리는 밤낮없이 일한다.³

유대-그리스도교 전통의 가장 도발적 면모 중 하나는 피조물 전체에 안식이 필요하다는 하나님의 말씀에서 찾아볼 수 있다(출 20:10-11; 레 25:1-10 등). 더욱 경이로운 것은 절대자가 우주를 창조하시고는 고된 육체노동에 종사한 인간처럼 휴식을 취하셨다는 가르침이다(창 2:3). 여기서 더 나아가, 새로운 창조에 대한 약속도 안식의 이미지와 종종 결부된다(사 65; 겔 37; 계 21 등). 그렇기에 안식은 태초의 창조 때 주어진 은혜의 선물이자, 역사 속에서 하나님 백성의 삶에 대한 가르침이자, 창조 세계의 완성으로서 종말에 대한 희망을 심어 준다.

창조의 완성은 6일째 이뤄진 것이 아닌가?

창세기 1장에 그려진 태초의 창조 모습은 그야말로 장엄하다. 낮과 밤, 하늘과 땅, 바다와 육지와 식물, 항성과 행성, 바다 생물과 조류, 그리고 동물이 시공간 속에 패턴을 이루며 한 단계 한 단계 등장하며 창조 세계를 경이롭게 채워 간다. 그리고 여섯째 날 놀라운 사건이 일어난다. 하나님께서 남자와 여자를 자신의 형상으로 사람을 만드시고는, 땅에 충만하고 땅을 정복하고 모든 생명을 다스리라고 명령하신다(창 1:28). 하나님의 형상으로 만들어진 인간은 생산과 노동을 통해 하나님의 창조적 활동에 상응하도록 부름을 받는다. 6일간의 창조를 보고 '심히 좋아하신' 하나님께서는 모든 일을 마치고 안식하신다(창 1:31-2:3). 이러한 이야기 구조에서 인간의 등장은 이제껏 이어지던 창조 과정의 정점을 찍는 사건인 것처럼 보인다. 그래서 일반적으로 인간이 창조의 완성이요, 창조의 면류관이라고 말한다.[4] 하지만, 과연 그럴까? 우리가 그렇게 생각하고 싶어서, 혹은 인간 중심적인 세계관에 익숙해서 그렇게 보는 것이 아닐까?

창세기 1-2장을 꼼꼼히 보면, 여섯째 날을 창조의 정점으로 여기지 못하게 하려는 듯 일곱째 날만을 독특한 방식으로 강조하고 있다. 우선, 본문에서 '첫째 날'부터 '여섯째 날'은 단 한 번씩만 언급되는 데 반해(창 1:5, 8, 13, 19, 23, 31), '일곱째 날'은 세 번이나 반복되며 그 날을 더욱 두드러지게 한다(창 2:2-3).[5] 그리고 첫째 날부터 여섯째 날까지 창조가 끝난 후 하나님께서 "보시기에 좋았더라"며 창조를 긍정하셨다면, 오직 일곱째 날만은 복되고 거룩하게 하셨다. 따라서 하나님께서 6일 동안 창조하셨다고 하여, 여섯째 날이 창조의 완성이라고 단순히 결론 내릴 수는 없다.

물론 세계 창조는 여섯째 날에 '끝났다.' 그러나 창조의 사역은 창조자의 휴식을 통하여 '완성되었다'고 할 수 있다. 물질로서의 세계는 여섯째 날에 다 만들어졌을지 모르나, 우주는 단순히 물질 덩어리가 아니다. 일곱째 날에 여호와가 쉬어 평안하였다(출 31:17)는 구절을 해설하며 유대 철학자 아브라함 헤셸은 '평안하다'^{vayinnafash}라는 단어는 영^{nephesh}이 부여된다는 뜻에서 비롯되었다고 본다.[6] 즉, 6일간의 창조는 안식의 영이 임하는 제7일의 충만한 완성을 향해 열려 있다. 따라서 창조에 면류관을 씌운다면 그 대상은 인간이 아니라 안식일이다.

이 같은 초점의 변화는 하나님과 세계, 자아를 이해하는 우리의 인식에 변화를 초래한다. 하나님 형상인 인간이 아니라 하나님께서 모든 피조물과 함께 조화롭고 평화로운 쉼 속으로 들어가심이 창조의 목표가 된다. 인간에게 세상을 정복하고 다스리라고 하신 것은 자연에 대한 인간의 지배권을 정당화하는 것이 아니라, 세계가 하나님의 안식에 참여할 수 있도록 그 특별한 역할을 감당하라는 의미로 재해석된다. 단순히 하나님과 내가 바로 관계 맺고 교회가 성장하는 것이 아니라, 온 창조 세계가 함께 복 받고 거룩하게 되는 것이 신앙의 핵심이 된다.

안식일에 노동을 하지 않는 것이 왜 중요한가?

성서에 따르면 안식은 일을 마치고 하지 않음이다(창 2:3). 제7일의 안식이 창조의 완성이라 하여, 노동의 중요성과 필요성이 탈색되는 것은 아니다. 성서는 일도 중요하고 안식도 중요하다고 가르친다. 혹자는 타락한 아담에게 하나님께서 땀을 흘려야 식물을 먹으리라고 말씀하신 창세기 3장 17-19절을 근거로, 노동을 인류에 대한 하나님 형벌이라 주장하기도 한다. 그러나 이 구절은 노동이 타락의 결과로 생겼다는 것이 아니라, 하나님께 불순종한 인간 삶의 어려움과 곤고함을 보여준다고 할 수 있다.

창세기 1-2장에 나오는 창조주는 '일하는 분'이시다. 특별히 창세기 2장 1-3절은 하나님의 창조를 '일'이라고 세 번이나 반복적으로 지칭한다. 하나님의 창조, 곧 일의 결과로 이 세계가 형성되고, 그 속에서 피조물이 일하며 살아간다. 또한 하나님께서는 에덴동산을 만드시고 그곳을 사람이 "다스리며 지키게" 하셨다(창 2:15, 개역한글). 이때 '다스린다'로 번역된 히브리어 *āvad*는 '밭을 갈다' 혹은 '경작하다'는 의미로도 쓰인다.[7] 이로 보아 노동은 타락 이후 징벌적으로 인간에게 주어진 것이 아니라 원래 하나님의 창조질서에 속해 있었다. 즉, 창세기의 계시에 따르면 하나님께서 일하셨듯이 인간도 일하는 존재이다. 영이신 하나님께서는 인간의 구체적 노동을 통해 세계 속에서 일하시고 질서를 유지하고 역사를 주관하시는 만큼, 일은 실제 삶에서나 신학적으로나 중요한 가치가 있다.[8]

노동이 아무리 중요하다 하지만 성서에 따르면 일과 안식은 '함께' 하나님의 창조질서에 속한다. 안식일은 단순히 엿새 동안의 노동 뒤에 오는 휴식의 날, 혹은 6일의 노동을 위해 쉬는 날로 이해되고 있지 않다. 휴식의 의미를 일을 통해 파악하려는 것은 고대로부터 인류를 괴롭혀 온 자기 파괴적 생각이다. 일례로 아리스토텔레스는 "우리는 계속해서 일할 수는 없기에 쉼이 필요하다. 그러므로 휴식은 목적이 아니다"[9]라고 말한다.

그러나 일을 섬기는 휴식은 타락한 노동으로 형성된 억압적 구조로부터 '구원의 시간'이 될 수 없다. 이때의 안식은 죽을 때까지 계속할 노동의 숙명으로부터 잠깐 떨어진 상태, 혹은 더 많은 생산과 발전을 위해 요구되는 쉼일 따름이다. 이는 현대인의 삶의 곤란을 직시했던 철학자들의 작품 속에서도 잘 드러난다.[10] 일의 무게에 눌린 쉼은 그 자체로 가치를 박탈당하고, 그 안식의 여백 속으로 찝찝함과 피곤함, 우울함이 스며든다. 일례로 사르트르는 『구토』에서 일요일을 자고 나면 다시 찾아올 노동에 대한 '불안한 휴식'의 날로 묘사한다.

이러한 일반적 휴식 개념과는 정반대로 성서 전통은 엿새 동안 창조의 모든 사역이 '안식일'을 향하고 있다고 말한다. 따라서 안식일은 앞선 엿새의 노고에 대한 보상 혹은 앞으로 엿새의 노동을 위하여 주어진 것이 아니다. 안식은 단지 노동으로부터 면제된 상태가 아니다. 이를 구약학자 박준서는 다음과 같이 기지 있게 정리한다. "영어로 휴식은 rest이다. 그런데 이 말은 '휴식'이라는 뜻과 함께 '나머지'라는 뜻도 가지고 있다. 인간은 휴식[rest]함으로써 '나머지'[rest] 삶을 갖게 되는 것이다."[11] 6일간의 노동이 안식일의 휴식을 정당화하는 것이 아니라, 안식일이 일상의 노동에 의미를 부여한다. 안식일은 모든 피조물이 하나님과 함께 쉬고, 분주함에서 물러나 하나님과 세계를 새롭게 느끼며, 혼란한 마음을 거두고 생명과 쉼을 주신 하나님을 찬양하며, 희망 속에서 하나님의 미래를 미리 맛보는 날이다.

정리하자면, 하나님은 하나님의 형상대로 인간을 창조하셨을 뿐만 아니라, 인간에게 하나님처럼 되라고 명하신다(레 19:2; 눅 6:36 등). 그 결과 유대-그리스도교의 구원론과 윤리에서는 '하나님 닮기'the imitation of God가 핵심 주제가 되어 왔다.[12] 성서가 이토록 인간을 높게 평가하더라도, 솔직히 인간이 아무리 노력하고 자기를 단련한다 해도 하나님처럼 될 수는 없다. 그런데 피조물인 인간이 하나님과 '거의' 똑같이 할 수 있는 것이 딱 하나 있다. 아무 일도 안 하고 쉬는 것이다. 아무리 뛰어난 인간이라도 우주를 창조하거나 인류를 구원할 수 없고, 완벽하게 공정하거나 선할 수도 없다. 하지만, 강박적으로 뭔가 하려고 노력하는 대신 노력 자체를 놓아 버림으로써, 하나님처럼 인간도 일에서 물러나는 것은 가능하다.

만약 사람을 능동적인 일과 그에 따른 성취의 관점에서만 보자면 이 사회의 차이와 불평등은 정당화될 수밖에 없다. 하지만, 쉼에서는 인간이라면 누구나 동등하다. 따라서 안식은 하나님 형상으로서 인간의 존엄을 새로운 방식으로 깨닫게 해주고, 우리가 속해 있는 업적사회에서는 꿈꿀 수 없는 급진적 평등을 표현할 수 있다. 단, 문제는 안식의 능력과 권리가 현실 속에서는 제대로 인식도 실현도 안 되며, 쉼의 기회와 질의 차이가 또 다른 사회적 불평등을 만든다는 데 있다.

안식의 적극적인 의미는 무엇인가?

우리에게 익숙한 현대적 시각으로 '일'을 이해하면 '안식'을 주말을 풍요롭게 만드는 여가(餘暇)leisure 정도로 여기게 된다. 그렇다면 유대교적 맥락에서 일이란 무엇일까? '일'로 번역되는 히브리어 단어가 여럿 있겠지만, 십계명에서 사용된 단어는 *melākhāh*이다. 랍비 이시도어 그룬펠트Isidor Grunfeld, 1900-1975는 안식일 계명에서 *melākhāh*는 독특한 의미가 있다고 본다. 하나님께서 멈추라고 명하신 '일'이란 천지창조 때 하나님의 일과 달리 "인간의 지성과 기술을 건설적으로 사용함으로써 인간의 세계에 대한 지배권을 보이는 행위"[13]이다. 아담 이후 오랜 시간 일이 자연을 정복하는 도구가 되면서 본래의 창조적 의미가 잊혀졌다.

> 안식은 하나님께서 천지와 그 안의 모든 것의 창조자임을 증거한다. 그러나 인간은 자연을 자신의 통제 아래에 두면서, 하나님의 창조에 대한 지배권을 획득하기 위한 계속된 투쟁을 하고 있다. 하나님께서 주신 지성과 기술과 힘을 사용함으로써 인간은 어느 정도 이에 성공했다. 그러다 보니 인간은 그 자신의 피조성, 곧 그가 모든 사물의 주님이신 분께 절대적으로 그리고 완전히 의존하고 있다는 사실을 망각할 위험에 계속 노출되어 있다. 인간은 자연을 정복할 때 자기가 사용하는 힘이 자신을 지으신 분에게서 왔음을 잊어버리고, 그럼으로써 자신의 삶과 노동이 누구를 위해 행해져야 하는지도 망각한다.[14]

앞서 언급했듯 안식은 간단히 정의하자면 '아무 일도 하지 않기'이다(출 20:10). 힘을 써서 자연을 지배하고 다스리느라 분주한 인간에게 안식의 명령은 멈춰 서서 그 힘이 어디서부터 왔는지 생각하게 한다. 일하느라 가빠진 숨 대신 편안한 안식의 숨을 내쉬며, 노동의 대상으로만 여겨 왔던 자연이 원래 누구 것인지 인식할 여유가 생긴다. 이런 맥락에서 보자면 안식일은 인간이 탐욕과 강박으로 만들어 온 경쟁적이고 억압적인 세계의 망상에서 자유롭게 해주는 해방의 날이다.

안식은 소극적으로 보면 단지 '일 안 하기'이지만, 적극적으로는 현실의 분주함에 가려 있던 '창조주의 뜻'을 일상의 한복판에 드러내는 일이다. 하나님께서는 일뿐만이 아니라 쉼이 삶의 가치를 결정하도록 세계의 틀을 짜시고 창조의 질서를 세우셨다. 그리고 하나님은 6일간의 노동 이후 너와 나 모두 안식하라고 명령하신다. 그 이유는 안식만이 보여주고 회복시켜 줄 수 있는 인간 본질의 중요한 그 무엇인가가 있기 때문이다. 에리히 프롬^{Erich Fromm, 1900-1980}은 다음과 같이 설명한다.

> 유대 율법에서 안식일이 그토록 중심적 위치를 차지하는 이유는 안식일이 유대교의 핵심 사상을 표현해 주고 있기 때문이다. 그것은 바로 자유라는 생각, 인간과 자연 그리고 인간과 인간 사이의 완전한 조화라는 생각, 메시아적 시간에 대한 기다림 그리고 시간과 슬픔과 죽음으로부터 인간의 승리라는 생각이 바로 그것이다.[15]

하나님께서 이스라엘을 이집트의 노예 상태에서 불러내시고 안식일 계명을 주신 것은 무엇보다도 '자유'를 주기 위함이다. 이 지점에서 철학자 김용규는 두 가지 형태의 자유를 구분한다.[16] 첫째는 이집트의 억압에서 벗어난 '사회적 자유'이다. 둘째는 그것보다 더 근원적인 '존재의 자유'이다. 사회적 자유는 파라오와의 대결과 이집트에서 극적인 탈주 끝에 얻어졌다. 그러나 이집트에서 벗어난 이스라엘은 여전히 노예처럼 생각하고 활동한다. 왜냐하면 여전히 그들의 지성과 의지를 잠식하고 있는 탐욕에서 자유롭지 못하기 때문이다.

존재로서의 자유는 억압적 사회나 불공정한 제도로부터 가시적 해방을 통해서 획득될 수 있는 것이 아니다. 탐욕은 다양한 노동을 통해 '무엇'을 만들어 내고 획득하고 축적하고 과시하게 함으로써, 우리를 '무엇'의 노예가 되게 한다. 우리의 관심이 '무엇' 혹은 각자의 '무엇-됨'에 몰두 되어 있을 때 너와 나의 존재, 곧 '있음' 자체에 대해 무관심하게 된다. 이는 결국 안식하지 못하는 인간, 무언가를 만들어 내고 획득하고 소비하고 비교하는 불안하고 분주한 인간상을 만들어 낸다. 김용규는 이러한 현상이 죄의 보편성과 숙명성을 보여준다고 분석한다.

하지만, 안식일은 '무엇-됨'에 익숙했던 우리 삶의 패턴을 멈추게 함으로써, '있음'에 대한 경이를 되찾게 하는 날이다. "평일이 존재물의 날, 곧 우리의 마음이 존재물에게 종 되어 사는 시간이라면, 안식일은 그것에서 해방되어 우리들의 '있음' 자체를 기뻐하며 감사하는 존재의 시간"[17]이다. 왜냐하면 '생명의 주'께서 명령하신 안식은 단순히 일하지 않는 것이 아니라, 6일간의 생존을 위한 수고와 투쟁 중에 부풀어 올랐던 탐욕에 대한 부정이기도 하기 때문이다. 인간이 스스로 쌓아 올리는 업적과 공로에 대한 부정이라는 맥락에서 안식일과 그리스도의 십자가 사이의 연속성을 꿰뚫어 보았던 이가 바로 칼뱅이다.

> 아담으로부터 전해 내려온 그 모든 욕망들은 완전히 폐기되어야 합니다.……그것은 우리 자신의 노력으로 되지 않습니다. 그러나 우리는 더 이상 그런 것들이 우리에게 전가되지 않게 하기 위해 우리를 위해 죽으신 우리 주 예수 그리스도를 통해 그렇게 할 수 있는 힘을 얻습니다.……안식일은 하나님이 그들 안에서 사시기 위해 그들의 생각과 감정을 억제하기 위한 수단으로 제공된 은혜였습니다.[18]

수고를 해야만 땅의 소산을 먹고 생존할 수 있다는 숙명적 불안에 사로잡힌 아담적 자아Adamic self와 달리(창 3:17), 새로운 형태의 인간상이 안식일 명령을 통해 계시되었다.[19] 절대자에 대한 전적인 신뢰 속에서 일을 멈추고 쉼을 즐기는 자아, 삶의 속력 때문에 닫아 두었던 존재 속 깊은 감각을 열고 하나님과 자아와 세계를 향유하는 자아, 각종 사회적 규정과 차별의 렌즈를 내려놓고 이웃을 하나님 은혜를 필요로 하는 존재로 응시하기 시작하는 자는, 온 피조 세계가 창조주와 함께 안식에 들어감으로써 탄생한다.

마르틴 부버가 요약했듯, "[안식일은] 지속하는 평안함의 날이요, 끊기지 않는 고요함의 날이요, 하늘과 땅의 궁극적 평화의 날이다."[20] 인간에게는 안식을 바라는 근원적 열망이 있다. 많은 업무와 노동으로 지쳐서이기도 하겠지만, 무엇보다도 자신의 존재론적 자유에 대한 그리움 때문일 것이다. 그런데 일상에 치여 쉬고 싶다고 늘 중얼거리는 이에게 정작 쉬라고 하면 불안해서인지 좀이 쑤셔서인지 제대로 못 쉰다. 이것이 바로 일의 노예가 되고 업적의 성과주의에 길든 인간의 현실이다. 안식의 선물도 즐기지 못해서, 하나님께서 안식하라고 명령해야 하는 존재, 마음이 끝없이 흔들리는 존재가 바로 인간이다.

무조건 쉬라는 명령이 오히려 더 억압적이지 않는가?

누가복음 4장 16-30절은 예수 그리스도의 공생애의 시작을 보여줌과 동시에, 그분 사역의 핵심을 요약해 준다. 예수께서는 '안식일'에 회당에 가서 '희년' 메시지가 들어 있는 이사야서 구절을 읽으신다. "주의 성령이 내게 임하셨으니 이는 가난한 자에게 복음을 전하게 하시려고 내게 기름을 부으시고 나를 보내사 포로 된 자에게 자유를, 눈먼 자에게 다시 보게 함을 전파하며 눌린 자를 자유롭게 하고 주의 은혜의 해를 전파하게 하려 하심이라 하였더라"(눅 4:18-19). 안식일을 배경으로 예수께서는 자신의 사역을 시작하셨고, 안식의 정신이 담긴 희년의 선포로 자신의 사역을 예고하셨다.

이렇듯 복음과 안식의 연결은 하늘의 길이 땅의 길과 그리스도 안에서 하나가 되게 했다. 식민지 생활의 고단함, 제도 종교의 팍팍함, 억압적 정치로 생기가 사라져 사막화된 민초들의 삶에 희년 선포는 생명의 물줄기를 다시 갖다 끌어 대는 새로운 창조 드라마의 서막이라 할 수 있다. 안식일은 단순히 율법이 아니다. 안식의 율법은 **내용상** 복음이다. 그 정신의 의외성, 놀라움, 전복성을 통해 우리는 우리를 가두던 일상의 답답하고 두꺼운 벽을 넘어서 하나님 나라를 꿈꾸게 한다. 또한, 안식의 복음은 **형식상** 율법의 모양을 하고 있다. 안식일 계명은 탐욕과 불안과 억압 때문에 일에서 물러나 쉼을 누리기 힘든 이에게 하나님께서 주신 우아하고 부드러운 강요이다.

하지만, 정작 우리의 삶의 현장은 어떠한가? 번듯한 직장과 직위를 가지고 자기 일에 바쁜 사람도 안식하지 못하지만, 사회적 약자들은 안식에 참여하는 기쁨을 더더욱 누릴 수가 없다. 그래서 구약성경은 안식일에 종과 나그네와 가축의 휴식을 거듭 강조한다(출 20:8-10; 신 5:12-15). 이 지점에서 안식일에 쉬지 못하는 상황, 특별히 약자에게 쉼이 없는 현실이 부조리한 사회 시스템의 문제와 결부되어 있음을 지적한 월터 브루그만Walter Brueggemann, 1933- 의 목소리에 귀 기울여 볼 필요가 있다. 파라오라는 절대 권력이 그 정점에 있던 이집트 사회는 끝없는 생산, 부의 축적, 욕망의 극대화, 권력에의 집착으로 상징된다(출 5:4-19). 그 속에서 부와 힘과 명예에 길들여진 사람들은 진정한 쉼을 누릴 수 없을 뿐 아니라, 사회적 약자가 누려야 할 휴식의 권리마저 빼앗음으로써 한계 없이 팽창하는 자기 탐욕을 폭력적 방식으로 충족하려 한다.

우상을 혐오하시는 십계명의 하나님은 "이집트의 노동 시스템과 그런 시스템을 요구하며 정당하게 만들어 주는 여러 잡신에게서 해방시켜 주시는"21 분이시다. 하나님과 다른 신 사이에서 선택하라는 절대자의 요청은 '모든 것을 공급하시는 하나님을 신뢰함으로써 안식을 누릴 수 있는 세계'와 '끝없는 생산과 축적과 투자로 불안, 우울, 폭력, 착취가 일상화된 시스템' 중 어디에 헌신할 것인가 하는 근원적 질문이기도 하다. 그렇기에 시내산에서 십계명의 선포는 단지 과거에 일어난 사건으로 끝난 것이 아니다. 브루그만은 다음과 같이 이야기한다.

[우상들은] 불안을 옹호하고 쉼이 없음을 지지하는 존재들이다. 쉼이 없음을 지지하는 잡신을 신봉하는 이들은 약육강식 사회가 정상이라고 여긴다. 그런데 이런 잡신의 음성과 다른 뜻밖의 목소리가 파라오 시스템 바깥에서 우리 가운데로 뚫고 들어온다. "내 백성을 가게 하라!"(출 5:1) …… 야훼는 굳게 요구하신다. "내 백성을 쉼도 없이 결국 폭력으로 빠져 버리는 이 시스템 밖으로 내어보내라. 그들을 이 끝없는 생산 시스템에서 떠나 언약의 신실함이 존재하는 세상으로 들여보내라."[22]

거짓 신을 숭배하던 파라오 시스템에서 이스라엘이 떠나야 했듯, 현대인도 물신을 숭배하는 억압적이고 비인간적 사회 시스템에서 해방되어야 한다. 이를 위해 정의롭고 평화로운 관계를 가능하게 하는 삶에 헌신하고 살아갈 필요가 있다. 그런 의미에서 안식일을 고대의 율법주의 정도 수준으로 이해하려는 것은, 그리스도를 통해 계시된 하나님이 아니라 자기 욕망이 주조한 우상을 섬기는 것과 크게 다르지 않은 비뚤어진 종교 행태이다.[23]

안식일의 정신을 현실화하기 위해서는 단순히 '내가' 충실히 휴식하는 데 그쳐서는 안 된다. 내 이웃, 혹은 사회적 약자가 먹을 것과 마실 것을 염려해 안식의 기쁨을 누리지 못하는데 나만 안식을 즐긴다는 것은 기만이요 위선이다. 따라서 안식일을 지키라는 명령은 가난한 자, 억압받는 자, 난민 같은 주변인마저 쉼을 누릴 수 있는 정의로운 사회를 꿈꾸고 만들어 나가는 것을 적극적으로 요구한다. 달리 말하면 우리는

'안식의 보편적 권리'를 통해서 하나님이 원하시는 정의가 무엇인지 근본부터 새롭게 생각하게 된다. 나나 로빈슨^Gnana Robinson, 1935- 은 다음과 같이 말한다.

> 만일 쉼의 날이라고 하는 것에 사회적 정의가 동반되지 않으면 이날은 기득권이 없는 사람, 착취 받는 사람들에게는 하나의 짐이 될 뿐이다. 그 사람에게는 쉼의 날이 불안의 시간이요, 의기소침의 시간이요, 자기모멸의 시간이다.……건전하고 정의로운 사회 질서가 없이는 성경에서 말하고 있는 안식의 명령이 지켜질 수 없다.[24]

하나님께서는 "너는 엿새 동안에 네 일을 하고 일곱째 날에는 쉬라. 네 소와 나귀가 쉴 것이며 네 여종의 자식과 나그네가 숨을 돌리리라"(출 23:12)고 명령하신다. 여기서 '숨을 돌리리라'는 히브리어로 *nāphash*인데, 숨을 통해 생기를 회복하다^refreshed 혹은 숨을 자유롭게 쉰다^breathe freely는 의미이다. 고달픈 현실 속에 살다 보면 호흡은 나도 모르는 사이 가빠진다. 안식일은 일상에서 마르고 짧아진 숨을 고르고, 숨을 폐 속 깊이까지 들이쉬는 날이다. 그 날에 깊고 자유로운 호흡을 통해 참 평화와 쉼의 느낌은 우리 몸의 모세혈관 끝까지 전해진다. 하나님께서는 억눌린 사람들, 사회적 약자들, 삶의 무게에 억눌렸던 이들도 안식일에는 생명의 기운을 끌어올리는 깊고 자유로운 숨을 쉴 수 있도록 우리에게 요구하신다. 그렇기에, 안식일은 시간을 자기 재량껏 쓸 수 있는 자유를 억누르는 것으로 보일지라도, 사실은 "가장 인간적인 계명"이자 "인간의 존귀함을 보호하는"[25] 놀라운 가르침이다.

안식일과 6일간의 삶, 어떻게 조화를 이룰 수 있는가?

마르틴 루터는 십계명을 해설하며 안식일의 필요성을 육체적 이유와 영적 이유로 나누어 다음과 같이 설명한다.

> 이날을 주신 첫 번째 이유는 육체의 필요 때문입니다.……여기서 한 발 더 나아갑시다. 안식일이 필요한 가장 큰 이유가 있습니다. 바로 하나님께 당신을 위해 일하실 예배의 기회와 시간을 주려는 목적입니다.……이것 은 유대인들이 '이날이나 저날을 지켜야 한다'며 특정한 절기와 시간을 정 하여 안식일을 지키는 것과는 다릅니다. 왜냐하면 특정한 하루가 다른 요 일보다 선한 것이 아니기 때문입니다.[26]

루터는 몸이 휴식을 필요로 하고 영적인 예배도 드려야 하므로 일주일 에 하루를 따로 선택한 것이지, 특별히 그날이 다른 날에 비해 더 거룩 하지는 않다고 본다. 중세 교회가 그어 놓았던 성(聖)과 속(俗)의 경계를 문제 삼으며 근대 사회의 도래를 예비하던 선각자답게 안식일의 거룩 함도 다른 날과 다를 바 없이 평준화하였다.

루터뿐만 아니라 많은 개신교 신학자와 목회자가 예배드리는 하루 만이 아니라 일주일 내내 하나님을 만나야 한다고 말한다. 성서를 보더 라도 하나님께서는 하루를 쉬는 조건으로 6일간 열심히 일하라고 명령 하신다. 그런 의미에서 안식일 외 6일 동안 삶의 대부분이 영위되는 일 터, 가정, 학교 등이 하나님과 가장 오랜 시간을 보내는 장소이다. 하지 만, 유진 피터슨이 말했듯 현대인은 창조성의 기쁨 없이 반복되는 노동 과 일상의 굴레에 파묻혀 있기에, 6일의 삶은 오히려 하나님의 창조 세 계에 대한 경탄을 해체하는 장소가 되어 버렸다. 그 결과 우리 신앙은

삶의 기반인 노동에서 벗어나고픈 영지주의적 영성으로 변질될 위험에 놓여 있다.[27]

　현대인에게 필요한 것은 루터처럼 안식일의 거룩함을 다른 날과 동일시하는 것이 아니라, 안식일의 특별한 거룩함을 통해 우주 삼라만상의 존엄과 가치를 되찾아 주는 것이다. 안식은 일상 속에서 무뎌진 영적 감각을 회복시키는 치유와 회복의 계기이다. 우리는 쉼을 통해 하나님이 만드신 창조를 개발의 대상이 아닌, '자연' 자체로 보는 소중한 경험을 하게 된다. 다른 사람을 볼 때도 고용 관계, 거래 관계, 경쟁 관계가 아닌, 나와 같이 안식하고 있는 '동등한 사람'으로 보게 된다. 또한, 이런 일 저런 일 하라고 명령을 내리는 하나님이 아니라, 휴식을 즐기시고 쉼의 기쁨을 온 우주가 함께 누리기를 원하는 '편안한 하나님'을 경험하게 된다.

　매주 찾아오는 안식을 통해 죄 때문에 깨지고 뒤틀렸던 하나님-인간-자연의 관계가 회복되는 시공간이 현실에 반복적으로 드러난다. 노동과 성취의 압박 때문에 하나님과 이웃과 자연과 자아를 끝없이 왜곡되게 보아 왔던 핏발 선 눈을 감고 편안히 휴식할 수 있다. 안식일 신학은 기술 문명과 자본의 논리가 지배하는 현실을 우리가 떠남으로써 구원을 받을 수 있다고 가르치는 것이 아니다. 안식은 하나님과 창조에 대한 경이를 회복하고 내 주위의 환경과 조화를 이루는 법을 체감하게 함으로써 이 세계 속에서도 기술 문명과 자본의 노예가 되지 않고도 일상을 살아갈 수 있는 지혜와 힘을 얻게 한다.[28]

　하지만, 우리가 안식을 진지하게 생각하고 실천하려면 겪게 될 도전이 있다. 예수께서 안식일에 회당에서 희년 말씀을 읽었을 때 사람들은 기뻐하기보다는, "이 사람은 요셉의 아들이 아니냐?"라고 비꼬았다. 그리고 끝내 이들로부터 예수께서는 생명의 위협까지 받으셨다. 마찬가지로 안식의 복음을 전할 때, "너도 이 시대의 아들딸이 아니냐? 너도 자본주의 시스템의 수혜자가 아니냐? 너도 한국 사회의 문화적 DNA를 가지고 있지 않느냐?"라는 말을 듣게 된다. 이 시대와 사회의 질서에 속해 있고, 그 안에서 성과를 내야 생존할 수 있다는 부정할 수 없는 사실은 언제나 쉼의 큰 장애물로 다가온다. 그러나 예수 그리스도의 예에서 봤듯 안식의 복음을 전하고 쉼을 선물하는 사람은 편하고 우아하게 그런 일을 할 수 있지 않다. 모든 것을 공급하시는 하나님에 대한 전적인 신뢰 속에서 자신을 희생할 각오, 사회의 흐름에 거스를 용기가 있는 사람만이 안식을 누리고 전할 수 있다.

쉼을 좋아하시는 하나님께서는 이스라엘에게 이렇게 말씀하신다. "(안식일은) 나와 이스라엘 자손 사이에 영원한 표징이며 나 여호와가 엿새 동안에 천지를 창조하고 제칠 일에 쉬어 평안하였음이니라"(출 31:17, 개역한글). 여기서 '평안하였음이니라'는 히브리어 nāphash의 번역으로, 앞서 출애굽기 23장 12절에서 보았던 '숨을 자유롭게 쉬다' 혹은 '숨을 통해 생기를 회복하다'와 같은 단어이다. 즉, 하나님께서도 6일 동안 천지 창조하시고, 7일째 깊은 숨을 쉬셨다. 하나님께서 자유롭게 숨을 쉬신 그날, 그 자유의 숨결 속으로 우리도 들어가게 된다.

이제껏 우리 폐를 가득 채웠던 더러운 공기, 우리 사는 현실을 오염시키던 그 칙칙하고 어두웠던 기운은 모두 날려 버리고, 무한한 생명의 활력이 넘치는 하나님의 자유로운 숨결, 그 숨결을 느껴 보고 싶지 않은가? 짧은 숨을 헐떡거리며 목적 없이 분주히 뛰어다니는 피로사회의 현대인들에게 안식의 상쾌한 바람과 그 숨결을 깊이 들이마시라고 권하지 않겠는가? 이것이 팔레스타인을 거쳐 세계로 안식의 물결을 흘려보내신 예수 그리스도의 길을 뒤따르는 우리 그리스도인의 특권이자 사명이 아닐까?

질문하는 신학

왜 안식일 주제가 이 책의 마지막에 등장하는가?

안식일이 신학적으로 중요한 것은 인정하더라도, 결국 안식일은 유대교에서 지키는 율법 아닌가? 게다가 안식일은 신학의 앞부분인 창조론에서 다루어야지, 왜 하필 책을 마무리하는 주제로 골랐을까? 제대로 된 조직신학 기획의 마지막은 종말론으로 장식되거나, 신앙을 가지고 어떻게 살지에 관한 제안이 되는 것이 더 적절하지 않을까? 솔직히 말하자면 안식일은 이 모든 질문에 대한 답이라 할 수 있다.

우선 그리스도인에게 왜 안식일이 여전히 중요한지부터 간략히 살펴보자. 복음서에 대한 얄팍한 독해는 마치 예수 그리스도께서 안식일 율법을 무시하시면서 안식일을 폐기하셨다고 생각하게 할지 모른다(마 12:1-21). 교회사에 대한 협소한 지식으로, 초대교회 때부터 그리스도인은 유대인의 안식일 대신 부활의 날인 '주일'을 지켰다고 단정 짓게 만들 수도 있다. 그러나 사실 이 두 견해 모두 상당히 부적절하다. 율법의 완성이자 안식일의 주인이신 예수께서는 안식일로부터 자유가 아니라 메시아 때의 자유를 강조하셨고, 이러한 종말론적 맥락에서 안식일의 참 정신을 일깨워 주셨다(마 5:17; 12:8). 원시 그리스도교 공동체의 경우도 안식일이냐 주일이냐의 이분법에 빠진 것이 아니라, 둘 모두를 소중히 지켰다.[29]

그런데 그리스도교의 그리스-로마화가 진행되면서 주일과 안식일이 분리되기 시작했고, 4세기에 콘스탄틴 황제가 그리스도교를 공인하면서 주일이 공식 휴일이 되었다. 그리고 천 년 이상의 시간이 흐르면서 (그것도 강력한 반유대주의 속에서) 안식일의 본래 정신은 망각되어 버렸고, 그리스도는 안식일은 제외한 나머지 율법만을 완성하러 오신 분처럼 각인되었다. 안식일에 관해 스스로 만든 두꺼운 선입견 때문에 그리스도인은 안식일의 소중한 종교적·윤리적·메시아적 가르침으로부터 자신들이 소외되고 있는지조차 모르고 있었다. 그런 의미에서 '안식일 대신 주일'이란 왜곡된 도식을 벗어나, 안식일의 지혜와 영성을 주일의 예배와 일상의 실천 속에 불어넣는 일이 필요하다.

앞서 살펴봤듯 구약성서에서 창조의 완성은 6일간의 창조 활동 이후 하나님께서 안식하셨던 제7일이다. 다른 한편으로 신약성서에서 창조의 완성은 안식 후 첫날 그리스도의 부활과 함께 찾아온 종말론적 새 창조이다. 비록 신학적으로는 둘 다 '창조의 완성'이라 할 수 있을지라도, 시간적으로나 내용적으로 안식일과 종말은 동떨어져 있어 보인다. 그러나 둘을 관통하는 주제가 있으니, 이는 현실에서는 투명하게 경험될 수 없었던 하나님의 세계 내 현존, 그리고 하나님을 통해 피조 세계에 흘러넘치는 샬롬이다. 이것은 몰트만이 이야기했듯, "시작과 끝을 결합시키며 이리하여 회상과 희망을 깨우는 시간 속에 있는 영원의 역동적 현존이다."[30]

태초의 창조 이야기는 하나님께서 일을 마치시고 창조 안에서 안식하고 만물을 쉼으로 초청하신 것을 '기억'하게 한다. 부활의 첫 열매인 그리스도의 부활에 대한 선포는 만유의 주님이신 하나님께서 만유 안에 충만하시고, 그분의 영광과 평화가 숨김없이 드러날 종말을 '기대'하게 한다(고전 15:28; 계 21 등). 이렇게 매주 반복되는 안식일과 주일은 하나님의 현존 안에서 새롭게 형성된 신-인간-자연의 조화와 평화의 관계를 회상하고 소망하고 송축하는 날이다. 안식일은 주일과 함께 이 세계가 유일한 실재인 것처럼 살아가면서 생긴 강박을 해체하며, 무미건조한 현실이 하나님의 영광과 현존으로 가득하기를 욕망하게 만드는 메시아적 색채를 더한다.

하지만, 안식일 신학은 주일에 대한 성찰만으로는 얻을 수 없는 독특한 통찰을 품고 있다. 안식일이 그리는 비전은 하늘과 땅 사이의 인간과 동물과 식물 모두가 하나님을 '통해' 하나님 '안에서' 하나님과 '함께' 조화와 평화와 안식을 향유함이다. 이때 안식일이 단순히 '시간'만이 아니라 '공간'적 함의를 지님이 중요하다. 하나님께서는 창조를 마치실 때 특정 장소를 거룩하게 만들지 않으셨다(창 2:3). 만약 그렇다면 이 피조 세계에는 안식일조차 그 장소에 속하는지 아닌지에 따라 '거룩'과 '거룩하지 않음'으로 나뉘어, 분열과 갈등을 지속할 것이다.

하지만, 하나님께서는 공간이 아니라 제7일, 곧 시간을 성화시키셨다. 지상 위 아무리 큰 성전이라도 모든 피조물을 다 수용할 수는 없지만, 어떤 피조물도 일곱째 날이라는 시간 바깥에 존재할 수 없다. 하나님께서는 특정 장소가 아니라 '시간'을 거룩하게 하심으로써 우주의 모든 것이 거룩함에 참여하게 하셨다. 이로써 그날은 피조 세계가 하나님과 함께 안식함으로써 모두가 아무 공로 없이도 거룩에 참여할 수 있게 하셨다. 이것을 헤셸은 유대교가 가진 '시간의 건축술'[31]이라는 독특한 개념이라고 소개한다. "완전한 안식은 육체와 정신과 상상력의 조화에서 이루어진다.……제7일은 시간 속에 우리가 세우는 하나의 궁전이다."[32] 시간의 성화는 안식을 갈망하고 누리는 모든 피조물을 환대하는 공간, 전(全)우주적 궁전을 만들어 낸다.

새 하늘과 새 땅에 관한 종말론적 희망은 안식일을 가득 채운 피조 세계의 경탄, 기쁨, 감사와 근원적으로 연결된다. 창조의 완성인 안식일은 장차 올 세계의 궁극적 완성을 현재에 미리 선취하는 종말론적 성격을 지닌다. 그 미래는 우리의 경건과 노력을 통해서가 아니라, 세상을 사랑으로 창조하신 하나님에 대한 신뢰를 통해 맛보게 된다. 유토피아에 대한 이상과 이상사회를 이루고자 하는 분투가 아니라, 하나님과 인간과 자연의 자연스럽고 조화로운 쉼을 통해 하나님의 미래를 지금 여기서 경험하게 된다. 그런 의미에서, 프롬은 말한다. "안식일은 메시아 때의 진정한 전령 자격이었다."[33]

영원한 안식, 끝없는 끝

안식의 계명은 너나 나나, 종이나 주인이나, 가축이나 땅에까지 주어진다. 창조자께서는 존재론적, 생물학적, 사회적 차이를 넘어서 모두와 함께 쉼을 누리기 갈망하신다. 결국 그분은 특정한 날, 곧 시간을 성화하심으로써 생명이 있든 없든 존재하는 모두가 거룩함에 참여하게 하신다. 제7일에는 특정한 피조물(태양, 달, 별, 동물, 식물 등)이나, 인물(정치가, 종교인, 사상가 등), 장소(예루살렘, 로마, 콘스탄티노플, 뉴욕, 서울 등)에 복이 내려지는 것이 아니다. 그날은 한정된 지역에만 존재할 수 있는 성전이나 예배당이 아닌, 우주 어디나 내려져 피조물 모두를 넉넉히 포용할 수 있는 '시간의 지성소'이다. 그 지성소에 들어가는 데는 어떤 구별도 차별도 없다.

이렇게 안식은 삼라만상이 하나님 안에서 누릴 궁극적 '샬롬'을 형상화하며, 하나님이 주인이신 역사의 목표를 온전히 드러내 준다. 비록 안식의 명령은 이스라엘에게 주어졌지만, 그 적용은 인류를 넘어 생태계 전체를 향한다. 그룬펠트는 다음과 같이 설명한다.

> 하나님을 망각하는 세계에서, 이스라엘은 미래에 있을 인류 모두의 구원을 위해 전적으로 중요한 진리를 지키는 임무를 맡았다. 따라서 유대인들이 다른 모든 인간처럼 자신을 둘러싼 환경을 지배하고 조종하더라도, 하나님께서는 유대인들이 자기들보다 더 위대한 분으로부터 그 힘이 온다는 것을 인식하기를 원하셨다. 그뿐만 아니라, 하나님께서는 유대인들이 이를

질문하는 신학

인식하고 있음을 보여주기를 원하셨다. 유대인들은 매주 하루를 하나님께 바침으로써, 그리고 이 하루만은 자연에 군림하는 인간의 힘을 표현하는 모든 행위를 중지함으로써 이 인식을 표현하게 된다.[34]

이스라엘은 일곱째 날 가시적으로 모든 일에서 물러남으로써, 모든 이의 뇌리에 각인된 창조주의 기억을 상기시켜야 했고, 안식을 통해 하나님의 평화를 이 땅에서 매주 현실화해야 했다. 이스라엘의 사명은 예수 그리스도를 통해 교회로 이어져 내려오고 있다. 교회는 자신의 사역과 선교를 통해 하나님 없는 듯 굴러가는 세상에 하나님의 기억을 되살리고, 지배와 억압의 논리에 익숙한 현실에 하나님의 자비와 정의와 평화를 드러내 보여야 한다. 특별히 안식의 가르침은 교회가 인류 전체와 자연이 하나님의 샬롬을 누릴 수 있도록 초청하고 인도하는 역할을 위탁받았음을 재확인한다. 머리를 짜내서 프로그램을 기획하고 몸을 혹사하며 행사를 하는 것이 아니라, 삼라만상의 창조자이자 우주를 움직이는 힘의 원천이신 하나님에 대한 전적인 신뢰 속에 함께 잠겨 보도록 하는 초청이 바로 안식이다.

인간은 누구나 배고픔에 대한 욕망이 있다. 하지만, 좋은 음식을 먹어 봐야 미각이 살아나고, 그 맛을 기억하는 사람이 좋은 음식을 그리워하게 된다. 누구나 막연하게나마 더 나은 삶을 바라지만, 좋은 책을 읽고 삶이 충만해져 본 사람이라야 진실하게 또 다른 양서를 찾게 마련이다. 이와 비슷하게, 안식의 은혜를 향유해 본 사람이라야 미래에 대한 헛된 계획과 공상이 아니라, 그리스도의 부활과 함께 시작된 제8요일의 새 창조에 대한 갈망을 적절히 품을 수 있다. 너와 나의 '안식의 연대'는 현실이 줄 수 없는 샬롬을 맛보고 누리게 하며, 장차 있을 하나님 안에서 영원한 안식에 대한 꿈을 꾸게 해준다.

이 종말론적 희망에 몸과 마음이 물들어 이 땅에 충실히 속하면서도 이 땅에서 자유로운 사람들, 하나님 나라를 기다리며 현실에서 급진적 평등과 나눔의 삶을 살았던 이들이 그리스도인이다. 1세기에 그리스도를 따르는 사람들이라는 의미로 사도와 무리들을 그리스도인이라 불렀다면, 이제는 그분의 꿈과 욕망을 함께 나눈 이들이라는 뜻으로까지 확대해 보면 어떨까? 그리스도인은 쉬어야 하고 또 안식을 갈망해야 한다는 것을 강조하고자 펼쳤던 이 장황한 신학적 수다를 마무리하면서, 그리스도교 역사에서 말 많기로 둘째가라면 서러울 아우구스티누스의 가장 두꺼운 책의 결론을 이 책의 결론으로 대신하고자 한다.

이 기간이 지난 후에는 하나님이 일곱째 날에 쉬실 것이며, 일곱째 날에 있을 우리에게 **그의 안에서** 안식을 주실 것이다. 지금은 이 시대들을 일일이 자세하게 논하면 너무 길어지겠으므로, 다만 일곱째 날은 우리의 안식일이 될 것이라고만 말한다. 그날의 끝은 저녁이 아니라 주님의 날, 곧 여덟째의 영원한 날일 것이다. 주일은 주님의 부활로 성별되어 영뿐 아니라 몸까지 영원히 안식할 것을 예표한다. 그때에 우리는 **쉬면서 보며, 보면서 사랑하며, 사랑하면서 찬양할 것**이다. 끝없는 끝에 있을 일을 보라. 끝없는 나라에 도달하는 것 이외에 무엇이 우리의 끝이며 목표인가?**35**

적용과 토론을 위한 질문

1. 현대인이 늘 피로감을 느끼는 이유가 무엇일까? 피로함에도 쉬지 못하는 이유가 무엇일까?

2. 휴식은 왜 중요한가? 일상적 의미와 성서적 의미에서 쉼의 중요성에 차이가 있는가?

3. 그리스도인이 느끼는 특별한 피로가 있는가? 개신교에서는 일과 쉼 중에 어느 것을 더 강조하는 것 같은가?

4. 유대교의 안식일 이해에 독특한 점이 있는가? 한국 개신교회가 주일을 지키는 방식과 유대교의 안식일은 어떤 차이가 있는가?

5. 안식의 명령을 제국의 사회 경제 시스템에 대한 비판으로 본 브루그만의 주장에 대해 어떻게 생각하는가? 과연 안식은 대안적인 삶의 방식을 제시할 수 있을까?

6. 안식일을 '시간 속에 세워진 궁전'으로 보는 유대 지혜는 우리의 상상력을 어떻게 변화시키는가? 안식은 내가 세상을 이해하고 세상에 참여하는 방식에 변화를 만들어 낼까?

7. 안식은 어떻게 종말과 연결되고 있는가? 안식에 대한 논의가 그리스도교 신학을 소개하는 책을 마무리하기에 적절한가?

8. 안식하지 못하는 우리가 안식을 하기 위해 가장 쉽게 실천할 수 있는 일이 있을까?

후기(後記)

수많은 질문 끝에 이 책도 끝맺게 되었다. 사실 첫 장을 쓰기 시작할 때는 약 200개에 달하는 질문이 책에 포함되리라고는 예상도 하지 못했다. 하지만 책을 마무리하려니 막상 던져야 했을 질문은 생각 못한 것은 아닌지, 신학적 글을 만드느라 억지로 질문을 짜낸 것은 아닌지 반성하게 된다. 하지만 '나보다' 앞서 정말 엉뚱할 정도로 많은 질문을 던져 준 사람들이 있었기에 이러한 작업이 가능했음을 글을 쓰면서 배우게 되었다. 수많은 이들의 질문이 오랜 시간 모이고 축적되면서 그리스도교 전통이 형성될 수 있었고, 질문이란 열쇠 덕분에 전통이라는 보고(寶庫) 속에 펼쳐진 의미의 세계에 우리가 들어갈 수 있다는 점이 집필하는 내내 흥미로웠다.

독일의 철학자 한스-게오르크 가다머Hans-Georg Gadamer, 1900-2002 는 '질문의 해석학적 우선성'을 주장한 것으로 유명하다.[1] 질문은 대화에 참여하는 사람들의 시각을 열어 주기도 하지만, 동시에 특정한 방향으로 대화가 흘러가며 의미가 형성되도록 인도해 주기도 한다. 그렇기에 질문이란 참 지식을 얻는 가능성을 선사할 뿐만 아니라, 진정성 있고 충만한 대화를 만들어 주는 조건이라 할 수 있다. 이런 시각에서 보자면 성숙한 그리스도인이 되기 위해서도 '정답'에 대한 지나친 강박을 어느 정도 느슨하게 하고, 그 대신 풍성한 대화와 배움으로 이끌 질문을 만들고 던질 수 있는 실천적 지혜^{phronesis}를 익힐 필요가 있다. 그 지혜란 단번에 얻을 수 있는 정보나 기술이 아니라, 지속적 노력을 통해 습관화되고 성품이 되는 그 무엇이다.

잘 정리된 생각을 명료한 언어로 표현할 수 있어야 좋은 질문이 만들어지는 것은 아니다. 강의를 듣다가 손을 들고 물음을 던져야 제대로 질문이 되는 것이 아니다. 우리가 대상을 지긋이 응시하는 순간, 자아 외부의 무엇인가에 관심을 쏟을 때 우리는 말없이도 일상의 언어를 넘어선 질문을 던지고 있는 셈이다. 필명을 쓰는 한 수줍음 많은 시인이 말했듯이.[2]

말이 없는 나는 사실 물음이 많은 사람입니다
단지 묻지 않음으로 듣고 있을 뿐입니다
묵음으로 대답해도 나는 좋습니다
……
그래요,
우리는 묻지 않기로 합시다
우리는 탐하지 말기로 합시다

대신,
그럼 우리 한 문장씩 소설을 써 볼까요
……

이 책에서는 묶음의 여러 독자를 대신하여 하나님과 세계, 예수 그리스도와 인간, 성령과 공동체에 관한 좀 더 깊은 이해를 돕고자 여러 질문을 던졌다. 각 질문에 대해 필자 나름으로 '한 문장씩 소설을 쓰듯' 답변을 제시했지만, 개인적으로는 보편타당한 정답을 준다고 생각한 적이 한 번도 없다. 오히려 이 책은 독자들이 그리스도교 신앙에 대해 더 많은 질문을 솔직히 던지게 되고, 그러한 과정을 통해서 사랑에 이끌리는 지식 *studiositas*에 접속되었으면 하는 바람과 함께 기획되었고 집필되었음을 잊지 말기를 바란다.[3]

물론 이 한 권의 책이 이러한 엄청난 꿈을 충실히 현실화할 정도의 작품이라고 기대하지는 않는다. 하지만, 질문이 많아질수록 우리가 익히고 사용할 수 있는 언어가 풍성해지고, 대상을 알아 가는 만큼이나 사랑하는 법도 배우게 되며, 미지의 세계에 대한 상상력도 확장될 것이다. 그러면서 우리가 속하게 된 새로운 우주의 곱고 다채로운 결을 볼 수 있는 눈도 밝아지고, 그 우주에 함께 참여하는 타자를 바라보는 시선은 부드러워질 것이다. 비록 이 책은 이 문장과 함께 끝나지만, 하나님의 세계로 우리를 인도할 질문에 대한 갈망과 기다림은 계속 열어 두길 바란다.

주(註)

머리말

1 아우구스티누스의 다음 작품을 참고하라. Augustinus, *De Vera Religione*, 29.52; *De Trinitate*, 10.1; *De Musica* 6.13.39; *De Utilitate Credendi* 9.22 등.

2 큐리오시타스(*curiositas*)와 스튜디오시타스(*studiositas*)의 구분의 영성학적, 교육학적 중요성에 관해서 대표적으로 다음을 참고하라. 이종태, "큐리오시티," 권혁일 엮음, 『백투더클래식』 (고양: 예수전도단, 2015); Alice Ramos, "Studiositas and Curiositas: Matters for Self-Examination," *Educational Horizons* 83/4 (2005): 272-281.

I. 하나님과 세계

1부 신학의 정의와 자료

1 헤르만 헤세, 『수레바퀴 아래서』, 김이섭 옮김 (서울: 민음사 2001), 62.

1장. 신학의 정의: 신학은 무엇이며 왜 필요한가?

1 Plato, *Republic*, 379a.

2 Aristotle, *Metaphysics*, IV.1, XI.7.

3 Gregory of Nazianzus, *Theological Orations*. http://www.ccel.org/ccel/schaff/npnf207.iii.xii.html (2017.01.02. 최종접속).

4 David F. Ford, *Theology: A Very Short Introduction* (Oxford: Oxford University Press, 1999), 3.

5 캔터베리의 안셀무스, 『모놀로기온 & 프로슬로기온』, 박승찬 옮김 (서울: 아카넷, 2002), 172.

6 물론 모든 신학자가 말씀에서 자신들의 신학적 작업을 시작하는 것은 아니다. 특별히 헬머가 지적하듯 근대 개신교에서는 신칸트주의의 부상과 함께 이러한 경향이 약화되었다. 슐라이어마허에 대한 브루너의 비판은 신학을 다시 하나님의 말씀으로 되돌리려는 대표적 시도이다. Christine Helmer, *Theology and the End of Doctrine* (Louisville: Westminster John Knox Press, 2014), 47-58.

7 토모아키는 신학이란 무엇인가에 답하는 방법으로 근대에 나타난 두 방법을 구분한다. 하나는 슐라이어마허와 같이 신학의 제 분야를 나누어 설명하는 것이고, 다른 하나는 바르트와 같이 신학의 중심 주제로 들어가 참여하는 방법이다. 이 글은 둘 다를 다루지만, 전체적으로는 후자의 맥락에서 신학을 정의하고 있다. 후카이 토모아키, 『신학을 다시 묻다: 사회사를 통해 본 신학의 기능과 의미』, 홍이표 옮김 (서울: 비아, 2018), 23-25.

8 칼 바르트, '계시, 교회, 신학,' 『말씀과 신학』, 바르트 학회 공역 (서울: 대한기독교서회, 1995), 174.

9 칼 바르트, '자유의 선물,' 『하나님의 인간성』, 신준호 옮김 (서울: 새물결플러스, 2017), 148. 이 본문의 중요성을 다음 서평이 상기시켜 주었음을 밝힌다. 이민희, "이제는, 신학을 공부하자," 「크리스찬북뉴스」(2017.11.09.) http://www.cbooknews.com/?c=25/36&p=11&uid=10262 (2019.01.25. 최종접속).

10 국립국어원 표준국어대사전의 속담 해설을 인용했다. http://stdweb2.korean.go.kr/search/SectionView.jsp (2017.01.02. 최종접속).

11 C. S. 루이스, 『순전한 기독교』, 장경철·이종태 옮김 (서울: 홍성사, 2001), 242.

12 신학 교육과 의학 교육의 유비는 다음의 책의 통찰을 빌려왔다. 마크 코피, 『스탠리 하우어워스: 시민, 국가 종교, 자기만의 신을 넘어서』, 한문덕 옮김 (서울: 비아, 2016), 25-26.

13 "교리설교로 교회 위기 극복할 수 있다," 「기독신보」(2016.05.08.) http://www.kidok.com/news/articleView.html?idxno=96660 (2017.01.02. 최종접속).

14 "번영신학과 교리주의 신앙을 극복해야," 「기독교시민연대」(2012.05.08.) http://www.christiancitizenunion.com/sub_read.html?uid=1048 (2017.01.02. 최종접속).

15 혹자는 교의는 초대교회 에큐메니칼 공의회에서 결정된 그리스도의 본성, 삼위일체 등에 대한 주요 믿음의 내용이고, 교리는 그 외의 공의회와 종교회의에서 합의된 신학적 내용이라고 구분하기도 한다.

16 Richard Muller, "doctrina," in *Dictionary of Latin and Greek Theological Terms* (Grand Rapids: Baker Academy, 1985), 95 참조. 그리스 어원은 *didaskalia*이다.

17 Muller, "dogma," in *Dictionary of Latin and Greek Theological Terms*, 95.

18 Donald McKim, "creed," in *Westminster Dictionary of Theological Terms* (Louisville: Westminster John Knox Press, 2014), 66 참조.

19 McKim, "confession of faith," in *Westminster Dictionary of Theological Terms*, 57 참조.

20 이 문제에 관해서는 세계 기독교의 부상을 다룬 다음 책들을 참고하라. 이재근, 『세계 복음주의 지

형도』(서울: 복 있는 사람, 2015); 필립 젠킨스, 『신의 미래』, 김신권·최요한 옮김 (서울: 도마의길, 2009).

21 Juan L. Segundo, *Liberation of Dogma: Faith, Revelation, and Dogmatic Teaching Authority* (Eugene: Wipf & Stock Pub., 2004).

22 Ford, *Theology*, 4.

23 F. 쉴라이에르마허, 『신학연구입문』, 김경재·선한용·박근원 옮김 (서울: 대한기독교출판사, 1982).

24 다음은 맥그래스가 성서신학, 조직신학, 철학적신학, 역사신학, 목회신학, 영성 또는 신비신학으로 구분한 것을 한국 신학계에 더 익숙한 범주로 변형한 것이다. 알리스터 맥그래스, 『신학이란 무엇인가』, 김기철 옮김 (서울: 복 있는 사람, 2014), 253-265 참조.

25 루이스, 『순전한 기독교』, 240-241.

2장. 신학의 자료: 신학을 공부할 때 꼭 책이 많이 필요한가?

1 클라스 후이징, 『책벌레』, 박민수 옮김 (파주: 문학동네, 2002).

2 Albert Outler, "The Wesleyan Quadrilateral in John Wesley," *Wesleyan Theological Journal* 20/1 (1985): 7-18.

3 Richard Hooker, *Laws of Ecclesiastical Polity*, 5.8.2. 강조는 필자의 것.

4 루이스 벌콥, 『개정판 벌콥 조직신학 (상)』, 고명민 옮김 (서울: 교문사, 1999), 66. 강조는 필자의 것.

5 교의학의 정의에 대한 이 같은 분석은 리처드 프랫(Richard Pratt)의 조직신학 입문 강의에서 통찰을 얻은 것이다. http://thirdmill.org/seminary/lesson.asp/vs/BST/ln/1 (2017.01.14 최종접속).

6 발터 카스퍼, 『마르틴 루터』, 모명숙 옮김 (파주: 분도, 2017), 11-16.

7 구약을 인용할 때 신약의 저자들이 사용한 해석학적 전통에 대해서는 다음을 참고하라. Anthony C. Thiselton, *Hermeneutics: An Introduction* (Grand Rapids: Eerdmans, 2009), 76-99.

8 Ireneaus, *Against Heresies*, II.2. in Cyril Charles Richardson ed., *Early Christian Fathers* (Philiadelphia: The Westminster Press, 1953), 370-372.

9 Council of Trent, Session IV, in *Enchiridion Symbolorum*, ed. H. Denzinger, 39th ed. (Freiburg in Breisgau: Herder, 2001), §1501, 496. 그 외에도 트리엔트 성서론은 구약 39권과 신약 27권만 인정하는 개신교 성서를 비판했고, 성경의 라틴어 번역인 불가타 역의 권위를 확증하기도 했다. 20세기 중반에 열린 2차 바티칸 공의회에서 로마 가톨릭은 트리엔트에서 보여줬던 이중 원천 이론보다는 전통의 권위를 약화시켰다.

10 C. S. 루이스, '기독교와 문화,' 『기독교적 숙고』, 양혜원 옮김 (서울: 홍성사, 2013), 52-53.

11 Martin Luther, *Against the Heavenly Prophets in the Matter of Images and Sacraments*, in *Luther's Work* (*LW*) 40: 175.

12 Thomas Aquinas, *Summa Theologica*, Ia.8.ad.2.

13 틸리히는 근대 기계론적 이성의 부상에 따른 존재론적 이성의 주변화를 지적했다. Paul Tillich, *Systematic Theology* Vol.1 (Chicago: University of Chicago Press, 1950), 71-75.

14 Martin Luther, *Table Talk*, *LW* 54: 71, 183. 루터의 세 종류의 이성에 대해서는 다음을 참조하라. B.

A. Gerrish, *Grace and Reason: A Study in the Theology of Luther* (Oxford: The Clarendon Press, 1962), 26.

15 Augustinus, *De Trinitate*, 14.4.6. 한국어 번역은 다음의 책에서 인용했다. 아우구스티누스, 『삼위일체론』, 김종흡 옮김 (서울: 크리스찬다이제스트, 2013), 379.

16 Anselmus, *Proslogion*, II, IV. 인용문은 다음 번역본에서 가져왔다. 캔터베리의 안셀무스, 『모놀로기온 & 프로슬로기온』, 박승찬 옮김 (서울: 아카넷, 2002), 183-192.

17 이 문장은 칸트의 정교한 철학적 표현을 이 글의 목적에 맞게 변화시킨 것이다. Immanuel Kant, *Kritik der reinen Vernunft* [1781], A 51/B 75.

18 어거스틴, 『고백록』, 선한용 옮김 (서울: 대한기독교서회, 2003), 129.

19 그런 의미에서 틸리히는 정통주의와 경건주의는 동일한 원인에 대한 두 다른 반응이라고 분석한다. 폴 틸리히, 『19-20세기 프로테스탄트 사상사』, 송기득 옮김 (서울: 한국신학연구소, 1980), 18-27.

20 Nikolaus Ludwig Zinzendorf, "Thoughts for the Learned and yet Good-willed Students of Truth(1732)," in Peter C. Erb ed., *Pietists: Selected Writings* (New York: Paulist Press, 1983), 291.

21 교리에 대한 문화-언어적 접근의 대표적 저서는 다음과 같다. George Lindbeck, *The Nature of Doctrine: Religion and Theology in a Postliberal Age* (Louisville: Westminster John Knox Press, 1984).

22 신학의 자료를 통합할 다양한 주제들에 대해서는 다음을 참조하라. 스탠리 그렌츠, 『조직신학: 하나님의 공동체를 위한 신학』, 신옥수 옮김 (서울: 크리스찬다이제스트, 2003), 57-61.

3장. 성서론: 성서, 하나님의 말씀인가 인간이 쓴 책인가?

1 2017년 기준으로 신약의 경우는 1,521개국 언어로 번역되었고, 성서의 일부는 1,121 언어로 번역되었다. 성서가 전체적으로든 부분적으로든 총 3,312개 언어로 번역된 셈이다. http://www.wycliffe.net/statistics (2018.09.11. 최종접속).

2 로스가 번역한 성서에는 현대식 띄어쓰기가 되어 있지 않지만, '예수', '하느님' 뒤에는 한 칸씩 띄어쓰기를 했다. 이는 정부 공문서에서 '왕'이나 '왕후'를 지칭하는 단어 앞뒤로 한 칸씩 띄어쓰기를 했던 대두법(擡頭法)을 성서 번역에도 사용했기 때문이다. 로스 번역에 대해서는 다음을 참고하라. 이덕주, 『이덕주 교수가 쉽게 쓴 한국 교회 이야기』 (서울: 신앙과 지성사, 2009), 26.

3 유대교의 히브리 성서와 그리스도교의 구약이 39권이라는 점에서는 같지만 그 구조는 다르다. 히브리 성서는 오경(*Torah*), 예언서(*Nevi'im*), 성문서(*Kethuvim*)의 세 부분으로 나눠져 있고, *Torah*, *Nevi'im*, *Kethuvim*의 첫 글자를 각각 따고 거기다 모음을 붙여 타낙(*Tanakh*)이라고 부른다. 얌니아에서 결정된 오경은 창세기-신명기까지 5권의 책이고, 예언서는 여호수아, 사사기, 사무엘, 열왕기, 그리고 예언서들이다. 성문서에는 시편, 잠언, 욥기, 아가, 룻기, 애가, 전도서, 에스더, 다니엘, 에스라, 느헤미야, 역대기가 들어간다.

4 알렉산드리아 정경에 포함된 15권은 다음과 같다. 토비트, 유디트, 솔로몬의 지혜, 바룩, 예레미야의 편지, 마카비 상·하, 수산나, 세 청년의 노래, 벨과 용, 에스더 속편, 집회서, 에스드라스 상·하, 므낫세의 기도.

5   야로슬라프 펠리칸, 『성서, 역사와 만나다: 민족의 경전에서 인류의 고전으로』, 김경민·양세규 옮김 (서울: 비아, 2017), 99-116.

6   유스티누스는 매주 그리스도인의 예배에서 사도들의 회상 '혹은' 예언자들의 글이 읽혀야 한다고 주장한다. Justin Martyr, *First Apology*, 67. http://www.newadvent.org/fathers/0126.htm (2018.09.11. 최종접속).

7   신약의 정경화에 관해 다음을 참고하라. Bruce Metzger, *The Canon of the New Testament: Its Origins, Development, and Significance* (Oxford: Clarendon, 1987); 펠리칸, 『성서, 역사와 만나다』, 171-200.

8   신약의 저자에 따라 히브리어 능력에 차이가 있고, 또 70인역 역시 필사되다 보니 여러 버전으로 존재함을 신중하게 고려해야 할 필요가 있다. Anthony C. Thiselton, *Hermeneutics: An Introduction* (Grand Rapids: Eerdmans, 2009), 65-67, 87-89.

9   오늘날 정교회에서 일반적으로 사용하는 그리스어 번역본에는 구약이 49권이다. 즉, 가톨릭 구약의 46권 외에도 에스드라스 1서, 마카비 3서, 므낫세의 기도가 포함되어 있다. 그러나 정교회 내에도 여러 교회가 있고 시편 151, 마카비 4서, 송영을 성서에 포함하는 경우도 있다.

10 연옥 교리가 외경인 마카비서에 근거를 하고 있기 때문에 루터가 외경을 비판했다고 보는 단순화된 입장이 개신교에 퍼져 있다. 그러나 가톨릭 교리집에서는 정경(고전 3:15; 벧전 1:7 등)에서도 연옥의 주요 근거 본문을 찾고 있다. 가톨릭의 『교회교리서』 1,031항을 참고하라.

11 Athanasius, "From Letter 39", http://www.newadvent.org/fathers/2806039.htm (2017.01.14. 최종접속).

12 간혹 성서가 영감을 받은 인간 저자가 썼다는 의미에서, 하나님은 성서의 유일한 '저자'이고 여러 인간은 '필자'라고 구분을 하는 사람도 있다. 그러나 이러한 구분이 일상 언어에서는 큰 의미가 없기 때문에, 이 글에서는 '저자'라는 단어로 통일하도록 하겠다.

13 영어 원문은 다음과 같다. WE AFFIRM that God in His work of inspiration utilized the distinctive personalities and literary styles of the writers whom He had chosen and prepared. WE DENY that God, in causing these writers to use the very words that He chose, overrode their personalities (Chicago Statement on Biblical Inerrancy, VIII).

14 영어 원문은 다음과 같다. WE AFFIRM that the text of Scripture is to be interpreted by grammatico-historical exegesis, taking account of its literary forms and devices, and that Scripture is to interpret Scripture (Chicago Statement on Biblical Inerrancy, XVIII).

15 Kevin Vanhoozer, "The Inerrancy of Scripture," Theology Network. http://www.theologynetwork.org/biblical-studies/getting-stuck-in/the-inerrancy-of-scripture.htm (2017.01.16. 최종접속).

16 세속화와 근대성의 도전에 대해 유럽보다 더 강하게 저항했던 19세기 미국적 상황 속에서 성서무오설이 어떻게 학문적으로 발전되었는지에 대해서는 다음을 참고하라. Mark Noll, "The Princeton Theology," in David F. Wells ed., *Reformed Theology in America: A History of Its Modern Development*, (Grand Rapids: Wm B. Eerdmans, 1985).

17 Augustine, *Letter* 82.i.3. in *Letters of St. Augustine: The Nicene and Post-Nicene Fathers of the Christian Church, First Series*, ed. Philip Schaff (Grand Rapids: Wm. B. Eerdmans, 1994), 348.

18 시카고 성서무오선언(CSBI) 10항도 이 점을 분명히 밝히지만, 사본의 신뢰성에 대해서도 강조하고 있다.

19 이 문제에 대해서 케빈 밴후저가 심도 있게 다루고 있는 다음 논문을 보라. Kevin Vanhoozer, "Lost in Translation?: Truth, Scripture, and Hermeneutics," *Journal of Evangelical Theological Society* 48/1 (2005): 89-114.

20 데살로니가전서 2장 13절에서 바울 역시 성서의 권위에 담긴 실천적·목회적 함의를 강조하고 있다. 무오설이 단지 이론이 아니라 그리스도교적 삶과 연결되어 있음에 관해서는 다음을 참고하라. Kevin Vanhoozer, "Augustinian Inerrancy," in J. Merrick and S. Garret eds., *Five Views on Inerrancy* (Grand Rapids: Zondervan, 2013), 235.

21 Anders Jørgen Bjørndalen, "Allegory," in R. J. Coggins and J. L. Houlden eds., *A Dictionary of Biblical Interpretation* (London, SCM, 1990).

22 Thiselton, *Hermeneutics*, 4.

23 물론 안디옥 학파가 문자적 해석을, 알렉산드리아 학파가 알레고리적 해석을 사용한 것으로 알려져 있다. 하지만, 안디옥 학파도 알레고리적 해석을 사용했고, 알렉산드리아 학파도 문자적 해석을 전제로 알레고리적 해석을 시도했다. 초대교회에서 알레고리와 문자적 해석은 이분법적으로 나눠진 양자택일의 문제가 아니었다.

24 다음을 참고하라. Alister McGrath, *Reformation Thought: An Introduction*, 2nd ed. (Oxford: Blackwell, 1988), 147-150; John L. Thompson, "Calvin as a Biblical Interpreter," in Donald K. McKim ed., *The Cambridge Companion to John Calvin* (Cambridge: Cambridge University Press, 2004).

25 특별히 구약을 가지고 신약의 본문을 해석하는 방식을 '유형론적(typological) 해석'이라 부르며 알레고리와 구분하기도 한다. 그러나 당시에 알레고리가 유형론까지 포함하는 광범위한 개념이기에 이글에서는 특별히 구분하지 않기로 한다.

26 Thomas Aquinas, *Summa Theologiae*, Ia.10.ad.1-3.

27 이는 아우구스티누스의 알레고리적 해석에서 통찰을 받아 응용한 것이다. Augustinus, *De Doctrina Christina*, 2.16.24.

28 Stanley Hauerwas, *Unleashing the Bible: Freeing the Bible from Captivity to America* (Nashville: Abingdon Press, 1993), 17.

29 한국 교회의 QT 현상에 대한 평가로 다음을 참조하라. 김형원, "QT로 한국 교회가 얻은 것과 잃은 것," 「뉴스앤조이」 (2010.03.29.). http://www.newsnjoy.us/news/articleView.html?idxno=1829 (2017.01.16. 최종접속).

30 로완 윌리엄스, 『그리스도인이 된다는 것』, 김기철 옮김 (서울: 복 있는 사람, 2015), 47-48.

4장. 삼위일체론: 어떻게 셋이 하나일 수 있을까?

1 이와는 달리 파니카는 삼위일체가 그리스도교만의 계시라는 주장은 지나치게 과장되었고, 삼위일체는 여러 종교가 만날 수 있는 교차점이라고 주장한다. 그러나 삼위일체론의 신비와 이에 대한 현상적 경험에 집중하는 그의 기본 전제에 동의하느냐 여부에 따라 전혀 다른 견해가 나올 수도 있다. Raimundo Panikkar, *The Trinity and the Religious Experience of Man* (New York: Orbis Books, 1973), 42.

2 이 구절이 과연 그리스도교의 삼위일체론에 대한 비판인지에 대한 논쟁은 여전히 남아 있다. 꾸란의 한국어 번역에는 "삼위일체를 말하지 말라"이지만, 영어 번역만 보더라도 "Say not three!"라고 되어 있다. 이것은 이슬람이 초기에 그리스도교의 삼위일체론을 '삼신론'으로 오해한 데서 나온 표현이다. 물론 현대에도 많은 무슬림이 삼위일체론을 삼신론과 구분하지 못한 상황에서 그리스도교 신론을 비판하곤 한다. 이 문제에 관해 전문적 조언을 주신 횃불트리니티신학대학원대학교의 김아영 교수(선교학)에게 감사를 드린다.

3 영어 번역은 다음을 참고하라. Theophilus of Antioch, "Theophilus To Autolycus" (*Apologia ad Autolycum*), II. XV. http://www.earlychristianwritings.com/text/theophilus-book2.html (2017.01.17. 최종접속).

4 로완 윌리엄스는 4세기 당시 삼위일체론을 둘러싼 논쟁을 분석하며, 예수 그리스도가 완전한 하나님임을 거부하던 아리우스를 전통 언어와 논리에 묶여 있던 보수적 입장을 가진 자로 평가한다. 오히려 당시 선입견을 뛰어넘어 성자가 완전한 하나님임을 주장하던 '정통주의'의 첫 대변인들이야말로 급진적인 사람들이었다. 다음을 참조하라. Rowan Williams, *Arius: Heresy and Tradition*, 2nd ed. (London: SCM, 2001), 175.

5 John Macquarrie, *The Principles of Christian Theology* (London: SCM, 1966), 175.

6 로저 올슨, 『삼위일체』, 이세형 옮김 (서울: 대한기독교서회, 2004), 15. 이 책의 15-22에서 올슨은 삼위일체론의 다양한 성서적 근거를 잘 요약해 준다.

7 웨인 그루뎀, 『조직신학 (상)』, 노진준 옮김 (서울: 은성출판사, 1997), 327-333 참조.

8 그루뎀, 『조직신학 (상)』, 343.

9 간혹 영어 사전에 따라 트리무르티를 힌두교의 신 셋이 만들어 낸 '삼위일체'(a trinity)라고 부르기도 하는데, 이는 편의상 붙인 호칭이지 그리스도교의 삼위일체(the Trinity)와 같은 개념이라고 보기에는 무리가 있다. 실제 트리무르티의 문자 그대로 뜻은 세 형상(three forms)에 가깝다. 다음을 참고하라. Eva Jansen, *The Book of Hindu Imagery: Gods, Manifestations and Their Meaning* (Havelte: Binkey Kok, 2003), 83-84.

10 이는 근대 이전부터 통용되던 인식론의 기본 전제이다. Thomas Aquinas, *Summa Theologiae*, Ia.1.1.

11 Louis Berkhof, *Systematic Theology*, 4th ed. (Grand Rapids: Baker, 1979), 89.

12 운동을 일으키고 운동하는 우주에 총체성을 부여하는 신에 대한 논의는 이 책 12장 "고통당할 때 하

나님도 괴로워하시는가?"에서 아리스토텔레스의 신 개념을 설명하며 자세히 소개했다.

13 Thomas Aquinas, *Summa Theologiae*, Ia.32.1. 이러한 사고를 현대적으로 계승한 가톨릭 신학자로 발터 카스퍼를 들 수 있다. 그는 마 11:27; 고전 2:11; 요 1:18 등을 인용하면서 삼위일체는 이성으로 증명될 수 없는 신비임을 주장했다. Walter Kasper, *The God of Jesus Christ*, trans. Matthew O'Collins (London, SCM, 1983), 267-268.

14 Richard of St. Victor, *De Trinitate*, 3.11.

15 Johann Wolfgang von Goether, *Faust. Eine Tragödie*, 1236-1237. 다음 번역본에서 인용하였다. J. W. 괴테, 『파우스트』, 정광섭 옮김 (서울: 홍신문화사, 1992), 55.

16 Alicia D. Myers, *Blessed Among Women?: Mothers and Motherhood in the New Testament* (Oxford: Oxford University Press, 2017), 92-96. 물론 이 표현이 성부와 성자의 상호관계를 표현하고자 유비적으로 사용되었음을 유념할 필요가 있다.

17 물론 이 인용문은 마르틴 부버의 문장을 약간 변형한 것이긴 하지만, 유대교 배경을 가진 부버는 이 글처럼 창조 이전의 선재적 의미에서 '관계'를 이야기한 것이 아니다. Martin Buber, *I and Thou*, trans. Walter Kaufman (New York: Charles Scribner's Sons, 1971), 69.

18 교부들은 특별히 시 110:1의 "여호와께서 내 주에게 말씀하시기를"도 성부와 성자간의 대화로 해석하곤 했다.

19 Joseph Ratzinger, "Concerning the Notion of Person in Theology," *Communio* 17 (Fall, 1990), 443.

20 Paul Fiddes, "Relational Trinity: Radical Perspective," in Stanley N. Gundry ed., *Two Views on the Doctrine of the Trinity* (Grand Rapids: Zondervan, 2014), 159-160.

21 김상봉, 『자기의식과 존재사유: 칸트철학과 근대적 주체성의 존재론』 (서울: 한길사, 1998), 347. 강조는 필자의 것. 다음도 참고하라. Ratzinger, "Concerning the Notion of Person in Theology," 453-454.

22 Colin Gunton, *The Promise of Trinitarian Theology* (Edinburgh: T & T Clark, 1991), 83-93. 관계적 존재로서 인간이란 주제는 5부 인간론에서 더욱 자세히 다룰 예정이다.

23 예수 그리스도는 신과 유사한 본질을 가졌다(homoiousious)고 주장한 아리우스와 이에 대항하여 예수 그리스도가 성부와 동일본질을 가졌다(homoousious)고 주장한 아타나시우스 사이의 논쟁이 대표적 예이다. 다음을 참고하라. Paul Capetz, *God: A Brief History* (Minneapolis: Fortress Press, 2003), 46-47.

24 초대 교부들의 삼위일체론의 발전에 로마서 8장이 가지는 중요성에 대한 연구로 다음을 참조하라. Sarah Coakley, "Living into the Mystery of the Holy Trinity: Trinity, Prayer, and Sexuality," *Anglican Theological Review* 80 (1998): 223-232.

25 아타나시우스가 성자가 성부와 동일한 본질임을 강조한 가장 큰 이유도 구원된 인간의 하나님의 자녀 됨을 주장하기 위해서이다. 다음을 참고하라. Athanasius, *On the Incarnation of the Word*, 8.4.-9.1. http://www.newadvent.org/fathers/2802.htm (2017.02.03. 최종접속).

26 Michael Bird, "Progressive Reformed View," in James K. Beilby and Paul R. Eddy eds., *Justification: Five Views* (London: SPCK, 2012), 110.

27 영어 번역 가사는 다음 링크에서 확인하라. https://www.youtube.com/watch?v=iFDfyihG6o0 (2019.01.17. 최종접속).

28 유진 피터슨, 『부활을 살라』, 양혜원·박세혁 옮김 (서울: IVP, 2010), 302.

5장. 계시론: 하나님은 어떻게 인간에게 자기를 알려 주시는가?

1 포프의 문장은 다음 인터넷 사전에서 인용했다. http://www.dictionary.com/browse/revelation (2016.01.18 최종접속).

2 박종화의 문장은 다음 인터넷 사전에서 인용했다. http://krdic.naver.com/detail. nhn?docid=2445200 (2016.01.18 최종접속).

3 "Ahl al-Kitab," *The Oxford Dictionary of Islam* (Oxford: Oxford University Press, 2003).

4 그리스도교가 성서를 중심으로 한 종교이고, 성서가 서양의 문화를 형성하는 데 끼친 결정적 영향에 대해서는 다음을 참고하라. David Lyle Jeffrey, *People of the Book: Christian Identity and Literary Culture* (Grand Rapids: William B. Eerdmans Publishing Company, 1996).

5 20세기 삼위일체론의 가장 큰 기여가 삼위일체와 계시를 연결한 점이라 평가받고 있다. 다음을 참고하라. Wolfhard Pannenberg, "Letter to the Author from Professor Pannenberg (1983)," in Timothy Bradshaw, *Trinity and Ontology: A Comparative Study of the Theologies of Karl Barth and Wolfhard Pannenberg* (Edinburgh: Rutherford House Books, 1988), 403.

6 Martin Luther, "A Brief Instruction on What to Look for and Expect in the Gospel," in *Luther's Works 35: Word and Sacrament I*, ed. E. Theodore Bachmann (Philadelphia: Fortress Press, 1960), 123.

7 John V. Tayolr, *The Christ-like God* (London: SCM, 1992).

8 "나는 내 자신이 알 수 없는 하나의 큰 수수께끼였습니다"라는 아우구스티누스의 고백은 인간이 자신이 누구인지 알기 위해 하나님이 필요함을 함축적으로 보여준다. 어거스틴, 『고백록』, 선한용 옮김 (서울: 대한기독교서회, 2003), 126.

9 일반계시와 특별계시의 관계에 대해서 다음을 참조하라. 김균진, 『기독교조직신학 I』 (서울: 연세대학교출판부, 1984), 130-142.

10 Aristotle, *Metaphysics*, 1. 982b.

11 바르트의 자연신학에 대한 대표적 비판으로 다음에 실린 바르트의 글을 참조하라. 칼 바르트·에밀 브루너, 『자연신학』, 김동건 옮김 (서울: 한국장로교출판사, 1997).

12 Karl Barth, *Church Dogmatics* I/1, ed. Thomas Torrence and Geoffrey Bromiley (Edinburgh: T & T Clark, 1969), 55. 이하 *Church Dogmatics*는 CD로 표기.

13 나치 시대의 신학과 이에 대한 신학적 저항에 대해서는 다음을 참고하라. 제임스 레이머, '나치독일의 신학자들,' 그레고리 바움 편, 『20세기의 사건들과 현대신학』, 연규홍 옮김 (서울: 대한기독교서회, 2009).

14 이 인용문은 웨스트민스터 신앙고백 1.6.의 일부를 현대 영어본에서 필자가 번역한 것이다.

15 말씀의 삼중적 형태가 흔히 칼 바르트가 주장한 것으로 알려졌지만, 바르트 자신이 밝히듯 이는 종교

개혁자나 개신교 정통주의자들이 이미 사용하였다. 오히려 바르트의 기여는 말씀의 삼중적 형태를 그의 '말씀의 신학'의 기본 얼개로 삼았다는 데 있다고 할 수 있다. Barth, *CD* I/1, 121-124.

16 가이슬러가 지적했듯, 죄론은 초대교회 이후로 성서의 형성이나 성서의 수용에 있어 성령의 역할을 강조하게 했고, 이것이 종교개혁 신학으로 넘어오면서 영감과 조명을 구분하여 설명하도록 영향을 끼쳤다. Norman Geisler, *Baker Encyclopedia of Christian Apologetics* (Grand Rapids: Baker, 1999). 331.

17 어거스틴, 『고백록』, 228.

18 유진 피터슨, 『메시지 완역본 영한대역』, 김순현 외 옮김 (서울: 복 있는 사람, 2016), 22.

6장. 하나님의 속성: 하나님은 어떤 분이신가?

1 Erich Milner-White's prayer in George Appleton ed., *The Oxford Book of Prayer* (Oxford: Oxford University Press, 1985), 55.

2 참고로 웨인 그루뎀은 성서에 나오는 하나님의 속성을 다음과 같이 28개로 나누어 소개한다. 독립성, 불변성, 영원성, 편재성, 통일성, 영적 성품, 비가시성, 지식, 지혜, 진실하심, 신실하심, 선하심, 사랑, 자비, 은혜, 인내, 거룩, 화평 (또는 질서), 의 (또는 공의), 질투, 진노, 의지, 자유, 전능 (능력, 주권), 완전, 복되심, 아름다우심, 영광. 웨인 그루뎀, 『조직신학 (상)』, 노진준 옮김 (서울: 은성, 1997), 257-325.

3 마르틴 부버, 『나와 너』, 김천배 옮김 (서울: 대한기독교서회, 2000), 17.

4 앙투안 드 생 텍쥐페리, 『어린왕자』, 황현산 옮김 (파주: 열린책들, 2015), 20-21.

5 신적 속성이 행동 속에 있음에 대해 다음을 참고하라. Colin Gunton, *Act & Being: Towards a Theology of the Divine Attributes* (Grand Rapids: William B. Eerdmans, 2002), 132.

6 Joseph Palakeel, *The Use of Analogy in Theological Discourse: An Investigation in Ecumenical Perspective* (Roma: Gregorian University Press, 1995), 43-47 참조. 종교 언어의 유비적 성격에 관한 더 학술적이고 자세한 논의로는 다음을 참고하라. Janet Martin Soskice, *Metaphor and Religious Language* (Oxford: Clarendon Press, 1985).

7 신학적 언어에서 유비의 존재론적이고 인식론적인 차이에 대해서는 다음을 참고하라. Palakeel, *The Use of Analogy in Theological Discourse*, 208-209.

8 Augustinus, *De Civitate Dei*, XII.3.

9 Thomas Aquinas, *Summa Theologiae*, I.3.1.

10 피조 세계에 대한 하나님의 자유와 하나님에 대한 피조 세계의 의존에 관해서는 Irenaeus, *Against Heresies*, 4.14.1. 참조.

11 C. S. 루이스는 창조 세계의 통일성과 항상성을 하나님의 전능과 함께 고려할 때 우주에 고통의 가능성이 내포되어 있다고 본다. C. S. 루이스, 『고통의 문제』, 이종태 옮김 (서울: 홍성사, 2005), 45-56.

12 Thomas Aquinas, *Summa Theologiae*, I.25.3.

13 하나님의 예지와 인간의 자유의 관계에 대한 고전적 논의로 다음을 참고하라. 앤서니 케니, 『중세철학』, 김성호 옮김 (파주: 서광사, 2010), 426-429, 447-455, 463-468.

14 이후 이 문제를 섭리론에서 간략히 다룰 예정이다. 다음 책도 참고하라. 데이비드 베이싱어·랜들 베이싱어 편, 『예정과 자유의지: 예정과 자유의지에 대한 네 가지 관점』, 이미선 옮김 (서울: 부흥과개혁사, 2010).

15 Augustinus, *Confessiones*, XI. 11.

16 이러한 원형적 이미지는 고대 그리스 철학에서부터 사용되어 왔다. Plato, *Timaeus*, 37.

17 칼 바르트의 영향으로 전지와 인내를 함께 사유하는 경향이 현대 신학에서 발견되곤 한다. 다니엘 L. 밀리오리, 『이해를 추구하는 신앙: 기독교 조직신학 개론 (2판)』, 신옥수·백충현 옮김 (서울: 새물결플러스, 2012), 158.

18 칼 바르트, 『교회교의학 II/1』, 황정욱 옮김 (서울: 대한기독교서회, 2010), 437.

19 근대 케노시스 기독론에 대한 간략한 소개로 다음을 참고하라. 알리스터 맥그래스, 『신학이란 무엇인가』, 김기철 옮김 (서울: 복 있는 사람, 2014), 506-508.

20 다음을 참고하라. 마르틴 루터, "루터의 라틴어 저작 전집 서문." 『루터 저작선』, 존 딜렌버거 편, 이형기 옮김 (서울: 크리스챤다이제스트, 1994), 48.

21 Gunton, *Act & Being*, 132.

22 장 루이 푸르니에, 『하느님의 이력서』, 양영란 옮김 (서울: 예담, 2007).

7장. 창조론: 우주는 어떻게 그리고 무엇을 위해 존재하는가?

1 창세기 1-2장을 이해하는 방법에 대해서는 그리스도교 내에서도 다양한 방식이 존재한다. 특별히 창세기를 해석하는 복음주의 내부 스펙트럼을 다섯 가지로 정리해 설명한 다음의 책을 참고하라. 리처드 E. 에이버벡 외, 『창조 기사 논쟁: 복음주의자들의 대화』, 최정호 옮김 (서울: 새물결플러스, 2016).

2 파스칼, 『팡세』, 이환 옮김 (서울: 서울대학교출판부, 1985), 221에 나오는 우주에 대비되는 인간의 위대함을 참고하라.

3 어거스틴, 『고백록』, 선한용 옮김 (서울: 대한기독교서회, 2003), 392.

4 특별히 고대 근동 지방의 창조 신화는 다음의 책을 참고하라. 제임스 B. 프리처드 편, 『고대근동문학선집』, 강승일 외 5인 옮김 (서울: CLC, 2016), 90-103.

5 하나님이 인간의 수준에 맞게 의사소통을 하셨다는 '조정' 혹은 '적응'(accommodation) 이론이라고 한다. 이러한 언어 이론은 초대교회부터 종교개혁에 이르기까지 폭넓게 받아들여졌다. 알리스터 맥그래스, 『신학이란 무엇인가』, 김기철 옮김 (서울: 복 있는 사람, 2014), 461.

6 아우구스티누스, 『하나님의 도성』, 조호연·김종흡 옮김 (서울: 크리스챤다이제스트, 1998), 560.

7 Plato, *Timaeus*, 27-53.

8 시대에 따른 천국의 이미지 변천은 다음 책에 잘 소개되고 있다. Jeffrey Burton Russell, *A History of Heaven* (Princeton: Princeton University Press, 1997).

9 낙원 언어의 창조성에 대한 설명은 발터 벤야민의 통찰을 빌려왔다. Walter Benjamin, *One-Way Street and Other Writings*, trans. Edmund Jephcott and Kingsley Shorter (London: Verso, 1983), 114-122.

10 게르하르트 타이센·아테네 메르츠, 『역사적 예수』, 손성현 옮김 (서울: 다산글방, 2001), 459.

11 창조 신앙이 겉으로 보이는 인간 중심적 세계관과 달리 하나님 중심의 세계관을 제시하고 있으며, 자연 파괴의 근본 원인은 오히려 '하나님 없는 인간'에게 있다고 다음 책은 주장한다. 김균진, 『생태계의 위기와 신학』(서울: 대한기독교서회, 1991), 20-54.

12 세계와 인간의 관계를 갈등이 아니라 상호성으로 보게 하는 대표적 예로 다음을 참고하라. Rowan Williams, "On Being Creatures," in *On Christian Theology* (Oxford: Blackwell, 2000), 70-72.

13 이하 전개될 이레나이우스의 창조 이해에 관한 더욱 자세한 논의로는 다음 논문을 참고하라. 최진, "이레니우스가 본 인간 성장을 위한 창조," 「햇불트리니티저널」21/1 (2018), 33-49.

14 Irenaeus, *Against Heresies*, 4.11.1.

15 Irenaeus, *Against Heresies*, 4.11.2. http://www.newadvent.org/fathers/0103411.htm (2018.09.08. 최종접속). *Against Heresies*, 4.38.1.도 참고하라.

16 이레나이우스가 이 주제를 적극적으로 발전하려고 했는지는 해석의 여지가 있다. 단, 창조를 열등하고 악한 것으로 보았던 영지주의에 대한 그의 비판과 불완전한 창조 속에서 완성을 향해 가는 인간이라는 그의 구원론을 종합적으로 고려할 때 창조가 성숙의 공간이라는 결론은 어렵지 않게 유추할 수는 있다. 다음을 참고하라. Irenaeus, *Against Heresies*, 2.4.2., 3.11.5. 등

17 Irenaeus, *Against Heresies*, 5.6.1.

18 로완 윌리엄스, 『삶을 선택하라』, 민경찬·손승우 옮김 (서울: 비아, 2017), 88.

19 종말과 새 창조의 관계에 대해서는 다음의 중요한 논의를 참고하라. Paul Evdokimov, "Nature," *Scottish Journal of Theology*, 18/1 (1965): 1-22.

20 그렌츠는 옛 창조와 새 창조의 연속성과 불연속성을 함께 봐야 함을 강조한다. 옛 것은 새로운 것에 자리를 내주지만, 하나님께서 변화시키실 것은 바로 이미 존재하는 우주이다. 스탠리 그렌츠, 『조직신학: 하나님의 공동체를 위한 신학』, 신옥수 옮김 (서울: 크리스챤다이제스트, 2003), 908-909.

21 바울에게 있어 새 창조 개념의 우주적 지평과 그 속에서 살아가는 그리스도인의 삶에 대해서는 다음 책을 참고하라. Richard Hays, *Moral Vision of the New Testament: A Contemporary Introduction to New Testament Ethics* (San Francisco: HarperSanFrancisco, 1996), 20-23. 앞뒤 문단의 성서 해석 및 바울신학 해석은 이 책의 내용을 주로 요약한 것이다.

22 위르겐 몰트만, 『창조 안에 계신 하느님』, 김균진 옮김 (서울: 한국신학연구소, 2002), 19.

23 Aristotle, *Metaphysics*, 1. 982b.

24 아우구스티누스, 『하나님의 도성』, 581.

8장. 섭리론: 하나님의 섭리와 인간의 자유는 어떻게 조화를 이루는가?

1 Possidius, *Vita Augustini*, XV. 2-3. 위 인용문은 다음 번역본에서 가져왔다. 포시디우스, 『아우구스티누스의 생애』, 이연학·최원오 옮김 (왜관: 분도출판사, 2008), 73.

2 Possidius, *Vita Augustini*, XV. 6. 포시디우스, 『아우구스티누스의 생애』, 74 (강조는 필자의 것).

3 "攝理," 『한국한자어사전』, https://hanja.dict.naver.com/search?query=%E6%94%9D%E7%90%86 (2018.09.05. 최종접속).

4 "providence, divine" in Donald K. McKim, *Westminster Dictionary of Theological Terms* (Louisville: Westminster John Knox Press, 1996), 226 (강조는 필자의 것).

5 이는 주로 칼빈주의 신학에서 자주 사용되는 분류법이기도 하다. John Calvin, *Institutes of Christian Religion*, I.16.2. 참조. 신학자에 따라 '유지와 인도와 참여' 대신, '보존과 통치와 협력'이라는 단어를 선호하기는 하나 사실 내용상으로 큰 차이는 없다.

6 빌헬름 니젤, 『칼빈신학 강의: 칼빈신학에 대한 복음적 이해』, 이형기·조용석 옮김 (서울: 한들, 2011), 90-91 참조.

7 Ioannis Calvini, *Corpus Reformatorum: Calvini Opera* 31, 682의 시편 73편 주석을 니젤, 『칼빈신학 강의』, 92에서 재인용.

8 "절대주권," 『표준국어대사전』, https://ko.dict.naver.com/detail.nhn?docid=33325000 (2018.09.04. 최종접속).

9 J. W. Simpson, Jr, "Sovereign; Sovereignty," in *The International Standard Bible Encyclopedia*, Vol. 4., ed. G. W. Bromiley (Grand Rapids: Eerdmans, 1988), 590.

10 이는 다음 사전에 나온 Sovereignty 어원에서 참고하였다. "Sovereignty," in *Meriam-Webster*, https://www.merriam-webster.com/dictionary/sovereignty (2018.09.04. 최종접속).

11 Wolf-Daniel Harwich, Aleida Assmann, and Jan Assmann, "Afterword," in Jacob Taubes, *Political Theology of Paul*, trans. Dana Hollander (Stanford: Stanford University Press, 2004), 140.

12 William Hasker, *Metaphysics: Constructing a World View* (Downers Grove: IVP, 1983), 33-50.

13 하나님의 주권과 인간의 자유의 관계를 설명하는 방식을 다음 책은 네 가지로 구분한다. ① 하나님이 모든 것을 정하신다(ordains), ② 하나님은 모든 것을 아신다(knows), ③ 하나님은 능력(power)을 제한하신다, ④ 하나님은 지식(knowledge)을 제한하신다. 존 파인버그 외, 『예정과 자유의지』, 이미선 옮김 (서울: 부흥과 개혁사, 2010). 하지만, 이 역시 섭리와 자유를 범주화하는 하나의 방법일 뿐이니, 이러한 분류법을 절대화할 필요는 없다.

14 Brian Green, *The Elegant Universe: Superstrings, Hidden Dimensions and the Quest for the Ultimate Theory* (New York: Vintage, 2000), 117-131.

15 C. S. 루이스, 『당신의 벗, 루이스』, 홍종락 옮김 (서울: 홍성사, 2013), 334. 메클레이 부인에게 루이스가 보낸 편지는 다음 책을 통해 알게 되었다. 스콧 버슨·제리 월즈, 『루이스와 쉐퍼의 대화』, 김선일 옮김 (서울: IVP, 2009).

16 C. S. 루이스, 『개인기도』, 홍종락 옮김 (서울: 홍성사, 2007), 74-75 참조.

17 "Providence," in Van A. Harvey, *A Handbook of Theological Terms* (New York: Collier Books, 1964), 199.

18 이와 유사한 맥락에서 칼뱅은 섭리론을 (창조론에 이어 독립된 주제로 소개하기 이전에) 삼위일체론을 설명하면서 먼저 다뤘다. Calvin, *Institutes*, I.13.12.

19 칼 바르트, "자유의 선물," 『하나님의 인간성』, 신준호 옮김 (서울: 새물결플러스, 2017), 122.

20 루이스, 『개인기도』, 104-105 참조.

21 루이스, 『개인기도』, 85.

22 타율, 자율, 신율의 구분은 틸리히에게서 가져온 것이다. Paul Tillich, *A History of Christian*

Thought: From Its Judaic and Hellenistic Origins to Existentialism, ed. Carl E. Braaten (New York: Touchstone, 1968), 322-323.

23 Possidius, *Vita Augustini*, XXIX. 1. 포시디우스, 『아우구스티누스의 생애』, 125.

24 니버의 기도 원문은 다음과 같다. "God, grant me the serenity to accept the things I cannot change/ Courage to change the things I can/ And wisdom to know the difference." 이 기도문의 첫 출현과 그 이후 변천에 관해서는 다음 글이 잘 요약해 주고 있다. Fred R. Shapiro, "Who Wrote the Serenity Prayer?", *The Chronicle of Higher Education* (April 28, 2014), https://www.chronicle.com/article/Who-Wrote-the-Serenity-Prayer-/146159/ (2018.09.03. 최종접속). 강조는 필자의 것.

3부 하나님과 세계

1 비르질 게오르규, 『25시에서 영원으로』, 박노양 옮김 (서울: 정교회출판부, 2015), 132-133.

9장. 하나님의 뜻: 전쟁과 질병도 하나님의 뜻인가?

1 David Hume, *A Treatise of Human Nature* (London: John Noon, 1739), V. I. 35 참조.

2 "뜻," 『표준국어대사전』, https://ko.dict.naver.com/detail.nhn?docid=11369100 (2018.09.15. 최종접속).

3 하나님 뜻에 대한 성서적 접근은 다음 글에서 많은 정보를 얻었음을 밝힌다. J. R. Michaels, "Will of God," in *The International Standard Bible Encyclopedia*, Vol. 4, ed. G. W. Bromiley (Grand Rapids: William B. Eerdmans, 1988).

4 일례로 '웨스트민스터 신앙고백' 3.1.은 하나님의 영원한 작정에 관해 "하나님께서는 자신의 지혜롭고 거룩한 계획에 따라 영원 전부터 앞으로 일어날 모든 일을 변치 않게 정하셨다"고 가르친다.

5 Cleantes quoted in "Providence," in Encyclopeida Britanica, https://www.britannica.com/topic/Providence-theology (2018.11.19. 최종접속).

6 스토아적 섭리론과 성서적 섭리론의 차이를 다음의 책이 쉽게 설명하고 있다. 디오게네스 알렌, 『신학을 이해하기 위한 철학』, 정재현 옮김 (서울: 대한기독교서회, 1996), 115.

7 빅 브라더(Big Brother)는 조지 오웰이 소설 『1984』에서 만들어 낸 가상의 존재로, 정보를 독점하고 일상을 주시함으로 사람들을 통제하는 감시 권력을 의미한다.

8 레슬리 웨더헤드, 『하나님의 뜻』, 김준우 옮김 (서울: 한국기독교연구소, 2001), 64.

9 이 문제는 10-11장에서 악의 문제를 다루면서 더 자세히 설명하겠다.

10 최근 에디트 슈타인에 대한 연구가 많이 진행되면서, 국내에도 그의 삶과 사상에 대해 참고할 수 있는 책이 여러 권 나와 있다. 특별히 필자는 다음의 책의 도움을 많이 받았다. 수자와 카오리, 『에디트 슈타인』, 최경식 옮김 (왜관: 분도출판사, 1996).

11 Melissa Raphael, *The Female Face of God in Auschwitz: A Jewish Feminist Theology of the Holocaust* (Abingdon: Routledge, 2003), 79.

12 웨더헤드, 『하나님의 뜻』, 64.

13 이 주제는 앞서 섭리론에서 기도의 중요성을 논하면서도 다루었지만, 33장에서 '기도'를 다룰 때 더 상세히 설명하겠다.

14 마태복음 21장 31절에는 말로 복종하는 큰아들이 아니라 실천하는 둘째 아들이 아버지의 뜻을 따르는 자임을 보여준다. 누가복음 12장 47절은 주인의 뜻을 알고도 준비하지 않은 종이 받을 심판에 대해 경고하고 있다.

15 앞서 섭리론에서 소개한 폴 틸리히의 자율과 타율 개념 분석을 참고하라. 폴 틸리히, 『19-20세기 프로테스탄트 사상사』, 송기득 옮김 (서울: 한국신학연구소, 1980), 35-39. 다시 요약하자면 틸리히는 자율과 타율의 대립이 신율(神律)이라는 개념에서 해소될 수 있다고 본다. 자신의 신적 근거를 알고 있는 자율로서 신율은, 추상적 의미에서 타율과는 전적으로 다른 개념이다.

16 웨인 그루뎀, 『조직신학 (상)』, 노진준 옮김 (서울: 은성, 1997), 475.

17 Karl Barth, "The Gift of Freedom: Foundation of Evangelical Ethics," in *The Humanity of God*, trans. Thomas Wieser (Louisville: John Knox Press, 1960), 71. 여기서 바르트의 복잡한 신학적 언어를 단순화시켜 번역하였음을 밝혀 둔다.

18 삼위일체 신학을 서구 형이상학이 아니라 드라마를 통해 설명하는 대표적 신학자로는 한스 우르 폰 발타자(Hans Urs von Balthasar), 케빈 밴후저 (Kevin Vanhoozer), 벤 쿼시 (Ben Quash), 니콜라스 힐리(Nicholas Healy) 등이 있다. 필자는 성령을 감독과 유사한 역할을 하는 것으로 설명했지만, 신학자마다 유비를 쓰는 방식은 다 다르다.

19 C. S. 루이스, 『천국과 지옥의 이혼』, 김선형 옮김 (서울: 홍성사, 2003), 169.

20 Dante Alighieri, *Paradiso*, III. 85-87.

10장. 신정론 I: 악과 고통을 어떻게 이해해야 할까?

1 신정론(theodicy)는 신을 뜻하는 그리스어 *theos*와 정의를 뜻하는 *dike*가 결합하여 만들어진 말로, 고통에 마주하여 신의 정당함을 주장하는 이론을 의미한다. 이 표현의 기원에 대해서는 12장에서 더 자세히 설명했다.

2 이 글에서 악을 evil, 고통을 suffering, 고난을 pain에 상응하게 논의를 펼치지만, 이는 사상가나 작가마다 다르게 사용하기도 한다. 이하 악, 고통, 고난의 '가설적' 정의는 일반적으로 이 단어들의 용례를 따랐다. 다음 사전의 각 항목의 기본 정의를 참고하였다. https://en.oxforddictionaries.com/ (2018.11.19. 최종접속).

3 1940년에 C. S. 루이스는 변증적 목적으로 『고통의 문제』(*The Problem of Pain*)를 출판했다. 그러나 1963년 아내가 죽은 후 루이스는 『헤아려본 슬픔』(*A Grief Observed*)을 가명으로 출판했다.

4 니콜라스 월터스토프, 『나는 사랑하는 사람을 잃었습니다』, 박혜경 옮김 (서울: 좋은 씨앗, 2014).

5 스피노자의 라틴어 본문은 다음과 같다. *Affectus, qui passio est, desinit esse passio simulatque eius claram et distinctam formamus ideam*. 한국어 번역본에는 "수동적인 정서는 우리가 그것에 대해 명석 판명한 관념을 형성하는 순간 더 이상 수동적이지 않다"로 되어 있지만, 이글에서는 대중적 영어 번역인 "Emotion, which is suffering, ceases to be suffering as soon as we form a clear and precise picture of it"을 번역하였다. 다음 번역본을 참고하라. B. 스피노자, 『에티카』, 강영계 옮김 (서울: 서

광사, 1990), 292.

빅터 프랭클, 『죽음의 수용소에서』, 김충선 옮김 (서울: 청아출판사, 1995), 163-166.

아우구스티누스의 『고백록』 5권은 마니교 이원론과 그리스도교 신앙의 갈등에 대한 고전적 본문이
다.

독일의 사회과학자 막스 베버는 근대로의 이행을, 현상 배후에 있다고 간주되던 초자연적 힘에 대한
믿음 대신 합리성에 의해 삶의 영역이 제도화되는 '탈주술화' 과정이라 정의했다. 막스 베버, 『직업으
로서의 학문, 직업으로서의 정치』, 이상률 옮김 (서울: 문예출판사, 1994), 29-30.

C. S. 루이스는 그의 친구 오웬 바필드를 통해 과거나 전통을 무조건 저평가하는 '연대기적 속물주
의'가 있음을 발견했다. 그는 '연대기적 속물주의'가 자신이 그리스도인이 되는 데 큰 장애였음을 이
후에 깨달았다. C. S. Lewis, *Surprised by Joy* (Glasgow: Collins, 1959), 170.

10 대표적으로 베르코프와 캐어더의 권세에 대한 연구를 참고하라. Hendrik Berkhof, *Christ and the
Powers* (Scottdale: Herald, 1962); G. B. Caird, *Principalities and Powers: A Study in Pauline
Theology* (Oxford: Clarendon, 1956).

11 C. S. 루이스는 뒤틀린 욕망을 가진 영적 존재인 사탄이 이 싸움을 하나님의 피조물끼리의 싸움이 아
니라, 하나님과 자신과의 전투로 인식하였음을 예리하게 지적한다. C. S. 루이스, 『실낙원 서문』, 홍
종락 옮김 (서울: 홍성사, 2015), 172.

12 고통의 원인으로 타자를 악마화하는 폭력의 메커니즘이 문명에 끼친 영향에 대한 탁월한 연구로 다
음을 참고하라. 르네 지라르, 『나는 사탄이 번개처럼 떨어지는 것을 본다』, 김진식 옮김 (서울: 문학과
지성사, 2004), 69-131.

13 Karl Barth, *The Epistle to the Romans*, trans. Edwin C. Hoskyns (Oxford: Oxford University
Press, 1968), 61.

14 Augustine, *Homilies on the First Epistle of John*, VIII.10.

15 C. S. 루이스, 『고통의 문제』, 이종태 옮김 (서울: 홍성사, 2005), 76.

16 표도르 도스또예프스키, 『카라마조프 씨네 형제들』, 이대우 옮김 (파주: 열린책들, 2007), 423.

17 Timothy Keller, *Walking with God through Pain and Suffering* (New York: Dutton, 2013), 205-
213.

18 차정식, '고통에는 이유가 아닌 목적이 있다.' 차정식·김기석, 『인생 교과서 예수: 사랑, 먼저 행하고
베풀어라』, (파주: 21세기북스, 2015), 53.

19 이 문제에 관해서는 다음을 참조하라. 프리모 레비, 『가라앉은 자와 구조된 자』, 이소영 옮김 (파주:
돌베개, 2014).

11장. 신정론 II: 선한 하나님께서 만드신 세계에 왜 악이 있을까?

1 라틴어 문구는 다음과 같다. *Domine, non sum dignus, ut intres sub tectum meum: sed tantum dic
verbo, et sanabitur anima mea.*

2 박완서, 『한 말씀만 하소서』, (서울: 세계사, 2004), 51.

3 1장에서 신경(신조), 신앙고백, 신학의 차이점을 설명한 것을 참조하라.

4 어거스틴, 『고백록』, 선한용 옮김 (서울: 대한기독교서회, 2003), 106. 89쪽도 참고하라.

5 A. H. Armstrong, "Dualism: Platonic, Gnostic, and Christian," in Richard T. Wallis and Jay Bregman ed., *Neoplatonism and Gnosticism* (New York: SUNY Press, 1992), 42 참조.

6 마리아 비노프스카, 『막시밀리안 콜베』, 김동소 옮김 (서울: 성 바오로, 1993), 193.

7 어거스틴, 『고백록』, 233.

8 어거스틴, 『고백록』, 84 참고

9 어거스틴, 『고백록』, 87.

10 아우구스티누스, 『하나님의 도성』, 조호연·김종흡 옮김 (서울: 크리스챤다이제스트, 1998), 698.

11 어거스틴, 『고백록』, 7.3.5.

12 칼뱅이 잘 지적했듯, 주기도문의 마지막 간구는 유혹에 빠지지 말게 하나님께서 보호해 달라는 수동적 측면과, 하나님께 의지해 우리를 공격하는 적대적 힘에 맞서게 해달라는 능동적 측면 모두를 포함하고 있다. John Calvin, *Institutes of the Christian Religion*, 3.20.46.

13 아우구스티누스, 『자유의지론』, 성염 옮김 (왜관: 분도출판사, 1998), 71. 『고백록』, 213도 참고하라.

14 어거스틴, 『고백록』, 61-62.

15 어거스틴, 『고백록』, 228-229.

16 어거스틴, 『고백록』, 106-112.

17 어거스틴, 『고백록』, 134.

18 C. S. 루이스, 『헤아려본 슬픔』, 강유나 옮김 (서울: 홍성사, 2004), 19.

19 어거스틴, 『고백록』, 134.

20 역사적 사건의 미결정적 성격과 이에 대한 종말론적 해결로는 판넨베르크가 탁월한 업적을 남겼다. 다음을 참고하라. Wolfhard Pannenberg, *Jesus: God and Man*, trans. D. A. Priebe and L. L. Wilkins (Philadelphia: Westminster Press, 1968), 69.

21 아우구스티누스, 『질서에 관하여』, 1.7.18. 손호현, 『인문학으로 읽는 기독교 이야기』 (서울: 한들출판사, 2008), 481에서 재인용.

22 손호현, 『하나님, 왜 악이 세상에 존재합니까?: 화이트헤드의 신정론』 (서울: 열린서원, 2005), 5.

23 라인홀드 니버, 『인간의 본성과 운명 I』, 오희천 옮김 (서울: 종문화사, 2016), 361.

24 니버, 『인간의 본성과 운명 I』, 354.

25 아렌트 사상에 아우구스티누스의 영향에 대해서는 논쟁이 있다. 아우구스티누스의 사랑 개념에 대한 아렌트의 박사 학위 논문은 그의 사유 체계에 아우구스티누스가 결코 무시할 수 없는 중요성을 차지하고 있음을 잘 보여준다. 한나 아렌트, 『사랑 개념과 성 아우구스티누스』, 서유경 옮김 (서울: 텍스트, 2013).

26 한나 아렌트, 『예루살렘의 아이히만: 악의 평범성에 대한 보고서』, 김선욱 옮김 (파주: 한길사, 2006), 150.

27 홍원표, 『아렌트: 정치의 존재이유는 자유다』 (파주: 한길사, 2011), 300.

28 C. S. 루이스, 『스크루테이프의 편지』, 김선형 옮김 (서울: 홍성사, 2005), 222-223.

12장. 신정론 III: 우리가 고통당할 때 하나님도 괴로워하시는가?

1 원제는 *Essais de Théodicée sur la bonté de Dieu, la liberté de l'homme et l'origine du mal*로 문자적으로 번역하면, 『신의 선함, 인간의 자유, 악의 기원에 대한 신정론 논문』이다.

2 한국어 번역으로 다음을 참고하라. 고트프리트 빌헬름 라이프니츠, 『변신론: 신의 선, 인간의 자유, 악의 기원에 관하여』, 이근세 옮김 (파주: 아카넷, 2014).

3 물론 아우구스티누스 외에도 악의 문제에 대한 답변을 내놓고자 한 신학자들이 많이 있다. 아우구스티누스의 설명에 대한 대안으로 흔히 이레나이우스의 입장이 많이 거론된다. 이레나이우스는 하나님의 첫 창조는 성숙과 발전의 여지가 있는 창조이고, 그런 의미에서 불완전한 영혼이 성장하는 교육의 과정에 악은 이미 전제되어 있다고 할 수 있다. 이러한 이레나이우스의 단편적 통찰을 현대적 신정론으로 발전시킨 이가 존 힉이다. John Hick, *Evil and the God of Love*, rev. ed. (San Francisco: Harper & Row, 1978).

4 막스 베버, "직업으로서의 학문," 『직업으로서의 학문, 직업으로서의 정치』, 이상률 옮김 (서울: 문예출판사, 1994), 29-30.

5 Stanley Hauerwas, *Naming the Silences: God, Medicine, and the Problem of Suffering* (Edinburgh: T & T Clark, 1993), 40-42.

6 마크 코피, 『스탠리 하우어워스: 시민, 국가 종교, 자기만의 신을 넘어서』, 한문덕 옮김 (서울: 비아, 2016), 37.

7 토마스 G. 롱, 『고통과 씨름하다: 악, 고난, 신앙의 위기에 대한 기독교적 성찰』, 장혜영 옮김 (서울: 새물결플러스, 2014), 37.

8 Aristotle, *Metaphysics*, 1072b 25.

9 Etienne Gilson, *God and Philosophy* (New Haven: Yale University Press, 1969), 32-33.

10 Herbert McCabe, "The Involvement of God," *New Blackfriars* 66 (1985): 464-476.

11 Anselm of Canterbury, *Proslogion*, 8을 참고하라. 하나님의 감정에 대한 성서 구절을 은유적으로 봐야 한다는 주장은 신구약 중간기 때부터 발견된다.

12 Francis House, "The Barrier of Impassibility," *Theology* 83 (1980): 409-415.

13 William Temple, *Christus Veritas* (London: Macmillan, 1924), 269.

14 John Barton, *Living Belief: Being Christian-Being Human* (London: Continuum, 2005), 27-28.

15 몰트만은 하나님은 사랑이시기에, 고통을 당하실 수 있다고 주장한다. 위르겐 몰트만, 『삼위일체와 하나님의 나라』, 김균진 옮김 (서울: 대한기독교출판사, 1982), 34-81.

16 부활한 그리스도의 없어지지 않은 상처에 대한 묵상을 통해 그리스도론을 전개해 나간 다음의 예를 참고하라. Hans Urs von Balthasar, *Does Jesus Know Us? Do We Know Him?*, trans. Graham Harrison (San Francisco: Ignatius Press, 1983), 51.

17 교회의 대리적 사명과 기능에 대해서는 다음을 참고하라. 디트리히 본회퍼, 『성도의 교제: 교회사회학에 대한 교의학적 연구』, 유석성, 이신건 옮김 (서울: 대한기독교서회, 2010), 138-139.

18 John Dear, "What Martin Luther King Jr. Can Teach Us about Nonviolence," (2012.01.17.)

https://www.ncronline.org/blogs/road-peace/what-martin-luther-king-jr-can-teach-us-about-nonviolence (2016.11.25. 최종접속)

19 마틴 루터 킹, 『나에게는 꿈이 있습니다』, 채규철·서정렬 옮김 (서울: 예찬사, 1987), 53. 킹 목사의 고난에 대한 성찰에 대해서는 다음의 책에서 통찰을 빌려왔음을 밝힌다. 김기현, 『하박국, 고통을 노래하다』 (개정판), (서울: 복 있는 사람, 2016), 246-249.

20 Martin Luther King, "Suffering and Faith," *Christian Century* 77 (April 1960): 510.

21 W. L. Walker, "Compassion," in *The International Standard Bible Encyclopedia*, ed. G. W. Bromiley (Grand Rapids: William B. Eerdmans, 1979), 755.

22 C. S. Lewis, *Grief Observed* (London: Faber & Faber, 1961), 7.

23 지그문트 프로이트, '슬픔과 우울증,' 『정신분석학의 근본 개념』, 윤희기·박찬부 옮김 (서울: 열린책들, 2005), 243-265.

24 박완서, 『한 말씀만 하소서』, (서울: 세계사, 2004), 36.

25 엘리 위젤, 『샴고로드의 재판』, 하진호·박옥 옮김 (서울: 포이에마, 2016).

26 신학의 역할은 답을 주는 것이 아니라, 답 없이 사는 법을 배우는 것이라는 맥락을 보기 위해서는 다음을 참고하라. 스탠리 하우어워스, 『한나의 아이』, 홍종락 옮김 (서울: IVP, 2016), 375.

27 김기석, 『아! 욥: 욥기산책』 (의왕: 꽃자리, 2016), 395.

II. 예수 그리스도와 인간

4부 그리스도론

1 길선주, 『길선주: 한국 기독교 지도자 강단설교』, KIATS 엮음 (서울: 홍성사, 2008), 55-56.

13장. 그리스도론: 1세기 인물인 예수 그리스도를 어떻게 알 수 있는가?

1 초대 그리스도교에서부터 20세기에 이르기까지 주도적으로 사용되었던 예수 그리스도의 다양한 이미지는 다음의 책을 참고하라. 야로슬라프 펠리칸, 『예수의 역사 2000년: 문화사 속의 그리스도의 위치』, 김승철 옮김 (서울: 동연, 1999).

2 한 예로 예수세미나의 주요 구성원이었던 진보적 신약학자 마커스 보그(Marcus Borg)가 발기인이자 주최자가 된 '예수·2000년' 심포지엄을 들 수 있다. 그 결과물은 다음을 참고하라. 마커스 보그 편, 『예수·2000년』, 남정우 옮김 (서울: 대한기독교서회, 2003).

3 존 스토트, 『비교할 수 없는 그리스도』, 정옥배 옮김 (서울: IVP, 2002).

4 이하 논의는 다음의 책을 참고했다. 타이센·메르츠, 『역사적 예수: 예수의 역사적 삶에 대한 총체적 연구』, 손성현 옮김 (서울: 다산글방, 2001), 49-148. 비록 이 글에서는 생략했지만, 타이센과 메르츠의 책에는 각 자료의 신뢰도나 역사성을 어떻게 평가해야 할지에 대한 간략한 안내도 나온다.

5 플라비우스 요세푸스, 『유대고대사』 18, 63-64를 타이센·메르츠, 『역사적 예수』, 113-114에서 재인

용했다.

6 Paul Tillich, *Systematic Theology* II (Chicago: University of Chicago Press, 1957), 105-107.

7 결국 틸리히는 역사적 예수에 대한 불신 때문에 실존론적 그리스도론을 전개하게 된다. 물론 틸리히
   는 '흔들리는 터전'이라는 표현을 이 글과는 전혀 다른 맥락에서 사용한다. 그는 인간이 안정성을 찾
   고자 하는 그 터전의 취약성을 보여주고, 실존의 근원적 불안을 묘사하기 위해 이 표현을 썼다. 폴 틸
   리히, 『흔들리는 터전』, 김천배 옮김 (서울: 대한기독교서회, 1959), 7-20.

8 신약학자 루돌프 불트만이 이 입장을 대표한다고 할 수 있다. 그러나 그의 불가지론적 입장은 곧바로
   그의 제자들에게 도전을 받았다. 아무리 복음서 본문이 초대교회의 신앙고백의 양식들로 형성되어
   있어도, 여전히 나사렛 예수의 메시지, 행위와 태도, 언어 등에는 역사적 연속성의 흔적을 찾아볼 수
   있기 때문이다. 이에 대해서는 김균진, 『기독교조직신학』 (서울: 연세대학교출판부, 1986), 147-150
   을 참고하라.

9 C. S. 루이스, 『시편사색』, 이종태 옮김 (서울: 홍성사, 2004), 168-169.

10 구약에서 그리스도를 발견할 수 있느냐 여부는 계속된 학술적 토론 주제이다. 이 주제에 대한 최근
   의 동향을 잘 소개한 논문으로 다음을 참고하라. Cristian Rata, "The Recent Search for Christ in the
   Old Testament," *Torch Trinity Journal* 17/2 (2014): 187-197.

11 3장 성서론에서도 밝혔지만 종교개혁자들이 중세 가톨릭의 성서해석 방법을 전적으로 부정하며, 순
   전히 역사적이고 문자적인 의미만 강조한 것은 아니다. 특별히 '유형론적' 해석은 신구약의 통일성을
   보여주고자 종교개혁자들이 애용한 성서해석 방식이다.

12 현대 신학자들의 시편의 그리스도론적 해석을 보려면 다음 도서를 참고하라. 루이스, 『시편사색』,
   171-196; 디트리히 본회퍼, 『신도의 공동생활·성서의 기도서』, 정지련·손규태 옮김 (서울: 대한기독
   교서회, 2010), 129-137.

13 현대적 예를 들면, Holman Reference에서 나오는 *Christ-Centered Exposition Commentary*(그리
   스도 중심의 강독 주석) 시리즈는 신약뿐만 아니라 구약의 모든 책을 그리스도의 구속사 중심으로
   해석하고 있다. 그 외에도 D. A. Carson이나 Edmund P. Clowney 등의 복음주의 계열 학자들도 구
   약에서 그리스도와 복음을 찾으려 시도한다.

14 일례로 칼 바르트는 구약을 그리스도에 대한 '기대'의 시간으로, 신약을 그리스도에 대한 '기억'의 시
   간으로 정의함으로써, 그리스도를 중심으로 신구약의 통일성을 강조한다. 칼 바르트, 『교회교의학
   I/2: 하나님 말씀에 관한 교의』, 신준호 옮김 (서울: 대한기독교서회, 2010), 101-103, 136-138.

15 구약에 나오는 그리스도론적 호칭은 그리스도를 이해하는 전이해를 형성하지만, 신약에서 예수 그
   리스도는 이러한 호칭과 결부된 기대를 충족시키면서 동시에 이를 변화시키기도 한다. R. W. L.
   Moberly, "The Christ of the Old and the New Testaments," in *The Cambridge Companion to
   Jesus*, ed. Markus Bockmuehl (Cambridge: Cambridge University Press, 2001), 184.

16 테일러는 신약에 약 55개의 그리스도론 칭호가 등장한다고 주장한다. Vincent Taylor, *The Names of
   Jesus* (London : MacMillan, 1954).

17 칼뱅의 『기독교강요』의 최종판 II권 15장이 그리스도의 삼중직무론을 상세히 다루고 있다.

18 홀스트 G. 푈만, 『교의학』, 이신건 옮김 (서울: 한국신학연구소, 1989), 261.

19 그런 의미에서 바르트는 자신의 주저 『교회교의학』 IV권 화해론에서 삼중직무론을 새롭게 해석하려

고 한다. 십자가와 부활의 빛에서 삼중직무론을 보기에, 그는 논의의 순서를 제사장-왕-예언자로 바꾸어 놓는다.

20 위르겐 몰트만, 『성령의 능력 안에 있는 교회: 메시아적 교회론』, 박봉랑 외 4인 옮김 (서울: 한국신학연구소, 2001), 118.

21 칼 바르트, 『교의학 개요』, 신준호 옮김 (서울: 복 있는 사람, 2015), 122.

22 C. S. 루이스, 『스크루테이프의 편지』, 김선형 옮김 (서울: 홍성사, 2013), 154.

23 55번째 문답을 보라. John Calvin, "Catechism of the Church of Geneva," https://reformed.org/documents/calvin/geneva_catachism/geneva_catachism.html (2018.08.02. 최종접속).

24 바르트, 『교의학 개요』, 161.

14장. 예수의 생애와 사역: 나사렛 예수는 누구이시며 어떻게 사셨는가?

1 정경옥, 『그는 이렇게 살았다』 (개정판), (과천: 삼원서원, 2009), 14-15.

2 정경옥, 『그는 이렇게 살았다』, 24.

3 디트리히 본회퍼, 『윤리학』, 손규태·이신건·오성현 옮김 (서울: 대한기독교서회, 2010), 85-86.

4 한국어로는 '삶'과 '생명'이 구분된다. 하지만, 영어(life)나 독일어(Leben), 프랑스어(vie), 스페인어(vida), 이탈리아어(vita) 등에서는 두 의미가 나뉘지 않는다.

5 이 글은 '역사적 예수 연구'에 종사하는 여러 학자들이 사용하는 다양한 방법론이나 자료에 대한 평가는 내리지 않고 있다. 현대 역사적 예수 연구자들의 기여와 한계, 차이 등에 대해서는 다음 책을 참고하라. 마크 앨런 파월, 『예수에 대한 다양한 이해: 현대 역사적 예수 연구자들의 신학적 관점』, 최재덕·김의성 옮김 (서울: 대한기독교서회, 2016).

6 대표적으로 톨스토이는 그리스도교를 신비의 종교나 제도화된 종교가 아니라 '사랑'을 핵심으로 한 삶에 대한 이해로 본다. 레프 니콜라예비치 톨스토이, 『신의 나라는 네 안에 있다』, 박홍규 옮김 (파주: 들녘, 2016), 99.

7 베르너 H. 켈버, 『마가의 예수 이야기』, 서중석 옮김 (서울: 한국신학연구소, 1987), 21.

8 단어 사용 빈도로 보더라도 공관복음서에서 '나라'는 100회 이상, '사랑'과 '사랑하다'는 명사와 동사 모두 합쳐 40회도 되지 않게 등장한다. 각 복음서 기자의 단어 사용에 관해서는 다음 자료를 참고하였다. 성종현 편, 『공관복음서 대조연구』 (서울: 장로회신학대학원출판부, 1992), 23-30.

9 Karl Barth, Church Dogmatics I/1, edited by Thomas Torrance and Geoffrey Bromiley (Edinburgh: T & T Clark, 1975), 410-411.

10 한스 콘첼만, 『신약성서신학』, 김철손·박창환·안병무 옮김 (서울: 한국신학연구소, 1982), 131.

11 이러한 해석에서는 신학자들의 신학적 배경과 지향점이 다양함에도 상당 부분 동의하는 바이다. 다음의 대표적 문헌을 참고하라. 톰 라이트, '예수의 사명과 메시지,' 마커스 보그·톰 라이트, 『예수의 의미: 역사적 예수에 대한 두 신학자의 논쟁』, 김준우 옮김 (서울: 한국기독교연구소, 2001), 61-71; 리처드 보컴, 『예수: 생애와 의미』, 김경민 옮김 (서울: 비아, 2016), 67-102; 존 도미닉 크로산, 『예수는 누구인가』, 한인철 옮김 (서울: 한국기독교연구소, 1998), 85-90; 도널드 크레이빌, 『예수가 바라본 하나님 나라』, 김기철 옮김 (서울: 복 있는 사람, 2010); 스캇 맥나이트, 『하나님 나라의 비밀: 하나

님 나라 내러티브와 교회의 비전과 사명』, 김광남 옮김 (서울: 새물결플러스, 2016). 단, 나사렛 예수
의 선포와 활동이 비종말론적이었다고 보는 학자들의 경우는 하나님 나라를 그다지 강조하지 않기도
한다. 일례로, 마커스 보그, 『미팅 지저스: 역사적 예수와 현대인의 신앙』, 구자명 옮김 (서울: 홍성사,
1995), 54.

12 유진 피터슨, 『메시지 완역본 영한대역』 (서울: 복 있는 사람, 2016), 2060. 한국어 번역은 "너희 삶을
고쳐라"로 되어 있다.

13 마르틴 루터, "95개 조항," 『루터 저작선』, 존 딜렌버거 엮음, 이형기 옮김 (서울: 크리스찬다이제스트,
1994), 572. 에라스무스가 편집한 그리스어 신약성서 덕분에, 루터는 라틴어 번역 때문에 중세 가톨
릭교회가 마태복음 4장 17절을 오해하고 있음을 파악했다. 하지만, 중세의 공로주의에 대한 경계 때
문인지 루터는 *metanoia*를 영적으로 해석하는 경향이 있었다. 롤렌드 베인턴, 『마르틴 루터』 (3판),
이종태 옮김 (서울: 생명의 말씀사, 2016), 121.

14 Helmut Koester, *Ancient Christian Gospels: Their History and Development* (Harrisburg: Trinity
Press International, 1992), 1-48.

15 라이트, "예수의 사명과 메시지," 67.

16 라이트, "예수의 사명과 메시지," 69.

17 이하 솔로몬의 시편의 요약은 다음 자료에서 가져왔다. Daniel J. Harrington, S. J., *The Gospel of
Matthew* (Collegeville: A Michael Glazier Book, 1991), 159-160.

18 1세기 팔레스타인 유대교 내부의 다양성에 대해서는 다음을 참고하라. 보 라이케, 『신약성서 시대
사』, 번역실 옮김 (서울: 한국신학연구소, 1986), 156-187; Helmut Koester, *History, Culture and
Religion of Hellenistic Age* (New York: Walter de Gruyter, 1987), 228-248; F. F. Bruce, *New
Testament History* (New York: A Galilee Book, 1969), 56-121.

19 크레이빌, 『예수가 바라본 하나님 나라』, 102.

20 종말론적 희망이 현실에서 생겨난 소망과 인식에 대한 비판과 극복이 되는 방식에 대해서는 다음을
참고하라. 위르겐 몰트만, 『희망의 신학: 그리스도교적 종말론의 근거와 의미에 대한 연구』, 이신건
옮김 (서울: 대한기독교서회, 2002), 141-150.

21 비유의 간접적 소통 방법과 과장법의 효과에 대해서 다음을 참고하라. 보컴, 『예수』, 105-115. 하나
님 나라의 비유와 예수 그리스도의 사역의 '유비'에 관해서 다음을 참고하라. 에버하르트 융겔, 『바울
과 예수』, 허혁 옮김 (서울: 이화여자대학교 출판부, 1982), 208.

22 세례 요한이 왜 의심했는지는 다양한 해석이 있었다. 그러나 요한의 마음을 정확히 알 길이 없기에
상세한 논의는 생략하기로 한다. 다음을 참고하라. 조셉 A. 피츠마이어, 『앵커바이블 누가복음 I』,
이두희·황의무 옮김 (서울: CLC, 2015), 1054-1055; Ulrich Luz, *Matthew 8-20*, trans. James E.
Crouch (Minneapolis: Fortress Press, 2001), 132-135.

23 N. T. Wright, *Jesus and the Victory of God* (Minneapolis: Fortress Press, 1996), 243.

24 보컴, 『예수』, 75-77.

25 나사렛 예수의 식탁 교제의 역사·문화적 배경과 그 중요성에 대한 최근 학계의 논의는 다음을 참
조하라. Craig L. Bloomberg, "The Authenticity and Significance of Jesus' Table Fellowship with
Sinners," in Darrel L. Bock and Robert L. Webb eds., *Key Events in the Life of the Historical

Jesus (Grand Rapids: Eerdmans, 2009).

26 보그,『미팅 지저스』, 96-98.

27 위르겐 몰트만,『성령의 능력 안에 있는 교회: 메시아적 교회론』, 박봉랑 외 4인 옮김 (서울: 한국신학
연구소, 2001), 360. 다음도 참고하라. 맥나이트,『하나님 나라의 비밀』, 350-353.

28 예수 그리스도가 어떻게 당시 사회를 규정 짓던 고정관념과 배제를 문제시했는지에 대해 다음을 참
고하라. 크레이빌,『예수가 바라본 하나님 나라』, 305-343.

29 보컴,『예수』, 91-99.

30 라이트, "예수의 사명과 메시지," 78-79.

31 귄터 보르캄,『나사렛 예수』, 전경연 옮김 (서울: 대한기독교서회, 1973), 27-28.

32 니체는『안티크리스트』 46장에서 위대한 인물 빌라도의 세련된 조소는 "신약을 완전히 무너뜨리는
말"이라고 평한다. 니체의 창조성과 도발성을 인정하더라도, 빌라도와 예수 그리스도 사이의 엇나가
는 대화 중에 나온 이 말을 조소로 봐야 할지는 의문이 남는다.

33 게르트 타이센,『갈릴래아 사람의 그림자』, 차봉희 옮김 (서울: 한국신학연구소, 1988), 285 참조.

34 Albert Schweitzer, *The Quest of the Historical Jesus*, trans. W. Montgomery (New York:
Macmillan Publishing, 1961), 403.

15장. 성육신과 부활: 그리스도인이 믿는 가장 큰 기적은 무엇인가?

1 그리스도의 호칭으로서 '하나님의 아들'과 '사람의 아들'의 발전에 대해서는 다음을 참고하라. 알리
스터 맥그래스,『신학이란 무엇인가』, 김기철 옮김 (서울: 복 있는 사람, 2014), 651-654.

2 일례로 바르트는 국가, 도덕, 종교에 스며든 교만을 바벨탑에 비교하곤 한다. 칼 바르트, "하나님의
정의,"『말씀과 신학: 칼 바르트 논문집 I』, 바르트 학회 공역 (서울: 대한기독교서회, 1995), 240.

3 Dietrich Bonhoeffer, "Jesus Christ and the Essence of Christianity," in *Barcelona, Berlin, New York
1928/1931*, ed. Clifford J. Green, trans. Douglas W. Stott (Minneapolis: Fortress Press, 2008),
353. 강조는 필자의 것.

4 Bonhoeffer, "Jesus Christ and the Essence of Christianity," 357. 본회퍼는 아가서 8장 6절을 염두
하고 이 표현을 쓰지만, 이 구절은 '사랑은 죽음만큼 강하다'로 흔히 번역된다.

5 디트리히 본회퍼,『그리스도론』, 유석성 옮김 (서울: 대한기독교서회, 2010), 32-33.

6 본회퍼,『그리스도론』, 45-46.

7 "BBC—A History of Christianity 1 of 6: The First Christianity," Dailymotion video, 21:40, 게시자:
ADTV, https://www.dailymotion.com/video/x38nlpm (2018.11.19. 최종접속).

8 전자는 키릴리우스, 후자는 네스토리우스의 입장을 대변한다. 여기서 사용한 물, 포도주, 기름의 비유
는 위에 소개된 동영상에서 맥클로흐가 사용한 것이다.

9 물론 초대교회 공의회가 그리스도의 신성과 인성의 문제에 대해 일관적 태도를 보이는 것도 아니다.
에베소(431), 칼케돈(451), 콘스탄티노플(553, 680), 니케아(787)에 이르기까지 어떤 공의회에서는
신성을, 어떤 공의회에서는 인성을 더욱 강조하는 경향이 있다. 다음을 참고하라, 존 메이엔도르프,
『비잔틴신학: 역사의 변천과 주요 교리』, 박노양 옮김 (서울: 정교회출판사, 2010) 297-298.

10 Maurice F. Wiles, *The Making of Christian Doctrine* (Cambridge: Cambridge University Press, 1967), 106. 강조는 필자의 것.

11 '칼케돈 패턴'의 용어와 의미에 관해서 다음을 참고하라. George Hunsinger, *How to Read Karl Barth: The Shape of His Theology* (Oxford: Oxford University Press, 1991), 185-188.

12 Athanasius, *De incarnatione*, 54. 3.

13 C. S. 루이스, 『순전한 기독교』, 장경철·이종태 옮김 (서울: 홍성사, 2001), 276-277.

14 루이스, 『순전한 기독교』, 292. 종교개혁자 루터도 '작은 그리스도'라는 표현을 썼지만, 루이스에게서는 이 개념이 단지 윤리적인 것이 아니라 존재론적 함의를 가진다.

15 칼 바르트, '하나님의 인간성,' 『하나님의 인간성』, 신준호 옮김 (서울: 새물결플러스, 2017), 73.

16 칼 바르트, '19세기 개신교 신학,' 『하나님의 인간성』, 13.

17 Dietrich Bonhoeffer, "Sermon (fragment) on Song of Solomons 8:6b, Barcelona, Remembrance Sunday, Nov. 25, 1928," in *Barcelona, Berlin, New York 1928/1931*, 538.

18 로완 윌리엄스, 『하나님이 함께하신다는 것』, 강봉재 옮김 (서울: 국제제자훈련원, 2017), 117.

19 Joseph Cardinal Ratzinger, *The Compendium of the Catechism of the Catholic Church* (125), (Washington, D. C.: United States Conference of Catholic Bishops, 2005), 38.

20 칼 바르트, 『로마서』, 손성현 옮김 (서울: 복 있는 사람, 2017), 159-160.

21 G. K. Chesterton, *The Everlasting Man* (Mansfield Centre: Martino Publishing, 2010), 140.

22 고린도전서 15장 5-6절의 신뢰도에 대해서는 다음을 참고하라. Wolfhard Pannenberg, *Jesus – God and Man*, trans. Lewis L. Wilkins and Duane A. Priebe (London: SCM, 1968), 89-90.

23 물론 이보다 부활 사건의 본질을 더 세분화하여 나누기도 한다. 일례로 맥그래스는 다음과 같이 다섯 가지로 나눈다. ① 부활은 실제 일어나지 않았다(계몽주의), ② 부활은 신화다(슈트라우스), ③ 부활은 제자들의 경험 속에서 일어났다(불트만), ④ 부활은 비판적 탐구를 초월하는 역사적 사건이다(바르트), ⑤ 부활은 비판적 탐구에 개방된 역사적 사건이다(판넨베르크). 맥그래스, 『신학이란 무엇인가』, 748-759.

24 예를 들어 1910년 미국 북장로교 총회에서는 ① 성서 무오, ② 그리스도의 동정녀 탄생, ③ 그리스도의 대속, ④ 그리스도의 육체적 부활, ⑤ 그리스도의 기적들의 사실성을 "성서와 웨스트민스터 신앙고백의 본질적 내용"으로 확인했다. 그러나 여기에 이상하게도 그리스도교 신앙의 핵심인 삼위일체론은 없다. http://www.pcahistory.org/documents/deliverance.html (2018.07.31. 최종접속).

25 이 영화의 주요 내용은 다음 번역서에서도 확인 가능하다. 리 스트로벨, 『예수는 역사다』, 윤관희·박중렬 옮김 (서울: 두란노, 2002).

26 최종원, 『초대교회사 다시 읽기: 민족과 인종의 경계를 초월한 공동체』 (서울: 홍성사, 2018), 14.

27 로완 윌리엄스, 『삶을 선택하라: 성육신과 부활에 관한 설교』, 민경찬·손승우 옮김 (서울: 비아, 2017), 210 참조.

28 Ratzinger, *The Compendium of the Catechism of the Catholic Church* (128), 39.

29 파울 알트하우스, 『교의학 개론』, 윤성범 옮김 (서울: 대한기독교서회, 1963), 253.

30 윌리엄스, 『하나님이 함께하신다는 것』, 99-100 참조.

31 윌리엄스, 『삶을 선택하라』, 248. 더 상세한 논의는 필자가 쓴 『삶을 선택하라』 서평을 참고하라.

http://www.newsnjoy.or.kr/news/articleView.html?idxno=215242 (2018.07.31. 최종접속).

32 Pannenberg, *Jesus*, 69.

33 한국어로는 '심판하다'와 '판단하다'가 구별되지만, 영어로는 한 단어 judge이다. 그리고 누가 어떤 점에서 정의(justice)로운지 심판하거나 판단하는 행위가 바로 칭의(justification)이다. 하지만, 영어에서 종교적 맥락에서는 justice 대신 주로 righteousness를 사용하고, 한국어 역시 정의와 의를 구분하면서, 종말론적 신앙이 가지는 사회·정치적 함의가 많이 약화되었다. 이 주제는 '칭의론'을 다룰 때 더 자세히 언급하겠다.

34 위르겐 몰트만, 『십자가에 달리신 하나님』, 김균진 옮김 (서울: 한국신학연구소, 1980), 184.

35 윌리엄스, 『하나님이 함께하신다는 것』, 115.

16장. 속죄론: 한 인간의 죽음이 어떻게 다른 인간들을 구원하나?

1 Gotthold Ephraim Lessing, *Lessing's Theological Writings: Selections in Translation*, trans. Henry Chadwick (London: Adam & Charles Black, 1956), 53.

2 영어 원문은 다음과 같다. "Jesus, keep me near the cross, There a precious fountain—Free to all, a healing stream—Flows from Calv'ry's mountain."

3 본명은 Frances Jane van Alstyne이다. 태어나자 곧 시력을 잃어버린 그는 평생 8,000편 이상의 찬송가와 복음성가를 작시하여, '찬송가의 여왕' 혹은 '미국 현대 집회 찬송의 어머니' 등으로 알려졌다. 그는 작시 외에도 선교 사업과 시집 출판, 작곡 등의 영역에서 많은 업적을 남겼다.

4 Wolfhard Pannenberg, *The Apostle's Creed: In the Light of Today's Questions*, trans. Margaret Kohl (London: SCM, 1972), 89.

5 여기서 '실재는 진리의 내용'이고, '진리는 이 실재에 대한 것'이라는 루이스의 구분을 차용했다. 원문은 다음과 같다. "Truth is always about something, but reality is that about which truth is." C. S. Lewis, "Myth Became Fact," in *Essay Collection II: Literature, Philosophy and Short Stories*, ed. Lesley Walmsley (London: HarperCollins, 2000), 141.

6 C. S. 루이스, 『순전한 기독교』, 장경철·이종태 옮김 (서울: 홍성사, 2001), 279.

7 속죄 신학에서 은유 언어의 필요성과 한계에 대해서는 다음을 참고하라. 한스 부르스마, 『십자가, 폭력인가 환대인가: 포스트모던 시대의 개혁주의 속죄론』, 윤성현 옮김 (서울: CLC, 2014), 190-202.

8 Colin Gunton, *The Actuality of Atonement: A Study of Metaphor, Rationality and the Christian Tradition* (Edinburgh: T & T Clark, 1989), 38.

9 루이스, 『순전한 기독교』, 269.

10 로완 윌리엄스, 『하나님이 함께하신다는 것』, 강봉재 옮김 (서울: 국제제자훈련원, 2017), 74.

11 안셀름, 『인간이 되신 하나님: 한·라틴 대역』, 이은재 옮김 (서울: 한들출판사, 2001), 97.

12 안셀름, 『인간이 되신 하나님』, 153-157.

13 안셀름, 『인간이 되신 하나님』, 163-173.

14 안셀름, 『인간이 되신 하나님』, 195-201.

15 Peter Abelard, "Peter Abelard on the Love of Christ in Redemption," in Alister McGrath ed., *The

Christian Theology Reader, 4th ed. (Oxford: Wiley-Blackwell, 2011), 299-230.

16 토마스 아 켐피스, 『그리스도를 본받아』, 조항래 옮김 (서울: 애찬사, 1984), 108-109.

17 일례로 파울 틸리히는 아벨라르의 속죄론의 주관적 측면을 강조하며, 그를 프로테스탄티즘과 근대 자율과 인격 중심주의의 선구자로 본다. 파울 틸리히, 『그리스도교 사상사: 원시교단부터 종교개혁 직후까지』, 잉게베르크 C. 헤넬 편, 송기득 옮김 (서울: 대한기독교서회, 2005), 276.

18 Rufius of Aquileia, "Rufius of Aquileia on the 'Fish-hook' Theory of the Atonement," in McGrath, *The Christian Theology Reader*, 292.

19 Gustav Aulen, *Christus Victor: An Historical Study of the Three Main Types of the Idea of Atonement*, trans. A. G. Herbert (London: SPCK, 1931), 4.

20 아울렌은 루터에게서 중요했던 '승리자' 주제가 이후 멜란히톤에 의해 약해지게 되었다고 비판한다. Aulen, *Christus Victor*, 124. 그러나 루터 전문가 파울 알트하우스의 경우 아울렌이 루터를 지나치게 단순화시켜 이해하고 있다며, 루터가 안셀름의 객관적 유형과 승리자 그리스도 주제를 균형 있게 함께 사용했다고 본다. 파울 알트하우스, 『마르틴 루터의 신학』, 구영철 옮김 (서울: 성광문화사, 1994), 314-315.

21 일례로 보캄은 복음서의 몸값 혹은 속전 개념은 출애굽과 유월절 희생 제물을 배경으로 하고 있다고 본다. 리처드 보캄, 『예수』, 김경민 옮김 (서울: 비아, 2016), 186.

22 윌리엄스, 『하나님이 함께하신다는 것』, 59-66.

23 틴들의 atonement 개념에 대해서는 다음을 참고하라. Ralph S. Werrell, *The Roots of William Tyndale's Theology* (Cambridge: James Clarke & Co., 2013), 119-121.

24 부르스마, 『십자가, 폭력인가 환대인가』, 56-57.

25 Hans Urs von Balthasar, *Mysterium Paschale*, trans. Aidan Nichols (Grand Rapids: William B. Eerdmans, 1990), 129-131.

5부 인간론

1 김기석, 『세상에 희망이 있느냐고 묻는 이들에게』 (서울: 꽃자리. 2016), 21.

17장. 하나님의 형상: 인간을 인간답게 만드는 것은 무엇일까?

1 "로또당첨확률, 벼락 맞기보다 높다," 「동아일보」 (2003.02.26.) http://news.donga.com/ View?gid=7916925&date=20030226 (2019.01.15. 최종접속).

2 C. S. 루이스, 『실낙원 서문』, 홍종락 옮김 (서울: 홍성사, 2015), 170 참조.

3 Baruch Spinoza, *Ethica*, III. Def. 29.

4 John Calvin, *Institutes of the Christian Religion*, 3. 7. 6.

5 스탠리 그렌츠, 『조직신학: 하나님의 공동체를 위한 신학』, 신옥수 옮김 (서울: 크리스찬다이제스트, 2003), 270-271.

6 칼뱅은 영원한 복락에 이르게 할 초자연적 은사는 타락으로 완전 소멸했지만, 이성이나 지성과 같은

자연적 은사는 부분적으로 소멸했다는 입장을 취하기도 한다. 다음을 참고하라. 이오갑,『칼뱅의 인간』(서울: 대한기독교서회, 2012), 125-128.

7　Calvin, *Institutes*, 1. 15. 4.

8　단, 창세기 1장과 달리 9장에서는 '다스리고 정복하라'(창 1:28)는 명령이 빠져 있다. 그런 의미에서 자연에 대한 억압은 결코 정당화될 수 없고 생태학적 감수성을 가지고 홍수 이후 역사를 읽어야 한다는 주장도 있다. 대표적으로 다음을 참고하라. "동물도 구원받을 수 있다?: 이화여대 장윤재 교수 '이원론적 신앙이 인간중심주의 신학 만들어'", 「뉴스앤조이」(2016.10.19.) http://www.newsnjoy. or.kr/news/articleView.html?idxno=206674 (2018.07.16. 최종접속).

9　Tertullian, *On Baptism*, Ch. 5.

10　일례로 루터는 형상과 모양의 구분에 별 관심이 없고, 하나님 형상이 어떻게 물리적 창조 혹은 동물의 창조와 구별되는 인간의 존엄한 독특성을 만들어 냈는지 강조한다. 또한 그는 타락 이후 인간이 너무나 타락하여 창조 당시 본래적 의나 자유를 찾아보기가 힘들다고 말한다. Martin Luther, *Lecture on Genesis: Chapters 1-5*, in *Luther's Work*, ed. Jeroslav Pelikan, trans. George V. Schick (St. Louis: Concordia), 55-68.

11　종교개혁자들과 그 이후 개신교 신학자들의 하나님 형상 이해에 대해서 다음을 참고하라. 김균진, 『기독교조직신학 II』(서울: 연세대학교출판부, 1986), 59-62.

12　이 딜레마는 칼뱅의 하나님 형상 이해에 그대로 드러난다. 그는 원칙적으로 모두가 하나님 형상으로 창조되어 존엄과 가치를 지니지만, 실질적으로 믿음이 있는 이와 믿음이 없는 이의 구분이 있을 수 있음을 암시한다. Calvin, *Institutes*, 3. 7. 6.

13　Emil Brunner, *Dogmatics, Vol. 2: The Christian Doctrine of Creation and Redemption*, trans. Olive Wyon (London: Lutterworth Press, 1952), 55-58.

14　마빈 해리스,『작은 인간: 인류에 관한 102가지 수수께끼』, 김찬호 옮김 (서울: 민음사, 1995), 17.

15　일례로 현대 신학자 그루뎀은 하나님 형상 때문에 인간은 도덕적·영적·정신적·언어적·관계적·육체적인 면에서 다른 동물들과 구분됨을 구체적 예를 들어 설명한다. 웨인 그루뎀,『조직신학 (상)』, 노진준 옮김 (서울: 은성, 1997), 673-679.

16　홀스트 G. 푈만,『교의학』, 이신건 옮김 (서울: 한국신학연구소, 1989), 211.

17　키릴 교종,『자유와 책임: 인권과 인간 존엄성』, 강영광 옮김 (서울: 대한기독교서회, 2017), 44-45.

18　이 글에서 '하나님처럼'에 대한 분석은 본회퍼의 통찰에 의존하고 있음을 밝힌다. 디트리히 본회퍼, 『창조와 타락: 창세기 1-3장에 대한 신학적 해석』, 강성영 옮김 (서울: 대한기독교서회, 2010), 141-145.

19　하나님의 창조와의 관계를 자유 안에서 사랑이라는 관점에서 해석하는 대표적 예로 칼 바르트를 들 수 있다. 칼 바르트,『교의학 개요』, 신준호 옮김 (서울: 복 있는 사람, 2015), 58-61.

20　모순의 법칙이 어떻게 나와 너의 윤리적 공동체를 창조하는지에 대해서는 다음을 참조하라. Hyun Soo Kim, "Christian Ways of Encountering the Other: An Interpretation of Dietrich Bonhoeffer's Ethic of the Other," (Ph.D. dissertation, Princeton Theological Seminary, 2008), 94-107.

21　"타자는 지옥이다"는 사르트르의 1944년작『출구 없는 방』(*Huis Clos*)의 결말 부분에 나오는 표현이자 이 실존주의 극 전체의 내용이기도 하다.

22 Lynn White Jr., "The Historical Roots of Our Ecologic Crisis," *Science*, 10 March (1967): 1203-1207.

23 이 글에서는 고대 근동에서 '형상'이 어떤 식으로 사용되었는지 한 예만 들고 있다. 하지만, 고대 근동은 사실 다양한 문화를 아우르는 여러 지역을 포함하고 있고, 각 지역의 종교마다 신의 형상에 대한 이해에 다소 차이가 있었다. 고대 근동의 형상 이해에 대한 간략한 요약으로 다음을 참고하라. John Walton, *Ancient Near Eastern Thought and the Old Testament: Introducing the Conceptual World of the Hebrew Bible* (Grand Rapids: Baker Academic, 2006), 212-213.

24 James Harvey, "Dignity, Person, and Imago Trinitatis," in Christopher McCrudden ed., *Understanding Human Dignity* (Oxford: Oxford University Press, 2013), 217-219.

25 Martin Buber, *Moses: The Revelation and the Covenant* (New York: Harper Torchbooks, 1958), 130.

18장. 영혼과 몸: 인간은 무엇으로 만들어져 있나?

1 한국어로 이 구절을 흔히 온 세상을 얻고도 자기 목숨을 잃으면 무슨 유익이 있느냐로 번역하지만, 그리스어 성서에는 목숨 대신 영혼(*psychēn*)이라는 단어가 사용되고 있다.

2 고대부터 영혼에 대한 이해의 발전에 대해서는 다음을 참고하라. 심상태, 『인간: 신학적 인간학 입문』(서울: 서광사, 1989), 59-76.

3 초대교회부터 현재까지 이분설과 삼분설을 주장한 인물들은 벌콥이 잘 요약해 주고 있다. 루이스 벌콥, 『조직신학 (상)』, 고영민 옮김 (서울: 기독교문사, 1976), 441. 삼분설의 대표적 지지자로 19세기 독일 루터교 학자 프란츠 델리취가 자주 언급되곤 한다. 그러나 정작 그는 성서가 인간이 어떻게 구성되어 있느냐라는 질문에 체계적이고 조직적인 답을 제시하고 있지 않다는 전제를 가지고 자기 이론을 조심스럽게 펼쳤다. Franz Delitzsch, *A System of Biblical Psychology*, trans. Robert Ernest Wallis (Edinburgh: T & T Clark, 1867), 103-118.

4 구약학자 볼프는 히브리 성서가 그리스어 성서(70인역)와 라틴어 성서(불가타역)로 번역되면서, 히브리어 단어들이 지나치게 추상화되었고, 그 결과 구약 인간학이 가지고 있는 다양성과 복잡성이 왜곡되었음을 지적한다. 한스 발터 볼프, 『구약성서의 인간학』, 문희석 옮김 (왜관: 분도출판사, 1976), 24.

5 아담에게 하나님이 불어 넣으신 '생기'(*nephesh*)가 다른 동물에게도 적용되는 예가 있다(창 1:21; 2:7; 9:4 참조). 그러나 이때는 유기적 생명이란 의미가 더 강하지, 영과 구분되는 혼이라는 의미로 사용되지 않았다. 게다가 전도서 3장 21절의 경우 인간이 아닌 생명체도 '영'이라 불린다.

6 이하 이분설을 지지하는 성서적 근거에 대해서는 다음을 참고했다. 웨인 그루뎀, 『조직신학 (상)』, 노진준 옮김 (서울: 은성출판사, 1997), 715-723; 벌콥, 『조직신학 (상)』, 443-444; Augustus Hopkins Strong, *Systematic Theology, Vol. II: The Doctrine of Man* (Philadelphia: Griffith and Rowland, 1907), 485.

7 Strong, *Systematic Theology*, Vol. II, 486.

8 위르겐 몰트만, 『창조 안에 계신 하느님』, 김균진 옮김 (서울: 한국신학연구소, 2002), 352.

9 호메로스의 『일리아드』만 보더라도 영혼이 몸이 죽은 후에 남아 있다는 생각이 발견된다. 하지만, 이 때 영혼은 인간 존재의 핵심으로서 영광스러운 모습이 아니라 가련한 존재로 묘사되는 경향이 있다. Homer, *Iliad*, I. 3-4.

10 Plato, *Phaedo*, 250a.

11 아우구스티누스는 인간이란 영혼과 몸의 통일체라고 정의하면서도, 영혼은 고차적이고 몸은 하위적인 실체라 규정한다. Augustinus, *De Civitas Dei*, XIII. 23-24.

12 비물질적 정신과 물질적 자연의 구분이 근대에 이르러 기계론적 세계관으로까지 발전된다. 다음을 참고하라. R. 데까르트, 『방법서설』, 최명관 옮김 (서울: 서광사, 1983), 48.

13 김진혁, "죽음과 시간: 칼 바르트의 종말론적 시간을 중심으로," 「횃불트리니티저널」 19/1 (2016): 66-71, 75-78.

14 C. S. 루이스, '단편들,' 『피고석의 하나님』, 홍종락 옮김 (서울: 홍성사, 2011), 289.

15 고대 그리스 이후 서구인의 정신에 큰 영향을 끼쳐온 실체론적 철학에 비판적이던 실존철학도 성서에 나온 영과 육을 비실체적으로 파악하는 데 기여를 했다. 다음을 참고하라. 앤터니 티슬턴, 『두 지평: 성경 해석과 철학적 해석학』, 박규태 옮김 (서울: IVP, 2017), 425-436.

16 구약과 신약에서 영혼이 인간 전체를 표현하기 위해 사용된 용례는 다음을 참고했다. Anthony A. Hoekema, *Created in God's Image* (Grand Rapids: Wm. B. Eerdmans, 1994), 210-215.

17 Hoekema, *Created in God's Image*, 217-8.

18 대표적으로 다음 논문을 참고하라. John Polkinghorne, "Towards an Integrated Anthropology," in *The Depth of the Human Person: A Multidisciplinary Approach*, ed. Michael Welker (Grand Rapids: Wm. B. Eerdmans, 2014).

19 Karl Barth, *Church Dogmatics* III/2, ed. Thomas Torrance and Geoffrey Bromiley (T & T Clark, 1960), 372.

20 Emil Brunner, *Dogmatics II: The Christian Doctrine of Creation and Redemption*, trans. Olive Wyon (Cambridge: James Clarke & Co., 1952), 62.

21 Brunner, *Dogmatics II*, 63.

22 볼프, 『구약성서의 인간학』, 82-89.

23 하나님 말씀의 삼중적 형태의 '물질적' 특성에 대해서는 다음을 참고하라. Karl Barth, *Church Dogmatics* I/1, ed. Thomas Torrance and Geoffrey Bromiley (Edinburgh: T & T Clark, 1969), 132-135.

24 Thomas Aquinas, *Summa Theologiae*, II-II, q. 142.

25 디오게네스 알렌, 『신학을 이해하기 위한 철학』, 정재현 옮김 (서울: 대한기독교서회, 1996), 72.

26 심상태, 『인간』, 80.

19장. 욕망론: 하나님께서는 왜 탈 많은 욕망을 만드셨는가?

1 아고타 크리스토프, 『어제』, 용경식 옮김 (파주: 문학동네, 2007), 114.

2 크리스토프, 『어제』, 5.

3   Abraham H. Maslow, "A Theory of Human Motivation," *Psychological Review* 50/4 (1943): 370-396.

4   이하 논의는 다음을 요약했다. "Desire," in *The International Standard Bible Encyclopedia*, ed. G. W. Bromiley (Grand Rapids: Wm. B. Eerdans, 1979), 929-930.

5   불트만의 영향 아래서 바울의 육신 개념의 신학적·실존론적 해석을 전개하면서 맥쿼리는 육신(*sarx*) 이 자연적 인간을 뜻할 때도 있지만, '죄악 된' 혹은 '악한'이란 함의를 내포할 때도 있음을 지적한다. John Macquarrie, *An Existentialist Theology: A Comparison of Heidegger and Bultmann* (London: SCM, 1955), 104-109.

6   Plato, *Gorgias*, 493 a-d.

7   어거스틴, 『고백록』, 선한용 옮김 (서울: 대한기독교서회, 2003), 45.

8   *Compendium Theologiae*의 149장을 다음 번역에서 인용했다. 토마스 아퀴나스, 『신학요강』, 박승찬 옮김 (파주: 나남, 2008), 257.

9   이 입장을 가장 잘 표현한 사람은 가톨릭 신학자 앙리 드 뤼박일 것이다. 다음을 참고하라. Henri de Lubac, *The Mystery of the Supernatural* (New York: Herder and Herder, 1967).

10 C. S. 루이스, 『순전한 기독교』, 장경철·이종태 옮김 (서울: 홍성사, 2001), 215. 주의할 점은 영어 원 문에는 욕구와 대상 사이를 인과율적으로 이해할 여지가 있는 접속어 '그러니까'가 없다. 욕망으로부 터의 논증이 가장 잘 드러난 글은 「영광의 무게」이다. C. S. 루이스, 『영광의 무게』, 홍종락 옮김 (서 울: 홍성사, 2001), 11-20.

11 욕망으로부터 논증은 아리스토텔레스적 세계 이해를 공유하던 중세 신학자(특히 토마스 아퀴나스) 에게서 찾아볼 수 있다. 근대 과학적 세계관보다 중세 세계관을 선호했던 루이스의 특성이 여기서도 드러난다. 다음을 참고하라. Thomas Aquinas, *The Summa Contra Gentiles*, III. 1.

12 Joseph Cardinal Ratzinger, *The Compendium of the Catechism of the Catholic Church*, 2. (Washington, D. C. United States Conference of Catholic Bishops, 2006), 5.

13 Ludwig Feuerbach, *Essence of Christianity*, trans. George Eliot (New York: Harper and Row, 1959), xxxix.

14 John Calvin, *Institutes of the Christian Religion*, I.11.8.

15 로버트 뱅크스, 『그리스도인을 위한 무신론 사용 설명서: 무신론의 거울에 비친 진짜 하나님 이야기』, 김은홍 옮김 (서울: 새물결플러스, 2011), 177.

16 대표적으로 칼 바르트 『로마서』 2판의 7장, 『교회교의학』 I/2의 제2장 제3 부분 §17을 참고하라.

17 원래 몰트만은 이 표현을 형이상학적 유신론과 저항적 무신론의 관계를 설명하고자 사용했다. 위르 겐 몰트만, 『십자가에 달리신 하나님』, 김균진 옮김 (서울: 대한기독교서회, 1979).

18 원문은 "Thus much of this will make/ Black white, foul fair, wrong right/ Base noble, old young, coward valiant." William Shakespeare, *Timon of Athens*, Act 4 Scene 3, 28-30. https://www.playshakespeare.com/timon-of-athens/scenes/1003-act-iv-scene-3 (2018.07.18. 최종접속).

19 게오르그 짐멜, '현대 문화에서의 돈,' 『짐멜의 모더니티 읽기』, 김덕영·윤미애 옮김 (서울: 새물결, 2005), 28.

20 발터 벤야민, '종교로서의 자본주의,' 『발터 벤야민 선집 5: 역사의 개념에 대하여, 폭력비판을 위하

여, 초현실주의 외』, 최성만 옮김 (서울: 길, 2008), 121-122.

21 권창규,『상품의 시대: 출세, 교양, 건강, 섹스, 애국. 다섯 가지 키워드로 본 한국 소비 사회의 기원』
(서울: 민음사, 2014), 20-21.

22 게오르그 짐멜, '유행의 심리학 사회학적 연구,'『짐멜의 모더니티 읽기』, 57.

23 짐멜, '유행의 심리학 사회학적 연구,' 57.

24 앙드레 비엘레,『칼빈의 사회적 휴머니즘』, 박성원 옮김 (서울: 대한기독교서회, 2003), 59. 이하 칼뱅
의 경제론은 비엘레의 논의에 기초한 것이다.

25 벤야민, "종교로서의 자본주의," 124.

26 아우구스티누스, '서간문,' 155. 13. 심상태,『인간: 신학적 인간학 입문』(서울: 서광사, 1989), 212에
서 재인용.

27 욕망에 기초한 인간론에 관해서는 다음을 참고하라. 제임스 스미스,『하나님 나라를 욕망하라: 예배,
세계관, 문화적 형성』(서울: IVP, 2016), 66-91.

28 Timothy J. Gorringe, *The Education of Desire* (London: SCM, 2001), 103.

29 일례로 철학자 강신주는 자본주의에 대항하는 방법론보다 자본주의가 남긴 상처의 묘사와 분석이 오
히려 새로운 삶의 가능성을 잉태할 수 있다고 본다. 강신주,『상처받지 않을 권리: 욕망에 흔들리는
삶을 위한 인문학적 보고서』(파주: 프로네시스, 2009).

30 Gorringe, *The Education of Desire*, 104. 특별히 이 책의 5장에서 저자는 세계 자본주의 경제와 관
계 속에서 성만찬의 윤리적 함의를 다각도로 분석한다.

31 비엘레,『칼빈의 사회적 휴머니즘』, 63.

32 박준서,『십계명 새로보기』(서울: 대한기독교서회, 2001), 162.

33 미로슬라프 볼프,『인간의 번영』, 양혜원 옮김 (서울: IVP, 2017), 49-50.

20장. 죄론: 죄를 강조하는 그리스도교는 비관론인가?

1 파스칼,『팡세』, 이환 옮김 (서울: 서울대학교출판부, 1985), 164.

2 이 문장은 윤동주 시인의 「별 헤는 밤」과 「서시」의 언어를 빌려와 재구성한 것이다.

3 니체는 사도들이 인간 예수의 죽음을 속죄의 희생으로 선포하면서, 실제 그리스도와 교리화된 그리
스도 사이에 불연속성이 생겼다고 비판한다. 그런 의미에서 니체는 참 그리스도인은 나사렛 예수의
죽음 이후 더는 나올 수 없게 되었다고 본다. 프리드리히 니체,『안티크리스트』, §41 참조.

4 다음을 참고하라. 스탠리 그렌츠,『조직신학: 하나님의 공동체를 위한 신학』, 신옥수 옮김 (서울: 크리
스찬다이제스트, 2003), 279-281.

5 앤서니 C. 티슬턴,『기독교 교리와 해석학: 교리, 삶, 공동체의 지평 융합에 관한 해석학적 성찰』, 김
귀탁 옮김 (서울: 새물결플러스, 2015), 463.

6 예를 들어 다음 책에 인용된 17세기 루터교 정통주의 신학자 게르하르트(Johann Gerhard)의 구분법
을 참고하라. 홀스트 G. 푈만,『교의학』, 이신건 옮김 (서울: 한국신학연구소, 1989), 225, 228-229.

7 가톨릭 죄론에 관한 간략한 논의는 다음을 참고하라. '죄,'『천주교용어사전』(서울: 작은예수, 2010).

8 좀더 자세하고 정교한 논의는 다음을 참고하라.『가톨릭 교리서』, §1852-1864.

9 『가톨릭 교리서』, § 2282-2283.

10 웨인 그루뎀, 『조직신학 (상)』, 노진준 옮김 (서울: 은성, 1997), 760.

11 Joseph Cardinal Ratzinger, *The Compendium of the Catechism of the Catholic Church* (Washington, D.C.: United States Conference of Catholic Bishops, 2006), § 400. 『가톨릭 교리집』, § 1869 참조.

12 Irenaeus, *Against Heresies*, 4.18.1

13 Augustinus, *Enchiridion*, XXVIII, 106-107.

14 존 웨슬리의 죄론은 인간 삶의 결정적인 네 대상(하나님, 다른 인간, 자아, 다른 피조물)과의 관계가 죄 때문에 왜곡되었음을 특히 강조한다. Randy L. Maddox, *Responsible Grace: John Wesley's Practical Theology* (Nashville: Kingswood, 1994), 82.

15 창조와 타락을 3중적 관계의 틀 속에서 해석하는 방식은 다음 글에서 통찰을 빌려온 것이다. 한태동, 『성서로 본 신학: 한태동 선집 1』 (서울: 연세대학교출판부, 2003), 12-20.

16 C. S. 루이스에 따르면 기적은 자연의 질서와 무관하게 벌어지는 것이 아니라, 평소 하나님께서 하시던 일을 특정 순간에 촉진하거나, 크게 보여줄 때 생긴다. 예를 들면, 오병이어 기적은 시간이 지나면 수천 명이 먹을 수 있을 정도로 자연 증식할 물고기와 곡물이 재료가 되어 짧은 시간 내에 일어난 사건이다. 창조질서와 기적의 관계에 대해서 다음을 참고하라. C. S. 루이스, 『기적: 예비적 연구』, 이종태 옮김 (서울: 홍성사, 2008), 268-271. 이러한 주장에 비추어 볼 때, 돌은 아무리 오랜 기간이 지나도 곡물이 되지 못하기에, 돌을 빵으로 바꾸는 것은 성서적 기적의 범주에 들어가기 힘들다.

17 인간의 본질을 관계로 보고, 죄를 관계와 공동체의 파괴로 보는 신학적 관점으로 다음을 참고하라. 그렌츠, 『조직신학』, 286-289.

18 인용문 출처 http://www.scottmanning.com/archives/000531.php (2016.04.18. 최종접속).

19 김균진, 『기독교조직신학 II』 (서울: 연세대학교출판부, 1986), 125-136를 참조하라.

20 섭리론 역시 하나님이 죄악된 세상을 유지하시는 보존, 협력, 통치 활동이라는 관점에서 파악할 수 있다. 그렌츠, 『조직신학』, 193-198; 그루뎀, 『조직신학 (상)』, 470-488.

21 Augustine, *Enchiridion*, VIII. 27. "*O felix culpa quae talem et tantum meruit habere redemptorem*,"라는 라틴어 미사구문은 토마스 아퀴나스의 『신학대전』 III, 1, 3, ad 3에도 등장한다.

22 바바라 브라운 테일러, 『잃어버린 언어를 찾아서: 죄·참회·구원에 관하여』, 정다운 옮김 (서울: 비아, 2016), 78.

21장. 타락과 원죄: 왜 아담 때문에 우리까지 심판받아야 하는가?

1 Matthew Fox, *Original Blessing* (Rochester: Bear & Co, 1983). 한국어 번역은 다음과 같다. 매튜 폭스, 『원복』, 황종렬 옮김 (왜관: 분도출판사, 2001).

2 어거스틴, 『고백록』, 선한용 옮김 (서울: 대한기독교서회, 2003), 229-232.

3 "Original Sin," in *Oxford Dictionary of Philosophy* (Oxford University Press, 2005).

4 로마서 5장 12절의 *eph' hō*의 다양한 해석 방식에 대해서는 Joseph A. Fitzmeyer, S. J., "The Letter to the Romans," in *The Jerome Biblical Commentary* (Englewood Cliffs: Prentice-Hall, INC,

1968), 53:56을 참고하라.

5 존 메이엔도르프, 『비잔틴 신학: 역사적 변천과 주요 교리』, 그레고리오스 박노양 옮김 (서울: 정교회 출판사, 2010), 288-290.

6 타락 본문의 해석학적 지평에 대해서는 앤서니 C. 티슬턴, 『기독교 교리와 해석학: 교리, 삶, 공동체 의 지평융합에 관한 해석학적 성찰』, 김귀탁 옮김 (서울: 새물결플러스, 2015), 498-501을 참고하라.

7 Martin Luther, *Lectures on Romans*, trans. Wilhelm Pauck (Philadelphia: The Westminster Press, 1961), 166, 170을 참조하라.

8 웨인 그루뎀, 『조직신학 (상)』, 노진준 옮김 (서울: 은성사, 1997), 625을 보라.

9 한 예로 웨인 그루뎀은 마귀를 "하나님께 범죄하고 이 세상에서 지속적으로 악을 행하는 악한 천사" 로 정의하고, 그 성서적 근거로 창세기 3장 1-5절, 베드로후서 2장 4절, 유다서 6장 등을 든다. 그루 뎀, 『조직신학 (상)』, 621-622. 그루뎀은 하늘에서 떨어지는 계명성에 대한 하나님의 심판을 언급하 는 이사야 14장 12-15절도 인용한다. 하지만, 원래 이 구절이 바벨론 왕에 관한 것임을 그루뎀도 인 정하기에, 그는 이사야 14장이 사탄의 타락에 관한 본문으로 볼 수 있다고 가능성만 강하게 열어 두 고 있다.

10 Tertullian, *Of Patience*, V를 참조. 실제 라틴어로는 하나님의 속성으로 인내를 뜻하는 *patientia*가, 사탄의 속성으로는 견디지 못함 혹은 성급함을 뜻하는 *impatientia*가 쓰였지만, 문맥상 *impatientia* 를 불만으로 번역했다. *impatientia*는 영어로 discontent(불만)로 번역되기도 한다.

11 영국 성공회의 *On Thirty Nine Articles*, VI. 6. 의 외경의 권위에 관한 설명을 참조하라.

12 아우구스티누스, 『하나님의 도성』, 조호연·김종흡 옮김 (서울: 크리스챤다이제스트, 1998), XIV, 11.

13 John Milton, *Paradise Lost*, I. 263.

14 스탠리 그렌츠, 『조직신학: 하나님의 공동체를 위한 신학』, 신옥수 옮김 (서울: 크리스챤다이제스트, 2003), 285.

15 C. S. 루이스, 『실낙원 서문』, 홍종락 옮김 (서울: 홍성사, 2015), 175. 이하 실낙원에서 사탄의 갈등 과정에 대한 분석은 루이스의 통찰을 빌려온 것이다.

16 Milton, *Paradise Lost*, IV, 71-75.

17 Milton, *Paradise Lost*, IX 참조.

18 아우구스티누스, 『하나님의 도성』 XIV, 13.

19 아우구스티누스, 『하나님의 도성』 XIV, 15-18.

20 아우구스티누스, 『하나님의 도성』 XIV, 28. (강조는 필자의 것).

21 본회퍼 윤리에서 *cor curvum in se*의 중요성에 대해서는 다음을 참고하라. Richard Cumming, "Dietrich Bonhoeffer's Concept of the cor curvum in se: A Critique of Bonhoeffer's Polemic with Reinhold Seeberg in Act and Being," *Union Seminary Quarterly Review* 62 (2010): 116- 133; Hyun Soo Kim, "Christian Ways of Encountering the Other: An Interpretation of Dietrich Bonhoeffer's Ethic of the Other," (Ph.D. dissertation, Princeton Theological Seminary, 2008), 22- 77.

22 동·서방 교회의 원죄론의 차이에 대해서는 다음을 참고하라. J. N. D. Kelly, *Early Christian Doctrines*, revised ed. (San Francisco: Harper San Francisco,1960), 344-374.

23 Søren Kierkegaard, *The Concept of Anxiety*, trans. Reidar Thomte (Princeton: Princeton University Press, 1980), 31-32.

24 존 밀턴, 『실낙원』, 이창배 옮김 (서울: 동서문화사, 1987), 445-447.

6부 그리스도 안에서 하나님-인간

1 Paul Tillich, "You Are Accepted," *The Shaking of the Foundations* (Mitcham, Victoria: Penguin Books, 1949), 163.

22장. 칭의와 그리스도인의 삶: 믿음으로만 의로운 인간이 될 수 있는가?

1 스콧 헨드릭스, 『마르틴 루터: 새 시대를 펼친 비전의 개혁자』, 손성현 옮김 (서울: IVP, 2017), 140.

2 면벌부는 죄를 사하는 것이 아니라 죄에 대해 미쳐 보속하지 못한 잠벌을 경감시켜 주기 위한 것이다. 하지만, 중세 말기 독일 민중에게는 마치 죄 자체를 용서해 주는 것같이 오해되었고, 중세 로마교회는 이를 악용하였다. 면벌부를 가톨릭에서는 대사부(大赦符)로 번역하고, 개신교에서는 면죄부(免罪符)로 번역되기도 했다. 중세의 면벌부 이론에 대해서는 다음 논문을 참고하라. 최종원, "천국을 향한 약속 어음: 중세 면벌부 이론의 변화 연구," 「인문연구」 56 (2009): 165-196.

3 Martin Luther, *Commentary on Psalm 51 (1532)* in *Luther's Works*, vol. 12, trans. Jaroslav Pelikan (St. Louis: Concordia, 1955), 311.

4 바바라 브라운 테일러, 『잃어버린 언어를 찾아서: 죄·참회·구원에 관하여』 (서울: 비아, 2016), 77.

5 셰익스피어를 다음 책에서 재인용했다. 요한 크리스토프 아놀드, 『왜 용서해야 하는가』, 원마루 옮김 (서울: 포이에마, 2015), 102.

6 순종과 영화가 어떻게 삼위 하나님 사이의 사랑의 표현이 되는지는 다음 책을 참고하라. Donald Fairbarn, *Life in the Trinity: An Introduction to Theology with the Help of the Church Fathers* (Downers Grove: IVP Academics, 2009), 13-28.

7 바르트 신학에 대한 큉의 독해가 이 지점을 잘 보여준다. 단, 큉은 용서의 은혜가 정의를 대치하는 것이 아니라, 은혜와 정의가 함께함을 강조한다. Hans Küng, *Justification: The Doctrine of Karl Barth and a Catholic Reflection*, trans. Thomas Collins, Edmund E. Tolk and David Grandskou (London: Burns & Oates, 1964), 36-41.

8 하우어워스에 따르면 그리스도교 신학과 윤리의 핵심은 그리스도의 십자가와 부활을 중심 문법으로 세계를 새롭게 보고 기술하는 것이다. 스탠리 하우어워스, 『한나의 아이: 정답 없는 삶 속에서 신학하기』 (서울: IVP, 2016), 469-471.

9 마르틴 루터, '라틴어 저작 전집 서문,' 존 딜렌버거 엮음, 『루터 저작선』, 이형기 옮김 (서울: 크리스챤다이제스트, 1994), 48.

10 루터의 십자가 신학에 대해서는 다음을 보라. Martin Luther, "The Heidelberg Disutation," in *Luther: Early Theological Works*, trans. James Atkinson (Philadelphia: The Westminster Press, 1962), 291-292.

11 루터, '라틴어 저작 전집 서문,' 49.

12 맥그래스는 칭의론의 역사에 대한 그의 연구에서 아우구스티누스의 신학적 중요성을 다음과 같이 요약한다. "모든 중세 신학은, 다소 차이가 있더라도, 아우구스티누스적이다." Alister McGrath, *Iustitia Dei: A History of the Christian Doctrine of Justification*, 3rd ed. (Cambridge: Cambridge University Press, 2005), 38. 강조는 맥그래스의 것.

13 '의롭게 된'(justified)을 '의롭게 만들어진'으로 해석한 대표적 예로 다음을 보라. Augustinus, *De spiritu et littera*, xxvi, 45.

14 성서신학에서 하나님의 의에 대한 논의는 다음을 참고하라. 김창락, '칭의론과 정의,' 김동춘 엮음, 『칭의와 정의: 오직 믿음으로만?』 (서울: 새물결플러스, 2017), 47-94.

15 아우구스티누스의『고백록』에 대한 요약과 평가를 보라. Augustinus, *Retractationes*, II. 32.

16 펠라기우스주의와 대결하며 발전시킨 아우구스티누스의 죄론에 관해서는 다음을 참고하라. 피터 브라운, 『아우구스티누스』, 정기문 옮김 (서울: 새물결, 2012), 519-523.

17 아우구스티누스는 영원한 존재에 대한 신앙을 통해서만 참다운 행복이 가능하다고 보며, 이로써 고전적 행복의 윤리학을 넘어서고자 한다. 아우구스티누스, 『참된 종교』, 성염 옮김 (왜관: 분도출판사, 1989), 27.

18 『가톨릭 교리서』 3편 1부 3장 2절의 '의화'에 대한 교리를 참고하라.

19 이 외에도 여러 번역어 때문에 두 교회의 차이가 더욱 부각되었다. 대표적으로 신명을 가톨릭은 '하느님'으로 대부분 개신교회는 '하나님'으로 번역하고 있다. 가톨릭과 개신교의 신명 번역의 역사에 대한 간략한 자료로 다음을 참고하라. 옥성득, 『다시 쓰는 초대 한국 교회사』 (서울: 새물결플러스, 2016), 450-459.

20 특별히 루터교 세계연맹과 교황청 교회일치평의회 대표들이 1999년에 서명한 'A Joint Declaration on the Doctrine of Justification' 19항과 25항을 보라. 이 선언문을 한국 개신교에서는 '칭의 교리에 관한 공동선언문'으로, 가톨릭에서는 '의화 교리에 관한 공동선언문'이라 번역한다.

21 다음을 참고하라. 이양호, 『루터의 생애와 사상』 (서울: 대한기독교서회, 2002), 6-7.

22 간혹 칭의는 하나님의 은혜로 의롭다 여겨지는 것이고(롬 3:24; 5:28 등), 득의는 믿음으로 의로움을 얻는 것이라며(롬 5:1; 행 13:39; 딛 3:7 등) 둘을 구분해야 한다고 주장하는 사람도 있다. 하지만, 신약성서와 종교개혁자들의 신학이 '하나님의 은혜를 믿음으로 받아들이는 것'을 통합적으로 본다는 점에서, 칭의와 득의의 차이를 지나치게 형식적으로 강조하는 것이 필요할지는 의문이 생긴다.

23 김선영, '루터의 칭의론 재조명,' 김동춘 편, 『칭의와 정의: 오직 믿음으로만?』 (서울: 새물결플러스, 2017), 237.

24 "The action of showing something to be right or reasonable"이란 정의는 다음 사전에서 인용하였다. https://en.oxforddictionaries.com/definition/justification (2017.12.23. 최종접속).

25 개신교 신학에서 간과되곤 하는 공공성의 중요성을 루터를 통해 재발견하려 한 시도로 다음을 참고하라. 김진혁, "다시 두 왕국론?: 공공신학의 관점에서 본 마르틴 루터의 신학," 「복음과 윤리」 12 (2015): 48-79.

26 John Calvin, *Institutes of the Christian Religion*, 3.11.1.

27 큉은 종교개혁 이전에도 '오직 믿음'이라는 번역이 있었음을 지적할 뿐 아니라, 이것이 인간이 자기

를 스스로 구원할 능력이 없다는 것을 보여준다는 점에서 가톨릭의 가르침과도 대치되지 않는다고
주장한다. Küng, *Justification*, 237-250.

28 Martin Luther, *On Translating: An Open Letter*, LW 35: 188-189.

29 토마스 아퀴나스는 구원을 위해서는 성령의 선물로 은혜가 우선적으로 주어져야 한다고 주장한
다. 하지만, 사랑이 믿음을 완성하고 형성한다는 의미에서, 그는 사랑을 믿음의 형상(form)이라 본
다. 즉 죄인의 의화는 믿음이 아니라 사랑으로 완성된다. 여기서 우리는 '오직 믿음'을 주장한 루터
와 대표적 중세 신학자 사이의 구원관의 근원적 차이를 관찰할 수 있다. Thomas Aquinas, *Summa
Theologiae*, 2a 2ae, 4. 3.

30 Augustinus, *De Trinitate*, 15.18.32.

31 루터, "그리스도인의 자유," 『루터 저작선』, 122.

32 루터는 "그리스도 예수 안에서는 할례나 무할례나 효력이 없으되 사랑으로써 역사하는 믿음뿐이니
라"(갈 5:6)를 해석하며, 믿음은 사랑으로써 역사하는 것(*fides quae per caritatem operatur*)이지 사
랑에 의해 형성되는 것(*fides caritate formata*)이 아니라고 보았다. Martin Luther, *A Commentary
on St. Paul's Epistle to the Galatians*, trans. Theodore Graebner, 200. https://www.ccel.org/ccel/
luther/galatians.viii.html (2017.12.26. 최종접속).

33 루터, "라틴어 저작 전집 서문," 49.

34 이는 영문 번역을 중역한 것이다. Philip Melanchton, *Apologia of Augsburg Confession*, XXI. 19.
http://www.gutenberg.org/cache/epub/6744/pg6744-images.html (2017.12.25. 최종접속).

35 히브리어에서는 '의롭게 하다'라는 동사는 윤리적이 아니라 법정적 용법으로 사용된다. 이에 정확히
상응하는 그리스어나 라틴어는 찾아보기 힘들다. 김창락, '칭의론과 정의,' 59. 그렇다고 종교개혁자
들의 '법정적' 칭의론이 히브리 성서의 재발견이라고 섣불리 말하는 것은 곤란하다. 왜냐하면 고대
유대 문화에서의 법정과 종교개혁자들이 활동하던 근대 초기 유럽의 법정은 상이하기 때문이다.

36 예를 들면, 감리교의 창시자 존 웨슬리의 칭의론은 법정적 개념과 치유적 개념이 함께한다. 가톨릭의
칭의론 역시 법정적 개념과 치유적 개념이 상호보완적이다. Randy L. Maddox, *Responsible Grace:
John Wesley's Practical Theology* (Nashville: Kingswood, 1994), 144-145; Küng, *Justification*,
199-211.

37 전가 교리 발전에 영향을 준 에라스무스의 기여에 대해 다음을 참고하라. McGrath, *Iustitia Dei*,
238-240.

38 트리엔트 공의회의 의화에 관한 법규 10-11항은 특별히 전가 교리를 비판하고 있다.

39 '정의' 혹은 '의'의 번역에 관해서 다음을 참고하라. 니콜라스 월터스토프, 『사랑과 정의: 정의로운 사
랑은 가능한가』(서울: IVP, 2017), 432-438; McGrath, *Iustitia Dei*, 6-21; 김창락, '칭의론과 정의.'

40 예를 들면 나치에 대항하여 칼 바르트가 독일어로 쓴 정치신학 팜플렛, *Rechtfertigung und Recht*(칭
의와 정의)는 독일어 원래 뜻에 가까운 Justification and Justice로 영역되지 않고, 오히려 Church
and State(교회와 국가)로 번역되었다. 하나님의 정의라는 표현보다 하나님의 의라는 표현이 애용되
는 영어 사용권을 고려한 번역어로 보인다.

41 바르멘 신학선언의 문구는 다음 번역에서 인용했다. 프랑크 옐레, 『편안한 침묵보다는 불편한 외침
을: 신학자 칼 바르트와 1906-1968의 정치』, 이용주 옮김 (서울: 새물결플러스, 2016), 197.

42 George Hunsinger, "Justification: Ninety-Four Theses," in *Evangelical, Catholic, and Reformed: Doctrinal Essays on Barth and Related Themes* (Grad Rapids: William B. Eerdmans Publishing Company, 2015), 241.

43 Hunsinger, "Justification," 241. 여기서 '따르다'로 번역한 conform to는 영어에서 윤리적 의미를 넘어 '일치하다, 순응하다' 등의 뜻도 가진다.

23장. 용서의 은혜: 인간과 세계를 온전하게 하는 것은 무엇인가?

1 유토피아의 반대어 디스토피아는 '나쁜'을 뜻하는 그리스어 *dys*와 '장소'를 뜻하는 *topos*가 합쳐져 만들어진 말이다. 이 단어는 영국의 사상가 존 스튜어트 밀이 1868년 하원 연설에서 영국 정부를 비판하며 처음 사용한 것으로 알려졌으나, 오늘날에는 암울한 미래를 그리는 문학이나 영화 등의 장르를 지칭하는 표현으로 자주 사용되고 있다.

2 토머스 모어는 유토피아에서 예배 전 가족들끼리 서로 잘못을 고백하고 용서를 구하는 것에 대해 간략히 언급을 한다. 그 외에는 책 전체에서 '용서'가 중요한 주제로 다뤄지지 않는 것 같다. 토마스 모어, 『유토피아』, 주경철 옮김 (서울: 을유문화사, 2007), 147 참조.

3 김균진, 『기독교조직신학 II』 (서울: 연세대학교출판부, 1986), 88.

4 "'레미제라블' 톰 후퍼 감독 '한국 흥행 돌풍 놀랍다'" (2013.02.01.). http://news.chosun.com/site/data/html_dir/2013/02/01/2013020102112.html?Dep0=twitter&d=2013020102112 (2016.06.20. 최종접속).

5 다음 웹사이트에 올라온 뮤지컬 레미제라블 가사를 한국어로 번역한 것이다. http://www.metrolyrics.com/les-miserables-lyrics.html. (2016.06.20. 최종접속).

6 아우구스티누스 신학에서 정립된 하나님 의에 대한 서방교회의 이해는 다음을 참고하라. Alister E. McGrath, *Iustitia Dei: A History of the Christian Doctrine of Justification*, 3rd ed. (Cambridge: Cambridge University Press, 2005), 41-45.

7 http://www.metrolyrics.com/les-miserables-lyrics.html (2016.06.20. 최종접속).

8 한 예로, 아우구스티누스의 정치신학은 죄인인 인간을 의롭게 하는 하나님의 의가 사회를 통치하는 정의의 원리가 되었을 때의 모습을 도발적으로 상상하게 한다. McGrath, *Iustitia Dei*, 50-52 참조.

9 C. S. 루이스, '용서,' 『영광의 무게』, 홍종락 옮김 (서울: 홍성사, 2008), 184-185.

10 용서의 하나님에 대한 개신교적(특별히 루터 신학적) 설명으로 다음을 참고하라. 미로슬라브 볼프, 『베풂과 용서: 값없이 주신 은혜의 선물』, 김순현 옮김 (서울: 복 있는 사람, 2008), 222-247.

11 물론 현대 철학에서는 용서의 중요성에 대한 다양한 분석이 나오고 있다. 한 예로 다음을 참고하라. Charles L. Griswold, *Forgiveness: A Philosophical Exploration* (Cambridge: Cambridge University Press, 2007).

12 "Forgiveness," in *Oxford Dictionary of Philosophy* (Oxford University Press, 2005).

13 Cicero, *De re publica*, II. 70.

14 Mohandas Karamchand Gandhi, *Gandhi: An Autobiography-The Story of My Experiments with Truth*, trans. Mahadev H. Desai (Boston: Beacon Press, 1993), 276.

15 Augustine, "Letter 211" in J.-P. Migne ed., *Patrologiae Latinae* vol. 33. quoted in Susan Ratcliffe ed., *Oxford Essential Quotations*, 4th ed. (Oxford: Oxford University Press, 2016). http://www. oxfordreference.com/view/10.1093/acref/9780191826719.001.0001/q-oro-ed4-00000572 (2018.07.13. 최종접속).

16 C. S. 루이스, 『순전한 기독교』, 장경철·이종태 옮김 (서울: 홍성사, 2001), 186.

17 디드리히 본회퍼, 『나를 따르라』, 손규태·이신건 옮김 (서울: 대한기독교서회, 2010), 41-43.

18 한 예로 이청준의 『벌레 이야기』를 원작으로 한 이창동 감독의 〈밀양〉을 들 수 있다. 두 작품 모두 용서에 대한 강박이 얼마나 파국적 결과를 불러일으키는지 잘 보여준다.

19 톰 라이트, 『악의 문제와 하나님의 정의』, 노종문 옮김 (서울: IVP, 2008), 184.

20 볼프, 『베풂과 용서』, 247.

21 랭던 길키, 『산둥 수용소: 제2차 세계대전 중국의 한 포로수용소에서 기록한 인간 실존 보고서』, 이선숙 옮김 (서울: 새물결플러스, 2013), 10.

22 스티브 체리, 『용서라는 고통』, 송연수 옮김 (서울: 황소자리, 2013), 100-101.

24장. 종교예술: 예술가는 보이지 않는 하나님을 어떻게 묘사할 수 있는가?

1 Martin Luther, "On War against Islamic Reign of Terror (On War against the Turk, 1528)," *WA* 30 II. http://www.lutherdansk.dk/On%20war%20against%20Islamic%20reign%20of%20terror/ On%20war%20against%20Islamic%20reign%20of%20terror1.htm (2017.01.24. 최종접속). 하지만, 루터는 적절하게 이해되고 배치되고 사용되는 이미지에 있어 칼뱅을 비롯한 개혁주의 신학자에 비해 유보적인 태도를 보였다.

2 Roland E. Miller, *Muslims and the Gospel: Bridging the Gap: A Reflection on Christian Sharing* (Minneapolis: Lutheran University Press, 2006), 208 참조.

3 "Puritan," in *Cambridge English Dictionary*. http://dictionary.cambridge.org/dictionary/english/ puritan (2016.01.21. 최종접속).

4 어거스틴, 『고백록』, 선한용 옮김 (서울: 대한기독교서회, 2004), 347.

5 Jonathan Edwards, *True Virtue*, in *The Works of Jonathan Edwards* 1, ed. Edward Hickman (Edinburgh: Banner of Truth Trust, 1979), 125.

6 신학적 미학에 대해서는 다음의 책을 참고하라. 리차드 빌라데서, 『신학적 미학 : 상상력, 아름다움, 그리고 예술 속의 하나님』, 손호현 옮김 (서울: 한국신학연구소, 2001); 리차드 해리스, 『현대인을 위한 신학적 미학』, 김혜련 옮김 (파주: 살림출판사, 2003); 심광섭, 『예술신학』 (서울: 대한기독교서회, 2010).

7 이하 자세한 논의는 다음을 참고하라. 김진혁, "신학과 예술의 만남: 아름다움, 경이, 상상력을 통한 다리 놓기," 예술목회연구원 엮음, 『예술신학 톺아보기』 (서울: 신앙과 지성사, 2017), 158-160.

8 Karl Barth, *Church Dogmatics* II/1, ed. Thomas Torrence and Geoffrey Bromiley (Edinburgh: T & T Clark, 1964), 656.

9 Gerardus van der Leeuw, *Sacred and Profane Beauty*, trans. David E. Green (Oxford: Oxford

University Press, 2006), 333.

10 Gregory the Great, "To Serenus Bishop of Massilia," *Registrum Epistolarum*, Book IX, Letter 105. http://www.newadvent.org/fathers/360209105.htm (2017.01.25. 최종접속).

11 Gregory the Great, "To Serenus Bishop of Massilia," *Registrum Epistolarum*, Book XI, Letter 13. http://www.newadvent.org/fathers/360211013.htm (2017.01.25. 최종접속). 강조는 필자의 것.

12 '트리플렉스 라티오'(triplex ratio)에 대해서는 다음을 참고하라. 손호현, "그림은 '빈자(貧者)의 성서'(biblia pauperum)인가? 그레고리우스 I세의 기독교 예술교육론," 「기독교교육정보」 14 (2006): 283-311; Herbert L. Kessler, "Gregory the Great and the Image Theory in Northern Europe in the Twelfth and Thirteenth Century," in *A Companion to Medieval Art: Romanesque and Gothic in Northern Europe*, ed. Conrad Rudolph (Oxford: Wiley-Blackwell, 2009).

13 조성암 암브로시오스 대주교, 『비잔틴 성화 영성 예술 1』 (서울: 정교회출판사, 2018), 27. 물론 이러한 주장 이면에는 정교회 구원론의 핵심인 '신화' 교리가 전제되어 있다.

14 "The Seventh Ecumenical Council," http://www.goarch.org/ourfaith/ourfaith8071 (2017.01.24. 최종접속).

15 세계 기독교적 관점에서 볼 때 개신교단 중 특별히 루터교, 성공회, 감리교 등은 제7차 에큐메니칼 공의회도 공신력 있는 종교회의로 인정하지만, 정교회나 가톨릭만큼의 높은 권위를 부여하고 있지는 않다.

16 John Calvin, *Institutes of the Christian Religion*, I.11.14.

17 Calvin, *Institutes*, I.11.1.

18 대표적으로 다마스쿠스의 요한(John of Damascus, 676-749)이 성육신을 근거로 보이지 않는 신에 대한 묘사가 가능하다고 주장했다. St. John of Damascus, *Three Treatises on the Divine Images* (Crestwood: St. Vladimir's Seminary Press, 2003), 29-31.

19 정교회에서 '형상' 개념에 대해서는 다음을 참고하라. 레오니드 우스펜스키, 『정교회의 이콘신학』, 박노양 옮김(서울: 정교회출판사, 2012), 17-42.

20 다마스커스의 성 요한, 『거룩한 이콘을 공격하는 자들에 대한 두 번째 반박』, 조성암, 『비잔틴 성화 영성 예술 1』, 20에서 재인용.

21 성상찬반론은 아주 복잡한 그리스도론적 논쟁을 매개로 이루어진다. 우스펜스키가 논쟁의 핵심을 잘 요약하고 있다. 우스펜스키, 『정교회의 이콘신학』, 155-206.

22 존 칼빈, 『칼빈의 십계명 강해』, 김광남 옮김 (고양: 비전북, 2011), 81.

III. 성령과 공동체

7부 성령론과 교회론

1 이 인용문은 브라질에서 애창되는 찬송 "*A nos descei*"의 가사 일부를 의역한 것이다. 전체 가사는 인터넷에서 쉽게 찾을 수 있다. https://www.letras.mus.br/catolicas/1109376/ (2018.11.13. 최종접속).

25장. 성령론 1: 오순절에 오신 성령 하나님은 누구신가?

1 엔도 슈샤쿠, 『그리스도의 탄생』, 이평아 옮김 (서울: 가톨릭출판사, 2003), 59.

2 오순절의 유대 종교와 문화적 의미에 대해서는 다음을 참고하라. Hilary Le Cornu and Joseph Shulam, *A Commentary on the Jewish Roots of Acts: Acts 1-15* (Jerusalem: Academon, 1960), 53-58.

3 조셉 A. 피츠마이어, 『사도행전 주해』, 박미경 옮김 (왜관: 분도출판사, 2015), 330-331.

4 Justo L. Gonzalez, *Acts: The Gospel of the Spirit* (Maryknoll, NY: Orbis Books, 2001), 34.

5 Martin Luther, "House Postil for Pentecost (1544)," in *Reformation Commentary on Scripture: Acts*, ed. Esther Chung-Kim and Todd R. Hains (Downers Grove: IVP Academics, 2014), 19. 오순절의 성령 강림을 옛 율법과 새 율법의 관계 속에서 파악하는 전통은 초대나 중세교회 이후 내려오고 있다. 대표적으로 아우구스티누스의 『영과 문자』 17.29. 혹은 토마스 아퀴나스『신학대전』 I-II의 103번째 질문을 보라.

6 피츠마이어, 『사도행전 주해』, 335.

7 동방교회와 달리 서방교회 전통에 속하는 대부분 교회는 성령강림절 한 주 뒤를 삼위일체 주일로 기념한다.

8 사도행전 2장에서 방언은 다양한 인간의 언어를 뜻하고 있지, 신비로운 언어(고전 13:1)로서 방언을 이야기하지 않는다고 지적하는 학자도 있다. 여기에 대해서는 피츠마이어, 『사도행전 주해』, 338-339 참조.

9 방언에 대해 다소 다른 견해를 가지고 있는 대표적 두 학자의 저서를 참고하라. 김동수, 『방언, 성령의 은사: 성경과 교회 역사에 나타난 방언』 (용인: 킹덤북스, 2005); 박영돈, 『일그러진 성령의 얼굴: 한국교회 성령운동, 무엇이 문제인가』 (서울: IVP, 2011).

10 창세기 11장을 배경으로 사도행전 2장을 해석하는 방식은 초대교회부터 있었다. 한 예로, Cyril of Jerusalem, *Catechetical Lectures* 17.16-17을 참고하라.

11 스탠리 하우어워스·윌리엄 윌리몬, 『성령』, 김기철 옮김 (서울: 복 있는 사람, 2017), 60.

12 하우어워스·윌리몬, 『성령』, 61.

13 Nicholas Lash, *Believing Three Ways in One God: A Reading of the Apostle's Creed* (London: SCM, 1992), 86.

14 어떻게 제자의 대표였던 베드로가 공동체의 지도자로 급격히 변화했는지는 우리에게 주어진 자료만으로 파악하기에 한계가 있다. 그렇지만 부활한 예수와의 만남이 그러한 전환에 결정적 영향을 줬던 것 같다. Oscar Cullmann, *Peter, Disciple-Apostle-Martyr: A Historical and Theological Study*, trans. Floyd V. Filson (London: SCM, 1953), 56-65.

15 칼 바르트, 『교의학 개요』, 신준호 옮김 (서울: 복 있는 사람, 2015), 222.

16 다음의 영역본에서 중역하였다. *Teaching of the Apostle*, trans. Canon Spence (London: James Nisbet & Co., 1888), 22.

17 루터는 인간의 마음이 부패했다는 예레미야 17장 9절을 인간론의 전제로 사용한다. Martin Luther, *Lectures on Romans*, trans. Wilhelm Pauck (Philadelphia: The Westminster Press, 1961), 159.

18 개역개정에는 '자기 유익'으로 되어 있으나, '자기 것'으로도 번역될 수 있다.

19 위르겐 몰트만, 『생명의 영』, 김균진 옮김 (서울: 대한기독교서회, 1992), 84-87.

20 미하엘 벨커, 『하나님의 영: 성령의 신학』, 신준호 옮김 (서울: 대한기독교서회, 1995), 212-214.

21 Karl Barth, *Church Dogmatics* II/2, ed. Thomas Torrance and Geoffrey Bromiley (Edinburgh: T & T Clark, 1957), 780.

22 Rudolf Bultmann, *The Gospel of John: A Commentary*, trans. G. R. Beasley-Murray (Oxford: Basil Blackwell, 1971), 610.

23 일례로 다음을 보라. George R. Beasley-Murray, *John* (Nashville: Thomas Nelson Publishers, 1999), 254-255, 380-381.

24 Dietrich Bonhoeffer, *Sanctorum Communio: A Theological Study of the Sociology of the Church*, trans. Reinhard Krauss and Nancy Lukens (Minneapolis: Fortress Press, 2009), 152.

25 하우어워스·윌리몬, 『성령』, 61.

26 Bede, *Commentary on the Acts of the Apostles*, 2.4. in *Ancient Christian Commentary on Scripture: Acts*, ed. Francis Martin (Downer Grove, IVP, 2006), 23.

26장. 성령론 II: 성령께서는 교회와 세상에서 어떤 일을 하시는가?

1 리처드 보컴, 『예수: 생애와 의미』, 김경민 옮김 (서울: 비아, 2016), 143-145.

2 요한네스 힐쉬베르거, 『서양 철학사 상권: 고대와 중세』, 강성위 옮김 (대구: 이문출판사, 1996), 310.

3 삼위일체'론' 이전에 삼위일체적 '실천'이 원시 그리스도교 공동체의 중심 문제였음에 관해서 다음 논문을 참고하라. Sarah Coakley, "Why Three: Some Further Reflections on the Origin of the Doctrine of the Trinity," in *Making and Remaking of Christian Doctrine: Essays in Honour of Maurice Wiles*, ed. Sarah Coakley and David A. Pailin (Oxford: Clarendon Press, 1993).

4 대표적으로 다음을 참고하라. St. Basil the Great, *On the Holy Spirit*, trans. David Anderson (New York: St. Vladimir Press, 1980), 42-44.

5 신경 번역은 다음에서 인용하였다. 대한성공회 공도문개정전문위원회, 『성공회 기도서 2004』 (서울: 대한성공회출판사, 2004), 241.

6 E. 슈바이처는 이스라엘이 하나님의 영을 예측하기 힘든 낯선 힘으로 경험하기 때문에 성령이라는 표현을 자주 쓰지 않았다고 추정한다. 이하 구약성서에서 하나님의 영의 다양한 모습은 다음을 참고한 것이다. E. 슈바이처, 『성령』, 김균진 옮김 (서울: 대한기독교서회, 1982), 20-49.

7 마빈 A. 스위니, 『예언서』, 홍국평 옮김 (서울: 대한기독교서회, 2015), 30-31.

8 레오나르도 보프, 『오소서, 성령이여: 해방과 여성, 새로운 우주론의 관점에서 이해한 성령』, 이정배 옮김 (서울: 대한기독교서회, 2017), 73. 강조는 필자의 것.

9 보프, 『오소서, 성령이여』, 174-175. 이러한 해석은 구약성서의 그리스어 번역본인 70인역에서 볼 수 있다.

10 로완 윌리엄스, 『그리스도인이 된다는 것』, 김기철 옮김 (서울: 복 있는 사람, 2015), 38.

11 슈바이처, 『성령』, 27-32.

12 위르겐 몰트만, 『창조 안에 계신 하느님』, 김균진 옮김 (서울: 한국신학연구소, 2002), 152-153.

13 몰트만, 『창조 안에 계신 하나님』, 152-160; 볼프하르트 판넨베르크, 『조직신학 II』, 신준호·안희철 옮김 (서울: 새물결플러스, 2018), 155-254.

14 Calvin, *Institutes*, I. 13. 22. 이 글에서는 다음 번역본을 이용했다. John Calvin, *Institutes of the Christian Religion*, ed. John T. McNeill, trans. Ford Lewis Battles (Louisville: Westminster John Knox Press, 1960).

15 John Calvin, *Calvin's Commentary, Vol 1: Genesis* (Grand Rapids: Baker Books, 2003), 74.

16 김선권, "칼뱅의 성령론," 『성령론』, 한국조직신학회 엮음 (서울: 대한기독교서회, 2017), 149, n. 84.

17 Calvin, *Institutes*, II.2.16. 강조는 필자의 것.

18 이 문구는 니케아-콘스탄티노플 신경에서 성령의 신성을 표현하고자 사용된 것이다.

19 알리스터 맥그래스, 『신학이란 무엇인가』, 김기철 옮김 (서울: 복 있는 사람, 2014), 596-597.

20 이하 아래 논문의 핵심 논의를 요약·정리·해석한 것이다. Rowan Williams, "Word and Spirit," in Eugene F. Rogers Jr., *The Holy Spirit: Classic and Contemporary Reading* (Chichester: Wiley-Blackwell, 2009), 53-67.

21 흔히 '성령을 계시의 주관적 실재'로 보는 바르트의 성령론이 이러한 선형적 모델을 따른다고 비판을 받는다. 하지만, 윌리엄스는 바르트의 성령론에서 '참여' 모델도 함께 있다고 지적한다.

22 Williams, "Word and Spirit," 60.

23 Williams, "Word and Spirit," 61.

24 김규섭, "로마의 사회적 관습과 법의 관점에서 살펴본 로마서 8:15의 입양: 그 배경과 함의," 「햇불트 리니티저널」 20/1 (2017), 74-75. 이하 입양 개념에 대한 논의는 이 논문을 바탕으로 한다.

27장. 성령의 은사: 성령 충만한 삶이란 어떤 것인가?

1 A. J. Cronin, *The Keys of the Kingdom* (Toronto: Ryerson, 1941), 343.

2 레이그 S. 키너, 『현대를 위한 성령론』, 이용중 옮김 (서울: 새물결플러스, 2018), 201.

3 Cyprian, "Epistle 72," § 21. http://www.newadvent.org/fathers/050672.htm (2018.08.26. 최종접속).

4 이 문구는 다음 책에서 재인용했다. Calvin Kendall, *The Allegory of the Church: Romanesque Portals and Their Verse Inscriptions* (Toronto: University of Toronto Press, 1998), 119.

5 마르틴 루터, 『대교리문답』, 최주훈 옮김 (서울: 복 있는 사람, 2017), 216.

6 『가톨릭 교회 교리서』 §. 846. http://maria.catholic.or.kr/dictionary/doctrine/doctrine_list.asp (2018.08.26. 최종접속).

7 이 인용문은 벨직신앙고백 22항을 영어에서 필자가 중역하였다. 본문 중에 있는 강조는 필자의 것이다. https://www.crcna.org/welcome/beliefs/confessions/belgic-confession (2018.08.21. 최종접속).

8 이 인용문은 하이델베르크 요리문답 61항을 영어에서 필자가 중역하였다. 강조는 필자의 것이다. https://www.crcna.org/welcome/beliefs/confessions/heidelberg-catechism (2018.08.21. 최종접속).

9 맥그래스는 그의 대표작 *Christian Theology: An Introduction* 5판(2011)에서 구원의 전유의 두 축을 구원의 제도화(institutionalization)와 사사화(privatization)라고 명명하면서 둘 사이의 유기적 관계를 올바로 보지 못하게 하는 치명적 실수를 범한다. 그러나 6판(2016)에서는 이러한 설명 방법을 철회하고 더 섬세한 구분을 하고 있다. 5판을 번역한 다음을 참고하라. 알리스터 맥그래스, 『신학이란 무엇인가』, 김기철 옮김 (서울: 복 있는 사람, 2014), 831-836.

10 존 메이엔도르프, 『비잔틴 신학: 역사적 변천과 주요 교리』, 박노양 옮김 (서울: 정교회출판사, 2010), 341.

11 웨인 그루뎀, 『조직신학 (하)』, 노진준 역(서울: 은성, 1997), 276.

12 아래 분류는 다음 책을 참고했다. 그루뎀, 『조직신학 (하)』, 275.

13 하지만, '성령 운동'이라는 표현이 적절한지에 대한 성찰도 사실 필요하다. 박영돈이 지적하듯, "성령은 결코 자신을 드러내고 선전하는 운동을 하지 않는다.……성령 운동이라는 말은 마치 우리가 우리 뜻대로 성령을 조종하고 운행할 수 있는 것 같은 느낌을 전달하기에, 매우 부적합한 용어다." 박영돈, 『일그러진 성령의 얼굴』 (서울: IVP, 2010), 59.

14 한스 콘첼만, 『신약성서신학』, 김철손·박창환·안병무 옮김 (서울: 한국신학연구소, 1982), 315.

15 박영돈, 『일그러진 성령의 얼굴』, 36-39 참조.

16 독신의 은사에 관해서 다음을 참고하라. "존 스토트, 독신에 대해 말하다," 「크리스채너티투데이 한글판」 (2016.06.13.) http://www.ctkorea.net/news/articleView.html?idxno=1538 (2018.08.24. 최종접속).

17 은사중지론에 대한 논의는 다음 책에 잘 정리되어 있다. 키너, 『현대를 위한 성령론』, 155-201; 그루뎀, 『조직신학 (하)』, 292-313.

18 Gregory of Nyssa, *Homilies on The Lord's Prayer*, trans. Theodore G. Stylianopoulos, https://www.orthodoxprayer.org/Articles_files/GregoryNyssa-Homily3%20Lords%20Prayer.html (2018.08.26. 최종접속).

19 이하 논의와 설명 방식은 다음 논문의 3장 내용에 크게 의존하고 있다. 김진혁, "칼 바르트의 문화예술 신학: 성령이 빚어낸 문화예술의 유희적 본성," 「한국조직신학논총」 39 (2014): 35-71.

20 Karl Barth, *Ethics*, ed. Dietrich Braun, trans. Geoffrey W. Bromiley (Edinburgh: T. & T. Clark, 1981), 499.

21 Barth, *Ethics*, 502.

22 하인리히 오트, 『우리 시대의 질문』, 김광식 옮김 (서울: 대한기독교출판사, 1978), 151.

23 Barth, *Ethics*, 506.

24 Barth, *Ethics*, 503-504.

25 Barth, *Ethics*, 511.

26 다음 책은 삼위일체 하나님의 특성으로 '거룩한 수줍음'을 언급한다. 그리고 성령의 얼굴에 있는 거룩한 수줍음, 곧 십자가의 내면화된 증거가 있는지를 오늘날의 성령 운동을 판단하는 중요한 기준으로 삼는다. 박영돈, 『일그러진 성령의 얼굴』, 57-59.

27 메이엔도르프, 『비잔틴 신학』, 332.

28장. 교회론 I: 교회란 무엇이며 왜 필요한가?

1 다음 책을 참고하라. 조찬선, 『기독교 죄악사 (상-하): 사건 위주로 기술한, 성직자들이 저지른 2000 년 죄악의 발자취』 (고양: 평단, 2017).

2 Gustavo Gutierez, *A Theology of Liberation: History, Politics, and Salvation* (Maryknoll: Orbis Books, 1973), 148.

3 신약성서에서 사용된 교회의 다양한 개념들에 대한 간략하지만 유익한 논의로 다음을 참고하라. E. G. 제이, 『교회론의 역사』, 주재용 옮김 (서울: 대한기독교서회, 1986), 11-38.

4 루터는 신약의 에클레시아가 독일어 *Kirche*로 번역되는 것에 대한 불만을 종종 표했다. 그는 '교회' 보다는 '성도의 교제' 내지는 '공동체'를 더 선호했다. 최주훈, '마틴 루터의 교회론,' 『교회론』, 한국조 직신학회 엮음 (서울: 대한기독교서회, 2009), 106-107.

5 김균진, 『기독교조직신학 IV』 (서울: 연세대학교출판부, 1993), 55-56.

6 Joint Association of Classical Teachers, *The World of Athens: An Introduction to classical Athenian Culture* (Cambridge: Cambridge University Press, 1984), 364 참조.

7 에클레시아 개념에 관해서는, 제이, 『교회론의 역사』, 13-18; 김지철, '바울의 교회이해에 대한 성령 론적 반성', 『신약성서의 교회론』, 한국신약학회 엮음 (서울: 한들, 2000), 20-21; 김균진, 『기독교조 직신학 IV』, 54-64.

8 Wolfhard Pannenberg, *Systematic Theology*, Vol 3. trans. Geoffrey Bromiley (Grand Rapids: Wm. B. Eerdmans, 1998), 45.

9 칼 바르트, 『교의학 개요』, 신준호 옮김 (서울: 복 있는 사람, 2015), 233.

10 마태복음 16장 18절에 한 번, 18장 17절에 두 번 '교회'가 등장한다.

11 다음을 참고하라. Eusebius, *The Church History*, X. 1. 6-8.

12 대표적 비판으로 다음을 참고하라. 레프 니콜라예비치 톨스토이, 『신의 나라는 네 안에 있다』, 박홍규 옮김 (파주: 들녘, 2016), 99-108.

13 Alfred Loisy, *The Gospel and the Church* (Philadelphia: Fortress Press, 1976), 166.

14 Karl Barth, *Church and State*, trans. G. Roland Howe (London: SCM, 1939), 37-44.

15 교회가 하나님 나라를 설교하는 역할 때문에 종말론적 맥락에서 희망과 실망을 함께 가지게 된다. Karl Barth, "The Christian Community and the Civil Community," in *Against the Stream: Shorter Post-war Writings, 1946-52*, trans. E. M. Delacour and Stanely Godman (London: SCM, 1954), 19-20.

16 위의 세 범주 외에도 현대에는 디다케(*didache*, 교육)와 리트루기아(*liturgia*, 예배)를 포함해 5가지 표지, 혹은 마뷔리아(*martyria*, 증언)까지 포함해 6가지 표지를 이야기하기도 한다.

17 Pannenberg, *Systematic Theology*, Vol. 3., 37.

18 김균진, '교회론의 성서적·신학적 기초,' 『교회론』, 26.

19 Augustinus, *De civitate Dei*, XV. 2. 인용문은 다음 번역본에서 가져왔다. 아우구스티누스, 『하나님 의 도성』, 조호연·김종흡 옮김 (서울: 크리스찬다이제스트, 1998), 700-701. 강조는 필자의 것

20 한스 큉, 『교회란 무엇인가』, 이홍근 옮김 (왜관: 분도, 1978), 64. 번역본에는 신명이 하느님으로 되

어 있으나, 이 글에서 통일성을 위해 하나님으로 바꾸었다.

21 Dietrich Bonhoeffer, *Sanctorum Communio: A Theological Study of the Sociology of the Church* (Minneapolis: Fortress Press, 1998), 50-52.

22 레오나르도 보프,『오소서, 성령이여』, 이정배 옮김 (서울: 한국기독교연구소, 2017), 213.

23 C. S. 루이스,『개인기도』, 홍종락 옮김 (서울: 홍성사, 2007), 16-17.

24 존 프리처드,『교회: 왜 교회에 가야 하는가? 교회는 무엇을 위해 존재하는가?』, 한문덕 옮김 (서울: 비아, 2017), 36.

25 예를 들면 '건강한 작은교회' 운동에서는 교회의 공동체성을 더 잘 살리기 위해 敎會보다 交會를 선호하기도 한다. 이진오,『재편』 (서울: 비아토르, 2017), 48-49.

26 프리처드,『교회』, 38.

27 토마스 할리크,『하느님을 기다리는 시간: 자캐오에게 말을 건네다』, 최문희 옮김 (왜관: 분도, 2017), 14.

28 큉,『교회란 무엇인가』, 16-18.

29 프리처드,『교회』, 87.

30 도발적 표지로 유명한 2012년 4월 둘째 주「뉴스위크」는 현대 그리스도교의 위기를 다룬 앤드류 설리반의 특집 기사를 실었다. Andrew Sullivan, "Christianity in Crisis," *Newsweek* April 02, 2012 https://www.newsweek.com/andrew-sullivan-christianity-crisis-64025 (2018.08.06. 최종접속).

29장. 교회론 II: 왜 그리스도인이 되려면 교회에 속해야 하는가?

1 H. J. 크라우스,『조직신학』, 박재순 옮김 (서울: 한국신학연구소, 1986), 434-435.

2 존 칼빈,『기독교강요 (초판)』, 양낙흥 옮김 (서울: 크리스챤다이제스트, 1988), 146.

3 일례로 영국 성공회의 '39개조 신조'(1556)의 19항에 따르면 가시적 교회의 성립 요건은 믿음, 말씀, 성례전이다. https://ko.wikipedia.org/wiki/영국_성공회_39개조_신조 (2018.08.04., 최종접속).

4 예수 그리스도와 교회의 여러 기초들과의 관계에 대해서는 다음을 참고하라. 김균진,『기독교조직신학 IV』 (서울: 연세대학교출판부, 1993), 31-32. 이 책에 필자의 논의가 의존하고 있다.

5 대표적 예로 기원전 380년경에 출판된 플라톤의『국가』(*Politeia*) 9권이 있다.

6 그리스도의 몸으로서 교회에 대해서는 다음을 참고하였다. 김균진,『조직신학 IV』, 88-103.

7 한스 큉,『교회란 무엇인가』, 이홍근 옮김(왜관: 분도출판사, 1978), 67.

8 김균진,『조직신학 IV』, 94.

9 Karl Barth, *Church Dogmatics* III/3, ed. Thomas Torrance and Geoffrey Bromiley (Edinburgh: T & T Clark, 1976), 256-258.

10 개신교의 초기 역사에서 존 웨슬리만큼 교회를 사회 개혁 공동체로서 강조한 사람을 찾기 쉽지 않을 것이다. 그는 이론적 교회론을 세우려 하기보다 세상에서 '활동과 기능과 사명' 차원에서 교회를 이해하고자 했다. 김영선, '존 웨슬리의 교회론',『교회론』, 한국조직신학회 엮음 (서울: 대한기독교서회, 2009), 158.

11 교회의 본질과 역사적 형태의 연속성과 불연속성에 관해서는 다음을 참고하라. 큉,『교회란 무엇인

가』, 18-28.

12 유진 피터슨,『부활을 살라』, 양혜원·박세혁 옮김 (서울: IVP, 2010), 212-213 참조.

13 에드먼드 클라우니,『교회』, 황영철 옮김 (서울: IVP, 1998), 83. 강조는 필자의 것

14 칼 바르트,『교의학 개요』, 신준호 옮김 (서울: 복 있는 사람, 2015), 228.

15 Hans Urs von Balthasar, *Credo: Meditations on the Apostles Creed*, trans. David Kipp (Edinburgh: T & T Clark, 1990), 84; 바르트,『교의학 개요』, 228.

16 Wolfhard Pannenberg, *The Apostle's Creed: In the Light of Today's Questions*, trans. Margaret Kohl (London: SCM, 1972), 147.

17 Pannenberg, *The Apostle's Creed*, 148.

18 스탠리 하우어워스·윌리엄 윌리몬,『하나님의 나그네 된 백성: 이 땅에서 그분의 교회로 살아가는 길』, 김기철 옮김 (서울: 복 있는 사람, 2008), 134-135.

19 존 프리처드,『교회: 왜 교회에 가야 하는가? 교회는 무엇을 위해 존재하는가?』, 한문덕 옮김 (서울: 비아, 2017), 88-89.

20 Hans Urs von Balthasar, *Does Jesus Know Us?-Do We Know Him?* trans. Graham Harrison (San Francisco: Ignatius Press, 1983), 51.

21 프리처드,『교회』, 8.

22 Barry A. Harvey, *Another City: An Ecclesiological Primer for a Post-Christian World* (Harrisburg: Trinity Press International, 1999), 137.

23 하우어워스·윌리몬,『하나님의 나그네 된 백성』, 135.

24 라킨의 시는 유진 피터슨을 통해 알게 되었음을 밝힌다. 피터슨,『부활을 살라』, 178. 이 글에 인용된 부분은 시의 마지막 연의 일부를 필자가 직접 한국어로 옮긴 것으로, 여러 부족함이 있는 번역임을 밝혀 둔다. 라킨의 시 전체를 한국어 번역으로 보고 싶은 독자는 다음을 참고하라. 필립 라킨,『필립 라킨 시전집』, 김정환 옮김 (문학동네, 2013).

8부 교회에서의 삶

1 위르겐 몰트만,『생명의 영: 총체적 성령론』, 김균진 옮김 (서울: 대한기독교서회, 1992), 136.

30장. 성례론: 말씀 중심의 개신교에서 성례가 여전히 중요한가?

1 예장통합의 새 번역, 가톨릭 번역, 성공회 번역에는 '죄 용서'로 되어 있다.

2 Joseph Cardinal Ratzinger, *The Compendium of the Catechism of the Catholic Church*, 200-201 (Washington, D.C.: United States Conference of Catholic Bishops, 2006), 56.

3 예수께서 베드로에게 "네가 땅에서 무엇이든지 매면 하늘에서도 매일 것이요 네가 땅에서 무엇이든지 풀면 하늘에서도 풀리리라"고 하신 말씀(마 16:19)을 교회가 죄를 용서하는 또 다른 성서적 근거라고도 한다. 그러나 이는 해석상에도 문제가 있고, 베드로와 그의 후계자 로마 교회에 지나친 권한을 주는 것을 정당화할 수 있기에 요한복음 20장 22-23절을 더 적절한 근거로 제시하곤 한다.

4   문 104번. 인용문은 다음에서 번역하였다. John Calvin, *Catechism of the Church of Geneva*, https://reformed.org/documents/calvin/geneva_catachism/geneva_catachism.html (2018.08.09. 최종접속).

5   문 103과 문 324-325 내용을 참고하라.

6   이상의 내용은 다음을 참고하였다. William A. van Roo, *The Christian Sacrament* (Roma: Editrice. Pontificia Universita Gregoriana, 1992), 36.

7   van Roo, *The Christian Sacrament*, 37 참조.

8   대표적으로 Augustine, *The City of God*, X. 5.

9   키스 워드, 『신: 우주와 인류의 궁극적 의미』, 한문덕 옮김 (서울: 비아, 2018), 16.

10 칼뱅은 이러한 예를 구약에 나타난 성례로 보았고, 그리스도를 해석의 열쇠로 하여 이들의 뜻을 풀어야 한다고 보았다. Calvin, *Institutes*, 4.14.18.

11 Augustine, *Tractates on the Gospel of John*, 80.3.

12 Calvin, *Institutes*, 4.14.6.

13 아래의 정의는 다음에서 인용했다(단 강조는 필자의 것). 『교리문답서』, 1212, 1412, 1534. http://maria.catholic.or.kr/dictionary/doctrine/doctrine_list.asp (2018.08.10. 최종확인).

14 이 내용은 다음 책에서 통찰을 빌려왔다. 레오나르도 보프, 『성사란 무엇인가』, 정한교 옮김 (왜관: 분도, 1981), 101-103.

15 루터는 1520년 10월 '교회의 바벨론 포로'를 쓰기 전부터 성례에 큰 관심을 보인다. 특별히 1519년에는 '참회의 성례전에 대한 설교,' '세례의 성례전에 대한 설교,' '거룩하고 참된 그리스도 몸의 성례와 형제애에 대한 설교' 등을 작성했다.

16 마르틴 루터, '교회의 바벨론 포로,' 『루터 저작선』, 존 딜렌버거 엮음, 이형기 옮김 (서울: 크리스챤다이제스트, 1994), 430-431.

17 성공회는 예수 그리스도의 삶과 사역에 기초한 '세례'와 '성찬'을 '복음의 성사'로 부른다. 그리고 가톨릭의 일곱 성사 중 나머지 다섯은 '성령의 인도 아래서 교회에서 발전한 것'이라고 부르며 세례와 성찬과 같은 급의 성사는 아니지만, 그 중요성을 다른 개신교보다는 높게 인정한다. 이언 S. 마컴·C. K. 로버트슨, 『질문과 답변: 성공회 신앙 안내』, 양세규 옮김 (서울: 비아, 2018), 146.

18 아래에 나온 인효적 효력과 사효적 효력의 정의는 다음으로부터 인용했다. 알리스터 맥그래스, 『신학이란 무엇인가』, 김기철 옮김 (서울: 복 있는 사람, 2014), 991.

19 특별히 유럽을 몰아친 흑사병 때문에 14세기 이후 예비 성직자 교육과 검증이 제대로 이뤄질 수 없었고, 이 때문에 성찬의 사효적 효력에 관한 미신적 이해가 더욱 쉽게 퍼지게 되었다.

20 Richard A. Muller, *Dictionary of Latin and Greek Theological Terms: Drawn Principally from Protestant Scholastic Theology* (Grand Rapids: Baker Academics, 1985), 108.

21 칼뱅은 믿음 없이 성례에 효력이 없다는 주장의 신학적 근거를 '사효론'의 주창자로 알려진 아우구스티누스 사상에서 찾는다. Calvin, *Institutes*, 4.14.7.

22 마르틴 루터, 『대교리문답』, 최주훈 옮김 (서울: 복 있는 사람, 2017), 310 참조.

23 맥그래스 역시 이와 유사한 견해를 제시한다. 맥그래스, 『신학이란 무엇인가』, 991-992.

24 성례에서 믿음에 대한 칼뱅의 강조가 결국 넓은 의미에서 보자면 사효론과 가깝다고 보는 논리는 다

음과 같다. (1) 믿음 없이는 성례가 효력이 없다. (2) 믿음이 있으려면 하나님께서 성령을 부어 우리 마음을 열어 주셔야 한다. (3) 그런 의미에서 성례의 효력은 궁극적으로 하나님에게서 나온다. 『기독교강요』 중 성례에서 성령의 역할을 보려면 다음을 참고하라. Calvin, *Institutes*, 4.14.7.

25 현대 가톨릭 역시 신앙과 성사의 관계를 강조한다. 신앙은 성사에 전제되고, 성사로 신앙을 표현하며, 성사를 통해 신앙이 성숙하고 강화된다. 그리고 성사가 사효적으로 효력이 있더라도, 성사의 결실은 받는 이들의 마음가짐에도 달려 있다. *The Catechism of the Catholic Church*의 문 228-229를 참고하라.

26 보프, 『성사란 무엇인가』, 122.

27 T. S. 엘리옷, 『대성당의 살인』, 김한 옮김 (서울: 동인, 2007), 161.

28 T. S. 엘리옷, 『대성당의 살인』, 189.

29 T. S. 엘리옷, 『대성당의 살인』, 195.

30 보프, 『성사란 무엇인가』, 124.

31 루터, '교회의 바벨론 포로,' 430.

32 Brian Davies, *The Thought of Thomas Aquinas* (Oxford: Claredon, 1992), 335-337 참조.

33 이상의 내용은 다음 논문을 참고하였다. 이정숙, "칼빈의 제네바교회 사역에 나타난 죄와 회개," 「생명과 말씀」 2 (2010): 108-112.

34 루터, 『대교리문답』, 359.

35 루터, 『대교리문답』, 361.

36 루터, 『대교리문답』, 361.

37 피해자의 감정이나 의사는 무시하고 하나님께 죄를 고백했으니 용서받았다고 믿거나 주장하는 개신교인의 모습은 이청준 작가의 『벌레 이야기』, 이창동 감독의 「밀양」 등을 통해 한국 사회에서 화두가 되었다. 하지만, '셀프용서'의 원리를 제공했다고 사람들이 일반적으로 지목하는 루터의 신학에서는 이웃에게 고백하는 것이 참회의 핵심으로 자리 잡고 있다.

38 루터, 『대교리문답』, 364.

39 Calvin, *Institutes*, 4.19.14. (4.19.17도 참조).

40 이정숙, "칼빈의 제네바교회 사역에 나타난 죄와 회개," 122-125 참조.

41 개신교에서 고해의 필요성과 실제에 관해서 다음을 참고하라. 디트리히 본회퍼, 『신도의 공동생활·성서의 기도서』, 정지련·손규태 옮김 (서울: 대한기독교서회, 2010), 115-124.

42 이에 반해 본회퍼는 두 개인 사이에 일어나는 죄의 고백을 권장한다. "공동체와의 사귐이 다시 회복되어야 하지만, 공동체의 모든 지체에게 죄를 고백할 필요는 없다. 내 죄의 고백을 듣고 용서해 주는 한 형제 속에서 공동체 전체가 나를 만났다. 본회퍼, 『신도의 공동생활·성서의 기도서』, 118.

43 루터, '교회의 바벨론 포로,' 391.

44 C. S. 루이스, 『스크루테이프의 편지』, 김선형 옮김 (서울: 홍성사, 2000), 58.

31장. 세례: 그리스도인이 되려면 왜 세례를 받아야 하는가?

1 하용조, '선교의 네 가지 사명,' 김상복 외 『한 말씀만 하소서: 횃불트리니티 채플 메시지』, 김진혁 엮

음 (서울: 횃불트리니티신학대학원대학교출판부, 2016), 43-44.

2 진중 세례의 긍정적 영향에 대해서는 다음의 기사를 참고하라. "군선교연합회, 개신교 1대 종교 등극, 군 선교 결실 확신," 「뉴스앤조이」 (2017.02.23.) http://www.newsnjoy.or.kr/news/articleView.html?idxno=209102 (2018.08.10. 최종접속).

3 성서에 사용된 *baptizō*가 '물속에 담그다'라는 뜻이 있기에, 침례가 성서적 세례 방식이라 주장하기도 한다.

4 세례 요한의 세례와 그리스도교의 세례 사이의 관계도 학자들 사이에서는 중요한 연구 대상이다. 그러나 이 주제를 자세히 소개하는 것은 이 글의 목적과는 부합되지 않기에 생략하기로 한다.

5 랍비 유대교에서는 다양한 이유로 물을 이용한 제의적 정결 의식을 지킨다. 대표적인 것이 복음서에 나오는 '손 씻기'이다. 다음을 참고하라. "Cleanness," in *The Oxford Dictionary of the Jewish Religion*, ed. Adele Berlin (New York: Oxford University Press, 2011).

6 John Baillie, *Baptism and Conversion* (Oxford: Oxford University Press, 1964), 16-17.

7 물에 완전히 잠기는 것이 죽음의 상징이라는 이유로 올바른 세례의 형태는 침례라고 주장하기도 한다. 그 외에도 침례가 성서적 세례라고 주장하는 이들은 요 3:23; 행 8장; 골 2:12 등을 언급한다. 침례를 지지하는 다음 책을 참고하라. 웨인 그루뎀,『조직신학 (하)』, 노진준 옮김 (서울: 은성, 1997), 195-198.

8 초대교회부터 승리자 그리스도라는 주제의 발전에 대한 간략한 요약으로는 다음을 참조하라. 알리스터 맥그래스,『신학이란 무엇인가』, 김기철 옮김 (서울: 복 있는 사람, 2014), 782-790.

9 히폴리투스에 따르면 세례를 받을 사람은 안수를 받으며 마귀를 쫓아내는 예식을 했고, 세례 날이 다가오면 주교가 직접 안수하며 마귀를 쫓고 영혼을 정화하는 예식을 가졌다. Hippolytus of Rome, *The Apostolic Tradition*, 20.3.

10 "세례의 능력, 행위, 효과, 열매, 최종 목적 모두 '복됨'에 있습니다.……복이란 죄와 죽음과 악마로부터 풀려나 그리스도의 나라 가운데서 그분과 함께 영원히 사는 것입니다." 루터,『대교리문답』, 297.

11 대한성공회 공도문개정전문위원회,『성공회 기도서 2014』(서울: 대한성공회, 2004), 312.

12 초대교회 세례 의식은 다음 책의 내용을 요약하여 소개한 것이다. 데이비드 벤틀리 하트,『무신론자들의 망상』, 한성수 옮김 (서울: 한국기독교연구소, 2014), 196-198; 이후정,『기독교 영성 이야기』 (서울: 신앙과지성사, 2013), 42-45. 더 자세한 내용은 Hippolytus of Rome, *The Apostolic Tradition*, 19-21장을 참고하라.

13 초대교회의 세례 신학의 발전은 다음 논문에 잘 요약되어 있다. 이양호, '성례론의 발전,' 이형기 외,『기독교 사상사 I』(서울: 대한기독교서회, 2004), 269-278.

14 스탠리 하우어워스·윌리엄 윌리몬,『성령』, 김기철 옮김 (서울: 복 있는 사람, 2017), 125.

15 다음의 영역본에서 중역하였다. *Teaching of the Apostle*, trans. Canon Spence (London: James Nisbet & Co., 1888), 30-34.

16 루터는 이를 세례의 신적 권위와 연결한다. "'하나님의 이름으로 세례 받는다'는 것은 사람이 아니라 하나님 자신이 세례를 베푸신다는 뜻입니다." 마르틴 루터,『대교리문답』, 최주훈 옮김 (서울: 복 있는 사람, 2017), 290.

17 기독교한국루터회 예배분과 위원회,『기독교한국루터회 예배서』(서울: 기독교한국루터회, 2016),

160. 물론 교단마다 교회마다 사용하는 문구에는 차이가 있다.

18 유진 피터슨, 『현실, 하나님의 세계』, 이종태·양혜원 옮김 (서울: IVP, 2006), 525-528.

19 기독교한국루터회 예배분과 위원회, 『기독교한국루터회 예배서』, 161.

20 다음을 참고하라. W. H. Withrow, *The Catacombs of Rome and Their Testimony Relative to Primitive Christianity*. 6th ed. (London: Hodder and Stoughton, 1895), 532-533.

21 Hippolytus of Rome, *The Apostolic Tradition*, XXI. 4-5. 히폴리투스에 따르면 세례는 유아→남자 성인→여자 성인 순서로 받는다. 물론 히폴리투스가 말한 방식대로 오늘날 세례 예식이 진행될 필요는 없다.

22 Tertullian, *On Baptism*, 18.

23 Cyprian, *The Epistles*, 70.1.

24 Augustine, *On Baptism*, 3.10.15. 이는 성례전의 효력은 물, 포도주, 떡을 통해 소통되는 그리스도의 은혜에서 나오지, 성례전을 베풀거나 참여하는 개인의 신앙이나 도덕에 기초하지 않는다(*ex opere operato*, 사효적 효력)는 아우구스티누스의 입장을 잘 보여준다. 맥그래스, 『신학이란 무엇인가』, 989-992 참조.

25 『가톨릭교회교리서』 1272 참조. 하지만, 1983년에 공포된 『교회법전』에 따르면, 세례를 받았던 사실이나 세례를 받았음에도 그 유효성에 의심이 갈 때는 예외적으로 세례를 다시 받을 수도 있다(Can. 869 §1). 대한성공회도 조건부로 세례를 베푼다. 대한성공회 공도문개정전문위원회, 『성공회 기도서 2014』, 317.

26 16세기 재세례파 박해에 대해서는 다음을 참고했다. 윌리엄 에스텝, 『재침례교의 역사』, 정수영 옮김 (서울: 요단출판사, 1985), 51-75.

27 취리히에서 있었던 유아세례를 둘러싼 논쟁은 다음을 참고하라. W. P. 스티븐스, 『츠빙글리의 생애와 사상』, 박경수 옮김 (서울: 대한기독교서회, 2007), 143-154.

28 칼 바르트, 『교회교의학 IV/1』, 이형기 옮김 (서울: 대한기독교서회, 2007), 220-256; 위르겐 몰트만, 『성령의 능력 안에 있는 교회』, 박봉랑 외 옮김 (서울: 한국신학연구소, 2001), 334-351.

29 그루뎀, 『조직신학 (하)』, 206-214를 참조하라.

30 Calvin, *Institutes*, 4.16.31.

31 현재 개신교회에서 루터교, 성공회, 감리교, 장로교, 개혁교회 등에서 유아세례를 주고 있다. 세례가 중생의 '원인'으로 보는 가톨릭의 입장을 따르지 않는 개신교단 내에서는 세례의 효력에 대한 이해가 다양할 수밖에 없고 이는 유아세례를 보는 다양한 관점을 형성할 수밖에 없다.

32 Calvin, *Institutes*, 4.16.4.

33 루터는 믿음 없이는 성례전은 아무 의미가 없지만, 믿음이 없더라도 세례가 무효로 돌아가지 않는다고 한다. 루터의 모호성을 반영하듯 개신교 세례론에서 성례의 객관적 가치와 효력을 강조하는 입장과 참여자의 믿음을 강조하는 입장이 긴장 속에 공존한다. 루터, 『대교리문답』, 301과 309 비교.

34 이 주제를 더 발전시켜 칼뱅은 예정론을 유아세례의 근거로 삼기도 한다. Calvin, *Institutes*, 4.16.17.

35 Irenaeus, *Against Heresies*, 2.22.4 참조.

36 기독교한국루터회 예배분과 위원회, 『기독교한국루터회 예배서』, 160, 166.

37 여기서 인용한 국제장로교회(IPC)의 유아세례 질문은 다음 책에서 참고하였다. 하용조, 『사도행전

적 교회를 꿈꾼다』(서울: 두란노, 2007), 88-89.

38 존 메이엔도르프, 『비잔틴 신학: 역사적 변천과 주요 교리』, 박노양 옮김 (서울: 정교회 출판사, 2010), 381.

39 이 기도는 성공회교회에서 세례 예식 중 혹은 예배 전에 사제가 하는 물 축복기도 전문이다. 대한성공회 공도문개정전문위원회, 『성공회 기도서 2014』, 315.

32장. 성찬: 빵과 포도주를 먹는 게 그리스도인에게 꼭 필요한가?

1 로버트 뱅크스, 『1세기 교회 예배 이야기: 역사적 자료에 기초한 초대교회 모습』, 신현기 옮김 (서울: IVP, 2017), 34-36.

2 뱅크스, 『1세기 교회 예배 이야기』, 73. 강조는 필자의 것.

3 개역개정에는 '방탕하며 술에 잠긴 자'로 되어 있다. 영어 번역 성경만 하더라도 신명기 21장 20절과 마태복음 11장 19절이 모두 'a glutton and a drunkard'로 되어 있는 경우가 많다.

4 카알 라너, 『일상: 신학단상』, 장익 옮김 (왜관: 분도, 1980), 31.

5 알렉산더 슈메만, 『세상에 생명을 주는 예배』, 이종태 옮김 (서울: 복 있는 사람, 2008), 17.

6 슈메만, 『세상에 생명을 주는 예배』, 19.

7 로렌스 홀 스투키, 『성찬, 어떻게 알고 실행할 것인가?: 교회와 함께 여는 그리스도의 잔치』, 김순환 옮김 (서울: 대한기독교서회, 2002), 26.

8 미하엘 벨커, 『성찬식에서 무엇이 일어나는가?』, 임걸 옮김 (서울: 한들, 2000), 97.

9 위르겐 몰트만, 『성령의 능력 안에 있는 교회』, 박봉랑 외 4인 옮김 (서울: 한국신학연구소, 1980), 352.

10 제임스 스미스, 『하나님 나라를 욕망하라』, 박세혁 옮김 (서울: IVP, 2016), 310-311.

11 종교개혁 당시 발전한 개신교의 성찬론은 가톨릭교회의 성찬 이해와 여러모로 차이점을 드러냈다. 그중 가장 중요한 차이는 성찬 참여자의 '믿음'을 특별히 강조한다는 데 있다. 예를 들면, 칼뱅에 따르면 성례란 한편으로 하나님께서 연약한 인간을 위해 선한 약속을 양심에 인(印)을 치시는 외적 표징(sign)이자, 다른 한편으로 하나님에 대한 우리의 경건을 천사와 사람들 앞에서 인증하는 것이다. Calvin, *Institutes*, 4.14.1. 그런데, 성찬에서 참여자의 믿음에 대한 지나친 강조는 성찬의 의미를 개인주의화할 위험이 있고, 이것이 성찬의 분위기를 무겁고 어둡게 하는 한 요인이 될 수 있다.

12 스투키, 『성찬, 어떻게 알고 실행할 것인가?』, 17-19; 제임스 화이트, 『하나님의 자기 주심의 선물: 성례전』, 김운용 옮김 (서울, WPA, 2006), 117-134를 참고하라.

13 anamnesis는 흔히 기념 혹은 기억으로 번역된다. 그러나 anamnesis에 해당하는 정확한 단어가 없기에, 최근 예배학자들은 그 단어의 고유성을 보여주고자 아남네시스라고 음역을 해서 표기하기도 한다. 이 글도 이러한 흐름을 반영하였다.

14 벨커, 『성찬식에서 무엇이 일어나는가?』, 110-116. 벨커는 고린도후서 11장 27-34절의 성찬식 오용에 대한 바울의 질책을 통해 오늘날 성찬에 참여한 소수자를 위한 배려로까지 논의를 진전시킨다.

15 스투키, 『성찬, 어떻게 알고 실행할 것인가?』, 45.

16 성찬의 공동체적 지평은 종교개혁 때부터 강조되어 왔다. 이후 개신교 신학이 발전되며 성찬이 개인

주의화되었지만, 1519년 설교 '거룩하고 참된 그리스도 몸의 성례와 형제애'에서 루터는 칭의의 은혜를 통해 '우리가' 하나의 빵이자 포도주가 되었음을 강조한다. 루터는 그리스도 안에서 하나의 빵이자 포도주가 된 그리스도인은 모든 것을 공유하기에, 서로를 사랑 안에 도와야 한다는 윤리적 성찬론을 전개한다. Martin Luther, "The Blessed Sacrament of the Holy and True Body of Christ, and the Brotherhoods," *Luther's Work, Vol. 35: Word and Sacrament*, ed. E. Theodore Bachmann (Minneapolis: Fortress Press, 1960). 루터의 성만찬 설교의 공동체성에 대해서는 다음 글에서 통찰을 얻었음을 밝힌다. Aeji Suh, "Love of God: A Link between Being Justified and Being Just" (미간행 소논문, TTGU).

17 화이트, 『하나님의 자기 주심의 선물』, 121.

18 예를 들어, 루터는 성찬에 초대된 이유는 의인이 아니라 죄인이기 때문이라고 말하면서도, 은혜를 바라지 않고 용서를 구하지 않는 자는 성찬을 받을 수 없다고 이야기한다. 웨스트민스터 신앙고백 대요리문답 174문의 성찬 참석자의 자세 중 '회개'가 들어가 있다. 마르틴 루터, 『대교리문답』, 최주훈 역 (서울: 복 있는 사람, 2017), 347.

19 일례로 단테의 『신곡』에서도 지옥의 가장 심층부에 배신자들이 있다.

20 새라 코클리, 『십자가: 사랑과 배신이 빚어낸 드라마』, 정다운 옮김 (서울: 비아, 2017), 39.

21 로완 윌리엄스, 『그리스도인이 된다는 것』, 김기철 옮김 (서울: 복 있는 사람, 2015), 87.

22 일례로 기독교대한감리회는 2015년 10월 29일 열린 제31회 총회 입법의회에서 세례 교인이 아니어도 성찬식에 참여할 수 있다고 결정했다. 하지만, 32회 총회 입법의회에서 세례 교인만 성찬식에 참여할 수 있는 것으로 재수정하였다. 다음 사이트에서 장정개정안을 확인할 수 있다. http://www.dangdangnews.com/news/articleView.html?idxno=29216 (2018.08.06. 최종확인).

23 대부분 교회가 세례 교인을 성찬 참가자로 제한한다. 하지만, 세례가 성찬 참여의 전제조건이 아니라는 주장도 있다. 예를 들면, 그리스도를 진정으로 믿는 신자가 세례를 받지 않았기에 성찬에서 배제된다면, 그도 그리스도의 한 몸이라고 할 수 있을까? 세례를 받고 싶었지만 대부분 교회가 부활절과 추수감사절에만 세례를 베풀기에 그 전에 불의의 사고로 목숨을 잃었다면, 성찬에 참여할 기회가 아예 없어지지 않은가? 정신질환이 있는 성인이 신앙고백을 못하는 경우 세례와 성만찬에서 모두 배제되어야 하는가? 이러한 실제적 문제는 세례가 성찬의 전제조건이 되는지 의문을 던지기도 한다. 다음을 참고하라. 웨인 그루뎀, 『조직신학 (하)』, 노진준 옮김 (서울: 은성, 1997), 240-243.

24 코클리, 『십자가』, 39.

25 George Herbert, "Love" in *The Oxford Book of English Verse: 1250-1900*, ed. Arthur Quiller-Couch (Oxford: Clarendon, 1919), 295.

26 흔히 신학교 교재의 성찬론은 가톨릭의 화체설, 루터의 공재설, 츠빙글리의 상징설, 칼뱅의 영적 임재설 등과 같이 성찬에서 떡과 포도주의 본질에 관한 설명에 상당 부분 할애되고 있다. 하지만, 이러한 논의가 성찬의 다채로운 본질을 얼마나 잘 보여주고 있는지, 그리고 16세기 서로를 비판하던 낡선 논의로부터 형성된 범주가 이후 발전한 성찬신학과 실제 성찬을 얼마나 잘 이해하게 도와주는지 등의 비판적 질문이 가능하기에 이 책은 이 문제를 다루지 않았다. 헌싱어는 개신교의 독특한 성찬 이해가 타협의 길로 빠지지 않으면서 교회의 통일성을 찾을 방법을 제시하고자 다른 범주를 사용할 것을 제안한다. 다음 논문을 참고하라. 조지 헌싱어, "주의 만찬," 안덕원·김진혁 옮김, 「횃불트리니티저널」

18/1 (2015): 147-160.

27 성찬에서 포용과 배제의 문제에 있어서는 다음 논문을 참고하라. 안덕원, "탈식민주의 이론으로 바라보는 기독교 성찬: 혼종성(Hybridity)과 제3의 공간(The Third Space)으로 구현하는 프롤렙시스 (Prolepsis)," 「복음과 실천신학」 38 (2016): 146-178.

33장. 기도: 전능하고 전지한 존재에게 왜 기도를 해야 하는가?

1 에모토 마사루, 『물은 답을 알고 있다』, 양억관 옮김 (서울: 나무심는사람, 2002).

2 다음의 서평을 참고하라. 정재승, "〈물은 답을 알고 있다〉 에모토 마사루," 「한겨레」 (2003. 07. 18) http://legacy.www.hani.co.kr/section-009100003/2003/07/009100003200307181 83905 2.html (2017.10.12. 최종접속).

3 디트리히 본회퍼, 『신도의 공동생활/성서의 기도서』, 정지련·손규태 옮김 (서울: 대한기독교서회, 2010), 130.

4 파울 요제프 괴벨스(혹은 요제프 괴벨스)는 아돌프 히틀러의 최측근이었다. 그는 나치 독일의 국가대 중계몽선전장관으로 활동하며, 나치의 국가 이데올로기를 선전하고 미화하는 역할을 담당했다.

5 아브라함 요수아 헤셸, 『하느님을 찾는 사람: 기도와 상징주의에 관한 연구』, 김준우 옮김 (서울: 한국 기독교연구소, 2013), 10.

6 헤셸, 『하느님을 찾는 사람』, 134.

7 김기석, 『새로 봄: 십계명·주기도문 명상』 (서울: 기독교대한감리회 홍보출판국, 1999), 116.

8 성서에서 '이름'에 관해서는 다음을 참고하라. 오스카 쿨만, 『기도』, 김상기 옮김 (서울: 대한기독교서회, 2007), 197-199.

9 마가복음 9장 38-39절에는 열두 제자에 속하지는 않지만 예수 이름으로 귀신을 쫓아낸 사람들을 금하지 말라고 예수께서 말씀하신다.

10 쿨만, 『기도』, 197, 203.

11 본회퍼, 『신도의 공동생활/성서의 기도서』, 54.

12 복음서에 따르면 그리스도께서는 한적한 곳에 가셔서 혼자 기도하셨다(마 14:23; 막 1:35; 눅 5:16). 그렇지만 당시 많은 사람이 모여드는 상황을 예수께서 피하신 정황이 있고, 또 부활 이전에는 제자들도 스승을 이해하지 못하고 있었다. 따라서 예수께서 혼자 기도하셨다는 사실이 '개인 기도'가 참 기도라는 것을 정당화하는 근거로 쓰이기는 힘들다.

13 존 프리처드, 『기도: 기도란 무엇인가? 어떻게 기도해야 하는가?』, 김홍일 해설·민경찬 옮김 (서울: 비아, 2016), 19.

14 "공동체 안에 있을 때에만 우리는 홀로 있을 수 있고, 또한 홀로 있을 수 있는 사람만이 공동체 안에 있을 수 있다." 본회퍼, 『신도의 공동생활/성서의 기도서』, 83.

15 헤셸, 『하느님을 찾는 사람』, 76.

16 본회퍼, 『신도의 공동생활/성서의 기도서』, 90.

17 본회퍼, 『신도의 공동생활/성서의 기도서』, 91.

18 Karl Barth, *Church Dogmatics* III/4, ed. Thomas Torrance and Geoffrey Bromiley (Edinburgh: T

& T Clark, 1976), 98, 103-105.

19 쿨만, 『기도』, 197, 259.

20 칼 바르트, 『기도: 종교개혁의 교리문답에 따른 주기도 해설』, 오성현 옮김 (서울: 복 있는 사람, 2017), 65.

21 프리처드, 『기도』, 65-66.

22 C. S. 루이스, 『개인기도』, 홍종락 옮김 (서울: 홍성사, 2007), 88.

23 김기석, 『새로 봄』, 112.

24 로완 윌리엄스, 『그리스도인이 된다는 것』, 김기철 옮김 (서울: 복 있는 사람, 2015), 36.

25 John V. Taylor, *The Christlike God* (London: SCM, 1992), 138.

26 프리처드, 『기도』, 71.

27 자크 엘륄, 『우리의 기도』, 김치수 옮김 (논산: 대장간, 2015), 115.

28 엘륄, 『우리의 기도』, 155.

29 김용규, 『철학카페에서 작가를 만나다 2: 시간 언어 편』 (파주: 웅진 지식하우스, 2016), 264.

30 헤셸, 『하느님을 찾는 사람』, 162.

31 '침묵'이 기도에서 중요한 주제이긴 하지만 이 글에서는 다루지 못했다. 침묵 속에서 하나님께서 말씀하시고, 그렇기에 어디서나 하나님의 음성을 들을 수 있음은 기도의 이론이나 실제에 있어 언제나 강조되어 왔다. 다음을 참고하라. 마더 테레사, 『모든 것은 기도에서 시작됩니다』, 앤터니 서턴 엮음, 이해인 옮김 (서울: 황금가지, 1999), 41-53.

9부 종말론

1 이승우, 『사막은 샘을 품고 있다: 신앙과 문학과 삶에 관한 사색』 (서울: 복 있는 사람, 2017), 275-276.

34장. 종말론 I: 현재의 삶 너머에는 과연 무엇이 있을까?

1 Dante Alighieri, *Inferno*, 1-9. 다음 번역본에서 인용했다. 단테, 『신곡 지옥편』, 박상진 옮김 (서울: 민음사, 2007), 7.

2 Robert Royal, *Dante Alighieri: Divine Comedy, Divine Spirituality* (New York: Crossroad, 1999), 38.

3 Royal, *Dante Alighieri*, 38.

4 end로 번역되는 그리스어 *telos* 역시 마지막, 목적, 목표의 의미 모두를 가지고 있다.

5 이 문장은 다음의 책 제목을 풀어 쓴 것이다. John Polkinghorne and Michael Welker eds., *The End of the World and the Ends of God: Science and Theology on Eschatology* (Harrisburg: Trinity Press International, 2000).

6 칼 바르트, 『로마서』, 손성현 옮김 (서울: 복 있는 사람, 2017), 662.

7 정기철, 『시간문제와 종말론: 시간의 철학과 시간의 신학』 (서울: 한들, 2000), 189 참조.

8 종말론이 마지막에 대한 교리로 한정될 때 생기는 부정적인 역사적 현상에 대해서는 다음을 참고하라. 위르겐 몰트만,『희망의 신학: 그리스도교적 종말론의 근거와 의미에 대한 연구』, 이신건 옮김 (서울: 대한기독교서회, 2002), 21-22.

9 파울 알트하우스,『교의학 개론』, 윤성범 옮김 (서울: 대한기독교서회, 1963), 345.

10 다음 사전에 나온 어원 설명도 참고하라. https://en.oxforddictionaries.com/definition/promise (2018.08.18. 최종접속).

11 위르겐 몰트만,『신학의 방법과 형식: 나의 신학 여정』, 김균진 옮김 (서울: 대한기독교서회, 2001), 73-74.

12 몰트만,『신학의 방법과 형식』, 69.

13 이하 내용은 주로 다음 책의 정보를 재구성한 것이다. 알리스터 맥그래스,『신학이란 무엇인가』, 정기철 옮김 (서울: 복 있는 사람, 2014), 1084-1088.

14 Van A. Harvey, "Kingdom of God," in *A Handbook of Theological Terms* (New York: Collier, 1964), 140-142; Richard Bauckham, "Eschatology," in *The Oxford Companion to Christian Thought*, ed. Adrian Hastings et. al. (Oxford: Oxford University Press, 2000), 206-209; 맥그래스,『신학이란 무엇인가』, 1102 참조.

15 19세기 이후 주요 신학자들의 종말론에 관한 논의는 다음 책에 잘 정리되어 있다. 안토니 A. 후크마,『개혁주의 종말론』, 류호준 옮김 (서울: CLC, 2002), 405-453; 홀스트 G. 푈만,『교의학』, 이신건 옮김 (서울: 한국신학연구소, 1989), 420-439.

16 대표적으로 다음을 참고하라. N. T. Wright, *Jesus and the Victory of God* (Minneapolis: Fortress Press, 1996), 174-182.

17 후크마는 이 외에도 성서의 여러 종말론적 가르침은 '이미-아직'의 틀 속에서 가장 잘 이해될 수 있음을 보여준다. 후크마,『개혁주의 종말론』, 74-83.

18 Bauckham, "Eschatology," 209.

19 '천국'과 '하나님 나라'에는 의미에 다소 차이가 있다고 할 수 있지만, 이 글에서는 마태복음에 사용된 천국이 다른 공관복음서의 하나님 나라를 의미한다는 일반적 전제를 가지고 천국과 하나님 나라를 혼용하였다.

20 '자신을 향해 굽어 있는 마음'으로서 죄라는 관점에서 신학적 인간 이해를 전개한 다음 책을 참고하라. Matt Jenson, *The Gravity of Sin* (New York: T & T Clark, 2006), 73-74. 이 책의 죄론에서도 이러한 관점에서 인간을 이해하고자 했다.

21 일례로 미국의 철학자 마이클 마틴(Michael Martin, 1932-2015)은 "천국의 문제"(Problems with Heaven, 1997)라는 글에서 전통적 천국 교리에 결부된 보상 개념이 가지는 여러 논리적·윤리적 문제를 파헤친다. https://infidels.org/library/modern/michael_martin/heaven.html (2017.11.25. 최종접속).

22 최근 하나님 나라에 대한 좋은 책과 논문들이 많이 나와 있다. 특별히 하나님 나라가 이 땅에서 그리스도인의 삶과 어떤 관계가 있는지 실천적 관점을 제시하는 데까지 관심이 확장되고 있다. 예를 들자면, 몰트만,『희망의 신학』; 대천덕,『대천덕 신부의 하나님 나라』(서울: CUP, 2016); 도널드 크레이빌,『예수가 바라본 하나님 나라』, 김기철 옮김 (서울: 복 있는 사람, 2010); 스캇 맥나이트,『하나님 나

라의 비밀』, 김광남 옮김 (서울: 새물결플러스, 2016) 등이 있다.

23 인간의 자율에 도덕의 기초를 놓으려던 칸트의 논리를 참고하라. 임마누엘 칸트, 『실천이성 비판』, 최재희 옮김 (서울: 박영사, 1992), 235-236.

24 C. S. 루이스, '영광의 무게,' 『영광의 무게』, 홍종락 옮김 (서울: 홍성사, 2008), 12-16.

25 루이스, '영광의 무게,' 13-14.

26 루이스는 고대 그리스에서 소피스트가 강조했던 '실용적 지식'의 교육보다, 소크라테스-플라톤 전통의 '덕의 교육'을 더욱 중시했다. 이러한 철학적 전제가 '보상'에 대한 그의 분석에 영향을 끼친 것으로 보인다. 다음을 참고하라. C. S. 루이스, 『인간폐지』, 이종태 옮김 (서울: 홍성사, 2006), 26-35; '소크라테스 클럽의 설립,' 『피고석의 하나님』, 홍종락 옮김 (서울: 홍성사, 2011).

27 루이스가 자신의 내키지 않던 회심을 묘사하던 표현을 빌려왔다. C. S. 루이스, 『예기치 못한 기쁨』, 강유나 옮김 (서울: 홍성사, 2003), 328.

28 루이스, '영광의 무게,' 14.

29 루이스는 이러한 이유로 하나님께서 출애굽 당시 이스라엘에게는 내세 신앙을 허락하지 않으셨다고 본다. 고난의 역사를 통해 보상에 대한 인식이 더욱 복잡해진 포로기 이후에는 내세에 대한 개념이 발전하여도 하나님을 중심으로 한 신앙이 유지될 수 있었다. C. S. 루이스, 『시편사색』, 이종태 옮김 (서울: 홍성사, 2004), 56-66.

30 C. S. 루이스, 『천국과 지옥의 이혼』 김선형 옮김 (서울: 홍성사, 2003), 10.

35장. 종말론 II: 그리스도인은 종말을 왜 기다려야 하는가?

1 세대주의는 영국의 다비(John Nelson Darby, 1800-1882)가 주창한 종말론으로, 이후 미국으로 건너가 스코필드(Cyrus I. Scofield, 1843-1921)의 성서주석을 통해 유명해졌다. 초기의 세대주의는 성서의 역사를 세대별로 구분하고(다비와 스코필드는 7세대로 나눔), 각 세대별로 하나님께서 통치하시는 원리와 구원의 방법이 다르다고 주장한 것으로 알려져 있다. 많은 세대주의자들이 성서를 문자주의적으로 읽으면서 역사의 마지막 세대를 '천년왕국'이라 강조한다. 그 결과 환난 전에 있을 재림과 휴거 그리고 전천년설을 극단적으로 주장하곤 한다. 세대주의는 미국의 근본주의에 큰 영향을 끼쳤고, 20세기 초 미국의 선교사들을 통해 한국에 전해져 큰 영향을 발휘해 왔다. 한국의 많은 이단 분파들도 세대주의적 종말론 신학을 내세우는 경우가 많다.

2 Martin Heidegger, *Sein und Zeit* (Frankfurt am Main: Vittorio Klostermann, 1977), 251, 259.

3 Heidegger, *Sein und Zeit*, 266, 325.

4 이하 죽음과 심판에 대한 논의는 다음 논문에 상당 부분 의존하고 있다. 김진혁, "죽음과 시간: 칼 바르트의 종말론적 시간론을 중심으로," 「횃불트리니티저널」 19/1 (2016): 65-93.

5 Dietrich Bonhoeffer, "Jesus Christ and the Essence of Christianity," in *Barcelona, Berlin, New York 1928/1931*, ed. Clifford J. Green, trans. Douglas W. Stott (Minneapolis: Fortress Press, 2008), 357. 본회퍼는 아가서 8장 6절을 염두하고 이 표현을 쓰지만, 이 구절은 "사랑은 죽음만큼 강하다"로 흔히 번역된다.

6 릴케의 「당신은 미래입니다」 번역 중 일부를 다음 선집에서 인용했다. 김희보 역편, 『기독교 명시선』

(서울: 대한기독교서회, 1969), 80.

7 Augustinus, *De Civitas Dei*, ⅩⅢ.2.

8 루터는 죽음을 세 가지로 분류한다. ① 자연적 죽음, ② (의인에게 해당하는) 죄와 죽음의 죽음, ③ 죄
   인의 영원한 죽음. 루터의 죽음 이해에 관해서는 권득칠, "루터의 종말론,"『종말론』, 한국조직신학회
   엮음 (서울: 대한기독교서회, 2012), 120-121 참조.

9 이는 루터가 빌립보서 2장 5-11절을 본문으로 종려주일에 했던 설교의 중심 주제이다. 이에 대해서
   는 다음을 참고하라. 김의창, "루터와 경천애인: 루터의 성경 해석에 나타난 '하나님 경외'의 한국 교
   회에 대한 실천적 적용,"「횃불트리니티저널」21/1 (2018): 23-26.

10 Karl Barth, *Church Dogmatics* Ⅲ/2, ed. Thomas Torrance and Jeffrey Bromiley (Edinbugh: T &
   T Clark, 1960), 628. 이하 *Church Dogmatics*는 *CD*로 표기.

11 *CD* Ⅲ/2, 629.

12 *CD* Ⅲ/2, 632.

13 G. C. 벌카우어,『칼 바르트의 신학: 은총의 승리』, 조동진 옮김 (화성: 별, 1996), 211.

14 새찬송가 606장「해보다 더 밝은 천국」의 후렴구 가사이다.

15 대표적으로 Plato, *Republic*, 621a-b.

16 칼 바르트,『교의학 개요』, 신준호 옮김 (서울: 복 있는 사람, 2015), 246.

17 지복직관(至福直觀, *visio beatifica* 혹은 *visio Dei*)은 초대교회부터 내려온 종말론적 개념이다. 천국
   에서 하나님을 인간의 눈으로 직접 보는 가장 행복한 단계이다. '지식을 통한 참여'를 강조하는 플라
   톤주의와는 달리, 아우구스티누스를 비롯해서 교부들은 '보는 것'을 강조했다. 이는 "마음이 청결한
   자는 복이 있나니 그들이 하나님을 볼 것임이요"(마 5:8)라는 말씀에 따라 종말론적 약속으로 여겨
   진다. 다음 링크를 참고하라. Bernd Oberdorfer, "Visio Dei," in *Religion Past and Present*. http://
   dx.doi.org/10.1163/1877-5888_rpp_COM_125359 (2018.08.13. 최종접속).

18 이 내용은 다음에서 요약한 것이다. G. C. Berkouwer, *The Return of Christ*, trans. James van
   Oosterom (Grand Rapids: Erdmans, 1974), 47-48.

19 영혼불멸 자체를 거부하던 바르트와 달리, 판넨베르크는 개인의 죽음과 미래의 모든 이의 부활 사이
   의 시간적 간격을 영혼불멸이 연결해 준다고 주장한다. 특별히 그는 영혼불멸이 죽은 개인과 부활한
   개인 사이의 존재론적·인격적 연속성을 확보해 준다고 본다. Wolfhard Pannenberg, *Apostles' Creed
   in Light of Today's Questions*, trans. Margaret Kohl (London: SCM, 1972), 171.

20 김균진,『기독교조직신학 V』(서울: 연세대학교출판부, 1999), 195-200.

21 이 논쟁에 대해 다음을 참고하라. Walter Balfour, *Letters on the Immortality of the Soul: The
   Intermediate State of the Dead, and a Future Retribution, in Reply to Mr. Charles Hudson*
   (Charlestown: G. Davison, 1829), 328-329.

22 루터의 설교를 Taito A. Kantonen, *The Christian Hope* (Philadelphia: Muhlenberg, 1954), 37에서
   재인용.

23 대표적으로 칼뱅은 이 구절을 들어 수면설을 비판한다. Calvin, *Institutes*, 3.25.6.

24 가톨릭의『교회교리서』1030항을 참조하라.

25 Jerry Wells, *Purgatory: The Logic of Total Transformation* (Oxford: Oxford University Press,

2011), 35-58 참조. 이 책에서는 특별히 개신교 사상가 중 몰트만, 폴킹혼, 피녹이 가톨릭의 연옥설 과는 거리를 두면서도 연옥의 신학적 의미를 재평가하고 있음에 주목한다.

26 Calvin, *Institutes*, 3.9.5.

27 Berkouwer, *The Return of Christ*, 63.

28 Berkouwer, *The Return of Christ*, 59.

29 다음 책의 2부를 참고하라. Jerry Wells ed., *The Oxford Book of Eschatology* (Oxford: Oxford University Press, 2010).

30 은폐된 미래를 보여주는 묵시는 '계시'와 의미가 내적으로 상통한다. 신약의 대표적 묵시문학이 계시 록(The Book of Revelation)인 것을 보아도, 묵시와 계시가 얼마나 가까운 개념인지 알 수 있다.

31 박준서, 『구약세계의 이해』 (서울: 한들, 2001), 143; 오택현·김호경, 『알기쉬운 성서 묵시문학 연구』 (양평: 크리스천 해럴드, 1999), 22 참조.

32 박준서, 『구약세계의 이해』, 147.

33 묵시문학이 배태된 역사적 상황에 대한 구체적 논의는 다음을 참고하라. 폴 핸슨, 『묵시문학의 기원』, 이무용··김지은 옮김 (서울: 크리스찬 다이제스트, 1996), 33-39.

34 버나드 앤더슨, 『구약신학』, 최종진 옮김 (서울: 한들, 2001), 390.

35 앤더슨, 『구약신학』, 455.

36 박준서, 『구약세계의 이해』, 155.

37 레온 모리스, 『구약신학』, 김정옥 옮김 (서울: 은성, 1995), 66.

38 오택현·김호경, 『알기 쉬운 성서 묵시문학 연구』, 44.

39 김균진, 『기독교조직신학 V』, 409.

40 이에 대해서는 다음 자료를 참고하라 박용규, 『한국장로교사상사』 (서울: 총신대학교출판부, 2002), 65-69; 이필찬, "1907년 평양대부흥운동과 세대주의 종말론적 성경 해석―요한계시록을 중심으로," 「평양대부흥운동의 성경신학적 조명 회개와 갱신」 (2007/5): 547-575 등.

41 일례로 한국 개신교 최초의 목사 중 한 명이고, 평양대부흥 운동에 크게 기여를 했으며, 새벽기도회 전통을 일으키는 장본인인 길선주 목사는 요한계시록을 만 번 이상 읽은 것으로 유명하다. 양낙흥, 『한국장로교회사』 (서울: 생명의 말씀사, 2008), 167.

42 김균진, 『기독교조직신학 V』, 421-425.

43 폴 핸슨, '묵시문학,' 더글라스 나이트 외 엮음, 『히브리 성서와 현대의 해석자들』, 박문재 옮김 (서울: 크리스챤 다이제스트, 1996), 504.

44 초대교회부터 공교회가 함께 인정한 신앙고백인 에큐메니칼 신경 중 니케아-콘스탄티노플 신경은 별도로 종말론적 내용이 없다. 단, 사도신경과 아타나시우스 신경과 마찬가지로 예수 그리스도가 심 판하러 재림하신다는 고백은 있다. 아타나시우스 신경에만 의인은 영생을 얻지만 악인은 영원한 형 벌에 처해진다는 내용이 있다.

45 이 가사는 캐스웰이 작시하고 존 고스 경(Sir John Goss, 1800-1880)이 곡을 붙인 "겨울의 눈 한 가 운데를 보라"(See Amid the Winter's Snow)는 영국의 캐럴 2절 도입부이다.

46 '성 대 금요일 만과'를 다음 책에서 재인용했다. 존 메이엔도르프, 『비잔틴 신학: 역사적 변천과 주요 교리』, 박노양 옮김 (서울: 정교회출판사, 2010), 300.

47 바르트, 『교의학 개요』, 195.

48 메이엔도르프, 『비잔틴 신학』, 300-301. 정교회 신학에서 이 주제가 두드러질 수 있는 이유 중 하나
는 인간을 소우주로 보는 전이해가 있기 때문이다.

49 *Media vita in morte sumus*는 한해의 마지막 날에 부르던 14세기 그레고리안 성가의 첫 소절로 알
려져 있다(사실 이 찬송의 유래에 대해서는 여러 설이 있다). 이 라틴어 찬송시는 루터가 독일어로
번안한 *Mitten wir im Leben sind*로 널리 알려져 있다.

50 헤세의 「혼자」(Allein)의 첫 두 연을 다음 번역본에서 인용했다. 헤르만 헤세, 『헤르만 헤세 시집』, 송
영택 옮김 (서울: 문예출판사, 2013), 128.

36장. 안식일, 그리스도인에게도 여전히 중요한가?

1 한병철, 『피로사회』, 김태환 옮김 (서울: 문학과지성사, 2012), 11.

2 한병철, 『피로사회』, 29.

3 「어둔 밤 쉬 되리니」(Work, for the Night is Coming: 찬송가 370, 새찬송가 330)는 시각 장애인을 치유
하신 후 예수께서 하신 말씀(요 9:4)을 19세기 정서에 맞춰 '열심히 일하라'는 명령으로 바꿔 놓았다. 영
어 가사 1절의 8행 중 첫 7행이 Work로 시작되는 명령형으로 되어 있을 만큼 열심히 살 것을 촉구한다.

4 인간과 안식일 중 어느 것이 창조의 면류관인지에 대한 논의로 다음을 참조하라. 김균진, 『생태계의
위기와 신학』 (서울: 대한기독교서회, 1991), 108-109.

5 유진 피터슨은 일곱째 날이 세 번 반복되는 것이 창조에 독특한 리듬감을 부여한다고 분석한다. 유진
피터슨, 『현실, 하나님의 세계』, 이종태·양혜원 옮김 (서울: IVP, 2006), 127-131.

6 아브라함 헤셸, 『안식일』, 오만규 옮김 (서울: 성광문화사, 1981), 104 참조. 6일간의 창조를 주장하
는 그리스도교 신학자와 달리 헤셸은 제7일에도 하나님의 창조, 곧 평화와 고요와 휴식의 창조가 있
었다고 주장한다. 『안식일』의 33쪽을 보라.

7 박준서, 『십계명 새로보기』 (서울: 대한기독교서회, 2001), 141-144.

8 하나님과 인간의 일의 신비로운 결합은 신학의 중심 주제이자, 특별히 루터의 소명론을 통해 개신교
에서 세속의 일에 적극적으로 참여할 것을 권장하는 근거가 되었다. 루터는 다음과 같이 말한다. "하
나님은 소젖을 짜는 사람의 소명을 통해 직접 우유를 짜신다." Gustaf Wingren, *Luther on Vocation*
(Eugene: Wipf and Stock, 1957), 9.

9 Aristoteles, *Ethica Nichomachea*, X.6.1176b.

10 이하 서동욱, 『차이와 타자』 (서울: 문학과 지성사, 2000), 341-361 참조.

11 박준서, 『십계명 새로보기』, 91.

12 크리스토퍼 라이트, 『현대를 위한 구약윤리』, 김재영 옮김 (서울: IVP, 2006), 46-50 참조.

13 Isidore Grunfeld, *Sabbath: A Guide to Its Understanding and Observance* (New York/Jerusalem:
Feldheim, 1981), 29.

14 Grunfeld, *Sabbath*, 27.

15 Erich Fromm, "The Way of the Sabbath," in *Torah of the Earth: Exploring 4,000 Years of Ecology
in Jewish Thought*, vol 2. ed. Arthur Waskow (Woodstock: Jewish Lights Publishing, 2000), 124.

16 김용규, 『데칼로그』 (서울: 포이에마, 2015), 254.

17 김용규, 『데칼로그』, 259. 이 문단에서 '무엇' '무엇-됨' '있음'을 통해 인간 현상을 분석하는 통찰은 『데칼로그』, 253-268 에서 빌려왔다.

18 존 칼빈, 『칼빈의 십계명 강해』, 김광남 옮김 (서울: 비전북, 2011), 136-137.

19 이는 이 세상에서 수고스러운 노동을 하며 서서히 죽음을 맞이하게 되는 '아담적 자아'와 토라를 통해 노동에 대한 다른 이해와 태도를 가지는 '모세적 자아'를 구분한 다음 책에서 빌린 통찰이다. Michael Fishbane, *Sacred Attunement: A Jewish Theology* (Chicago: University of Chicago Press, 2008), 124-125.

20 Martin Buber, *Moses: The Revelation and the Covenant* (New York: Harper Torchbooks, 1958), 82.

21 월터 브루그만, 『안식일은 저항이다』, 박규태 옮김 (서울: 복 있는 사람, 2015), 26.

22 브루그만, 『안식일은 저항이다』, 49.

23 물론 마 12:9-15(눅 14:2-6); 막 3:1-6(눅 6:6-11); 눅 13:15-16; 요 5:12에서 예수께서는 안식일 을 '범하신' 것처럼 보인다. 그러나 마태복음 5장 17절에서 보이듯, 이는 안식일 제도를 폐지하는 것 이 아니라 안식일의 정신과 의미를 완전케 하시는 것으로 보아야 한다.

24 Gnana Robinson, *The Origin and Development of the Old Testament Sabbath: A Comparative Exegetical Approach* (Hamburg Dissertation, 1975), 430-431. 강영안, 『강영안 교수의 십계명 강 의』, (서울: IVP, 2009), 170에서 재인용.

25 노트커 볼프·마티아스 드로빈스키, 『그러니, 십계명은 자유의 계명이다』, 윤선아 옮김 (왜관: 분도출 판사, 2012), 111.

26 마르틴 루터, 『대교리문답』, 최주훈 옮김 (서울: 복 있는 사람, 2017), 89-90.

27 피터슨, 『현실, 하나님의 세계』, 226-232.

28. 이 주제에 대해서는 헤셸과 몰트만의 안식일을 비교한 다음 논문에서 상술하였다. JinHyok Kim, "The Sabbath-the Messianic Feast of Creation," 「신학논단」 70 (2012): 299-329.

29 초대 교부들의 반유대주의가 안식일과 주일의 분리를 부추기기도 했지만, 유대인이 중심이 되었던 원시 그리스도교 공동체에서는 안식일을 지킨 후 주일에 모여 예배를 드렸다. Samuel Bacchiocchi, *From Sabbath to Sunday: A Historical Investigation of the Rise of Sunday Observance in Early Christianity* (Rome: The Pontifical Gregorian University Press, 1977), 213-315.

30 위르겐 몰트만, 『오시는 하나님: 기독교적 종말론』, 김균진 옮김 (서울: 대한기독교서회, 1997), 455.

31 헤셸, 『안식일』, 16.

32 헤셸, 『안식일』, 23.

33 에릭 프롬, 『너희도 신처럼 되리라』, 최혁순 옮김 (서울: 범우사, 1980), 212.

34 Grunfeld, *Sabbath*, 27.

35 Augustinus, *De civitas Dei*, XXII.30. 다음 번역본에서 인용했다. 아우구스티누스, 『신의 도성』, 조 호연·김종흡 옮김 (서울: 크리스찬다이제스트, 1998), 1132-1133. 강조는 필자의 것.

후기(後記)

1 Hans-Georg Gadamer, *Truth and Method*, 2nd, revised ed. trans. Joel Weinsheimer and Donald. G. Marshall (London & New York: Continuum, 2004), 362 – 379.

2 김연, 「한 문장씩 소설을 써 볼까요」, 『내 얼굴의 텍스트』 (미출간 시집, 2017), 87.

3 사랑에 이끌리는 지식(*studiositas*)과 호기심에 이끌리는 지식(*curiositas*)에 대해서는 이 책의 머리말을 참고하기를 바란다.

찾아보기